合同解除规则与实务全解

杜博 著

COMPLETE SOLUTION OF
CONTRACT TERMINATION RULES AND PRACTICE

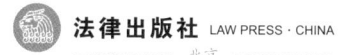
法律出版社 LAW PRESS·CHINA
北京

图书在版编目（CIP）数据

合同解除规则与实务全解 / 杜博著. -- 北京：法律出版社, 2025. -- ISBN 978-7-5244-0103-2

Ⅰ. D923.64

中国国家版本馆 CIP 数据核字第 2025YT8222 号

合同解除规则与实务全解 HETONG JIECHU GUIZE YU SHIWU QUANJIE	杜 博 著	策划编辑 朱海波　杨雨晴 责任编辑 朱海波　杨雨晴 装帧设计 苏 慰

出版发行　法律出版社	开本　710 毫米×1000 毫米　1/16
编辑统筹　法律应用出版分社	印张　43.5　　字数　600 千
责任校对　李　军	版本　2025 年 5 月第 1 版
责任印制　刘晓伟	印次　2025 年 5 月第 1 次印刷
经　　销　新华书店	印刷　北京盛通印刷股份有限公司

地址：北京市丰台区莲花池西里 7 号(100073)
网址：www.lawpress.com.cn　　　　　　销售电话：010-83938349
投稿邮箱：info@lawpress.com.cn　　　　客服电话：010-83938350
举报盗版邮箱：jbwq@lawpress.com.cn　　咨询电话：010-63939796
版权所有·侵权必究

书号：ISBN 978-7-5244-0103-2　　　　　　　　定价：168.00 元

凡购买本社图书，如有印装错误，我社负责退换。电话：010-83938349

作者简介

杜 博

执业律师，1965年11月生，湖北大冶人，本科，1992年考取律师职业资格，1993年起从事律师工作，执业32年，现为湖北义门律师事务所主任。曾任黄石市律协副会长、黄石仲裁委疑难案件专家组成员、黄石人民检察院民行专家组成员，曾担任一百多家单位法律顾问。

曾荣获"个人三等功""湖北省优秀律师""湖北省AAA信用律师"称号；长期从事民商法律事务，对合同领域等有较深研究，曾发表十余篇论文；有丰富的执业经验，曾承办过多起重大、复杂、疑难案件，所承办案件曾获"湖北省律师精品案例一等奖"。

序

合同解除意味着一个合法有效的合同无需继续履行，意味着双务合同的债权人同时也是债务人无需继续等待甚至争取对方的履行，而是可以从合同关系中主动撤退或者解脱，该项制度的设计和运用对当事人之间的利益分配有着极大的影响，因此合同解除无疑属于合同法上最为重要的制度之一。合同解除在外部体系上与合同效力、履行、违约责任等制度息息相关；在内部体系上包括解除的一般制度和特定合同类型的特别解除制度，前者又包括解除的类型、事由、主体、程序、后果等一系列制度，可谓牵一发而动全身，因此合同解除也属于合同法上的疑难问题之一。中国合同法规定的合同解除制度涵盖了大陆法系所称合同解除与合同终止，在法律后果上涵盖了具有溯及力和不具有溯及力的两种情形。同时，中国合同法规定的合同解除制度涵盖了一方已经履行不能而对方不得不解除合同的情形以及双方均具有履行能力却选择解除合同的情形。此种制度上的中国特色决定了在研究合同解除问题时，需要特别注意区分不同制度背景下的学说理论在话语体系上的差异。当然，即便是以中国合同法为观察对象，理论上甚至就合同解除是否包括附解除条件的解除以及违约方请求司法终止也存在争议，学者可能在不同语义下展开对合同解除的探讨，因此合同解除还属于合同法上具有中国特色的问题之一。鉴于以上三个方面的原因，有关中国式合同解除制度的深入系统研究必然是一项意义重大而又富有挑战性的工作。

经阅读书稿，发现与已有的关于合同解除的著作相比，本书的鲜明特点在于兼顾了实用性、体系性、前沿性。就实用性而言，本书凝聚了作者三十余年律师实务的经验和心得，书中探讨的问题真实且具体，对于争议问题引介了大量权威案例中的裁判观点，对于合同解除实务颇具参考意义。就体系性而言，本书既有理论简介，又有规则阐释；既全面探讨了解除的一般制度，又探讨了常见的典型合同如买卖、租赁、建工合同的解除问题，还探讨了若干特殊合同如涉他合同、预约合同的解除问题，甚至还探讨了行政协议的解除问题。就前沿性而言，本书吸收了律师业务一线的现实问题，吸收了民法典以及民法典合同编通则部分司法解释的最新规定，吸收了人民法院案例库入库案例中的最新裁判规则。总之，本书是实务中处理合同解除问题的一本好书，值得向广大读者推荐。

作为法律部门中实践性最强的部分，合同法研究特别需要强化理论与实践的结合。本书作者杜博是一位执业三十余年的资深律师，曾任黄石市律师协会副会长，长期从事民商法律事务，对合同法有持续关注和深入研究，曾发表十余篇论文。作者前后历时八年，在完成本书初稿后根据最新的法律、司法解释和裁判规则对书稿不断进行修改完善，其专注精神十分令人感佩，其学术追求尤其值得赞赏。作为一名理论研究工作者，我乐见越来越多的法律实务界人士参与学术研究、分享学术智慧，共同为中国法学的繁荣和法治的进步贡献力量。

是为序。

武汉大学法学院教授、博士生导师 罗昆

2025 年 2 月 28 日

前　言

合同法是我国社会主义市场经济的重要法律,在民商法体系中居核心地位。《民法典》全文1260条,其中合同编条文有526条,占了半壁江山,足见合同制度的重要性。《民法典》合同编对原《合同法》进行了大量修订,增设了诸多合同规则,为完善我国法律体系、保障合同当事人合法权益、促进市场经济发展具有重要意义。2023年12月4日最高人民法院出台《民法典合同编通则解释》,全文69条,在尊重立法原意、坚持问题导向、保持司法政策延续性、坚持系统观念和辩证思维基础上,对《民法典》合同编通则部分的内容作了具体细化的规定,为处理合同纠纷提供了更明确的依据。

在合同纠纷中,最直接影响当事人合同利益的三大问题是:合同意思表示问题,合同解除问题,违约责任问题。这三大问题也是长期困扰合同法理论与实务的三大疑难问题。尽管《民法典》和《民法典合同编通则解释》对上述问题已经作出了规定,但成文法并不能全部解决实践中千变万化的实务问题。

就合同解除而言,据统计,在对合同纠纷裁判的案件中,差不多50%的案件涉及合同解除问题。立法对合同解除规则的规定比较分散并且交叉,由于立法目的、合同性质、履行情况等不同,解除规则不同,更兼民商事特别法中的特殊解除规则,导致合同解除规则繁杂,给实务应用造成很大障碍,也使之成为实务中裁判人员和律师的棘手问题。对此,崔建远教授认为:"合同解除,在宏大叙事者的眼里,外围且微小,无须用心。但实际上,它直接关乎合同效力的延续与否,既存权利义务是终止抑或清算,形成权和抗辩(权)的产生与援用,辐射至物的返还请求权、不当得利返还请求权、损害赔偿请求权、附着的担保的命运以至诉讼时效,遍及民法的半壁江山,实则"套牢"了民法的骨干。"[1]笔者作为一名长期从事合同实务的律师,代理过许多涉及合同解除纠纷的案件,对此身同感受。

---

[1] 崔建远:《完善合同解除制度的立法建议》,载《武汉大学学报(哲学社会科学版)》2018年第2期。

合同解除的诸多规则,注定了合同解除纠纷并非简单案件,很多成为复杂疑难案件,实务中裁判结果又往往各执一说,并不统一,而且目前尚无一本全面系统地探讨合同解除理论、规则和实务应用的书籍。有鉴于此,笔者不揣冒昧写作了本书,期待对社会有所贡献,这是初衷。

本书结合《民法典》和相关司法解释具体条文及司法判例,拟全面系统阐述合同解除的基本原理、基本规则变化与运用、实务争议和处理等,力图从实务角度出发,体系化地探讨合同解除中的诸多实务问题。

本书分为十二章,具体为:第一章合同解除权制度;第二章协商解除和约定解除;第三章一般法定解除权;第四章任意解除权;第五章情势变更与合同解除;第六章合同解除权行使主体;第七章合同解除权行使程序;第八章合同解除权的限制和消灭;第九章合同解除效力和后果;第十章几类典型合同解除问题;第十一章几种特殊合同解除问题;第十二章行政协议解除问题。需要说明的是:第十章只探讨实务中常见的买卖合同解除问题、房屋买卖合同解除问题、租赁合同解除问题、施工合同违约解除问题,其他典型合同解除问题因篇幅有限,未作探讨。第十一章探讨的是实务中比较复杂的涉他合同解除问题、非典型合同解除问题、预约合同解除问题、股东协议解除问题。第十二章探讨的是行政协议解除问题,因行政协议的解除问题,除适用行政法律法规外,还需适用民事法律,故将行政协议解除问题纳入本书,目的是便于体系化。

本书的特点是:

一是理论和法条翔实。合同解除制度虽为合同法律制度的一部分,但其原理和规则自成一体,同时也涉及物权法、担保法、公司法、意思表示、违约责任等诸多法理。本书每一章均对该章所涉解除问题背后的丰富法理、规则进行了探讨和论述。本书对涉及合同解除的全部立法条文和司法解释条文进行了详尽列举,并对重要条文进行了解读,目的是便于读者体系化地通晓合同解除原理、规则和涉合同解除的全部条文。

二是紧扣新法具体实务。本书紧密结合《民法典》和《民法典合同编通则解释》的新规定,对合同解除审判实务中的重点、热点和难点问题,在深入浅出地阐明合同解除相关法理和规则的基础上,直击司法审判和实务中需要重点关注的新问题,提出解决路径并加以分析说明。

三是实用性强。本书许多章节精选了最高人民法院颁布的指导性案例、入库案例、公报案例,这些案例的裁判思路和结果,反映了司法实践中的主流观点,对法官、律师和企业如何处理合同解除纠纷具有较强的实用性。

本书写作始于2016年,草稿完成于2020年,2020年5月28日《民法典》颁布后,根据《民法典》的规定进行了大幅修改,2023年12月4日最高人民法院《民法典合同编通则解释》颁布后,又根据该解释进行了修改,成稿前又数次修改。本书前后历时八年成稿。

合同法法理深奥,博大精深,大家的著作比比皆是。笔者深知,自己才学疏浅,加之视野有限、资料有限,平时还要处理大量的律师事务工作,因此本书错误缺漏之处在所难免,故为抛砖引玉,衷心期待广大读者给予批评指正,并不吝赐教。

杜 博

邮箱:dblawyer@163.com

2025年3月11日

目 录

第一章 合同解除权制度 1
第一节 合同解除与合同解除权 1
一、合同解除及合同解除权 1
(一)合同解除 1
(二)合同解除权 2
二、合同解除与契约严守 3
三、合同解除制度演变及规则体系 5
(一)原《合同法》的合同解除制度 5
(二)《民法典》对合同解除规则之修订 6
(三)合同解除规则体系及法律适用 7

第二节 合同解除权法律特征 9
一、解除权是一种合同权利 9
二、合同解除权之性质 10
(一)解除权性质之争议 10
(二)最高人民法院采纳形成权说 12
(三)解除权为形成权的正当性 12

第三节 解除权制度价值和准则 13
一、解除权制度之源:公平原则 13
二、解除权制度目标:实质正义 14
三、解除权制度保障:效率与交易安全 15
四、解除权行使准则:诚信原则 15

第四节 合同解除与相关制度之区别 17
一、合同解除与合同终止之区别 17
(一)合同解除与合同终止效力和适用范围区别 17

(二)《民法典》对合同解除与合同终止之区分　　18
　二、合同解除与合同无效之异同　　20
　　(一)合同解除与合同无效相同点　　20
　　(二)合同解除与合同无效区别点　　20
　三、合同解除与合同撤销之区别　　21
　　(一)合同撤销与合同解除的区别　　21
　　(二)合同解除权与合同撤销权之竞合　　22
　四、合同解除与合同变更之区别　　23

第五节　解除合同的法律特征　　23
　一、解除前提是合同成立有效且未履行完毕　　23
　二、解除合同必须具备一定条件　　24
　三、解除合同须有解除行为　　24
　四、解除结果是合同关系消灭　　25

第六节　合同解除类型　　25
　一、合意解除与法定解除　　25
　　(一)合意解除及特征　　25
　　(二)法定解除及特征　　26
　二、协商解除与单方解除　　26
　　(一)协商解除及特征　　27
　　(二)单方解除及特征　　27
　三、约定解除与协商解除　　27
　四、向前解除与向后解除　　28
　　(一)解除溯及力与合同性质　　28
　　(二)一时性合同与持续性合同　　29
　　(三)解除效力：向前或向后之区分　　30
　　(四)持续性合同解除规则　　30
　五、全部解除与部分解除　　32
　　(一)部分解除标准问题　　33
　　(二)主要条款单独解除问题　　33
　　(三)个别条款解除问题　　34
　六、违约解除与非违约解除　　35
　　(一)违约解除及本质　　35

（二）非违约解除及特点　　　　　　　　　　　　　　　　　　35
　　　（三）违约解除与非违约解除之后果　　　　　　　　　　　　　36
　　　（四）违约解除适用范围探讨　　　　　　　　　　　　　　　　36
　第七节　合同解除权并存问题　　　　　　　　　　　　　　　　　　40
　　一、合同解除权并存　　　　　　　　　　　　　　　　　　　　　40
　　二、解除权并存的选择　　　　　　　　　　　　　　　　　　　　41
　　三、法定解除事由并存之解除　　　　　　　　　　　　　　　　　43

第二章　协商解除和约定解除　　　　　　　　　　　　　　　　　　　44
　第一节　协商解除　　　　　　　　　　　　　　　　　　　　　　　44
　　一、协商解除含义及特征　　　　　　　　　　　　　　　　　　　44
　　　（一）协商解除含义　　　　　　　　　　　　　　　　　　　　44
　　　（二）协商解除特征　　　　　　　　　　　　　　　　　　　　45
　　二、协商解除性质及争议　　　　　　　　　　　　　　　　　　　46
　　三、协商解除与合同更改　　　　　　　　　　　　　　　　　　　48
　　　（一）多份合同效力认定　　　　　　　　　　　　　　　　　　48
　　　（二）合同更改及特点　　　　　　　　　　　　　　　　　　　49
　　　（三）协商解除与合同更改之异因　　　　　　　　　　　　　　51
　　四、协商解除条件及认定　　　　　　　　　　　　　　　　　　　51
　　　（一）英美法中协商解除条件　　　　　　　　　　　　　　　　51
　　　（二）协商解除认定问题　　　　　　　　　　　　　　　　　　52
　　　（三）协商解除认定疑难问题　　　　　　　　　　　　　　　　56
　　五、解除协议成立问题　　　　　　　　　　　　　　　　　　　　59
　　六、协商解除与违约赔偿　　　　　　　　　　　　　　　　　　　60
　　　（一）解除协议未约定违约赔偿问题　　　　　　　　　　　　　60
　　　（二）协商解除赔偿范围问题　　　　　　　　　　　　　　　　63
　第二节　约定解除　　　　　　　　　　　　　　　　　　　　　　　64
　　一、约定解除权及特点　　　　　　　　　　　　　　　　　　　　64
　　　（一）约定解除权及《民法典》之修改　　　　　　　　　　　　64
　　　（二）约定解除权之特点　　　　　　　　　　　　　　　　　　66
　　二、附解除条件、附终止期限合同与约定解除权合同　　　　　　　67
　　　（一）附解除条件、附终止期限合同之规定　　　　　　　　　　67

(二)附解除条件、附终止期限合同与约定解除权合同之区别　　67
(三)附解除条件、附终止期限合同失效之后果　　69
三、附条件、附期限民事行为之效力　　70
(一)附条件和附期限行为之规定　　70
(二)附条件行为中条件之要求　　72
(三)附不法条件的主要情形　　74
(四)条件与期限的区别　　75
(五)条件与负担的区别　　76
四、约定解除事由之判断　　77
(一)合同约定的解除事由应清晰　　78
(二)行使约定解除权应受诚信原则限制　　79
(三)约定解除事由之实质审查　　82
(四)如何识别约定解除事由　　83

第三章　一般法定解除权　　86
第一节　不可抗力与合同解除　　87
一、不可抗力解除之规定　　87
二、不可抗力及判断标准　　89
(一)不可抗力的内涵及种类　　89
(二)不可抗力之判断标准　　91
第二节　预期违约与合同解除　　93
一、预期违约解除之规定　　93
二、预期违约及法律特征　　94
(一)预期违约之内涵　　94
(二)预期违约之法律特征　　95
三、预期违约之判断标准　　95
(一)明示预期违约之判断标准　　95
(二)默示预期违约之判断标准　　96
四、预期违约解除合同实务问题　　97
(一)预期违约解除合同之标准　　97
(二)撤回预期违约之意思表示　　98
(三)滥用默示预期违约解除权之判断　　98

五、预期违约与不安抗辩权 ... 99
 （一）不安抗辩权及行使条件 ... 99
 （二）不安抗辩权与合同解除 ... 100
 （三）预期违约与不安抗辩权之异同 ... 102

第三节 迟延履行主债务与合同解除 ... 103
 一、迟延履行主债务解除之规定 ... 103
  （一）解读《民法典》第563条第1款第3项 ... 103
  （二）主要债务范围之判断 ... 104
  （三）迟延履行主债务解除之限制 ... 105
 二、合同先后义务与合同解除 ... 107
  （一）先合同义务与合同解除 ... 107
  （二）合同义务与合同解除 ... 108
  （三）后合同义务与合同解除 ... 108
 三、合同履行阶段之义务群 ... 110
  （一）主给付义务及特征 ... 110
  （二）从给付义务及特征 ... 111
  （三）附随义务及特征 ... 112
 四、原给付义务、次给付义务与合同解除 ... 115
  （一）原给付义务与次给付义务 ... 115
  （二）原给付义务、次给付义务与合同解除 ... 116
 五、从给付义务与合同解除 ... 116
  （一）主、从给付义务之区别 ... 116
  （二）从给付义务与附随义务之区别 ... 116
  （三）违反从给付义务解除之标准 ... 117
  （四）从给付义务解除与《民法典》第563条第1款第4项之关系 ... 118
 六、附随义务与合同解除 ... 119
 七、不真正义务与合同解除 ... 120
  （一）不真正义务性质和规定 ... 120
  （二）不真正义务与合同解除 ... 121

第四节 根本违约与合同解除 ... 122
 一、根本违约解除之规定 ... 122
 二、迟延履行与合同解除 ... 123

（一）迟延履行构成要件　　123
　　（二）迟延履行与合同解除　　125
三、拒绝履行与合同解除　　126
　　（一）拒绝履行构成要件　　126
　　（二）拒绝履行和迟延履行之区别　　127
　　（三）拒绝履行与合同解除　　128
四、不完全履行与合同解除　　128
　　（一）不完全履行及具体形态　　128
　　（二）不完全履行与合同解除　　130
五、根本违约与不能实现合同目的　　130
　　（一）根本违约及判断标准　　130
　　（二）根本违约与不能实现合同目的之关联　　132

第五节　法定解除的其他情形　　133
一、"法律规定的其他情形"的理解　　133
二、现行法律规定解除之其他情形　　134
三、司法解释中涉合同解除之规定　　142

第六节　合同目的及不能实现之认定　　149
一、合同目的及特征　　150
　　（一）合同目的之内涵　　150
　　（二）合同目的之特征　　151
二、一般目的和特殊目的　　151
　　（一）一般目的　　151
　　（二）特殊目的　　152
三、合同目的和合同动机　　152
四、合同目的与合同其他条款　　153
　　（一）合同目的与合同其他条款之联系　　153
　　（二）合同目的与合同其他条款之区别　　154
五、合同目的之作用　　155
　　（一）对合同具体条款进行完善和解释　　155
　　（二）确定当事人权利义务　　156
　　（三）确定重大误解合同效力　　157
六、合同目的不能实现的判断标准　　157

第四章　任意解除权　160

第一节　任意解除权概述　160
一、任意解除权及属性　160
（一）任意解除权内涵及规定　160
（二）任意解除权之属性　161
二、任意解除权之法理基础　161
三、任意解除权与一般法定解除权之区别　162
四、《民法典》中的任意解除权　164
（一）不定期持续性合同中的任意解除权　164
（二）服务合同中的任意解除权　166

第二节　约定任意解除之效力　168
一、约定任意解除权之探源　168
二、约定任意解除权之困境　168
三、约定任意解除权之效力　169
（一）肯定说与否定说　169
（二）笔者观点：折中说　170
（三）《九民纪要》观点　171

第三节　约定排除任意解除权之效力　172
一、现行立法的缺失　172
二、理论界的四种观点　173
三、《民法典》实施前最高人民法院观点　175
四、《民法典》实施后最高人民法院观点　178

第四节　任意解除合同之类型　179
一、法律基于效率价值之任意解除　179
（一）承揽合同之任意解除权　180
（二）建设工程合同之任意解除权　183
（三）运输合同之任意解除权　187
（四）技术开发合同之任意解除权　187
（五）旅游合同之任意解除权　188
二、法律基于信赖关系破裂之任意解除　189
（一）委托合同之任意解除权　189
（二）行纪合同之任意解除权　193

（三）中介合同之任意解除权　　　　　　　　　　　　　　195
　　（四）无约定之按份共有物分割请求权　　　　　　　　197
　　（五）物业服务合同之任意解除权　　　　　　　　　　197
三、法律基于缔约自由之任意解除　　　　　　　　　　　　199
　　（一）不定期租赁合同之任意解除权　　　　　　　　　199
　　（二）不定期无偿合同之任意解除权　　　　　　　　　200
　　（三）保管合同之任意解除权　　　　　　　　　　　　201
　　（四）不定期仓储合同之任意解除权　　　　　　　　　202
　　（五）不定期物业服务合同之任意解除权　　　　　　　202
　　（六）保险合同之任意解除权　　　　　　　　　　　　203
　　（七）不定期合伙之任意解除权　　　　　　　　　　　203
四、法律基于弱者利益保护之任意解除　　　　　　　　　　204
　　（一）消费者之任意解除权　　　　　　　　　　　　　204
　　（二）储蓄合同之任意解除权　　　　　　　　　　　　205
五、法律基于人身自由之任意解除　　　　　　　　　　　　206
　　（一）劳动合同之任意解除权　　　　　　　　　　　　206
　　（二）演出经纪合同之任意解除权　　　　　　　　　　206

第五章　情势变更与合同解除　　　　　　　　　　　　　　208
第一节　情势变更规则及立法　　　　　　　　　　　　　208
一、情势变更规则之价值和重要性　　　　　　　　　　　　208
　　（一）情势变更规则之价值　　　　　　　　　　　　　208
　　（二）情势变更规则之重要性　　　　　　　　　　　　209
二、情势变更规则之演变　　　　　　　　　　　　　　　　210
　　（一）《民法典》生效前情势变更之规定　　　　　　　210
　　（二）《民法典》中情势变更规则之变化　　　　　　　212
　　（三）不再存在适用情势变更层报程序　　　　　　　　213
第二节　适用情势变更之条件、效力、范围　　　　　　　215
一、适用情势变更之条件　　　　　　　　　　　　　　　　215
二、适用情势变更之法律效力　　　　　　　　　　　　　　217
　　（一）情势变更之法律效力　　　　　　　　　　　　　217
　　（二）情势变更解除与其他解除权之区别　　　　　　　218

三、情势变更规则之适用 ... 218
 (一)具体适用范围 ... 218
 (二)政策变化与情势变更 ... 219

第三节 情势变更与商业风险 ... 220

一、商业风险含义、特征及类型 ... 220
 (一)商业风险含义及特征 ... 220
 (二)商业风险类型 ... 222

二、商业风险与情势变更之区别 ... 223
 (一)最高人民法院之观点 ... 223
 (二)价格波动与情势变更 ... 224

三、商业风险与情势变更竞合 ... 225

四、最高人民法院判断规则及判例 ... 225

第四节 情势变更与不可抗力 ... 227

一、情势变更和不可抗力之规范 ... 227

二、情势变更和不可抗力之同异 ... 228
 (一)情势变更与不可抗力之相同点 ... 228
 (二)情势变更与不可抗力之区别 ... 229

三、第三人行为与不可抗力或情势变更 ... 230
 (一)第三人行为与不可抗力 ... 230
 (二)第三人行为与情势变更 ... 230

第五节 情势变更与合同变更或解除 ... 231

一、情势变更与再交涉义务 ... 231
 (一)再交涉义务之争议 ... 231
 (二)《民法典》中的再交涉义务 ... 232

二、变更或解除及选择问题 ... 233
 (一)情势变更类型之变化 ... 233
 (二)变更或解除之选择 ... 233
 (三)《民法典》司法变更范围之变化 ... 234

三、情势变更解除之性质及方式 ... 235
 (一)情势变更解除之性质 ... 235
 (二)情势变更解除之方式 ... 235
 (三)法官主动援用情势变更问题 ... 236

四、变更或解除时间及损害后果分担问题 236
　　（一）裁判变更或解除时间 236
　　（二）变更或解除的损害后果承担问题 237
五、预先排除情势变更适用问题 237

第六节　情势变更之判例 238
一、慎用情势变更规则之判例 238
二、最高人民法院首次适用情势变更之判例 239
三、过度承诺不视为情势变更之判例 239
四、政府行为属情势变更之判例 240
五、政府政策调整属情势变更之判例 240
六、气候变化属情势变更而变更合同之判例 241
七、未履行再交涉义务不支持情势变更之判例 241
八、属于可预见的不能主张情势变更之判例 242
九、当事人已协商的不再属于情势变更之判例 243

第六章　合同解除权行使主体 244

第一节　解除权行使主体争议 244
一、法定解除权行使主体之困境 244
二、法定解除权行使主体之争议 245
　　（一）三种不同观点 245
　　（二）笔者倾向性观点 245

第二节　约定放弃法定解除权之效力 246
一、法定解除权：任意性规范还是强制性规范 246
二、约定放弃法定解除权效力之争议 247
三、地方法院观点及判例 249

第三节　违约方解除权及限制 250
一、赋予违约方解除权之争议 250
　　（一）肯定说：应赋予违约方解除权 250
　　（二）否定说：违约方不享有解除权 252
二、违约方解除权之限制 252
三、违约方解除之规定及判例 253
　　（一）《九民纪要》第48条规定及解读 253

（二）违约方解除合同之判例 256

第四节　合同僵局与司法终止请求权 256
一、违约责任中"继续履行"之理解 256
二、合同僵局具体情形和判断 258
　（一）法律上或者事实上不能履行及判断 259
　（二）债务不适合强制执行及判断 261
　（三）履行费用过高及判断标准 261
　（四）债权人在合理期限内未请求履行 262
三、《民法典》第580条之司法终止请求权 263
　（一）《民法典》第580条第2款新规 264
　（二）解读《民法典》第580条第2款 265
　（三）《民法典》第580条第2款性质争议 265
　（四）笔者观点：属司法终止请求权 267
　（五）裁判终止合同的时间 269

第五节　双方违约之解除权主体 270
一、双方违约：谁享有解除权 270
二、崔建远：依解除权产生条件判断 271
三、最高人民法院观点：综合判断 272
　（一）规则1：综合判断 272
　（二）规则2：区分严重违约和一般违约 273

第六节　行使解除权主体之限制 275
一、解除权行使主体属当事人 275
二、债权转让解除权主体应为让与人 276
三、法院不能依职权判令解除合同 277
四、合同解除纠纷之释明 279
　（一）合同解除纠纷释明之规定 279
　（二）释明权限制之探讨 281
五、解除权不可分性问题探讨 282
　（一）解除权不可分性原则 282
　（二）解除权不可分性原则应尽快明确 283

第七章　合同解除权行使程序　285

第一节　合同解除权行使方式　285
一、解除权行使之不同模式　285
（一）当然解除模式　285
（二）裁判解除模式　286
（三）形成权解除模式　286
二、我国合同解除模式之立法变化　286
（一）原《合同法》：形成权解除模式　286
（二）《民法典》颁布前诉讼解除之争议　287
（三）《民法典》：形成权解除和裁判解除兼容模式　289

第二节　行使解除权前之催告　291
一、行使解除权前之催告　291
（一）无催告解除之情形　291
（二）须催告解除之情形　292
（三）解除事由竞合之催告　292
二、迟延履行主债务之催告　293
（一）是否必须催告　293
（二）催告主体为守约方还是违约方　293
（三）催告后"合理期限"之判断　294
三、非解除权人之催告　294
（一）《民法典》第564条非解除权人之催告　294
（二）非解除权人催告之意义　295
四、履行主债务"催告"与行使解除权"催告"之区别　295

第三节　行使解除权之通知　296
一、未经通知合同是否解除的问题　297
二、通知的形式问题　297
三、通知附条件、附期限问题　299
四、解除通知送达对象问题　300
（一）解除通知应送达对方　300
（二）对方多人时的解除通知　300
五、通知能否撤回问题　301
六、通知能否撤销问题　301

七、通过律师函发出通知之效力 ... 302
八、通知迟延送达之效力问题 ... 303
九、诉讼中的通知与合同解除 ... 303
 （一）否定观点：不发生解除效力 ... 303
 （二）折中观点：依审查情况而定 ... 304
 （三）笔者观点：可以反诉解除合同 ... 304
十、能否变更请求主张解除合同 ... 304
 （一）诉讼请求变更规定 ... 304
 （二）可以变更请求主张解除合同 ... 305
十一、违约方能否通知解除合同问题 ... 305

第四节 通知解除行为效力实务问题 ... 306
一、解除行为异议主体变化 ... 306
 （一）原《合同法》：仅赋予相对人一方 ... 306
 （二）《民法典》：赋予当事人双方 ... 306
二、相对人异议权性质及内容 ... 308
 （一）相对人异议权性质争议 ... 308
 （二）相对人异议之内容 ... 308
三、解除行为效力异议期间 ... 309
 （一）原《合同法》规定的异议期及问题 ... 309
 （二）《民法典》未规定异议期及原因 ... 312
四、通知解除效力审查新规则 ... 313
五、相对人未提异议而请求继续履行 ... 315
六、相对人能否以抗辩方式提出异议 ... 316

第五节 诉讼解除实务问题 ... 316
一、先通知解除后诉请解除及后果 ... 316
二、起诉解除但未主张解除后果 ... 317
三、直接诉请违约解除后果 ... 318
四、同时诉请解除和确认无效 ... 319
五、同时诉请解除和继续履行 ... 320
六、生效判决继续履行不能与新诉解除 ... 320
七、支持解除请求而对方未诉返还财产 ... 321

第六节 合同解除时间之确定 ... 322

一、合同解除时间之重要性 322
二、协商解除时间之确定 323
三、通知解除时间之确定 323
　（一）以通知到达或期限届满为准 323
　（二）多次通知解除时间之确定 324
　（三）如何认定快递通知到达 325
四、起诉解除时间之确定 326
　（一）《民法典》生效前起诉解除时间之争议 326
　（二）《民法典》：诉状副本送达时 327
　（三）撤诉后再次起诉的解除时间 328
五、批准生效合同解除时间之确定 329

第八章　合同解除权的限制和消灭　330
第一节　解除权一般限制情形　331
一、合同无效不得行使解除权 331
　（一）无效合同不存在解除权 331
　（二）无效合同可协商解除 332
　（三）可撤销合同未撤销前可解除 332
二、解除权期限届满不得行使解除权 332
三、须保护他人利益时不得行使解除权 333
四、合同履行期届满再无解除权 334
五、合同履行殆尽时不得解除 334
六、违约方合理补救后不能解除 335
七、第三人代偿时解除权受限 336

第二节　强制缔约与解除权限制　336
一、强制缔约之概述 336
　（一）强制缔约含义 336
　（二）强制缔约适用范围 337
　（三）强制缔约特点及分类 338
二、我国强制缔约之具体规定 339
三、强制缔约解除限制之原因 340
四、最高人民法院判例：强制缔约合同不能解除 341

第三节 解除权过除斥期间而消灭　　341

一、解除权行使期限之性质　　342

二、解除权除斥期间之规定　　342

（一）《民法典》对解除权行使期限之修改　　342

（二）相对人对解除权期限未抗辩问题　　345

三、约定解除权行使期限问题　　345

四、无法定或约定解除权存续期限问题　　346

五、催告行使解除权"合理期限"问题　　348

（一）催告后"合理期限"争议　　348

（二）"合理期限"之考量因素　　350

六、解除权消灭与司法终止请求权　　353

第四节 解除权之权利放弃　　353

一、权利放弃之特点及认定　　353

（一）权利放弃是单方法律行为　　354

（二）权利放弃须有明确意思表示　　354

（三）权利放弃需要证据证实　　356

二、解除权之明示放弃　　357

三、解除权之默示放弃　　357

（一）解除权默示放弃之争议　　357

（二）学者：解除权可默示放弃　　358

（三）最高人民法院案例：支持解除权默示放弃　　359

四、解除权一时放弃与永远放弃　　362

五、解除权并存情形之放弃　　362

第五节 利益衡量与违约解除限制　　363

一、利益衡量方法及限制　　363

（一）利益衡量之含义与特征　　363

（二）利益衡量之构成要素　　365

（三）利益衡量理论之合理性　　365

（四）利益衡量之弊端及限制　　367

二、利益衡量与违约解除限制　　368

（一）《九民纪要》观点　　368

（二）最高人民法院个案辅助运用判例　　369

│　　（三）地方法院判例　　　　　　　　　　　　　　　　　370
│　　（四）笔者观点：仅个案辅助适用　　　　　　　　　　372
│　第六节　解除权之失效　　　　　　　　　　　　　　　　373
│　　一、权利失效理论　　　　　　　　　　　　　　　　　373
│　　（一）权利失效之内涵及要件　　　　　　　　　　　　373
│　　（二）权利失效与权利放弃、期限规定之区别　　　　　374
│　　二、解除权失效之争议　　　　　　　　　　　　　　　375
│　　三、标的物返还不能与解除权失效　　　　　　　　　　376

第九章　合同解除效力和后果　　　　　　　　　　　　　　378

第一节　合同解除效力之争议　　　　　　　　　　　　　　378
　一、合同解除效力之四种学说　　　　　　　　　　　　　378
　　（一）直接效果说　　　　　　　　　　　　　　　　　379
　　（二）间接效果说　　　　　　　　　　　　　　　　　380
　　（三）折中说　　　　　　　　　　　　　　　　　　　381
　　（四）清算关系说　　　　　　　　　　　　　　　　　381
　二、清算关系说之评述　　　　　　　　　　　　　　　　382
　三、《民法典》实施后最高人民法院的观点　　　　　　　384
　四、《民法典》对合同解除后果之修改　　　　　　　　　384

第二节　合同解除与恢复原状　　　　　　　　　　　　　　386
　一、恢复原状之性质　　　　　　　　　　　　　　　　　386
　　（一）《民法典》体系中的"恢复原状"　　　　　　　　386
　　（二）合同解除恢复原状性质　　　　　　　　　　　　387
　二、恢复原状之内容　　　　　　　　　　　　　　　　　387
　　（一）合同性质与恢复原状　　　　　　　　　　　　　388
　　（二）标的属性与恢复原状　　　　　　　　　　　　　388
　　（三）合同履行与恢复原状　　　　　　　　　　　　　388
　　（四）恢复原状范围及方法　　　　　　　　　　　　　389
　三、恢复原状与补救措施　　　　　　　　　　　　　　　390
　四、相关判例对恢复原状之解读　　　　　　　　　　　　391

第三节　合同解除与结算清理条款　　　　　　　　　　　　393
　一、《民法典》第567条之适用范围　　　　　　　　　　393

二、"结算和清理条款"之内涵 393
　　三、解除所生次给付义务履行顺序 395
第四节　合同解除与违约责任 396
　　一、违约责任之性质 396
　　　（一）违约责任之含义 396
　　　（二）违约责任一般属性 396
　　　（三）违约责任特殊属性 397
　　二、合同解除与违约责任关系 398
　　三、违约归责原则及责任形式 398
　　　（一）违约归责原则 398
　　　（二）违约责任形式 399
　　　（三）违约赔偿分类及构成要素 400
第五节　合同解除与违约金 402
　　一、违约金之性质和类型 402
　　　（一）违约金之性质 402
　　　（二）违约金之类型 403
　　二、违约解除与违约金 406
　　　（一）违约解除应支持违约金请求 406
　　　（二）最高人民法院判例之甄别 406
　　三、合同解除与违约金限制 408
　　　（一）合同解除类型与违约金限制 408
　　　（二）违约金数额限制 409
　　　（三）违约金承担与履约过错 411
　　四、违约金数额之酌减 411
　　　（一）违约金酌减规则 411
　　　（二）逾期办证无违约金约定损失标准问题 415
　　　（三）和解或调解协议中违约金调整问题 416
　　　（四）土地出让合同违约金调整问题 417
　　　（五）违约金调整举证责任分配 421
　　五、预先放弃调整违约金与释明 423
　　　（一）预先放弃调整违约金效力 423
　　　（二）违约金不能依职权调整 423

(三)违约金释明规则　424

第六节　解除后果与合同利益　426

一、返还利益　426
 (一)返还利益之内涵　426
 (二)返还利益类型及规定　426

二、信赖利益　427
 (一)信赖利益之内涵　427
 (二)信赖利益之特征　428
 (三)信赖利益之类型及规定　428
 (四)信赖利益中的机会损失　429
 (五)信赖利益之范围限制及案例　431

三、履行利益　433
 (一)履行利益之内涵　433
 (二)履行利益之规定　433
 (三)履行利益之特征　433

四、可得利益　434
 (一)可得利益之内涵及特征　434
 (二)可得利益赔偿规定　435
 (三)可得利益确定规则　436
 (四)可得利益赔偿限制　440
 (五)可得利益损失举证责任分配　442
 (六)可得利益赔偿典型案例　442

五、固有利益　444
 (一)固有利益之内涵　444
 (二)固有利益损害之形态　445
 (三)固有利益损害之赔偿救济　445

第七节　合同解除与损害赔偿　446

一、合同解除与损害赔偿　446
二、损害赔偿请求权性质与类型　446
 (一)违约解除与损害赔偿　447
 (二)非违约解除与损害赔偿　449
 (三)协商解除与损害赔偿　449

（四）破产解除与损害赔偿 　　450
三、违约金与损害赔偿之关系 　　451
　　（一）指向同一损害不能并用 　　451
　　（二）指向不同损害可以并用 　　452
四、约定违约损失赔偿问题 　　453
　　（一）缔约时约定损失赔偿 　　453
　　（二）合同解除后约定损失赔偿 　　455
　　（三）金钱债务迟延履行违约损失赔偿 　　456
五、定金与违约金、损害赔偿之关系 　　457
　　（一）定金相关规则 　　458
　　（二）定金与违约金之关系 　　459
　　（三）定金与损害赔偿之关系 　　460

第八节　违约损失赔偿额确定和限制 　　460
一、违约损失赔偿额确定规则 　　460
二、违约赔偿限制规则 　　462
　　（一）可预见规则 　　462
　　（二）减损规则 　　464
　　（三）过失相抵规则 　　468
　　（四）损益相抵规则 　　469

第十章　几类典型合同解除问题　　473
第一节　买卖合同解除问题　　473
一、买卖合同标的和特征 　　473
　　（一）买卖合同标的范围 　　473
　　（二）买卖合同主要特征 　　474
二、适用买卖合同解除之规则 　　475
三、标的物质量瑕疵与合同解除 　　475
　　（一）质量瑕疵担保义务 　　475
　　（二）质量不明之处理规则 　　476
　　（三）质量瑕疵之违约责任 　　476
　　（四）质量瑕疵与合同解除 　　479
　　（五）质量瑕疵鉴定问题 　　480

四、标的物权利瑕疵与合同解除 480
　（一）权利瑕疵担保义务 480
　（二）权利瑕疵担保义务免除与合同解除 481
　（三）买受人中止付款权与合同解除 481
　（四）无处分权买卖与合同解除 481
　（五）标的物其他权利负担与合同解除 482
五、主物与从物合同解除效力问题 483
六、买卖合同之部分解除问题 483
　（一）合同能否部分解除之标准 483
　（二）数物买卖或分批交付之部分解除 483
七、分期付款买卖解除问题 484
　（一）分期付款买卖价值及规定 484
　（二）分期付款买卖解除之条件 486
　（三）分期付款解除与违约解除之比较 486
　（四）分期付款解除权之限制 488
八、债权人迟延受领与合同解除 489
　（一）债权人迟延受领之规定 489
　（二）债权人迟延受领与合同解除 490
九、动产多重买卖与合同解除 491
　（一）动产多重买卖履行顺序 491
　（二）动产多重买卖与合同解除 493

第二节　房屋买卖合同解除问题 494
一、房屋买卖合同概说 494
　（一）房屋买卖合同之特点 494
　（二）房屋买卖合同主要类型 494
二、房屋买卖合同之效力 495
　（一）商品房买卖合同效力 496
　（二）农村房屋买卖合同效力 496
三、商品房买卖合同解除问题 497
　（一）房屋主体质量与合同解除 497
　（二）房屋质量问题影响居住与合同解除 498
　（三）迟延交房或迟延付款与合同解除 500

（四）迟延办证与合同解除 ... 501
（五）住房按揭贷款与合同解除 ... 504
（六）担保贷款合同解除问题 ... 506
（七）合同解除与房屋预查封效力 ... 507

四、二手房买卖合同解除问题 ... 509
（一）限购、禁购与合同解除 ... 509
（二）一房数卖与合同解除 ... 510
（三）房屋内违法搭建与合同解除 ... 512

第三节 租赁合同解除问题 ... 512

一、租赁合同内涵和特征 ... 512
（一）租赁合同之内涵 ... 512
（二）租赁合同之特征 ... 513
（三）《民法典》"租赁合同"章适用范围 ... 513
（四）租赁合同特殊无效情形 ... 514

二、出租人有权行使解除权情形 ... 515
（一）承租人违约使用租赁物的 ... 515
（二）承租人擅自变动主体和承重结构或扩建的 ... 516
（三）承租人擅自转租的 ... 516
（四）承租人拒绝或迟延付租的 ... 518

三、承租人有权行使解除权情形 ... 519
（一）非承租人原因致使租赁物无法使用的 ... 519
（二）租赁物损毁而不可归责于承租人的 ... 521
（三）租赁物存在危及人身权瑕疵的 ... 523
（四）一屋数租致承租人无房可用的 ... 523

第四节 施工合同违约解除问题 ... 524

一、发包人行使法定解除权的情形 ... 525
（一）承包人明示或默示不履行主要义务的 ... 525
（二）承包人工期延误导致在约定工期内未完工的 ... 526
（三）承包人已完工的工程质量不合格且拒绝修复的 ... 527
（四）承包人对工程非法转包、违法分包的 ... 529
（五）承包人发生安全事故或施工期间资质等级下降的 ... 530

二、承包人行使法定解除权情形 ... 531

　　　　(一)发包人未按约支付工程款的　　　　531
　　　　(二)发包人所供主要建筑材料、构配件和设备不符强制性标准的　　532
　　　　(三)发包人不履行约定协助义务的　　　　533
　　三、施工合同违约解除后果问题　　　　534
　　　　(一)合同解除后能否依原约定扣留质保金　　　　535
　　　　(二)承包人应付违约金之调整　　　　536
　　　　(三)发包人解除合同信赖利益之赔偿范围　　　　536
　　　　(四)承包人解除合同可得利益之赔偿问题　　　　537

第十一章　几种特殊合同解除问题　　　　538
第一节　涉他合同解除问题　　　　538
　　一、束己合同与涉他合同　　　　538
　　　　(一)束己合同　　　　538
　　　　(二)涉他合同　　　　538
　　二、涉他合同之两种类型　　　　539
　　　　(一)向第三人履行合同　　　　539
　　　　(二)由第三人履行合同　　　　542
　　三、涉他合同之效力　　　　544
　　四、涉他合同之解除问题　　　　545
　　　　(一)涉他合同解除之争议　　　　545
　　　　(二)第三人利益保护标准　　　　546
　　　　(三)涉他合同解除情形　　　　547
第二节　非典型合同解除问题　　　　549
　　一、典型合同与非典型合同　　　　549
　　　　(一)典型合同及解除　　　　549
　　　　(二)典型合同名不副实问题　　　　550
　　　　(三)非典型合同　　　　552
　　二、非典型合同之法律适用　　　　554
　　三、非典型合同之种类及法律适用　　　　555
　　　　(一)纯粹非典型合同及法律适用　　　　555
　　　　(二)混合合同及法律适用　　　　556
　　　　(三)准混合合同及法律适用　　　　557

（四）合同联立及法律适用	558
四、非典型合同之解除问题	560
（一）纯粹非典型合同解除问题	560
（二）混合合同解除问题	560
（三）合同联立解除问题	560
第三节　未生效合同解除问题	562
一、未生效合同及法律地位	562
（一）未生效合同及要件	562
（二）未生效合同之种类	562
（三）依法须登记或备案合同之效力	565
（四）未生效合同之法律地位	569
二、未生效合同能否解除之争议	570
（一）未生效合同能否解除争议观点	570
（二）未生效合同解除争议之根源	573
三、未生效合同可解除之法理	575
四、批准生效合同解除之限制	577
（一）必须经催告程序	577
（二）报批人违约不报批或行政机关未批准时，才能解除合同	577
五、未生效合同解除之后果	578
第四节　预约合同解除问题	579
一、预约合同及法律规定	579
（一）预约及目的	579
（二）预约的法律规定	580
（三）预约之法律特征	580
二、预约合同成立之判断	581
（一）预约成立之判断标准	581
（二）磋商性文件问题	582
（三）优先协议问题	583
三、预约与本约之识别	583
（一）预约与本约之关系	583
（二）预约与本约之区别	584
（三）商品房买卖中的预约与本约	586

四、预约合同违约认定与解除 ... 587
　　(一) 违反预约合同之认定 ... 587
　　(二) 预约合同解除问题 ... 588
五、预约合同解除赔偿 ... 588
　　(一) 违约解除赔偿范围 ... 588
　　(二) 非违约解除赔偿范围 ... 589
　　(三) 预约解除与定金罚则 ... 589

第五节　股东协议解除问题 ... 591
一、股东协议及种类 ... 591
二、股东协议之法律适用 ... 592
三、股东协议效力审查 ... 593
四、股东协议解除问题 ... 595
　　(一) 发起设立公司协议解除问题 ... 595
　　(二) 对赌协议解除问题 ... 599
　　(三) 股权转让协议解除问题 ... 601

第十二章　行政协议解除问题 ... 608
第一节　行政协议识别和范围 ... 608
一、行政协议及行政诉讼规范 ... 608
　　(一) 行政协议之内涵 ... 608
　　(二) 行政诉讼规范 ... 609
二、行政协议识别 ... 610
　　(一) 行政协议之要素 ... 610
　　(二) 行政协议与民事合同区别 ... 611
三、行政协议范围 ... 612
　　(一) 法定范围及排除范围 ... 612
　　(二) 未列入行政协议的民事合同 ... 613
　　(三) 委托订约问题探讨 ... 617

第二节　行政协议合法性审查 ... 619
一、合法性审查范围 ... 619
　　(一) 对行政机关合法性审查 ... 619
　　(二) 结合原告诉求审查 ... 620

二、行政协议无效之认定 … 620
（一）认定无效之依据 … 620
（二）认定无效具体情形及例外 … 621
三、行政法律规范适用 … 623
（一）应适用的行政法律规范 … 623
（二）行政法律规范冲突处理 … 624
四、行政协议效力审查结果 … 627

第三节　行政机关解除权 … 628
一、行使行政优益权单方解除 … 628
（一）行政优益权及行使原则 … 628
（二）行使行政优益权解除协议 … 629
（三）行政优益权来源之争议 … 635
（四）行政优益权合法行使之审查 … 636
二、行政协议协商解除及限制 … 637
三、行政相对人违约之处理 … 637
（一）非诉行政强制执行 … 638
（二）行政协议僵局问题 … 639
四、行使行政优益权解除行政协议方式和程序 … 640
（一）解除方式 … 640
（二）解除程序 … 641

第四节　行政相对人解除权 … 642
一、行政相对人之解除权 … 642
（一）约定解除权 … 642
（二）法定解除权 … 642
（三）解除权之限制 … 643
二、行政相对人解除方式及程序 … 643
（一）行政相对人解除方式 … 643
（二）行政相对人解除程序 … 644

第五节　行政协议解除后果 … 645
一、行政机关行使行政优益权解除后果 … 645
（一）补偿义务之规定 … 645
（二）补偿范围探讨 … 645

二、行政相对人行使解除权后果　　646
　（一）有约定从约定处理　　646
　（二）无约定从法定处理　　646
　（三）行政机关违约赔偿范围　　646

第六节　《行政协议规定》适用问题　　648
一、《行政协议规定》适用范围　　648
二、以订立时间作为适用分界点　　649
　（一）行政协议成立之认定　　649
　（二）认定成立的特殊情形　　649
三、具体适用方法及可以适用之规定　　650
　（一）行政协议成立于 2015 年 5 月 1 日后　　650
　（二）行政协议成立于 2015 年 5 月 1 日前　　650
　（三）不同审级之法律适用　　651
　（四）法律适用冲突之选择　　651

附录　缩略语表　　653

第一章
合同解除权制度

合同解除制度是合同法律制度的重要组成部分,尽管《民法典》和其他民商事特别法对合同解除规定了诸多规则,但还有立法空白,所涉法律问题也并不简单,往往复杂疑难,众说纷纭。在实务中,要正确适用合同解除规则,首先必须了解合同解除的基本制度和原理,故本章是本书的基础。

第一节 合同解除与合同解除权

一、合同解除及合同解除权

(一)合同解除

在学理上,合同解除有广义的合同解除和狭义的合同解除之分。具体如下。

1.广义的合同解除。它是指合同成立后,当具备合同解除的条件时,因当事人一方或双方意思表示而使合同关系自始消灭或者向将来消灭的一种行为。[1] 根据合同性质、解除原因、解除主体、解除后果不同,可以将合同解除进行类型划分。比如根据解除原因不同,合同解除分为协商解除、约定解除和法定解除,又如根据解除主体不同,合同解除分为单方解除和双方协商解除,等等。

2.狭义的合同解除。它是指合同有效成立后,在没有履行或者完全履行前,当事人一方行使法定或者约定的解除权,使合同效力归于消灭。它具体包括法定解

---

[1] 参见王利明、崔建远:《合同法新论·总则》(修订版),中国政法大学出版社2000年版,第438页。

除和约定解除两大类。[1] 我国台湾地区学者郑玉波也认为"契约之解除者,乃当事人一方行使解除权,使契约效力溯及消灭之意思表示也"。[2] 狭义的合同解除理论认为合同有效成立后,在没有履行完成或者完全履行前,双方协商解除的情形不属于严格意义上的约定解除,而属于当事人之间订立原合同解除的协议。合同解除不以解除权的存在为必要,而是当事人之间以一个新的合同代替了原来的合同,当然这种协商解除完全可能产生导致原合同解除的效果,即产生与约定解除相同的法律效力。

《民法典》第562条第1款规定了协商解除,该条第2款规定了约定解除,第563条规定了法定解除,即《民法典》既承认法定解除和约定解除,也承认协商解除,故我国《民法典》在立法上采取的是广义合同解除概念。[3] 但实务中,最高人民法院倾向于狭义合同解除观点,而将协商解除看作一种新的协议。[4]

法律行为和基于法律行为产生的法律关系不同。法律行为一经作出和生效,理论上并不存在解除之可能,故与无效、撤销不同,解除合同严格来讲,只能是解除合同关系,而非解除作为法律行为的合同本身。《民法典》第557条第2款"合同解除的,该合同的权利义务关系终止"的规定,就是对上述观点的肯定。

合同解除作为合同权利义务关系终止的原因之一牵涉合同解除制度,而合同解除制度所规定的规则不仅类型繁多,还相当复杂,在诸多方面上理论与实务界始终存有较大争议,加之成文法典立法天然具有的"抽象性"表述特征,在一定程度上使合同解除规则的具体适用成为司法实践中的难点问题。

(二)合同解除权

1.合同解除权的概念。原《合同法》及《民法典》对合同解除权均未作出明确概念。通说认为:合同解除权是指合同依法成立后,履行完毕前,当满足特定的事由或法定条件时,当事人所享有解除合同,使合同效力归于消灭的权利。实务中,人们通常将依法享有解除权的当事人称为"解除权人",将依法不享有解除权的当事人称为"非解除权人。"

2.设置合同解除权之目的。合同有效成立后,当发生主观或客观情况,致使合

---

[1] 参见黄建中:《合同法总则重点疑点难点问题判解研究》,人民法院出版社2005年版,第505页。
[2] 郑玉波:《民法债权总论》,中国政法大学出版社2004年版,第324页。
[3] 参见韩世远:《合同法总论》(第4版),法律出版社2018年版,第644页。
[4] 参见江必新、何东林等:《最高人民法院指导性案例裁判规则理解与适用·合同卷一》,中国法制出版社2012年版,第414页。

同目的无法实现时,若仍然固守合同拘束力,反而不利于合同当事人一方或双方利益,乃至损害社会整体利益。从债权人立场考量,通过解除合同,使债权人从履行义务中解放出来并恢复原状,是法律赋予不能得到合同中期待利益的债权人的权利,比如 CISG 第 25 条规定就体现了这一理念。简言之,合同解除权的目的在于把债权人从不能得到利益的合同中解放出来,去从事新的交易。而从债务人立场考量,解除合同也可以避免其可能在时间、精力和财力上继续投入陷入纠葛的旧的交易,从而轻装上阵,从事新的交易。站在国家和社会整体利益角度,没有交易,就没有市场经济的繁荣,将一宗旧的交易从泥潭中解脱出来是对社会资源的解放,而新的交易也会不断地为社会创造财富,这也符合合同法鼓励交易的立法宗旨。因此,当出现合同解除的情形时,允许当事人依法行使解除权,使合同关系确定和稳定,这完全符合民法公平、效率、秩序等价值。

3. 合同解除权的保护与限制。合同解除仅是一种民事法律行为,与此不同的是,合同解除权是当事人在合同领域受实体法保护的一种权利。《民法典》第 3 条规定了"民事权利保护原则",即"民事主体的人身权利、财产权利以及其他合法权益受法律保护,任何组织或者个人不得侵犯"。在合同领域,表现为对于享有解除权的当事人,当其依照约定或者法律规定作出正当的解除合同行为时,法律当予保护。《民法典》第 132 条规定了"禁止权利滥用原则",即"民事主体不得滥用民事权利损害国家利益、社会公共利益或者他人合法权益"。在合同领域,表现为违约方不享有解除权已成公论,即使当事人享有解除权,在行使解除权时,若发生合同履行殆尽、合同解除除斥期间已过或第三人利益需要特别保护等情形,当根据具体情形,限制解除权人的解除权,从而体现解除权的谦抑性。

二、合同解除与契约严守

1. 契约严守规则。《民法典》第 119 条规定:"依法成立的合同,对当事人具有法律约束力。"《民法典》第 136 条第 2 款规定:"行为人非依法律规定或者未经对方同意,不得擅自变更或者解除民事法律行为。"通说认为此两条是契约严守规则(亦称合同严守规则)的具体体现。合同作为意思自治的产物,基于契约必须严守的理念与原则,在订立后自当具有强烈的法律约束力,当事人双方均须严格按照合同约定履行各自义务,以实现对方权利,进而实现双方的合同目的,故自不得轻言废弃、改变或解除。

2. 合同解除与契约严守。尽管契约严守的意义重大,纵使双方在订约时绞尽脑汁,全面考虑,仍然难免在合同履行时主客观情形发生意想不到的变化,或政府介入,或市场骤变,或"半路杀出个程咬金",有时更有对方当事人或背信弃义、恶意毁约,或多重立约,或经营受挫、履约艰难,均可导致合同履行成为不可能,或者成为当事人难以承受之重。于此时刻,继续遵循契约严守原则,很可能既违背了意思自治与合同自由之理念,又违背了市场与价值规律,迫使当事人进入一个没有出路的死胡同。故合同解除成为合同法中一项极重要的制度。各国民法均有关于合同解除的制度,与合同有关的国际公约或国际商事惯例(如 CISG、PICC 等)也将此作为重要的规则加以规定。

然而,合同解除毕竟是"契约必须严守"规则的例外,可能会在一定程度上"损害"契约严守规则,所以,立法规定的合同解除规则必须秉承如下基本理念:一是违约解除原则上只能是对守约方的救济,只有守约方才享有合同解除权,任意解除只能由法律规定;二是法律规定的解除条件或原因必须严格,不能动辄使合同面临被解除的危险,进而危及交易安全与市场信心;三是解除权的行使须严格按照法定方式进行,以防解除权的滥用;四是合同解除后果须由法律作出统一而严格的规定,同时给予法官适当的自由裁量空间。

但是,要达到如上立法目的,其实非常困难。究其原因,首先,将何种情形规定为合同得以法定解除的原因或者条件,便颇费思量,因为若将此等情形规定得过于宽泛,显然会不当激励解约行为,危害当事人预期与交易秩序;而若规定过于严苛,又极有可能使得合同解除制度形同虚设,当事人无从启动权利行使之程序。其次,解除权是应当定位为一般意义上的形成权,由当事人自己基于意思表示而行使,还是应规定为具有诉权性质的形成权,其行使必须介入公权力,当事人只能向法院或者仲裁机构申请行使,亦殊值权衡。若采前者,尽管方便当事人行使权利,但难防权利滥用之虞,且易使对方当事人处于十分不利的地位;而若依后者,尽管可以预防将一方当事人的意思强加于另一方当事人,却又无形中增加了当事人行使权利的成本,加大了解约负担,且在本来已经产生纠纷的当事人之间人为设置解除与否的新的争议,无异于厝火积薪,亦与意思自治、私权至上的理念相悖。最后,若合同得以解除,则解除的法律后果当如何界定,同样有不同的价值考量,若仅向后解除,使其不具有溯及力,则尽管可以稳定已有的给付关系与效果,却很可能难以实现当事人行使解除权的目的,而若相反,使其具有溯及力,则又很可能破坏既有的权利义务状态,或者增加恢复原状的成本与负担,不符合经济与效率的原则。凡此种种,均说明:一是合同解除制度意义颇巨,不可小觑;二是合同解除制度涉及面广,不能仅规定简单的两三条规则,否则在司法实践中不敷使用;三是合同解除制度作为交易规则的合同法律制度所追求的效率与安全双重价值的矛盾结合体,立法上需要斟酌各方利益,权衡各种价值,方可得其要领。

正因如此,在合同法学理上便出现了诸多有关合同解除的不同学术见解,立法上也形成较多的差异,由此更增加了进一步探讨合同解除制度建构的必要性。[1]

三、合同解除制度演变及规则体系

(一)原《合同法》的合同解除制度

《民法典》颁布之前,我国法律规范中涉及合同解除制度的大致有四类:一是原《合同法》总则中第 93 条(协商解除与约定解除)、第 94 条(法定解除)、第 95 条(解除权期限)、第 96 条(解除权行使规则)、第 97 条(解除后果),这些条文系合同解除的一般规则,此乃最主要和最重要的合同解除制度。二是原《合同法》分则中有关各个典型合同解除的具体规则,如买卖合同中的分期付款解除规则、委托合同任意解除规则等,亦构成重要的合同解除规则。三是最高人民法院的司法解释和司法解释性质文件中涉及合同解除的规定,如原《合同法解释(二)》第 24 条(解除权异议期间及其效力)、《买卖合同解释》(法释〔2012〕8 号)第 25 条(从给付义务违反与合同解除)、《九民纪要》第 48 条(违约方起诉解除)等。四是其他民商事法律法规中涉及合同解除的规则,如《海商法》《保险法》《消费者权益保护法》等特别法中的相关规定。

上述有关合同解除制度的法律规范确立了我国合同解除制度的基本框架,其所确立的合同解除制度的主要内容可以归纳为:其一,相对明确地规定了法定解除权的条件。其二,明确了约定解除条款的法律效力,体现了意思自治的民法理念。其三,将协商解除作为合同解除的类型,与单方解除并列,统一了协商解除与单方解除的基本规则。其四,相对明确地规定了合同解除的程序要件,肯定了解除权的形成权属性,明确了解除权的行使方式。其五,规定了非解除权一方的解除异议权及其行使方式与异议期间。其六,相对明确了合同解除的后果,使合同解除的法律效果相对明确、固定、可预期,且认可了多样化的合同解除的具体处理方式,包括恢复原状、采取补救措施、赔偿损失等。其七,对各个具体典型合同的解除规则进行了细化,提供了适合于各个典型合同的特别解除规则,增强了法律规范的可操作性,有利于具体纠纷的解决。其八,原《合同法》及其司法解释之外的其他民商事法律构建了基于特别法优先于一般法规则的合同解除规则群或规范体系,满足了原

---

[1] 参见刘凯湘:《民法典合同解除制度评析与完善建议》,载《清华法学》2020 年第 3 期。

《合同法》所规范的合同关系以外的其他合同关系对合同解除规则的特别需要。[1]

(二)《民法典》对合同解除规则之修订

《民法典》承继了原《合同法》及相关司法解释的合同解除制度,增加了一些新的解除规则,对原解除规则也进行了一定的调整。增加和调整的主要内容如下:(1)对因行使不安抗辩权解除合同的规则进行了调整,使不安抗辩权制度与预期违约制度相衔接,明确了行使不安抗辩权解除合同的后果(《民法典》第528条);(2)在合同编通则中增加了不定期持续性合同当事人的任意解除权(《民法典》第563条第2款);(3)增加了对合同解除权行使除斥期间的规定,明确法律无规定、当事人无约定或约定不明情形下,解除权的行使期限为1年(《民法典》第564条第2款);(4)增加了解除通知中附条件和期限自动解除规则(《民法典》第565条第1款第2句);(5)调整了对解除合同异议进行公力救济的主体,明确当事人双方均可请求人民法院或仲裁机构确定解除合同效力(《民法典》第565条第1款第3句);(6)增加了直接以公力救济方式解除合同制度,允许以提起诉讼或仲裁的方式解除合同(《民法典》第565条第2款);(7)增加了公力救济时合同解除时点规则,明确享有解除权的当事人提起诉讼或仲裁解除合同的,合同自诉状副本或仲裁申请书副本送达对方时解除(《民法典》第565条第2款);(8)增加了合同因违约而解除的,违约方承担全额的违约赔偿责任(《民法典》第566条第2款);(9)增加了合同解除对担保责任的影响(《民法典》第566条第3款);(10)增加了发生情势变更时,当事人有权请求变更或者解除合同的规则(《民法典》第533条);(11)对合同终止、债权债务终止、合同解除予以区分和调整(《民法典》第557条);(12)增加了合同僵局即非金钱债务不能履行时赋予当事人双方有权请求司法终止合同规则(《民法典》第580条第2款);(13)买卖合同中增加了无处分权合同可解除规则(《民法典》第597条);(14)将承揽合同中定作人行使任意解除权的期限限制在承揽人完成工作前(《民法典》第787条);(15)增加并调整了有偿委托合同中委托人行使任意解除权的后果是应当赔偿对方的直接损失和合同履行后可以获得的利益的规则(《民法典》第933条);(16)将行纪合同中没有规定的,适用委托合同有关规定之规定中的"适用"修改为"参照适用",并在中介合同(原《合同法》称居间合同)中增加同类规定,与委托合同中的任意解除权进行区别(《民法典》第960条、第966条);(17)建设工程合同中增加了因发包人和承包人违约解除合同的事由(《民法典》第

---

[1] 参见刘凯湘:《民法典合同解除制度评析与完善建议》,载《清华法学》2020年第3期。

806 条);(18)新增物业服务合同中业主的任意解除权、不定期物业服务任意解除权(《民法典》第 946 条、第 948 条);(19)新增合伙合同中不定期合伙的任意解除权(《民法典》第 976 条)。

在《民法典》起草过程中,学者就原《合同法》中合同解除制度的弊端发表了许多文章,提出了许多立法建议。在《民法典》制定过程中,立法机关肯定了学者的部分建议,将其吸纳到了《民法典》中,但仍然有不少好的立法建议未能被采纳,只能期待将来《民法典》修订时或者通过司法解释的途径逐渐得到完善。

(三)合同解除规则体系及法律适用

1. 合同解除规则体系。事实上,我国合同解除规则绝非《民法典》合同编通则所能容纳,而是客观地存在一个庞大的体系。简介如下。

其一,《民法典》第 557 条第 2 款和第 562 条至第 567 条,对合同解除与合同权利义务关系终止、协商解除、约定解除、法定解除、解除权行使期限及方式、解除后果、结算和清理条款效力等进行了规定;除此之外,《民法典》第 502 条第 3 款(解除与批准手续)、第 527 条与第 528 条(不安抗辩权与解除)、第 533 条(情势变更与解除)、第 580 条(非金钱债务不履行或履行不符合约定与司法终止请求权)也都与合同解除相关。如上规则构建了合同解除的基本规则。

其二,《民法典》为诸多典型合同制定了解除规则,如第 597 条(买卖合同中无处分权下买受人解除权)、第 778 条(承揽合同中定作人不履行协助义务时承揽人解除权)、第 933 条(委托合同中委托人和受托人的任意解除权)等。

其三,诸多特别法中的解除规则,如《保险法》第 15 条(保险人原则上无解除权)、《旅游法》第 63 条(未达组团人数时旅行社和旅游者的解除权)、《城市房地产管理法》第 17 条(土地使用者解除权)等。

其四,司法解释中的解除规则,如《民法典合同编通则解释》第 12 条(违反报批义务解除权)、第 19 条(无处分权解除权)、第 26 条(违反非主要债务解除权)、第 52 条(协商解除认定)等。除此之外,还有《商品房买卖合同解释》第 10 条(房屋质量问题严重时买受人解除权)、《土地使用权合同解释》第 6 条(受让人擅自改变土地用途时出让人解除权)等。

《民法典》第 563 条第 1 款在列举法定解除的 4 项事由(不可抗力、预期违约、经催告不履行主债务、合同目的不达)后,接着的第 5 项规定:"法律规定的其他情形。"换言之,只要是《民法典》没有规定,而其他法律规定解除规则的,均属法定解除规则之列,此属兜底条款。据此,笔者认为:除第 563 条规定之外的,所有法律(包括特别法、司法解释)明确规定的解除规则,都应当属于该条所指的"法律规定的其他情形"。限于本章篇幅所限,为便于检索,笔者在本书第三章"一般法定解除权"的第五节中对所涉法律予以详尽列举。

2. 不同解除规则的法律适用。既然合同解除规则是一个庞大的体系,针对个案而言,如何适用哪一解除规则,是解决合同解除纠纷面临的首要问题。《民法典总则编解释》第1条规定:"民法典第二编至第七编对民事关系有规定的,人民法院直接适用该规定;民法典第二编至第七编没有规定的,适用民法典第一编的规定,但是根据其性质不能适用的除外。就同一民事关系,其他民事法律的规定属于对民法典相应规定的细化的,应当适用该民事法律的规定。民法典规定适用其他法律的,适用该法律的规定。民法典及其他法律对民事关系没有具体规定的,可以遵循民法典关于基本原则的规定。"该规定是最高人民法院用司法解释形式明确了具体案件审理中的找法顺序。根据该规定,在适用不同的合同解除规则时:首先,特别法及相关司法解释中对具体合同解除规则有明确规定的,合同编通则无规定或有规定而冲突的,应优先适用特别法及司法解释中的相关规定。其次,合同编典型合同各章及相关司法解释对合同解除规则有明确规定的,合同编通则无规定或有规定而冲突的,应优先适用合同编典型合同各章及相关司法解释中的相关规定。最后,特别法、合同编典型合同各章及司法解释没有规定的,直接适用合同编通则中的合同解除规则(主要是《民法典》第563条)。

3. 适用《民法典》合同解除规则时间效力问题。《民法典》于2021年1月1日正式实施。《民法典》实施后,《民法典》的溯及力问题成为司法实务中引人关注的问题。为确保《民法典》统一正确适用,妥善解决《民法典》施行后新旧法律衔接适用问题,2020年12月14日最高人民法院颁布了《民法典时间效力规定》,自2021年1月1日起施行。该解释全面系统规定了适用《民法典》的时间效力问题。

根据该司法解释,在合同解除规则领域,在时间效力方面,应重点关注如下内容。

其一,在解除方式方面。原《合同法》第96条只规定了合同解除方式为通知方式解除,未规定诉讼方式解除。《民法典》实施后,对于诉讼方式解除,《民法典时间效力规定》第10条规定:"民法典施行前,当事人一方未通知对方而直接以提起诉讼方式依法主张解除合同的,适用民法典第五百六十五条第二款的规定。"依此规定,《民法典》中的诉讼解除方式可以溯及适用。

其二,在司法终止请求权方面。原《合同法》第110条规定了非金钱债务在3种情形下不能请求继续履行,但未规定当事人是否有权请求终止合同。《民法典》

第 580 条第 1 款承继了原《合同法》第 110 条的规定,同时新增了第 2 款,即"有前款规定的除外情形之一,致使不能实现合同目的的,人民法院或者仲裁机构可以根据当事人的请求终止合同权利义务关系,但是不影响违约责任的承担"的规定,解决了非金钱债务不能继续履行如何处理的问题。《民法典时间效力规定》第 11 条规定:"民法典施行前成立的合同,当事人一方不履行非金钱债务或者履行非金钱债务不符合约定,对方可以请求履行,但是有民法典第五百八十条第一款第一项、第二项、第三项除外情形之一,致使不能实现合同目的,当事人请求终止合同权利义务关系的,适用民法典第五百八十条第二款的规定。"该规定明确了《民法典》第五百八十条第二款司法终止请求权可溯及适用。

其三,在解除权行使期限方面。《民法典》施行前的法律、司法解释并没有对解除权行使期限进行统一规定,而《民法典》第 564 条第 2 款规定了 1 年的行使期限。《民法典时间效力规定》第 25 条规定:"民法典施行前成立的合同,当时的法律、司法解释没有规定且当事人没有约定解除权行使期限,对方当事人也未催告的,解除权人在民法典施行前知道或者应当知道解除事由,自民法典施行之日起一年内不行使的,人民法院应当依法认定该解除权消灭;解除权人在民法典施行后知道或者应当知道解除事由的,适用民法典第五百六十四条第二款关于解除权行使期限的规定。"为保护当事人基于原有法律形成的合理预期,该解释第 25 条规定,在对方当事人未催告的情况下,即使解除权人在《民法典》施行前知道或者应当知道解除事由,有关解除权行使期限亦应以《民法典》施行之日起算方为妥当,而不应以《民法典》施行前当事人知道或者应当知道之日起算。一般而言,新法基于填补空白,明确规定了权利行使期间的,一般均以新法施行之日作为行使期限的起算点,这符合司法实践经验,也有利于充分保护当事人预期。当然,对于《民法典》施行后当事人知道或者应当知道解除事由的,适用《民法典》的规定,自当事人知道或者应当知道解除事由之日起算。

第二节 合同解除权法律特征

一、解除权是一种合同权利

关于合同解除权的法律属性存在两种观点:一是责任说,认为合同解除是一种违约责任形式,是对违约方的一种制裁措施。二是权利说,认为合同解除是一种权利,是非违约方享有的一种权利。学术界通说认为:合同解除权是一种权利。

最高人民法院采用权利说。主要理由如下：第一，出现约定或者法定合同解除事由时，享有解除权的一方仅凭单方意思表示，直接向对方发出解除合同通知，即可发生解除合同的法律效果。第二，即使出现了约定或者法定解除合同事由，享有解除权的一方可以选择是否行使解除权而导致合同解除，这是解除权人应有的一种权利。

笔者赞同权利说。需补充的是：《民法典》第179条规定的承担民事责任方式的11种类型中不包括合同解除；《民法典》合同编第八章"违约责任"中并不包含合同解除制度，虽然合同解除处理后果涉及违约责任，如《民法典》第566条第2款规定"合同因违约解除的，解除权人可以请求违约方承担违约责任，但是当事人另有约定的除外"，但仅限违约解除之情形，若非因违约而解除的（如不可抗力解除、任意解除等），相对人可能无需承担违约责任。可见，合同解除本身不是违约责任形式。同时，法律赋予当事人解除权的目的，是使当事人双方从合同"枷锁"中摆脱出来，赋予其开始新的交易的权利。由此，"责任说"依据不足。

二、合同解除权之性质

（一）解除权性质之争议

民事权利之本质是指法律规范允许民事主体在法定范围内享有某种利益或实施一定的行为的法律手段。合同解除权既然是一种民事权利，就应当受到保护。但关于合同解除权的性质，根据民事权利的作用，学者们提出了不同的见解。

1. 形成权说。形成权是指权利人依自己单方的意思表示，使民事法律关系发生、变更或消灭的权利。形成权赋予权利人得以其意思表示形成一定法律效果的法律之力。相对人不负有相应的义务，只是受到约束，须容忍此权利形成及其法律效果。[1] 故民法赋予特定的民事主体以形成权，其目的在于使当事人按照自己的意愿，以单方意思表示产生变动的效果，无需取得对方同意。形成权与支配权相似，二者皆仅需凭权利人的意志即可实现权力效力；不同之处在于，形成权并不支配具体权利客体，或者说其"客体"是所需要改变的法律关系。[2] 解除权是指合同当事人一方依自己的意思表示即可将合同解除，从而使合同关系消灭的权利，故解除权性质为形成权。这是目前大多数学者普遍认同的观点。

2. 请求权说。请求权是指权利人要求他人为特定行为（作为或不作为）的权

---

[1] 参见王泽鉴：《民法总则》，北京大学出版社2009年版，第29页。

[2] 参见朱庆育：《民法总论》（第2版），北京大学出版社2016年版，第518页。

利。请求权的特点是,权利人对权利客体不能直接支配,必须通过义务人的作为或不作为,才能实现其权利。[1] 请求权说认为合同解除权并不当然是当事人权利,法院或仲裁机构也具有解除合同的权力。而且并非依解除权人一方意思表示,即使自己与他人之间的合同关系得以解除,而是需要合同解除权人诉诸法院或者仲裁机构,经过法院或仲裁机构对合同解除予以确认。正如一位学者所言:"解除之意思表示,民法为不要式,得于裁判外或裁判上为之。"[2]因此,该说中的解除权不是形成权,而是请求权。

3. 抗辩权说。抗辩权是指对抗他人行使权利的权利。民法的核心是权利,实现权利或维护权利的手段是行使请求权,与请求权相对的则是抗辩,在请求权成立、有效的情况下,只有有效的抗辩才能让被请求人免予为或不为一定行为的义务。故,抗辩权的行使以请求权的存在和请求的提出为前提。抗辩权的作用,在于"对抗""反对",阻止他人行使权利,但他人的权利并不因此而消灭。在未提出请求权的情形下,抗辩权无从行使。在权利已消灭的情形下,不适用抗辩权[3] 抗辩可分为两大类(事实抗辩和权利抗辩)、三小类(权利妨碍抗辩、权利阻却抗辩、权利消灭抗辩)。如果权利人的请求权成立、对方的抗辩不成立,则权利人的主张成立;如果权利人的请求权不成立,或虽然成立但对方的抗辩也成立,则权利人的主张不成立。

抗辩权说认为合同解除权虽与合同抗辩权有区别,但是就两者的产生原由来说,都多为一方当事人在先违约所致,故而合同解除与抗辩权并非毫无联系。解除合同在大多数情形是因合同一方当事人发生根本违约时,使合同对方当事人的合同目的无法实现从而促使守约方采取的救济途径,其实质是以合同解除方式对相对人违约行进行抗辩。因此,合同解除权既非形成权,亦非请求权,就其性质而言是一种抗辩权。

4. 形成诉权说。形成诉权是指权利人必须以向法院提起诉讼的方式来行使,并通过法院的判决来确定其效力的形成权。形成诉权是形成权的特殊行使方式。实务中,仅依据解除权人的通知往往难以使合同真正得到解除,大多数情况下对方当事人会对合同解除权提出异议,在当事人就合同解除争议达不成一致意见的情况下,合同解除权争议往往要通过诉讼途径,由法院确认合同解除效力。因此对于

---

[1] 参见魏振瀛主编:《民法》,北京大学出版社2000年版,第38页。
[2] 史尚宽:《债法总论》,中国政法大学出版社2000年版,第550页。
[3] 参见魏振瀛主编:《民法》,北京大学出版社2000年版,第38页。

合同解除权性质的认定,并不能只根据原《合同法》第96条第1款中就将合同的解除权简单定义为形成权,而应综合合同解除的诸多种情形,同时兼顾当事人行使解除权的现实状况。一旦当事人就合同争议无法达成一致意见,合同解除争议最终仍需通过司法途径得以解决。因此合同解除权实质上作为一种形成诉权存在。[1]

笔者认为:《民法典》生效后,形成诉权说失去立法基础。因为根据《民法典》第565条的规定,当事人行使解除权有两种方式:一是通知解除;二是诉讼或仲裁解除。依法的通知解除无需通过诉讼或仲裁方式确认。

(二)最高人民法院采纳形成权说

根据大多数学者的意见,最高人民法院采纳形成权说,并认为:合同解除仅凭单方意思表示就可以发生预期的法律后果,因此合同解除权是一种形成权。合同解除权行使的后果是使合同关系归于消灭,因此合同解除权属于消极的形成权。[2]

应当注意的是:《民法典》第533条规定了情势变更的情形下当事人可以请求解除合同的规则。这里的"请求解除合同"是行使请求权,不是行使合同解除权,对于这种因情势变更而提出解除合同的诉讼请求,法院根据具体案情,在判决中可支持,也可不支持。换言之,因情势变更解除合同,不是当事人行使合同解除权的结果。在非情势变更的情形下,如果解除权人通过诉讼或仲裁方式主张解除合同,人民法院予以支持,是对当事人解除权的一种确认;人民法院不予支持,只能表明当事人不享有解除权。还有《民法典》第580条规定了合同僵局的情形下,当事人有权请求司法终止合同。这里的"请求司法终止合同"同样是一种请求权,不是解除权,合同能否终止,由法院裁决。

(三)解除权为形成权的正当性

就法理而言,形成权仅凭单方意思表示就可以使既存法律关系生效、变更或消灭,而私法自治的基本要求则是,没有当事人意志参与,法律关系不能改变。故为了不与私法自治理念发生冲突,形成权需要具备特别的正当性。形成权的正当性存在于两个方面:第一是当事人约定,如果当事人事先通过约定授予一方形成权,形成权之设定已含对方意志参与,在行使形成权时,不存在违背私法自治之嫌。第

---

[1] 参见陈坚:《合同司法解除研究》,法律出版社2012年版,第51页。

[2] 参见江必新、何东林等:《最高人民法院指导性案例裁判规则理解与适用·合同卷一》,中国法制出版社2012年版,第415页。

二是立法者的价值判断,法律通过特别规定确认的形成权,其立法价值的正当性各不相同。比如,《民法典》第168条、第171条赋予当事人对无代理权、无处分权的追认权,体现的是对当事人意志的尊重;《民法典》第147、151条允许请求对基于重大误解实施的或成立时显失公平的行为予以撤销,体现的是为表意人提供纠错机会的人文关怀。

合同解除权同样具备形成权的正当性。第一,《民法典》第562条第2款规定的约定解除权,是当事人的意思自治的体现,当事人行使约定解除权与当事人行使合同约定的其他权利一样,未违反相对人意志。第二,《民法典》第563条以及其他法律规定的法定解除权,体现了当发生不可抗力或者一方违约等原因导致合同履行障碍时,法律赋予守约方或相对人从合同"枷锁"中解脱出来的权利救济;这种法定解除权通过法律条文予以规定的解除权,体现了立法者的价值取向。

当然,需要关注的是:依据《民法典》第533条规定,当事人可以因情势变更请求人民法院或仲裁机构变更或解除合同;依据《民法典》第580条第2款规定,当发生合同僵局导致当事人合同目的无法实现时,当事人可以请求人民法院或仲裁机构终止合同。如上所述,当事人在情势变更场合请求解除合同并非行使解除权,而是行使请求权,司法机关裁判解除也不是对当事人解除权的确认,而是根据具体案情支持当事人诉讼请求的一种裁判。同样地,在合同僵局场合,当事人请求终止合同,司法机关裁判终止合同,也不是对当事人终止权的确认,而是根据具体案情支持当事人诉讼请求的一种裁判。所以,从现有立法考量,法律并未赋予人民法院或仲裁机构依职权对合同享有解除权或终止权。

第三节 解除权制度价值和准则

一、解除权制度之源:公平原则

法律的根本目标在于实现实质正义,而非形式正义,合同立法也不例外。《民法典》合同编通过诸多合同制度来保证合同实质正义的价值目标的实现。

合同自由原则是私法的基本原则,依据该原则,双方当事人根据自由意志所订立的合同就等于法律,由此产生的权利义务应当是神圣的。当事人必须严格按合同约定履行义务,此谓合同严守原则。至于缔约人是否实际平等,一方是否利用了自己的优势地位或对方急需与己方订约的紧迫形势,或者履行合同时是否因情势变更而使一方显失公平,均不予考虑。这就是通说认为的合同形式正义观念。该观念源自古典契约理论,该理论建立的基础是存在一个完全自由平等的市场。在这个市场模式下,假定两个决策者都拥有其选择性质和结果的全部信息,在完全竞争模式中,全部信息意味着买家和卖家了解所有交易信息,另外,在市场上有着足够的买家和卖家,使交易双方都有足够的可供选择的交易伙伴。古典契约理论对于合同形式正义的追求源自自由竞争时代,由于其存在有其当时的社会经济基础,当然被当时的人们自然接受。

随着社会经济的发展,尤其是20世纪以来,社会经济结构发生了巨大变化,使得合同形式正义赖以存在的经济基础发生了巨大变化。体现在:(1)主体间平等性丧失,市场主体由差异不大的个体为主的时代转向以大公司、大企业甚至是垄断组织为主的时代,市场从自由竞争时代转向垄断时代。(2)主体间互换性丧失,现代社会市场主体由于客观上经济实力极为悬殊,双方在位置上互换很难实现。(3)完全的市场自由消失,由于行业垄断不断出现,强者更强,弱者更弱,导致了两大群体不断分化和对立,古典契约理论的经济基础已经动摇。由此导致了合同形式正义的理念被合同实质正义的理念所取代,为实现当事人之间利益衡平的公平原则应时而生。

我国原《合同法》第5条及《民法典》第6条均规定,当事人应当遵循公平原则,合理确定各方的权利和义务。这表明我国合同立法历来明确以追求合同实质正义为目标的公平原则。正是使合同从形式正义向实质正义转变的公平原则的存在,才真正催生了突破合同严守原则的合同解除制度,故没有公平原则被立法者确立,就不会产生现代合同解除制度。而且在当事人行使解除权的过程中,公平原则一直是评价其解除行为是否正当的价值基础。

二、解除权制度目标:实质正义

公平原则的目的是实现当事人之间的利益衡平,故公平原则又被称为"合同正义原则"。公平原则是民法基本原则,是各种合同制度存在的基础,合同解除权制度亦不例外。现代民法更加注重合同主体之间的权利义务的公平及客观结果上的利益均衡,徐国栋先生曾强调:"公平是民法的精神","舍弃公平,民法将不成为民法"。[1] 比如在一方当事人违约后致使合同无法履行或继续履行无意义的情况下,因故发生的损害若不停止,显然不符合公平原则,此时,法律赋予当事人一方解除权,其目的在于恢复违约方所扭曲的法律关系,使受害方获得公平的法律地位,

---

[1] 参见徐国栋:《民法基本原则解释》,中国政法大学出版社2004年版,第65页。

是对当事人所处的不公平状态的一种"矫正"。同时,如果对于当事人行使解除权不限制的话,市场平等自由交易将处于不安状态,交易成本与风险的增加同样会起到抵制交易的结果,这对于合同当事人以及整个社会来说也将产生不公平问题。因此合同正义或公平价值应是判断合同解除权行使之正当性的考量因素,也是解除权制度的根本目标。

三、解除权制度保障:效率与交易安全

在解除权制度中,法律对效率与交易安全价值的考量,主要体现在对合同解除权行使条件的限制上。《民法典》规定违约解除须达到"合同目的不能实现"的标准就是这种限制的具体体现。出于促进效益和确保交易安全的目的,各国对违约情形下的法定解除权都有适当的限制,这种限制主要体现在对法定解除权行使理由的严格限定上。一般而言,只有在违约致使不能实现合同目的的情形下,才允许受害方行使合同解除权,而轻微的违约不能解除合同。就立法而言,合同解除规则的制定不应偏袒任何一方当事人,必须保护双方的合理预期,维护交易安全。既不能纵容当事人无视合同义务,随意不履行合同行为,也不能容许一方因一点小小的违约就逃避合同义务,使另一方的权益被剥夺。否则不仅让交易安全的基本秩序被轻易破坏,同时双方当事人希望通过合同实现的重大利益也将不复存在,导致与交易效率的目的背道而驰。[1]

四、解除权行使准则:诚信原则

诚信原则,即诚实信用原则,是民法中的一项重要原则,常被称为民法特别是债法中最高指导原则,有"帝王原则"之称。

《民法典》第 7 条规定:"民事主体从事民事活动,应当遵循诚信原则,秉持诚实,恪守承诺"。可见,诚信原则首先是民法的一项基本原则,体现了立法的价值取向,其能够限制当事人意思自治,直接调整当事人之间的权利义务。其次,诚信原则也是一种具体行为准则,《民法典》将诚信原则具体化为诚信义务,此种义务具有强行性,当事人不得通过约定排除诚信义务的承担,违反此义务将构成违约。

关于诚信原则的具体内容和功能,王利明教授认为其包括:(1)确立行为准则的功能。这是诚信原则的首要功能,包括:一是要求当事人必须具有诚实、守信、善意的心理状态,做到现实上的诚实;二是当事人应依善意的方式行使权利和履行义

---

[1] 参见杜晨妍:《合同解除权行使制度研究》,经济科学出版社 2011 年版,第 30~37 页。

务,不得规避法律和合同规定,体现了伦理道德要求的诚实、守信、善意等规则,从而为民事主体从事民事活动提供了行为模式和标准。(2)确定附随义务的功能。附随义务通常指合同当事人之间应当履行通知、协助、保密等义务,它因诚信原则而产生,依诚信原则而行使,不论是否载入合同条款,依诚信原则,附随义务都自动成为合同的内容。(3)衡平功能。诚信原则不仅要平衡多数人之间的利益,而且要平衡当事人的利益和社会利益之间的冲突和矛盾,即要求当事人在民事活动中,充分尊重他人和社会利益,不得滥用权利,损害国家、集体和第三人利益。(4)解释功能。诚信原则在法律与合同缺乏规定或规定不明确时,法律规定司法审判人员应依据诚信、公平的观念准确解释合同。(5)填补法律漏洞的功能,我国合同法规定了合同漏洞填补的方法,当无法适用这些方法时,应依诚信原则填补合同漏洞。(6)降低交易费用和促进效率的功能。诚信原则有利于鼓励交易、促进效率、促进社会财富增长。[1]

在司法政策层面。最高人民法院强调在民商事审判活动中应充分适用诚实信用原则。最高人民法院在2007年全国民商事审判座谈会文件《坚持司法为民,坚持司法和谐,推动公正高效权威民事审判制度建设》中指出:"……由于诚实信用原则作为民法特别是债法中的最高指导原则或称为'帝王规则',对于民事审判实践,也具有统帅的作用,因此,人民法院一定要充分运用这一原则,制裁不守信用、见利忘义、不守合同、毁约的一方,保护诚实守信的一方的合法权益……人民法院裁判的结果要注意不能让失信者、见利忘义者、毁约者在经济上占任何便宜。在具体案件中,如果适用某一条法律的结果反而会使不守信用、见利忘义、毁约方获取不正当的利益,就应该注意考虑该条或者该几条法律的价值,是否存在两种以上的解释,或者考虑体系解释的方法,利益衡量的方法,向有利于诚实守信的一方解释,保护诚实信用一方的合法权益。总之,我们一定要用好、用足诚实信用这一原则,充分保护诚实信用方的合法权益,促进全社会诚信体系的建立和完善。"[2]

在合同解除制度中,行使解除权的理由必须正当、解除权应当在约定或法定期限内行使、违约方不享有合同解除权、轻微违约不得解除合同等,都是诚信原则的体现。因此诚信原则对合同解除行为具有行为准则的功能。其通过对权利主体行为进行指导和约束,避免权利滥用,进而实现合同法的目标价值。

---

[1] 参见王利明:《合同法研究》(第1卷)(修订版),中国人民大学出版社2011年版,第187~191页。
[2] 《坚持司法为民,坚持司法和谐,推动公正高效权威民事审判制度建设》,载最高人民法院民事审判第一庭编:《民事审判指导与参考》2007年第2集(总第30集),法律出版社2007年版,第57页。

第四节 合同解除与相关制度之区别

一、合同解除与合同终止之区别

合同解除与合同终止含义之区别。合同解除是合同终止原因之一。合同终止指由于一定的法律事实的发生,使合同所设定的权利义务关系消灭,合同关系在客观上已不复存在,故又被称为合同消灭。合同终止须有法律上的原因,原因一经发生,则自发生之日起,合同关系在法律上消灭,无须当事人同意。从各国立法上看,合同终止的主要原因有:清偿、抵消、提存、免除、混同、合同无效或被撤销、合同解除、期限届满、附解除条件成就等。除此之外,当事人死亡或丧失民事行为能力虽并非一概导致合同消灭,但对于有法律规定、当事人约定或债务性质本身决定与当事人不可分离的合同,随当事人死亡或丧失民事行为能力而消灭。

(一)合同解除与合同终止效力和适用范围区别

于法理而言,合同终止与合同解除都是使合同权利义务关系消灭的事由,但两者的效力和适用范围是不同的,二者区别为:

其一,二者效力目的不同。合同解除既有溯及既往地发生效力的情形,如一时性合同解除发生返还义务,也有合同解除向将来发生效力的情形。合同终止只是使合同向将来发生效力,当事人原相互给付不负有返还、恢复原状的义务,终止更多地体现在持续性合同,如租赁、劳务、委托、合伙等合同中。故合同终止解决的问题是合同的将来履行部分有无存在的必要,目的是消灭已无法实现部分合同内容的同时,保护已履行部分的合同内容。而合同解除的目的在于完全解除当事人之间无法实现的合同权利义务。尽管合同解除不属于违约责任形式,但大陆法系国家常常将解除视为违约的一种补救措施。

其二,二者适用范围不同。合同解除包括协商解除、约定解除、法定解除等。合同终止不仅仅是因为合同解除而终止,其导致终止的原因是多种的。根据《民法典》557条第2款及其他规定,合同终止主要形态有合同解除、法定终止、约定终止、司法裁判终止,故合同解除仅是合同终止形态之一。由此可见,合同终止的适用范围要比合同解除的适用范围广。

其三,二者适用条件不完全相同。合同有效成立后,任何一方不得随意解除合同,依此规定,解除合同应秉承谦抑性原则,禁止当事人在没有任何法定或约定依据的情况下随意解除合同。同时解除权是可以放弃的,倘若解除条件已成就,而守约方接受履行,则意味着放弃解除权;而合同终止条件成就时,即使守约方接受履行,合同仍可终止。

其四,二者溯及力不同。通说认为,合同终止仅仅向将来发生终止履行的效力,即不具有溯及既往的效力,已经履行的部分有效,无须返还或恢复原状。而合同解除则非如此,我国《民法典》第566条第1款规定:"合同解除后,尚未履行的,终止履行;已经履行的,根据履行情况和合同性质,当事人可以请求恢复原状或者采取其他补救措施,并有权要求赔偿损失。"可见,我国合同解除的法律后果有两方面:一是尚未履行的终止履行,向将来发生终止履行的效力,这一点与合同终止是相同的;二是已经履行的根据履行状况和合同性质产生请求恢复原状、采取补救措施、赔偿损失的效力。恢复原状系指合同解除产生溯及既往效力,但解除合同究竟是否产生溯及既往效力,是依据合同履行状况和合同性质决定的,并非一概而论。比如解除设备买卖合同,可能产生返还原物、赔偿损失问题;而解除建设工程合同,则不可能发生恢复原状问题,只发生赔偿损失问题。当然《民法典》第566条新增了合同因违约解除的,违约方应承担违约责任的规定,比原《合同法》第97条的规定更科学、更合理。

(二)《民法典》对合同解除与合同终止之区分

原《合同法》对合同终止没有明确概念,而是对合同终止原因进行了列举。原《合同法》第91条规定:"有下列情形之一的,合同的权利义务终止:(一)债务已经按照约定履行;(二)合同解除;(三)债务相互抵销;(四)债务人依法将标的物提存;(五)债权人免除债务;(六)债权债务同归于一人;(七)法律规定或者当事人约定终止的其他情形。"由此可知,我国原《合同法》将合同解除作为合同终止的原因之一,而将合同终止视为合同解除的上位概念,二者的共同之处是均能引起合同权利义务的终结,可见我国原《合同法》没有严格区分合同终止与合同解除。

原《合同法》颁布后,学者韩世远曾对其第91条中"合同的权利义务终止"的用语提出批评,认为债法总论上的债权债务消灭,其着眼点是单个债务或债权的消灭,例如债务人依法将标的物提存,其对应的债务终止,但债权并不消灭;而合同法总论上的合同债权债务侧重的是合同债权与合同债务之间的牵连,因此,合同权利义务的消灭指的是合同关系消灭,是合同权利义务全体的消灭,主要是合同解除。故不应笼统使用"合同的权利义务终止"的概念,将单个债权债务的消灭和合同整体权利义务的消灭混在一起,建议将债的消灭原因与合同的消灭原因分别加以规定。[1]

《民法典》吸收了学者的意见。《民法典》第 557 条第 1 款规定:"有下列情形之一的,债权债务终止:(一)债务已经履行;(二)债务相互抵销;(三)债务人依法将标的物提存;(四)债权人免除债务;(五)债权债务同归于一人;(六)法律规定或者当事人约定终止的其他情形。"该条第 2 款规定:"合同解除的,该合同的权利义务关系终止。"《民法典》第 558 条规定:"债权债务终止后,当事人应当遵循诚信等原则,根据交易习惯履行通知、协助、保密、旧物回收等义务。"

比较原《合同法》第 91 条与《民法典》第 557 条,笔者认为有如下区别。

第一,原《合同法》和《民法典》均将合同解除作为合同终止的原因之一。

第二,原《合同法》将债的履行、债的抵消、债的提存、债的免除、债的混同作为合同终止的原因,但《民法典》将其作为单个债权债务终止的原因,而非合同终止的原因。根据《民法典》第 558 条,债权债务终止后,当事人须履行后合同义务,表明仅仅该单个债权债务终止,还达不到合同关系消灭的效果。

第三,《民法典》第 557 条对债权债务终止的情形规定了"法律规定或者当事人约定终止的其他情形"。这里的"终止"结合上下文理解当然应指债权债务终止,而非合同终止。法律规定合同终止的情形在《民法典》已有规定,如《民法典》第 934 条规定"委托人死亡、终止或者受托人死亡、丧失民事行为能力、终止的,委托合同终止",又如《民法典》第 977 条规定"合伙人死亡、丧失民事行为能力或者终止的,合伙合同终止"。当事人约定债权债务关系终止的情形,例如,当事人约定附解除条件的合同,当解除条件成就时,债权债务关系消灭;又如,当事人订立附终止期限的合同,期限届满时,合同权利义务终止。

第四,债权债务终止后,当事人还有后合同义务需要履行,而合同终止后合同关系消灭,不再存在后合同义务,但应当清算,依据《民法典》第 567 条之规定"合同的权利义务关系终止,不影响合同中结算和清理条款的效力"。

第五,应当提及,根据《民法典》第 580 条之规定,履行非金钱债务发生法律上或者事实上不能履行、债务的标的不适于强制履行或者履行费用过高、债权人在合理期限内未请求履行 3 种情形之一,致使不能实现合同目的的,当事人有权请求人民法院或仲裁机构终止合同。该条赋予当事人在特殊情形下的"司法终止请求权",与当事人依法享有的合同解除权显然不同。

如上比较,是要说明《民法典》力图将"债权债务终止""合同终止""合同解除"

---

[1] 参见韩世远:《合同法总论》(第 2 版),法律出版社 2008 年版,第 446 页。

作明确区分。显然,"债权债务终止"是《民法典》新增加的概念,是合同终止的前置程序,不是合同终止的形式。合同解除是合同终止的形式,仍然是合同终止的下位概念。

二、合同解除与合同无效之异同

(一)合同解除与合同无效相同点

合同解除与合同无效存在共同之处:一是发生合同解除或确认合同无效时,都发生合同对当事人失去了约束力使合同关系归于消灭的法律效果;二是只有部分合同解除发生溯及既往的效力,而合同无效一概发生溯及既往的效力,发生溯及既往的效力的,在当事人之间产生恢复原状的义务。在立法上,《民法典》第157条对民事行为无效导致的恢复原状义务作出了规定;《民法典》第566条对合同解除导致的恢复原状义务作出了规定。正因如此,在实务中,有人将合同解除和合同无效混为一谈,但这是错误的。

(二)合同解除与合同无效区别点

实际上,合同解除和合同无效的区别很大,表现在以下几个方面。

第一,发生事由不同。合同无效是指合同根本不符合法定有效的要件,合同自始不能产生法律效力。而合同解除是消灭已经有效成立的合同,即合同关系已有效成立,但因合同解除而终止。合同无效是由于合同自身存在严重缺陷,合同自始、绝对、当然无效,本质上是国家对当事人意思自治的干预;无效合同不发生解除问题,即使当事人不主张,法院或仲裁机构亦应主动干预。解除必因法定或约定原因而产生,且须有法定解除程序,才能发生解除后果。当解除事由发生时,解除权人可选择解除合同,亦可选择继续履行,选择继续履行的,合同仍有约束力。

第二,行使权利主体不同。无效合同确认权归于人民法院或仲裁机构,对于无效合同,当事人可以主张,但需由人民法院或仲裁机构依职权确认。对于合同解除,应当由解除权人行使,人民法院或仲裁机构不能依职权解除合同。若当事人一方解除合同,当事人双方均可请求人民法院或仲裁机构确认解除的效力,裁判机关只能就解除的效力作出裁决,这与是否行使解除权是两个不同范畴。

第三,产生法律后果不同。无效合同因自始不能发生效力,故一般情形下发生恢复原状、溯及既往的法律后果。而合同解除不一定会发生溯及既往的后果。在司法实务中,对持续性合同中已经正常履行的部分,不发生溯及既往的后果,也就是不必返还财产,恢复原状。合同无效的,特别是当事人故意损害国家利益、公共利益、市场经济秩序的无效合同,《民法典》第157条虽然没有"追缴当事人违法所得"的规定,但根据《民法典合同编通则解释》第24条规定,违法行为未经处理,可能导致产生不当利益的,人民法院应当向有关行政管理部门提出司法建议;当事人的行为涉嫌犯罪的,应当将案件线索移送刑事侦查机关;属于刑事自诉案件的,应当告知当事人可以向有管辖权的人民法院另行提起诉讼。但合同解除因其前提为合同有效,一般不发生不当利益问题。

第四,两者依附基础的救济方式不同。合同解除以合同有效成立为前提,即只能解除有效成立的合同。而合同无效是自始无效,自始不发生法律效力,如果在履行阶段发现合同无效,当事人不能行使合同解除权,只能主张合同无效。

三、合同解除与合同撤销之区别

(一)合同撤销与合同解除的区别

意思表示真实是合同有效的要件之一,意思表示瑕疵的,法律赋予当事人撤销权。例如:《民法典》第147条、第148条、第149条、第150条、第151条规定了在订立合同时存在重大误解、欺诈、胁迫、显失公平等情形的,经利害关系人请求,可撤销该合同;《民法典》第145条规定限制行为能力人作出与其年龄、智力、精神健康状况不相称的、相称的或纯获利的民事行为之外的其他民事行为时,该行为被其法定代理人追认之前,善意相对人有权撤销。故合同撤销有两种情形:一是因意思表示瑕疵而撤销;二是因效力待定而撤销。

合同解除与合同撤销共同点:一是都属形成权范围;二是都会产生使合同溯及既往归于消灭的效力。但二者还存在如下区别。

1.发生的原因不同。《民法典》规定的合同撤销原因主要包括重大误解、显失公平、欺诈(包括第三人欺诈)、胁迫等导致意思表示不真实的情形。撤销原因属法定,从时间来说,在合同成立时,可撤销的原因事实就已存在。合同解除的原因可由法律直接规定,亦可由当事人约定,甚至可以通过补充协议予以约定。从时间上看,合同解除的事实原因大多发生在合同成立之后,更多是在合同履行中产生的。

2.适用范围不同。合同解除仅适用于有效成立的合同。合同撤销主要适用于合同成立时意思表示有瑕疵或民事行为能力有瑕疵,两者都属效力待定的合同。

3.合同关系消灭方式不同。合同撤销必须由撤销权人提出,由人民法院或仲裁机构确认;而合同解除则可以通过当事人协商或解除权人通知解除而达成,不一定经过人民法院或仲裁机构裁决。

4.权利行使期限限制不同。《民法典》第152条规定撤销权行使期限为1年,重大误解撤销权行使限为90日,均自撤销权人知道或应当知道撤销事由之日起计算,逾期则撤销权消灭,还有撤销权人知道撤销事由后明示或默示放弃撤销权的,撤销权也消灭。《民法典》第564条规定了解除权行使期限:一是有法定或约定解除权行使期限的,从法律规定或约定;二是无法定或约定解除权行使期限的,自解除权人知道或者应当知道解除事由之日起1年内行使;三是法律没有规定或当事人没有约定解除权行使期限,经对方催告后在合理期限内行使。逾期的,解除权消灭。

5. 溯及力不同。被撤销合同如同无效合同一般,自始不发生法律效力,因此合同撤销具有溯及既往的效力。而合同解除的溯及力则应根据合同履行、合同性质等情况予以认定,区别对待,如一时性合同存在溯及既往效力,因此发生返还财产、恢复原状问题,而持续性合同则无溯及既往的效力。

(二)合同解除权与合同撤销权之竞合

合同解除权与合同撤销权并非泾渭分明,在一定条件下存在竞合。原因是:可撤销合同在被撤销之前仍为有效之合同,只是其效力存在某种瑕疵,将来有被否定的可能性,若此时又发生了约定的或者法定的解除情形,两种形成权即撤销权与解除权并存于同一合同之上,若均未超过约定的或者法定的除斥期间,就产生了解除权和撤销权竞合问题。对此问题该如何处理?《民法典》未作规定,形成立法漏洞。

但学者对此进行了探讨。刘凯湘教授认为:首先,如果解除权与撤销权属于同一人,则其享有选择行使解除权或撤销权的权利,对方不能就此选择作出抗辩。理由很简单:权利本来就同时归于一人,选择何种权利都是对方必须承受的结果。当然,权利人不能在作出选择之后反悔,或者同时主张两种权利。其次,如果一方享有解除权而另一方享有撤销权,则依据谁先行使权利谁先受保护的原则,支持在先行使解除权或者撤销权一方的请求。若同时行使,则需分析撤销权的具体事由,如果撤销权的发生是由于权利人一方受对方欺诈或者胁迫所致,或因对方乘人之危且结果显失公平,则应优先保护撤销权的行使,并排除对方解除权的行使。如果是由于权利人一方自己的过错导致的重大误解而行使撤销权,则应当优先保护解除权。基于上述,刘凯湘教授曾建议:《民法典》将来增加对解除权与撤销权竞合规则的条文,具体表述为:(1)在合同编第三章"合同的效力"中规定:享有撤销权的一方当事人同时具备本编第七章规定的约定或者法定解除权行使条件的,由其选择行使撤销权或者解除权。(2)在合同编第七章"合同权利义务的终止"中规定:一方当事人享有约定或者法定解除权,另一方当事人享有本法总则编第六章规定的撤销权,双方同时行使权利,撤销权系因受对方或第三人欺诈、胁迫,或因对方乘人之危且显失公平而发生者,受理撤销权人的请求。撤销权系因重大误解而发生者,受理解除权人的请求。[1]

笔者需要提及的还有一种情形是:当撤销权灭失时,不妨用解除权或司法终止请求权来救济。比如设备买卖合同中,约定出卖人提供新设备,但交货时买受人未发现设备为翻新的旧设备,很明显出卖人已构成欺诈;但因买受人迟延使用设备,待使用中发现设备严重质量瑕疵后,往往要求出卖人维修,若维修无果,再要求换货,如此一来,拖过了撤销权1年的除斥期间。在此情形下,买受人虽不能再行使撤销权,但并非束手无策,仍可以选择设备质量瑕疵致使其合同目的不达为由行使合同解除权;即使过了解除权行使期限,仍可请求司法终止合同,进而追究出卖人违约责任。

四、合同解除与合同变更之区别

合同解除与合同变更均存在改变原合同的共同点,但合同解除与合同变更仍有如下区别。

1. 原合同关系是否消灭不同。合同解除具有消灭原合同关系的功能,且不存在建立新的合同关系。合同变更只是在原合同基础上使合同部分内容发生变化,合同关系并没有消灭,变更的合同与原合同仍然具有同一性,同一性是合同变更的核心。

2. 权利行使不同。除协商解除外,合同的解除是享有解除权的当事人行使解除权的结果,是使当事人摆脱合同"枷锁"的一种补救措施,这种补救措施具有法定性。合同变更是基于合同自由原则由当事人双方协商的结果,不需要行使权利,且合同变更与合同补救措施无关,完全是意思自治的产物。

3. 溯及力不同。合同解除导致合同终止,合同权利义务关系消灭,在一定情形下发生溯及既往的效力;而合同变更不会导致合同终止,也不存在溯及既往的效力。

第五节 解除合同的法律特征

一、解除前提是合同成立有效且未履行完毕

通说认为,合同只有在成立且有效后,在履行完毕前发生了履行障碍,才涉及

---

[1] 参见刘凯湘:《民法典合同解除制度评析与完善建议》,载《清华法学》2020年第3期。

到合同解除问题。合同是否成立是一个事实和价值判断问题,《民法典》及《民法典合同编通则解释》对合同是否成立规定了诸多规则,合同未成立的,因未达成合意,不存在解除问题。对于无效合同,因其成立自始无法律约束力,亦不存在解除问题,由无效合同制度予以调整。对于可撤销合同,合同被撤销的,其后果如无效合同一样,不发生合同解除问题;但撤销权人放弃撤销权,或撤销权过期失效的,因其已转化为有效合同,符合合同解除条件的,可以解除。对于效力待定合同,在效力待定期间必不发生解除问题,但该类合同一经权利人追认则自始有效,应属于合同解除范围。对无处分权人签订的合同,依照《民法典》第597条之规定,一般属于有效合同,存在合同解除问题,但标的物为法律、行政法规禁止或限制转让的合同除外。对于已履行完毕的合同,因合同目的已达成且权利义务已终止,无解除之必要,故不允许行使解除权。

二、解除合同必须具备一定条件

从合同严守原则出发,合同非因合法事由不得解除。合同解除制度设立的目的就是要保障合同解除的合法性。除协商解除外,合同解除条件可以是法定的,也可以是约定的。法定解除条件是由法律规定的在某些情况下当事人享有解除合同的权利,是国家为维护稳定的合同秩序而对合同进行的必要干预。约定解除条件是指当事人在合同中约定如出现约定情形,当事人一方或双方享有解除权,它是合同自由原则在合同解除制度中的体现。除此之外,合同解除需经批准的,还应当经过批准(《民法典》第502条),不过随着我国行政审批制度改革,这种情形较为少见。

三、解除合同须有解除行为

日本等国家立法对合同解除采取当然解除主义。所谓当然解除主义,是指只要符合解除条件,合同自动解除,而不以当事人意思表示为必要。采用当然解除主义虽然可能导致合同迅速解除,具有高效优势,但没有考虑到当事人的意志,当合同继续履行比合同解除更有利时,却一概自动解除,既违背当事人意志,也不利于正常经济秩序的稳定。我国《民法典》并不采纳当然解除主义。韩世远教授认为:"具备合同解除条件只不过是具备了合同解除的前提,要想使合同解除,须有解除行为。"[1]根据《民法典》第565条规定,行使解除权解除合同的,必须通知对方或

---

[1] 韩世远:《合同法总论》(第2版),法律出版社2008年版,第600页。

提起诉讼或仲裁。以通知方式解除合同的,合同自通知到达对方时解除;以诉讼或仲裁方式解除合同的,合同自起诉状副本或者仲裁申请书副本送达对方时解除。如果超过规定期限不行使解除权,该权利消灭。享有解除权的一方事后不得再次主张解除合同。简言之,没有解除行为,不发生解除效果。

四、解除结果是合同关系消灭

合同解除首先导致合同关系消灭。《民法典》第557条第2款已明确合同解除是合同权利义务关系终止的原因之一,此为立法依据。合同解除将使合同关系消灭有两种情形:自始消灭或向将来消灭。究竟是自始消灭,还是向将来消灭,各国立法对此规定不同,《民法典》第566条规定应根据"履行情况和合同性质"而定。通说认为:一时性合同发生自始消灭问题,持续性合同则发生向将来消灭问题。

第六节 合同解除类型

根据合同解除的主体不同、事由不同、方式不同、全部或者部分不同等情形,在学理上可以对合同解除类型进行区分。这种类型区分对于实务而言,具有重要的指导意义。

我国的合同解除包含了以下类型:合意解除与法定解除;协商解除与单方解除;约定解除与协商解除;向前解除与向后解除;全部解除与部分解除;违约解除与非违约解除;目的不能解除与履行不能解除;一般解除与特别解除;守约方解除与违约方解除;等等。下面就前面6种主要类型进行探讨。

一、合意解除与法定解除

以解除权的产生是否以合意为基础,可以将合同解除分为合意解除和法定解除。

(一)合意解除及特征

《民法典》第562条规定:"当事人协商一致,可以解除合同(第1款)。当事人可以约定一方解除合同的事由。解除合同的事由发生时,解除权人可以解除合同(第2款)。"第1款为协商解除,第2款为约定解除,是合意解除的两种形式。

合意解除的特征在于合同解除与当事人之间的意思表示密切相关,无论这种解除的意思表示是基于事前的约定条件还是事后协议都是如此，这一点与法定解除因法律规定的客观状况发生进而赋予一方当事人选择行使的解除权不同。[1]《民法典》第562条将合意解除分为协商解除（双方解除）与约定解除（单方解除），该条第1款"当事人协商一致，可以解除合同"是我国对协商解除的立法规定；第2款"当事人可以约定一方解除合同的事由。解除合同的事由发生时，解除权人可以解除合同"是我国关于约定解除的规定，它是指当事人双方在合同中的约定，在合同成立以后，没有履行或没有完全履行之前，当事人一方在合同解除事由发生时享有解除权，并可行使解除权使该合同关系消灭。

（二）法定解除及特征

法定解除是指合同成立以后，没有履行或者没有全面履行完毕以前，当具备法律直接规定的解除权条件时，解除权人通过行使解除权从而使得合同效力归于消灭。法定解除是合同解除最重要的类型。

法定解除的特点是：由法律直接规定解除的条件，当此种条件成就时，解除权人可行使解除权解除合同，而无须取得相对人同意。

法定解除可以分为两类：一般法定解除和法定任意解除。前者系合同履行达到法定解除标准时或出现法定解除事由时，当事人享有并行使法定解除权解除合同（《民法典》第563条第1款）；后者系在特定类型的合同中（如《民法典》通则563条第2款不定期持续性合同、《民法典》第787条承揽合同、《民法典》第933条委托合同等），基于法律规定当事人一方享有并行使对合同的任意解除权使合同解除，该类解除权的行使不受相对人是否违约限制，但解除合同给相对人造成损失的，应当承担赔偿责任。

判断当事人是否享有法定解除权，重点在于判断当事人主张的解除事由是否属于法定解除事由范围；而判断当事人是否享有约定解除权，重点在于探求当事人的意思，即当事人主张的涉案事由能否符合约定解除事由。简言之，前者重在法律解释，后者重在合同解释。

二、协商解除与单方解除

以解除合同时是否经过对方同意为基础，可将解除分为协商解除和单方解除。

---

[1] 参见钟奇江：《合同法责任问题研究》，经济管理出版社2006年版，第121页。

(一) 协商解除及特征

所谓协商解除,又称协议解除或合意解除,是指合同生效后的履行过程中,当事人各方达成一致意思表示解除合同(或部分解除)的行为。《民法典》第562条第1款对协商解除予以了规定。协商解除的特点是:不以解除权存在为必要,解除行为也不是行使解除权。协商解除的实质是以一个新的合同解除原合同,使原合同效力溯及消灭。在大陆法系中,协商解除称为合意解除、解除契约或反对契约[1]。当然,在当事人为多人场合,多人一致协商解除合同,亦为许可,如合伙人协商一致,解除合伙协议的,仍为协商解除。

(二) 单方解除及特征

所谓单方解除,是指解除权人在解除权条件成就时,不经过相对人同意而行使解除权的行为。单方解除行为的方式有两种:一是解除权人将解除权合同的意思表示直接通知对方;二是通过人民法院或仲裁机构主张解除合同,两种方式均可发生合同解除效果。

单方解除可以分为两种:约定的单方解除和法定的单方解除。约定的单方解除是指当事人事先在合同中约定了某种解除事由,当这种事由发生时,享有解除权的一方以单方意思表示即可使合同消灭,不必征得对方同意。法定的单方解除是指法律上有明确规定(如我国《民法典》563条中的具体规定),当某种情形出现时,享有解除权的一方可以依据法律规定直接行使解除权,以达到使合同消灭的目的。

三、约定解除与协商解除

以行使解除权是根据事前约定还是事后约定为基础,可以将解除分为约定解除和协商解除。

《民法典》第562条规定了协商解除和约定解除两种形态,它们都体现了当事人的一种合意,但它们是两个不同的概念,有本质上的区别。协商解除与约定解除的区别如下。

第一,约定解除是一种单方行为,须以约定的解除权存在为前提;而协商解除是双方协商的结果,不以解除权存在为前提。

第二,约定解除属于事前约定,它规定在将来发生一定事由时,一方享有解除

---

[1] 参见史尚宽:《债法总论》,中国政法大学出版社2000年版,第530页。

权。它类似于附停止条件的合同。而协商解除是事后约定,不需要事先约定解除事由,它是当事人根据已发生的情况,通过协商作出的决定,而且它可以在合同履行后的任何阶段单纯以双方合意为依据解除合同。故,约定解除一般是事先约定解除事由的解除,而协商解除是一种事后约定的解除。[1]

第三,约定解除一般是一方当事人违约,出现约定解除事由的结果。而协商解除不以一方当事人违约为前提,在没有发生违约或约定解除事由的情况下,双方亦可以协商解除合同。

第四,约定解除权的合同只是确认了解除权,合同解除事由预先约定,其本身并不导致合同解除,只有在当事人实际行使解除权时方可导致合同的解除。一旦行使解除权,就应当通知对方或提起诉讼或仲裁,否则,合同不产生解除效果。而协商解除,其内容并非确认解除权问题,而是确定合同已发生解除效果,所以一旦达成协议,即可导致合同解除。这是双方合意行为。

第五,约定解除权的效力由法律直接规定,约定解除权的行使可能直接导致合同关系消灭。约定解除权常常与违约补救和违约责任联系在一起,只要当事人一方违反合同义务且符合解除条件的,另一方就享有解除权,因此当这种解除发生时,就成为违约的一种补救方式。协商解除的效力完全由当事人的意志决定,法律不干预也没必要干预;协商解除也可能在违约情况下发生,但因为它完全是双方协商的结果,在性质上是对双方权利义务关系的重新安排、调整和分配,并不针对违约采取补救措施。[2] 故,协商解除是以一个新的合同关系代替了原来的合同关系,其效力完全遵循当事人之间的意思自治。

四、向前解除与向后解除

(一)解除溯及力与合同性质

就合同解除效力是否溯及既往而论,合同解除有向前解除和向后解除之分。所谓向前解除是指合同解除效力能够溯及既往,发生恢复原状(包括返还财产)的后果。所谓向后解除是指合同解除效力不能够溯及既往,而是向将来发生效力,不发生恢复原状(包括返还财产)的后果。

判断合同解除有无溯及力,判断合同解除是向前解除还是向后解除,与合同性质密切相关。《民法典》第566条的合同解除后果规则中,强调对于已经履行的部

---

[1] 参见黄建中:《合同法总则重点疑点难点问题判解研究》,人民法院出版社2005年版,第506页。
[2] 参见王利明:《违约责任论》,中国政法大学出版社1996年版,第525页。

分的合同解除后果,应根据"履行情况和合同性质"而定,其中"合同性质"是重要的考量因素。合同性质考量因素包括合同标的物是物还是行为,合同涉及的是转移标的物所有权还是转移使用权,合同是一时性合同还是持续性合同等。

(二)一时性合同与持续性合同

根据时间因素是否对合同给付义务的内容和范围发生影响,可将合同区分为一时性合同与持续性合同。

1.一时性合同。又称"一次性给付合同"或"单纯合同",是指合同的内容经一次给付即可实现。其主要类型包括买卖合同、互易合同、赠与合同、承揽合同等。应当注意的是:一时性合同不仅包括纯粹的"一次性给付合同",而且包括分期付款买卖合同或分期分批交货合同。原因是该类合同为单一合同,合同总给付是自始确定的,虽采用分期给付方式,但时间因素对给付的内容和范围并没有影响。[1]

2.持续性合同。又称继续性合同,是指合同的内容,并非一次给付就可以完结,而是继续的实现。其基本特色是,时间因素在债的履行上居于重要地位,总给付的内容取决于应为给付时间的长度。由于此类债权的主要效力在于履行状态的维持,因而有学者称为"状态债权"。[2]

王泽鉴教授认为,持续性合同有四个特点:(1)单一合同;(2)定有期限或不定期限;(3)以继续性作为或不作为为其内容;(4)随时间经过在合同当事人之间产生新的权利义务。[3]换言之,持续性合同最大特点是给付范围单纯由时间决定。

持续性合同依其构成要素不同,可区分为3种类型:固有的持续性合同、持续性供给合同、持续性交易关系。(1)固有的持续性合同是指在一定期间内持续履行的合同,其给付义务非一次性给付就可完结,而是表现为一种持续状态,如租赁合同、委托合同、保管合同、劳动合同、雇佣合同、合伙合同、消费借贷合同、使用借贷合同等。(2)持续性供给合同是指当事人一方于一定期限或不定期限内,向对方继续供给定量或不定量的一定种类及品质的物,而由对方按一定标准支付价款的合同。持续性供给合同包括供电合同、供水合同、供汽合同、供热合同、每天供应蔬菜牛奶合同等。持续性供应合同与一时性合同中的分期分批交货合同的区别,在于上述第四点,即分期分批交付合同自始有一个确定的总给付存在,但分期履行的每一期

---

[1] 参见王泽鉴:《债法原理》,中国政法大学出版社2001年版,第155页。
[2] 参见韩世远:《合同法总论》(第4版),法律出版社2018年版,第87页。
[3] 参见王泽鉴:《债法原理》,中国政法大学出版社2001年版,第156页。

给付,仅系部分给付。而在继续性供给合同中,其于一定时间而提出的给付,不是总给付的部分,而是具有某种程度的经济及法律上的独立性,不是"部分履行",而是在履行当中负有新债务。例如,甲向乙购买10瓶牛奶,每日送1瓶,是分期分批交货合同。甲与乙约定每日送1瓶牛奶,直至甲要求停送为止,则为持续性合同中的继续性供给合同。[1] 买卖合同中分期付款合同的核心是给付范围已事先确定,故不属持续性合同。(3)持续性交易关系并非严格意义上的法律用语,可以看作是一种交易模式,例如,买卖合同本身上是一种一时性合同,但实际中,当事人相同的企业之间的买卖可能会持续反复地进行,从而产生持续性交易关系。

我国《民法典》第563条第2款规定:"以持续履行的债务为内容的不定期合同,当事人可以随时解除合同,但是应当在合理期限之前通知对方。"根据该条规定,判断是否为持续性合同应以该合同是否为以持续履行债务为内容的合同,而非一次就会使债务消灭的合同为标准。据此,持续性合同中最典型的是固有的持续性合同,持续性供给合同也应纳入此范畴。对于持续性交易关系,则应根据合同主体、交易习惯、交易特征等综合判断是一时性交易合同还是持续性交易合同。

(三)解除效力:向前或向后之区分

通说认为:(1)一时性合同一般产生向前解除的法律效果,即解除具有恢复原状的可能性,可发生恢复原状义务。比如设备买卖合同解除后,双方恢复原状的情形是,卖方负有返还价款义务,买方负有返还已交付设备义务。当事人之间是否承担违约赔偿责任,则是合同解除后果中根据实际履行情况,需要另行考虑的问题。(2)持续性合同则产生向后解除的法律效果,即解除无恢复原状可能性,或者不宜恢复原状,通常不发生恢复原状、返还财产的义务。比如租赁合同违约解除后,承租人使用租赁物是一种行为,无法返还;依合同约定和实际使用期间,已给付的租金是对租赁物使用权的对价补偿,依公平原则,也不能返还。

(四)持续性合同解除规则

持续性合同可以分为定期持续性合同和不定期持续性合同。两者解除规则明显不同,具体如下。

1.定期持续性合同的解除。《民法典》合同编通则对定期持续性合同的解除未作特别规定,意味着该类合同的解除应适用《民法典》第562条、第563条第1款所

---

[1] 参见王泽鉴:《债法原理》,中国政法大学出版社2001年版,第156页。

规定的解除规则。

《民法典》第580条规定了非金钱债务不能履行产生合同僵局时,当事人可请求司法终止合同权利义务关系,但未解决金钱债务的合同僵局问题;按《民法典》第579条"当事人一方未支付价款、报酬、租金、利息,或者不履行其他金钱债务的,对方可以请求其支付"之规定,金钱债务不存在终止履行问题。但定期持续性合同中的金钱债务履行也会出现履行不能的僵局,如在长期性租赁合同中,承租人无力支付租金,出租人又不同意解除合同等情形。对该种情形,《民法典》颁布前的《九民纪要》第48条规定了违约方可请求解除合同,但《民法典》第580条未赋予违约方解除权,于此情形下,根据《民法典》第580条规定,违约方可以承担违约责任为代价,请求司法终止合同,从而解决金钱债务的合同僵局问题。

2. 不定期持续性合同的解除。所谓不定期合同,是指当事人未约定期限或者约定期限不明,也无法根据《民法典》第510条的规定确定履行期限的合同。不定期合同包括两种情形:一是当事人没有明确约定期限或约定期限不明的;二是期限届满以后一方继续履行义务,另一方没有提出异议的。在典型合同中,《民法典》规定了不定期租赁合同、不定期合伙合同、不定期保管合同、不定期物业服务合同等。现实生活中,因合同本身的性质使然,基于稳定合同关系、降低交易成本等因素考虑,当事人订立不定期持续性合同的现象较为普遍。

根据《民法典》第563条第2款的规定:以持续履行的债务为内容的不定期合同,当事人可以随时解除合同,但必须在合理期限内提前通知对方当事人。根据该条规定,以持续履行的债务为内容的不定期合同可以随时解除,这实际上赋予了当事人双方任意解除权,同时允许不定期持续性合同任意解除,也是将任意解除规则上升为合同法的一般规则,从而使不定期持续性合同的当事人不必无限期受合同的拘束,这无疑是合同法规则的进步和完善。在现代社会,任何一种债的约束都应该存在期限,允许那种无期限的债务的存在,对当事人来说是一种沉重的负担,甚至是"枷锁"。所以,对于不定期合同,明确终止期限,让当事人可以从合同中解放出来,实为此类合同实质正义的应有之义,这是当事人可以随时解除此类合同的法理基础。

适用《民法典》第563条第2款时,应当注意以下几点。

1. 只能适用于持续性合同。非持续性合同不适用任意解除规则。

2. 只能适用于持续性合同中的不定期合同。此处的"不定期"并非指合同履行起始时间不确定,也未必是合同中某个给付义务期限不确定而是指合同的存续期限不确定。持续性合同履行期限(或存续期限)没有约定或约定不明的,原则上可根据《民法典》第 510 条来补充确定,而非当然视为不定期合同。除此之外,合同履行期限届满,当事人之间均默示继续履行该合同的,亦属不定期合同,如《民法典》第 734 条第 1 款所规定的不定期租赁。若持续性合同属约定了履行期限或有效期的,不能适用第 563 条第 2 款规定的法定任意解除权,而只能适用一般法定解除权。

3. 解除前须预告通知。预告解除是持续性合同中特有的一项制度。依据《民法典》第 563 条第 2 款的规定,在任意解除不定期的持续性合同时,解除权人必须在合理期限之前通知对方,以使对方作出合理准备。法律作出此种规定的原因在于,对不定期的持续性合同而言,要求一方在解除合同时在一定期限内提前通知对方,可以给对方留出必要的准备时间,使相对人做好合同解除后的准备,如及时进行结算、寻找新的交易对象等,以避免给对方当事人的利益带来不必要的损失。故不定期合同解除程序上须两次通知,第一次是预告解除通知,第二次是解除通知。至于合理期限,需要根据合同性质、已经履行情况、交易额、交易惯例、对方为履行合同所做的准备与投入、对方寻找新的货源或者新的合作伙伴需要的时间等因素确定,短则几天,长则数月。

如果一方依该条行使任意解除权,未在合理的期限之前通知对方,而是在解除通知中规定通知到达对方时合同即解除,此时是否发生解除合同的效果?有学者认为,此种情况下通知仍发生解除合同效力,但是解除的时间节点应当推迟至合理期限届满之日,或者通知到达时发生效力但解除方需要赔偿因此给对方造成的损失。[1]

4. 双方当事人均享有解除权。因解除不定期持续性合同的目的在于明确终止期限,不需要理由,尤其不需要《民法典》第 563 条第 1 款规定的理由,故法律赋予双方当事人均享有解除权。因规定的解除权该条实质上属于无理由的解除权,故称为法定任意解除权。

五、全部解除与部分解除

根据解除的效果是针对合同的全部发生还是仅就其部分发生,可将合同解除分为全部解除和部分解除。一般情形下,当事人解除合同是全部解除,部分解除是合同解除的一种特殊形式,实务中并不多见。《民法典》合同编通则中对合同能否部分解除问题没有规定,但是在《民法典》合同编典型合同中有部分解除的明确规

---

[1] 参见刘凯湘:《民法典合同解除规则在起草过程中的争议与条文理解》,载王利明主编:《判解研究》2022 年第 2 辑(总第 100 辑),第 118~143 页。

定,如《民法典》第 632 条至第 633 条的规定,就是合同部分解除的规定。

实务中,对合同的部分解除有 3 种情形:一是合同能否部分解除;二是构成合同的主要条款能否被解除;三是合同的个别条款能否被解除。分述如下。

(一)部分解除标准问题

在实务中,当合同履行到一定程度并发生纠纷时,当事人一方常常根据自己的利益提出部分解除合同的诉讼请求。这类请求虽不多见,但实务中仍然存在。

判断合同能否部分解除的标准是:合同标的是否具有可分性。如果合同标的是可分的,则可以部分解除;如果合同标的不具有可分性,则合同不能部分解除。换言之,如果标的物部分解除不影响未解除标的物的价值,则可以部分解除;反之若标的物部分解除导致其他标的物价值严重贬损,则只能全部解除。比如大米和煤炭,无论分为多少份,其价值都是独立的,可以部分解除;如果是需要所有部件组合才能发挥效用的成套设备,则不可部分解除,只能全部解除。

《民法典》第 632 条、第 633 条对部分解除所规范的标准就是合同标的的可分性。虽然该两条属买卖合同的规定,但根据《民法典》第 646 条关于"法律对其他有偿合同有规定的,依照其规定;没有规定的,参照适用买卖合同的有关规定"的规定,其他有偿合同能否部分解除应当参照适用该两条的规定。

在《最高人民法院公报》2010 年第 5 期刊登的"沈阳银胜天成投资管理有限公司与中国华融资产管理有限公司沈阳办事处债权转让合同纠纷案"中,法院判决认为:银行不良金融债权以资产包形式整体出售转让的,资产包内各个不良金融债权的可回收比例各不相同,而资产包一旦形成,即具有不可分割性。因此资产包整体买进后,如果需要解除合同,也必须整体解除,将资产包整体返还。银行不良金融债权的受让人在将资产包中相对优质的债权变卖获益后,又通过诉讼请求部分解除合同,将资产包中的其他债权请求返还的,人民法院不予支持。

最高人民法院在安居区政府与洪某煌、洪润公司等合同纠纷案[(2021)最高法民申 4015 号]中强调:合同能否部分解除,取决于其能否分割履行,以及分割履行是否会损及标的物的整体价值与合同目的。

(二)主要条款单独解除问题

实务中,常有当事人请求解除合同主要条款的问题,该如何处理?笔者认为:依合同法原理,合同部分解除是合同解除的特殊形式,须以标的的可分性为前提。但是,若解除的部分条款已构成合同主要内容,或者该主要条款的解除将使合同主要目的不能实现,或者该主要条款的解除将导致合同权利义务严重不对称,进而损害对方当事人合法权益时,该主要条款不能被单独解除。当事人提起类似诉讼的,不能支持。

在由最高人民法院终审判决的董某树与朱某军、李某科股权转让合同纠纷上诉案中,最高人民法院认为:《"中天仕翔"全盘整合协议书》是一份由多方当事人参加的全面合作协议。朱某军、李某科诉请解除的《"中天仕翔"全盘整合协议书》第1、3、5、8条,涵盖了全盘整合的总体目标、仕翔公司股权整合目标以及资金整合目标等,这些条款构成了《"中天仕翔"全盘整合协议书》的主要内容,如被单独解除将严重影响《"中天仕翔"全盘整合协议书》目的的实现,不利于仕翔公司和中天仕翔的经营和发展,也不利于维护已经发生的交易关系的稳定和公司股东的利益,因而不应被解除。[1]

(三)个别条款解除问题

实务中,常发生当事人请求解除合同中个别条款的问题,这里的"个别条款"是指合同主要条款之外的条款。

《民法典》对于合同非主要义务条款的个别条款能否解除问题,没有规定。笔者认为:由于该类条款一般不涉及合同标的,不属合同主要义务条款,多为从义务或附随义务条款,即使未履行也不影响合同目的能否实现,故不能单独请求解除。比如设备承揽合同中,有约定承揽人完成设备制作任务后,在交货前,定作人应对设备进行预验收的条款。承揽人通知定作人预验收而被拒绝或迟延的,定作人不预验收应视同承揽人提供了预验收,不影响交货,承揽人单独解除预验收条款无实际意义。

对于此问题,吉林省高级人民法院民事审判第二庭(以下简称吉林高法民二庭)在《关于商事案件适用合同解除制度若干问题的解答》中认为:当事人请求解除合同个别条款没有法律依据。如果当事人的请求符合原《合同法》第54条(可撤销合同)或原《合同法解释(二)》第26条关于情势变更的规定,法院应当向当事人释明其可以变更诉讼请求。[2]

---

[1] 参见最高人民法院民事审判第一庭编:《民事审判指导与参考》总第43集,法律出版社2011年版,第188~192页。

[2] 参见最高人民法院民事审判第二庭编:《商事审判指导》总第39辑,人民法院出版社2015年版,第133页。

六、违约解除与非违约解除

根据合同解除是否因违约所致区分,合同解除可以分为违约解除和非违约解除。这是合同解除分类中的一个重要分类。

(一)违约解除及本质

违约解除是指合同因一方当事人之违约行为导致合同履行障碍而解除,包括《民法典》第 563 条第 1 款第 2 项预期违约、第 3 项迟延履行主债务经催告仍不履行、第 4 项迟延履行或者有其他违约行为导致相对人合同目的不能实现等情形。违约解除多以违约方在合同履行过程中的存在过错的违约行为为标志。

对于违约解除的法律本质,通说认为,"是非违约方在不得已的情况下采取的违约救济措施之一"[1] 其目的在于使非违约方从不同于其订约所期待的履行困境中解脱出来,摆脱合同约束力,及时消除或减少违约方的违约行为对其造成的损失。但非违约方行使解除权也附带地产生了"对违约方合同利益剥夺"的效果,因为合同因违约解除,违约方应向非违约方承担违约赔偿责任,这种责任就是对违约方利益的一种剥夺。所以,韩世远教授认为,违约解除的功能可以概括为 3 项:合同义务的解放;交易自由的恢复;对违约方合同利益的剥夺。[2] 笔者认为这种概括非常精妙、简洁。

尽管违约解除的逻辑前提是相对人发生违约行为,但并非任何违约行为都可导致合同解除。违约解除对非违约方是一种救济措施,但这种救济措施的行使还要充分考量当事人双方利益,促进和鼓励交易,限制社会资源损失和浪费,基于此点,法律有必要明确违约解除的具体事由,对违约解除的范围进行限制。因此,违约解除事由的设定应以利益平衡与价值评价为导向,解除事由的宽严正体现出立法者在自由、公平、效率、安全等价值之间做出的权衡和选择。[3]

(二)非违约解除及特点

非违约解除是指合同的解除不是违约所致而是客观原因使合同履行障碍所致。客观原因导致合同的履行障碍是非违约解除的典型特点。非违约解除中的客

---

[1] 王利明:《违约责任论》,中国政法大学出版社 1996 年版,第 544 页。
[2] 参见韩世远:《合同法总论》(第 4 版),法律出版社 2018 年版,第 651 页。
[3] 参见李晓钰:《合同解除制度研究》,中国法制出版社 2018 年版,第 66 页。

观原因包括《民法典》第 563 条第 1 项所指的不可抗力、《民法典》第 857 条所指的技术开发合同标的的技术已经由他人公开致使技术开发合同的履行没有意义等情形。另外还包括其他特别法规定的非当事人可以控制并可以据此解除合同的法定事由，例如，《旅游法》第 67 条规定因不可抗力或者旅行社、旅行辅助人尽合理注意义务仍不能避免的事件影响旅游行程的，旅行社可以解除合同。

非违约解除有狭义和广义之分。狭义的非违约解除是指因不可抗力、情势变更等不可归责于双方当事人任何一方的事由引起的合同解除；广义的非违约解除还包括法律规定当事人一方因享有任意解除权而可以解除合同的情形，例如，《民法典》第 933 条规定的委托合同中当事人双方享有的任意解除权。归纳一点，非违约解除以当事人在合同履行过程中无过错为标志。

(三) 违约解除与非违约解除之后果

由于导致违约解除和非违约解除的原因迥异，故二者解除后果的区别甚大，应当引起足够的关注。违约解除和非违约解除后果的区别为以下几个方面。

第一，对于因相对人违约导致合同解除的，根据合同性质和履行情况，除返还财产、恢复原状外，守约方还有权要求违约方按《民法典》第 566 条第 2 款规定承担违约赔偿责任。

第二，对于非违约原因导致解除合同的，应根据公平原则处理合同解除后果，比如，合同因不可抗力或情势变更而解除的，守约方不能追究相对人违约赔偿责任。

第三，对于当事人行使任意解除权解除合同的，其解除后果应区别不同情形对待。比如，《民法典》第 933 条规定："委托人或者受托人可以随时解除委托合同。因解除合同造成对方损失的，除不可归责于该当事人的事由外，无偿委托合同的解除方应当赔偿因解除时间不当造成的直接损失，有偿委托合同的解除方应当赔偿对方的直接损失和合同履行后可以获得的利益。"根据该规定，若无偿委托中因行使任意解除权给相对人造成损失，解除人应向相对人赔偿直接损失，即限于信赖利益赔偿。若有偿委托中因行使任意解除权解除合同给相对人造成损失，解除人既要赔偿信赖利益又要赔偿可得利益，也就是完全赔偿。

(四) 违约解除适用范围探讨

违约解除的情形下，法定解除权适用范围争议焦点是：其是否仅适用有偿的双务合同而不能适用单务合同。

因协商解除或约定解除均须考量合同条款,离不开当事人意思自治,故作为解除对象的合同,无论是双务合同还是单务合同,应当没有限制。

尽管《民法典》第563条对行使法定解除权的合同类型没有明确限制在有偿的双务合同,似乎各种类型的合同均可适用法定解除权,但从合同法原理出发,解除权产生通常系因一方的严重违约行为损害对方权利或者导致合同无法履行或者目的不能实现,即其应当发生于具有对待给付义务的双务合同场合。法定解除权之行使本基于法律规定而非基于合同约定,一般而言,根据法定解除权的功能将其适用于有偿的双务合同,应无争议。

一方履行单务合同、非债权合同违约时,对方能否行使法定解除权,理论上存在争议,有必要探讨。

1. 单务合同的法定解除权问题

相对于双务合同,单务合同是指仅一方负担给付义务的合同。通常而言,单务合同只存在一个请求权,而双务合同存在两个或两个以上请求权。典型的单务合同一般包括赠与合同、借用合同、无息借款合同、无偿委托合同、无偿保管合同等几类。

《民法典》第933条对委托合同当事人双方赋予了任意解除权;第899条规定了保管合同中的寄存人可以随时领取寄存物的权利和保管人在无约定保管期限或期限不明情形下可以随时请求寄存人领取保管物的权利,这两个权利也属任意解除权。故无偿委托合同、无偿保管合同存在可任意解除情形,但该情形不属违约解除情形。因此,笔者主要探讨赠与合同、借用合同、无息借款合同的违约解除问题。

（1）赠与合同的违约解除问题

就立法而言,《民法典》对赠与合同只规定了撤销制度,并未规定解除制度。比如,赠与人在赠与财产的权利转移之前可以撤销赠与(《民法典》第658条第1款),此为赠与的任意撤销,而非解除。又如,当受赠人出现严重不法或不当行为时,赠与人可以撤销赠与(《民法典》第663条),此为赠与的法定撤销,亦非解除。此外,当赠与人确属无力履行赠与义务时,赠与人可以拒绝履行赠与义务(《民法典》第666条),这在学说上一般称之为拒绝履行抗辩权或穷困抗辩权。

赠与合同中的撤销权与有偿合同中因违约产生的法定解除权并非同一概念,因为赠与人不愿履行合同时,可以通过撤销赠与的方法达到目的,不必也不可能利用法定解除权,因为受赠人不承担对待给付义务,因而不构成违约问题。根据《民法典》第660条的规定,若赠与人构成违约,受赠人可以请求损害赔偿,而没有必要解除合同。韩世远教授认为:在赠与合同中,即使赠与人违约,但由于受赠人自己并不负担对待给付义务,从而使得法定解除的功能无从体现。[1] 故,目前理论界一般认为单务合同不适用法定解除。

但刘凯湘教授对此提出了不同观点。他认为:(1)除了赠与物交付之前的任意撤销,在受赠人出现严重不法或不当行为时,如严重侵害赠与人或者赠与人的近亲属、对赠与人有扶养义务而不履行、不履行赠与合同约定的义务,这与法律规定的一方严重违约行为而导致的对方解除权的立法原理与目的其实是完全一致的,其撤销的后果与解除也别无二致,所以只是用语或概念使用的不同而已,实质就是解除合同。尽管赠与合同中不存在对待给付义务,但受赠人的上述不法或者不当行为会严重影响赠与人当初设立赠与合同的初衷,无法实现其合同目的,此与双务合同中的根本违约而导致的解除实为异曲同工。假若原《合同法》或现行的《民法典》在此处使用了"解除"的概念,大家也就接受这一概念了。(2)从《民法典》第666条规定的赠与人的拒绝履行抗辩权分析,在赠与人确属无力继续履行赠与合同的场合,如果仅仅是赋予赠与人履行抗辩的权利,赠与合同效力依旧存在,其抗辩权的行使只发生暂时不履行赠与义务而延期给付的效力,赠与合同依然存续,一旦赠与人的经济状况日后转好,受赠人仍可请求赠与人履行,这对于赠与人无疑是一个挥之不去的紧箍咒和道德负担,本来做好事的人却被法律绑上了道德的枷锁。所以,在此情形下允许赠与人解除赠与合同更符合立法旨趣,也更能够鼓励人们从事善行。(3)尽管赠与合同为单务合同,受赠人不存在对待给付义务,不会发生因受赠人违反对待给付义务而导致赠与人的解除权,但倘若因不可抗力或意外事故而致使赠与人不能履行赠与义务,则即便是属于《民法典》第658条第2款规定的"经过公证的赠与合同或者依法不得撤销的具有救灾、扶贫、助残等公益、道德义务性质的赠与合同",赠与人也应当可以解除合同。(4)简言之,赠与合同应当适用合同解除制度,立法上也已经承认解除制度,只是使用了"撤销"的概念而已。其实,"撤销"的概念反倒容易与可撤销合同及债的保全撤销混淆,还不如直接使用名实相符的"解除"更好。因此刘凯湘教授建议将来在赠与合同一章增加如下规定:赠与人因客观情形而无力履行赠与义务的,经过一定合理期限后可以解除合同;对于具有救灾、扶贫、助残等社会公益、道德义务性质的赠与合同或者经过公证的赠与合同,因发生不可抗力或意外事故致使赠与人不能履行赠与合同的,赠与人可以解除合同。[2]

---

[1] 参见韩世远:《合同法总论》(第4版),法律出版社2018年版,第651页。
[2] 参见刘凯湘:《民法典合同解除制度评析与完善建议》,载《清华法学》2020年第3期。

(2) 借用合同的法定解除权问题

借用合同是出借人将出借物（动产或不动产）无偿交付借用人使用，借用人到期返还出借物的合同。学理上借用合同为实践性合同，出借人将出借物交付给借用人时合同才生效，故其为单务合同。在借用合同中，借用人无需支付任何费用，所以不存在因借用人拖欠或拒绝支付使用费之严重违约行为而发生出借人的解除权。但是，在对于期限较长的借用合同，如果出现借用人擅自改变出借物的用途、损坏出借物等违约情形，在借用期限届满之前出借人是可以行使解除权的。在一则汽车借用纠纷中，甲乙系朋友，甲出于友情在自己出国半年期间将一辆高档汽车无偿借给乙使用，后甲通过其他的朋友了解到乙经常不按照使用方法使用车辆，到第四个月时车辆已经两次进4S店修理，此时甲不再顾及情面要求乙返还车辆，实则要求解除借用合同。[1]

(3) 无息借款合同的法定解除权问题

借款合同根据缔约主体不同分为金融借贷和民间借贷。金融借贷属于有偿合同、诺成合同、双务合同，并无争议。但民间借贷存在有偿（有息）和无偿（无息）之区别，在有偿时视其为诺成合同与双务合同并无大碍，但在无偿的情况下该借款合同的性质如何曾经存在疑问。《民法典》第679条规定："自然人之间的借款合同，自贷款人提供借款时成立。"该规定表明民间借款合同，无论有偿或无偿，均为实践性合同。自然人之间无偿借贷的，因其无偿性，构成单务合同。

既然自然人之间无偿借款合同定性为实践性合同与单务合同，那么由于作为借款合同标的物的货币是一般等价物，借款人取得其所有权，若不存在借款人在借款期限届满之前发生严重违约行为，也不像商业借款合同中存在借款人不按用途使用借款的情形，一般也不发生解除权。

2. 非债权合同的法定解除权问题

非债权合同是指没有债权需要履行的合同，比如物权合同已经履行完毕的，又如和解协议明确双方债权债务已经履行完毕的，还有即时结清的买卖合同等，因均不存在债权债务需要履行问题，自不发生法定解除权问题。故法定解除权仅限于未履行完毕的债权合同场合。当然非债权合同解除虽不能适用法定解除权，但根据意思自治原则，不排除当事人协商解除或通过约定解除。

---

[1] 参见刘凯湘：《民法典合同解除制度评析与完善建议》，载《清华法学》2020年第3期。

第七节　合同解除权并存问题

一、合同解除权并存

《民法典》根据合同性质和履行情况等,对合同解除确立了诸多不同的解除规则。对于解除权并存如何解决的问题,《民法典》未作统一规定。但实务中,解除权并存问题经常发生,非常有必要探讨。

探讨解除权并存问题的法律意义在于:当事人依据不同解除规则主张合同解除的,由于请求权基础不同,解除后果也不同,进而直接影响到当事人的切身利益。比如,违约解除后果存在违约责任,而非违约解除后果一般没有违约责任,两者存在明显差异。

所谓解除权并存,是指同一合同在订立时存在数个不同种类的解除权或同一合同履行后包括发生纠纷时当事人存在数个不同种类的解除权的情形。解除权并存有两种情形。

第一种情形:同一合同在订立时存在数个不同种类的解除权,主要是指订立合同时约定解除权和法定解除权并存的情形。比如,承揽合同中,定作人与承揽人约定承揽人未能在约定时间内完成承揽任务交付工作成果的,定作人有权解除合同,或者承揽人迟延付款达一定数额时,承揽人有权解除合同,这些情形当属约定解除。但立法本身对承揽合同的定作人赋予了两种法定解除权。一是《民法典》第772条第2款规定的"承揽人将其承揽的主要工作交由第三人完成的,应当就该第三人完成的工作成果向定作人负责;未经定作人同意的,定作人也可以解除合同",此为定作人享有的一般法定解除权。二是《民法典》第787条规定的"定作人在承揽人完成工作前可以随时解除合同,造成承揽人损失的,应当赔偿损失",此为定作人享有的任意解除权。

第二种情形:同一合同履行后或发生纠纷时,当事人享有数个不同种类的解除权。比如租赁合同中约定承租人迟延支付租金时,出租人有权解除合同,这是约定解除权。即使没有约定,根据《民法典》第722条"承租人无正当理由未支付或者迟延支付租金的,出租人可以请求承租人在合理期限内支付;承租人逾期不支付的,出租人可以解除合同"之规定,出租人享有法定解除权。在该情形下,承租人付租违约时,出租人就同时享有约定解除权和法定解除权。

就立法而言,在一般法定解除场合,也存在解除权并存情形。比如,依照《民法典》第 563 条第 1 款第 2 项至第 5 项的规定,若发生预期违约、迟延履行主债务经催告仍未按期履行、迟延履行或有其他违约行为导致合同目的不达或其他法律规定解除情形,当事人一方享有法定解除权。这些不同情形的解除条件是平行关系,非隶属关系。

二、解除权并存的选择

从民事诉讼角度来看,如果当事人同时主张多个解除权,则构成诉的选择合并;同时以通知和提起诉讼方式主张解除的,则构成确认之诉和形成之诉的合并,法院应首先审查在先通知解除是否有效,再审查是否准许判决解除。以一种解除权起诉败诉的,既判力仅及于该种解除权,败诉后仍可以其他解除权起诉。

所以,当出现解除权并存情形时,享有解除权的当事人如何选择哪一类型的解除权解除合同,或者说主张何种解除规则来解除合同,是一件非常重要的事情,若选择不当,可能产生不当行使解除权而被法律否认的结果。比如,在设备承揽合同中,当定作人发现承揽人未经同意将主要设备交由第三方制造时,未主张解除合同,而嗣后由于市场价格下跌原因,却行使任意解除权解除合同。这明显是不当的。因为定作人基于承揽人违约而解除合同的,承揽人应向定作人赔偿损失,而定作人行使任意解除权解除合同的,应向承揽人赔偿损失。因此,当事人应当根据法律对各个不同类型解除权所确定的规则,结合合同实际履行情况慎重选择不同类型的解除权,明确解除权的事实依据和法律依据。

实务中,当如何选择,宜考量如下因素。

第一,应考量行使不同类型解除权的后果。以笔者曾承办过的某商品房销售代理合同纠纷为例:在该商品房销售代理合同纠纷中,合同约定代销商按 4 期完成商品房代理销售任务,但代销商只完成了两期销售,由于市场行情下跌,未按约定期限完成后两期销售任务;后来由于开发商内部股东换人,新股东为降低代理费提成比例,不愿代销商继续代理销售,以委托合同可任意解除为由发出解除合同通知。代销商随即提起诉讼,要求开发商赔偿其销售人员工资、管理费等损失,开发商在法庭上以代销商未如期完成销售任务不应赔偿为由进行抗辩,该抗辩事由未被法院采纳。法院的主要观点是,尽管代销商存在违约行为,但开发商未行使法定解除权,表明其当时是希望合同继续履行,故不采纳其抗辩理由;嗣后开发商行使任意解除权解除合同,应当根据任意解除权的后果向受托人赔偿损失。该案判决结果支持了代销商的赔偿请求。

第二,应考量所行使的解除权是否已经灭失的情形。解除权并非永恒存在,可能因为解除权人放弃或因为超过解除权行使期限而灭失,行使已经灭失的解除权将不会得到法律支持。比如,某房屋买卖合同约定分期付款,买受人给付首付后,对后续付款已严重违约,但出卖人未解除合同;两年后当房价大幅上涨时,出卖人以买受人违约为由解除合同,此时出卖人的解除权可能因超过法定期限而灭失,出卖人不再享有解除权。

在实务中,有的法院在判决时,未审慎审查当事人行使解除权的类型和事由,在支持合同解除的情形下,却笼统以依据《民法典》第563条第1款规定作出判决,这种判决依据让人摸不着头脑。因为《民法典》第563条第1款规范了不同类型的法定解除权,各自的适用前提、条件及诉讼中所对应的证据区别甚大。这种胡子眉毛一把抓、判理含混不清的做法,是明显不当的。

需要指出的是,解除权是否行使是当事人的权利,在当事人同时享有多个解除权的情况下,选择行使哪一类型的解除权也是当事人的权利,人民法院不应主动为当事人作出选择。但是,如果当事人选择的解除权不成立,而该当事人还享有其他解除权,考虑到解除权的行使效果和目的相同,法院可以向当事人释明,在当事人调整解除权的依据和理由后,还应给予另一方当事人充分答辩机会,然后再作出具体裁判。[1]

实务中,若当事人在诉讼中未选择某一类型解除权,而是同时主张数项解除权,如何处理?人民法院案例库入库编号为2023-08-2-269-006的广州某商务服务公司诉陕西某电子工程公司、陕西某实业公司、陕西某投资公司等股权转让纠纷案[(2022)最高法民再81号]再审判决提供了如下裁判规则:(1)对于解除合同的诉讼请求,合同法上有多个合同解除的法律规范,当事人一并主张多个法律规范支持其请求的,人民法院应当允许,并纳入审理范围,不能要求当事人仅选择适用其中一个法律规范或者放弃适用其他法律规范。(2)依据不同的法律规范支持当事人解除合同的诉讼请求,如果会产生不同的法律后果,人民法院应当尊重当事人对适用法律规范顺序的选择。当不具备前位的法律规范适用条件时,人民法院应当继续审查是否具备后一顺位的法律规范适用条件,当认定符合一项法律规范适用条件且请求权成立时,即可作出裁判,对后位的法律规范不再进行审理。当事人未选择法律规范的适用顺序时,应当按有利于请求权人的原则确定适用的法律规范顺序。(3)在合同履行过程中,发生情势变更情形,导致当事人合同目的不能实

---

[1] 参见最高人民法院民法典贯彻实施工作领导小组主编:《中华人民共和国民法典合同编理解与适用》(四),人民法院出版社2020年版,第3533页。

现,当事人主张适用情势变更相关规定解除合同的,人民法院应予支持。

三、法定解除事由并存之解除

在《民法典》第 563 条第 1 款规定的一般法定解除场合,解除事由并存的情形主要是违约行为和不可抗力并存。由此产生合同解除原因究竟应是违约行为还是不可抗力问题,正确区分二者对合同解除后果影响甚大。

不可抗力导致合同不能履行的解除,究竟能否纳入违约解除范围,存在争议。大多数学者认为因不可抗力而解除合同的,属于客观原因解除,不属于违约解除。另有学者认为,合同法采取严格责任原则,并不考虑客观因素,只要没有履行或完全履行合同即视为违约,因此不可抗力致使合同不能履行,也属于一种违约形态,同样应纳入违约解除范围,只不过在后果上产生是否免除违约责任问题。[1]

崔建远教授认为:在违约行为和不可抗力均为解除事由的情况下,应由解除权人选择决定以何为由解除合同。[2] 笔者赞同崔建远教授的观点,并认为:在同时存在数项解除权时,根据权利行使由当事人决定的基本法理,法官应尊重当事人的选择权;尽管违约解除和不可抗力解除的后果区别甚大,当事人在选定行使某一类型解除权时,自必有其利益的考量,这也体现了解除权并存时选择的重要性。

---

[1] 参见李晓钰:《合同解除制度研究》,中国法制出版社 2018 年版,第 63~64 页。
[2] 参见崔建远:《完善合同解除制度的立法建议》,载《武汉大学学报(哲学社会科学版)》2018 年第 2 期。

第二章

协商解除和约定解除

当事人通过合同约定方式解除合同或依合同约定行使解除权,在法理上称为意定解除,也称合意解除。意定解除是合同自由原则在合同解除制度上的反映。当事人既然可以依照合同自由原则签订合同,同理也可以按照合同自由原则解除合同。只要约定内容不违反公序良俗及第三人合法权益,法律自无干涉必要。

意定解除又分为协商解除和约定解除两种类型。《民法典》第 562 条第 1 款规定:"当事人协商一致,可以解除合同。"该规定为立法上对协商解除的规定。《民法典》第 562 条第 2 款规定:"当事人可以约定一方解除合同的事由。解除合同的事由发生时,解除权人可以解除合同。"该规定为立法上对约定解除的规定。

第一节 协 商 解 除

一、协商解除含义及特征

(一)协商解除含义

协商解除又称协议解除,是指当事人双方通过订立一个新的合同来解除原来的合同的行为。它不以约定解除权或法定解除权的存在为必要,解除行为并非行使解除权,但协商解除的效果是使合同权利义务关系终止。

协商解除在大陆法系称为合意解除、解除契约或反对契约,与有无解除权无关,是双方当事人合意以第二契约解除第一契约,使第一契约的效力溯及既往地消灭,所以解除协议是一个独立的协议,应当符合合同成立与生效的一般条件,解除协议的特殊性在于其目的与内容均围绕如何解除之前已经成立与生效的合同。大陆法系认为,合意解除与民法所规定的有解除权的合同解除在性质上不同,不适用民法关于有解除权的合同解除的规定,其效力依当事人的约定而发生。[1] 依此见解,协商解除和有解除权的解除在法律效果上一致,皆为合同终止原因。二者区别在于协商解除实质是以当事人协商一致订立新的合同解除原合同,而有解除权的合同解除乃是基于法定或约定事由由当事人单方行使解除权,依当事人单方意思表示使合同终止。

崔建远教授认为:中国法把协议解除作为合同解除的一种类型加以规定,理论解释也不认为协议解除与合同解除判若两制,而是认为既具有与一般解除相同的属性,也有其特点,如解除的条件是双方当事人协商同意,并不因此损害社会公共利益,解除行为是当事人的合意行为。[2]

英美法系国家认为,协商解除属于合同解除类型之一,并与违约解除、约定解除有着根本不同。理由在于:一方面协商解除具备合同解除的基本属性,符合合同解除制度的基本原理,即在合同有效成立但没有履行或未完全履行前,有可能使合同效力溯及地归于消灭。所以,协商解除完全可以作为合同解除方式之一加以规定。另一方面,如果解除合同是双方一致达成的,均不会随意改变,的确没有必要将该种方式予以特别规定,但实践中,双方当事人都有可能会拒绝或放弃新合同的履行,因此为了防止另一方当事人随意放弃和更改,将协商解除作为解除方式之一予以规定是可取的。另外,英美法系认为,协商解除与行使约定解除权和违约解除等其他合同解除方式有着显著区别,应该各自作为一种类型单独加以规定。[3]

协商解除一般有两种方式:一是在合同履行过程中,当事人已订立解除合同的协议;二是当事人在诉讼中已达成解除合同的合意或被法律视为协商解除。

(二) 协商解除特征

第一,协商解除不以解除权的存在为必要,当事人合意解除合同并非行使法定解除权的结果,亦非行使约定解除权的结果,而是以新的合意解除原有合意,有学者形象地称之为"以第二契约解除第一契约,使第一契约的效力溯及既往地消灭"。[4]

第二,协商解除的核心内容与原合同是相对的,这种相对可以是对原合同全部

---

[1] 参见史尚宽:《债法总论》,台北,荣泰印书馆股份有限公司1978年版,第509页。
[2] 参见崔建远:《合同法总论》(中卷)(第2版),中国人民大学出版社2016年版,第634页。
[3] 参见李先波:《英美合同解除制度研究》,北京大学出版社2008年版,第11页。
[4] 崔建远主编:《合同法》(第6版),法律出版社2016年版,第191页。

解除，也可以是部分解除，但这种解除必须是双方合意的结果。是否达成合意，应当依照合同成立与生效的一般原理与规则进行判断；协商解除的意思表示应当是明确而直接的，如为间接必须能够推定出解除的意思表示。

第三，协商解除无须履行通知程序，不受解除权行使期限的限制，判断其行为效力的标准为《民法典》关于民事法律行为与合同效力的一般规定，具体包括意思表示真实、不违反法律法规的效力性强制规定、不违背公序良俗等。需要指出的是，我国《政府采购法》第50条规定："政府采购合同的双方当事人不得擅自变更、中止或者终止合同。政府采购合同继续履行将损害国家利益和社会公共利益的，双方当事人应当变更、中止或者终止合同。有过错的一方应当承担赔偿责任，双方都有过错的，各自承担相应的责任。"根据该条规定，政府采购合同在未经批准的情况下，不宜由双方协商解除。

实务中，常发生当事人在协商解除后因履行障碍，又主张解除该合意解除协议，要求恢复原状之情形。比如，双方在合意解除协议中约定了返还义务，一方拒不履行该义务，当然守约方可以要求违约方继续履行或承担违约责任，这一点在法律上没有争议；但是当合意解除协议的履行出现严重障碍，守约方是否能以合同目的不能实现为由，要求解除该合意解除协议，恢复原状，退到之前的合同履行障碍阶段？

对此，有学者认为，因为合意解除协议本身也是一个合同，一方严重违反合意解除协议的，可以行使法定解除权。但学者陆青认为，除非当事人就此有明确约定，否则一旦合同解除，原则上应排除当事人之间退回到合意解除之前的合同关系，以避免法律关系复杂化。主要有三点考虑：一是合意解除在很大程度上具有类似和解协议的性质，即以协商甚至彼此让步的方式来处理既有法律关系。二是对解除权或形成权的行使，学理上认为不能附条件和期限，其背后的法理基础也在于避免此种类型的合同解除使当事人的法律关系陷入不确定状态，合意解除也应有类似的考量。三是所谓恢复原状，解释上应限定于合同给付行为的恢复原状，在合意解除的情形下，即使要恢复原状，也应理解为对合意解除协议下所完成的给付的恢复原状，而非退回到合意解除协议之前状态。[1] 笔者赞同陆青的观点。

二、协商解除性质及争议

就实务应用而言，《民法典》第562条第1款在立法上已对协商解除作出了规

---

[1] 参见陆青：《合同解除论》，法律出版社2022年版，第96页。

定,所以在司法审判实践中协商解除理所当然地属于合同解除方式之一,属于合同解除类型,同时协商解除与约定解除、法定解除是平等的解除方式,是一种独立的解除类型。

协商解除本质上是通过双方缔结一个新协议取代原合同,严格来说,协商解除不存在行使解除权问题,仅是当事人合意的结果,如果没有这种合意,就不会发生协商解除结果。但就立法层面而言,协商解除性质存在争议,争议焦点在于协商解除在立法上应否纳入合同解除制度,就此在学说上有"否定说"和"肯定说"之争。

1. 否定说。主要理由是:(1)解除权的运作规则在协商解除中没有适用余地,协商解除和解除权行使在构造上大异其趣,没有必要将二者捆绑在一起。(2)将性质完全不同的协商解除和行使解除权解除合同捆绑成合同解除制度,势必使合同解除制度充满矛盾,甚至可能"因为内部矛盾而自己推翻自己"。其矛盾表现之一是,协商解除的标的包括有效合同和效力存在瑕疵的合同,而以解除权为必要的合同解除是以有效合同为标的的;其矛盾表现之二是以解除权为必要的合同解除具有溯及力,而溯及力对于协商解除没有意义;其矛盾表现之三是,合同解除一般不影响当事人损害赔偿请求权,这对协商解除亦无适用余地。在协商解除的场合,双方当事人已对各自的权利义务作了具体的重新安排,也就没有必要通过行使损害赔偿请求权调整他们之间的法律状态,尽管损害赔偿请求权是达成协商解除要考虑的因素。(3)合同订立的规则完全可以有效地规制合同的协商解除,没有必要将其归于合同解除制度。[1]

2. 肯定说。肯定说的观点归纳为:(1)协商解除是客观存在的,即使法律不将其列入合同解除制度,协商解除也具有废止既有合同的效力,除非它违反强制性规定。若将其归于合同的解除制度,则合同解除是广义的;若不纳入而使其独立,则合同解除是狭义的。既然法律可以将不可抗力致使合同目的的问题交由风险负担制度管辖,也可以将其交由合同解除制度解决,那么将协商解除归于合同解除制度本不存在对错问题。(2)合同订立的规则,按照合同法设计,包含缔约人、缔约合同的过程、合同成立及其判断规则、缔约过错责任等项内容,不包含合同生效规范。协商解除是反对合同(将有效合同废止的合同、新签订的合同)发生法律效力,从而把既有的合同废止。故协商解除制度应当包含反对合同的订立、生效和具体效力表现。将其归入合同订立制度,实为不妥。(3)协商解除不适用以解除权为必要的

---

[1] 参见马俊驹、余延满:《民法原论》(下),法律出版社1998年版,第617页;蔡立东:《论合同解除制度的重构》,载《法制与社会发展》2001年第5期。

合同解除规则,是法律可以将他们分开并选择狭义合同解除模式的原因,但这不当然意味着反对法律将它们归于合同解除及设置广义的合同解除。其道理在于,一项法律制度细化为若干亚制度,一项亚制度与其他亚制度之间不允许相互准用法律规范,只要法律及其解释对此予以明确,就不会在法律适用时带来不明确的后果。(4)一项法律制度可以细化为若干亚制度。只要每一种亚制度都有其清晰的构成要件和相应的法律效果,亚制度之间的边界明确,就不会使法律制度内部充满矛盾,而是达成"和而不同"的状态。将协商解除归入合同解除制度中,就属于上述情形,无可厚非。(5)从正面说,法律及其理论有时需要确定类型,把合同提前消灭的现象都归结为合同解除,为其表现之一。从合同消灭的角度考察,协商解除宜归入合同解除制度中,至于它被归入合同解除制度后产生的法律要件、法律效力等不统一的问题,可以通过亚类型化的办法解决。[1]

三、协商解除与合同更改

(一)多份合同效力认定

同一交易有多份合同的,在时间上大多数为先后签订,少数为同时签订。实务中,先签合同和后签合同的关系比较复杂,主要有:先签合同和后签合同构成合同联立;后签合同是代物清偿;后签合同是解除协议;后签合同是债权转让;后签合同是债务承担;后签合同是合同更改或债的更新;后签合同是合同变更;后签合同是保证等从合同;先签和后签合同构成阴阳合同等。由此可见,同一交易有多份合同,它们并不都针对同一法律关系,所适用的法律规范也不相同,在实务中应当注意甄别。

在存在原合同情形下,双方协商解除原合同,原合同是先合同,解除协议是后合同。实务中,可能存在原合同并非当事人真实意思表示,解除原合同也并非当事人真实意思表示,解除原合同的目的是规避法律、行政法规禁止性规定的情形。因此,对解除协议的效力应结合原合同一并审查,由此就产生多份合同效力认定问题。

《民法典合同编通则解释》第14条对多份合同效力认定问题进行了统一规范。该条规定:当事人之间就同一交易订立多份合同,人民法院应当认定其中以虚假意思表示订立的合同无效。当事人为规避法律、行政法规的强制性规定,以虚假意思表示隐藏真实意思表示的,人民法院应当依据《民法典》第153条第1款的规定认

---

[1] 参见崔建远:《合同法总论》(中卷)(第2版),中国人民大学出版社2016年版,第634~637页。

定被隐藏合同的效力;当事人为规避法律、行政法规关于合同应当办理批准等手续的规定,以虚假意思表示隐藏真实意思表示的,人民法院应当依据《民法典》第502条第2款的规定认定被隐藏合同的效力。(第1款)依据前款规定认定被隐藏合同无效或者确定不发生效力的,人民法院应当以被隐藏合同为事实基础,依据《民法典》第157条的规定确定当事人的民事责任。但是,法律另有规定的除外。(第2款)当事人就同一交易订立的多份合同均系真实意思表示,且不存在其他影响合同效力情形的,人民法院应当在查明各合同成立先后顺序和实际履行情况的基础上,认定合同内容是否发生变更。法律、行政法规禁止变更合同内容的,人民法院应当认定合同的相应变更无效。(第3款)对协商解除协议效力的认定,亦应遵循如上规则。

(二)合同更改及特点

先签合同与后签合同的多种关系类型中包括了协商解除及合同更改,因二者均可导致原合同关系消灭,在实务中容易混淆,因此首先有必要了解合同更改理论。

合同更改,又称"债的更新""债的更改",是指当事人之间成立新的合同关系代替原有的合同关系,从而使原合同关系归于消灭的情形。合同更改后,原合同所附着的利益与瑕疵一并归于消灭。在合同更改关系中,新合同的性质、标的等应当不同于原有的合同,简言之,新合同与原合同不具有同一性。史尚宽认为:"合同更改,又谓债务更新,是指成立新债而使旧债消灭之契约。"[1]《民法典》第557条规定:"有下列情形之一的,债权债务终止……(六)法律规定或者当事人约定终止的其他情形。"合同更改应属该条中"当事人约定终止的其他情形"。

与合同更改相近的是合同变更。合同变更一般是指不改变合同主体而仅改变合同具体内容的情形。《民法典》第543条、第544条对合同变更作出了规定。判断合同更改与合同变更的理论依据是合同要素变更和非要素变更。

合同要素变更是指合同约定给付发生重要部分变更,导致合同关系失去同一性。所谓重要部分变更表示依当事人意思表示和一般交易之观念,足以认为合同给付的变更已使合同关系失去同一性。如买卖汽车变成买卖煤炭、代理进口变成代理出口等,于此情形下,合同失去同一性,应为合同更改而非合同变更。

合同非要素变更是指标的物数量、履行方式、履行期限等变更。此类变更未改

---

[1] 史尚宽:《债法总论》,中国政法大学出版社2000年版,第822页。

变合同同一性，属合同变更而非合同更改。从合同变更基本点出发，是指非要素变更，而非要素变更不发生合同关系消灭。

在大陆法系国家，合同更改与债的清偿、提存、抵消、免除、混同并列成为债消灭的原因。原《合同法》和现《民法典》都只有合同变更的规定，而没有合同更改的规定。但是根据合同自由原则，并不排除当事人之间可以通过一个新的合同关系消灭原合同关系，从而达到合同更改的效果。

合同更改具有如下特点：

第一，当事人之间存在原合同关系，这是合同更改的前提。

第二，合同更改是当事人以成立新合同关系、消灭原合同关系为内容订立的协议，二者存在因果关系。如果新合同关系不能成立或者无效，则原合同关系仍然存在。

第三，更改后的合同关系与原合同之间不具有同一性，新合同并非为原合同附加担保或从债务，亦非对原合同的履行。判断不具有同一性的关键是合同要素发生变更。

第四，更新后的合同是原合同消灭的原因。如果合同内容发生了实质性的变更，则可以认为产生了新的合同关系，原合同关系消灭。

最高人民法院在中国防卫科技学院（以下简称中防院）与联合资源教育发展（燕郊）有限公司（以下简称联合资源公司）执行监督案（指导性案例124号）中认为：该案和解执行协议并不构成债的更改。构成债的更改，应当以当事人之间有明确的以新债务的成立完全取代并消灭旧债务的意思表示。但在该案中，中防院与联合资源公司并未约定和解执行协议成立后（2004）京仲裁字第0492号裁决书（以下简称0492号裁决书）中的裁决内容即告消灭，而是明确约定双方当事人达成执行和解的目的，是为了履行0492号裁决书。该种约定实质上只是以成立新债务作为履行旧债务的手段，新债务未得到履行的，旧债务并不消灭。因此，该案和解执行协议并不构成债的更改。而按照一般执行和解与原执行依据之间关系的处理原则，只有通过和解执行协议的完全履行，才能使原生效判决确定的债权债务关系得以消灭，执行程序得以终结。若和解执行协议得不到履行，则原生效判决的债权仍不能消灭。申请执行人仍然得以申请继续执行原生效判决。从该案的和解执行协议履行情况来看，该协议中关于资产处置部分的约定，由于未能得以完全履行，故其并未使原生效判决确定的债权债务关系得以消灭，即中防院撤出燕郊校园这一裁决内容仍需执行。中防院主张和解执行协议中的资产处置方案是对0492号裁决书中撤出校园一项的有效更改的申诉理由理据不足，不能成立。该指导性案例明确了认定合同更改的标志：当事人之间有明确的以新债务的成立完全取代并消灭旧债务的意思表示。

(三)协商解除与合同更改之异因

1. 相同点。第一，协商解除系"以第二契约解除第一契约"，而合同更改系"成立新契约，而使旧契约消灭"。因而在表象上，二者皆系当事人将原合同关系消灭而以新的合同关系代替原合同关系，新的合同关系发生与原合同关系消灭之间存在因果联系。第二，二者都是合同终止的下位概念，都可以发生合同终止的法律效果。

2. 区别点。协商解除的主要意思表示是解除原合同关系，使原合同的效力消灭，当然还包括对原合同债权债务进行结算清理。而合同更改的主要意思表示是设立新债，正是新债的设立，导致原合同旧债消灭。正是二者意思表示的着重点不同，故二者是并列平行的合同法上的概念，都能够成为合同终止的原因之一。例如，《瑞士债法典》在"债的终止"一章中，将协商解除和债的更新并列规定在债的消灭原因之中。我国《民法典》没有此规定。

最高人民法院在汤某、刘某龙、马某太、王某刚诉新疆鄂尔多斯彦海房地产开发有限公司商品房买卖合同纠纷案(指导性案例72号)的裁判要点中认为：借款合同双方当事人经协商一致，终止借款合同关系，建立商品房买卖合同关系，将借款本金及利息转化为已付购房款并经对账清算的，不属于原《物权法》第186条规定禁止的情形，该商品房买卖合同的订立目的，亦不属于《民间借贷解释》(法释〔2015〕18号)第24条规定的"作为民间借贷合同的担保"。在不存在原《合同法》第52条规定情形的情况下，该商品房买卖合同具有法律效力。但对转化为已付购房款的借款本金及利息数额，人民法院应当结合借款合同等证据予以审查，以防止当事人将超出法律规定保护限额的高额利息转化为已付购房款。笔者认为：尽管该指导性案例未明确提出合同更改，但"终止借款合同关系""清算"显然指向的是合同更改，而非协商解除。

四、协商解除条件及认定

(一)英美法中协商解除条件

在英美合同法中，一般认为当事人协商解除合同必须具备两个条件：合意和对价。也就是说在双方当事人必须完成全部或部分履行其合同义务的情况下，他们各自的允诺必须以对价予以支持。这种情形常被英美国家的律师描述为"一致和满意"。"一致"是指解除合同(义务被免除)的合意,"满意"是指使合意生效的对价。除了就解除合同达成合意外,当事人还必须表明他们的解除行为是合法实施的,即必须有充分的对价。比如,原合同虽然经过部分履行,但只要双方当事人仍有未完成的义务,该合同依然可以通过新协议解除,因为他们之间是有对价的,这种对价表现在当事人双方都同意放弃接受对方履行义务的权利,只有这样这种解除才是合法的。反之当其中一方当事人已经履行完原合同义务,如果另一方仅仅是要求解除其自身进一步的义务,那么基于对价的要求,这种解除合同的方式可能得不到满足。但是只要另一方当事人返还他已接受的已履行义务,那么根据对价原则,返还已履行义务的该方当事人的原合同项下义务亦被免除。总之,英美法认为,如果缺乏法律上的支持,缺乏适当的对价,则放弃一项权利是无效的。此时可能会产生两种结果:第一,若对价仅适用当事人一方有利的情形,则通常被视为当事人一方的弃权,而不是双方合意解除。合意解除必须要有对价,否则可以反悔。合意解除时,如果就违约部分予以赔偿而解除合同,也缺乏对价,这种情形将被视为单方放弃权利,而不是双方协商解除。第二,若双方当事人协商解除合同缺乏必要的对价来支持权利放弃,那么这种解除就会由于违背公平原则(显失公平)而被认为是可撤销的,即当事人双方可以反悔。如果当事人是通过协商解除方式放弃原合同义务,那么一般情况下是不允许反悔的,除非这种解除缺乏对价,缺乏对价可以反悔;如果双方当事人是由于一方弃权而使原合同失效,那么,无论有无充分对价都不能反悔。但在实践中法院常常很难区分无对价的弃权和有对价的协商解除,不过英美法学者主张,合同中存在的对价可以在当事人相互放弃要求对方履行义务和赔偿损失的权利中找到。[1]

(二)协商解除认定问题

1. 司法解释出台前的争议

《民法典》对协商解除的成立除了须合意以外,在如何认定协商解除,如何处理合同解除后的违约责任、结算清理事项等方面,未作新的规定。实务中协商解除法律适用的普遍存在的问题主要有两个:一是双方当事人就解除合同达成一致,但对于解除的后果没有约定时,如何认定合同是否解除以及后续如何处理;二是当事人一方虽然主张行使法定或者约定解除权但不符合相应条件而对方同意解除的情形下,如何认定合同解除。

---

[1] 参见李先波:《英美合同解除制度研究》,北京大学出版社2008年版,第12~15页。

第一个问题是达成解除合意未达成解除后果合意的协商解除适用问题。对该问题,一种观点认为:如果当事人仅就解除原合同达成一致合意,但未就解除后果达成一致,不能产生协商解除的法理效果。这种观点显然是受英美法协商解除中合意与对价两个条件的影响。最高人民法院部分裁判持此观点,例如,最高人民法院民事审判第一庭(以下简称最高法民一庭)在审理的明田(湖南)企业有限公司与湖南省衡阳市殡葬事业管理处、湖南省衡阳市民政局解除《衡阳市新建殡仪馆投资承包合同》纠纷上诉案的判后解析中认为:《合同法》第93条第1款规定,当事人协商一致,可以解除合同。对于什么情况下可以认定为协商解除,则没有具体规定。从比较法角度看,在英美法中,一般认为当事人双方协商解除合同,必须具备二个条件:合意与对价。如果没有就违约部分予以赔偿而解除合同,则缺乏对价,这种情况将被视为单方解除而不是协商解除。该案中,管理处发出《解除合同通知》后,明田(湖南)企业有限公司同意解除合同,应该说双方均有解除合同的意思表示,但均是以对方违约作为解除合同的条件,因此可以说,在合同解除后的权利义务处理上,双方未达成一致,也就是英美法系所讲的"缺乏对价"。此时难谓双方对解除合同"协商一致"。从该案明田(湖南)企业有限公司和湖南省衡阳市殡葬事业管理处主张解除的条件来看,双方均以合同约定所附解除条件成就作为合同解除依据,符合《合同法》第93条第2款规定的约定解除情形,即当事人可以约定一方解除合同的条件,解除合同条件成就时,解除权人可以解除合同。[1] 除此以外,最高人民法院在(2016)最高法民申213号民事裁定书、(2017)最高法民申315号民事裁定书中等同样持此观点。另一种观点认为:当事人就协商解除合同一旦达成合意,就应该尊重当事人的意思自治,至于合同解除后果可由当事人协商确定,如不能协商的,则应适用法律规定。最高人民法院在(2012)最高法民终14号民事判决书中就持该观点。《四川省高级人民法院关于审理合同解除纠纷案件若干问题的指导意见》(川高法〔2016〕149号)的第18条规定:"当事人仅对合同解除协商一致,未对合同清结形成一致意见,一方当事人起诉要求清结合同的,人民法院应当根据合同法第九十七条的规定予以处理。"除此以外,还有《九民纪要》,据解释其观点是:协商解除是双方协商一致解除合同,合同解除后有关损害赔偿问题应取决于当事人

---

[1] 参见王丹:《一方发出解除合同通知并要求对方承担违约责任,对方认可解除合同,但要求通知方承担违约责任的情况下,不能认定为协议解除,当事人仍有权要求赔偿损失——明田(湖南)企业有限公司与湖南省衡阳市殡葬事业管理处、湖南省衡阳市民政局解除合同纠纷上诉案》,载最高人民法院民事审判第一庭编:《民事审判指导与参考》2012年第4辑(总第52辑),人民法院出版社2013年版,第183~195页。

的意思自治。解除协议中如果约定了损害赔偿,自然应予支持;如果解除协议约定不予赔偿损失,也应当尊重当事人的选择。假如当事人仅就合同的解除达成协议,而未具体约定损害赔偿,当事人向法院起诉要求损害赔偿的,法院应当允许,不能以默示的方式排除当事人对损害赔偿的请求权。[1]

第二个问题是解除条件不能成就时协商解除的适用问题。对该问题仍有两种观点:有的认为这时应当适用法定解除或者约定解除的规则,如果不符合相应的解除权行使条件,则不能判决解除合同;有的则认为只要一方同意解除或者双方均主张解除,可以不必审查解除权行使的条件,而径行适用《民法典》第562条第1款关于协商解除的规定,判决解除合同。

最高人民法院发布的《民法典合同编通则解释》解决了上述问题,统一了裁判尺度,终结了此前的争议。

2. 司法解释的新规定

《民法典合同编通则解释》第52条规定:当事人就解除合同协商一致时未对合同解除后的违约责任、结算和清理等问题作出处理,一方主张合同已经解除的,人民法院应予支持。但是,当事人另有约定的除外。(第1款)有下列情形之一的,除当事人一方另有意思表示外,人民法院可以认定合同解除:(1)当事人一方主张行使法律规定或者合同约定的解除权,经审理认为不符合解除权行使条件但是对方同意解除;(2)双方当事人均不符合解除权行使的条件但是均主张解除合同。(第2款)前两款情形下的违约责任、结算和清理等问题,人民法院应当依据民法典第566条、第567条和有关违约责任的规定处理。(第3款)

对该司法解释的第52条之规定,应作如下解读:

(1)第52条第1款重在解决协商解除未明确约定清理和结算等事项时,是否发生解除效力的问题。该款明确规定,当事人只要对解除合同达成一致,就可以发生解除效力,解除协议未就合同解除后的违约责任、结算清理等问题作出处理,不影响合同的协商解除。当然,当事人约定在清理、结算等事项协商一致时合同方可解除的,属"当事人另有约定的除外"的情形。如此规定的原因:一是尊重当事人的意思自治是合同法的基本原则,当事人就解除达成合意,但未就解除后果达成合意的,仍可依《民法典》第566条、第567条处理;二是根据合同成立规则,当事人就解除达成合意,意味着当事人名称、标的、数量明确,故认定解除协议成立进而认定生

---

[1] 参见最高人民法院民事审判第二庭编著:《〈全国法院民商事审判工作会议纪要〉理解与适用》,人民法院出版社2019年版,第310~313页。

效,在法理上并无障碍;三是协商解除符合经济活动的效率原则。

(2) 第 52 条第 2 款重在解决当事人一方或者双方主张行使约定或法定解除权,但经审理发现不符合解除权行使条件时能否适用协商解除规则问题。该款明确规定,如果对方同意解除或者双方均主张解除,人民法院应当适用协商解除的规定。适用该款应注意以下问题。

一是在审查"当事人一方主张行使法律规定或者合同约定的解除权,经审理认为不符合解除权行使条件但是对方同意解除"时,经审查如果主张解除合同的一方享有解除权,则合同应当在通知到达或起诉状副本送达时解除,不能直接适用协商解除的规定,因为二者解除时点存在明显差别,通知解除是通知到达时解除,而协商解除是自达成合意时解除。当事人一方解除权明显不存在而主张解除合同的,可能构成预期违约,对方明确主张解除合同,而非同意解除合同的,构成法定解除,不宜认为是协商解除,此属"除当事人一方另有意思表示外"之情形。如果主张行使解除权的一方目的是行使约定或法定解除权,如果其知道解除权不存在,就不会要求解除合同,而是选择继续履行,特别是有权解除与协商解除的解除时点不同,行使解除权的意思表示是希望合同自通知送达(起诉状副本送达)时解除,而对方的同意往往是同意自承诺到达时解除,由于时点不同,对方的同意构成对要约的变更。这需要在庭审中借助法官的释明来进一步明确双方当事人的意思表示。如果经过释明,双方都同意解除合同,则构成协商解除;如果经过释明,一方明确表示只是行使法定解除权的意思,则不宜认定构成协商解除,这也属本款中"除当事人一方另有意思表示外"之情形。

二是在审查"双方当事人均不符合解除权行使的条件但是均主张解除合同"时:如果一方主张符合解除权条款,就应按约定或法定解除处理,不能适用协商解除的规定。如果双方主张都符合行使解除权条件,原则上应以先到达的解除通知到达的时点认定合同解除,因为后到达的解除通知中的解除标的已不存在。如果双方当事人均不符合解除权条件,但均主张解除合同时,表明双方都不希望继续受合同约束,可适用协商解除的规定,但也不排除一方仅同意解除权解除而不同意协商解除的可能,故有时需要借助释明来进一步明确双方的意思表示。

三是本款的表述为"可以",而非应当,表明为实践中的复杂情况预留了空间。

(3) 第 52 条第 3 款旨在解决协商解除后,合同的清理结算和违约责任问题。由于当事人没有明确约定,故该款规定人民法院直接按照法定规则处理,即应当依据《民法典》第 566 条、第 567 条和有关违约责任的规定处理。适用本款应当注意下述问题。

一是《民法典》第 566 条第 1 款是关于合同解除一般后果的规定,同样适用于协商解除情形。《民法典》第 566 条第 2 款规定合同因违约解除的,解除权人可以请求违约方承担违约责任,因该条是有解除权的规定故不适用于协商解除情形,但在协商解除情形中,也可能存在一方违约并造成对方损失的情况,故除当事人另有约定的情形外,违约方也应当承担相应的违约责任。《民法典》第 566 条第 3 款规定合同解除后担保人的担保责任,同样也适用于协商解除情形。

二是《民法典》第 567 条规定的"合同的权利义务终止"当然包括协商解除情形,故在协商解除时,如果原合同本身约定了结算和清理条款,而解除协议没有约定,则应当认为原来的结算和清理条款不因协商解除而失效;当然,如果解除协议另外约定了结算和清理条款,则可能构成对原条款的变更。

三是关于违约责任承担,本条概括表述为《民法典》有关违约责任的规定。主要考虑的是,《民法典》有关违约责任的规定集中在合同编通则第八章,同时在典型合同中也有相关规定,无法一一列举。此外,《民法典》第 566 条中关于损失赔偿等的规定,也涉及违约责任的内容。这里的违约责任并不包括继续履行、修理、更换、重做等责任形式,因为合同解除与这些责任形式是根本相斥的。需要说明的是,并非所有有关违约责任的规定都能在协商解除中适用,故适用时需要根据具体情况甄别。[1]

(三)协商解除认定疑难问题

1.问题一:一方发出解除合同通知并要求对方承担违约责任,对方仅原则上认可解除合同,但要求通知方承担违约责任的情形下,可否认定双方已协商解除原合同?

例如:甲、乙于 2019 年 2 月签订了一份为期 8 年的合作协议,合作进行到 2020 年 4 月 20 日时,甲函告乙方:"鉴于你方未能提供合作条件,无法继续合作下去,我方建议协商终止合作。"6 月 10 日,乙回函:"目前合作确不顺利,我方原则上同意终止合作,但需先解决谁违约问题,我方认为主要原因在于你方不断提出新要求,若你方不再提出新要求,双方尚可继续合作,请你方慎重考虑。"8 月 15 日,甲致函乙:"双方发生不信任的原因是你方不履行义务,非我方责任。"8 月 28 日,乙回函:"我方不同意你方的意见,也不同意终止协议,否则通过法律途径解决双方的争议。"2021 年 4 月,甲提起诉讼,请求确认双方之间的合作协议已于 2020 年 6 月 10 日解

---

[1] 参见最高人民法院民事审判第二庭、研究室编著:《最高人民法院民法典合同编通则司法解释理解与适用》,人民法院出版社 2023 年版,第 571~580 页。

除并终止。甲主张合作协议于2020年6月10日解除的理由是双方于该日达成了解除协议的合意,甲向乙发出了解除合同的要约,乙于6月10日回函同意解除,是承诺,故解除合同的协议成立并且生效。乙表示反对,认为其6月10日的回函并没有对解除合作协议的意思表示予以同意,只是提出"原则上同意"并且提出先要解决违约责任问题,这显然是对甲要约的实质性改变,是一项新的要约,而对于此项新的要约甲没有表示同意,因为甲不承认乙提出的主张。甲认为违约责任是解约后果,而合同是否已经解除与违约责任的负担没有关系。法院裁决:甲与乙之间并未达成一份有效的解除合同的协议,从双方之间上述往来的函件中不能得出双方的意思表示符合要约、承诺的全部条件,合作协议没有因双方之间的协议而解除。

上述案例说明:协商解除合同仍应遵循合同成立的要约、承诺相关规则。一方请求解除合同系要约,对方同意属承诺,但双方解除合同的合意不明确的,不能认定协商解除。至于对方是否违约,属于事实判断问题,若一方确存在违约,应根据实际情况向对方承担违约赔偿责任。

2.问题二:当事人通过协议明确了合同解除后果但未明确解除原合同,在此情形下,能否确认原合同已通过协议方式解除?

笔者认为:《民法典》第140条规定意思表示可以明示表示,也可以默示表示。据此,协商解除可以是明示的,也可以以默示行为来作出意思表示。当事人对解除合同后果进行了约定,如相互返还财产、采取补救措施、承担违约责任,该约定应视为以默示方式解除了原合同。最高人民法院的如下判例可供参考。

在最高人民法院提审的桂林市正文房地产开发有限公司(以下简称正文公司)与张某华、马某森商品房买卖合同纠纷再审案[(2014)民提字第106号]中查明主要事实如下:2005年9月29日正文公司(甲方)与张某华、马某森(乙方)签订《商品房买卖合同》,约定甲方以总价200万元向乙方出售其开发的10套别墅,合同签订后乙方已付200万购房款,甲方对该合同进行备案登记;2005年10月10日双方签订《退房退款协议书》,约定乙方同意退房,甲方在2005年10月20日前退款并自2005年10月10日起按月已付房款的4%承担逾期退款违约责任,同时约定逾期退款的,乙方有权按《商品房买卖合同》条款执行并有权入住、出租使用,甲方应当办理产权证;2005年10月28日双方签订《补充协议1》,约定甲方退款时间延长至2005年12月28日,原《退房退款协议书》其他条款不变继续有效;2005年12月27日双方又签订《补充协议2》,约定甲方退款时间延长至2006年3月28日,原《退房退款协议书》其他条款不变继续有效;正文公司在前述约定时间内未依约退还房款,但给付了自2005年10月10日起至2006年6月27日止的违约金72万元,但正文公司没有交房,之后亦无支付违约金;2008 年 11 月 22 日张某华、马某森在《法制快报》上刊登公告要求正文公司在 10 日内交房办证;正文公司没有履行。2009 年 6 月 5 日张某华、马某森向桂林市临桂县人民法院提起诉讼,请求正文公司交付房屋、办理产权证、支付逾期交房逾期办证违约金;正文公司提起反诉,请求确认商品房买卖合同无效、撤销备案登记。该案经历一审、二审、抗诉再审、正文公司不服向最高人民法院申请再审,直至最高人民法院提审。

最高人民法院认为:该案涉及的 2005 年 9 月 29 日《商品房买卖合同》为有效合同(理由略)。同时该案还涉及《商品房买卖合同》是否已被协议解除问题。张某华、马某森在庭审中认为返还购房款是解除涉案《商品房买卖合同》的前提,既然购房款没有返还,则涉案《商品房买卖合同》没有解除。正文公司则认为既然双方约定了双方返还购房款和房屋,那么涉案《商品房买卖合同》就已经被解除。最高人民法院支持正文公司的观点,认为:第一,双方当事人已签订《退房退款协议书》就退房退款事宜达成意思一致,同时正文公司愿承担退款违约责任。在《商品房买卖合同》依法有效且无可被撤销的法定情形下,"买房人退房、卖房人退款"是合同解除后果之一。既然双方对合同解除后果都作出了约定,那么双方就解除合同达成一致则为应有之义。另外,《补充协议 1》和《补充协议 2》再次确认了双方已约定解除《商品房买卖合同》。第二,双方当事人已将到期不退还购房款和违约金约定为以《商品房买卖合同》条款为内容的新合同的生效要件。如果正文公司不按约定退还购房款,张某华、马某森有权按《商品房买卖合同》条款执行,则是合同解除双方约定的针对甲方不按约退还购房款及违约金的一种事后补救措施,即双方新达成一个附条件生效合同——以案涉《商品房买卖合同》条款为内容的合同。第三,2006 年 3 月 28 日正文公司全部清退购房款及违约金的期限届满时未履行义务的,张某华、马某森要么选择同意延长退还购房款期限,继续收取逾期退还购房款违约金,要么选择让以《商品房买卖合同》条款为内容的新合同生效。但在 2006 年 3 月 28 日后,张某华、马某森选择的是前者而非后者,故其一审时依《商品房买卖合同》条款提出的诉讼请求,缺乏事实依据,不予支持。至于正文公司应承担的退还购房款、支付违约金问题,其可以另行主张。最高人民法院再审结果是撤销此前所有判决,驳回双方当事人的诉讼请求。[1]

---

[1] 肖锋:《协议就违约责任的承担方式约定有选择权时,有选择权的一方以行为方式作出选择后,不得再直接适用选择性条款主张其他追究违约责任方式——广西壮族自治区桂林市正文房地产开发有限公司与张某华、马某森商品房买卖合同纠纷再审案》,载最高人民法院民事审判第一庭:《民事审判指导与参考》2014 年第 4 辑(总第 60 辑),人民法院出版社 2015 年版,第 200~218 页。

3. 问题三：当事人在诉讼中均同意解除合同但附有条件，如何处理？

一方当事人在起诉时基于继续履行提出了具体诉讼请求，后来在诉讼中双方均同意解除合同，但要求就解除后果达成合意，同时其起诉时的请求也失去基础。

笔者认为：对于该类情形，当事人一方起诉时要求继续履行合同，诉讼中同意解除合同，须探究该"同意解除"是否为当事人真实意思表示。若该同意解除是以相对人存在违约、合同继续履行不能为前提的，表明该方当事人是基于对方违约而同意解除合同。而相对人同意解除亦可能是认为基于对方违约、不愿再继续履行合同，或者是基于己方违约、合同已继续履行不能等情形。于此情形下，不能简单认定双方在诉讼中已达成解除合意，特别是当事人在诉讼中同意解除合同附有请求对方解决解除后果的，而应根据具体情况予以释明，要求当事人明确其意思表示，引导当事人合理变更诉讼请求，再进行审理。

《四川省高级人民法院关于审理合同解除纠纷案件若干问题的指导意见》第19条规定："当事人在诉讼过程中达成合意解除合同，但当事人的诉讼请求并非基于解除合同提出，人民法院应当向当事人释明合同解除的后果，引导当事人及时变更诉讼请求，并根据变更后的诉讼请求进行审理。"笔者认为该规定合理。

五、解除协议成立问题

协商解除不以解除权的存在为依据，而以双方当事人的协商一致为前提。解除协议方式应当遵循合同成立方式，即符合《民法典》第471条规定的"当事人订立合同，可以采取要约、承诺方式或者其他方式"。至于"其他方式"，在《民法典总则编解释》第18条规定为："当事人未采用书面形式或者口头形式，但是实施的行为本身表明已经作出相应意思表示，并符合民事法律行为成立条件的，人民法院可以认定为民法典第一百三十五条规定的采用其他形式实施的民事法律行为。"可见，解除协议是否成立的核心是双方必须就解除合同达成合意。

当事人对解除协议是否成立发生争议时，可根据《民法典合同编通则解释》第3条第1款"当事人对合同是否成立存在争议，人民法院能够确定当事人姓名或者名称、标的和数量的，一般应当认定合同成立。但是，法律另有规定或者当事人另有约定的除外"的规定来判断。

但实务中，如何认定解除协议是否达成合意，已达成的解除协议是否成立，还有些问题需要探讨。

1. 问题一：一方提出解除合同要约后，另一方在合理期限内没有作出答复，是否构成对解除合同的默认？

笔者认为：根据《民法典》第 140 条第 2 款"沉默只有在有法律规定、当事人约定或者符合当事人之间的交易习惯时，才可以视为意思表示"之规定，这种情形不能构成解除合同的默认。当事人一方提出解除合同的要约时，另一方没有作出任何答复，应视为未协商一致。当事人的合意应当通过他们的语言或行为表现出来，而不是通过推断任一当事人有不打算再受原合同约束的意图来确定。为了避免和减少一些不必要的纠纷，不应承认自动默认导致解除协议成立。正如王利明教授指出：这种规定，有可能产生新的问题。例如，双方订约以后，一方当事人认为合同于己不利，不愿意继续履行或者已经构成违约而希望通过合同解除方法逃避责任，那么在该当事人提出解除合同后，对方没有在规定期限内作出答复，便可以导致合同解除，这样不利于保护无过错当事人一方利益。

2. 问题二：如何认定当事人在诉讼中达成了协商解除之合意？

笔者认为：诉讼中当事人协商解除之合意，应指双方的对解除的意思表示须明确一致，不存在含混不清、理解偏差或附有条件等问题。

在最高人民法院审理的上海景趣信息科技有限公司、陆家嘴国泰人寿保险有限责任公司计算机软件开发合同纠纷二审民事一案[（2020）最高法知民终 644 号]中，最高人民法院认为：虽然陆家嘴国泰人寿保险有限责任公司主张法定解除并不能成立，但该案二审询问中，双方当事人均一致同意不再继续履行合同，若涉案合同不符合法定解除的条件，双方均同意解除涉案合同，上述意见应视为双方对解除合同形成合意。结合涉案合同已长期处于停滞状态的客观事实以及涉案合同的解除并不影响第三人利益，法院对双方在诉讼中形成解除合同的合意予以确认，并以该判决作出之日为涉案合同解除之日。

六、协商解除与违约赔偿

（一）解除协议未约定违约赔偿问题

协商解除合同的原因，通常有两种情形：一是当事人双方均无违约行为，只是继续合同履行对双方均无经济价值，由双方协商解除；二是因当事人一方或者双方存在违约行为，双方基于各自利益考虑，以合意方式解除合同。在协商解除的场合中，是否恢复原状、是否产生溯及既往的效力以及是否承担违约赔偿的问题，通常需要当事人协商确定。

在协商解除情况下，当事人对先前对方违约造成的损害赔偿问题经事后协商一致达成结算、清理、补充等协议的,是双方对自己权利义务的合法处分和真实意思表示,是一种清理、补偿性支付,属于新形成的债权债务关系,双方应当依约履行。此种情形不同于原合同中约定的违约金条款,人民法院或者仲裁机构不能适用《民法典》第585条的规定予以调整。比如,最高人民法院审理的北京市门头沟区永定镇冯村村民委员会与利嘉实业(福建)集团有限公司、北京昆仑琨投资有限公司、北京市门头沟区永定镇冯村经济合作社债权纠纷案[(2011)民二终字第97号]就体现了这一观点。

但是,如果合同因一方或者双方当事人的违约而协商解除,但解除协议中并未就合同解除后的责任予以明确约定,在合同解除后当事人是否可以主张违约赔偿责任,又当如何适用法律?对上述问题,《民法典》未作规定,因此该问题在司法实践中存在争议。一种观点认为:当事人双方虽达成解除协议,但并不影响非违约方主张损害赔偿,因为抛弃请求损害赔偿的权利事关重大,应予明示;若解除协议对此没有作出明确约定,应视为没有约定,且合同解除有其内在的机能与目的,与权利抛弃无涉;对于解除不能隐含推定,这一点与英美法观点吻合。另一种观点认为:如果当事人约定解除合同的条件时没有约定赔偿问题,则视为放弃了要求赔偿的权利。合同解除后一方又要求赔偿损失的,参照合同协议变更,一般不予支持。这种观点认为,协商解除本身就是为了解决纠纷,当事人若不抛弃请求损害赔偿的权利,完全可以请求损害赔偿而不与对方达成解除协议。

《民法典》虽未作规定,但最高人民法院民法典贯彻实施工作领导小组认为:赔偿损失请求权的放弃与当事人的权益休戚相关,应予明示,解除合同的合意中未就附带产生的赔偿损失问题做出约定,不能当然视为当事人放弃对赔偿损失主张权利。合同没有达到实质性违约的程度,但如果各方均一致同意解除合同,法律自无禁止必要,但解除的原因仍有可能是基于一方或者双方的违约,故即使双方在达成解除合同的合意时,没有就违约赔偿问题专门约定,也不宜认为当事人事后向法院或者仲裁机构提出的索赔主张,一概不应得到支持。特别是合同解除后,各方当事人还可能履行必要的财产返还义务,在返还与受领过程中不排除出现财产损失的情形,该情形并非不可预见,故即使在解除合同的合意中没有对该风险做出约定或者安排,也不能据此认为当事人已经当然放弃了由此产生的赔偿损失请求权。[1]

全国人大常委会法工委也认为:我国法律承认合同解除与损害赔偿并存,在协

---

[1] 参见最高人民法院民法典贯彻实施工作领导小组主编:《中华人民共和国民法典合同编理解与适用》(一),人民法院出版社2020年版,第633页。

商解除合同的情况下,一方当事人因合同解除受到损失,如果获利一方不赔偿对方当事人因合同解除受到的损害,不符合公平原则。合同解除情形中的损失赔偿请求权,是因合同解除之前的违约行为而发生的,并非因为合同解除才产生,损失赔偿的对象是因违约行为产生的损失;合同解除与赔偿损失都是违约的救济措施,但二者的目的与功能不同,可以同时采用。因此,在合同因违约而解除时,损失赔偿数额依据《民法典》第584条确定,包括合同履行后可以获得的利益。[1]

笔者支持最高人民法院和全国人大常委会法工委的观点,并补充如下观点:其一,协商解除、约定解除、法定解除都是合同法规定的解除方式。原《民法通则》第115条规定,合同变更或者解除,不影响当事人要求赔偿损失的权利;原《合同法》第97条及现《民法典》第566条亦有合同解除当事人有权请求赔偿损失的规定。上述赔偿规定没有区分解除类型,换言之,没有将协商解除赔偿排除在上述规定之外,故协商解除与违约损害赔偿并用符合法律规定,有法律依据。其二,在当事人通过协商方式解除合同的权利与违约赔偿请求权是两项不同的合同权利,二者可以同时主张,也可以分别主张,当事人协商同意解除合同与一方是否放弃违约赔偿请求权之间没有必然的因果联系,一项权利的实现并不必然导致另一项权利的消灭;从另一个角度看,权利的放弃必须有明确的意思表示,该等意思表示可以是明示也可以是积极作为的默示,但沉默一般不具有意思表示功能。正是基于如上原理,《买卖合同解释》第13条对标的物瑕疵异议与默示推定关系问题进行了规定,即"买受人在合理期限内提出异议,出卖人以买受人已经支付价款、确认欠款数额、使用标的物等为由,主张买受人放弃异议的,人民法院不予支持,但当事人另有约定的除外"。该解释第18条第2款对接受价款是否默示推定为放弃逾期付款违约金作出了规定,即"买卖合同约定逾期付款违约金,买受人以出卖人接受价款时未主张逾期付款违约金为由拒绝支付该违约金的,人民法院不予支持"。协商解除未约定违约赔偿问题的,亦应遵循上述法理。

《民法典合同编通则解释》第52条第3款规定:"前两款情形下的违约责任、结算和清理等问题,人民法院应当依据民法典第五百六十六条、第五百六十七条和有关违约责任的规定处理。"由此解决了司法实践中存在争议。

《民法典》第566条第1款、第2款规定:"合同解除后,尚未履行的,终止履行;已经履行的,根据履行情况和合同性质,当事人可以请求恢复原状或者采取其他补救措施,并有权请求赔偿损失。合同因违约解除的,解除权人可以请求违约方承担

---

[1] 参见黄薇主编:《中华人民共和国民法典释义》,法律出版社2020年版,第1090~1091页。

违约责任,但是当事人另有约定的除外。"当事人协商解除合同后,由于原合同权利义务已经终止,根据合同性质以及履行的情况,可以采取其他补救措施,并有权要求赔偿损失;此处的赔偿损失,应当包括合同解除前因违约产生的损失。合同因违约而解除,解除权人有权要求违约方承担违约责任。从字面意思上理解,协商解除并不存在《民法典》第566条第2款所称的"解除权人",该款规定似乎不应成为协商解除情形中的判定依据,但就协商解除合同的实质而言,如果解除合同的原因系违约行为所致,结合《民法典》第562条第2款的立法目的,将其作为非违约方主张违约赔偿责任的依据符合立法意图,也符合公平原则。

《民法典》第567条规定:"合同的权利义务关系终止,不影响合同中结算和清理条款的效力。"当事人通过协议解除了合同,合同权利义务当然终止,对此应无争议。如果原合同中约定了结算清理条款(包括违约金、定金条款),即使在协商解除合同后并未重新约定违约赔偿问题,也可以依据《民法典》第567条的规定处理。

实务中,应当注意:如果双方协商解除合同对违约方的违约赔偿责任未作约定,在适用《民法典合同编通则解释》第52条第3款之前,仍有必要探究当事人的真实意思表示,即依据解除协议,审查当事人是否放弃了请求损害赔偿的权利。具体情况如下。

第1种情形,若当事人在协议中明确表示放弃请求损失赔偿的权利,一般情形下本然应当尊重当事人的意愿,法律不应过多干涉。

第2种情形,若当事人明确提出损害赔偿的诉求,且双方就此在解除协议中达成一致,法律自然应当尊重当事人重新达成的意思自治。

第3种情形,若解除协议未涉及违约损害赔偿,或者当事人提出了损害赔偿问题,但没有达成协议,则不能认定或推定其放弃了请求损害赔偿的权利。此种情形下才可适用《民法典合同编通则解释》第52条第3款之规定。

第4种情形,若解除协议未涉及违约损害赔偿问题,当事人在解除协议生效后,超过诉讼时效时间主张损害赔偿,其损害赔偿请求权可能不会得到支持。

(二)协商解除赔偿范围问题

合同因违约而解除的损失赔偿范围的争议不大,但协商解除毕竟不同于违约解除,其损失赔偿范围存在争议,主要争议点在于是否赔偿可得利益问题。根据《民法典合同编通则解释》第52条第3款的规定,协商解除情形下的违约赔偿范围,需要根据具体案情予以区别。

1. 按结算和清理条款执行

当事人协商解除原合同后,如果原合同有结算和清理条款,根据《民法典》第577条之规定,原合同权利义务关系终止,但结算和清理条款仍有效。如果协商解除协议对此没有约定,则应当认为原合同中的结算和清理条款不因协商解除而失效,而是继续有效。如果协商解除协议另行约定了结算和清理条款,则应视为对原条款的变更。通说认为,当事人在原合同中对违约责任作出约定的如约定违约金、违约金的计算、定金等,也属于原合同中的结算和清理条款。

2. 非根本性违约的赔偿范围

在协商是否解除时,如果当事人一方只存在非根本性违约,不影响合同目的实现,此时如果守约方希望获得全部的合同履行利益,其完全可以依据《民法典》第577条的规定,请求违约方承担继续履行之义务,而不是选择与对方协商解除合同,因此,守约方对协商解除合同具有最终决定权。如果守约方同意不再继续履行而选择解除合同,则可以推定其已经放弃继续履行合同原本可以获得的全部利益,在双方没有约定违约赔偿责任时,违约赔偿的范围应当限于违约行为造成的信赖损失和已经履行部分的可得利益,对于未履行部分的可得利益不宜支持。

3. 根本违约的赔偿范围

在违约行为构成根本违约致使合同目的不能实现时,即使守约方主观上希望获得合同履行利益不同意解除合同,由于合同目的客观上已经无法实现,此时非违约方同意解除合同更多是为摆脱"合同枷锁"的无奈之举,而非放弃可得利益。由于非违约方的合同履行利益的丧失主要系违约方的根本违约行为所致,故此,在该种情形下,应当允许非违约方主张赔偿全部可得利益损失。

第二节　约　定　解　除

一、约定解除权及特点

(一) 约定解除权及《民法典》之修改

约定解除,又称约定解除权的解除,指当事人在订立合同中约定解除事由,当该事由发生时,被赋予解除权的一方或者双方就可以行使解除权,使合同发生解除效果。换言之,约定解除就是"约定为一方或者双方保留解除权的解除"。保留解除权的条款,被称为"解约条款"。解除权可以保留给当事人一方,也可以保留给当事人双方。保留解除权,可以在当事人订立合同时约定,也可以在以后另立保留解除权的合同,但须在解除事由发生前进行约定。

解约条款一般应当明示,避免分歧。若当事人并未使用"解除事由""解除权"等表述,而是使用"有权终止合同""有权选择退出"等表述,当发生约定事由时,也可以认定约定解除权成立。但对于"当事人有权退货"的表述,究竟认定为是违约责任的约定,还是解除权的约定,存在争议。甘肃新源电力工程有限公司与瑞德兴阳新能源技术有限公司买卖合同纠纷案[(2019)最高法民终1369号]将该类约定认定为违约责任条款,不属解除合同条款。但若既约定退货又约定退款,因符合解除合同后果中返还财产、恢复原状的情形,故宜认为是解除合同条款。

应当注意的是,原《合同法》第93条第2款规定"当事人可以约定一方解除合同的条件。解除合同的条件成就时,解除权人可以解除合同"。《民法典》第562条第2款规定"当事人可以约定一方解除合同的事由。解除合同的事由发生时,解除权人可以解除合同"。《民法典》第562条第2款将"条件"改为"事由",将"条件成就"改为"事由发生"。

《民法典》第158条规定"民事法律行为可以附条件,但是根据其性质不得附条件的除外。附生效条件的民事法律行为,自条件成就时生效。附解除条件的民事法律行为,自条件成就时失效"。

《民法典》改用"事由"一词而弃用《合同法》第93条第2款之"条件",有其用意,具体如下。

其一,约定解除合同与附条件解除的合同是两种不同的制度,但因均使用"合同""条件""解除"等词,在审判实践中极易造成理解上的混乱。为了使合同约定解除权与《民法典》第158条所规定的附解除条件的民事法律行为从字面上更好地加以区别,降低理解混乱的可能性,故《民法典》作了如上修改。

其二,法律上的"条件"不同于日常生活用语中的"条件"。民法上的"条件"是一种不确定的事件。该条件必须是将来发生的、不确定的、约定的、合法的事实。条件的成就与否有或然性,而事由并非如此,其可以具有确定性,当事人可以将客观确定发生的事实作为解除权的事由。

其三,考虑到形成权的行使原则上不得附条件,如果允许对此类法律行为附加条件,则使得解除权的相对方更加处于不确定状态。故将解除权产生条件修改为解除权产生事由,显然更为契合解除权作为形成权的性质。

其四,从法律效果上说,对某些须批准生效的合同而言,行政机关对某些事项或合同的批准职责,源自法律、行政法规的赋权,不属于当事人约定的范畴。实践中常常有当事人在合同中将行政机关的批准作为合同所附条件,将条件成就与否作为合同效力发生的依据的情形,这显然不符合相关法律规定。相反,行政机关的审批可以作为法律上的事由。[1]

实务中应当注意的是:由于约定解除权是根据当事人的意思表示而产生的,如何签订约定解除权条款和事由,其本身有较大的灵活性,法律对此无法统一规制。当事人签订约定解除条款的目的虽不相同,但当合同因主客观的原因而出现各种履行障碍时,应允许当事人可以从合同的约束下解脱出来。给解除合同留有余地,从而维护自己的合法权益,换言之,在复杂的事物面前,该类约定解除权条款是保证合同能够更确切地适应当事人的需要。作为市场经济主体,为了适应复杂多变的市场情况,除了保证合同条款的合法有效性外,还有必要把合同保留解除权的条款制订得更细致、更灵活、更有策略性,避免含混不清和争议,使自己在纠纷争议中处于被动的地位。

(二)约定解除权之特点

约定解除权在法律上有如下特点。

第一,它是指双方在合同中约定一方或双方解除合同的事由。解除权条款可以在合同成立时予以约定,也可以在合同履行后另行约定。解除权的约定本质上一种合意,而行使约定的解除权需以此合意为基础并有解除行为。正是从这个意义上,约定解除权的解除也称为约定解除。

第二,双方约定了解除合同的事由。约定解除是由双方当事人在合同中约定的未来可能出现的解除合同事由,是对将来合同效力的约定,不同于附解除条件合同。在附解除条件的合同中,合同自解除条件成就时失去效力,无须当事人作出解除合同的意思表示;而约定解除权在性质上是形成权,解除合同必须经当事人作出意思表示。二者详细区别,下文再论。

第三,享有解除权的一方实际行使解除权才能导致合同解除。解除合同的事由发生后,只是使一方享有解除权,但合同本身并不能自动发生解除。实务中有一种情形,如某租赁合同约定:"承租人逾期15天不交租金,本合同自动解除",那么,发生承租人15天内未交租金的,合同是否发生自动解除?答案是否定的。因为根据《民法典》第565条第1款规定,解除合同须由有解除权的一方行使解除权,行

---

[1] 参见最高人民法院民法典贯彻实施工作领导小组主编:《中华人民共和国民法典合同编理解与适用》(一),人民法院出版社2020年版,第634~635页。

使解除权的方式是发出解除合同通知,如其不行使该权利,则合同将继续有效。现实中当事人在约定解除权事由成就时,基于自身利益的考量,不行使解除权而主张继续履行的,如果合同在法律或者事实上能够继续履行,就应当支持。

二、附解除条件、附终止期限合同与约定解除权合同

(一)附解除条件、附终止期限合同之规定

原《合同法》第45条第1款第3句规定:"附解除条件的合同,自条件成就时失效。"第46条第3句规定:"附终止期限的合同,自期限届满时失效。"通说认为上述两条规定为合同失效的规定,而非合同解除的规定。原《合同法》第93条第2款:"当事人可以约定一方解除合同的条件。解除合同的条件成就时,解除权人可以解除合同。"原《合同法》第93条等条款使用的"解除合同的条件",简称"解除条件",容易与原《合同法》第45条等条款规定的附解除条件、附终止期限相混淆。崔建远教授在2018年就建议:在将来《民法典》合同编中不如将"解除合同的条件"改称"解除原因"或者"解除权产生的原因"。[1]《民法典》对此已修改。

《民法典》第158条规定:"民事法律行为可以附条件,但是根据其性质不得附条件的除外……附解除条件的民事法律行为,自条件成就时失效。"《民法典》第160条规定:"民事法律行为可以附期限,但是根据其性质不得附期限的除外……附终止期限的民事法律行为,自期限届满时失效。"应当注意的是《民法典》将附条件合同、附期限合同扩大为附条件民事法律行为、附期限民事法律行为,并规定在《民法典》总则编。

《民法典》承继原《合同法》第93条第2款,在第562条第2款中规定:"当事人可以约定一方解除合同的事由。解除合同的事由发生时,解除权人可以解除合同。"《民法典》将解除条件改为解除事由。

(二)附解除条件、附终止期限合同与约定解除权合同之区别

根据《民法典》第158条、第160条和第562条第2款,附解除条件合同与约定解除权合同均产生合同终止或失效的效果,但在法理上有必要厘清二者的区别。二者的区别体现在以下几个方面。

第一,对条件要求不同。附解除条件的合同所附条件必须是合法事实,并且这

---

[1] 参见崔建远:《完善合同解除制度的立法建议》,载《武汉大学学报(哲学社会科学版)》2018年第2期。

种事实为当事人所选定,而不是由法律直接规定;约定解除权的合同中约定的条件既可以包括合法事实,也可以包括违法事实,既可以由当事人选定,也可以约定法律规定的事实。

第二,条件成就的效果不同。在附解除条件的合同中,一旦双方约定条件成就,则合同自动失效,其解除发生不依赖于当事人的意思表示,也无须当事人再做任何意思表示。例如,双方约定:"一旦甲方儿子回城,则合同自动解除",就属于此种情况,不过这里的"解除"是指失效。在约定解除权的情况下,双方以一定事由的发生作为合同解除权产生的原因。如果双方约定事由发生时,一方享有解除权,但合同并不是自动解除的。《民法典》第 562 条第 2 款规定解除合同事由发生时,解除权人可以解除合同,实际上就是指当事人有权解除合同,不是指合同自动终止。如上例中,假如双方约定"一旦甲方儿子回城,则甲方有权取得房屋收回自用,解除合同",就属于约定解除权。如果双方约定解除权,则在约定事由发生后,必须有行使解除权的解除行为,才能使合同实际解除。这是它们最核心的区别。[1]

第三,是否约定解除权不同。在附解除条件的合同中,当事人并没有被赋予解除权;而在约定解除权的情况下,当事人被赋予了解除权。比如,针对某一事由出现时,当事人约定"合同自动解除",则可认为是附条件解除合同;若当事人约定"有权解除合同"则可认为是约定解除权。但保险公司提供的格式条款中约定"合同自动解除"的,既可能被理解为合同无需通知而解除,也可被理解为保险公司自动取得了合同解除权,根据不利解释原则,应理解为保险公司取得了解除权,但需要通过通知来实现。人民法院案例库编号为 2023 - 10 - 2 - 230 - 006 的参考案例钦州某公司诉某航运保险公司海上、通海水域保险合同纠纷案[(2020)最高法民申 3029 号]的裁判要旨中就体现了这一点。

第四,是否适用除斥期间不同。在附解除条件的合同中,条件成就则合同自动解除(终止失效),没有适用除斥期间的可能。而在约定解除权的情况下,解除权必须在一定的除斥期间内行使,否则解除权消灭。[2]

第五,二者作用和价值不同。附解除条件的合同由《民法典》总则篇进行规范,而合同约定解除权则由《民法典》合同编进行规范。从立法目的来看附解除条件的合同是为了限制民事法律行为的效力,满足当事人特定需要,它本质上是民事法律

---

[1] 参见最高人民法院民事审判第二庭编:《商事审判指导》2013 年第 3 辑(总第 35 辑),人民法院出版社 2014 年版,第 110 页。

[2] 参见王利明:《合同法研究》(第 2 卷)(修订版),中国人民大学出版社 2011 年版,第 298~299 页。

行为人所附加在法律行为之上的约定。而约定解除权则是法定解除权的补充,是当事人解除权的形成原因之一。

实务中,判断合同条款究竟是约定解除权还是附解除条件的合同,并不容易。人民法院案例库 2023-09-2-152-006 号参考案例某制药公司诉某药物研究公司技术转让合同纠纷案中[(2012)民申字第1542号]认为:判断合同条款是约定解除权还是附解除条件的合同,取决于当事人的意思表示,应结合该约定的具体内容、该约定与整个合同的关系、约定的目的等因素予以确定。一般认为,合同所附解除条件是对合同所加的附款,通常与合同自身的内容以及合同的履行行为本身无关。

(三) 附解除条件、附终止期限合同失效之后果

《民法典》第 158 条、第 160 条对附解除条件合同、附解除期限合同失效的后果没有规定。实务中,该种情形下的合同失效可否适用《民法典》第 566 条对合同解除后果的规定?

对此问题,笔者认为:尽管我国《民法典》第 158 条、第 160 条对附解除条件合同、附解除期限合同失效的后果没有规定,但合同失效不等于合同无效,讨论上述两种合同失效的法律后果是以其约定有效为前提,所以,不能适用《民法典》第 157 条对民事法律行为无效后果的规定。若上述两种合同发生失效情形,宜属于《民法典》第 557 条第 1 款第 6 项"法律规定或者当事人约定终止的其他情形",因此,应认定合同失效的法律后果为合同的权利义务终止。合同失效后能否恢复原状、能否主张违约赔偿,可以参照《民法典》第 566 条根据合同性质和履行情况进行处理。

还有一个问题:当事人在合同中约定满足某种条件时合同自动解除,当该条件成就时,能否认定此合同不经通知对方即已解除?

最高法民一庭对该问题的解答是:合同解除是合同权利义务终止的重要方式之一,是对合同效力状态的根本性改变。在法律规定的合同解除方式中,包括当事人协商一致解除合同,以及解除权人行使解除权解除合同。合同的解除须由当事人为相应的意思表示,意图即在于使各方当事人对合同效力状态是否发生根本性变化能够有明确的认识。是否行使合同解除权,以及依据何种事实和理由行使合同解除权,取决于当事人的意思自治。《民法典》第 565 条第 1 款规定:"当事人一方依法主张解除合同的,应当通知对方。合同自通知到达对方时解除;通知载明债务人在一定期限内不履行债务则合同自动解除,债务人在该期限内未履行债务的,合同自通知载明的期限届满时解除。对方对解除合同有异议的,任何一方当事人

均可以请求人民法院或者仲裁机构确认解除行为的效力。"其意在强调,当事人一方行使约定或法定的合同解除权时,应当向对方发出通知,作出明确的意思表示。该条虽未覆盖约定自动解除条件的情形,但出于促进合同关系的变动在双方当事人之间清晰化、明确化的考量,若当事人在合同中约定满足条件时合同自动解除,不宜认为该条件成就时,合同可以不经通知即解除。[1]

笔者认为最高法民一庭的解答值得商榷。如按其观点,实际上是空置了《民法典》第158条、第160条,让人无法区分附解除条件合同与约定解除权合同。笔者曾见过某协议约定"本债转股协议成立且受让人付清款项后,原借款协议自动解除"。后该协议签订且转让款付清后,双方履行了债转股协议,并未纠结原借款协议是否还要等待受让方"通知解除"。可见,当事人双方均认同协议中"自动解除"本意是"终止或失效。"

三、附条件、附期限民事行为之效力

(一)附条件和附期限行为之规定

《民法典》第158条规定:"民事法律行为可以附条件,但是根据其性质不得附条件的除外。附生效条件的民事法律行为,自条件成就时生效。附解除条件的民事法律行为,自条件成就时失效。"

"条件"是指决定民事法律关系产生和消灭的不确定的事实。为了应对未来市场不确定性所带来的风险,当事人通常依据意思自治原则,通过附款方式限制民事法律行为的效力的发生或者消灭。其中所谓"附款",主要是指当事人通过约定附条件或者附期限的方式控制民事法律行为生效或者解除时间。附条件民事法律行为可以分为附生效条件和附解除条件;所谓生效条件是指使民事法律行为的内容发生效力的条件;所谓解除条件又称消灭条件,是指对于已生效的民事法律行为,当条件具备时,该民事法律行为失效,如果该条件不具备,则该民事法律行为将继续有效。如果所附条件致使该民事法律行为的目的不能实现,不得附条件,如票据行为不得附条件,否则会妨碍其流通。

如果当事人对合同生效约定了条件,但双方当事人在条件成就前实际履行了合同权利义务,应当视为对合同生效条件进行了变更。

另外,附条件法律行为中所附条件是否成就,无法通过民事证明方法确定的,

---

[1] 参见最高人民法院民事审判第一庭编:《民事审判实务问答》,法律出版社2022年版,第28~29页。

不属于民事审判过程中所能解决的问题。最高人民法院在新疆清春房地产开发公司与新疆建设集团第二建设工程有限公司建设工程施工合同纠纷上诉案[(2007)民一终字第31号]中认为：当事人双方约定"承包方在施工中有意贿赂发包方人员，一经发现，发包方扣除承包方工程总价10%工程款"，实质上是把"承包方在施工中有意贿赂发包方人员"作为"发包方扣除承包方工程总价10%的工程款"的条件。民事法律行为之条件是否成就，应可以通过民事证明方法来确定。而对本案中是否存在承包方在施工中"有意贿赂"发包方人员的法律事实，不仅无法通过民事证明方法确定，也不属于民事审判过程中所能解决的问题。因此，对当事人关于有关人员在施工过程中存在"有意贿赂"应由法院民事审判查实的主张，不予支持。[1]

还有，应以当事人的意思表示范围作为认定附条件合同的条件事实是否出现的标准。最高人民法院在常州工业技术玻璃有限公司与常州市鸿协安全玻璃有限公司其他买卖合同纠纷抗诉案中认为：对于附条件合同，应以当事人的意思表示范围作为认定附条件合同的条件事实是否出现的标准，不能漫无边际没有时空限制。合同履行中出现的事实只要符合当事人意思表示约定的事实范围，且不违反法律规定的，应当认定条件事实出现，人民法院可以据此确定合同的履行。[2]

关于条件的拟制成就，《民法典》第159条规定："附条件的民事法律行为，当事人为自己的利益不正当地阻止条件成就的，视为条件已经成就；不正当地促成条件成就的，视为条件不成就。"例如，施工合同约定工程结算款以工程竣工验收合格为条件，工程虽未竣工验收，但发包人擅自使用，应当认定工程质量合格，发包人以工程质量不合格为由主张付款条件未成就的理由不成立。

《民法典》第160条规定："民事法律行为可以附期限，但是根据其性质不得附期限的除外。附生效期限的民事法律行为，自期限届至时生效。附终止期限的民事法律行为，自期限届满时失效。"所谓期限，是指当事人以将来客观确定到来的事实作为决定法律行为的效力的附款。所谓附期限的民事法律行为，是指当事人在民事法律行为中设定一定期限，并将期限的到来作为民事法律行为效力的发生或者消灭根据的民事法律行为。附期限民事法律行为中的期限的特征如下：第一，期限是民事法律行为中当事人自愿协商的一种附款。第二，期限是以将来确定发生

---

[1] 最高人民法院民事审判第一庭编：《民事审判指导与参考》2007年第3集（总第31集），法律出版社2007年版，第226~232页。

[2] 最高人民法院审判监督庭编：《审判监督指导》2012年第4辑（总第42辑），人民法院出版社2013年版，第117~124页。

的事实为内容的附款;期限可分确定期限和不确定期限,但即使是不确定期限,也必然会到来。第三,期限是限制民事法律行为效力的附款,可分为生效期限与终止期限。

如果合同无效,所附条件、所附期限亦无效。例如,若施工合同约定以工程竣工为支付工程款条件,但由于施工合同无效,支付部分施工工程款是返还因无效合同所取得的财产的一种形式,并不以工程竣工验收为条件,故给付工程款条件不成就的观点不成立。

根据《民法典》上述规定,民事法律行为中的附条件或附期限的效力应根据其性质而论,若根据其性质不得附条件或附期限,不得违反有关规定,否则所附条件或所附期限无效,如结婚、收养等身份上的行为及债的抵消、票据转让等就不得附条件、附期限。主要原因在于:附条件或附期限会导致民事法律行为的生效或失效产生不确定性,而对于这些民事法律行为而言,其性质决定了其必须排除这种不确定性,否则将不利于维护公序良俗、交易安全和秩序稳定。

(二)附条件行为中条件之要求

通说认为,法律行为中所附条件必须具备如下要求。

第一,条件必须是将来发生的事实。条件必须是当事人实施民事法律行为时尚未发生的事实。如果该事实已成就,即为"既成条件"或"已定条件",为不真正条件。判断事实是否具有将来性,出发点是客观视角,如果客观已成就或者确定不能成就,只是当事人主观对此不知,这在德国法上称为"表见条件"或"虚伪条件",亦属不真正条件,不能发生真正条件所具有的效力。

第二,条件必须是不确定的事实。条件与期限的关键区别在于条件是否成就是不确定的,而期限终将届至。条件必然发生的,在学理上称为"必成条件"。如果合同签订时,当事人已经知道作为条件的事实必然发生,该条件若为"必成条件",视为无条件;若为解除条件,则法律行为不生效。

第三,条件必须可能。所附条件的事实根本不可能发生的,在学理上称为"不能条件",此也不属于真正条件,不发生效力。最高人民法院《民法典总则编解释》第24条规定:"民事法律行为所附条件不可能发生,当事人约定为生效条件的,人民法院应当认定民事法律行为不发生效力;当事人约定为解除条件的,应当认定未附条件,民事法律行为是否失效,依照民法典和相关法律、行政法规的规定认定。"如"太阳西升东落之日,出租人有权解除合同"之类约定就是将根本不可能发生的事实作为合同解除条件,应视为未附条件;在此情形下,合同能否解除,仍应根据民法典及相关法律、行政法规所规定的解除规则来确定。

合同订立时所附条件是可能发生的,而合同生效履行后,所附条件由于客观情况变化已确定不能发生的,如何处理？在某桩基工程合同纠纷案中,合同约定工程进度款在发包人累计给付到95%时停止支付,剩余5%待工程验收通过后支付。施工人完成了桩基施工任务,但由于国家政策原因导致工程停工,工程无法验收。施工人在诉讼中主张5%剩余工程款,发包人以工程质量未组织验收不满足付款条件为由拒绝支付工程款。对此,最高法民一庭观点是：施工合同双方当事人约定,工程尾款待工程验收后支付,施工人对工程尾款享有的权利属于附条件请求权。如工程验收在客观上无法进行,应认定合同所约定的条件无法成就。施工人请求建设方支付该工程尾款的诉讼时效期间,应自知道或者应当知道条件无法成就时起计算。[1]

第四,条件须由当事人意定而非法定。条件是附款,属于当事人意思表示的一部分,不应包括法定条件(如物权法规定物权的设立以登记为要件),因为法定条件直接源于法律秩序的具体要求,且法律行为效力要件不属于当事人意思自治范畴,更何况法定条件并不存在基于意思表示的悬而未决的状态。如果附条件解除合同的条件是法定条件,仅是对法定条件的重申,并不直接影响民事法律行为效力,应视为未附条件。

第五,条件必须合法。附条件的事实应当是合法的,以违法或者违背公序良俗的事实作为条件的,是"不法条件"。如甲为排斥竞争对手与乙在合同中约定"若乙向丙供货合格,甲将解除合同",这里甲将乙向丙供货合格作为解除合同的条件就属于设立不合法条件。又如约定"你若结婚,我将解除合同"作为解除条件,因违反公序良俗,亦视为不法条件,一般应当认定无效。

第六,条件不得与合同主要内容相矛盾。因附条件而使合同主要内容出现矛盾的,称为矛盾条件,如"买卖合同若被撤销,则生效"之类。在出现矛盾条件的情形下,应认为当事人的效果意思存在矛盾,可以解释为当事人不欲作出该法律行为,该法律行为不具有真正的效果意思,因而该法律行为无效。

如上所述的表见条件、必成条件、不能条件、法定条件、不法条件、矛盾条件等在学说上属于不真正条件,以不真正条件作为合同解除条件的,该条件效力应认定无效。

---

[1] 参见最高人民法院民事审判第一庭编：《民事审判指导与参考》2012年第1辑(总第49辑),人民法院出版社2012年版,第131~136页。

但最高人民法院《民法典总则编解释》第 24 条对附不能条件为生效条件和解除条件的效力单独予以了区分：附不能条件为生效条件的，民事法律行为因欠缺生效要件而不发生效力；对于附不能条件为解除条件的应认定为未附条件，此时民事法律行为是否有效，依照《民法典》和相关法律、行政法规的规定认定。

(三) 附不法条件的主要情形

根据《民法典》第 158 条之规定，下列民事法律行为不得附条件。

1. 违反法律、行政法规强制性规定的不得附条件。《民法典》第 153 条第 1 款规定："违反法律、行政法规的强制性规定的民事法律行为无效。但是，该强制性规定不导致该民事法律行为无效的除外。"《民法典合同编通则解释》第 16 条对该条中的但书条款进行了解释；该解释第 18 条对不适用《民法典》第 153 条的情形进行了解释。上述两个条文对合同附条件条款是否因违反法律、行政法规强制性规定而无效作了全面规定。除此之外，还应关注其他司法解释中关于约定条件是否违反《民法典》第 153 条第 1 款问题的规定。

关于"背靠背"付款条件效力问题。实务中大量出现以第三方支付款项作为付款前提的"背靠背"条款，各地法院裁判标准不统一，裁判结果有较大差异。最高人民法院在《关于大型企业与中小企业约定以第三方支付款项为付款前提条款效力问题的批复》(法释〔2024〕11 号，自 2024 年 8 月 27 日起施行)中明确指出："一、大型企业在建设工程施工、采购货物或者服务过程中，与中小企业约定以收到第三方向其支付的款项为付款前提的，因其内容违反《保障中小企业款项支付条例》第六条、第八条的规定，人民法院应当根据民法典第一百五十三条第一款的规定，认定该约定条款无效。"该解释出台，统一了裁判标准，应当终结了"背靠背"付款条款的效力争议。根据该解释，国务院《保障中小企业款项支付条例》(2020 年 9 月 1 日实施)第 6 条第 1 款"机关、事业单位和大型企业不得要求中小企业接受不合理的付款期限、方式、条件和违约责任等交易条件，不得违约拖欠中小企业的货物、工程、服务款项"和第 8 条第 1 款"机关、事业单位从中小企业采购货物、工程、服务，应当自货物、工程、服务交付之日起 30 日内支付款项；合同另有约定的，付款期限最长不得超过 60 日"的两项规定，虽然针对的是合同订立后的履行行为，但其目的在于促进大型企业及时支付中小企业账款，保障中小企业公平参与市场竞争，维护中小企业依法获得款项支付的合法权益，在性质上应当属于《民法典》第 153 条第 1 款规定的强制性规定。这类条款实质是关于不合理的付款期限、方式、条件的约定，本质上都是大型企业不承担其交易对手方的违约风险或破产风险，而是将风险转嫁给中小企业,这对于依约全面履行了合同义务的守约方而言,明显有失公允。故而前述解释对"背靠背"条款效力予以否定。

2. 为维护公序良俗而不得附条件。这多涉及身份领域,就婚姻、收养、离婚、认领等身份行为而言,为维护公序良俗而不允许附条件;其他身份法上的行为不允许附条件的,如约定雇员结婚或怀孕为解除劳动合同条件。《民法典》第 153 条第 2 款规定:"违背公序良俗的民事法律行为无效。"《民法典合同编通则解释》第 17 条对违反公序良俗的行为进行了解释,合同附条件条款是否违反公序良俗,应当依据该解释判断。

3. 为维护交易安全和法律秩序而不得附条件。基于交易安全而不允许附条件的,如《票据法》第 33 条规定,票据的背书不得附有条件,背书时附有条件的,所附条件不具有汇票上的效力。基于法律秩序要求而不允许附条件的,主要是指行使形成权的行为,如抵销、解除、追认、撤销等行为,由于单方行使形成权将导致法律关系变动,为了促使法律的秩序稳定,排除不确定状态,故不允许该种行为附条件;典型的如《民法典》第 568 条第 2 款规定当事人一方通知对方行使法定抵销权时不得附条件、附期限的规定。

4. 基于法律主体的确定考虑而不得附条件。在许多单方法律行为中为防止未来行为不确定性和时间上的迟延,法律规定不允许附条件。如接受或者放弃遗产、遗赠等行为,若接受遗产附条件,则将导致继承人是否接受被继承人遗产的法律效果处于不确定状态,与此相关的,被继承人的债权人能否向其主张债权,其他继承人的权利如何确定,甚至可否据此将无人继承的遗产归属国家所有等,众多民事主体的权利都因该法律行为附条件而受到影响。故从安定其他民事主体的地位角度来看,接受或者放弃遗产、遗赠等行为不得附条件。

当事人可以在订立合同条款时约定合同解除的条款,虽然解除条款是当事人的意思自治,但必须是在法定范围和社会公共秩序所能承受认可的范围内进行约定。如果当事人约定解除权以损害另一方当事人利益或损害第三方利益的情况的出现为条件,则不利于体现合同法的公平原则,该种约定应为无效,当事人据此行使的合同解除权也归于无效。[1]

(四)条件与期限的区别

条件与期限主要区别在于将来的事实是否确定,王泽鉴教授区分了四种情况

---

[1] 参见江必新、何东林等:《最高人民法院指导性案例裁判规则理解与适用·合同卷一》,中国法制出版社 2012 年版,第 352 页。

并分别进行了探讨：一是时期不确定，到来亦不确定，此为条件；二是时期确定，到来不确定，此为条件；三是时期不确定，到来确定，此为期限；四是时期确定，到来亦确定，此为期限。[1]

对条件与期限的区分，较为典型的案例是最高人民法院审理的贵州亿杰置业有限公司（以下简称亿杰公司）与重庆建工第十一建筑工程有限责任公司（以下简称建工公司）建设工程施工合同二审纠纷案[（2016）最高法民终811号]。

该案查明：亿杰公司与建工公司会议纪要约定，案涉工程本次工程款支付金额为4000万元，支付资金来源为开发商自筹和银行贷款，工程款分3次支付，第3次付款时间为"施工单位协助开发商办理贷款到账"。亿杰公司已经按会议纪要约定的资金来源和额度实际支付了1800万元，尚余2200万元。建工公司主张支付剩余2200万元工程款，亿杰公司主张建工公司并未举证证明其协助开发商办理贷款到账，故第3次付款条件未能成就，建工公司无权请求其支付剩余款项。

最高人民法院判决认为：(1)因案涉工程已经竣工验收并实际交付使用，无论支付的工程款来源是开发商自筹，还是银行贷款，亿杰公司均为付款义务人，即对于双方约定的4000万元工程款，其支付行为应为确定的、必然的，而非可以支付，也可以不支付。根据原《民法通则》第62条的规定，附条件的民事法律行为在条件成就时生效。如果将"施工单位协助开发商办理贷款到账"的约定视为附条件，则条件成就时，亿杰公司应履行付款义务；条件不成就时，亿杰公司则无须支付工程款。因此，该约定不能认为是亿杰公司支付行为所附条件，亿杰公司支付4000万元只是时间的早晚问题，而非是否支付的问题，一审法院将其视为对付款义务履行期限的约定并无不当。亿杰公司认为第3次付款条件不成就，故不应支付剩余工程款的主张无事实和法律依据，不予支持。(2)按照"施工单位协助开发商办理贷款到账"的约定，第3次付款时间是模糊、不确定的。依据原《合同法》第61条、第62条第4项之规定，对于合同约定的履行期限不明确的，"债务人可以随时履行，债权人也可以随时要求履行，但应当给对方必要的准备时间"。亿杰公司已经按照会议纪要履行了部分付款义务，其应继续向建工公司支付剩余的2200万元工程款。

(五)条件与负担的区别

合同法上的负担即指合同义务。在审判实务中容易混淆的是，常常将合同义

---

[1] 参见王泽鉴：《民法总则》，北京大学出版社2009年版，第332页。

务认定为附条件合同中的条件。

合同义务不能成为条件,理由是:第一,合同义务的确定直接决定债务人履行内容,债务人应当全面、适当地履行合同义务;而条件只是一种事实,能否成就是不确定的,当事人不负有使条件成就的义务。第二,义务没有完成,当事人要承担违约责任;条件没有成就,影响的是合同是否生效的问题,当事人不承担违约责任。第三,义务没有完成,原则上不能拟制其完成;而拟制成就是条件制度的重要内容。第四,依法成立的合同具有约束力和确定性,所谓附条件法律行为的不确定性是合同确定性的例外。如果将条件的范围扩大到合同义务,那么条件的天然不确定性将毁灭合同确定性本身。第五,条件的作用是限制合同效力,如果合同义务可以作为条件,则合同效力完全取决于当事人履行意愿。第六,合同义务可以是法定的,而条件必须是当事人意定,而不是法定的。[1]

四、约定解除事由之判断

目前对于约定解除的研究较少。除民事立法对条件效力的规制外,《民法典》第562条第2款对当事人约定的解除事由没有其他限制,由此产生了合同当事人双方对解除事由能否无限制地任意约定的问题,常见的情形是约定解除事由对相对人过度不利益,这是当前约定解除纠纷的主要原因。

有学者提出,应在立法中对约定解约事由作出以下两方面的特别限制:第一,对解除事由的约定必须明确而不能含糊不清,约定不明视为没有约定,约定解除权就不存在。因为该约定关系到将来合同的稳定性,关系到保护合同一方当事人的利益。第二,约定解除合同的事由不应是严重影响合同一方或双方重大利益的情形,否则视为该解除事由不存在,不产生合同约定解除权。对约定解除事由不加限制,将加重相对方义务,阻碍交易关系,影响合同履行,这有违合同法鼓励交易,保护交易的宗旨。[2] 人民法院案例库入库编号为2024-10-2-483-001的参考案例优某有限公司诉中某国际贸易有限公司合同纠纷案[(2021)京民终726号]二审裁判要旨认为:从法无禁止皆自由的角度,在不违反法律、行政法规的强制性规定下,对当事人意思表示真实的约定解除权条款的效力予以认可,符合当事人根据自身需要进行的权利创设以及国际商事主体之间经贸往来的客观需求。但是约定解

---

[1] 参见潘杰:《合同义务不能成为附条件合同中的条件——再审申请人乔连生与被申请人蚌埠日报股权转让合同纠纷案》,载最高人民法院民事审判第一庭编:《民事审判指导与参考》总第62辑,人民法院出版社2015年版,第211~212页。

[2] 参见汪张林、杜凯:《论合同解除权的行使》,载《西南政法大学学报》2005年第1期。

除权的认定需要保持谦抑以避免恣意,维护合同履行的稳定。

另有学者反对立法对约定解除事由进行限制。理由是:第一,在立法上规定以"约定的解除条件是否明确"作为是否产生约定解除权的判断标准,没有实际意义,最终仍然需要实际借助司法活动中的价值补充确定是否支持合同解除。第二,将约定解除的条件限定为严重影响合同当事人之一方利益或双方重大利益情形的,仅仅是一种立场在立法上的宣示,而不可能成为裁判之准则。在司法实践中,判断约定的解除合同条件是否严重影响合同当事人重大利益,仍然只能依靠法官的价值判断。[1]

笔者认为,尽管在立法上无法解决约定解除事由及约定解除边界问题,但合同法的公平原则、诚实信用原则、公序良俗原则、禁止权利滥用原则是对约定解除的限制。在司法实践中,一般认为,合同约定解除的事由和边界应当明确、清晰,在合同约定解除事由的边界不清晰或守约方存在违背民法基本原则的事实行为时,即使守约方合同约定解除权利本身被认可,但仍有该解除权被失权处理。

(一)合同约定的解除事由应清晰

合同约定的解除事由与合同关系的稳定性密切相关,与合同各方当事人的利益紧密相连。约定是否具体明确是一个事实判断,如当事人对解除合同的事由约定不明,可能出现一方认为约定解除事由已经发生,而另一方认为约定解除的事由没有发生。如果通过文义解释,无法判断合同约定解除的具体事由,则意味着合同解除约定不明。一般认为,约定不明视为没有约定,在此种情况下,约定解除条款不再适用,合同能否解除准用法定解除之标准判断。例如:合同约定,一旦乙方出现违约情形,甲方即可采取一项或多项措施(其中包括各类违约责任并夹杂着提前解除合同的条款)。此类合同中违约责任和违约解除事由混同的约定,导致违约方的违约行为在何种情况下可被作为合同约定解除的条件不清晰,无法判断乙在何种具体事由下能够解除合同;如予承认,则意味着认可了甲方具有滥用合同约定解除条款的权利(只要乙方违约,甲方即可解除)。因此,该合同解除条款不应被适用即使适用也应区分具体情况适用。

在司法实务中,约定解除权事由模糊的条款比比皆是。例一:某购销合同约定"销方有权根据具体情况,单方决定解除合同"。例二:某租赁期为10年的房屋租赁合同约定"在租赁期内,出租人有权根据自己的实际情况,提前解除合同,收回房

---

[1] 参见李晓钰:《合同解除制度研究》,中国法制出版社2018年版,第58~59页。

屋"。笔者认为：上述约定表象上符合契约自由原则，但本质上赋予了一方任意解除合同的权利。一方面这种随意解除合同的权利对相对人将会造成极大的损害，双方利益严重失衡，不构成合同实质正义，而合同的实质正义是契约自由原则的重要内容；另一方面任意解除权为法律对特种合同的特别规定，一般不允许当事人自行约定。故对于此类解约条件，应以约定不明，违反诚信原则而否定其效力。

否定约定解除条款不明的效力而适用法定解除条件判断合同能否解除，这一观点被司法实务认同。例如，《四川省高级人民法院关于审理合同解除纠纷案件若干问题的指导意见》第9条规定："在约定解除的情形下，合同解除权由合同约定的当事人享有。合同对当事人设定有多项义务，但在违约条款中仅约定一方违约、对方即可解除合同的，属于对解除条件约定不明，人民法院应当根据合同法第九十四条的规定认定当事人是否享有合同解除权。"

以约定不明排除约定解除权的典型案例有四平九洲房地产开发有限责任公司与邝冶股权转让纠纷案[（2018）最高法民终863号]。该案中，当事人合同约定，任何一方违反本协议约定条款，即构成违约，违约方应向守约方承担违约责任，任何一方违约并给对方造成损失时，守约方有权要求违约方赔偿损失，并有权单方解除合同。最高人民法院判决中对此评述为：虽然该约定将守约方行使合同解除权的条件限定为一方违约且同时给对方造成损失，但由于客观上违约与损失息息相关，该条款实质仍着眼于只要发生违约，则守约方有权解除合同。如此一来，显然泛化了作为合同约定解除条件的违约行为，将所有违约行为不加区分同质化，若简单依此履行，必将造成解除合同过于随意，增加了合同被解除的风险，不利于交易安全和稳定。故上述条款虽在形式上约定了合同解除条件，但实属对解除条件约定不明。合同当事人出现违约情形时，不能当然以此为由主张解除合同，而应结合合同履行情况、违约程度等因素，从合理平衡双方利益出发，慎重判断合同是否符合法定解除条件。笔者认为，该案例对实务具有指导意义。

(二)行使约定解除权应受诚信原则限制

约定解除权的产生基于契约自由原则，所以在司法实践中有一种观点认为，只要约定的解除事由发生，即便该约定不合理，根据合同自由原则，也对当事人有约束力。另一种观点认为，要根据诚实信用原则、禁止权利滥用原则对约定的解除事由进行解释，适当限制约定解除权的行使。

笔者认为，合同正义与合同自由并行不悖，不能以合同自由否定合同正义，拒绝合同正义对合同自由的修正作用。同时，诚信原则对权利的限制是约定解除限制的法理基础,诚信原则是从正面去引导权利人正当地行使权利,兼顾各方之利益平衡,而禁止权利滥用原则则是从反面去否定不当行使权利的法律效力,对导致各方利益严重失衡的权利之行使进行制约。权利的行使,必有一定的界限,超过正当的界限而行使权利,即为权利之滥用。梁慧星教授认为:现代民法关于权利之行使,从正面规定须遵循诚实信用原则,复于反面规定禁止权利滥用原则。[1]

司法实践中,最常见的问题是格式条款对约定解除权边界不明确,容易成为当事人滥用合同解除权的机会。通常表现在违约方的违约行为已达到合同约定或者法律规定的解除条件,但守约方在合理期限内没有行使解除权,而是经过较长时间以后,出现新的情势时(特别是对自己不利的情势),守约方出于自身利益的考虑,想要摆脱该合同的约束,进而以违约方之前或一如既往的违约行为(交易惯例)为由行使解除权。该行为一般容易被认定为解除权滥用,极有可能被法院作失权处理。合同解除权失权,是指按正常交易人的判断,如果相对方有理由相信享有合同解除权的一方不会行使其权利,并据此做出相应的交易安排,在此情况下解除合同违背诚实信用原则,损害相对方合理的信赖利益,就不应支持享有合同解除权一方行使其解除权。

还有一种在对方显著轻微违约时行使约定解除权情形。轻微违约与根本违约不同,不解除合同对守约方没有实质影响,解除合同却会对违约方造成严重损害。如果轻微违约情形下任由当事人行使约定解除权,显然是对意思自治的过度放任,同时极易产生变相鼓励解除权人滥用合同解除权,借机谋取不当利益或造成违约方过高损失的投机行为,诱发合同履行的道德风险。《德国民法典》第 323 条第 5 款明确规定:"违约并非重大时不得解除合同。"PICC 第 7.1.5 条第 4 项也有类似规定。虽然《民法典》对此最终未作统一规定,但并不妨碍用诚信原则和禁止权利滥用原则对此予以限制,也不妨碍守约方通过追究违约方的违约责任而得到救济。

最高人民法院发布的《九民纪要》规定了要用诚信原则来对认定解除条件是否成就进行解释。该纪要第 47 条规定:"合同约定的解除条件成就时,守约方以此为由请求解除合同的,人民法院应当审查违约方的违约程度是否显著轻微,是否影响守约方合同目的实现,根据诚实信用原则,确定合同应否解除。违约方的违约程度显著轻微,不影响守约方合同目的实现,守约方请求解除合同的,人民法院不予支持;反之,则依法予以支持。"

---

[1] 参见梁慧星:《民法总论》(第 3 版),法律出版社 2007 年版,第 265 页。

最高人民法院民事审判第二庭(以下简称最高法民二庭)在对《九民纪要》第47条进行解读时,认为:人民法院在认定约定解除条件是否成就时,不能完全根据合同文本机械地确定合同是否解除,而应根据诚实信用原则,综合考量以下因素来确定:一是要考察违约方的过错程度。尽管我国合同法坚持严格责任原则,在确定是否违约时不考察违约方是否具有过错,但这并不意味着过错在合同法中没有任何意义。在考察约定的解除条件是否成就时,要考察违约方的过错程度是轻微过失、严重过失还是故意,如果仅是轻微过失,一般不宜认定解除合同。二是要考察违约行为形态。如当事人在合同中作出诸如"任何一方违约,对方就有权解除合同"的约定,此时,要对"违约行为"进行适当限制,避免合同因某一方当事人的轻微违约行为而解除。如果约定的解除条件针对的是拒绝履行等重大违约行为,认定解除条件成就相对容易;如果约定的违约行为针对的是附随义务,则在认定解除条件是否成就时就要更加谨慎,不能轻易认定解除条件成就。三是要考察违约行为的后果。如果一方已经履行了合同的主要义务,如已经支付了全部1000万元价款中的950万元,仅剩小部分尾款未付,此时,违约方的违约程度显著轻微,即便违约也不影响合同目的的实现,因而不能轻易根据合同约定认定解除合同条件已经成就。总之,根据诚实信用原则以及鼓励交易原则,不宜轻易地否定一个已经生效甚至已经履行了大部分义务的合同。尤其是在合同约定的解除条件较为宽泛的情况下,这一限制尤显必要。[1]

例如,在一起租期为15年、按月支付租金的物业租赁合同纠纷中,合同明确约定"承租人连续拒绝交付或者迟延交付租金达到三期的,出租人有权解除合同"。前3年承租人均按期交付了租金,第4年因承租人受到商业网点布局迅速扩张的影响,资金回笼困难,导致1~3月的租金未能按时支付,第4个月时承租人安排资金周转凑齐了1月和2月的租金,准备交给出租人。此时出租人正欲调高租金,向承租人提出变更租金的要求,承租人认为租金条款已经约定清楚且亦有第5年后逐年上浮的约定,故不同意提高租金标准。出租人于是拒绝受领租金,并提起诉讼请求解除合同,因为承租人确实符合了约定的连续三期迟延交付租金的解除条件。但是,其一,对一份15年期限的长期物业租赁合同而言,3个月的租金迟延并非根本性的严重违约;其二,承租人并非恶意毁约,而确属资金周转困难;其三,承租人一直在积极想办法凑齐租金,且已经凑齐了前2个月的租金,出租人收取租金的合同

---

[1] 参见最高人民法院民事审判第二庭编著:《〈全国法院民商事审判工作会议纪要〉理解与适用》,人民法院出版社2019年版,第314~315页。

目的并非不能实现。所以,法院依据《九民纪要》第47条,最终没有支持原告的请求。

又如,在一起为期6年的《独家代理协议》纠纷中,代理人为委托人的产品在代理销售区域打开了市场,赢得了相当比例的固定用户群。合同履行了一半期限(3年)时,代理人发生了连续两个批次的货款未能及时与委托人进行结算,进而拖欠货款的违约行为。依据《独家代理协议》的约定,代理人出现此种情形时委托人可以解除协议。双方因此发生纠纷,委托人依据协议约定提起诉讼,请求裁决解除《独家代理协议》。法院考虑到:其一,被告连续两个批次货款拖欠的数额尚不到委托人实际已经获取的销售货款总额的5%;其二,委托人通过代理人的行为已经打开了其产品在代理销售区域的市场;其三,代理人表示愿意支付拖欠的货款并支付违约金;其四,委托人在《独家代理协议》项下的合同目的并非不能实现。最终法院驳回了原告的诉讼请求。

在《九民纪要》第47条中,对约定解除权行使条件的法官自由裁量规则的规定是非常符合民商事审判实践需要的。《民法典》编纂过程中也有不少学者建议将《九民纪要》的此一规则上升为立法。遗憾的是,最终《民法典》对于协商解除仍然只是简单沿袭了合同法第93条第2款的规定,只是将"条件"改为"事由",将"成就"改为"发生"。[1]

(三)约定解除事由之实质审查

对约定解除事由进行实质审查,首先,应考量约定事由的合法性问题。实务中,常有约定解除事由明显违法情形,比如当事人在一份长期的持续性合同中约定"履行本合同发生纠纷的,只能由双方友好协商解决,若甲方通过诉讼方式解决纠纷,乙方有权解除合同"。众所周知,允许当事人通过诉讼方式解决合同纠纷,是法律基于公共利益需要而赋予当事人的不可剥夺的权利,允许当事人及时行使诉权不仅仅关乎当事人利益,更是市场经济中众多合同纠纷的法定救济途径,如果将其作为解除合同的事由,违反了公序良俗原则。在此情形下,该约定事由明显违法,应认定为无效事由。

其次,适用约定解除的前提是该约定的事由已经发生。从实践来看,除非将特定事由规定为约定解除条件外,当事人一般是将《民法典》第563条的法定解除事

---

[1] 参见刘凯湘:《民法典合同解除规则在起草过程中的争议与条文理解》,载王利明主编:《判解研究》2022年第2辑,人民法院出版社2023年版,第118~143页。

由结合合同实际转化为约定解除事由,即以对方当事人存在根本违约作为所附解除事由。从《民法典》第565条、第566条的规定来看,也是将约定解除权和法定解除权的行使条件和方式作同等对待和处理的。但实践中,适用约定解除还是法定解除的处理思路、举证责任等还是有所差别的,如果当事人主张约定解除,则即使对方当事人没有《民法典》第563条规定的违约行为,只要其能够证明发生合同约定解除事由,即可获得解除权。

法院对于当事人约定的解除权行使条件是否应当进行实质审查以及审查的程度如何把握?

对此,北京市第三中级人民法院民事审判第一庭的观点是:在审判实践中,当事人在合同中约定解除权行使条件的,法院原则上应当尊重当事人意思自治,严格把握裁量权的行使,一般不应轻易否定当事人约定的效力。合同相对方如认为该约定具备应当撤销或变更的事由,可以申请法院予以撤销或变更。法院如认为该约定存在歧义、模糊或其他需要通过解释予以明确的情形,可以依申请或依职权对该约定进行解释。[1]

当事人在合同中约定了解除权行使事由,经审查发现解除事由没有发生但符合法定解除条件,法官是否应当释明当事人变更解除权行使依据?

对此,笔者认为:合同解除权的行使原则上应当尊重当事人意思自治。诉讼中,一方当事人主张行使约定解除权,对方有异议而主张或反诉要求继续履行合同,法院经审查发现合同不具备约定解除权行使条件,应释明当事人针对合同能否继续履行陈述意见并举证;法院经审查认为合同虽不具备约定解除权行使条件,但具备法定继续履行条件,应当告知双方当事人可根据《民法典》第580条之规定变更请求裁判终止合同,当事人不愿变更诉讼请求的,则应驳回原告的诉讼请求。

(四)如何识别约定解除事由

一般而言,对合同条款中哪些属于约定解除事由或条件,一般可从文义解释进行判断,但实务中有些约定,在表面形式上似乎属于他种法律制度或规则,但通过目的解释、体系解释和诚信原则解释,其实质上应为约定解除事由。

例如,某《股权联合收购协议》约定:本协议签署后,原投资人甲拒绝与新投资人乙按本协议约定的交易条件签署相关文件及/或拒绝向新投资人乙提供与本次

---

[1] 参见北京市第三中级人民法院:《21个合同解除疑难问题解答》,载华律网,发布于2016年11月12日。

股权转让相关的文件及/或办理相关的手续的,及/或原投资人甲未按照回购期限支付回购定金的,及/或原投资人甲未按照本协议约定的条件和期限回购股权的,均视为原投资人甲根本违约。在这种情况下,新投资人乙有权单方面解除本协议,同时原投资人甲应向新投资人乙支付本协议项下股权转让款总额10%的违约金,或通知原投资人甲终止股权回购,并不退还2950万元人民币的定金。

对该《股权联合收购协议》约定的"……视为根本违约",若依文义解释理解,视为当事人双方关于根本违约的界定,即将"本协议签署后,原投资人甲拒绝与新投资人乙按本协议约定的交易条件签署相关文件及/或拒绝向新投资人乙提供与本次股权转让相关的文件及/或办理相关的手续的,及/或原投资人甲未按照回购期限支付回购定金的,及/或原投资人甲未按照本协议约定的条件和期限回购股权的","均视为原投资人甲根本违约"。

对此,崔建远教授持不同的看法,认为不宜将该约定认定为关于根本违约的界定,而应将其解释为约定了解除权产生的条件,即"本协议签署后,原投资人甲拒绝与新投资人乙按本协议约定的交易条件签署相关文件及/或拒绝向新投资人乙提供与本次股权转让相关的文件及/或办理相关的手续的,及/或原投资人甲未按照回购期限支付回购定金的,及/或原投资人甲未按照本协议约定的条件和期限回购股权的",均为新投资人乙享有解除权的条件。

崔建远教授如此解释的理由是:(1)根本违约具有质的规定性,对其内涵和外延,法律人已经基本上达成了共识。假如任凭当事人通过约定改变根本违约的内涵和外延,则会导致根本违约概念的不确定性,弊大于利。(2)该《股权联合收购协议》约定的措辞是"视为",这本身就表明,当事人不欲通过约定改变根本违约的内涵和外延,只是将若干情形"当作"根本违约对待,以达适用某些法律规定的目的,产生某些法律后果。(3)整体审视该约定,不难发现当事人双方是想将其约定的若干情形与解除权规则、定金罚则联系起来。也就是说,在当事人双方约定的情形之一出现时,新投资人乙便享有解除权和不退还定金之权。当事人双方之所以如此约定,动机可能有方方面面,但有一点是肯定的:按照中国现行法及其理论,在约定的一些情形出现时,可能不得适用原《合同法》第94条第3项和第4项关于解除权产生并行使的规定,因为约定的有些情形未致合同目的落空,约定的有些行为不属于不履行主给付义务;也可能无法适用定金罚则或不退还全额的定金,因为定金罚则确定地适用于不能履行、拒绝履行两种场合,至于其他违约行为的场合,要么不退还一定比例的定金,要么不适用定金罚则。如今,通过当事人双方的上述约定,便排除了这些障碍,只要约定的情形之一出现,新投资人乙就可以单方面地解除

《股权联合收购协议》并追究原投资人甲的违约金责任。

既然如此,将该约定的情形解释为解除权产生的条件和适用定金罚则的条件,可能更符合当事人双方的本意,更能妥当地适用法律。

该案及其分析表明,约定解除已被人们实际运用,裁判者不应错误定位。要做到这点,崔建远教授曾在 2018 年建议将来《民法典》合同编应清楚地界定约定解除。[1]

---

[1] 参见崔建远:《完善合同解除制度的立法建议》,载《武汉大学学报(哲学社会科学版)》2018 年第 2 期。

第三章
一般法定解除权

《民法典》第563条第1款规定:"有下列情形之一的,当事人可以解除合同:(一)因不可抗力致使不能实现合同目的;(二)在履行期限届满前,当事人一方明确表示或者以自己的行为表明不履行主要债务;(三)当事人一方迟延履行主要债务,经催告后在合理期限内仍未履行;(四)当事人一方迟延履行债务或者有其他违约行为致使不能实现合同目的;(五)法律规定的其他情形。"该条第2款规定:"以持续履行的债务为内容的不定期合同,当事人可以随时解除合同,但是应当在合理期限之前通知对方。"

原《合同法》第94条规定:"有下列情形之一的,当事人可以解除合同:(一)因不可抗力致使不能实现合同目的;(二)在履行期限届满之前,当事人一方明确表示或者以自己的行为表明不履行主要债务;(三)当事人一方迟延履行主要债务,经催告后在合理期限内仍未履行;(四)当事人一方迟延履行债务或者有其他违约行为致使不能实现合同目的;(五)法律规定的其他情形。"

比较《民法典》第563条和原《合同法》第94条,可以看出以下两点。

第一,《民法典》第563条一字不差地承继了原《合同法》第94条,并将原《合同法》第94条作为《民法典》第563条的第1款。

第二,《民法典》第563条第2款增加了关于不定期持续性合同解除问题的规定,赋予了不定期持续性合同中当事人双方的任意解除权。原《合同法》总则部分没有任意解除权的规定,《民法典》在合同编通则分编中增加了关于任意解除权的规定,所强调的是任意解除权亦属法定解除权之列。

解除合同的目的是使当事人从合同"枷锁"中摆脱出来,不再受合同权利义务约束,故法定解除亦并非为了制裁,不以当事人过错为要件。但根据法定解除的原因不同,在《民法典》第563条规定的法定解除权中,根据实务需要,笔者认为,有必要将其再作 3 种类型的区分。

第 1 种类型是客观原因解除,即《民法典》第 563 条第 1 款第 1 项所指的"因不可抗力致使不能实现合同目的"的解除情形。合同因客观原因解除又称非违约解除。须说明:《民法典》第 533 条的合同因情势变更解除的情形属于行使请求权解除的情形,不属于当事人行使法定解除权解除情形,因而不属法定解除范围(详见本书第五章之论述)。

第 2 种类型是违约解除,包括:(1)《民法典》第 563 条第 1 款第 2 项所指的预期违约解除情形;(2)《民法典》第 563 条第 1 款第 3 项所指的不履行合同主义务解除情形;(3)《民法典》第 563 条第 1 款第 4 项所指的不履行其他合同义务致合同目的不达解除情形;(4)《民法典》第 563 条第 1 款第 5 项所指的合同编中各典型合同及其他特别法规定的解除情形中的违约解除情形。

第 3 种类型是无因解除。无因解除就是任意解除,即《民法典》第 563 条第 2 款的不定期持续性合同解除情形、典型合同及其他法律规定所规定的任意解除情形。

鉴于《民法典》第 563 条的法定解除权包括了不定期持续性合同的任意解除权和典型合同中的任意解除权以及其他法律规定的任意解除权,为区别于任意解除权,本章标题为"一般法定解除权",内容限于《民法典》第 563 条第 1 款第 1 项至第 5 项中的法定解除权,不包括法定任意解除(亦不包括第 5 项"法律规定的其他情形"中的任意解除)。任意解除多存在于特定的典型合同或其他特别法中,属于法定解除中的特殊情形。任意法定解除所涉问题将在本书第四章中专门予以探讨。

第一节　不可抗力与合同解除

一、不可抗力解除之规定

《民法典》第 563 条第 1 款第 1 项规定,"因不可抗力致使不能实现合同目的"的,当事人有权解除合同。此为产生一般法定解除权的事由之一。

解读此条应当注意以下几方面。

第一,解除合同的事实前提必须是出现不可抗力导致合同不能履行,而不是当事人自己的原因(如履行能力不足)所致。合同订立后在履行中发生了不可抗力,其对合同效力与合同履行会产生怎样的影响,取决于不可抗力本身的程度、影响的范围、合同履行所依赖的条件等各种因素,并非所有的不可抗力均会导致合同完全不能履行。如果确实导致了合同完全不能履行,则肯定无法实现合同目的,此时产生合同解除权;但若只是导致部分不能履行或者迟延履行,则并不属于狭义上的履行不能,此时并不一定产生合同解除权。

第二,出现不可抗力必须是合同有效成立以后或合同履行过程中,而不是在此之前。《民法典》第590条第2款规定:"当事人迟延履行后发生不可抗力的,不免除其违约责任。"据此,如果不可抗力事件是在一方迟延履行后发生的,则不可抗力不能成为违约方解除合同或免除违约责任的理由。

第三,必须是因不可抗力导致合同目的不能实现,才能解除合同。不可抗力是当事人享有合同解除权进而解除合同的法定理由,而不是直接导致合同消灭的原因。当出现不可抗力时,需要重点区分不可抗力导致合同不能履行的时间状态,即一时或永久。如果不可抗力只是致使合同暂时不能按期履行,则当事人不能解除合同,在不可抗力事件消灭后,应当继续履行。只有不可抗力发生后致使合同全部或部分不能履行,从而导致当事人订立合同的目的在采取一切必要合理措施后仍不能实现时,才允许解除合同。故从本质上讲,不可抗力是基于导致合同目的不能实现而非合同不能履行,而成为解除合同的法定事由的。

第四,因不可抗力致使合同目的不能实现有两种情形:导致一方合同目的不能实现;导致双方合同目的不能实现,于此情形下,任何一方当事人都有权解除合同。另外,还要注意:(1)根据《民法典》第590条第1款第2句"因不可抗力不能履行合同的,应当及时通知对方,以减轻可能给对方造成的损失,并应当在合理期限内提供证明"之规定,当出现不可抗力时,当事人负有通知义务和对不可抗力的证明义务。(2)根据《民法典》第590条第1款第1句"当事人一方因不可抗力不能履行合同的,根据不可抗力的影响,部分或者全部免除责任,但是法律另有规定的除外"之规定,因不可抗力不履行合同的责任,应根据具体情形区别对待。

第五,《民法典》第563条规定的合同目的是指单方合同目的还是双方合同目的?笔者认为:大多数合同关系中当事人权利义务具有对抗性,因此,合同目的具有具体性,一般是指合同某一方当事人的合同目的;但在特殊类型的合同中,双方合同目的也可以是共同的,比如合伙合同、股东共同投资合同等。但鉴于发生不可抗力事件非当事人任何一方违约所致,故无论不能实现的合同目的是单方的合同目的,还是双方共同的合同目的,法律对双方当事人均赋予法定解除权,这一点与违约解除显著不同。

二、不可抗力及判断标准

(一)不可抗力的内涵及种类

通说认为,所谓的不可抗力是指当事人不可抗拒的外来力量,是偶然发生的、当事人无法左右的特殊自然现象和社会现象,包括自然损害和社会事件。[1]《民法典》第180条第2款将不可抗力界定为:"不可抗力是不能预见、不能避免且不能克服的客观情况。"可见,《民法典》中不可抗力概念是一个高度抽象、概括的概念,立法对其外延没有采取详细的列举方式。之所以如此,是因为现实中不可抗力的情形在立法上无法穷尽,同时世界上也没有一个国家的立法能够确切规定不可抗力范围,导致司法实践中在合同没有约定的情形下何种事件属于不可抗力,存在认识上的差异。

根据我国实践、国际贸易惯例和多数国家有关法律的解释,不可抗力事件分为如下几种:

1. 自然灾害。自然灾害指因自然界的力量引发的灾害,也称天灾。具体而言包括地震、海啸、台风、海浪、洪水、蝗灾、风暴、冰雹、沙尘暴、火山爆发、山体滑坡、泥石流、雪崩等。但这不意味着自然灾害都是不可抗力。那些未对当事人履行义务造成重大障碍的自然灾害,不构成不可抗力。比如运输合同中,承运人通过天气预报已知道在预定行车山路上有可能发生泥石流,却没有采取措施,任由货车通过遭遇泥石流,导致货物损毁,尽管泥石流属自然灾害,但承运人完全可以采取措施避免货物损毁,此时承运人不能以泥石流为不可抗力进行抗辩。

2. 社会异常事件。如战争、武装冲突、骚乱、暴动、瘟疫、罢工等。对于战争、武装冲突、骚乱、暴动、瘟疫等事件,认定为不可抗力一般没有多大争议。例如,2020年初在世界各地陆续暴发了前所未有的新冠疫情,为了妥善审理涉新冠疫情的民事案件,最高人民法院分别于2020年4月16日和2020年5月15日下发了《关于依法妥善审理涉新冠肺炎疫情民事案件若干问题的指导意见(一)》(法发〔2020〕12号文)、《关于依法妥善审理涉新冠肺炎疫情民事案件若干问题的指导意见(二)》(法发〔2020〕17号文),在这两个文件中,最高人民法院将新冠疫情认定为不可抗力事件。

在社会异常事件中,罢工是否成为不可抗力存在争议。最高人民法院法官认

---

[1] 参见最高人民法院侵权责任法研究小组编著:《〈中华人民共和国侵权责任法〉条文理解与适用》,人民法院出版社2010年版,第218页。

为,应当以合同签订时能否预见到罢工作为判断罢工是否可以作为不可抗力的依据来确定,在罢工发生前订立的合同应当将罢工作为不可抗力事件对待。如果当事人在签订合同时还没有罢工事件的公告或事实,此时合同当事人就不能预见该事件的发生,此种罢工事件应当是不可抗力。[1]

3.政府行为及意外事件。政府行为主要是指合同订立后政府颁布新的政策、法律或采取行政措施导致合同不能履行,如国家新的法律、政策的出台与贯彻实施、政府禁运、交通封锁、人员隔离、进出境限制、停工停产、政府征收及征用、行政指令、行政干预、查封,司法机关对标的物采取的强制措施等。政府行为对作为合同当事人的民商事主体来说是不能克服的障碍,当事人不可能违反政府的禁令而强行去履行合同,事实上也做不到。一般认为国家新的法律、政策出台对正在履行中的合同发生实质影响的,可以认为是不可抗力;反之,影响不大的,不能认定为不可抗力。

最高人民法院在四川省攀化科技有限公司与攀钢集团有限公司合同纠纷案[(2017)最高法民申27号]中指出:判断政府行为是否构成不可抗力,应当看两个方面:一是政府行为是否确实属于不能预见、不能避免并不能克服的客观情况;二是政府行为是否确实对合同履行产生了实质影响。只有符合上述两个条件,才能认定政府行为构成不可抗力。笔者认为,最高人民法院的这一观点明确了政府行为是否构成不可抗力的判断标准,对司法实践具有指导意义。

意外事件能否一概认定为不可抗力在实务中存在争议。不可抗力有严格的构成要件,意外事件的构成要件原则上比不可抗力要宽松,但其与不可抗力的共性是均出乎当事人的预见、均难以克服与避免,只是程度上要轻一些而已。但只要符合不可预见、不能避免、不能克服的特征的,应归属于不可抗力之列。意外事件作为解除合同的法定事由须由受到意外事件影响的一方当事人负举证责任,除了需要证明意外事故发生的客观事实,还需证明其直接受到了影响,以致无法履行合同,亦即证明意外事件与其不能履行合同之间的因果联系。如果不能证明,则无权解除合同。

当事人可否通过合同约定不可抗力范围?笔者认为:当事人在合同中约定不可抗力范围的应当允许,对不可抗力范围进行约定是对判断某一事件构成不可抗力的标准进行细化,目的是通过约定解决当事人预见性问题。笔者曾亲历一案:

---

[1] 参见江必新、何东林等:《最高人民法院指导性案例裁判规则理解与适用·合同卷一》,中国法制出版社2012年版,第29页。

2019年10月某15年期房屋租赁合同约定,"发生疫情导致本地封城超过6个月的,属不可抗力,承租人有权解除合同而免除违约责任"。2020年2月新冠疫情暴发,该地封城两个多月,解封后疫情仍在持续,承租人与出租人协商欲解除合同,未果。承租人遂以发生不可抗力事件为由起诉解除合同。法院裁决认为,发生疫情及封城两个月是客观事实,但双方在合同中对疫情能否构成不可抗力的条件进行了限制性约定,该约定不违反法律、行政法规的强制性规定,应为有效。根据该约定,疫情封城未达6个月以上的,才不构成不可抗力,故发生疫情及封城两个月未超出原告预见,不属不可抗力,故原告解除合同的请求不能支持。笔者认为,该判决正确。

(二)不可抗力之判断标准

某个事件是否属于不可抗力,对于合同当事人来讲具有十分重要的意义,它直接关系到合同义务能否履行、合同能否解除、是否承担违约责任的问题。因此准确、具体识别不可抗力,具有非常重要的意义。不可抗力的判断宜参照如下标准:

1. 不可抗力的一般判断标准

一般而言,认定某个事件属于不可抗力,应根据如下标准判断:一是具有不可预见的偶然性。不可抗力所指的事件,在合同订立后发生应纯属偶然。当然这种偶然性事件并非当事人完全不能想象、完全不能预见,只是由于它出现的概率小而被当事人所忽略,结果这种偶然事件真的发生了。二是具有不可控制的客观性。不可抗力事件的发生,是债务人不可控制的客观原因所致,债务人对事件的发生在主观上既无故意,也无过失,客观上也无法阻止。相反,债务人对于该事件能够通过主观努力克服的,就应当去努力克服,否则不能免责。

2. 不能预见的判断标准

预见属于人的主观心理活动。在正常情况下,判断民事主体能否预见某一事件的发生有两个层次的标准:一是普通标准,即在某种具体情况下,一般理智的正常人能够预见的,该合同当事人就应当预见。如果对该种事件的预见需要专业知识,那么只要是具有这种专业知识的一般正常水平的人所能预见到的事件,该合同当事人就应当预见。二是特别标准,就是在某种情况下根据行为人的客观条件,如当事人年龄、智力状况、从业状况、受教育水平程度以及综合能力等因素,来判断合同当事人是否应该预见。对客观现象的预见能力与预见程度是随着人类智慧和科技水平的发展不断提升的,但迄今为止,自然界仍有许多客观现象是人类无法预见的。不仅如此,人文政治社会中的某些事件也是一般民事主体所难以预测的。不可抗力的第一个特征与构成要件便是基于人类对客观现象的认知能力和不可知性。由于每个人的认知能力与预见能力是不同的,这就需要确立一个从主体上判断不能预见性的一般性标准。在合同关系中,按照权利义务一致性的原则,合同双方都需要承担预知和合理趋避的义务。如果以当事人一方的认知能力与预见能力作为标准来判断不可抗力,实为不公。因此,笔者认为:不可抗力的预见主体应为善意理性一般公众。故不能预见是指善意理性一般人都无法预见,而不是有人能预见,有人却不能预见。

主观上"不能预见的客观现象"可分为两类:一类是完全无法预知的客观现象,如火山爆发、山体滑坡、雪崩、泥石流、海啸、绝大部分的地震、突发的战争与罢工等;另一类是可预见但不能准确预见的客观现象,如台风、海啸、洪水、少部分的地震、有预先告示的战争与罢工等。后一种情况是人类可以在一定程度上进行预见但不能准确、及时地预见其发生的准确时间、地点、延续期间、影响范围等客观要素。随着科技的发展,属于第一类完全不能预见的客观现象有所减少,但仍将在很长时间内存在。实际上,对于不可抗力的主观构成要件来说,完全不能预见与不能准确预见并无实质差异,因为即使对某一客观现象能够提前预见甚至准确预见(如人们可以通过气象台发布的海啸预报、台风预报或者国家地震局发布的地震预报提前知晓),也无法对其本身进行避免和克服。但是在因不可抗力带来的损害后果与责任量化的问题上,应区分完全不能预见与不能准确预见。例如,如今台风是可以预见的,在政府对台风即将登陆发布通告的情况下,只要当事人采取适当措施,是可将台风过境造成的损害减少到最低程度的。故当事人对受台风造成损害事故的发生,并非不能预见、不可避免,如果其怠于采取措施致相对人利益受损的,不可抗力就不能成为其免责事由。

3. 不能避免与不能克服的判断标准

不能预见是构成不可抗力的主观要件,不能避免和不能克服则指向不可抗力的客观性和必然性。必然性是由客观规律所决定的,不以人意志为转移而确定不移的趋势。不能避免是指对于不可抗力事件的发生,当事人虽然尽了合理的注意,仍不能阻止这一事件的发生;不能克服则指当事人对于不可抗力事件虽已尽最大努力,仍不能克服,并因此而导致合同不能履行或发生侵权损害。[1]

---

[1] 参见江必新、何东林等:《最高人民法院指导性案例裁判规则理解与适用·合同卷一》,中国法制出版社2012年版,第278~279页。

如前所述,仅发生不可抗力而未影响合同目的实现的,合同不能解除,只有发生不可抗力导致合同目的无法实现的,当事人才能解除合同。应当指出,发生不可抗力时合同履行的表象特征是:当事人一方违约不能履行合同义务,但违约是由于不可抗力引起,而非当事人过错引起,于此情形下,该违约行为将不会被追究违约责任。

综上所述,当事人以不可抗力致使合同目的不能实现为由主张解除合同的,应结合缔约主体、交易背景、合同性质、合同条款的约定及实际履行情况、不可抗力判断标准等予以综合分析,特别是需要正确判断不可抗力事实与合同履行不能之间是否存在因果关系。

第二节 预期违约与合同解除

一、预期违约解除之规定

根据《民法典》第563条第1款第2项之规定,当发生"在履行期限届满前,当事人一方明确表示或者以自己的行为表明不履行主要债务"的情形时,相对人可以解除合同。此种情形属于因预期违约导致合同解除。《民法典》第578条规定:"当事人一方明确表示或者以自己的行为表明不履行合同义务的,对方可以在履行期限届满前请求其承担违约责任。"该条是对预期违约的当事人一方应承担违约责任的规定。根据上述两个条文可知:当预期违约达到"不履行主要债务"的标准时,法律赋予守约方解除权,并可以追究违约方违约责任;若预期违约仅针对非主要债务,守约方不能解除合同,只有权追究违约方的违约责任。

预期违约有明示违约和默示违约两种类型。当事人一方明确表示不履行主要债务便是在履行期限届满前的明示违约。以自己行为表明不履行主要债务便是默示违约。王利明教授认为:预期违约表明毁约当事人根本不愿意接受合同约束,也表明该当事人具有了不愿意受合同约束的故意,合同对于该当事人已形同虚设。在此情形下,另一方当事人应有权在要求违约方继续履行和解除合同之间作出选择。当非违约方选择了合同解除时,合同对双方不再有约束力。只有允许非违约方在违约行为已构成预期违约的情况下解除合同,才能使其尽快从合同关系中解脱出来,避免遭受不必要的损失。[1]

---

[1] 参见王利明:《合同法研究》(第2卷)(修订版),中国人民大学出版社2011年版,第307页。

债务人明示或默示拒绝履行合同主要义务的,破坏了债权人相信债务人会履行合同主要债务的合理期待,降低了债权人享有的合同权利的价值。如果此时债权人不能采取应对措施,在履行期限届满之前仍然必须着手履行合同的准备,或者坐等合同履行期限届满后才能主张救济,不仅会使损失进一步扩大,还可能丧失更多的交易机会,这实际上剥夺了受害人根据合同所应得的履行利益,从而使合同目的落空,对债权人而言显然不公平。因此,法律应当赋予受害人合同解除权。

解除权人根据《民法典》第563条第1款第2项解除合同,应当注意以下两点。

第一,债务人预期违约行为的发生必须是在合同履行期限届满之前,如果在合同履行期限届满后债务人表示不履行主要债务,债权人不能以"预期违约"为由解除合同,但可行使其他法定解除权,并且追究其违约责任。

第二,如果债务人拒绝履行有正当理由,比如因行使履行抗辩权而不履行债务的,不构成预期违约,债权人不能解除合同。对此,解除人在不享有解除权之情形下,单方解除合同的,构成违约。

二、预期违约及法律特征

(一)预期违约之内涵

预期违约,也称先期违约,是指在履行期限到来之前一方无正当理由且明确表示其在履行期到来后将不履行合同,或者以其行为表明在履行期到来后不可能履行合同。[1]

预期违约制度源于英美合同法,最早来源于英国1846年索特诉斯通案的判例。[2] 英美合同法上的预期违约理论包括明示预期违约和默示预期违约两种表现形式。明示预期违约,是指在合同成立后至合同履行期限届满之前,一方当事人无正当理由明确向另一方表示将不履行合同。默示预期违约,是指在合同成立之后至履行期限届满之前,合同一方当事人的自身行为或客观事实预示其将不履行或不能履行合同。

当事人一方存在预期违约情形的,相对人有权选择不解除合同,而在履行期限届满前要求其承担违约责任。《民法典》第578条规定:"当事人一方明确表示或者以自己的行为表明不履行合同义务的,对方可以在履行期限届满前请求其承担违约责任。"根据《民法典》第577条的规定,守约方要求预期违约方承担违约责任的

---

[1] 参见王利明、崔建远:《合同法新论·总则》(修订版),中国政法大学出版社2000年版,第589页。
[2] 参见吴志忠:《买卖合同法研究》,武汉大学出版社2007年版,第182页。

具体方式包括继续履行、采取补救措施或者赔偿损失等。

(二)预期违约之法律特征

第一,预期违约是在合同生效后,履行期限届满前发生的违约。在合同履行期限届满前,债务人明确表示不履行合同或者其行为表明将来不可能履行合同,因债权还未到期,债权人不能向债务人请求实现债权;对于债权人来说,这种状况的出现意味自始存在一种违约的可能或危险,因此预期违约并不同于实际或现实违约,是一种可能违约或在履行期限届满前的违约。履行期限届满后,债权人可以向债务人主张债权,如果债务人不履行债务,则可以追究其违约责任,此时不再存在预期违约的问题。

第二,预期违约侵害的是债权人的期待债权。合同是双方债权债务的约定,双方都可以准确地预见自己将来可能承担的义务和享有的权利。合同履行期限到来之前的债权只能是一种期待的债权,而非现实的债权。虽然有观点认为,"未到期限的债务等于无债务",但在合同合法有效的前提下,债权人对债务人将来履行的债务期待是一种正当的权利,应当受到法律的保护,否则只能导致现实违约的增加和因违约导致的损失的扩大,最终会危害经济秩序和交易安全。

第三,预期违约损害的不是合同利益而是信赖利益。合同履行期限尚未届满,非预期违约方在得知对方存在预期违约的行为或者事实后,可以采取一定的预防措施或者减少损失的措施,或者解除合同。因此非预期违约方的损失不是合同利益,而是因信赖对方会履行合同而支付的准备履行合同的费用。

第四,预期违约有多层次的权利救济方式。守约方可要求预期违约方继续履行或提供相应的履行担保,但当预期违约指向主债务将不会履行时,守约方可以直接解除合同,甚至可以对对方的预期违约的行为或事实不予理睬,在合同履行期届满时再追究对方的违约责任。

三、预期违约之判断标准

(一)明示预期违约之判断标准

1. 预期违约方必须明确地向对方提出不履行合同的意思表示。明示预期违约的一个条件是一方毁约的意图是明确无误且不附有任何条件的。比如不付款或交货等。如果仅表示缺乏支付能力、暂时经济困难或者不情愿履行,则不构成明示预期违约。

2. 预期违约方必须在合同生效后、履行期限届满前提出不履行合同义务的意思表示。预期违约方必须在合同履行期限到来之前向对方提出不履行合同义务的意思表示,如果合同履行期限已届满,则属于实际违约。

3.预期违约方必须作出不履行合同主要义务的意思表示。只有不履行主要义务,导致合同不能履行和合同目的不能实现,才构成预期违约。如果被拒绝履行的仅仅是合同的部分内容,并且不妨碍债权人所追求的根本目的,这种拒绝履行并没有使债权期待成为不可能,就不构成预期违约。

4.不履行主要义务无正当理由。如果一方提出的不履行债务的理由是正当的,在法律上能够得到支持,则不构成预期违约。所谓正当理由,是指债务人享有法定的合同解除权或狭义的撤销权,合同无效、未生效或不成立,因不可抗力等因素导致债务人义务免除等理由。

(二)默示预期违约之判断标准

1.预期违约方以自己的行为或者客观事实预示其将不履行或不能履行合同。如果一方明确表示其将在履行期限届满时不履行合同,则构成明示预期违约。但默示预期违约中,违约方并没有明确表示其将不履行合同,只能根据违约方对合同义务的消极行为和已发生的合同将不会被履行的客观事实,推定其将不能履行合同。默示预期违约的表现形式有:资金困难、支付能力欠缺、信誉下降、经营危机、长期停业、人去楼空、合同标的物已经缺失或处理、履行合同其他条件丧失等。

2.预期违约方显著丧失将来履行债务能力。《民法典》第578条仅规定一方当事人构成预期违约,另一方当事人有权请求在合同履行期限届满前承担违约责任,未明确该权利行使是否以"未提供担保"为前提条件,故构成预期违约的主要原因是预期违约方显著丧失将来履行债务能力。比如,租赁房屋开设酒店,因经营困难而长期停业或已人去楼空,出租人无法期望承租人能够履行合同如期给付租金,如此情形下就可以认定构成预期违约。在债权人以自己的判断对债务人的履行能力提出怀疑时,如果债务人能够及时提供相应的履行担保,则可以消除债权人的担心;债务人主动提供担保的,不构成预期违约。另外,如果债务人能够及时恢复债务履行能力,保障债务的履行,也不构成预期违约。

3.非违约方对默示预期违约须提供客观证据证实。在一方没有明确表示将不履行合同的情况下,要认定其预期违约,必须由非违约方出具确凿的证据予以证明。认定默示预期违约的标准应当客观,应避免以主观标准认定预期违约。法院在具体个案认定时,应当结合当事人行为目的、性质、履行能力等综合因素判断。这种客观标准也可以参照《民法典》第527条规定的不安抗辩权情形来认定,包括:

经营状况严重恶化,转移财产、抽逃资金以逃避债务,丧失商业信誉,有丧失或可能丧失履行债务能力的其他情形。比如,在金融借款合同中,借款人在约定的还款期到来之前,发生转移巨额优良资产,置换不良、不实资产的情形的,由于其严重威胁到银行借款目的的实现,应认定借款人构成预期违约。

四、预期违约解除合同实务问题

(一)预期违约解除合同之标准

判断预期违约标准和判断因预期违约解除合同的标准明显不同,简言之,并非一旦发生预期违约行为,相对人就可以解除合同。

《民法典》第578条规定:"当事人一方明确表示或者以自己的行为表明不履行合同义务的,对方可以在履行期限届满前请求其承担违约责任。"该条是《民法典》对预期违约这一概念内涵所做的规定。合同义务可以分为主义务、从义务和附随义务,根据该条规定,只要是当事人一方明确表示或以自己的行为表示不履行合同义务的,无论该义务是主义务还是从义务、附随义务,对方在履行期限届满前,均可要求其承担违约责任。

《民法典》第563条第1款第2项规定,"在履行期限届满前,当事人一方明确表示或者以自己的行为表明不履行主要债务"的,另一方可以解除合同。该条规定是对因预期违约解除合同的条件的规制。该条因预期违约行使解除权,强调的是在履行期限届满前,当事人一方明示或默示"不履行主要债务",与《民法典》第578条的"不履行合同义务"的表述明显不同。事实上,只有合同主要义务履行与否决定着当事人能否从合同中得到所期待的利益。只有不履行合同主要义务,才可能影响合同目的的实现,才可能使合同一方丧失对合同利益的期待,如果不履行的仅仅是合同的部分内容,而且并未妨碍债权人的根本目的,并没有使债权人期待落空,债权人不能主张解除合同。

预期违约源自英美法,而大陆法系国家强调实际违约,对预期违约一般没有作出具体的规定,我国合同法借鉴英美法及国际条约的先进经验,对预期违约制度作出规定,体现了合同法对合同利益的重视和关心。但预期违约毕竟不是实际违约,预期违约毕竟发生在合同履行期限尚未届满之时,而不是在合同履行期限已经届满时,那么,在合同履行期限尚未届满之时,预期违约应当表现为对整个合同的弃毁,而非对与合同目的无关的部分的弃毁,只有预期违约中的明示或默示行为产生后果的危险程度危及合同目的实现时,才能以预期违约为由解除合同。因此,《民法典》第578条与《民法典》第563条第1款第2项各自规定内容不同,不能简单地以《民法典》第578条作为合同解除依据。

(二)撤回预期违约之意思表示

当事人在合同履行期限届满前,明示作出不履行合同义务的意思表示的,即明示预期违约。若该意思表示是不履行合同主义务的意思表示,预期违约方在合同履行期限届满前可否撤回?或曰撤回该意思表示是否有效?这是一个在法律上必须明确回答的问题。我国《民法典》对违约方在明示作出预期违约的意思表示后,在合同履行期限届满之前可否撤回该意思表示,没有作出规定。如果允许撤回,则合同继续履行,守约方自不能援引《民法典》第563条第1款第2项的规定解除合同;若不允许撤回,守约方自有权援引该条解除合同。

笔者认为:预期违约人作出的不履行合同主义务的意思表示,不属于合同成立或变更过程中的要约或承诺,而是一个预期违约人违约的事实。《民法典》第141条规定:"行为人可以撤回意思表示。撤回意思表示的通知应当在意思表示到达相对人前或者与意思表示同时到达相对人。"根据该条规定,应允许违约方撤回不履行合同主义务的意思表示,但该撤回必须发生在守约方没有解除合同之前,如果守约方在此之前已作出解除合同的意思表示,并且解除合同通知已经到达违约方,则预期违约方不能撤回预期违约的意思表示,因为此时撤回的意思表示已无实际意义。当然,上述观点只适用于一般合同交易,对特别法规定的合同交易则不适用。比如,《消费者权益保护法》第25条规定:"经营者采用网络、电视、电话、邮购等方式销售商品,消费者有权自收到商品之日起七日内退货,且无需说明理由,但下列商品除外:(一)消费者定作的;(二)鲜活易腐的;(三)在线下载或者消费者拆封的音像制品、计算机软件等数字化商品;(四)交付的报纸、期刊。除前款所列商品外,其他根据商品性质并经消费者在购买时确认不宜退货的商品,不适用无理由退货。消费者退货的商品应当完好。经营者应当自收到退回商品之日起七日内返还消费者支付的商品价款。退回商品的运费由消费者承担;经营者和消费者另有约定的,按照约定。"该条为消费者付款前预期违约的特别规定。

(三)滥用默示预期违约解除权之判断

《民法典》未规定相对人滥用默示预期违约法律责任。如果违约方以默示行为预期违约,而守约方是以该默示行为推定违约方存在损害合同目的风险的,那么,守约方在解除合同之前,应有确切证据证明预期违约方存在默示预期违约的行为,并在诉讼中对此承担举证责任。根据合同严守原则,该举证责任应当是严格的,直接的,如果债务人拒绝履行合同的默示行为所体现的意思表示尚不明确,宜适用不安抗辩权进行救济,不能径直以预期违约为由解除合同,否则守约方将构成滥用合同解除权。若默示预期违约事实不成立,而滥用者已经发出解除合同通知,于此情形下,合同不能解除,滥用者构成违约,应承担相应的违约责任。比如,甲向乙订购1万吨水泥,约定4个月后交货,结果没几天甲发现乙把生产水泥的设备都拆了。甲说:"乙这是以行为表明不履行合同义务。"乙说:"不是,我拆了设备,但以后要引进更先进的水泥制造设备。"如此情形下,难以判断乙是否构成默示预期违约,甲不能解除合同。

五、预期违约与不安抗辩权

(一)不安抗辩权及行使条件

1. 不安抗辩权及性质

不安抗辩权是大陆法系的概念,它是指先给付义务人有证据证明后给付义务人存在经营状况严重恶化,或转移财产、抽逃资金以逃避债务,或丧失商业信誉,或有丧失或者可能丧失履行债务能力情形时,可以中止自己的履行。我国《民法典》第527条对不安抗辩权作出了如下规定:"应当先履行债务的当事人,有确切证据证明对方有下列情形之一的,可以中止履行:(一)经营状况严重恶化;(二)转移财产、抽逃资金,以逃避债务;(三)丧失商业信誉;(四)有丧失或者可能丧失履行债务能力的其他情形。当事人没有确切证据中止履行的,应当承担违约责任。"

不安抗辩权的性质有二:一是不安抗辩权具有担保性质,因为在对方为对待给付或提供担保之后,不安抗辩权即归于消灭。在这一点上,不安抗辩权与同时履行抗辩权不尽相同。二是不安抗辩权是一种自助权。先履行一方有证据表明对方存在不能对待给付现实危险时,可以中止履行合同,而无须对方同意或经过诉讼、仲裁。

2. 不安抗辩权适用条件

(1)不安抗辩权只适用于有效的双务合同。与同时履行抗辩权、先履行抗辩权一样,不安抗辩权须存在于同一双务合同中,单务合同由于一方只享有权利,另一方只负担义务,双方不具有义务对应性,故单务合同不存在不安抗辩权的问题。双务合同是双方均负有义务,一方所应负担的义务即对方享有的合同权利,于此情形下,才产生一方履行合同义务而对方不履行义务致使一方的合法权益受到侵害的情形,才有可能适用不安抗辩权。

(2)不安抗辩权是负有先履行义务一方当事人独有的权利。不安抗辩权是依照合同负有先履行义务的当事人，在对方当事人有不能对待给付的现实危险时，暂时中止自己给付义务的行为。这种暂停给付的发生前提之一，是权利人负有先履行义务。不安抗辩权中的"不安"在于权利人依照合同要先履行义务，先履行义务必然要求承担对待履行无法实现的风险，当这种风险具有现实性的时候，当事人可以将自己的给付暂时保留，故从保护交易安全的角度出发，法律赋予当事人不安抗辩权。如果依照合同约定或者法律规定，当事人应当同时履行义务，则只产生同时履行抗辩权；如果一方应当先履行，另一方后履行，则后履行的一方享有先履行抗辩权。

(3) 在合同签订后对方财产状况恶化或者明显减少，有难为对待给付的危险。如果在合同签订之时应先履行义务的一方已经发现对方存在可能丧失履行能力的情形，鉴于一个平等、理智的主体应该在订立时就意识到对方不能履行对待给付义务的可能，如此情形下就不应赋予先履行义务的一方不安抗辩权。合同订立后，出现后履行义务的一方财产显著减少情形的，由于先履行义务的一方在订立合同时对此往往无法预料，为保护先履行义务一方的利益，有必要赋予先履行义务的一方不安抗辩权。换言之，在有先后顺序履行义务的双务合同中，负有先履行义务的一方在履行前发现对方财产状况显著恶化，不能为对待给付，才能行使不安抗辩权。至于履行能力丧失或财产减少的程度，一般以履行债务不能为限。

(4) 先履行义务方有确凿证明对方丧失履行能力或财产减少的义务。依"谁主张、谁举证"的举证规则，先履行一方主张行使不安抗辩权的，应对对方存在丧失履行债务能力或者财产减少不能履行义务的情形，承担举证责任。

(5) 行使不安抗辩权中止履行的，应当及时通知对方。根据《民法典》第528条第1句"当事人依据前条规定中止履行的，应当及时通知对方"的规定，先履行义务方行使不安抗辩权中止履行时，应当及时通知对方，该规定是对不安抗辩权的限制。实务中，当事人发生合同纠纷诉至法院时，主张不安抗辩权的应提供中止履行通知的证明，否则，仅在诉讼中主张不安抗辩权，而无证据证明其已履行法定通知义务的，该抗辩事由存在程序不合法，不能支持。

(二) 不安抗辩权与合同解除

1.《民法典》第528条对原《合同法》第69条的修改

《民法典》第528条规定："当事人依据前条规定中止履行的，应当及时通知对方。对方提供适当担保的，应当恢复履行。中止履行后，对方在合理期限内未恢复履行能力且未提供适当担保的，视为以自己的行为表明不履行主要债务，中止履行的一方可以解除合同并可以请求对方承担违约责任。"该条是行使不安抗辩权效力的规定。

原《合同法》第69条规定:"当事人依照本法第六十八条的规定中止履行的,应当及时通知对方。对方提供适当担保时,应当恢复履行。中止履行后,对方在合理期限内未恢复履行能力并且未提供适当担保的,中止履行的一方可以解除合同。"

《民法典》第528条与原《合同法》第69条比较有两点变化:

第一,在"对方在合理期限内未恢复履行能力并且未提供适当担保的"后增加了"视为以自己的行为表明不履行主要债务"。表明该条明确将"对方在合理期限内未恢复履行能力并且未提供适当担保的"视同默示预期违约,这样使得不安抗辩权制度与预期违约制度相衔接,当出现不安抗辩权时,当事人可以主张与默示预期违约相同的法律效果。

第二,在"中止履行的一方可以解除合同"后增加了"并可以请求对方承担违约责任"。原《合同法》对守约方依不安抗辩权解除合同后能否追究对方违约责任没有规定,使得合同因不安抗辩权解除,违约方承担何种责任,或曰违约方赔偿范围究竟是信赖利益还是履行利益不明。增加"并可以请求对方承担违约责任"既明确了违约方的违约赔偿范围,同时与《民法典》第566条第2款"合同因违约解除的,解除权人可以请求违约方承担违约责任,但是当事人另有约定的除外"相衔接。

2. 对《民法典》第528条的理解

(1)不安抗辩权具有两个层次的效力。在第一层次上,符合不安抗辩权成立要件的,应当先履行债务的当事人可以中止履行。但不安抗辩权属延期抗辩权,中止履行只是一个暂时的状态。在第二层次上,当事人行使不安抗辩权中止履行后,往往会给对方一个"补救"机会,即要求对方当事人在一定期限内提供担保。[1]

(2)先履行方基于不安抗辩权而中止履行合同时,相对方提供担保是其权利而非义务。从本条来看,它并没有规定相对人"应当"提供担保,而只是规定相对方提供担保的,先履行方就应恢复履行。相对方此时也可以不提供担保,如不提供担保,先履行方则可以解除合同并可以请求对方承担违约责任。法律未将提供担保规定为相对方一项义务的原因在于,在这种情况下,相对方往往无法提供担保,即不是主观不愿而是客观不能,如果将担保规定为一项义务,则对相对方要求过于苛严,且有损法律的严肃性,因为相对方常常不能履行这一义务。

---

[1] 参见黄薇主编:《中华人民共和国民法典合同编解读》(上册),中国法制出版社2020年版,第228~229页。

(3)在相对方未恢复履行能力,且未提供担保的情形下,应推定相对方已构成默示预期违约。中止履行的一方可以解除合同,并可追究对方违约责任。

(4)中止履行的一方解除合同的条件有三:一是向相对方已发出中止履行通知;二是相对方在合理期限内未恢复履行的能力;三是相对方在合理期限内没有提供适当的担保。三者缺一不可。

(三)预期违约与不安抗辩权之异同

事实上原《合同法》立法时,就借鉴了两大法系,同时规定了不安抗辩权制度和预期违约制度,这是我国合同法的一大创造。实践证明这一创造是成功的,不安抗辩权和预期违约制度对保护当事人权益、稳定交易秩序都发挥了各自作用,《民法典》合同编也保留了原《合同法》的做法。[1]

1.两者相同之处

一是立法目的相同,均是为了保护当事人的合同期待权。预期违约制度和不安抗辩权制度所保护、所救济的,并非履行期限届满后的实际违约,而是对方履行期限届满前因不能履行或丧失履行能力可能产生的损失。两者都是对合同预期不履行的救济制度。

二是立法宗旨相同,都是为了维护交易安全和交易秩序。因为如果合同利益期待权不能得到有效及时的保护,必导致合同违约的增加,最终受害的则是交易安全和交易秩序。

2.两者相异之处

第一,两者性质不同。预期违约在性质上属于违约责任制度范畴,而不安抗辩权在性质上属于抗辩制度。

第二,两者适用主体不同。行使不安抗辩权的权利人只能是双务合同中的应当先履行义务的一方,先履行的一方预计自己在履行之后得不到对方的对待给付,才可能行使不安抗辩权;若履行时间具有同一性,则属于同时履行抗辩权。不安抗辩权只有先履行一方才可以行使,后履行义务一方不存在不安抗辩权。而预期违约则没有这种限制,无论义务有无履行时间的先后,无论是先履行方还是后履行方,都可以在对方出现预期违约事实时行使法律赋予的权利。

第三,两者构成要件不同。不安抗辩权既适用于债务人客观上欠缺履行能力

---

[1] 参见黄薇主编:《中华人民共和国民法典合同编解读》(上册),中国法制出版社2020年版,第228~229页。

(如经营状况严重恶化、丧失商业信誉),也适用于其主观上欠缺履行意愿的情形(如转移财产、抽逃资金以逃避债务);而预期违约适用于债务人主观上明确拒绝履行。在不安抗辩权适用的情形中,债务人预期不履行的可能性较大但尚不能确定;而预期违约中,可以确定债务人通过明示或默示行为将不愿意履行合同。

第四,两者救济措施不同。债权人行使不安抗辩权,不能径直解除合同或请求损害赔偿,而是可以先在一定条件下中止或拒绝履行自己所负担的合同义务且须通知对方。债权人要使用终局性救济手段,必先与债务人进行一定的交涉,以确定债务人的履行是否确实无法期待。只有当交涉结果表明债务人确定不会实质性履行合同义务时,债权人才可以解除合同和请求损害赔偿。而预期违约债权人可以径直主张解除合同并要求债务人承担违约责任。由此可见,不安抗辩权和预期违约分别对应着预期不履行的"渐进性"和"径直性"救济两套规则。两套规则在适用范围和救济机制上各有特点,各独具功能,共同构成统一的救济体系。

第三节 迟延履行主债务与合同解除

一、迟延履行主债务解除之规定

(一)解读《民法典》第 563 条第 1 款第 3 项

《民法典》第 563 条第 1 款第 3 项规定,当发生"当事人一方迟延履行主要债务,经催告后在合理期限内仍未履行"的情形时,另一方当事人可以解除合同。这是迟延履行合同主债务导致合同解除的情形。此处"当事人一方"系指债务人一方。至于债权人迟延受领,不适用该条规定,而应根据《民法典》第 589 条的规定处理。

适用该条款解除合同,应当注意的问题包括以下几个方面。

第一,必须具有迟延履行的行为。所谓迟延履行是指合同债务能够履行而债务人无正当理由在约定或者依法确定的履行期限届满前未履行。因迟延履行导致债权不能及时得到满足,造成对债权的消极侵害,故迟延履行属于不履行债务的一种形式。当然,债务履行期限有定期履行和不定期履行两种情形。定有履行期限,是指双方约定了履行期限的最后时间;没有履行期限的,债权人可以随时要求债务人履行,但必须给债务人必要的准备时间,准备时间届满,即视为履行期限届满。

第二,须债务人一方迟延履行主要债务。债务人迟延履行债务并非都能产生解除合同的后果,只有对"主要债务"的迟延履行才能产生解除权,因为只有迟延履行主要债务,才可能会导致当事人订立合同时所期望的经济利益不能实现,或者说缔约目的不能实现;至于迟延履行非主要债务,即使催告,并不直接产生解除权,但迟延履行非主要债务导致合同目的不能实现的,则属《民法典》第563条第1款第4项规范的范畴。

第三,经债权人催告后在合理期限内仍未履行债务。所谓"催告"是债权人向债务人作出请求给付的意思表示,《民法典》并未对催告方式作出规定,只要有证据证明存在催告事实即可。一般而言,履行期限对合同目的的实现不具有根本影响,债务人迟延履行主要债务通常仅会令债权人遭受有限损失,而不至于使其合同目的落空。因此,法律规定这种情况下即使债务人迟延履行合同主要债务,也不允许债权人立即解除合同,而是应向债务人发出履行债务的催告。催告的主要目的在于,尽快确定宽限期,明确解除权行使的条件。债务人在宽限期限届满时仍未履行的,债权人便有权解除合同。关于合理期限的确定,法律或者司法解释有明确规定的,应当依照该规定。例如,《技术合同纠纷解释》确定的合理期限为30日,《商品房买卖合同解释》确定的合理期限为3个月。当事人也可以在催告时明确合理期限,此时需要法院就该指定的期限是否合理,根据债务履行的难度、所需时间长短等因素进行衡量,此时法官有一定自由裁量权。当然,当法律、司法解释对合理期限有明确规定时,当事人指定的期限不能短于该期限,但可以长于该期限。对于没有确定履行期限的合同,债权人欲解除合同须经两次催告:第一次是关于履行合同合理期限的催告,债务人不满足催告合理期限的要求将负迟延履行的责任。第二次是关于解除合同的催告,债务人不满足催告合理期限的要求将导致债权人解除合同。可见两次催告和后果不大相同。

(二) 主要债务范围之判断

理解迟延履行主要债务导致合同解除的关键是如何定义"合同主要债务"。要在法理上说明该问题,必然涉及债之关系上义务群。债之关系的核心在于给付,合同之债是债之关系中的一种,而且是最常见、最多的一种,其核心亦当然为给付。债法的内容是建立在债之关系上各种义务群的形成与发展的基础上的。除给付义务(主给付义务、从给付义务)外,还有附随义务及不真正义务。故王泽鉴先生认为:"此等义务群的构建,及其违反法律的效果,乃债法上最为重要的问题,并为民法上分析思考的基本工具。"[1]

---

[1] 王泽鉴:《民法概要》,中国政法大学出版社2003年版,第165~166页。

《民法典》第563条第1款第2项和第3项均规定解除须以相对人不履行"主要债务"为前提,在实务中,"主要债务"的范围究竟如何确定?

北京市第三中级人民法院民事审判第一庭的观点是:合同履行中的债务分为给付义务与附随义务,给付义务分为主给付义务与从给付义务。主给付义务是足以确定某一合同债务类型的合同义务,如买卖合同中买方的付款义务与卖方的交付义务。从给付义务的内容非常广泛,包括相关从物的交付义务。《买卖合同司法解释》(法释〔2018〕8号)第25条规定,出卖人没有履行或者不当履行从给付义务,致使买受人不能实现合同目的,买受人主张解除合同的,人民法院应当根据原《合同法》第94条第4项的规定,予以支持。其他双务合同可以引用买卖合同司法解释的规定,在此情况下,原《合同法》第94条第3项的主要债务应当是指主给付义务。[1]

全国人大常委会法工委认为:所谓主要债务,应当依照合同个案进行判断,一般来说,影响合同目的实现的债务,应为主要债务。[2]

笔者认同全国人大常委会法工委的观点。实际上,《民法典》第563条第1款第2项和第3项均规定解除须以对方不履行"主要债务"为条件,但未附加"合同目的不能实现"为条件,理由是主要债务是根据合同性质和目的来确定的,不履行主要债务必然导致合同目的不能实现。而债务人不履行从给付义务、附随义务时,一般不赋予守约方解除权,只有在影响合同目的实现时才赋予守约方解除权,这是《民法典》第563条第1款第4项的应有之义。比如协助义务一般为附随义务,但在特定的建设工程合同中,发包人不履行工程验收等协助义务,导致无法竣工的,承包人有权解除合同。

(三)迟延履行主债务解除之限制

是不是只要发生当事人一方经催告未履行合同主要债务,相对人就绝对享有解除权或者说合同必须解除?如下案例可以说明适用《民法典》第563条第1款第3项(承继原《合同法》第94条第3项)时应考虑对其适用范围予以限制的问题:

甲公司与乙公司签订了《A型起重机订购合同》,约定:乙公司应于2009年4月10日前将起重机部件发至甲公司现场;乙公司未能在上述日期交付全部货物起15

---

[1] 参见北京市第三中级人民法院:《21个合同解除疑难问题解答》,发布于2016年11月12日。
[2] 参见黄薇主编:《中华人民共和国民法典合同编解读》(上册),中国法制出版社2020年版,第345页。

天以上的,甲公司有权解除合同并有权请求乙公司赔偿损失并支付违约金。合同生效后,由于政府强制乙公司搬厂房,乙公司资金短缺,导致未能在约定时间前制造完成 A 型起重机。后经甲公司数次催告后仍未交清全部货物。2009 年 6 月 15 日,甲公司向乙公司发出《催告函》明确:"贵公司务必于 2009 年 7 月 30 日前交清全部货物,否则我公司将解除合同,追究贵公司违约责任和损失赔偿责任,本催告不表示对原合同交货日期的变更,原合同交货日期仍为 2009 年 4 月 10 日。"至 2009 年 7 月 10 日时,乙公司虽未交清全部部件,但事实上已经制造完成了 70% 左右的工作。乙公司所承制的 A 型起重机是为甲公司特制的、非标准的、非通用的起重机,没有其他用户。甲公司在 2009 年 7 月 15 日发出了解除合同的通知。

这是实务中较为典型的不履行主要债务,经催告后仍不履行导致合同解除的实例。按照原《合同法》第 94 条第 3 项的规定,甲公司有权将纷争合同解除,并追究乙公司的违约责任。可是这样一来乙公司制造完成的 70% 左右的 A 起重机部件,将会成为废铜烂铁,乙公司将损失惨重。如果不允许甲公司解除合同,令乙公司在限定期限内完成全部工作,甲公司受领 A 起重机,同时请求乙公司承担违约责任,则较为公允,也符合效益原则。由此应当重新审视《民法典》第 563 条第 1 款第 3 项的适用范围问题,应当限制其适用范围,以免产生不适当的结果。

对上述问题,崔建远教授曾主张:在普通的买卖合同、委托合同、居间合同、技术咨询合同、技术服务合同等领域,适用原《合同法》第 94 条第 3 项规定,确定解除权及其行使的条件较为适当;但在承揽合同、勘察合同、设计合同、建设工程合同等场合,承揽人、勘察人、设计人或施工人若已完成大部分工作,仅仅是交付工作成果迟延,特别是迟延并不太久时,不宜机械运用原《合同法》第 94 条第 3 项的规定,定作人或发包人仅仅催告一次,确定一个期限,待该宽限期限届满时,承揽人、勘察人、设计人或施工人仍未交付工作成果的,就准许行使解除权,将合同解除,极有可能使已完成的大部分工作丧失其价值,因为此类工作成果基本上是非通用的、特定用途的,难以有其他用户,只好留在承揽人、勘察人、设计人或施工人之手,变成废铜烂铁。这样对这些人显得过于苛刻;从社会层面考察,这浪费了人力、物力,显然不符合效益原则。对原《合同法》第 94 条第 3 款如何缩限适用,崔建远教授认为,在承揽合同、勘察合同、设计合同或建设工程施工合同等场合,遇有承揽人、勘察人、设计人或施工人未能在约定期限内交付工作成果,甚至在宽延期内未交付工作成果的,不宜适用原《合同法》第 94 条第 3 项的规定,而应适用原《合同法》第 94 条第 4 项的规定,由定作人或发包人举证其合同目的因承揽人、勘察人、设计人或施工人的迟延而落空,若举证成功,则允许定作人或发包人行使解除权;若举证不成功,则不允许其行使解除权。但在承揽人、勘察人、设计人或施工人恶意迟延交付的情况下,则仍适用《合同法》第 94 条第 3 项的规定,甚至径直适用《合同法》第 94 条第 2 项的规定,允许定作人或发包人解除合同。在货运合同场合,如果托运货物已在运输途中,但未能在约定期限抵达目的港或目的地,一般也不宜机械适用原《合同法》第 94 条第 3 项,而应适用原《合同法》第 94 条第 4 项的规定。不然当事人的成本就会有不必要的增加,对收货人也无积极意义。当然,在承造人恶意迟延,给托运人或收货人造成重大损失的,托运人或收货人有权采取救济措施,另觅得其他承运人,援用原《合同法》第 94 条第 3 项规定,将合同解除。[1]

笔者赞同崔建远教授的观点。在适用《民法典》第 563 条第 1 款第 3 项解除合同时,应根据合同标的是种类物还是特定物进行区分,为了避免社会资源过度浪费或违约方利益产生过大损失,对于特定物的交易,发生《民法典》第 563 条第 1 款第 3 项所规定的情形,特别是第三人行为导致债务人迟延时,应予一定限制,宜再给予一定的宽延期,用违约责任替代合同解除;当然,债务人迟延履行使相对人蒙受重大损失或合同目的落空时,可以适用《民法典》第 563 条第 1 款第 4 项解除合同,而不是适用《民法典》第 563 条第 1 款第 3 项解除合同。

还有,在当事人约定分期还款的合同中,付款义务人享有期限利益,在合同没有特别约定,如任意一期未付债权人有权解除合同的情形下,债权人不能以款项部分到期而付款义务人未按期支付款项为由,要求解除合同并要求对方一次性支付全部款项。权利人要求付款义务人一次性支付全部款项的,法院应仅支持在审理期间到期的款项,二审法院可支持在二审审理期间到期的款项。最高人民法院在海安县地产开发有限公司与黑龙江省建大房地产开发有限公司、刘某刚等合资合作开发房地产合同纠纷案[(2015)民一终字第 156 号]中就体现了上述观点。

二、合同先后义务与合同解除

一般而言,交易分为谈判阶段、履行阶段、终止履行后三个阶段,分别产生先合同义务、合同义务、后合同义务,它们与合同解除的关系有必要进行探讨。

(一)先合同义务与合同解除

交易的第一阶段一般是谈判阶段,即从双方为交易而进行的第一次接触到双方当事人之间达成合意签订合同的期间。在此阶段,双方当事人负有遵循诚信原

---

[1] 参见崔建远:《合同法总论》(第 2 版),中国人民大学出版社 2016 年版,第 671~673 页。

则进行善意谈判的义务,学者称为"先合同义务"。

先合同义务主要有善意谈判义务、信息披露义务和保密义务。这三种义务不能穷尽的,则应遵守诚实信用原则下的义务。我国《民法典》第500条规定:"当事人在订立合同过程中有下列情形之一,造成对方损失的,应当承担赔偿责任:(一)假借订立合同,恶意进行磋商;(二)故意隐瞒与订立合同有关的重要事实或者提供虚假情况;(三)有其他违背诚信原则的行为。"第501条规定:"当事人在订立合同过程中知悉的商业秘密或者其他应当保密的信息,无论合同是否成立,不得泄露或者不正当地使用。泄露、不正当地使用该商业秘密或者信息,造成对方损失的,应当承担赔偿责任。"通说认为,上述两条规定就是合同法中先合同义务的具体规定。

违反先合同义务,应承担损害赔偿责任,该责任在性质上应属于缔约过失责任,所保护的是当事人的信赖利益。在谈判阶段,尽管当事人双方均应履行先合同义务,由于合同尚未成立,故该先合同义务的性质是法定义务,而非合同约定义务。

解除合同的前提是已经生效成立的合同,未履行先合同义务,合同未成立的,自然不存在合同解除的问题。

(二)合同义务与合同解除

交易的第二阶段是履行阶段,即合同有效成立后到合同履行完毕。该阶段各方当事人承担的是"合同义务"。

在合同履行阶段,当事人双方应按照合同的约定、法律规定全面履行合同义务,正确行使合同权利,只有在这个阶段才体现合同真正的义务。合同义务的履行本质上是为了实现当事人的利益,满足权利人的要求。违反合同义务所承担的是违约责任。合同义务保护的是对方的履行利益,如果一方当事人违反合同约定明确的义务造成对方损失,那么赔偿范围应相当于对方当事人在合同正常履行情况下可以得到的利益。

由于合同解除是合同违约救济的措施之一,故在此阶段,当事人一方违反全面履行原则和诚信原则,不履行合同义务或不完全履行合同义务的,在符合合同约定或法律规定的情形下,相对人有权解除合同。换言之,合同解除仅仅适用于合同有效成立之后的履行阶段。

(三)后合同义务与合同解除

1.后合同义务及相关规定

交易的第三阶段是后合同阶段,在合同终止后,当事人根据诚实信用原则的要求,应当履行的旨在维护给付效果或者妥善处理合同终止事宜的通知、协助、保密等义务,学者称为"后合同义务"。

原《合同法》第92条对后合同义务作出了规定:"合同的权利义务终止后,当事人应当遵循诚实信用原则,根据交易习惯履行通知、协助、保密等义务。"

《民法典》第558条对后合同义务同样作出了规定:"债权债务终止后,当事人应当遵循诚信等原则,根据交易习惯履行通知、协助、保密、旧物回收等义务。"

比较《民法典》第558条与原《合同法》第92条,有两处修改:一是后合同义务不仅因合同权利义务终止后才发生,在因无因管理等法定之债中,债权债务终止后,也同样发生协助、保密等义务,由此《民法典》将原《合同法》中的"权利义务"修改为"债权债务";二是《民法典》第9条规定"民事主体从事民事活动,应当有利于节约资源、保护生态环境",即绿色原则。为了呼应这一原则,民法典将原《合同法》中的"诚实信用原则"修改为"诚信等原则",并在后合同义务中增加了"旧物回收"内容。

2. 后合同义务之特点

后合同义务的特点为:(1)后合同义务是合同终止后当事人应当履行的义务,因此合同成立并有效是后合同义务存在的前提;当然这里的合同终止是指合同的相对终止,是基于合同履行、解除、抵消、提存、免除、混同等方面的原因,而使当事人之间约定的债权债务消灭。合同不成立、无效或被撤销,都不会产生后合同义务。(2)后合同义务的目的是维护给付效果或者妥善处理合同终止事务,维护当事人之间的信赖利益。如果后合同义务已经履行完毕,合同关系就彻底消灭,合同就绝对终止了。(3)后合同义务主要是法定义务,是强行性义务,而非合同约定义务;不履行约定义务产生违约责任,不履行后合同义务产生损害赔偿责任。这种责任是根据法律规定直接产生的债,它与不当得利、无因管理、侵权行为、合同、缔约过失共同构成债的体系,因而是一种独立的民事责任,与其他民事责任是并列平行的,并不是补充性的民事责任。违反后合同义务的赔偿范围仅限于实际损失,不包括可得利益损失。(4)后合同义务是根据诚信原则和交易习惯等派生的义务。凡依诚信原则应当履行的义务都属于后合同义务,如租赁合同终止后,承租人应缴清物业费等;根据交易习惯确定的义务,如施工合同履行完毕后,施工人应及时自行撤走施工队伍、清洁施工场地等,都属于后合同义务。

3. 后合同义务之种类

后合同义务的种类:(1)通知义务;(2)协助义务;(3)保护义务;(4)保密义务;(5)旧物回收义务;(6)竞业禁止义务。在实务中,除前述六种义务以外,还可以有其他义务,需要根据具体情况确定。

4.违反后合同义务之责任

既然后合同义务是一种法定义务,违反后合同义务当然应当承担赔偿责任。原《合同法解释(二)》第22条规定:"当事人一方违反合同法第九十二条规定的义务,给对方当事人造成损失,对方当事人请求赔偿实际损失的,人民法院应当支持。"原《合同法解释(二)》废止后,《民法典纪要》第10条规定:"当事人一方违反民法典第五百五十八条规定的通知、协助、保密、旧物回收等义务,给对方当事人造成损失,对方当事人请求赔偿实际损失的,人民法院应当支持。"由于后合同义务不等于合同义务,故不存在违约责任,赔偿范围仅限于信赖利益损失,也就是说实际损失,不可能存在可得利益损失。

5.后合同义务与合同解除

因合同解除必然发生在合同终止之前的履行阶段,而在后合同阶段,由于合同约定的债权债务因清偿、解除、抵消等原因已经消灭,合同权利义务已经终止;同时,后合同义务主要属法定义务,具有强制性,不能等同于当事人之间的约定义务,故,自不存在解除后合同义务之说。

三、合同履行阶段之义务群

履行阶段合同义务的核心为给付义务,具有非常丰富的内涵。合同义务分为给付义务和附随义务,给付义务又可分为主给付义务和从给付义务。具体分述如下:

(一)主给付义务及特征

1.主给付义务

主给付义务,又称主合同义务或合同主义务。是指合同关系中固有的、必备的、并用以决定合同类型的基本义务。在《民法典》合同编中,主给付义务通常规定在某一种有名合同定性条款中,比如《民法典》第703条规定:"租赁合同是出租人将租赁物交付承租人使用、收益,承租人支付租金的合同。"根据该条规定,出租人的义务是向承租人交付租赁物供其占有、使用、收益,承租人的义务是支付租金,故交付租赁物构成出租人的主给付义务,支付租金构成承租人的主给付义务。

2.主给付义务之特征

主给付义务的特征是:(1)主给付义务的变化会导致合同类型和性质的变化。如甲将其持有的A公司20%的股权以100万元的价格转让给乙,双方约定,A公司其他股东不同意甲向乙转让而行使优先购买权的,则乙给付甲的100万元购买股权款自给付之日起转为借款,甲应向乙偿还并给付约定的利息。(2)当事人一方违反合同主给付义务将使对方产生同时履行抗辩权或先履行抗辩权。比如在借款合同中,出借人未在约定时间给付出借款的,借款人享有先履行抗辩权而有权迟延给付利息。(3)一方当事人违反主给付义务导致合同目的不能实现的,对方当事人有权解除合同。《民法典》第563条第1条第2项和第3项中的"主要债务"就是指主给付义务。

(二)从给付义务及特征

1. 从给付义务

从给付义务,亦称从合同义务。从给付义务不决定合同性质和类型,但具有辅助主给付义务的功能,是确保债权人利益能够获得最大满足、合同能够完整履行的不可少的义务。违反从给付义务,债权人可以独立请求履行,亦可请求损害赔偿,这是从给付义务的一个重要特征。比如在买卖合同中,出卖人交付了货物,买受人支付了货款,出卖人收受货物后应向买受人提供增值税发票,无论买卖合同对此是否约定;提供增值税发票是法定义务,出卖人不提供增值税发票的,买受人有权独立请求出卖人开具并提供,如履行不能的,买受人有权请求损害赔偿。

2. 从给付义务来源

从给付义务发生来源是:(1)基于法律规定。如《民法典》第927条规定:"受托人处理委托事务取得的财产,应当转交给委托人。"国务院制定的《中华人民共和国发票管理办法》(2023年7月20日第3次修订)第18条规定:"销售物品、提供服务以及从事其他经营活动的单位和个人,对外发生经营业务收取款项时,收款方应向付款方开具发票;特殊情况下,由付款方向收款方开具发票。"该办法第19条规定:"所有单位和从事生产、经营活动的个人在购买商品、接受服务以及从事其他经营活动支付款项,应当向收款方取得发票。取得发票时,不得要求变更品名和金额。"可见收款人应提供发票,付款人亦应取得发票均是税法规定的法定义务。(2)基于当事人约定和交易习惯。如甲将其特定品牌商品销售于乙,指定乙在某区域范围内销售,不得跨指定区域销售;又如,甲委托乙装修房屋,包工包料,约定乙采购的装修材料中甲醛不得超标等。至于基于当事人交易习惯,如乙为承包人施工的工程竣工验收完毕后,应将房屋建筑施工资料交付发包人用于办理工程竣工备案手续。应当注意的是,《民法典》第599条已通过法律形式将约定或交易习惯的方式的从给付义务予以法定化,该条规定:"出卖人应当按照约定或者交易习惯向买受人交付提取标的物单证以外的有关单证和资料。"《买卖合同解释》第 4 条规定："民法典第一百九十九条规定的'提取标的物单证以外的有关单证和资料,'主要应当包括保险单、保修单、普通发票、增值税专用发票、产品合格证、质量保证书、质量鉴定书、品质检验证书、产品进出口检疫书、原产地证明书、使用说明书、装箱单等。"
(3)基于诚实信用原则及补充的合同解释。例如,房屋租赁合同中,出租人应提供符合租赁物使用基本要求的水、电、供应通道或其他条件。

(三)附随义务及特征

1.附随义务

附随义务,是指为保护当事人的人身和财产权益,同时依据诚实信用原则在合同履行过程中所应当负担的通知、保密、协助及保护等义务。附随义务是债务人依诚信原则所负有的契约及法律所规定内容之外的义务。[1]

2.附随义务之法律特征

(1)附随义务是基于诚信原则所产生的。附随义务不包括在合同本身约定和法律所规定的义务范围内,但与合同息息相关。在传统合同法理论中,合同当事人仅承担双方在合同中根据意思自治所约定的义务,法官在确定合同义务时也主要是依据当事人的意思表示,但众所周知,无论立法者如何规定、合同当事人如何约定,都不可能穷尽列举合同所有的义务;当事人意思自治虽在合同法领域占有绝对统治地位,但也随着诚实信用原则等一般性条款的发展而不再一家独大,在此基础上,附随义务理论逐渐得以构建和发展。

(2)附随义务的产生不是一开始就能够确定的,而是依据合同关系的发展、结合合同的性质、合同目的以及交易习惯逐渐产生的。主要表现在以下几个方面:附随义务在形态上具有不确定性,任何一种类型的合同都可能产生附随义务;附随义务的不确定性并不意味着附随义务始终无法确定,如果根据诚实信用原则,在某具体合同关系中债务人应当负有某种具体内容的义务,那么此时该附随义务便得以确定。

(3)合同附随义务的存在不以法律规定、当事人约定为必要。附随义务并不会因为法律有无规定或者当事人有无约定而改变,其性质和其他合同义务也有明显区别。

(4)附随义务不能因其非当事人在合同中的自主约定而排除适用。既然附随

---

[1] 参见王泽鉴:《民法学说与判例研究》(第 4 册),中国政法大学出版社 1997 年版,第 98 页。

义务由诚实信用原则派生,具有强制性条款性质,所以即使当事人合同约定排除附随义务适用,该约定也没有法律效力。

因为附随义务不为合同约定和法律规定,所以附随义务不能单独诉请履行;同理,违反附随义务的,并不产生同时履行抗辩权,除非当事人另有约定。但基于诚信原则,对于违反附随义务所造成的损害,受害方有权要求损害赔偿。

3. 附随义务之功能

附随义务的功能有二:一是辅助功能,促进实现主给付义务,使债权人的利益获得最大可能的满足;二是保护功能,保护对方当事人人身或财产的利益。比如出卖人在出售高压锅时告知买受人在使用上注意事项,一方面使买受人因给付对方而产生的利益得到满足,另一方面保护买受人人身或财产利益上不受高压锅爆炸而遭受损害。

在我国合同法中,依诚信原则附随产生的法定附随义务体现在《民法典》第509条第2款中,该款规定:"当事人应当遵循诚信原则,根据合同的性质、目的和交易习惯履行通知、协助、保密等义务。"该条对附随义务进行了不完全列举,实际上已将附随义务上升为当事人的法定义务。除此之外,《民法典》第500条、第501条中当事人为缔结合同而接触、准备磋商过程中的说明、告知、保密、保护等先合同义务,《民法典》第558条中债权债务终止后当事人遵循诚信等原则,根据交易习惯应当履行的通知、协助、保密等后合同义务都是附随义务。当然,随着判例实践的发展,法官还可以根据诚实信用原则要求和实践需要创设出新的附随义务类型。

4. 附随义务之形态

附随义务的主要形态有通知义务、协助义务、保密义务、保护义务、照顾义务和不作为义务等。在具体的合同关系中,应当具体问题具体分析,以诚信原则为基准,根据合同性质、目的和一般交易习惯等具体因素来分析。

(1)通知义务:依照诚信原则,从合同磋商、签订、履行直到履行完毕,合同一方负有将影响合同履行、合同当事人权益的重大事项告知对方的义务,也称告知义务,主要包括履行合同注意事项的告知、合同履行中遇见不可抗力的告知、合同标的瑕疵的告知、合同履行不能的告知。《民法典》中有多处通知义务的规定,例如,第629条规定的买受人拒收多交货物时对出卖人的通知义务;第652条规定的供电人中断供电前对用电人的通知义务;第662条规定的赠与人告知受赠人赠与物瑕疵的通知义务;第723条规定的承租人在第三人主张权利时对出租人的通知义务;第726条规定的出租人出卖房屋前对承租人的通知义务;第727条规定的出租人委托拍卖租赁房屋前对承租人的通知义务;第730条规定的不定期租赁合同当事人解除合同前的通知义务;第740条规定的承租人因出卖人向其交付标的物违约而拒绝受领标的物时对出租人的通知义务;第775条规定的承揽人发现定作人提供材料瑕疵时的通知义务;第798条规定的隐蔽工程隐蔽前承包人对发包人通知检查的义务;第819条规定的承运人通知旅客安全运输注意事项的义务;第830条规定的货物送达时承运人对收货人的通知义务;第858条规定的当事人发生技术开发障碍可能致使研发失败或部分失败时对对方的通知义务;第893条规定的寄存人交付的保管物有瑕疵或者根据保管物的性质需要采取特殊保管措施时寄存人应当将有关情况告知保管人的义务;第896条规定的第三人对保管人提起诉讼或者对保管物申请扣押时保管人对寄存人的通知义务;第907条规定的保管人验收时发现入库仓储物与约定不符合时对存货人的通知义务;第912条规定的保管人发现入库仓储物有变质或者其他损坏时对存货人或者仓单持有人的通知义务;第936条规定的因受托人死亡等致使委托合同终止时受托人的继承人等对委托人的通知义务;第947条规定的物业服务人在物业服务期限届满前不同意续聘时提前90日书面通知业主或者业主委员会的义务。

(2)协助义务:指合同双方或者多方当事人相互协商,帮助促成合同缔结和履行完成的义务,即相互协作、相互照顾义务。它要求当事人在履行合同的过程中,尽可能提供便利,以促成合同相对方履行合同义务,使合同能够完整的履行完毕。《民法典》中有多处关于协助义务的规定:第778条、第779条中对于定作人协助义务、监督检验义务的规定;第797条、第798条中对于建设工程合同当事人检查等协助义务的规定;第810条中对于承运人协助义务的规定。

(3)保密义务:指在缔结、履行合同的过程中乃至合同履行完毕,当事人对合同所悉知的秘密,负有不能泄露或利用的义务。《民法典》中涉及的秘密,通常为在合同履行过程中所知晓的对方不对外公开的信息,该信息只有在对方授权下才能对外告知。在商事活动中,该信息更多的是指商业秘密。《反不正当竞争法》第9条第4款规定:"本法所称的商业秘密,是指不为公众所知悉、具有商业价值并经权利人采取相应保密措施的技术信息和经营信息等商业信息。"商业秘密保护是合同附随义务保护的热点,除《民法典》第509条第2款规定的保密义务外,《民法典》第785条对此也有规定,即"承揽人应当按照定作人的要求保守秘密,未经定作人许可,不得留存复制品或者技术资料"。

(4)保护义务:指合同当事人约定确保合同相对人人身及财产安全,不能造成合同相对人损害的义务。《民法典》中关于保护义务的规定如第619条规定的出卖人对标的物承担的保护义务;《民法典》第十九章运输合同中第303条对承运人所承担的保护义务的规定。

（5）照顾义务：这里的照顾是指民法范畴中因合同附随义务而发生的照顾义务，与亲属法中亲属间的法定照顾义务不同。比如，承租人对租赁物应尽到合理的照顾义务，否则其不当使用造成租赁物损害的，应当承担赔偿责任；旅行社应尽到其对游客的照顾义务，要保障游客的安全，不能给游客安排其身体素质不符合条件或不安全的旅游项目。照顾义务虽然不是合同的主给付义务，但其在整个合同履行过程中不可缺失，以期能够平衡合同各方的合法权益。《民法典》对照顾义务的规定有：第714条规定的承租人应妥善保管租赁物的照顾义务；第784条规定的承揽人对定作人提供的材料以及完成的工作成果妥善保管的照顾义务；第824条规定的承运人对旅客随身携带物品的照顾义务；第953条规定的行纪人对占有委托物的照顾义务。

（6）不作为义务：是指债务人不得为某些有损债权人利益的行为。附随义务分为作为（积极）和不作为（消极）两种表现形式。比如，电信部门将客户的手机号泄露给第三方，银行将客户姓名、账户等信息泄露给第三方，该等行为不仅违反了合同法上的不作为义务，而且现行刑法已经将该等行为纳入犯罪行为。

四、原给付义务、次给付义务与合同解除

(一)原给付义务与次给付义务

给付义务（包括主给付义务、从给付义务）又可以分为原给付义务（第一次义务）及次给付义务（第二次义务）。

原给付义务（第一次义务），是指在双方订立的合同中原有的义务。如甲将设备卖给乙，甲向乙交付该设备（主给付义务）的同时还应将设备合格证、说明书、发票等交付乙（从给付义务）。

次给付义务（第二次义务）是指合同的原给付义务在履行过程中，因特定事由演变而产生的义务。次给付义务有：（1）因原给付义务在履行过程中发生给付不能、给付迟延、或不完全给付而产生的违约损害赔偿义务。此种损害赔偿义务，有的在给付不能时系替代原给付义务，有的给付迟延时与原给付义务并存。（2）合同解除时所产生的恢复原状、返还财产义务。我国《民法典》第566条对此有规定。王泽鉴先生认为："次给付义务亦系根基于原来债之关系，债之关系的内容虽因之改变或扩张，但其同一性仍维持不变。"[1]

---

[1] 王泽鉴：《债法原理》（第2版），北京大学出版社2013年版，第82页。

(二) 原给付义务、次给付义务与合同解除

通说认为,合同解除时,原给付义务因合同权利义务关系终止而消灭,次给付义务因对合同解除后果的结算清理而产生。故,合同解除与原给付义务密切相关,一般情形下,当原给付义务未履行时,才产生合同解除问题;合同解除原因与次给付义务不相关,但合同解除是次给付义务产生的原因之一,简言之,次给付义务是否履行不产生合同解除问题。

五、从给付义务与合同解除

(一) 主、从给付义务之区别

确定合同义务究竟是主给付义务还是从给付义务,首先需要通过主给付义务与从给付义务的区分予以辨别。主给付义务与从给付义务的区别是:

第一,从产生上看,主给付义务是合同关系所固有的义务;从给付义务并非合同关系所固有的义务,而是基于法律上的规定、当事人特别约定或诚实信用原则而产生的。

第二,从功能上看,主给付义务是合同关系的基本内容,决定了合同关系的类型;从给付义务不能决定合同关系的类型,但具有辅助主给付义务效果实现的功能。

第三,从法律地位及违反后果上看,双务合同中,主给付义务是合同双方当事人处于对待给付地位的合同义务,主给付义务的不履行可发生合同履行抗辩权;从给付义务不必然与对方给付义务处于对等地位,是否能够发生抗辩权需要依照合同目的是否能够实现而确定。

(二) 从给付义务与附随义务之区别

实务中,从给付义务与附随义务容易混淆,较难区别。最高人民法院的观点是:应以能否单独通过诉讼方式请求履行为判断标准,能够独立以诉讼请求履行的为从给付义务,不能够以独立诉讼请求履行的为附随义务。换言之,从给付义务可以单独诉请履行,与此不同,违反附随义务通常仅发生替代性的损害赔偿问题。例如,甲出卖某车给乙,对甲而言,交付该车并转移所有权为主给付义务,提供行车执照、保险合同等必要文件为从给付义务,告知乙该车存在特殊危险性和安全隐患则为附随义务。若甲未向乙交付该车执照等必要文件,乙可以起诉甲要求其履行交付义务,但若甲未告知乙该车的安全隐患致使乙发生交通事故,则乙只能请求相应

的损害赔偿。也有学说从价值取向角度区分从给付义务和附随义务,认为从给付义务旨在促使履行利益得到基本满足,实现债权利益最大化;附随义务则是强调当事人不应因合同履行而使固有利益受到损害,因此更多的是一种保护性的义务。当然在合同履行过程中,可能会有从给付义务和附随义务交叉的情形,这时应从义务设定的角度考察,如果该义务是为了辅助主给付义务履行的,应当认定为从给付义务;如果该义务是为了保护当事人固有利益不受损害的,则应当认定为附随义务。[1]

(三)违反从给付义务解除之标准

违反从给付义务是否予以解除合同?原《合同法》未作规定。对此问题,理论和实务中存在两种意见:一种意见是否定观点,认为从给付义务处于辅助地位,是为保障主给付义务的效果而约定的附从性的合同义务,违反从给付义务,守约方可主张相应的损害赔偿,但债权人的利益和合同目的一般不会受到根本影响,因此合同不能解除。另一种意见认为,虽然从给付义务是一种辅助性义务,但从给付义务的违反也可以导致严重后果,甚至是使合同目的完全落空,因此违反从给付义务可以导致合同解除,这也是通说的观点。最高人民法院采纳了第二种观点。

《买卖合同解释》第 19 条规定:"出卖人没有履行或者不当履行从给付义务,致使买受人不能实现合同目的的,买受人主张解除合同的,人民法院应当根据民法典第五百六十三条第一款第四项的规定,予以支持。"最高人民法院的理由是:合同解除将导致有效成立的合同关系提前消灭,这涉及合同关系的稳定和交易秩序的维护,因此应当严格限制,只有具备稳定的法律条件时才应允许。从比较法角度看,对违反合同义务导致合同解除的条件限定经历了一个从条款类型到违约后果、从形式要件到实质要件的发展过程。目前无论英美法系还是大陆法系,对因违约而导致合同解除的条件均以违约后果作为基本标准,这是符合合同解除的特点和交易安全保护目的的。与此相适应,在讨论违反从给付义务是否可以解除合同时,也应以违约后果为依据,而非单纯地根据所违反条款性质和合同义务类型为标准,否则无疑是以形而上学的方法论来思考和观察法律问题。这已经被世界法治发展史所证明是欠缺科学性的。因此即使当事人所违反的合同义务是从给付义务,只要其导致双方根据合同有权获得的东西完全落空、合同目的无法实现(根本违约)的

---

[1] 参见最高人民法院民事审判第二庭编著:《最高人民法院关于买卖合同司法解释理解与适用》,人民法院出版社 2012 年版,第 404~405 页。

法律后果,则合同继续存在的基础已不复存在,通过合同解除制度使买受人及早从合同关系中释放出来,另觅其他代替性的交易机会,避免因此遭受更大的损失,无疑是具有正当性的选择。[1]

《民法典合同编通则解释》第 26 条规定:"当事人一方未根据法律规定或者合同约定履行开具发票、提供证明文件等非主要债务,对方请求继续履行该债务并赔偿因怠于履行该债务造成的损失的,人民法院依法予以支持;对方请求解除合同的,人民法院不予支持,但是不履行该债务致使不能实现合同目的或者当事人另有约定的除外。"相较《买卖合同解释》第 19 条规定,该规定扩张适用至所有合同,不再仅适用于买卖合同,具有普遍性,同时增加了约定解除内容。

根据上述司法解释规定,违反从给付义务解除的标准为:(1)违反从给付义务一般应继续履行或者赔偿损失,但是违反从给付义务致使对方合同目的落空的,此时对方享有解除权,因此属于《民法典》第 563 条第 1 款第 4 项规定的法定解除权。(2)如果当事人在合同中明确约定违反从给付义务将导致合同解除,守约方也享有解除权,此属《民法典》第 562 条第 2 款规定的约定解除权。

从给付义务有时与缔约目的息息相关,对当事人极为重要。比如在股权转让关系中,转让人方拒不移交目标公司证照、印章、业务财务资料等,导致受让人无法对目标公司经营管理;又如租赁关系中,出租人只交付租赁物而拒不移交水电等,导致承租人无法租赁经营等。

(四)从给付义务解除与《民法典》第 563 条第 1 款第 4 项之关系

《民法典》第 563 条第 1 款第 4 项是对合同目的无法实现而导致合同解除的一般性规定,其中未区分违约行为所违反的合同义务类型,而《买卖合同解释》第 19 条和《民法典合同编通则解释》第 26 条是针对现实中存在争议的违反从给付义务而导致合同目的落空是否可以解除合同所作的规定,因此属于《民法典》第 563 条第 1 款第 4 项规定的具体化,属特别性规定。

审判实践中,能够明确甄别违约方所违反的义务类型是从给付义务时,根据特殊规定优于一般性规定的区别,可援引《买卖合同解释》第 19 条或《民法典合同编通则解释》第 26 条进行裁判。但在裁判主文的表述上,根据《最高人民法院关于司法解释工作的规定》(法发〔2021〕20 号)第 27 条第 2 款的规定,应当先引用《民法

---

[1] 参见最高人民法院民事审判第二庭编著:《最高人民法院关于买卖合同司法解释的理解与适用》,人民法院出版社 2012 年版,第 405~406 页。

典》第 563 条第 1 款第 4 项的规定,再引用《买卖合同解释》第 19 条或《民法典合同编通则解释》第 26 条。如果违约方违反的不属于从给付义务,或者人民法院对违反合同义务属于从给付义务难以甄别,则可以直接援引《民法典》第 563 条第 1 款第 4 项的一般性规定进行裁决。

六、附随义务与合同解除

违反附随义务能否导致合同解除?通说认为,一般情形下,违反附随义务并不能导致相对人产生合同解除权。但当附随义务成为合同要素,如果不履行就会导致合同目的不能达到的场合,可以例外地承认解除权的发生。

我国《民法典》合同编通则部分对违反附随义务能否解除合同没有明确规定,但在典型合同分编和其他法律中对此有相关规定。比如,《民法典》第 806 条第 2 款规定,发包人不履行协助义务,致使承包人无法施工的,经承包人催告后在合理期限内仍未履行该义务的,承包人可以解除合同;《保险法》第 16 条第 2 款规定,投保人故意或因重大过失未履行如实告知义务,足以影响保险人决定是否同意承保的,保险人可以解除合同。另外,原《建设工程司法解释》第 9 条也有发包人不履行协助义务致使承包人无法施工,且在催告的合理期限内仍未履行相应义务,承包人有权解除合同的规定。

崔建远教授曾提出,附随义务被违反时若法律有规定或当事人有约定就能够产生解除权。《保险法》第 16 条第 2 款、原《建设工程司法解释》第 9 条第 3 项已经开了先河。当事人约定的附随义务被违反时可以解除合同,如某《房屋租赁合同》第 7.5 条前段关于"出租人应在租赁房屋的改造工程交接日起 2 个月内向承租人提供合法有效的该租赁房屋的权属证明、改造工程监理报告、消防验收意见书和电气检测意见书等作为本合同的附件"的约定中,交付改造工程监理报告书的义务,依有关学说,为附随义务;如此,若出现该条款后段约定的"因出租人不按照本条的约定提供相关的合法文件……导致合同无法履行"的情况,那么承租人应有权解除该租赁合同。当然,出现这种情况的可能性极小。有鉴于此,应将附随义务被违反作为解除权产生的条件,同时严格成立要件。[1]

在《最高人民法院公报》2003 年第 5 期(总第 85 期)刊登的"杨某辉诉南方航空公司、民惠公司客运合同纠纷案"中,法院判决认为:"在客运合同中,明白无误地

---

[1] 参见崔建远:《完善合同解除制度的立法建议》,载《武汉大学学报(哲学社会科学版)》2018 年第 2 期。

向旅客通知运输事项,就是承运人应尽的附随义务。只有承运人正确履行了这一附随义务,旅客才能于约定时间到约定地点集合,等待乘坐约定的航空工具。"显然此附随义务的违反会导致合同目的无法实现,故法院认为航空公司应该承担履行附随义务当的过错责任,负责全额退票,并对旅客为抵达目的地而增加的支出进行赔偿。

北京市第三中级人民法院民事审判第一庭的观点是:附随义务并非合同当事人明确约定的义务,系基于诚实信用原则产生的,并且随着合同关系的发展而不断变化的一种合同义务。附随义务对合同当事人利益以及订约目的的影响在不同情况下表现也存在很大不同,法院对于违反附随义务而解除合同的认定应当慎重,在足以影响合同义务履行的效果的情况下,才可以判决解除合同。[1]

笔者认为:鉴于《民法典》第563条第1款第4项是对合同目的无法实现而导致合同解除所作的一般性规定,其中未区分违约行为所违反的合同义务究竟是哪一类型。故,违反附随义务能否解除合同,应当以违反该附随义务导致合同目的能否实现为标准来进行判断,若当事人一方违反附随义务导致合同目的不能实现,相对人享有解除权;同时如果当事人约定违反附随义务将导致合同解除,也应该支持。

七、不真正义务与合同解除

(一)不真正义务性质和规定

1. 不真正义务内涵

不真正义务(又称间接义务)指相对人通常不得请求履行,违反并不发生损害赔偿责任,而仅使负有该项义务的人遭受权利减损或丧失的不利益的义务类型。例如,机车骑士因不戴安全帽致因车祸而受重伤,在此情形下被害人违反对自己利益照顾的义务(不真正义务),即所谓的自己过失,被害人在法律上虽未负有不损害自己权益的义务,但既因自己疏懈造成损害发生或扩大,与有过失,依公平原则,自应以其程度减免赔偿金的不利益。[2]

2. 不真正义务之性质

不真正义务在性质上并非债务,亦不属于给付,但当事人可以约定将不真正义

---

[1] 参见北京市第三中级人民法院:《21个合同解除疑难问题解答》,载华律网,发布于2016年11月12日。

[2] 参见王泽鉴:《民法概要》,中国政法大学出版社2003年版,第168页。

务转化为义务从而属于给付义务。[1]

3.《民法典》中不真正义务之规定

《民法典》也规定了不真正义务。《民法典》第591条第1款规定:"当事人一方违约后,对方应当采取适当措施防止损失的扩大;没有采取适当措施致使损失扩大的,不得就扩大的损失要求赔偿"(减损规则);《民法典》第592条第2款规定:"当事人一方违约造成对方损失,对方对损失的发生有过错的,可以减少相应的损失赔偿额"(与有过失规则);《民法典》第608条规定:"出卖人按照约定或者依据本法第六百零三条第二款第二项的规定将标的物置于交付地点,买受人违反约定没有收取的,标的物毁损、灭失的风险自违反约定时起由买受人承担";《民法典》第893条规定:"寄存人交付的保管物有瑕疵或者根据保管物的性质需要采取特殊保管措施的,寄存人应当将有关情况告知保管人。寄存人未告知,致使保管物受损失的,保管人不承担赔偿责任;保管人因此受损失的,除保管人知道或者应当知道且未采取补救措施外,寄存人应当承担赔偿责任";等等。

(二)不真正义务与合同解除

我国现行法律及司法解释对一方违反不真正义务的,未赋予相对人解除权。其原因是:一般情形下因不真正义务不属于债务或合同义务,相对人不能请求履行,故一方违反时,相对人不得请求解除合同。

不过,如果当事人将不真正义务通过合同约定转化为给付义务,此时,不真正义务的内涵发生变化,不再属于不真正义务,而属于普通的合同义务。于此情形下,当事人未履行该义务时,相对人可例外地解除合同。比如,大宗买卖合同约定,出卖人将货物交付某交货地点并承担仓储费的,买受人应在三天内提货,若买受人迟延提货致使出卖人承担仓储费达到或超过货值2%,出卖人有权解除合同。之所以如此约定的原因在于,对出卖人而言,虽然其可承担短期仓储费,但若买受人长期不提货,不仅可能造成标的物风险负担问题,还可能造成仓储费耗尽买受人所售货物利润,致使其销售货物的目的丧失殆尽,故这种约定完全合情合理。若买受人违反前述义务,出卖人可以解除合同。

---

[1] 参见王洪亮:《债法总论》,北京大学出版社2016年版,第27页。

第四节　根本违约与合同解除

一、根本违约解除之规定

根据《民法典》第 563 条第 1 款第 4 项之规定,"当事人一方迟延履行债务或者有其他违约行为致使不能实现合同目的"的,当事人可以解除合同。该条与原《合同法》第 94 条第 4 项的内容相同。实务中,人们为了简便,通常将"不能实现合同目的"理解为根本违约,本节亦为简便之见,认为上述规定是指根本违约导致合同解除之情形。

对根本违约导致合同解除的理解,应当注意:

第一,须有债务人迟延履行债务或有其他违约行为。其他违约行为在学理上包括迟延履行、拒绝履行、不完全履行三种形态,不完全履行又分为不适当履行、部分履行、加害给付三种形态。应当注意的是该项中"迟延履行债务"应该包括主要债务、次要债务和附随债务,与第 563 条第款第 3 项中强调的"迟延履行主要债务"存在显著不同。

第二,迟延履行债务或其他违约行为并不必然导致合同解除,只有构成根本违约或造成合同目的落空时,守约方才可以解除合同,否则守约方不得解除合同。这里迟延履行不能实现合同目的是指迟延履行的时间对于债权的实现至关重要,超过合同约定的履行期限履行合同,必然导致合同目的落空的场合。这里的其他违约行为不能实现合同目的是指该违约行为与合同目的密切关联,发生该违约行为时,必然导致相对人合同目的落空的场合。

第三,迟延履行债务不以违约方主观过错为原则,也不以造成相对人损害程度为衡量要件,只要达到守约人合同目的落空标准的,守约方就有权解除合同。

第四,守约方解除合同前无须催告。《民法典》第 563 条第 1 款第 3 项规定了当事人不履行主债务,经催告后在合理期限内仍不履行的,相对人可以解除合同;但第 563 条第 1 款第 4 项没有如此规定:只要迟延履行达到相对人合同目的不能实现标准的,相对人就有权解除合同。故依第 563 条第 1 款第 4 项解除合同的,不以催告为前置条件。

《民法典》生效前,北京市第三中级人民法院民事审判第一庭曾认为:按照《合同法》第 94 条第 4 项,迟延履行行为只有达到足以影响合同目的实现的根本违约程度时,非违约方才可以不经催告而迳行行使合同解除权。对于迟延履行行为是否属于根本违约行为的认定应结合履行期限是否是实现合同目的的必要因素、迟延履行后继续履行是否严重损害债权人利益、市场行情是否因迟延履行发生重大变化等综合判断。[1]

二、迟延履行与合同解除

(一)迟延履行构成要件

1.迟延履行之含义

迟延履行又称债务人迟延或逾期履行,是指债务人能够履行,但在履行期限届满时却未履行债务的现象。[2]

2.迟延履行的构成要件

一是有效债务存在。这是构成迟延履行的基本前提。附生效条件合同,在条件成就前,并不发生有效的债权债务关系,自然不存在合同迟延履行的问题。合同无效,自始无效,本不应当履行,当然不发生迟延履行问题。只要有效义务存在,其债务的种类如何,则非所问。物权的请求权,虽非债权,也可以准用债权的规定,故可准用关于迟延履行的规定。但不完全债务不适用迟延履行的规定。

二是债务能够履行。如果债的标的自始就不可能作出,属于自始不能问题,学者们通说认为此可作为债务无效事由;如果债务在履行期内出现履行不能,属于嗣后履行不能问题。于此情形下,或者依风险负担规则处理,或者依债务不履行之违约规则处理,均不发生迟延履行的问题。履行期内债务尚属可能履行,但过履行期后发生债务履行不能时,仍可作为迟延履行对待,尽管具体理论上可能需要适用履行不能的相关规则;不作为债务以及严格的定期行为,履行期过后出现履行不能情形的,仍属迟延履行。履行期内及履行期后,债务履行均属可能的,自然可以认定迟延履行。

三是债务履行期已过而债务人未履行。确定迟延履行期的方法是以履行期到来为先决条件,但仅有履行期到来,并非必然发生履行迟延,须根据不同履行期种类予以判断。

第一种情形,根据合同约定可以确定履行期的情形。对于债务履行期有约定的,如果履行期已过,当然属于迟延履行,于此情形下无须债权人催告。在债务履

---

[1] 参见北京市第三中级人民法院:《21个合同解除疑难问题解答》,载华律网,发布于2016年11月12日。

[2] 参见崔建远:《合同法总论》(第2版),中国人民大学出版社2016年版,第665页。

行期未届满之前,债权人催告提前履行的,不发生迟延履行。如买卖合同成立于2016年1月1日,约定出卖人于2016年5月30日前交货,买受人基于业务需要催告买受人于2016年4月30日交货,出卖人在该催告期限届满后未交货的,不构成迟延履行。

对于有确定履行期限的债务,迟延履行如有以下三种情形为例外:一是往取债务,所谓往取债务是由债权人到债务人住所请求履行的债务。依照合同约定或法律规定,债务人应在其住所履行债务,而债权人没有按时前往受领的,债务人不构成迟延履行。二是以债权人协助为必要的债务,比如建设工程合同约定了施工期限,如主体完工,发包人或监工迟延验收,导致阶段性工程或总工期迟延的,承包人不构成迟延履行。三是票据债权的行使。依据《票据法》第16条规定,票据债权人行使票据债权只有一种法定形式,即向债务人"提示"票据,持票人对票据债务人行使票据权利,应当在票据当事人营业场所或其住所进行。票据债权到期而债权人不提示,不产生债务人迟延履行问题。

第二种情形,合同对履行期限未约定或约定不明的。如果合同未约定履行期限或约定不明,同时依《民法典》第510条"按照合同相关条款或者交易习惯"无法确定履行期限,只有债权人履行催告义务,并给债务人必要准备时间后,债务人仍不履行,方可构成迟延履行。其依据是《民法典》第511条第4项规定的"履行期限不明确的,债务人可以随时履行,债权人也可以随时请求履行,但是应当给对方必要的准备时间"。尽管《民法典》在该条中没有使用"催告"一语,但此处债权人"可以随时请求履行"义务,在实务中一般认定为"催告"。

最高法民二庭2017年12月2日第7次法官会议纪要确定了约定不确定期限的确定规则,认为:当事人对已经存在的确须履行的债务,约定当未来的某一不确定的事实发生时履行,此类约定形式上看是有关履行条件的约定,但就其本质而言是有关履行期限的约定,只不过约定的是不确定的履行期限。在诉讼中将不确定的履行期限确定下来,是司法纠纷解决功能的必然要求。根据诚实信用原则,可以商业人士的合理预期为标准确定合理的期限,该合理的期限就是履行期期限。合理期限经过后,债务人仍未履行债务的,债权人即可请求履行。鉴于不确定履行期限在期限的不确定性上近于条件,故可类推适用原《合同法》第45条有关条件拟制成就的规定,在当事人为了自己的利益不正当阻止该不确定事实发生或该不确定事实确定不发生时,视为履行期限已经届满,债权人可以直接请求债务人履行义务。

四是债务人没有正当理由。债务人未履行其债务应具有违法性,或没有正当理由。如果债务人能证明其不履行债务有正当理由,即存在违法性的阻却事由的,并不发生履行迟延问题。该违法性阻却事由,并不包括因不可抗力而造成的一时履行不能的情形(或称为免责事由),而是指诸如债务人拥有留置权、先诉抗辩权、先履行抗辩权、同时履行抗辩权等延期抗辩权,该等权利的存在本身表明债务人不为履行是正常的,故非迟延履行。[1] 实务中,债务人未履行债务的正当理由包括:发生合同约定免责事由、行使合同履行抗辩权、发生债权人迟延受领情形等。应当注意的是,根据《民法典合同编通则解释》第31条之规定,债务人行使先履行抗辩权、同时履行抗辩权时,不能以对方没有履行非主要债务为由拒绝履行自己的主要债务,但是,对方不履行非主要债务致使不能实现合同目的或者当事人另有约定的除外。

(二)迟延履行与合同解除

迟延履行债务导致合同解除的,有两种情形:

一是《民法典》第563条第1款第3项规定的迟延履行主要债务,经债权人催告后在合理期限内仍不履行的,债权人有权解除合同。

二是《民法典》第563条第1款第4项规定的,迟延履行致使合同目的不能实现的,债权人有权解除合同。这条规定的迟延履行既未限定在主给付义务,亦未限定在从给付义务或附随义务,而是以迟延履行结果,即"致使合同目的不能实现"为标准判定合同能否解除。并且在此情形下当事人解除合同无须履行催告程序。比如,甲为其母向蛋糕店订购生日蛋糕,约定十天后其母亲过生日当天上午10时送货上门,蛋糕店迟延至甲母生日完成的第二天送货,此时因甲方生日已过,蛋糕店的违约行为构成根本违约,甲有权解除合同。在此例中,按履行期限交付蛋糕虽是蛋糕店应履行的主要债务,但由于迟延履行行为已致使甲的合同目的不能实现,故甲有权依《民法典》第563条第1款第4项规定解除合同,而不必经催告程序,因为此时催告对合同目的的实现已无影响。

就《民法典》第563条第1款第3项和第563条第1款第4项的关系而言,两者都存在迟延履行的情形。需要探讨的问题是:当事人依第563条第1款第3项解除合同,是否以根本违约为必要?

实例:甲拟于2021年2月1日结婚,先向某开发商购房,购房合同约定于2020年6月1日交房,后向某家具厂订购一套家具,约定2020年9月1日交货。家具交

---

[1] 参见韩世远:《合同法总论》(第3版),法律出版社2011年版,第397页。

付期迟延后,甲向家具厂催告限1月内交货,开发商迟延至2010年10月1日交房,而甲对房屋装修须得2个月才能完成,甲对家具厂催告届满后,于2020年10月5日通知解除合同,此时家具已经完成,家具厂不服,提请诉讼请求确认甲解除合同行为无效。

对于此案,有两种观点。第1种观点认为:某家具厂未按约定期限(2020年9月1日)交货,构成迟延履行主要债务,在甲催告后的合理期限内(一个月)仍未交货,依《民法典》第563条第1款第3项规定,甲有权解除合同。第2种观点认为:某家具厂先是在约定期限内迟延履行,在催告期内又构成迟延履行,违约事实客观存在,不履行主要债务也客观存在,但甲订制家具目的是结婚,而家具须安放在装修好的房屋中,至解除合同时家具已经完成,但房屋未装修好,且未影响甲2020年2月1日的婚期,即家具厂的迟延给付未影响其合同目的的实现,故甲不能解除合同,但家具厂应承担迟延交付的违约责任。

对于上述两种观点,笔者赞同第2种观点。主要理由是:《民法典》第563条第1款第4项中的迟延履行债务既包括迟延履行主要债务,也包括迟延履行其他债务,但最终是以对方构成根本违约作为合同的解除标准的。即使迟延履行主要债务,虽经催告,只要是没有构成根本违约的,合同不能解除。从《民法典》立法的体系解释,《民法典》第563条第1款第3项虽未明示迟延履行主债务与合同目的不能实现的关联性,但《民法典》第563条规定的法定解除权的构建是以合同目的不能实现为基础前提的。

三、拒绝履行与合同解除

(一)拒绝履行构成要件

1. 拒绝履行之含义

拒绝履行又称完全不履行,或称毁约,是指债务人能够履行却因其主观原因不法地对债权人表示不履行。拒绝履行一般表现为债务人明确表示不履行其债务,但也有以其行为表示不履行的情形。

拒绝履行以履行期限是否届满为标志区分,有广义拒绝履行和狭义拒绝履行。广义拒绝履行既包括履行期限届满之前的拒绝履行,亦包括履行期限届满之后的拒绝履行。狭义的拒绝履行仅仅指履行期限届满之后的拒绝履行。对于广义拒绝履行中在履行期限届满之前拒绝履行的,属于预期违约,该种情形符合《民法典》第563条第1款第2项的规定,当事人可以解除合同。本章第二节对预期违约导致合同解除的情形已作论述,不再赘述。

实务中，拒绝履行原因主要与债务人合同之外的利益相关。如在商品房买卖合同中，当房价大幅上涨时，常有开发商拒绝交房情形；当房价大幅下跌时，常有购房人拒绝付款或要求退房情形。

2.拒绝履行之构成要件

第一，须有合法债务存在。拒绝履行从根本上违反了合同债务，这种债务必须是客观存在的，而且须是合法的。

第二，债务人已向债权人拒绝履行。也就是说，债务人向债权人作出了拒绝履行的意思表示，这种表示可以是明示的，如根本不承认合同的存在，通知债权人将不履行合同等；也可以是默示的，如债务人将应交付给债权人的特定物转移给第三人。债务人因自身过错导致合同对其不利而不能履行的，也应被视为拒绝履行。

第三，拒绝履行行为应是在履行期限届满之后所作。如果债务人在履行期限到来之前作出拒绝履行的意思表示，应视为预期违约。

第四，拒绝履行无正当理由，如果债务人根据同时履行抗辩权，或认为债务尚未到期、合同规定的条件尚未成就、时效已经完成、债务人享有留置权等原因而拒绝履行债务，且这种拒绝履行符合法律规定，那么拒绝履行就是正当的、合法的，将不构成违约。拒绝履行与不完全履行不同，债务人拒绝履行，不仅表现为行为上不能给付，而且不存在给付的意思；不完全履行是指债务人虽已给付，但给付不合乎债的本质要求。

(二) 拒绝履行和迟延履行之区别

首先，拒绝履行当事人一般存在着拒绝履行债务的意思表示，或者虽无明确意思表示，但根据债务人的行为可判断其根本不能履行合同；而在迟延履行的情况下，违约当事人没有明确表示不履行合同。当然迟延履行发生后也可能因债务人明确表示拒绝履行合同而转化为拒绝履行。

其次，在迟延履行的情况下，违约当事人不仅有可能继续履行，而且有时当事人可能会作出一定的履行行为，当然这种履行最终违反了规定的履行期限。

最后，从补救方式来看，二者是有区别的。拒绝履行通常是一种公然违约行为，因此在发生拒绝履行后，债权人应有权行使解除权，并要求债务人承担违约责任。同时债权人也应采取各种措施避免损失的扩大。在迟延履行情况下，如果合同规定的期限并不影响合同目的的实现，且迟延给付并未造成较大的损失，非违约方一般不能解除合同。[1]

(三)拒绝履行与合同解除

拒绝履行是一种毁约行为,这种行为必然使非违约方的合同利益落空,当然成为合同解除的事由之一。

实务中的问题是:债务人拒绝履行,债权人可否不经催告而径直解除合同?从《民法典》第563条第1款第2项及第4项的规定来看,并不要求债权人履行催告义务,只要拒绝履行构成预期违约或致使合同目的不达,守约方可径直解除合同。这种观点在《民法典》中多有规定,如《民法典》第806条规定承包人将建设工程转包、违法分包的,发包人可以解除合同。最高人民法院相关司法解释中也有体现,如原《建设工程司法解释》第8条第1项的规定,承包人明确表示或以行为表明不履行合同主要义务的,发包人可以请求解除合同;又如《国有土地使用权合同司法解释》第6条规定,受让方擅自改变土地使用权出让合同约定的土地用途,出让方请求解除合同的,应予支持。

四、不完全履行与合同解除

(一)不完全履行及具体形态

不完全履行,是指债务人虽然以适当履行的意思表示进行了义务履行,但不符合法律规定或者合同规定。不完全履行分为三种形态:不适当履行;部分履行;加害给付。

1. 不适当履行

不适当履行是指债务人虽然履行了债务,但其履行在质量、地点、方式等方面不符合合同约定,通常称为"瑕疵履行"。不适当履行是当事人已经作出了履行行为,只是履行存在瑕疵,不能产生完全履行的效果。

不适当履行与拒绝履行或不履行的区别,在于前者当事人已经作出了履行行为,不过该履行行为不符合合同约定,违反了合同应当完全履行规则,而后者是未作出履行行为。

实践中,不适当履行形态较多,具体来说:一是质量不符合约定,或债务人提供标的物在品种、规格、型号等方面不符合法律规定或合同约定;或标的物有隐藏缺陷;或提供的服务达不到合同规定的水准。这是不适当履行最典型的形态。《民法

---

[1] 参见王利明:《合同法研究》(第2卷)(修订版),中国人民大学出版社2011年版,第476~477页。

典》第 582 条规定了不适当履行的违约责任方式:"履行不符合约定的,应当按照当事人的约定承担违约责任。对违约责任没有约定或者约定不明确,依据本法第五百一十条的规定仍不能确定的,受损害方根据标的的性质以及损失的大小,可以合理选择请求对方承担修理、重作、更换、退货、减少价款或者报酬等违约责任。"二是履行方式不符合约定,比如,应当一次履行而分期履行,应当以人民币支付而以美元支付。三是包装物不符合规定,比如应采用捆装而采取散装。四是违反附随义务。

不适当履行一般不会导致对方享有法定解除权。比如,最高人民法院在武汉东原毅安房地产开发有限公司与武汉国华礼品发展有限公司合同纠纷案[(2020)最高法民终 1111 号]认为:在土地开发合同中,办理顺位抵押的义务属于合同从义务,不是合同主义务。一方当事人未办理土地顺位抵押,构成对合同从义务的瑕疵履行,不构成根本违约,另一方当事人不能据此取得法定解除权,合同应当继续履行。

但有的不适当履行,如对约定履行地变更可能会导致对方享有解除权。比如,人民法院案例库入库编号为 2023-07-2-137-003 的参考案例曾某诉武汉某健身管理有限公司服务合同纠纷案[(2021)鄂 0104 民初 109 号]一审判决认为:消费者与经营者合同中对履行地有明确约定的,经营者应在约定地点为消费者提供商品或服务。当出现门店撤离或者搬迁时,双方缔约时的环境、地点均发生变化,经营者实际上已无法继续履行服务,且该变化增加了消费者的履约成本,消费者有权拒绝更换合同履行地并有权要求依法解除合同。还有,人民法院案例库入库编号为 2024-07-7-137-001 的向某某诉某公司服务合同纠纷案[(2021)渝 0120 民初 4696 号]也认为:养老服务机构提供养老服务应建立在保护老年人权益的基础上。养老机构未基于老年人身心特点和实际需求履行合同,频繁变更提供养老服务的地点,给老年人生活带来不便的,老年人有权解除合同并要求退还未消费的预付款。

2. 部分履行

债务人应当依约定的数量提供标的物,标的物数量有所缺的,属于部分履行。债务人交付标的物在数量上不符合同约定,有两种情形:一种情形是多交付标的物;另一种情形是少交付标的物。在数量多交付情形下,一般不作违约处理,法律上主要考虑少交付标的物的情形,并将其作为违约行为。

实务中,不适当履行出现最多的是质量不合格,部分履行主要是指数量不足。不适当履行与部分履行的区别为:一是是否运用法律关于担保义务的规定。我国《产品质量法》第 26 条、第 34 条规定生产者、销售者对商品质量负有明示或者默示担保的义务,如果交付有瑕疵的产品,则违反担保义务;而交付数量不足或者多交,则不构成违反担保义务的问题。换言之,我国《产品质量法》在规定产品不合格和具有缺陷的责任时,未将数量不足包含在质量不合格中,由此可见,我国法律是将数量不足和产品不合格严格区分开的。二是补救方式不同。按照《民法典》第577条的规定,交付数量不符合约定的,可以采取补救措施予以补交;补交后构成迟延履行的,应负迟延履行的责任。

3. 加害给付

加害给付是一种特殊的违约形态,表现为债务人不仅实施了不符合债的规定的履行行为,而且此种履行侵害了债权人合同履行利益以外的其他权益。德国学者称之为附带损害,即对履行利益之外其他利益的损害。[1] 比如,债务人交付的牛患有传染病,使得债权人原有的5头牛得病致死。又如,销售者销售的煤气罐不合格,买受人正常使用中发生爆炸,致使买受人损伤。

加害给付的特征是:第一,债务人已有履行行为,但该履行行为不符合合同约定或相关法律规定;第二,加害给付会导致违约行为和侵权行为同时发生,因此加害给付是一种同时侵害债权人相对权(合同债权)和绝对权(财产权)的不法行为;第三,债务人的不适当履行行为造成了债权人合同履行利益以外的利益受到损害。

(二) 不完全履行与合同解除

在不完全履行合同(瑕疵履行)场合中,当事人并不当然具有解除合同的权利,只有具备"致使合同目的不能达到"的条件时,方可行使合同解除权。这与英美法和CISG所奉行的只有根本违约才能解除合同的模式相一致。

五、根本违约与不能实现合同目的

(一) 根本违约及判断标准

所谓根本违约,亦称根本违反契约或称重大的契约违反,该概念着重于对违约程度的描述,在理论上有实际根本违约和逾期根本违约之分。根本违约制度起源于英国普通法,大多数学者承认根本违约制度的作用,并认为这是英国普通法对世界合同法的一个重大贡献。此后根本违约制度为英美法系国家及国际公约、国际或地区统一规则所承继和发展。

按照CISG第25条的界定,根本违约是指一方当事人违反合同结果,如使另一

---

[1] 参见王利明:《合同法研究》(第2卷)(修订版),中国人民大学出版社2011年版,第439页。

方当事人遭受损失,以至于实质上剥夺他(它)基于合同规定有权期待得到的利益,除非违约方没有预见而且一个与违约方同类的理性人处于相同情况下也不会预见到会发生这种结果。CISG 第 49 条第 1 款第 1 项规定,卖方不履行合同或公约中的任何义务,等于根本违反合同时,买方有权解除合同。第 51 条第 2 款规定,买方只有在卖方不按照合同规定交付货物,违反合同时,才有权解除合同。从 CISG 的规定可以看出,其是以根本违约作为判别标准,不论当事人违反何种义务,只要违反义务的程度构成根本违约的,就赋予对方当事人解除权。根本违约本身就是一个难以界定的概念,最终要考察违约的程度、对对方的损害以及合同目的的实现等几个关键因素。根本违约的表现是"合同期待利益落空"。

除 CISG 对根本违约予以规定外,PICC、PECL、DCFR 对根本违约的判断标准各自作出了规定。有学者从这些规定中归纳出它们对根本违约的判断标准主要为:一是损害后果具有严重性,即违约方的违约行为实质地剥夺了非违约方根据合同可能从合同的履行中得到的利益;至于损害是否重大的判断,因无法制定统一的判断标准,只能根据个案予以具体考量。二是违约方补救的可能性,即对于损害后果违约方有补救的可能性的,应当给予违约方合理期限予以补救,但违约方未在合理期限内补救的,表明其弃约而不欲履行合同。三是信赖破坏,是指债务的不履行是故意的或是轻率的,非违约方有理由相信违约方将不会履行将来的债务。[1]

我国原《合同法》第 94 条第 4 项规定,"当事人一方迟延履行债务或者有其他违约行为致使不能实现合同目的"的,可以解除合同。学术界通说认为该规定建立了根本违约制度。如王利明教授认为:"该条款将根本违约作为兜底条款,这实际上是将根本违约作为解除合同的条件。"[2] 又如李永军教授认为:虽然没有明确规定"根本违约"或重大违约等,但却使用了合同目的不能实现,不履行主要义务等措辞,实际上相当于肯定了根本违约。[3]

根本违约制度严格限制了合同解除的条件,为合同严守确定了重要的保障。在某种意义上,根本违约制度成为合同解除的重要判断标准,成为置于合同严守与合同解除制度之间的一根"平衡木"。该制度也为合同解除后的救济提供了合理的标准。该条不仅适用于迟延履行的情况,也适用于其他构成根本违约的各类违约情况。但《民法典》第 563 条仅规定了"违约行为致使不能实现合同目的",而没有

---

[1] 参见李晓钰:《合同解除制度研究》,中国法制出版社 2018 年版,第 101~104 页。
[2] 王利明:《合同法研究》(第 2 卷)(修订版),中国人民大学出版社 2011 年版,第 305 页。
[3] 参见李永军:《合同法》,法律出版社 2004 年版,第 629 页。

对如何判断根本违约作明确规定,这显然过于抽象,还有赖司法解释作细化规定。

(二)根本违约与不能实现合同目的之关联

根本违约的表现是"合同期待利益落空",而原《合同法》第94条第4项"不能实现合同目的"的表述在当时立法过程中亦曾多次表述为:"严重影响订立合同期望的经济利益。"

崔建远教授经考查认为:原《合同法》第94条第4项的表述,是《合同法》立法过程中几经反复,最终才确定下来的。考察期变化过程,有助于理解原《合同法》94条第4项规定的"不能实现合同目的"的含义。由全国人大常委会法工委委托的12个单位草拟的,由梁慧星教授、付静坤教授等专家、学者完成的,于1995年1月提交给全国人大常委会法工委的《中华人民共和国合同法(建议草案)》使用的是"合同目的"的表述(第100条);全国人大常委会法工委于1995年10月16日完成的《中华人民共和国合同法(试拟稿)》则改为"严重影响订立合同所期望的经济利益"(第58条第2款第2项),1996年6月7日完成的《中华人民共和国合同法试拟版》予以承继(第70条第2项);1997年5月14日完成的《中华人民共和国合同法(征求意见稿)》亦然(第66条第2款),1997年9月20日完成的《中华人民共和国合同法(征求意见稿)》则改为"不能实现合同目的"的表述,1998年8月20日完成的提交全国人大常委会审议的《中华人民共和合同法(草案)》又恢复为"严重影响订立合同所期望的经济利益",1998年12月21日完成的提交常委会第三次审议的《中华人民共和国合同法(草案)》再次回到"不能实现合同目的"的表述(第95条第4项)。最终,原《合同法》采取了"不能实现合同目的"的表述。[1]

刘凯湘教授认为:从原《合同法》第94条到现《民法典》第563条尽管采用了"不能实现合同目的"的表述,而没有使用"根本违约"的概念,但理论上认为其实际上是采用了根本违约的观点。然而,即便认同此一见解,也难以得出该条含有的"只能是根本违约才能解除合同"的结论,因为该条所规定的四种法定情形均未使用"给对方造成严重损害"或"致使对方的合同中的预期利益无法实现"的表述,更没有像 CISG 那样要求违约方的主观过错,即"违约方并不预知",亦即超过违约方的合理预期。简言之,域外法包括国际条约与国际惯例中所规定的"根本违约"是有非常严格的构成要件的,而我国原《合同法》第94条和现在《民法典》第563条并没有给出这样的严格条件,相反它是相对宽松的条件要求。如此,将"不能实现合

---

[1] 参见崔建远:《合同法总论》(中卷)(第2版),中国人民大学出版社2016年版,第679页。

同目的"扩展到从给付义务与附随义务当更属得当。并且,从《民法典》第563条第4项规定的"当事人一方迟延履行债务或者有其他违约行为致使不能实现合同目的",此处的"债务"并未像第2、3项那样限于"主要债务",也说明《民法典》仅强调"不能实现合同目的",而并没有规定必须是给对方造成严重损害的违约情形。[1]

笔者认为:《民法典》第563条第1款中不可抗力解除和违约解除明显不同,"合同目的不能实现"实际上对不可抗力解除和违约解除的标准作了统一规范,同时该标准也适用违反从给付义务、附随义务之情形。由此,"根本违约"的表达只能适用于违约解除情形。判断违约行为是否足以导致合同法定解除时,不能简单地由所违反条款的性质推断根本违约,而必须考量这种违约行为是否达到对方合同目的不能实现。换言之,根本违约是从行为的角度考量的,它是性质较为严重的违约行为,而合同目的不能实现,则是从后果的角度考量的,它描述违约行为导致的结果,达到合同目的不能实现的违约行为,可以归结于"根本违约"。

第五节 法定解除的其他情形

一、"法律规定的其他情形"的理解

《民法典》第563条第1款规定"有下列情形之一的,当事人可以解除合同……(五)法律规定的其他情形"。该规定属于法定解除权的"法律规定的其他情形"。

《民法典》第563条第1款第1项至第4项具体列明了法定解除的4种情形,同时在《民法典》合同编所列典型合同及其他特别法中,对法定解除的情形也作出了许多规定,《民法典》第563条第1款对此不能穷尽,故作出了一个"法律规定的其他情形"的规定,该规定为指引性的规定。

实务中,不少人只关注《民法典》第563条第1款第1项至第4项的法定解除情形,往往对《民法典》第563条第1款第5项不太关注,甚至是完全忽视。法院或仲裁机构在裁判合同解除时,在法律适用方面,多援引《民法典》第563条第1款第1项至第4项的具体规定,不注意根据《民法典》第563条第1款第5项的规定援引"法律规定的其他情形"。这些现象都是不妥的,应当纠正。

《民法典》除第563条之外的规定及其他法律对合同解除作出的相关规定,同样属于《民法典》规定的法定解除情形。实际上,《民法典》第563条第1款第1项

---

[1] 参见刘凯湘:《民法典合同解除制度评析与完善建议》,载《清华法学》2020年第3期。

至第 4 项与第 5 项之间是平行关系,在第 1 项至第 4 项中找不到解除依据,而在第 5 项"法律规定的其他情形"中找到解除依据时,应直接引用第 563 条以外的法律规定,比如,建设工程转包的发包人有权解除合同规则在建设工程合同中予以规定,并不在《民法典》合同编通则中规定。除此之外,最高人民法院在相关司法解释中对法定解除权情形亦补充了诸多规定。从司法实务出发,笔者认为,对司法解释中所规定的法定解除情形应当予以足够关注。

"法律规定的其他情形"是否包括任意解除权?笔者认为:应该包括。一是《民法典》第 563 条第 1 款第 1 项至第 4 项规定了一般法定解除权规则,第 563 条第 2 款规定了不定期持续性合同任意解除规则,二者都在一个条文中体现,而第 563 条属于合同编通则分编,统帅各典型合同。二是一般法定解除权和任意解除权都属于法定解除范畴,一般法定解除并非法定称谓,只不过是为了区别任意解除的学理称谓。第 563 条是关于法定解除权的规定,但立法明示部分并未穷尽所有法定解除权的内容,对未明示部分用"法律规定的其他情形"予以指引,故应理解为"法律规定的其他情形的法定解除权"较为妥当。三是全国人大常委会法工委对《民法典》第 563 条第 1 款第 5 项"法律规定的其他情形"的解读中,认为分期付款买卖解除权(第 634 条第 1 款)、定作人任意解除权(第 787 条)、委托人和受托人的任意解除权(第 933 条)都属于"法律规定的其他情形。"[1]

基于上,为了便于读者查阅和了解"法律规定的其他情形"的具体情形,笔者梳理了一般法定解除权和任意解除权,主要有两大类。

一是《民法典》除第 563 条之外的典型合同中的法定解除情形,以及现行民事特别法律规定的法定解除情形。

二是最高人民法院司法解释中对合同解除情形的相关规定。

二、现行法律规定解除之其他情形

1.《民法典》(共有)第 303 条:"共有人约定不得分割共有的不动产或者动产,以维持共有关系的,应当按照约定,但是共有人有重大理由需要分割的,可以请求分割;没有约定或者约定不明确的,按份共有人可以随时请求分割,共同共有人在共有的基础丧失或者有重大理由需要分割时可以请求分割。因分割造成其他共有人损害的,应当给予赔偿。"

---

[1] 参见黄薇主编:《中华人民共和国民法典合同编解读》(上册),中国法制出版社 2020 年版,第 351 页。

2.《民法典》(地役权)第 384 条:"地役权人有下列情形之一的,供役地权利人有权解除地役权合同,地役权消灭:(一)违反法律规定或者合同约定,滥用地役权;(二)有偿利用供役地,约定的付款期限届满后在合理期限内经两次催告未支付费用。"

3.《民法典》(合同的履行)第 528 条:"当事人依据前条规定中止履行的,应当及时通知对方。对方提供适当担保的,应当恢复履行。中止履行后,对方在合理期限内未恢复履行能力且未提供适当担保的,视为以自己的行为表明不履行主要债务,中止履行的一方可以解除合同并可以请求对方承担违约责任。"

说明:第 528 条中"当事人依据前条规定"中的"前条"系指第 527 条,即"应当先履行债务的当事人,有确切证据证明对方有下列情形之一的,可以中止履行:(一)经营状况严重恶化;(二)转移财产、抽逃资金,以逃避债务;(三)丧失商业信誉;(四)有丧失或者可能丧失履行债务能力的其他情形。当事人没有确切证据中止履行的,应当承担违约责任"。

4.《民法典》(合同的履行)第 533 条:"合同成立后,合同的基础条件发生了当事人在订立合同时无法预见的、不属于商业风险的重大变化,继续履行合同对于当事人一方明显不公平的,受不利影响的当事人可以与对方重新协商;在合理期限内协商不成的,当事人可以请求人民法院或者仲裁机构变更或者解除合同。人民法院或者仲裁机构应当结合案件的实际情况,根据公平原则变更或者解除合同。"

说明:合同因情势变更解除不属当事人行使法定解除权所致,而是行使请求权所致(详见本书第五章之论述),故第 533 条不属《民法典》第 563 条第 1 款第 5 项的"法律规定的其他情形"。具列此条是为方便读者系统查阅。

5.《民法典》(买卖合同)第 597 条第 1 款:"因出卖人未取得处分权致使标的物所有权不能转移的,买受人可以解除合同并请求出卖人承担违约责任。"

6.《民法典》(买卖合同)第 610 条:"因标的物不符合质量要求,致使不能实现合同目的的,买受人可以拒绝接受标的物或者解除合同。买受人拒绝接受标的物或者解除合同的,标的物毁损、灭失的风险由出卖人承担。"

7.《民法典》(买卖合同)第 631 条:"因标的物的主物不符合约定而解除合同的,解除合同的效力及于从物。因标的物的从物不符合约定被解除的,解除的效力不及于主物。"

8.《民法典》(买卖合同)第 632 条:"标的物为数物,其中一物不符合约定的,买受人可以就该物解除。但是,该物与他物分离使标的物的价值显受损害的,买受人可以就数物解除合同。"

9.《民法典》(买卖合同)第 633 条:"出卖人分批交付标的物的,出卖人对其中一批标的物不交付或者交付不符合约定,致使该批标的物不能实现合同目的的,买受人可以就该批标的物解除。出卖人不交付其中一批标的物或者交付不符合约定,致使之后其他各批标的物的交付不能实现合同目的的,买受人可以就该批以及之后其他各批标的物解除。买受人如果就其中一批标的物解除,该批标的物与其他各批标的物相互依存的,可以就已经交付和未交付的各批标的物解除。"

10.《民法典》(买卖合同)第 634 条:"分期付款的买受人未支付到期价款的数额达到全部价款的五分之一,经催告后在合理期限内仍未支付到期价款的,出卖人可以请求买受人支付全部价款或者解除合同。出卖人解除合同的,可以向买受人请求支付该标的物的使用费。"

11.《民法典》(借款合同)第 673 条:"借款人未按照约定的借款用途使用借款的,贷款人可以停止发放借款、提前收回借款或者解除合同。"

12.《民法典》(借款合同)第 675 条:"借款人应当按照约定的期限返还借款。对借款期限没有约定或者约定不明确,依据本法第五百一十条的规定仍不能确定的,借款人可以随时返还;贷款人可以催告借款人在合理期限内返还。"

13.《民法典》(租赁合同)第 711 条:"承租人未按照约定的方法或者未根据租赁物的性质使用租赁物,致使租赁物受到损失的,出租人可以解除合同并请求赔偿损失。"

14.《民法典》(租赁合同)第 716 条:"承租人经出租人同意,可以将租赁物转租给第三人。承租人转租的,承租人与出租人之间的租赁合同继续有效;第三人造成租赁物损失的,承租人应当赔偿损失。

承租人未经出租人同意转租的,出租人可以解除合同。"

15.《民法典》(租赁合同)第 722 条:"承租人无正当理由未支付或者迟延支付租金的,出租人可以请求承租人在合理期限内支付;承租人逾期不支付的,出租人可以解除合同。"

16.《民法典》(租赁合同)第 724 条:"有下列情形之一,非因承租人原因致使租赁物无法使用的,承租人可以解除合同:(一)租赁物被司法机关或者行政机关依法查封、扣押;(二)租赁物权属有争议;(三)租赁物具有违反法律、行政法规关于使用条件的强制性规定情形。"

17.《民法典》(租赁合同)第 729 条:"因不可归责于承租人的事由,致使租赁物部分或者全部毁损、灭失的,承租人可以请求减少租金或者不支付租金;因租赁物部分或者全部毁损、灭失,致使不能实现合同目的的,承租人可以解除合同。"

18.《民法典》(租赁合同)第 730 条:"当事人对租赁期限没有约定或者约定不明确,依据本法第五百一十条的规定仍不能确定的,视为不定期租赁;当事人可以随时解除合同,但是应当在合理期限之前通知对方。"

19.《民法典》(租赁合同)第 731 条:"租赁物危及承租人的安全或者健康的,即使承租人订立合同时明知该租赁物质量不合格,承租人仍然可以随时解除合同。"

20.《民法典》(租赁合同)第 734 条:"租赁期限届满,承租人继续使用租赁物,出租人没有提出异议的,原租赁合同继续有效,但是租赁期限为不定期。租赁期限届满,房屋承租人享有以同等条件优先承租的权利。"

21.《民法典》(融资租赁合同)第 752 条:"承租人应当按照约定支付租金。承租人经催告后在合理期限内仍不支付租金的,出租人可以请求支付全部租金;也可以解除合同,收回租赁物。"

22.《民法典》(融资租赁合同)第 753 条:"承租人未经出租人同意,将租赁物转让、抵押、质押、投资入股或者以其他方式处分的,出租人可以解除融资租赁合同。"

23.《民法典》(融资租赁合同)第 754 条:"有下列情形之一的,出租人或者承租人可以解除融资租赁合同:(一)出租人与出卖人订立的买卖合同解除、被确认无效或者被撤销,且未能重新订立买卖合同;(二)租赁物因不可归责于当事人的原因毁损、灭失,且不能修复或者确定替代物;(三)因出卖人的原因致使融资租赁合同的目的不能实现。"

24.《民法典》(融资租赁合同)第 758 条第 1 款:"当事人约定租赁期限届满租赁物归承租人所有,承租人已经支付大部分租金,但是无力支付剩余租金,出租人因此解除合同收回租赁物,收回的租赁物的价值超过承租人欠付的租金以及其他费用的,承租人可以请求相应返还。"

25.《民法典》(承揽合同)第 772 条:"承揽人应当以自己的设备、技术和劳力,完成主要工作,但是当事人另有约定的除外。承揽人将其承揽的主要工作交由第三人完成的,应当就该第三人完成的工作成果向定作人负责;未经定作人同意的,定作人也可以解除合同。"

26.《民法典》(承揽合同)第 778 条:"承揽工作需要定作人协助的,定作人有协助的义务。定作人不履行协助义务致使承揽工作不能完成的,承揽人可以催告定作人在合理期限内履行义务,并可以顺延履行期限;定作人逾期不履行的,承揽人可以解除合同。"

27.《民法典》(承揽合同)第 787 条:"定作人在承揽人完成工作前可以随时解除合同,造成承揽人损失的,应当赔偿损失。"

28.《民法典》(建设工程合同)第 806 条第 1、2 款:"承包人将建设工程转包、违法分包的,发包人可以解除合同。发包人提供的主要建筑材料、建筑构配件和设备不符合强制性标准或者不履行协助义务,致使承包人无法施工,经催告后在合理期限内仍未履行相应义务的,承包人可以解除合同。"

29.《民法典》(货运合同)第 829 条:"在承运人将货物交付收货人之前,托运人可以要求承运人中止运输、返还货物、变更到达地或者将货物交给其他收货人,但是应当赔偿承运人因此受到的损失。"

30.《民法典》(技术合同)第 857 条:"作为技术开发合同标的的技术已经由他人公开,致使技术开发合同的履行没有意义的,当事人可以解除合同。"

31.《民法典》(保管合同)第 899 条:"寄存人可以随时领取保管物。当事人对保管期限没有约定或者约定不明确的,保管人可以随时请求寄存人领取保管物;约定保管期限的,保管人无特别事由,不得请求寄存人提前领取保管物。"

32.《民法典》(仓储合同)第 914 条:"当事人对储存期限没有约定或者约定不明确的,存货人或者仓单持有人可以随时提取仓储物,保管人也可以随时请求存货人或者仓单持有人提取仓储物,但是应当给予必要的准备时间。"

33.《民法典》(委托合同)第 933 条:"委托人或者受托人可以随时解除委托合同。因解除合同造成对方损失的,除不可归责于该当事人的事由外,无偿委托合同的解除方应当赔偿因解除时间不当造成的直接损失,有偿委托合同的解除方应当赔偿对方的直接损失和合同履行后可以获得的利益。"

34.《民法典》(委托合同)第 934 条:"委托人死亡、终止或者受托人死亡、丧失民事行为能力、终止的,委托合同终止;但是,当事人另有约定或者根据委托事务的性质不宜终止的除外。"

35.《民法典》(物业服务合同)第 946 条:"业主依照法定程序共同决定解聘物业服务人的,可以解除物业服务合同。决定解聘的,应当提前六十日书面通知物业服务人,但是合同对通知期限另有约定的除外。依据前款规定解除合同造成物业服务人损失的,除不可归责于业主的事由外,业主应当赔偿损失。"

36.《民法典》(物业服务合同)第 948 条:"物业服务期限届满后,业主没有依法作出续聘或者另聘物业服务人的决定,物业服务人继续提供物业服务的,原物业服务合同继续有效,但是服务期限为不定期。当事人可以随时解除不定期物业服务合同,但是应当提前六十日书面通知对方。"

37.《民法典》(合伙合同)第 976 条:"合伙人对合伙期限没有约定或者约定不明确,依据本法第五百一十条的规定仍不能确定的,视为不定期合伙。合伙期限届满,合伙人继续执行合伙事务,其他合伙人没有提出异议的,原合伙合同继续有效,但是合伙期限为不定期。合伙人可以随时解除不定期合伙合同,但是应当在合理期限之前通知其他合伙人。"

38.《民法典》(肖像权)第1022条:"当事人对肖像许可使用期限没有约定或者约定不明确的,任何一方当事人可以随时解除肖像许可使用合同,但是应当在合理期限之前通知对方。当事人对肖像许可使用期限有明确约定,肖像权人有正当理由的,可以解除肖像许可使用合同,但是应当在合理期限之前通知对方。因解除合同造成对方损失的,除不可归责于肖像权人的事由外,应当赔偿损失。"

39.《保险法》第15条:"除本法另有规定或者保险合同另有约定外,保险合同成立后,投保人可以解除合同,保险人不得解除合同。"

40.《保险法》第16条第2、3、4、5、6、7款:"投保人故意或者因重大过失未履行前款规定的如实告知义务,足以影响保险人决定是否同意承保或者提高保险费率的,保险人有权解除合同。前款规定的合同解除权,自保险人知道有解除事由之日起,超过三十日不行使而消灭。自合同成立之日起超过二年的,保险人不得解除合同;发生保险事故的,保险人应当承担赔偿或者给付保险金的责任。投保人故意不履行如实告知义务的,保险人对于合同解除前发生的保险事故,不承担赔偿或者给付保险金的责任,并不退还保险费。投保人因重大过失未履行如实告知义务,对保险事故的发生有严重影响的,保险人对于合同解除前发生的保险事故,不承担赔偿或者给付保险金的责任,但应当退还保险费。保险人在合同订立时已经知道投保人未如实告知的情况的,保险人不得解除合同;发生保险事故的,保险人应当承担赔偿或者给付保险金的责任。保险事故是指保险合同约定的保险责任范围内的事故。"

41.《保险法》第27条第1、2款:"未发生保险事故,被保险人或者受益人谎称发生了保险事故,向保险人提出赔偿或者给付保险金请求的,保险人有权解除合同,并不退还保险费。投保人、被保险人故意制造保险事故的,保险人有权解除合同,不承担赔偿或者给付保险金的责任;除本法第四十三条规定外,不退还保险费。"

42.《保险法》第37条第1款:"合同效力依照本法第三十六条规定中止的,经保险人与投保人协商并达成协议,在投保人补交保险费后,合同效力恢复。但是,自合同效力中止之日起满二年双方未达成协议的,保险人有权解除合同。"

43.《保险法》第49条第3款第1句:"因保险标的转让导致危险程度显著增加的,保险人自收到前款规定的通知之日起三十日内,可以按照合同约定增加保险费或者解除合同。"

44.《保险法》第51条第3款:"投保人、被保险人未按照约定履行其对保险标的的安全应尽责任的,保险人有权要求增加保险费或者解除合同。"

45.《拍卖法》第43条:"拍卖人认为需要对拍卖标的进行鉴定的,可以进行鉴定。鉴定结论与委托拍卖合同载明的拍卖标的状况不相符的,拍卖人有权要求变更或者解除合同。"

46.《消费者权益保护法》第25条:"经营者采用网络、电视、电话、邮购等方式销售商品,消费者有权自收到商品之日起七日内退货,且无需说明理由,但下列商品除外:(一)消费者定作的;(二)鲜活易腐的;(三)在线下载或者消费者拆封的音像制品、计算机软件等数字化商品;(四)交付的报纸、期刊。除前款所列商品外,其他根据商品性质并经消费者在购买时确认不宜退货的商品,不适用无理由退货。消费者退货的商品应当完好。经营者应当自收到退回商品之日起七日内返还消费者支付的商品价款。退回商品的运费由消费者承担;经营者和消费者另有约定的,按照约定。"

47.《旅游法》第63条:"旅行社招徕旅游者组团旅游,因未达到约定人数不能出团的,组团社可以解除合同。但是,境内旅游应当至少提前七日通知旅游者,出境旅游应当至少提前三十日通知旅游者。因未达到约定人数不能出团的,组团社经征得旅游者书面同意,可以委托其他旅行社履行合同。组团社对旅游者承担责任,受委托的旅行社对组团社承担责任。旅游者不同意的,可以解除合同。因未达到约定的成团人数解除合同的,组团社应当向旅游者退还已收取的全部费用。"

48.《旅游法》第65条:"旅游行程结束前,旅游者解除合同的,组团社应当在扣除必要的费用后,将余款退还旅游者。"

49.《旅游法》第66条:"旅游者有下列情形之一的,旅行社可以解除合同:(一)患有传染病等疾病,可能危害其他旅游者健康和安全的;(二)携带危害公共安全的物品且不同意交有关部门处理的;(三)从事违法或者违反社会公德的活动的;(四)从事严重影响其他旅游者权益的活动,且不听劝阻、不能制止的;(五)法律规定的其他情形。因前款规定情形解除合同的,组团社应当在扣除必要的费用后,将余款退还旅游者;给旅行社造成损失的,旅游者应当依法承担赔偿责任。"

50.《旅游法》第67条:"因不可抗力或者旅行社、履行辅助人已尽合理注意义务仍不能避免的事件,影响旅游行程的,按照下列情形处理:(一)合同不能继续履行的,旅行社和旅游者均可以解除合同。合同不能完全履行的,旅行社经向旅游者作出说明,可以在合理范围内变更合同;旅游者不同意变更的,可以解除合同。

(二)合同解除的,组团社应当在扣除已向地接社或者履行辅助人支付且不可退还的费用后,将余款退还旅游者;合同变更的,因此增加的费用由旅游者承担,减少的费用退还旅游者。(三)危及旅游者人身、财产安全的,旅行社应当采取相应的安全措施,因此支出的费用,由旅行社与旅游者分担。(四)造成旅游者滞留的,旅行社应当采取相应的安置措施。因此增加的食宿费用,由旅游者承担;增加的返程费用,由旅行社与旅游者分担。"

51.《城市房地产管理法》第16条:"土地使用者必须按照出让合同约定,支付土地使用权出让金;未按照出让合同约定支付土地使用权出让金的,土地管理部门有权解除合同,并可以请求违约赔偿。"

52.《城市房地产管理法》第17条:"土地使用者按照出让合同约定支付土地使用权出让金的,市、县人民政府土地管理部门必须按照出让合同约定,提供出让的土地;未按照出让合同约定提供出让的土地的,土地使用者有权解除合同,由土地管理部门返还土地使用权出让金,土地使用者并可以请求违约赔偿。"

53.《农村土地承包法》第42条:"承包方不得单方解除土地经营权流转合同,但受让方有下列情形之一的除外:(一)擅自改变土地的农业用途;(二)弃耕抛荒连续两年以上;(三)给土地造成严重损害或者严重破坏土地生态环境;(四)其他严重违约行为。"

54.《企业破产法》第18条:"人民法院受理破产申请后,管理人对破产申请受理前成立而债务人和对方当事人均未履行完毕的合同有权决定解除或者继续履行,并通知对方当事人。管理人自破产申请受理之日起二个月内未通知对方当事人,或者自收到对方当事人催告之日起三十日内未答复的,视为解除合同。管理人决定继续履行合同的,对方当事人应当履行;但是,对方当事人有权要求管理人提供担保。管理人不提供担保的,视为解除合同。"

55.《信托法》第50条:"委托人是唯一受益人的,委托人或其继承人可以解除信托。信托文件另有规定的,从其规定。"

56.《信托法》第51条:"设立信托后,有下列情形之一的,委托人可以变更受益人或者处分受益人的信托受益权:(一)受益人对委托人有重大侵权行为;(二)受益人对其他共同受益人有重大侵权行为;(三)经受益人同意;(四)信托文件规定的其他情形。有前款第(一)项、第(三)项、第(四)项所列情形之一的,委托人可以解除信托。"

57.《海商法》第97条第1款规定:"出租人在约定的期限内未能提供船舶的,承租人有权解除合同。但是,出租人将船舶延误情况和船舶预期抵达装货港的日期通知承租人的,承租人应当自收到通知时起四十八小时内,将是否解除合同的决定通知出租人。"

三、司法解释中涉合同解除之规定

1.《企业改制司法解释》

第20条:"企业出售合同约定的履行期限届满,一方当事人拒不履行合同,或者未完全履行合同义务,致使合同目的不能实现,对方当事人要求解除合同并要求赔偿损失的,人民法院应当予以支持。"

2.《商品房买卖合同解释》

第9条:"因房屋主体结构质量不合格不能交付使用,或者房屋交付使用后,房屋主体结构质量经核验确属不合格,买受人请求解除合同和赔偿损失的,应予支持。"

第10条:"因房屋质量问题严重影响正常居住使用,买受人请求解除合同和赔偿损失的,应予支持。交付使用的房屋存在质量问题,在保修期内,出卖人应当承担修复责任;出卖人拒绝修复或者在合理期限内拖延修复的,买受人可以自行或者委托他人修复。修复费用及修复期间造成的其他损失由出卖人承担。"

第11条:"根据民法典第五百六十三条的规定,出卖人迟延交付房屋或者买受人迟延支付购房款,经催告后在三个月的合理期限内仍未履行,解除权人请求解除合同的,应予支持,但当事人另有约定的除外。法律没有规定或者当事人没有约定,经对方当事人催告后,解除权行使的合理期限为三个月。对方当事人没有催告的,解除权人自知道或者应当知道解除事由之日起一年内行使。逾期不行使的,解除权消灭。"

第15条:"商品房买卖合同约定或者《城市房地产开发经营管理条例》第三十三条规定的办理不动产登记的期限届满后超过一年,由于出卖人的原因,导致买受人无法办理不动产登记,买受人请求解除合同和赔偿损失的,应予支持。"

第19条:"商品房买卖合同约定,买受人以担保贷款方式付款、因当事人一方原因未能订立商品房担保贷款合同并导致商品房买卖合同不能继续履行的,对方当事人可以请求解除合同和赔偿损失。因不可归责于当事人双方的事由未能订立商品房担保贷款合同并导致商品房买卖合同不能继续履行的,当事人可以请求解除合同,出卖人应当将收受的购房款本金及其利息或者定金返还买受人。"

第20条:"因商品房买卖合同被确认无效或者被撤销、解除,致使商品房担保贷款合同的目的无法实现,当事人请求解除商品房担保贷款合同的,应予支持。"

3.《审理期货纠纷若干规定》

第44条:"在交割日,卖方期货公司未向期货交易所交付标准仓单,或者买方期货公司未向期货交易所账户交付足额货款,构成交割违约。构成交割违约的,违约方应当承担违约责任;具有民法典第五百六十三条第一款第四项规定情形的,对方有权要求终止交割或者要求违约方继续交割。征购或者竞卖失败的,应当由违约方按照交易所有关赔偿办法的规定承担赔偿责任。"

4.《技术合同纠纷解释》

第15条:"技术合同当事人一方迟延履行主要债务,经催告后在30日内仍未履行,另一方依据民法典第五百六十三条第一款第(三)项的规定主张解除合同的,人民法院应当予以支持。当事人在催告通知中附有履行期限且该期限超过30日的,人民法院应当认定该履行期限为民法典第五百六十三条第三款第(三)项规定的合理期限。"

第23条:"专利申请权转让合同当事人以专利申请被驳回或者被视为撤回为由请求解除合同,该事实发生在依照专利法第十条第三款的规定办理专利申请权转让登记之前的,人民法院应当予以支持;发生在转让登记之后的,不予支持,但当事人另有约定的除外。专利申请因专利申请权转让合同成立时即存在尚未公开的同样发明创造的在先专利申请被驳回,当事人依据民法典第五百六十三条第一款第(四)项的规定请求解除合同的,人民法院应当予以支持。"

5.《国有土地使用权合同解释》

第3条:"经市、县人民政府批准同意以协议方式出让的土地使用权,土地使用权出让金低于订立合同时当地政府按照国家规定确定的最低价的,应当认定土地使用权出让合同约定的价格条款无效。当事人请求按照合同订立时的市场评估价格交纳土地使用权出让金的,应予支持;受让方不同意按照市场评估价格补足,请求解除合同的,应予支持,因此造成的损失,由当事人按照过错承担责任。"

第4条:"土地使用权出让合同的出让方因未办理土地使用权出让批准手续而不能交付土地,受让方请求解除合同的,应予支持。"

第6条:"受让方擅自改变土地使用权出让合同约定的土地用途,出让方请求解除合同的,应予支持。"

第9条:"土地使用权人作为转让方就同一出让土地使用权订立数个转让合同,在转让合同有效的情况下,受让方均要求履行合同的,按照下列情形分别处理:(一)已经办理土地使用权变更登记手续的受让方,请求转让方履行交付土地等合同义务的,应予支持;(二)均未办理土地使用权变更登记手续,已先行合法占有投资开发土地的受让方请求转让方履行土地使用权变更登记等合同义务的,应予支持;(三)均未办理土地使用权变更登记手续,又未合法占有投资开发土地,先行支付土地转让款的受让方请求转让方履行交付土地和办理土地使用权变更登记等合同义务的,应予支持;(四)合同均未履行,依法成立在先的合同受让方请求履行合同的,应予支持。未能取得土地使用权的受让方请求解除合同、赔偿损失的,依照民法典的有关规定处理。"

6.《农村土地承包纠纷解释》

第16条:"当事人对出租土地流转期限没有约定或者约定不明的,参照民法典第七百三十条规定处理。除当事人另有约定或者属于林地承包经营外,承包地交回的时间应当在农作物收获期结束后或者下一耕种期开始前。对提高土地生产能力的投入,对方当事人请求承包方给予相应补偿的,应予支持。"

7.《审理海上保险纠纷若干规定》

第4条:"保险人知道被保险人未如实告知海商法第二百二十二条第一款规定的重要情况,仍收取保险费或者支付保险赔偿,保险人又以被保险人未如实告知重要情况为由请求解除合同的,人民法院不予支持。"

第5条:"被保险人未按照海商法第二百三十四条的规定向保险人支付约定的保险费的,保险责任开始前,保险人有权解除保险合同,但保险人已经签发保险单证的除外;保险责任开始后,保险人以被保险人未支付保险费请求解除合同的,人民法院不予支持。"

第6条:"保险人以被保险人违反合同约定的保证条款未立即书面通知保险人为由,要求从违反保证条款之日起解除保险合同的,人民法院应予支持。"

第7条:"保险人收到被保险人违反合同约定的保证条款书面通知后仍支付保险赔偿,又以被保险人违反合同约定的保证条款为由请求解除合同的,人民法院不予支持。"

第8条:"保险人收到被保险人违反合同约定的保证条款的书面通知后,就修改承保条件、增加保险费等事项与被保险人协商未能达成一致的,保险合同于违反保证条款之日解除。"

第9条:"在航次之中发生船舶转让的,未经保险人同意转让的船舶保险合同至航次终了时解除。船舶转让时起至航次终了时止的船舶保险合同的权利、义务由船舶出让人享有、承担,也可以由船舶受让人继受。船舶受让人根据前款规定向保险人请求赔偿时,应当提交有效的保险单证及船舶转让合同的证明。"

8.《城镇房屋租赁合同解释》

第5条:"出租人就同一房屋订立数份租赁合同,在合同均有效的情况下,承租人均主张履行合同的,人民法院按照下列顺序确定履行合同的承租人:(一)已经合法占有租赁房屋的;(二)已经办理登记备案手续的;(三)合同成立在先的。不能取得租赁房屋的承租人请求解除合同、赔偿损失的,依照民法典的有关规定处理。"

第6条:"承租人擅自变动房屋建筑主体和承重结构或者扩建,在出租人要求的合理期限内仍不予恢复原状,出租人请求解除合同并要求赔偿损失的,人民法院依照民法典第七百一十一条的规定处理。"

9.《审理外商投资企业纠纷规定(一)》

第5条:"外商投资企业股权转让合同成立后,转让方和外商投资企业不履行报批义务,经受让方催告后在合理的期限内仍未履行,受让方请求解除合同并由转让方返还其已支付的转让款、赔偿因未履行报批义务而造成的实际损失的,人民法院应予支持。"

第6条:"外商投资企业股权转让合同成立后,转让方和外商投资企业不履行报批义务,受让方以转让方为被告、以外商投资企业为第三人提起诉讼,请求转让方与外商投资企业在一定期限内共同履行报批义务的,人民法院应予支持。受让方同时请求在转让方和外商投资企业于生效判决确定的期限内不履行报批义务时自行报批的,人民法院应予支持。转让方和外商投资企业拒不根据人民法院生效判决确定的期限履行报批义务,受让方另行起诉,请求解除合同并赔偿损失的,人民法院应予支持。赔偿损失的范围可以包括股权的差价损失、股权收益及其他合理损失。"

第8条:"外商投资企业股权转让合同约定受让方支付转让款后转让方才办理报批手续,受让方未支付股权转让款,经转让方催告后在合理的期限内仍未履行,转让方请求解除合同并赔偿因迟延履行而造成的实际损失的,人民法院应予支持。"

第16条:"外商投资企业名义股东不履行与实际投资者之间的合同,致使实际投资者不能实现合同目的,实际投资者请求解除合同并由外商投资企业名义股东承担违约责任的,人民法院应予支持。"

10.《旅游纠纷解释》

第10条第1款:"旅游经营者将旅游业务转让给其他旅游经营者,旅游者不同意转让,请求解除旅游合同、追究旅游经营者违约责任的,人民法院应予支持。"

第12条:"旅游行程开始前或者进行中,因旅游者单方解除合同,旅游者请求旅游经营者退还尚未实际发生的费用,或者旅游经营者请求旅游者支付合理费用的,人民法院应予支持。"

11.《买卖合同解释》

第 19 条:"出卖人没有履行或者不当履行从给付义务,致使买受人不能实现合同目的,买受人主张解除合同的,人民法院应当根据民法典第五百六十三条第一款第四项的规定,予以支持。"

12.《破产法解释(二)》

第 34 条:"买卖合同双方当事人在合同中约定标的物所有权保留,在标的物所有权未依法转移给买受人前,一方当事人破产的,该买卖合同属于双方均未履行完毕的合同,管理人有权依据企业破产法第十八条的规定决定解除或者继续履行合同。"

13.《保险法解释(二)》

第 6 条:"投保人的告知义务限于保险人询问的范围和内容。当事人对询问范围及内容有争议的,保险人负举证责任。保险人以投保人违反了对投保单询问表中所列概括性条款的如实告知义务为由请求解除合同的,人民法院不予支持。但该概括性条款有具体内容的除外。"

第 7 条:"保险人在保险合同成立后知道或者应当知道投保人未履行如实告知义务,仍然收取保险费,又依照保险法第十六条第二款的规定主张解除合同的,人民法院不予支持。"

14.《保险法解释(三)》

第 2 条:"被保险人以书面形式通知保险人和投保人撤销其依据保险法第三十四条第一款规定所作出的同意意思表示的,可认定为保险合同解除。"

第 5 条:"保险合同订立时,被保险人根据保险人的要求在指定医疗服务机构进行体检,当事人主张投保人如实告知义务免除的,人民法院不予支持。保险人知道被保险人的体检结果,仍以投保人未就相关情况履行如实告知义务为由要求解除合同的,人民法院不予支持。"

15.《融资租赁合同解释》

第 4 条:"出租人转让其在融资租赁合同项下的部分或者全部权利,受让方以此为由请求解除或者变更融资租赁合同的,人民法院不予支持。"

第 5 条:"有下列情形之一,出租人请求解除融资租赁合同的,人民法院应予支持:(一)承租人未按照合同约定的期限和数额支付租金,符合合同约定的解除条件,经出租人催告后在合理期限内仍不支付的;(二)合同对于欠付租金解除合同的情形没有明确约定,但承租人欠付租金达到两期以上,或者数额达到全部租金百分之十五以上,经出租人催告后在合理期限内仍不支付的;(三)承租人违反合同约定,致使合同目的不能实现的其他情形。"

第 6 条:"因出租人的原因致使承租人无法占有、使用租赁物,承租人请求解除融资租赁合同的,人民法院应予支持。"

第 10 条:"出租人既请求承租人支付合同约定的全部未付租金又请求解除融资租赁合同的,人民法院应告知其依照民法典第七百五十二条的规定作出选择。出租人请求承租人支付合同约定的全部未付租金,人民法院判决后承租人未予履行,出租人再行起诉请求解除融资租赁合同、收回租赁物的,人民法院应予受理。"

16.《矿业权纠纷解释》

第 4 条:"出让人未按照出让合同的约定移交勘查作业区或者矿区、颁发矿产资源勘查许可证或者采矿许可证,受让人请求解除出让合同的,人民法院应予支持。受让人勘查开采矿产资源未达到自然资源主管部门批准的矿山地质环境保护与土地复垦方案要求,在自然资源主管部门规定的期限内拒不改正,或者因违反法律法规被吊销矿产资源勘查许可证、采矿许可证,或者未按照出让合同的约定支付矿业权出让价款,出让人解除出让合同的,人民法院应予支持。"

第 8 条:"矿业权转让合同依法成立后,转让人无正当理由拒不履行报批义务,受让人请求解除合同、返还已付转让款及利息,并由转让人承担违约责任的,人民法院应予支持。"

第 11 条:"矿业权转让合同依法成立后、自然资源主管部门批准前,矿业权人又将矿业权转让给第三人并经自然资源主管部门批准、登记,受让人请求解除转让合同、返还已付转让款及利息,并由矿业权人承担违约责任的,人民法院应予支持。"

17.《行政协议解释》

第 16 条第 1 款:"在履行行政协议过程中,可能出现严重损害国家利益、社会公共利益的情形,被告作出变更、解除协议的行政行为后,原告请求撤销该行为,人民法院经审理认为该行为合法的,判决驳回原告诉讼请求;给原告造成损失的,判决被告予以补偿。"

第 17 条:"原告请求解除行政协议,人民法院认为符合约定或者法定解除情形且不损害国家利益、社会公共利益和他人合法权益的,可以判决解除该协议。"

18.《民法典合同编通则解释》

第 12 条:"合同依法成立后,负有报批义务的当事人不履行报批义务或者履行报批义务不符合合同的约定或者法律、行政法规的规定,对方请求其继续履行报批义务的,人民法院应予支持;对方主张解除合同并请求其承担违反报批义务的赔偿责任的,人民法院应予支持。人民法院判决当事人一方履行报批义务后,其仍不履行,对方主张解除合同并参照违反合同的违约责任请求其承担赔偿责任的,人民法院应予支持。合同获得批准前,当事人一方起诉请求对方履行合同约定的主要义务,经释明后拒绝变更诉讼请求的,人民法院应当判决驳回其诉讼请求,但是不影响其另行提起诉讼。负有报批义务的当事人已经办理申请批准等手续或者已经履行生效判决确定的报批义务,批准机关决定不予批准,对方请求其承担赔偿责任的,人民法院不予支持。但是,因迟延履行报批义务等可归责于当事人的原因导致合同未获批准,对方请求赔偿因此受到的损失的,人民法院应当依据民法典第一百五十七条的规定处理。"

第19条:"以转让或者设定财产权利为目的订立的合同,当事人或者真正权利人仅以让与人在订立合同时对标的物没有所有权或者处分权为由主张合同无效的,人民法院不予支持;因未取得真正权利人事后同意或者让与人事后未取得处分权导致合同不能履行,受让人主张解除合同并请求让与人承担违反合同的赔偿责任的,人民法院依法予以支持。前款规定的合同被认定有效,且让与人已经将财产交付或者移转登记至受让人,真正权利人请求认定财产权利未发生变动或者请求返还财产的,人民法院应予支持。但是,受让人依据民法典第三百一十一条等规定善意取得财产权利的除外。"

第26条:"当事人一方未根据法律规定或者合同约定履行开具发票、提供证明文件等非主要债务,对方请求继续履行该债务并赔偿因怠于履行该债务造成的损失的,人民法院依法予以支持;对方请求解除合同的,人民法院不予支持,但是不履行该债务致使不能实现合同目的或者当事人另有约定的除外。"

第29条:"民法典第五百二十二条第二款规定的第三人请求债务人向自己履行债务的,人民法院应予支持;请求行使撤销权、解除权等民事权利的,人民法院不予支持,但是法律另有规定的除外。合同依法被撤销或者被解除,债务人请求债权人返还财产的,人民法院应予支持。债务人按照约定向第三人履行债务,第三人拒绝受领,债权人请求债务人向自己履行债务的,人民法院应予支持,但是债务人已经采取提存等方式消灭债务的除外。第三人拒绝受领或者受领迟延,债务人请求债权人赔偿因此造成的损失的,人民法院依法予以支持。"

第32条:"合同成立后,因政策调整或者市场供求关系异常变动等原因导致价格发生当事人在订立合同时无法预见的、不属于商业风险的涨跌,继续履行合同对于当事人一方明显不公平的,人民法院应当认定合同的基础条件发生了民法典第五百三十三条第一款规定的'重大变化'。但是,合同涉及市场属性活跃、长期以来价格波动较大的大宗商品以及股票、期货等风险投资型金融产品的除外。合同的基础条件发生了民法典第五百三十三条第一款规定的重大变化,当事人请求变更合同的,人民法院不得解除合同;当事人一方请求变更合同,对方请求解除合同的,或者当事人一方请求解除合同,对方请求变更合同的,人民法院应当结合案件的实际情况,根据公平原则判决变更或者解除合同。人民法院依据民法典第五百三十三条的规定判决变更或者解除合同的,应当综合考虑合同基础条件发生重大变化的时间、当事人重新协商的情况以及因合同变更或者解除给当事人造成的损失等因素,在判项中明确合同变更或者解除的时间。当事人事先约定排除民法典第五百三十三条适用的,人民法院应当认定该约定无效。"

第 52 条:"当事人就解除合同协商一致时未对合同解除后的违约责任、结算和清理等问题作出处理,一方主张合同已经解除的,人民法院应予支持。但是,当事人另有约定的除外。有下列情形之一的,除当事人一方另有意思表示外,人民法院可以认定合同解除:(一)当事人一方主张行使法律规定或者合同约定的解除权,经审理认为不符合解除权行使条件但是对方同意解除;(二)双方当事人均不符合解除权行使的条件但是均主张解除合同。前两款情形下的违约责任、结算和清理等问题,人民法院应当依据民法典第五百六十六条、第五百六十七条和有关违约责任的规定处理。"

第 53 条:"当事人一方以通知方式解除合同,并以对方未在约定的异议期限或者其他合理期限内提出异议为由主张合同已经解除的,人民法院应当对其是否享有法律规定或者合同约定的解除权进行审查。经审查,享有解除权的,合同自通知到达对方时解除;不享有解除权的,不发生合同解除的效力。"

第 54 条:"当事人一方未通知对方,直接以提起诉讼的方式主张解除合同,撤诉后再次起诉主张解除合同,人民法院经审理支持该主张的,合同自再次起诉的起诉状副本送达对方时解除。但是,当事人一方撤诉后又通知对方解除合同且该通知已经到达对方的除外。"

第六节　合同目的及不能实现之认定

虽然《民法典》第 470 条关于合同一般条款的规定中并没有提到要将合同目的

载入合同条款,但是《民法典》多次出现"合同目的"这一概念。例如,《民法典》第509条中的"当事人应当遵循诚信原则,根据合同的性质、目的和交易习惯履行通知、协助、保密等义务";第511条中的"(一)质量要求不明确的,按照强制性国家标准履行;没有强制性国家标准的,按照推荐性国家标准履行;没有推荐性国家标准的,按照行业标准履行;没有国家标准、行业标准的,按照通常标准或者符合合同目的的特定标准履行……(五)履行方式不明确的,按照有利于实现合同目的的方式履行";第563条第1款中的"(一)因不可抗力致使不能实现合同目的……(四)当事人一方迟延履行债务或者有其他违约行为致使不能实现合同目的";第580条第2款中的"有前款规定的除外情形之一,致使不能实现合同目的的,人民法院或者仲裁机构可以根据当事人的请求终止合同权利义务关系,但是不影响违约责任的承担"。除此之外,根据《民法典》第142条和第466条规定,当事人对合同条款发生争议时,可用合同目的解释争议条款真实意思表示。

从《民法典》提到"合同目的"的多处条文可知,它对如何评判合同漏洞、合同条款解释、当事人是否恰当履行合同义务等都具有举足轻重的作用。就合同解除而言,合同目的能否实现与当事人是否享有合同解除权、能否行使合同解除权等息息相关。简言之,不能识别合同目的,便不能判断合同目的能否实现,进而无从谈论合同能否解除问题。

合同目的是整个合同的灵魂,也是合同解除的重点。原《合同法》和现《民法典》对合同目的均未予明确的规定,使得合同目的成了一个抽象概括性的概念,导致实务中如何认定合同目的成为棘手问题,所以非常有必要对合同目的进行探讨。

一、合同目的及特征

(一)合同目的之内涵

合同目的,又称"缔约目的",是指当事人订立合同时所欲达到的目标和效果,该目的根据合同类型体现在合同中为当事人明知或者应知。合同目的可以是物质利益,也可以是非物质利益。比如,向他人购买并委托他人向未婚妻送鲜花,合同目的就是追求精神利益。

识别当事人缔约目的须考量合同性质和合同类型。有些合同当事人的缔约目的是共同的,如合伙协议,缔约人的目的是共同完成合伙事务;又如公司设立协议,设立人的目的是共同对目标公司进行投资及管理。但大多数合同中当事人缔约目的是不同的,如房屋租赁合同中,出租人的合同目的是获取租金,出租人的合同目的是获得房屋使用权;又如房屋买卖合同中,出卖人的合同目的是获得房价款,而买受人的合同目的是获得房屋所有权。

(二)合同目的之特征

1.合同目的具有一定的抽象性。合同目的不同于合同标的。合同标的是合同权利义务所指向的具体对象,合同目的是合同双方通过合同的订立和履行所要达到的最终目标。合同标的是合同成立要件之一,应当是具体明确的,可以是特定物,也可以是行为,无论是什么都须明确,否则,合同不成立,债务人也无法履行。合同目的是抽象概括的,不是具体的物和行为,而是物和行为背后所隐含的合同当事人的目标。合同目的可以由合同具体进行规定,也可以根据合同标的结合其他情况进行推定。

2.合同目的具有确定性。一般情况下,在订立合同时,当事人的合同目的应该是确定的。从严格意义而言,任何人的行为都是有目的的。缔约行为也属于人的行为,而且是比较正式的行为,所以更应该具有一定的具体目的。因此,对于特定的合同当事人,其合同目的是确定的。在实务中,有些合同在具体条款前面有"鉴于""为了"之类的陈述部分,该部分说明为何要订立该合同,多能体现缔约目的。

3.合同目的具有多样性。同一合同标的,可能对于不同的合同当事人,其目的也不尽相同。每一种合同标的的用途是多方面的,某些合同当事人可能用到其中的某些方面,其他人可能用到另一些方面。因此,即使合同标的相同,其目的也可能大相径庭。如买卖鸡蛋,该鸡蛋可以用于孵小鸡,也可以食用,还可以用于杂技表演。这些情形中,合同标的同样为鸡蛋,但合同目的多种多样。

4.合同目的可明示亦可默示。有些合同对合同目的进行明确,其合同目的是明示的。有些不明确,但当事人根据交易的习惯和商业惯例可以推定,其合同目的是默示的。

二、一般目的和特殊目的

(一)一般目的

一般目的是通过签订和履行某一类合同所要达到的基本的、共通性的目的和结果,可以为大众普通认知标准判断,又称客观目的。合同一般目的因合同的性质、类型而不同,在同一合同中双方当事人的合同目的也不相同。但对于同一类型的合同而言,同一身份的当事人的合同一般目的却是相同的。如承揽合同中定作人的合同目的是要获得约定的工作成果,承揽人的合同目的是要获得合同价款。所以,合同一般目的是特定类型合同所固有并意欲实现的一般交易目标,任何一个正常的交易人依据交易惯例即可以事先得以预判。因此合同一般目的无须特别声明即视为当事人双方在订立合同时均已知悉。

对于典型合同的一般目的,缔约人的合同目的完全可以通过立法中对该典型合同的概念的描述来确定。对于非典型合同的一般目的,当事人的合同目的应予具体分析,因为可能存在多个目的。在合同联立场合,当事人的合同目的要根据各个联立的合同进行独立地判断。

以交易惯例判断一般目的,最典型的是古玩交易。古玩领域几百年形成的交易惯例是,卖家贱卖也不得反悔索回,买家买到赝品不退,除非卖家特别作出包真承诺。古玩行有"玩的就是眼力"的俗语,故在古玩交易中,卖家的合同目的是售价款,买家的合同目的是古玩所有权,而古玩的真伪和品质不在合同目的之列。还有降价处理的买卖,根据交易惯例,除非特别承诺,买家购买该类商品的合同目的也不包括品质。

(二) 特殊目的

特殊目的是在一般交易目的之外当事人所欲实现的特殊的交易目的,当事人根据合同类型和交易惯例无法直接预判而得知,又称主观目的。因特殊目的具有主观性、内在性,不为外界感知,故当事人在订立或履行合同时,应将其特殊交易目的向对方明示才能产生相应的约束力,否则,不得以特殊交易目的落空为由主张解除合同。

比如,甲为其母亲80岁生日订制蛋糕,要求蛋糕店在其母亲生日当日晚宴前送到,甲购买蛋糕通过寿宴表达对其母亲的孝敬之情是这宗买卖的特殊目的。后蛋糕店迟延至寿宴完毕客人离开后才送到,若为一般买卖,迟延几个小时属于轻微违约,不存在合同目的不达问题,但于甲而言,其特殊目的落空,故其有权解除合同。

三、合同目的和合同动机

合同目的与合同动机有所不同。合同动机是指驱使行为人实施订立合同行为以达到合同目的的内心起因。在每一种类型的合同中,一般目的是相同的,但缔约动机不一定相同,比如房屋买卖,有的买家动机是为了居住,有的动机是为了倒手转卖,还有的动机是出租。因动机因人而异,藏于当事人的内心,对其证明困难,所以,法律对于缔约动机一般不予评价,不对缔约动机赋予相应的法律后果。

缔约动机并不当然构成合同目的,就合同解除而言,《民法典》第563条第1款第4项中的"合同目的"并不包括合同动机,只有客观化的缔约动机才可视为缔约目的。崔建远教授归纳其判断标准为:(1)当事人明确地将其订立合同的动机告知了对方当事人,并且作为成交的基础,或者作为合同条件;(2)虽然当事人在订立合同时没有明确告知,合同也没有将该动机条款化,但有充分确凿证据证明该动机是该合同(交易)成立的基础。[1]

实务中,盈利一般是合同动机而非合同目的,对于合同目的是否实现,不能以当事人是否盈利来判断。为了说明区别合同动机和合同目的重要性,笔者以曾承办的案例来说明。

甲乙同为 A 公司股东,2018 年 6 月 25 日双方签订股权转让合同,约定甲将所持 A 公司 25% 股权转让给乙,股权转让价款为 6000 万元,先付 600 万元定金,1 月内再付 2400 万元,办理股权变更登记,余款在 1 年内付清。合同签订后乙付了 600 万元定金,后乙因资金困难再未付款。2018 年 9 月 1 日甲催告乙付款,乙未理睬。2021 年 5 月乙以 A 公司严重亏损其无分红致使合同目的不达为由起诉请求解除合同,要求返还定金及利息。一审判决认为,甲乙在签订股权转让协议时,并未清理公司债权债务及盈亏,同时协议中甲并未保证乙受让股权后能够获得股权分红,故分红仅为缔约动机而非合同目的,乙的缔约目的是获得股权,但乙违约未履行在先的付款义务致使股权变更条件未成就,乙不享有解除权,故驳回乙的诉讼请求。后乙上诉,二审维持原判。

四、合同目的与合同其他条款

合同目的反映的是当事人对订立合同的抽象概括性的要求,它不对具体权利义务做出规定。合同目的在合同中可能是独立的合同条款,也可以通过分析合同的其他具体条款来推定。

(一)合同目的与合同其他条款之联系

1. 合同目的是订立合同其他条款的指导原则

合同目的是当事人订立合同所要达到的最终目的。因此,当事人订立其他条款应当以达到合同目的为指导原则。如购房,若目的在于居住,则其他条款须规定该房屋能够适于居住,有益健康,强调通风通光;若用作仓库,则希望进出货物方便。在不同的目的指导下,对于房屋的大小、位置、面积等具体要求皆不同。

2. 合同目的包含其他条款的共同目的

当事人订立其他条款所要达到的最终目的就是合同目的。其他条款如标的、

---

[1] 参见崔建远:《合同一般法定解除条件探微》,载《法律科学(西北政法大学学报)》2011 年第 6 期。

数量、质量、价款、履行期限等,都关乎当事人具体权利义务,因此每一个具体条款是当事人为实现合同目的而确定的具体行动。各个具体条款体现的目的综合构成合同目的,合同目的包含每一个合同具体条款所隐含的目的。这种关系不是简单的相加,而是一种有机的融合。由于合同目的包含独立的合同目的的条款和具体合同条款所反映的合同目的,合同目的的范围包含并且不限于其他条款所反映出来的目的。

3.合同目的是其他合同条款的有益补充

由于合同篇幅所限,其他条款并不能穷尽所有当事人通过合同所欲达到的目的。合同目的通过高度的概括准确描述当事人的目的,可以起到其他合同条款的具体规定所无法达到的效果。因此,合同目的可以阐明其他合同条款的深层含义,并且对其不足之处进行补充。

4.合同目的与其他条款具有一致性

合同目的与其他条款应当不存在冲突和矛盾,二者应互为印证、相得益彰,共同体现合同终极的目的。

(二)合同目的与合同其他条款之区别

1.二者表现形式不同。合同目的表现为抽象概括,而其他条款表现为对具体合同权利义务的规定。仅从抽象的目的无法推定具体的权利义务,而只有订立具体条款才能确定权利义务。因此,其他条款必须具体明确,对标的数量、质量、标准等作具体规定,否则难以履行。

2.二者在合同中的作用不同。合同目的的作用在于确定根本违约界限从而决定法定解除权,辅助对具体条款进行解释,对合同具体条款约定不明确之处进行合理的补充和推断,对矛盾的条款进行决断,故合同目的对合同权利义务的确定是间接的、补充性的、决断性的。而其他条款的作用在于直接确定具体的合同权利义务的内容,其规定具体明确,直接用来确定具体权利义务。

3.二者在合同中的地位不同。合同目的在合同中处于总纲地位,一般而言,合同目的的效力优先于其他条款。当事人对于二者的地位可以约定,如约定二者发生矛盾时,何者效力优先;没有约定时,仍应秉持合同目的效力优先原则,因为合同目的性质和地位决定了其他条款只是为实现该目的所设定的具体的权利义务,其他条款处于服从地位。另外,如果一方当事人依据具体条款享受合同权利、履行义务与合同目的相悖显然存在重大误解,可以主张撤销权。

总之,合同目的与其他条款相比,对于确定合同权利义务具有重要的、其他条款不可替代的作用。由于合同目的的抽象性,其作用范围比其他条款更为宽广,从而可以起到弥补其他条款漏洞、缺陷的作用。因此,合同目的应当成为合同的重要条款之一。

五、合同目的之作用

在合同纠纷中,澄清和明确合同目的至少有如下作用。

(一)对合同具体条款进行完善和解释

1. 对具体条款约定不明的完善

合同目的在合同中相当于"纲",而其他具体条款则是"目"。如果当事人考虑很充分,合同条款很完善,则合同目的可得实现。但是,若考虑不周,且具体条款有限时,可能导致合同漏洞,即无约定或约定不明确,此时,合同目的就可以成为对这些漏洞的补充完善。

为此,《民法典》第511条规定的6项合同漏洞填补规则中,有两项可根据合同目的确定规定,即:质量要求不明确的,按照国家标准、行业标准履行,没有国家标准、行业标准的,按照通常标准或者符合合同目的的特定标准履行;履行方式不明确的,按照有利于实现合同目的的方式履行。笔者认为,在约定不明的情形下,只要是通过合同目的可以确定的事项都可以根据合同目的来确定,不必受限于《民法典》第511条的规定。

2. 对合同具体条款的解释作用

合同具体条款可能存在矛盾或意思不唯一,在这种情况下,就可以结合合同目的对合同进行符合双方真实意思的解释。这是一种合理的解决方式。《民法典》第142条规定:"有相对人的意思表示的解释,应当按照所使用的词句,结合相关条款、行为的性质和目的、习惯以及诚信原则,确定意思表示的含义。无相对人的意思表示的解释,不能完全拘泥于所使用的词句,而应当结合相关条款、行为的性质和目的、习惯以及诚信原则,确定行为人的真实意思。"《民法典》第466条规定:"当事人对合同条款的理解有争议的,应当依据本法第一百四十二条第一款的规定,确定争议条款的含义。合同文本采用两种以上文字订立并约定具有同等效力的,对各文本使用的词句推定具有相同含义。各文本使用的词句不一致的,应当根据合同的相关条款、性质、目的以及诚信原则等予以解释。"通说认为:如上两条规定确立了合同目的在合同解释中的地位,在实务中通常被称为目的解释原则。

实务中,关于合同约定"背靠背"付款的纠纷越来越多,呈上升趋势,如何理解

"背靠背"付款条款成为实务难题。最高人民法院在(2021)最高法民再238号民事判决书中认可"背靠背"条款效力的同时,通过对合同目的作出整体解释,对"背靠背"条款适用范围加以合理规制,公平保护了债权人合法权益。但该案为个案,且运用目的解释对"背靠背"条款进行限制依赖法官的认知,故不具有普遍性。2024年8月27日《最高人民法院关于大型企业与中小企业约定以第三方支付款项为付款前提条款效力问题的批复》(法释〔2024〕11号)规定:"一、大型企业在建设工程施工、采购货物或者服务过程中,与中小企业约定以收到第三方向其支付的款项为付款前提的,因其内容违反《保障中小企业款项支付条例》第六条、第八条的规定,人民法院应当根据民法典第一百五十三条第一款的规定,认定该约定条款无效。二、在认定合同约定条款无效后,人民法院应当根据案件具体情况,结合行业规范、双方交易习惯等,合理确定大型企业的付款期限及相应的违约责任。双方对欠付款项利息计付标准有约定的,按约定处理;约定违法或者没有约定的,按照全国银行间同业拆借中心公布的一年期贷款市场报价利率计息。大型企业以合同价款已包含对逾期付款补偿为由要求减轻违约责任,经审查抗辩理由成立的,人民法院可予支持。"该批复从否定"背靠背"条款效力的角度,对债权人合法权益进行救济,比个案判决更具有普遍适用性。

(二)确定当事人权利义务

1. 对合同附随义务的确定

合同附随义务,是指合同条款中未规定但根据法律规定或商业习惯、交易惯例合同当事人应当承担的义务。如《民法典》第509条第2款规定:"当事人应当遵循诚信原则,根据合同的性质、目的和交易习惯履行通知、协助、保密等义务。"虽然合同中并未对该款规定的义务进行明确,但缔约人应当承担上述法定义务。这些义务可以根据合同的目的而定,因此,合同目的具有对合同附随义务进行确定的作用。

2. 确定合同解除权成立与否

其一,对不可抗力导致合同解除的决定作用。《民法典》第563条第1款第1项规定了因不可抗力致使不能实现合同目的,当事人可以解除合同。故合同目的能否实现是不可抗力解除的决定性的条件之一。

其二,对根本违约及根本违约所致合同解除权的确定。根据《民法典》第563条第1款第4项的规定,"当事人一方迟延履行债务或者有其他违约行为致使不能实现合同目的"的,当事人可以解除合同。该规定确立了根本违约行为和一般违约行为的界限,即如果导致合同目的不能实现即构成根本违约,故合同目的对认定根本违约具有决定作用。

部分解除合同也与合同目的密切相关。《民法典》第633条规定:"出卖人分批交付标的物的,出卖人对其中一批标的物不交付或者交付不符合约定,致使该批标的物不能实现合同目的的,买受人可以就该批标的物解除。出卖人不交付其中一批标的物或者交付不符合约定,致使之后其他各批标的物的交付不能实现合同目的的,买受人可以就该批以及之后其他各批标的物解除。买受人如果就其中一批标的物解除,该批标的物与其他各批标的物相互依存的,可以就已经交付和未交付的各批标的物解除。"该规定对分批交货合同的部分解除、完全解除的条件做出规定,其判断标准也是根据合同目的而定。

当出现根本违约时,法律赋予非违约方解除合同的权利。所以,合同目的对于法定合同解除权的取得具有重要的意义。

3. 确定是否承担定金责任

《民法典》第587条规定:"债务人履行债务的,定金应当抵作价款或者收回。给付定金的一方不履行债务或者履行债务不符合约定,致使不能实现合同目的的,无权请求返还定金;收受定金的一方不履行债务或者履行债务不符合约定,致使不能实现合同目的的,应当双倍返还定金。"可见《民法典》在适用定金罚则的条件上使用了合同目的能否实现作为标准。如果当事人在合同中虽然约定了定金条款,但对于定金承担的条件没有明确的规定,就可以采用合同目的是否实现作为违约方是否承担定金责任的标准。

(三)确定重大误解合同效力

《民法典》第147条规定了当事人对包括合同在内的"基于重大误解实施的"民事行为享有请求人民法院或者仲裁机构予以撤销的权利。如果合同的标的等重大条款不符合合同目的,应当认为存在重大误解。这种情况下,明确的合同目的对于确有误解的当事人的主张具有比较强的证明力,而且证据也易于取得。所以,在存在重大误解的情况下,合同目的可作为确定合同效力的依据,且双方合同目的的实现程度可以作为误解是否重大的标准。

六、合同目的不能实现的判断标准

合同解除与合同目的不能实现息息相关。根据《民法典》第563条第1款之规定,合同目的不能实现不仅适用于因发生不可抗力而导致合同解除的情形,还适用于发生其他违约行为而导致合同解除的情形。实务中,其他违约行为的形态有迟延履行、不能履行、不适当履行、拒绝履行等多种形态。《民法典》对合同目的不能实现均未提供判断标准,这成了司法实践中的一个难题。

从理论上讲,判断某一违约行为是否属于合同目的不能实现(根本违约),需根据违约形态具体情形,结合个案情况,通过一定的因素和标准进行斟酌判断,在实务中,这些因素和标准当然显得十分重要。

如何判断合同目的不能实现?在现行立法和司法解释对此均无规定的情形下,笔者辑录了如下观点供读者参考。

其一,最高法民二庭之观点。

最高法民二庭认为,根据一些国家,特别是英美国家法院的判例及学者观点,判定违约后果是否重大,是否导致合同目的不能实现一般可以综合考虑以下因素。

1. 违约部分的价值金额与整个合同金额的比例。例如,在不适当履行中,如卖方交付的不符合约定的标的物的价值占全部合同金额的大部分,一般可以认为构成根本违约。

2. 违约部分对合同目的的实现的影响程度。在某些条件中,尽管违约部分价值不多,但对合同目的的实现有着重大影响。例如,在成套设备中,某一部件或配件的瑕疵可能导致整套设备无法正常运转,此时这一违约行为可以认定为根本违约。

3. 在迟延履行中,时间因素对合同目的的实现的影响程度。一般来说,时间因素不是合同中的决定性要素,一方迟延履行往往不会导致另一方合同目的的落空,原则上不允许债权人主观解除合同。此时,应先由债权人向债务人进行催告,只有经催告后债务人在合理期限内仍未履行,债权人才可以解除合同。但在定期债务中,依照合同性质或当事人的特殊合同目的,不在特定日期内履行,即不能达到合同履行目的,当事人一方迟延履行的,可以认定为相对人的合同目的无法实现,相对人可以不经催告而直接解除合同。例如,在中秋节前订购一批月饼,出卖方迟延交货,致使买受人在中秋节销售的商业目的无法实现,应认定根本违约,买受人可以直接解除合同。

4. 违约后果及损害能否得到修补。在适用 CISG 的前提下,即使违约行为十分严重,可能导致剥夺受害方所期待的东西,但如果这种违约是可以补救的,一般也不认定其构成根本违约。

5. 在分批交货合同中,某一批交货义务的违反对整个合同的影响程度。如果该合同是可分合同,即某一批交货义务的违反并不影响其他交货义务的履行,则对某一批交货义务的违反一般不构成根本违约;如果该合同是不可分的,如某一成套设备的组成部分分批交付,则某一批交货义务的违反将导致整个合同目的无法实现。

6. 在合同不能继续履行的情形下,当事人期待通过合同达到的交易目的往往无法实现。如果合同不能继续履行是由一方当事人的违约行为所引起的,则这种违约行为应属于根本违约,合同可以解除。[1]

其二,全国人大常委会法工委之观点。

全国人大常委会法工委认为判断合同目的能否实现可以考虑以下情况:(1)违约是否实质剥夺了另一方当事人根据合同有权期待的利益,除非另一方当事人并未预见而且也不可能合理预见此结果;(2)对被违反义务的严格遵守是否为合同的实质性约定;(3)违反义务是否导致不能信赖其将来的履行;(4)合同解除是否导致违反义务的人因已经做出准备或者履行而遭受不相称的损失。[2]

其三,最高法民二庭、研究室之观点。

《民法典合同编通则解释》出台后,最高法民二庭、研究室认为合同目的落空的判断标准为:一是违约性质相对严重;二是所造成的损害相对较大;三是较为深刻地影响了守约方的合同利益。[3]

---

[1] 参见最高人民法院民事审判第二庭编著:《最高人民法院关于买卖合同司法解释理解与适用》,人民法院出版社2012年版,第409~410页。

[2] 参见黄薇主编:《中华人民共和国民法典合同编解读》(上册),中国法制出版社2020年版,第348~349页。

[3] 参见最高人民法院民事审判第二庭、研究室编著:《最高人民法院民法典合同编通则司法解释理解与适用》,人民法院出版社2023年版,第302页。

第四章
任意解除权

第一节 任意解除权概述

一、任意解除权及属性

(一)任意解除权内涵及规定

任意解除权,又称无因解除权、随时解除权,是指基于法律对某些特定类型合同的明文规定,当事人在对方没有违约、无任何解除事由的情况下,单方行使解除权而解除合同,从而使合同归于消灭的权利。任意解除权属法定解除权范畴。

任意解除权是学理上的概念。《民法典》并无这一表述,而在文字上一般表述为"可以随时解除合同";在特定场合任意解除权用解除后果表述,如《民法典》第899条第1款规定的"寄存人可以随时领取保管物",《消费者权益保护法》第24条规定的"经营者提供的商品或者服务不符合质量要求的……没有国家规定和当事人约定的,消费者可以自收到商品之日起七日内退货"等。

有学者将任意解除权分为约定任意解除权和法定任意解除权两种情形。其认为约定任意解除权是当事人基于合同已约定可以任意解除合同的条款而行使的任意解除权;而法定任意解除权是指当事人基于法律对特定合同可无因解除的明文规定而行使的任意解除权。

约定任意解除权存在效力争议,本章将在第二节"约定任意解除之效力"中进行专门的探讨。

法定解除权分为一般法定解除权和法定任意解除权。既然法定任意解除权是指任意解除合同的权利由法律明文规定授予,排除约定无因解除,因此,本书将法定任意解除权简称为任意解除权。任意解除权就其法定属性,当然不包括约定无因解除。

(二)任意解除权之属性

通说认为:任意解除权是特殊的法定解除权,仍归属于法定解除权之列。主要有以下4点理由:

一是任意解除权人可依法律直接规定而行使单方解除权解除合同,具备了法定解除权的特征,因而属法定的解除权的一种。

二是由于其不受解除事由的限制,乃至对方未发生违约,或发生约定解除之情形下,仍有权解除合同,故与有因的一般法定解除权比较,有显著区别。

三是一般法定解除权主要由《民法典》第563条第1款第1~4项规定,而任意解除权除《民法典》第563条第2款规定外,主要在《民法典》合同编典型合同分编某些特定类型的合同中,或其他民事特别法律中才有规定。该类解除权应当属于《民法典》第563条第1款第5项规定的"法律规定的其他情形"之列。

四是行使任意解除权的法律后果明显不同于行使法定解除权的后果。比如,发生违约解除情形的,违约方不仅要返还财产、赔偿信赖利益损失,一般还要赔偿守约方的可得利益损失,而行使任意解除权解除合同的,解除后果不必然如此;由于不属于违约解除,故大多数情形下,解除权人的赔偿一般限于信赖利益损失赔偿,当然法律另有规定的除外。

二、任意解除权之法理基础

相对于违约解除,立法所确立的任意解除权规则更背离了合同严守原则,这一点是应当承认而且毋庸置疑的。既然如此,就应当对任意解除权的合理性和正当性作出合理的解释,但这是一件非常困难的事,因为迄今为止,在学术界对此并没有形成统一的认识。立法赋予任意解除权的每一个典型合同背后,都有着基于各自特性的不同理由。比如,承揽合同的任意解除权,学者从定作物本身的特殊性依照效率价值原理予以解释;委托合同的任意解除权,学者从订立合同的信任依照信赖原理予以解释;不定期租赁合同的任意解除权,学者从缔约自由原则予以解释;消费者的任意解除权,学者从弱势者保护原理予以解释。

有学者认为:归纳任意解除权不同立法理由的背后,存在一个更深层次的突破合同严守原则的共同法理基础和共同的价值追求:自由和效率。

就自由价值角度而言,尽管现代各国合同法对合同自由进行了诸多限制,但合同自由在合同法中的基础和核心地位并没有改变,"没有正当且充分的理由,不得对合同自由加以限制"。[1] 合同严守原则虽然限制了合同自由,但合同严守原则所体现的对合同秩序价值的追求,构成了对合同自由加以限制的正当且充分的理由。任意解除权的设立突破了合同严守所体现的合同秩序价值追求,因而需要证明在可以行使任意解除权的合同中有比合同严守体现的秩序价值更高的价值追求。以委托合同为例,信任构成该类合同的重要和关键基础,当双方的信任不复存在时,从委托人的角度看,对于已经不信任的人却仍不得不让其继续处理自己的事务,无疑违背了"自己决定自己"的自由;从受托人的角度看,对于自己已经不信任而本不愿意继续为其服务的人,却仍不得不继续处理其事务,也一定会感到压抑和痛苦,同样违背"自己决定自己"的自由。因此容许委托合同在丧失信任基础的情形下解除合同,恢复和尊重了当事人"自己决定自己"的自由,而因解除合同可能给对方造成的损失,则通过损害赔偿制度得以解决。在此种情形下,自由价值应胜于为严守合同而机械地维持合同关系的所谓秩序价值。

从效率价值角度而言,合同作为市场经济配置的最主要手段,理当以增进资源配置的效率为第一要务,而合同法在弥补当事人意思不足的同时,更应创设好的制度以确保合同履行的结果有利于效率的增进,而不是相反。委托合同中,双方的信任丧失后,具体事务的处理进程和结果往往会受到影响,一般不及信任基础牢固时有效率,在解除合同对秩序影响不大时,应鼓励劳务资源从效率低的领域退出,向效率高的领域流动。在承揽合同中,所承揽的工作往往是为了满足定作人的特殊需要,在定作人不需要完成的工作时继续履行至工作完成,无疑会造成资源浪费。在其他提供劳务或者劳动的合同中,同样会造成与承揽合同类似的资源浪费。因此,任意解除权制度允许不再需要合同结果的一方放弃尚未履行或者正在履行的服务,比强制不再需要合同履行结果的一方接受尚未履行或者正在履行的服务继续履行至完毕要有效率得多;既避免了合同双方更多时间、精力或金钱的无谓付出,从整个社会角度而言又避免了资源的白白浪费。[2]

三、任意解除权与一般法定解除权之区别

依照法律规定行使的法定解除权,有一般法定解除和任意解除(特殊的法定解除)两种情形,二者区别体现在以下6个方面:

---

[1] 王轶:《民法价值判断问题的实体性论证规则——以中国民法学的学术实践为背景》,载《中国社会科学》2004年第6期。
[2] 参见蔡恒、骆电:《我国〈合同法〉上任意解除权的理解与适用》,载《法律适用》2014年第12期。

第一,解除原因不同。一般法定解除权的行使有严格的法律限制,限于法律明确规定的几种情形,如不可抗力、预期违约、不履行主债务、根本违约、不安抗辩等,只有满足如上法定解除事由才能行使解除权。任意解除权则没有这种限制,不需要法定原因就可以任意行使,故无因是其最大特点。

第二,立法价值取向不同。根据合同严守原则,对于依法成立的合同,各方当事人均应按合同约定履行各自义务,不得擅自变更或解除合同。当一方当事人严重违约时,为保护守约方利益不受损害,法律赋予守约方合同解除权,赋予其"逃离"机制,这是一般法定解除权的立法目的。可见,一般法定解除权虽突破了合同严守原则,但符合合同正义的一般要求。任意解除权不受任何解除事由之限制,其"任意"二字显然与合同严守原则存在价值冲突,但合同法的立法价值是多元的,基于效率价值、合同自由价值、人身自由价值、弱者保护价值等特殊原因,法律才例外地对某种特定类型合同赋予了任意解除权。

第三,适用领域不同。一般法定解除权是《民法典》合同编通则第563条第1款规定的解除权,适用于各种类型的合同。根据《民法典》第467条第1款非典型合同适用合同编通则的规定,非典型合同的解除多为一般法定解除。任意解除权除了《民法典》第563条第2款外,应认为是一般法定解除规则所不能涵盖的特殊解除规则,故从民法典立法体例上看,任意解除权的适用领域是有限的,只适用于法律明文规定的特定类型合同,不能任意扩大其适用范围。

第四,解除效果不同。虽然两种解除权的行使均可达到将合同解除的效果,但两种解除权在行使效果上明显不同。依据《民法典》第563条第1款规定,解除权人行使一般法定解除权的后果是要求对方返还财产,若对方违约,解除方有权要求对方承担违约责任。而当事人行使任意解除权的结果存在赔偿方面一般予以限制的情况,以承揽合同为例,定作人行使任意解除权的,一般应当向对方赔偿直接损失,不宜赔偿未履行部分的可得利益损失。

第五,是否适用违约金不同。一般法定解除事由中除不可抗力情形外的违约解除应适用违约金,而任意解除合同因解除权人解除合同时并非违约所致,故一般不适用违约金条款。但亦有例外,如当事人通过特约放弃任意解除权,则应适用违约金条款。

第六,举证责任分配不同。行使一般法定解除权的当事人既需要证明对方存在的违约行为已达法定解除条件,还要证明自己已履行的给付及对方未履行的给付给自己造成的损失。而任意解除权人行使任意解除权时,无须证明解除原因及对方损失,相反,对方认为行使任意解除权的一方给自己造成损失的,应当承担举证责任。

四、《民法典》中的任意解除权

《民法典》立法条文中的任意解除权可以分为两类:第一类是以持续履行债务为内容的不定期合同中的任意解除权;第二类是服务合同中的任意解除权。这两种任意解除权的共同之处在于解除权人无须任何理由即可行使解除权,这意味着解除权人无须履行合同义务,而随时能够摆脱合同的绝对拘束,体现解除权人更强的自治可能性。但是,由于两种任意解除权适用的范围分别是不定期的持续性合同和服务合同,而这两类合同是采用不同的区分标准产生的分类结果,并不属于同一分类层次,因此所涉及的立法目的是不同的。这也导致了在这两类合同中,赋予解除权人任意解除权的正当性是不同的,决定了这两类任意解除权制度目的的差异,进而导致了当事人是否能够约定排除任意解除权、任意解除权主体等诸多方面的差异。同时,解除权人不受合同绝对约束的利益,可能会损害到合同相对人信赖合同拘束的利益,相对人的这种利益也是值得保护的,故两种任意解除权中都需要对此予以妥当的考量和平衡。但是,两种类型的合同中,相对人的信赖程度是不同的,故两种任意解除权实现该信赖利益保护的规范也是不同的,从目前的规范构成上看,不定期持续性合同中任意解除权所采取的规范技术是合理期间之前通知对方,无须承担赔偿责任;而服务合同中所采取的规范技术是赔偿对方的损失,但无须在合理期限之前通知。这两类任意解除权在赋予解除权人不受合同绝对拘束的利益、同时要保护相对人的信赖合同拘束的利益等方面存在相同之处,但确实在立法目的、规范性质、适用范围、构成要件、行使方式、法律后果等方面都可能存在诸多不同。[1]

(一)不定期持续性合同中的任意解除权

1.规范目的和性质。《民法典》合同编通则第563条第2款规定:"以持续履行的债务为内容的不定期合同,当事人可以随时解除合同,但是应当在合理期限之前通知对方。"这是《民法典》在合同编通则中对不定期持续性合同任意解除权的规定。体现在《民法典》典型合同中有:借款合同(第675条)、租赁合同(第730条)、保管合同(第899条第2款)、仓储合同(第914条)、物业服务合同(第948条第2款)、合伙合同(第976条第3款)、肖像权许可使用合同(第1022条第1款)。除

---

[1] 参见朱虎:《分合之间:民法典中的合同任意解除权》,载《中外法学》2020年第4期。

《民法典》外,《合伙企业法》第 46 条规定了不定期合伙协议合伙人随时退伙的权利;《农村土地承包纠纷解释》第 16 条第 1 款规定了不定期农地租赁合同的任意解除权。这类任意解除权的目的都是保护缔约自由,避免当事人无限期地受到合同约束。据此,《民法典》设定了第 562 条第 2 款,该款实际上是所有这类任意解除权的一般性规范。这种制度目的也决定了其为强制性规范,当事人完全放弃此种任意解除权的约定是无效的。但是,当事人可以约定行使此种任意解除权的方法,例如约定提前 3 个月通知。

2. 构成要件。"持续履行债务"合同包括持续性给付合同和重复给付合同两种类型。前者又被称为固有的持续性合同,例如,借款合同、租赁合同、保管合同、仓储合同、委托合同、合伙合同、劳动合同、保险合同等。后者又被称为连续供应合同,是重复发生给付的合同,主要与买卖联系在一起,例如,每天送报纸的合同、连续供应合同甚至是供用电、水、气、热力合同等。不定期持续性履行合同任意解除权的适用范围是以持续履行债务为内容的不定期合同。这里所谓的以持续履行债务为内容的持续性合同,也就是给付的范围单纯由时间决定的合同。

《民法典》第 563 条第 2 款所指的"不定期持续性合同"包括:(1)债务为持续履行,债务给付范围单纯由时间决定,但未约定履行期限的合同;(2)合同履行期限届满后,一方继续履行而对方未提出异议而接受或双方均默示继续履行该合同的情形;(3)合同没有约定履行期限或约定不明,根据《民法典》第 510 条规定也无法确定期限的合同;(4)依照法律规定,无法确定履行期限的其他情形,如《民法典》第 707 条规定的当事人未采用书面形式,无法确定租赁期限的不定期租赁合同;(5)合同约定存续或履行期是无限期的、永久的或者终身的,除法律另有规定外,该期限的约定可能会因为违背公序良俗而无效,也构成没有约定期限的不定期合同。

《民法典》第 563 条第 2 款所指的不定期持续性合同排除了如下合同:(1)虽为持续性合同,但与特定结果目标联系在一起的属于承揽类的合同;(2)同一债务给付范围已事先确定仅是履行方式是分期分批的分期给付合同(如分期付款、分批交货等);(3)期限本身已经包含了合同终止的时间而不会产生无限期约束的可能性的定期的持续性合同;(4)如果没有约定期限或者约定不明确,但根据《民法典》第 510 条规定,当事人通过协议补充,或按照合同有关条款、合同性质等可对期限予以确定的合同。

3. 行使和法律后果。根据《民法典》第 563 条第 2 款和上述典型合同中的特别规范,任何一方当事人都有任意解除权。对解除的理解不能仅限于"解除",典型合同中的"返还或催告返还"(第 675 条)、"领取"(第 899 条第 2 款)、"提取"(第 914

条)等词语,都应统一理解为"解除"。还有《合伙企业法》第 46 条中的"退伙"实际上也表达了"解除"的意思。

不定期持续性合同在解除方式、时间等方面应适用《民法典》第 565 条解除权的一般规定,除非有特别规定。解除的效力根据《民法典》第 566 条第 1 款予以确定,应当是面向将来发生解除效力。但是,当事人的意思自治利益需要与对方当事人的利益妥当权衡。权衡的方式并不当然是赔偿对方当事人的损失,毕竟合同本身就是未定期限的,对方的信赖不像在确定期限的合同中那样强,因此只要在合理期限之前通知对方解除,给予对方必要的准备时间,以使对方有时间适应新的法律状态即可。关于合理期限,当事人有约定的,按照约定。无约定但有特别规定的,按照特别规定。既无约定也无法律规定时,合理期间的确定可以考虑当事人之间合作时间和合同关系已持续时间的长短、对方当事人为履行合同所付出的努力和投资、寻找新的合同对方可能需要的时间、双方履行的时间间隔等。当事人没有在合理期限之前通知对方的,并非当然地认为解除通知无效,而仅须认为解除通知延至合理期限之后发生解除效力即可,无须重新再发出解除通知。如果当事人认为未在合理期限之前通知对方的解除立即生效,并已经基于解除而采取行为,导致对方当事人损失,应当承担赔偿责任。[1] 故除在合理期限提起通知之外,解除不定期合同的,解除权人一般不向相对人承担赔偿责任。

(二)服务合同中的任意解除权

关于服务合同,原《合同法》在立法上没有规定。在《民法典》的立法过程中,一直有观点建议将其作为典型合同的一种,因其具有服务识别困难性、复原返还的不可能、服务人特质的制约、受领人的协作以及受领人自身的特性与服务效果之间的密切关联、信息的不对称性等特殊之处,故建议构建服务合同的一般性规定。但《民法典》并未采取此种方案,而仅是将重要的服务合同类型作为典型合同予以规定,这可能主要是考虑到服务合同内部也需要再类型化。一类是承揽性服务合同,以承揽合同为中心,包括承揽合同、建设工程合同、运输合同、保管合同、仓储合同、技术开发合同、技术咨询合同等;另一类是委托性服务合同,以委托合同为中心,包括委托合同、物业服务合同、行纪合同、中介合同、技术服务合同等。

《民法典》在一些可归为服务类的典型合同中规定了任意解除权。主要包括:承揽合同中的定作人(第 787 条)、客运合同中的旅客(第 816 条)、货运合同中的托

---

[1] 参见朱虎:《分合之间:民法典中的合同任意解除权》,载《中外法学》2020 年第 4 期。

运人(第829条)、保管合同中的寄存人(第899条第1款)、委托合同中的委托人和受托人(第933条)、物业服务合同中的业主(第946条)。除此之外,其他民事特别法律中也规定了此类任意解除权,如《旅游法》中的旅游者(第65条)、《保险法》中的投保人(第15条)等。

这些任意解除权基本上被规定在以提供一定的劳务或服务为内容的服务合同中,而无论该服务合同是否属于持续性合同。服务合同的双方当事人分别是服务提供人和服务受领人,立法从不同类型服务合同和特殊政策方面考量,规定了不同的任意解除权主体,如承揽合同仅赋予定作人,委托合同则赋予了委托人和受托人双方。

关于服务合同行使任意解除权的赔偿范围,《民法典》对委托合同(第933条)予以了明确规定。有学者认为:"所有类型的服务合同中,如无特别理由,法律后果都应当等同对待。例如《民法典》第787条(定作人)、第829条(托运人)、第946条第2款(业主)中的赔偿损失,都应当参照第933条确定赔偿范围。"[1]但这一观点显然未区别不同服务合同,没有区别对待。最高人民法院在对《民法典》第787条的解读中认为:"权利意味着自由,意味着权利方不应因权利的行使而在法律上承担与义务的违反一样的法律后果。因此,要求行使解除权的权利与违反合同义务的违约方一样赔偿全部履行利益损失不合法理,也会让任意解除权的赋予变得没有意义。对于定作人解除合同的赔偿范围,实际上应当参照合同解除的法律后果,结合合同履行情况区别对待。"[2]当然,任意解除与违约解除性质不同,在相对人构成根本违约的情形下,守约方解除合同的,不能适应任意解除的损害赔偿规定。

总之,《民法典》对一般法定解除权的规定,主要体现在《民法典》通则部分;但对任意解除权的规定则比较分散,主要体现在不同的典型合同或特别法中。由于对任意解除权的立法事由不同,具体规范存在不同的差异,主要体现在规范性质、适用范围、构成要件、法律后果等多方面并不统一。因此,对任意解除权的理解,尤其是对服务合同中的任意解除权的理解,必须结合各自的具体规定来解读。

---

[1] 朱虎:《分合之间:民法典中的合同任意解除权》,载《中外法学》2020年第4期。
[2] 最高人民法院民法典贯彻实施工作领导小组主编:《中华人民共和国民法典合同编理解与适用》(3),人民法院出版社2020年版,第1900页。

第二节　约定任意解除之效力

任意解除权不是契约自由的产物,而是源自法律对特定类型合同的明确规定。但在实务中,当事人常常在合同中自行约定可无因解除合同的条款,许多学者将之称为约定任意解除权。但笔者认为:该类条款本质上属于"约定无因解除条款",为与学者既有称谓统一,本书亦将此称为"约定任意解除权"。

一、约定任意解除权之探源

按英美法的观点,约定任意解除权是旨在通过双方意思自治而赋予一方当事人因合同便利而解除合同的权利,提出终止时无须提出理由,但应提前给予对方通知,并赔偿对方因终止而造成的损失。这项权利在现代国际商事合同实务中通常使用"因便利而终止"作为条款标题,该权利在英美法中被称为"便利终止权"。

英美法中的便利终止权的概念,可以追溯到美国内战时期。当时,联邦政府与私有主体签订了大量的军备采购合同,考虑到战争一旦结束,这些军备合同便没有必要继续执行,这种得以"便利"而终止的终止权利便由此而生,给予了联邦政府一方无理由终止合同的权利。在当时,这种便利终止的权利仅允许作为公有主体的一方行使,但基于合同的公平正义,行使终止权的公有主体会对私有一方的损失进行赔偿。

随着国际商事交易的日益成熟,许多私有主体也意识到约定便利终止权的好处,尤其是在建设工程施工这种承揽关系下或为建设工程施工而采购的买卖关系下,总能见到这种权利存在的影子。例如,在某大型国际设备制造公司的采购合同范本中,就约定买方有权因便利而无理由终止合同,但买方应支付高额的终止费。这种"便利"往往指向合同履约中那些未能预见却又不构成不可抗力的意外事件,例如,建设工程的业主未能获得项目融资而暂停或终止项目。[1]

二、约定任意解除权之困境

现实中约定任意解除权典型地体现在租赁合同和买卖合同中。在司法判例中,有的法院并未深究该类约定之效力,往往简单地认为该类条款符合契约自由原

---

[1]　参见李晶:《论约定任意解除权与诚实信用原则》,载《法制与社会》2017年第19期。

则而认定有效,对当事人依这种约定行使解除权的请求予以支持。但笔者是实务工作者,可举例说明若支持约定任意解除权会发生什么样的困境。

比如,某租赁合同约定承租人整体承租某大型商场并可按柜台分割转租,同时约定"租期15年,在租期内,出租人有权根据自己的需要提前收回该房,若出租人提前收回该房,应提前30日通知承租人,并向承租人支付已给付租金总额的10%作为违约金"。该合同中所谓"出租人有权根据自己的需要提前收回该房",本质上就是出租方可行使任意解除权之约定。若承租人对该商场投入装修5000万元,已经招进400户个体户正常经营,两年后生意红火,出租人眼红,行使约定任意解除权而解除合同。若认定该约定有效而予支持,则出现以下问题:第一,承租人明显过河拆桥,导致承租人前功尽弃,这显然有悖于诚信原则。第二,即使判令出租人对承租人予以赔偿,但赔偿范围有多大,在实务中都是非常复杂纠结的问题。因为行使约定任意解除权并非违约,与相对人违约而行使法定解除权的后果不同,法定任意解除权的赔偿范围与违约解除的赔偿范围应有不同,但究竟如何不同仍存在巨大争议,何况法律没有明文规定的约定任意解除权赔偿范围则更会纠结。第三,既然允许约定任意解除,承租人可得利益是否应予保护,保护的法律依据是什么,特别是在长期租赁合同前面亏损后面可能盈利的情形下,未履行的后面几年的可得利益该如何计算等。

三、约定任意解除权之效力

(一)肯定说与否定说

能否允许当事人在合同中自由约定任意解除权?或者说约定任意解除权条款效力如何?对此问题《民法典》合同编没有规定。实务中有"否定说""肯定说"两种观点。

1. 否定说。持否定说的观点认为,任意解除权为合同法在特定类型合同中所作的特别规定,不能滥用;同时,根据合同严守原则,合同生效后不得变更和解除,因此即使合同中约定了任意解除权条款,也因与合同严守原则之原则性规定相背而无效。[1]

2. 肯定说。持肯定说的观点认为,可以在合同中约定任意解除权,理由是:其一,符合权利可以自由创设的一般法理。与物权和人身权的具体权利类型只能由

---

[1] 参见唐小冬:《自治与公平的协调:格式合同中任意解除权条款效力探究》,载《内蒙古大学学报(哲学社会科学版)》2012年第2期。

法律创设不同,合同法遵循意思自治,允许合同当事人自由创设权利;只要不违反法律行政法规的强行性规定,就应当尊重当事人自由创设权利。因此,问题的关键在于约定任意解除权是否违反了法律、行政法规的强行性规定。反对者的理由就是认为约定任意解除权违反了法律、行政法规的强行性规定,亦是违反了合同严守原则。其二,从合同法只规定了几种特定合同有任意解除权推出其他合同不能设定任意解除权,这种观点值得商榷。合同严守虽然是合同法的基本原则,但并不是说不能有例外。既然立法者可以基于特殊的考量允许少数合同当事人享有法定任意解除权,那么为什么不能允许其他合同当事人基于自身特殊利益的考量设定任意解除权呢?在私法上,每一个人都是自己利益的最佳判断者,其设定任意解除权肯定有其不得不这样的理由,只要是当事人的真实意思表示,又没有损害第三人的利益,法律就没有禁止设立的必要和理由。其三,允许约定任意解除权可以弥补我国合同法在违约责任中过于强求继续履行的不足。与英美法国家不强求继续履行不同,我国合同法规定在当事人能够继续履行的情况下,原则上要继续履行,只有在几种无法履行的情况下才可以不继续履行。也就是说,在可能履行的情况下,只要当事人要求履行,就必须继续履行,不能通过支付违约金或赔偿损失而拒绝履行。任意解除权的约定,实际上就是赋予了合同当事人一方或者双方在可能继续履行的情况下拒绝履行的权利,不受违约责任中继续履行责任要求和限制。因此,任意解除权的约定,既缓和了我国合同法过于强调继续履行规定的不足,又充分尊重了当事人的意思自治,也没有给任何第三人的利益造成损失,法律没有理由禁止。[1]

(二)笔者观点:折中说

笔者主张,约定任意解除权是否有效,应区分三种不同情形,分别处理:第一种情形,在法律已设定任意解除权的特定类型合同中,若当事人对该类合同约定可任意解除的条款,因该类约定与法律规定本来是相符的,应当认定为有效。第二种情形,在法律未许可设定任意解除权的一般合同中,若当事人通过合同约定可行使任意解除权且无违约赔偿约定,则此类约定应认定无效。第三种情形,在法律未许可设定任意解除权的一般合同中,若当事人通过合同约定可行使任意权且对违约赔偿已作公平合理约定,则此类约定可认定有效。但该类情形在实务中极少见。

笔者提出上述主张的理由是:第一,任意解除权属法律特别规定的解除权,非

---

[1] 参见蔡恒、骆电:《我国〈合同法〉上任意解除权的理解与适用》,载《法律适用》2014 年第 12 期。

当事人约定而产生,当然必须要有法律的明文规定才能行使。既然《民法典》第562条第2款许可当事人约定解除合同事由,该类事由广泛,可以完全遵循当事人的意思自治而自由创设,一旦事由发生合同可以解除,没有必要再许可当事人在合同中设定任意解除权条款。第二,任意解除权本与契约严守原则激烈冲突,法律是基于特定目的在少数特定类型合同中许可行使任意解除权,若许可当事人在任何合同中约定任意解除权,则任意解除权所适用的合同类型就会变得毫无限制,使法律对任意解除权的限制变得荡然无存,任意解除权的特别立法价值无从体现。第三,许可当事人在合同中约定任意解除权条款,使合同始终处于一种不稳定状态,由于合同相对方在合同履行过程中担心合同随时被解除,签订合同目的能否达成变得不能确定,必然会消极履行合同,于此情形下,将有悖于以合同为手段促进交易,维护交易稳定性,发展市场经济的目的。第四,当事人订立合同的目的是要获得合同履行利益,而继续履行完合同是保证当事人合同履行利益的最好方式;除委托合同外,《民法典》对行使任意解除权解除合同后果中对方利益损失的赔偿范围没有明确规定,学者们对此争论不休的情形下,若允许当事人在合同中设立任意解除权,将致无辜的相对人处于极为不利地位,违反了公平原则。第五,合同本是当事人双方利益博弈与平衡的结果,合同权利义务本应当明确确定,以便双方更好履行,倘若一方面明确双方于一定期限内必须履行某一义务,另一方面又约定"本合同生效后,任何一方均可任意解除"之类的条款,那么,若认定约定任意解除条款有效,在合同履行中,当事人发现继续履行于己不利,不履行合同反倒于己有利时,便行使合同约定的任意解除权,在此种情形下,诚信原则便荡然无存。第六,约定任意解除权的同时,又根据公平原则附有承担相对人合同履行利益条款的,因与违约解除后果相当,此属特例,可以例外地支持约定解除权效力。

(三)《九民纪要》观点

最高法民二庭在对《九民纪要》第47条"约定解除条件"的解读中提出:"当事人在合同中约定一方或双方享有任意解除权,对此类约定应否加以限制,存在不同理解。我们认为,除委托合同等基于人身信赖关系订立的合同,当事人可以约定任意解除权外,其他类型的合同中,原则上不应允许当事人作出此类约定,否则,既容易造成社会资源的浪费,也不符合当事人缔约的真实目的。"[1]《九民纪要》的观点

---

[1] 最高人民法院民事审判第二庭编著:《〈全国法院民商事审判工作会议纪要〉理解与适用》,人民法院出版社2019年版,第315页。

很明确,即原则上不支持约定任意解除权,但对基于人身信赖关系的合同例外地支持。故《九民纪要》出台后,合同中约定任意解除权效力的争议应当终止。

审判实务中,法院也有不赞同约定任意解除权有效之观点。举例如下:2006年10月11日《法制日报》第10版刊登了"林某诉三金公司买卖合同纠纷案"。该案案情为:原告林某(购方)与被告三金公司(销方)签订了一份购销合同,该合同中约定"销方对约定的订货数量有权自由增减,销方对订货的增减、拒绝,不构成违约",同时又约定"销方有权根据具体情况,单方决定解除合同"。合同签订后,当原告依约定时间去三金公司提货时,三金公司却表示无法供货,继而决定单方解除合同。林某诉诸法院,主张判令被告三金公司履行合同。对于"销方有权根据具体情况,单方决定解除合同"之约定,法院除根据合同法格式条款之规定判令其无效外,还认为该约定因违反了任意解除权之法定规则而无效。所以,最终结果是法院判决三金公司不享有合同解除权,合同须继续履行。[1]

第三节 约定排除任意解除权之效力

对于约定排除法定解除权之效力问题,实务中有两种情形:第一种情形是约定排除《民法典》第563条第1款规定的法定解除权的效力问题;第二种情形是约定排除任意解除权的效力问题。对于第一种情形将在本书第六章"合同解除权行使主体"之第二节"约定放弃法定解除权之效力"中进行探讨。下文仅探讨约定排除任意解除权的效力问题。

一、现行立法的缺失

对于上文所述第二种情形,以《民法典》委托合同之第933条为例。该条前一句规定:"委托人或者受托人可以随时解除委托合同。"尽管立法上基于自由和效率价值做出了如此规定,但该任意解除权的存在,确实影响了合同当事人对未来的稳定预期,增加了合同履行的不确定性风险。就现实来看,一个正常的商人是不愿意承受这种不确定性风险的,于是他们产生了一种变通性的方法,那就是在这类合同中通过特别约定排除任意解除权的行使,使合同解除回归到《民法典》第562条约

---

[1] 参见颜梅生:《"销方有权单方解除合同"的约定无效》,载《法制日报》2006年10月11日,第10版。

定解除或第 563 条一般法定解除的情形。

比如：在商品房委托销售代理合同中约定："本约生效后,任何一方非因对方违约致使合同目的不能实现的,不得随意解除合同。"又如律师法律服务代理合同中约定："本合同生效后,任何一方不得无故解除合同。"对于此类条款的效力该如何认定,涉及的一个实务问题是：任意解除权作为一种法定解除权,能否因当事人通过合同特别约定而受限制或者被排除？

该问题实质上是《民法典》规定的任意解除权是否属于强制规范的问题。对该问题我国原《合同法》没有明确规定,《民法典》仍然没有规定。有法院认为,从尊重当事人意思的目的出发,该条款没有损害公共利益,可以认定该约定有效。还有的法院认为,委托合同的任意解除权是一种强制性规定,当事人不能通过特别约定对其进行限制,故认为该种约定无效。

二、理论界的四种观点

1. 无效说。持该观点的学者认为：法律关于委托、承揽等类型的合同的任意解除权的规定是强行规定,当事人已特约抛弃解除权,等于排除该规定的适用,应一律无效。立法既然规定了任意解除权,就不应再禁止权利人解除合同,包括通过支持对任意解除权的特约,间接地对当事人进行捆绑。[1] 有学者从解释论角度进一步认为：其一,任意解除权规定是强制性规范。有学者将强制性规范理解为应当做或者禁止做,否则就要强制其承担责任的义务性规范才是强制性规范,这种理解在公法上是对的,但在私法上的强制性规范就算违反了也不需要承担责任,只是不能产生违反者预期的效果而已。私法上的强制性规范和任意性规范的区分应以是否可以通过约定改变作为区分标准,强制性规范不可通过约定改变,约定优先于法定。依此理解,有关合同内容的如价款或金酬、质量、履行期限、地点、方式等都属于任意性规定,而合同法上的赋权性规范都应归于强制性规范。合同法赋予当事人很多权利,如可撤销合同中的撤销权,效力待定合同中的撤销权、催告权和追认权,合同履行中的抗辩权,合同保全中的代位权和撤销权,一方违约时的另一方法定解除权,承揽合同和委托合同中的任意解除权等,这些权利都属于强制性规范不应允许通过约定预先抛弃的。试想一想,如果这些权利都可以在当事人订立的合同中预先抛弃,则强者就会利用自己的优势地位强迫弱者预先抛弃其权利,合同法

---

[1] 参见马春元：《任意解除权的规制问题探讨——兼论合同解除制度的重构》,载《郑州大学学报(哲学社会科学版)》2009 年第 6 期。

就沦为了强者欺凌弱者的工具。其二,通过区分有偿无偿而认定约定抛弃解除权效力的有无与我国立法不符。我国合同法民商合一,在赋予少数有名合同法定任意解除权时考虑的只是合同性质,根本没有考虑其是有偿还是无偿,如保管合同、运输合同、委托合同都可以是有偿或者无偿,但在赋予任意解除权时并没有区别对待,因此以有偿还是无偿区分是否允许抛弃法定任意解除权的观点与我国立法不符。有学者认为商事合同受托人为了履行合同做了大量准备工作,甚至专为履行合同而成立公司,若允许任意解除会给受托人造成巨大损失,因而应允许约定抛弃法定任意解除权。但商事合同中受托人的损失同民事委托合同一样可以通过合同解除后的赔偿损失责任得到弥补,在本质上并没有不同,只是赔偿范围上可以区别对待。需要说明的是,我们反对依有偿无偿区分约定抛弃法定解除权的效力是基于解释论的立场。在立法论上,我们也赞同适当限制法定任意解除权的行使范围,在委托合同中对有偿委托合同或者商事委托合同中的法定任意解除权可以适当加以限制甚至可以考虑排除法定任意解除权的适用。但合同法规定的法定任意解除权制度本身的缺陷应通过修改来完善,而不能通过约定抛弃法定任意解除权来弥补和消除,不能把两个性质完全不同的问题混为一谈。[1]

2. 有效说。有学者认为:"基于合同自由或自愿原则,在不违反法律强制性规定或公序良俗原则的情况下,当事人也可以通过特约对当事人的任意解除权加以限制或排除。"[2] 王利明教授也认为:"应当允许当事人通过约定放弃任意解除权的行使,这主要是因为任意解除权主要关系当事人之间的利益,而非公共利益,在通常情况下也并不涉及第三人利益,而根据合同自由原则,如果当事人在委托合同中约定排除一方或者双方任意解除权的行使,就表明当事人希望进一步加强合同的稳定性,此种约定原则上应予认可。"[3]

3. 原则无效,例外有效说。有学者认为:"委托人的解除权是委托人的法定权限,当事人之间不能通过特别的约定排斥委托人行使该解除权。但有一种例外情况,如果委托人的合同订立,不仅是以委托人的利益为目的,受托人对委托事务的处理也有正当利益,则当事人特别约定双方不得随时终止委托合同的,该特约应例外承认。"[4]

---

[1] 参见蔡恒、骆电:《我国〈合同法〉上任意解除权的理解与适用》,载《法律适用》2014年第12期。
[2] 余延满:《合同法原论》,武汉大学出版社1999年版,第696页。
[3] 王利明:《合同法研究》(第3卷),中国人民大学出版社2012年版,第740~741页。
[4] 吴庆宝、赵培元、孟祥刚主编:《委托类合同裁判原理与实务》,人民法院出版社2008年版,第71页。

4. 具体问题具体分析说。有学者认为：在委托事务处理过程中发生当初未曾预料到的情势变更，使得放弃任意解除权的条款显失公平，这样的约定是可以撤销的。[1] 也有学者认为：从现实生活角度看，社会分工越来越专业化和细致化，经济发展和交易的实际需要越来越依靠服务业，这样在专门职业技术人员或现代服务业中，委托合同未必建立在强调信赖关系上，倒不如说建立在委托人专业事务处理能力上。法律的规定，应当反映社会状况的变化。因此不妨认为，原则上承认特别约定的效力，允许当事人约定放弃任意解除权，而于特殊情况时（并不一定要到情势变更的程度），可以认定当事人的放弃无效而仍享有解除委托合同的权利。

三、《民法典》实施前最高人民法院观点

因法律规定的任意解除权类型较多，且多分散在典型合同及民事特别法律中，《民法典》生效前，最高人民法院对约定排除或放弃任意解除权的效力并无统一观点或司法解释，但最高法民一庭对委托合同中约定排除任意解除权形成了一致意见。

最高法民一庭认为：根据原《合同法》第 410 条的规定，不属于法律强制性规定的，当事人可以约定排除。最高人民法院的观点实际上是支持"肯定说"。

最高人民法院的上述观点源自基层法院的一个案例，该案例如下。

供电公司为了依法收取他人拖欠的电费，于 2003 年 3 月 1 日与律师事务所签订了一份委托代理合同，约定由律师事务所指派律师代理供电公司通过诉讼向甲、乙、丙三公司追回所欠电费，律师费为 8 万元，并约定双方不得无故终止合同，若任何一方违约，均应向对方支付律师费 8 万元的 20% 的违约金。合同签订后，在律师事务所的代理下，供电公司将甲公司诉至法院。2003 年 6 月 17 日，县法院作出由甲公司偿还供电公司 12 万元的民事判决。可供电公司随后却向律师事务所发出书面通知，称对乙、丙两公司不予起诉，要求解除委托代理合同。供电公司仅支付了律师费 3 万元。而律师事务所向供电公司提出：双方已在合同中明确约定不得无故终止合同，供电公司单方解除合同，实属违约，除应全额支付律师费 8 万元外，并应支付违约金 1.6 万元。双方为此发生争执，律师事务所于 2003 年 6 月 28 日将供电公司诉至县法院。

该案审判人员对供电公司应全额支付律师事务所 8 万元律师费无异议，但对 1.6 万元的违约金该不该支付，产生了两种不同的意见。

---

[1] 参见江平主编：《中华人民共和国合同法精解》，中国政法大学出版社 1999 年版，第 353 页。

第一种意见认为：供电公司与律师事务所签订的委托代理合同并不违反法律和行政法规的强制性规定，应为有效合同。供电公司单方解除合同，构成违约，应支付1.6万元的违约金。

第二种意见认为：供电公司与律师事务所签订的委托代理合同，除约定双方不得无故终止合同及违约金条款无效外其余均为有效。根据我国原《合同法》第410条的规定，该1.6万元的"违约金"不予支付。理由如下：原《合同法》第410条规定"委托人或者受托人可以随时解除委托合同，因解除合同给对方造成损失的，除不可归责于该当事人的事由外，应当赔偿损失"。此法律规定有两层含义：其一，双方当事人可以随时解除合同，本案当事人双方约定"不得无故终止合同"，显然是与法相悖的。其二，因解除合同造成对方损失的，除不可归责于该当事人的事由外，应予以赔偿。由于供电公司解除委托合同，使律师事务所受损5万元，供电公司理应赔偿。依此规定，当事人双方都可以任意解除合同，由此造成的法律后果只限于赔偿经济损失，而排除违约金在委托合同中的适用，当事人约定的"违约金"条款与法不符，故合同中有关违约金的条款是无效的条款，因此供电公司不该承担1.6万元的违约金。

[笔者注：该案判决时，最高人民法院原《买卖合同解释》尚未出台。该解释第26条（2020年修正后为第20条）规定"买卖合同因违约而解除后，守约方主张继续适用违约金条款的，人民法院应予支持；但约定的违约金过分高于造成的损失的，人民法院可以参照合同法第一百一十四条第二款的规定处理"。依据该解释第45条（2020年修正后为第32条）规定所有有偿合同均适用该解释]

最高法民一庭支持"肯定说"的主要理由为：首先，原《合同法》第410条并非强制性条款，并不绝对地要求当事人必须适用这一条款，此点从条文字面含义上即可得出。该条只是规定"当事人可以随时解除合同"，在法律中，"可以"的含义是当事人可以随时解除合同，也可以不解除合同，当事人是否适用这一条款行使权利，法律不干预，悉听尊便。其次，在原《合同法》第410条明确赋予当事人任意终止合同权的情况下，当事人仍然通过约定排除此权利的行使，则表明其自愿承担可能因合同无法解除所发生的交易风险。这种交易风险的承担是当事人自愿的，而且并不违反法律和社会公共利益，法律没有必要对这种约定加以限制。再次，合同的解除分为约定解除和法定解除。但法定解除与法定解除权的行使是不同的概念，法定解除并非依法自动解除，是否解除，还要看权利人是否行使法定解除权。而从原《合同法》第94条和第410条的规定来看，上述条款只是规定"当事人可以解除合同"，而没有规定当事人必须解除合同。可见，法定解除权的行使由权利人决定。

因此,合同法定解除权的行使是可以通过当事人的约定排除的。最后,有必要澄清原《合同法》第 94 条和第 410 条的关系。原《合同法》第 94 条规定的是合同的法定事由解除。后者是指对于特定的合同,无须法定事由,一方或双方即享有解除权。法定事由的解除和法定任意解除并不相同,后者只适用在特定的合同中。原《合同法》第 94 条中的"法律规定的其他情形"是指法律另有规定法定事由解除的情形,不包括法定任意解除的情形。因此,不能认为原《合同法》第 94 条"法律规定的其他情形"的规定适用于原《合同法》第 410 条。因此无论是原《合同法》第 94 条的法定事由解除还是第 410 条法定任意解除,其解除权的行使都由当事人决定,法律并不干预。由于法定解除权的行使是当事人的权利,其完全可以通过约定排除解除权的行使。基于以上四点理由,前引案例中,当事人在委托合同中约定"双方不得无故终止合同"是对当事人合同解除权行使的限制,即当事人不得解除合同,由于该约定系当事人自愿所为,该条款在原《合同法》第 410 条规定范围内,应当对当事人具有约束力。供电公司违反这一约定,应承担违约责任。[1]

最高法民一庭在回答"委托合同当事人能否通过约定放弃任意解除权"这一问题时,最高法民事审判信箱的解答是"我们认为,任意解除权关系到合同双方当事人利益,无关公共利益,根据合同自由原则,如果当事人在委托合同中约定放弃任意解除权,表明当事人希望加强合同的稳定性,此种约定原则上应为有效"。[2]

最高人民法院在审理四川南部县金利房地产开发有限公司与成都和信致远地产顾问有限责任公司商品房销售代理合同纠纷案二审判决中认为:委托合同中当事人放弃任意解除权的约定,为当事人意思自治的产物。该约定如未违反法律、行政法规的禁止性规定,未违背公序良俗,未损害他人合法权益,则应合法有效。一方当事人违反有关放弃任意解除权的约定而导致合同解除时,应根据原《合同法》的规定承担赔偿损失的责任,损失的范围不仅包括直接损失,还应包括当事人所约定的可得利益损失。[3]

---

[1] 参见马强:《当事人约定与〈合同法〉第 410 条规定不一致如何处理》,载中华人民共和国最高人民法院民事审判第一庭编:《中国民事审判前沿》(2005 年第 2 集,总第 2 集),法律出版社 2005 年版,第 224~238 页。

[2] 最高人民法院民事审判第一庭编:《民事审判指导与参考》2017 年第 1 辑(总第 69 辑),人民法院出版社 2017 年版,第 250 页。

[3] 参见最高人民法院民事审判第一庭编:《民事审判指导与参考》第 87 辑,人民法院出版社 2022 年版,第 203~216 页。

四、《民法典》实施后最高人民法院观点

《民法典》实施后,对委托合同中当事人约定排除任意解除权条款的效力判定,最高人民法院《民法典》贯彻实施领导工作小组的观点是:首先,从立法本意来看,任意解除权是法律赋予委托合同双方当事人的权利,是随时可以行使的,即使有约定,当事人亦可随时行使,约定并不能阻却任意解除权的行使。其次,从社会实践看,在有偿合同中,特别是商事合同中,约定限制约定解除权的现象比较常见,存在市场需求,如果一律认定无效,可能不利于保护被解除方的合法权益。笔者认为,这个问题比较复杂,需要进一步研究探索。但有一点可以肯定,关于限制任意解除权的约定并不能真正阻却任意解除权的行使,此类约定亦不适合强制履行,对于一方当事人主张任意解除权的,应当认定行使任意解除权行为有效,而不能否定行使效果,对于解除方违反约定行使任意解除权的行为,可以作为当事人违约的一种情形,追究解除方的违约责任。对于这个问题,有待通过司法解释或者指导性案例等形式予以进一步明确。需要说明的是,因为《民法典》第933条已经明确规定了"有偿委托合同的解除方应当赔偿对方的直接损失和合同履行后可以获得的利益"。所以,在一定程度上会弱化对此问题的讨论。因为在当事人双方约定限制任意解除权的情况下,无论该约定是否有效,解除方因任意解除行为给另一方当事人造成损失的,另一方当事人不仅可以要求解除方赔偿直接损失,还能主张可得利益损失,基本能够实现对解约方任意解除的制约。[1]

最高法民一庭对委托合同中当事人能否通过约定放弃任意解除权的观点是:委托合同当事人有关放弃任意解除权的规定,在无明确立法解释或司法解释之前,对其效力认定应区分情况探讨;在无偿委托的情形下,由于当事人之间约束力较弱,维系合同关系的基础只有当事人之间的信赖关系,一旦信赖关系破裂,勉强维持合同关系的理由就不充分了,故在无偿委托情形下,解除权抛弃特别约定无效;在有偿委托的情形下,当事人之间除信赖关系外,还有其他利益关系存在,为了保护这种利益关系,当事人通过合同限制任意解除权,出于尊重意思自治应当认为这种限制原则上有效,除非这种限制违背公序良俗或者出现了不得不解除合同的情形。[2]

---

[1] 参见最高人民法院民法典贯彻实施工作领导小组主编:《中华人民共和国民法典合同编理解与适用》(4),人民法院出版社2020年版,第2532页。

[2] 参见最高人民法院民事审判第一庭编:《民事审判实务问答》,法律出版社2022年版,第29~30页。

第四节　任意解除合同之类型

尽管任意解除是一个学理上统一的名称,但法律规定其合同类型及解除法理基础和解除主体、限制、后果等各不相同。梳理相关法条,任意解除之类型及法理基础可作归类。

一、法律基于效率价值之任意解除

法的效率价值是指法能够使社会或人们用较少或较小的投入来获得较多或较大的产出,以满足人们对效率的需要。就立法者而言,效率与公平都是一个正常社会所需要的,但效率和公平往往又是冲突的,兼顾二者需要对其利益进行平衡。基于效率价值解除合同往往是考虑到在瞬息万变的市场经济中,为避免更大的社会资源浪费,或为更好的效力和经济利益而赋予当事人之合同解除权。基于效率价值之任意解除权与《民法典》第580条第1款中的基于效率违约有相同之处但又不同。效率违约起源于英美法系,以波斯纳为代表。波斯纳认为,如果从违约中获取的利益将超过他向对方做出履行的期待利益,或者损害赔偿被限制在期待利益赔偿范围内,那么这种情况将形成对违约的一种刺激,当事人应当违约。[1] 据此有学者提出,合同法已从原来的"单纯惩恶扬善的工具"变成了一种"合理划分商业风险的法律手段"。[2] 但是大陆法系国家并未接受效率违约理论,而是奉行合同严守原则,认为违约行为损害相对人利益,在道德上亦应受谴责。我国合同法也没有认同效率违约理论,但效率违约理论中的效率价值在我国《民法典》第580条中有所体现。我国合同法中基于效率价值对特定类型合同赋予任意解除权的规定与英美法系国家的效率违约不同,任意解除是法律明确授权,即使无因解除这一行为表征符合违约的特征,但本质上无非道德性,不属于违约。

《民法典》中法律基于效率价值而规定任意解除的合同如下。

---

[1] 参见[美]理查德·A.波斯纳:《法律的经济分析》(上),蒋兆康译,中国大百科全书出版社1997年版,第178~179页。

[2] 李杰:《效率违约法律问题比较研究》,载万鄂湘主编:《民商法理论与审判实务研究》,人民法院出版社2004年版,第286页。

(一)承揽合同之任意解除权

1. 定作人享有任意解除权的原因

《民法典》第 770 条规定:"承揽合同是承揽人按照定作人的要求完成工作,交付工作成果,定作人给付报酬的合同。承揽包括加工、定作、修理、复制、测试、检验等工作。"《民法典》第 787 条规定:"定作人在承揽人完成工作前可以随时解除合同,造成承揽人损失的,应当赔偿损失。"通说认为,第 787 条是承揽合同中赋予定作人任意解除权的规定。

法律赋予定作人任意解除权的原因是:根据承揽合同的性质和特点,承揽合同是定作人为了满足其特殊要求而订立的合同,承揽合同的定作物(标的)往往不是种类物,而是"量身定制"的特定物,因定作人在签订合同时,难以预测市场的瞬时变化,若固守合同严守原则,当定作物完成时,定作物可能对定作人而言已无实际效用,故为避免定作物的闲置和社会资源浪费,赋予了定作人任意解除权。当然定作人行使任意解除权应付出代价,那就是应向承揽人赔偿损失。

承揽合同中定作人享有任意解除权为各国或地区民事法律普遍承认。如《德国民法典》第 649 条规定:"在工作完成之前,定作人可以随时对合同发出解约通知。定作人发出解约通知的,承揽人有权要求约定的报酬;但承揽人因解除合同而节省的费用或因转向他处提供劳动而取得的或者出于恶意怠于取得的价值必须予以扣除。"《日本民法典》第 641 条规定:"在承揽人未完成工作期间,定作人,无论何时,均得赔偿损害而解除合同。"《瑞士债务法》第 377 条规定:"在工作完成前,定作人就承揽人已完成的工作支付报酬并全额补偿承揽人后,可以随时解除合同。"

定作人的任意解除权能否通过约定放弃? 最高人民法院的观点是:承揽合同双方不能通过约定排除定作人的任意解除权。首先,合同法上的赋权性规范都应归入赋权性规范,任意解除权规定是法律的强行性规范,不可以通过约定改变。其次,定作人享有任意解除权的正当性是基于承揽合同的性质,而非是否有偿,除非特别法规定对定作人的任意解除权加以限制,否则,不应认为定作人的任意解除权可以通过约定加以放弃。[1]

2. 原《合同法》第 268 条的立法不足

原《合同法》第 268 条规定"定作人可以随时解除承揽合同,造成承揽人损失

---

[1] 参见最高人民法院民法典贯彻实施工作领导小组主编:《中华人民共和国民法典合同编理解与适用》(3),人民法院出版社 2020 年版,第 1899 页。

的,应当赔偿损失"。

在《民法典》颁布前,有学者对该条提出了尖锐批评。梁慧星教授认为:"最后看第 268 条,即承揽合同的最后一条。该条规定:'定作人可以随时解除承揽合同,造成承揽人损失的,应当赔偿损失。'这一条是法工委同志借鉴《日本民法典》写进去的。该法典第 641 条规定'在承揽人未完成工作期间,定作人,无论何时,均得赔偿损害而解除合同'。《日本民法典》为什么这么规定,我们认为是基于当时的社会背景:经济生活比较简单,在承揽方面没有像现代生活中需要经常承建高速公路、巨型航空器、船舶、建筑物等大规模的承揽活动。但社会发展到今天,在我们的合同法中写这一条太特殊了,它赋予了一方无条件解除权,与整个合同法中规定的问题都无法协调。……这让人很费解。我们前面说本法要贯彻公平原则,当事人双方要公平,协商的时候可以约定解除,可以设定解除条件,约定解除权,都是可以的,为什么这里偏偏要单方面、片面的、任意的、没有任何条件解除合同,非常解释不通。这一条严重破坏了整个法律公正、公平、社会正义"。[1]

笔者认为:梁慧星教授当时批评的观点有道理。我们应看到原《合同法》第 268 条赋予定作人任意解除权的确没有任何限制,甚至连时间限制都没有。如果说承揽人已完成定作物,定作人再去行使任意解除权而解除合同,则说不过去。既然定作物为特定物,法律基于效率价值而赋予定作人解除合同的权利,那么法律就应该基于此立法理念对定作人的任意解除权行使时间作出明确的限制,所幸的是《民法典》对定作人行使任意解除权的时间作了限制。

3.《民法典》对定作人任意解除权之修改

《民法典》第 787 条规定:"定作人在承揽人完成工作前可以随时解除合同,造成承揽人损失的,应当赔偿损失。"该规定与原《合同法》第 268 条之规定比较,增加了定作人行使任意解除权须"在承揽人完成工作前"这一时间限制。《民法典》吸收了学者们的意见增加了这一限制,当然主要是考虑到承揽合同往往具有较强的专属性,承揽人的工作展开及成果的交付都需要按定作人的要求进行。如果允许定作人在承揽人完成工作后仍然可以解除合同,则很可能由于工作成果的专属性而造成浪费,承揽人很难再将原本为定作人完成的工作成果进行处置,这与《民法典》所创导的绿色原则,充分发挥物的效用的理念都不符。[2]

解读《民法典》第 787 条,在实务中应注意如下几点。

---

[1] 梁慧星:《合同法的成功与不足》(上),载《中外法学》1999 年第 6 期。
[2] 参见黄薇主编:《中华人民共和国民法典合同编解读》,中国法制出版社 2020 年版,第 986 页。

第一，若定作人行使任意解除权解除合同，须于承揽人完成工作之前提出，根据该条规定，定作人行使任意解除权随时解除合同的"随时"应当限制在合同成立生效后至承揽人完成工作的时间段。如果承揽合同中工作成果已经完成，定作人能否以质量问题为由行使任意解除权？笔者认为：根据《民法典》第787条的立法宗旨，在一般情况下，不宜直接支持。对于定作物的质量问题，根据《民法典》第781条的规定，定作人可以合理选择修理、重作、减少报酬、赔偿损失等。故质量问题所主张的责任方式应当严格按照前述法律的规定予以主张，如果可以通过上述方式救济，不宜再行支持解除权的行使。当然，如果质量问题已经严重到无法弥补、导致合同目的无法实现，则属违约解除范围，可适用《民法典》第563条第1款的法定解除事由予以救济。

第二，定作人根据该条解除合同的，应当采取通知方式解除，通知到达承揽人时合同解除。笔者认为：根据定作人行使任意解除权须"在承揽人完成工作前"的规定，不宜采取诉讼解除方式。因为通过诉讼解除方式，诉状送达承揽人需要一定时间，尽管诉讼解除时间确定为诉状副本送达承揽人时，但诉讼本身是一个比较漫长的过程，等到生效判决确定定作人有权解除时，承揽人可能已经完成了工作成果，所以，诉讼解除方式与定作人行使解除权的前提条件并不相符。

第三，定作人根据该条解除合同的，应当向承揽人赔偿损失，这也是定作人行使任意解除权的代价。

第四，《民法典》第787条仅赋予定作人任意解除权，而承揽人并不享有任意解除权，换言之，承揽人在合同订立后不得任意解除合同。对承揽人而言，该条虽未赋予承揽人任意解除权，但并未排除承揽人依照《民法典》第563条第1款所享有的法定解除权。

4. 区分任意解除和违约解除

承揽合同存在任意解除权和一般法定解除权并存的问题。实务中，常发生定作人起诉请求解除合同，但未明确其解除合同系行使定作人任意解除权还是一般法定解除权，此种情形如何处理？

笔者认为：定作人任意解除权与一般法定解除权系不同的请求权基础，存在不同的构成要件，不同的构成要件对应不同的要件事实，审判思路、审理内容也因此各不相同。《九民纪要》第49条第2款规定，人民法院在审理双务合同解除类案件时，应参照该纪要第36条的程序和要求对当事人进行释明，告知原告变更或增加诉讼请求，或者告知被告提出同时履行抗辩，对于合同解除的后果一并予以处理。所有在当事人未明确请求权基础的情况下，人民法院应当首先行使释明权，而非直接代替当事人作出选择进行裁判。

5. 行使任意解除权赔偿范围及定作物处理

《民法典》第787条对定作人任意解除合同,造成承揽人损失的,只规定"应当赔偿损失"。但该"损失"范围究竟是仅限于实际损失,还是包括可得利益在内的全部损失?《民法典》没有明确规定。实务中,部分法院认为,任意解除权的行使不是违约行为,且承揽合同自订立时起就存在随时解除的风险,承揽人的可得利益本就没有保障,因此承揽人未履行部分的履行利益不应得到赔偿。相反,有部分法院认为定作人行使任意解除权,相当于违约,对承揽人未履行部分的履行利益应当赔偿。

笔者认为:定作人行使任意解除权的行为的确不能等同于违约行为,同时,未完成的定作物对定作人而言往往效用大幅降低或已无实际效用,所以,对承揽人的赔偿范围应当作一定的限制;具体而言,对已履行的部分,包括可得利益损失赔偿,对未履行的部分,不能赔偿可得利益。但究竟是否如此,因具体情形复杂,需要最高人民法院就此作出明确的司法解释,以统一司法裁判尺度。

还有一个问题,那就是承揽合同解除后,定作物归属如何处理?笔者认为:第一,解决这个问题首先要解决承揽合同是任意解除还是违约解除,但无论是何种解除类型,都应当将需要返还的定作物一并在案件中处理。第二,如果是定作人任意解除,承揽人未违约,则定作物处理有两种情形:一种情形是,承揽人主张的损失是其应交付定作物对应的全部价款、未交付定作物成本费用;此时承揽人主张赔偿损失得到满足后,法院应根据案情,在必要时组织双方当事人对已完成、未交付的定作物进行清点确认,一并判决承揽人将定作物交付定作人。另一种情形是,承揽人主张的损失是扣除其应交付定作物残值后的实际损失,此时定作物一般应归承揽人自行处置;此种情形需注意在来料加工的情形下,对定作物残值的认定应统筹考虑定作人所提供材料的价值。第三,如果定作方基于承揽方违约而解除合同,一般情形下是因定作物质量问题而无法使用,定作方合同目的不达,于此情形下,定作物应一并作退货处理。

(二)建设工程合同之任意解除权

1. 发包人任意解除权之争议

《民法典》第788条规定:"建设工程合同是承包人进行工程建设,发包人支付价款的合同。建设工程合同包括工程勘察、设计、施工合同。"由于建设工程合同定作的标的物为不动产建设工程,通说认为,该类合同属承揽合同的特殊类型,因此,

《民法典》第 808 条规定:"本章没有规定的,适用承揽合同的有关规定。"根据该准用性条款可知,"建设工程合同"章没有规定的,可适用承揽合同的规定。但发包人是否如定作人一样享有任意解除权? 在实务中产生了很大争议。

(1) 肯定观点。该观点认为,根据《民法典》第 808 条的规定,应适用承揽合同的相关规定,故建设工程合同中发包人享有任意解除权;此外,承揽合同履行过程中需要双方履行协助义务,在定作人拒绝由承揽人完成工作时,司法强行要求双方继续履行,有违该类合同的本质,客观上也无法实际履行。支持肯定观点的案例有辽宁高法(2018)辽民终 456 号民事判决书、浙江高法(2017)浙民申 3286 号民事裁定书、云南高法(2016)云民终 329 号民事判决书、河南高法(2016)豫民终 2 号民事判决书等。

(2) 否定观点。该观点认为,建设工程合同中发包人不享有任意解除权。一是从体系解释看,《民法典》已经就建设工程合同中发包人在何种情况下享有解除权作了规定,故《民法典》第 787 条关于定作人任意解除权的规定原则上不适用于建设工程合同。二是从立法目的看,定作人任意解除权的制度目的是减少损失、防止浪费。如果允许发包人随时解除合同,反而会造成更大的损失,与定作人任意解除权制度的立法目的相悖。三是从公平角度看,目前我国建筑市场上承包人多处于相对弱势地位,如果再赋予发包人任意解除权,则双方地位失衡将进一步加剧,使承包人处于更不利地位,有违公平原则。四是建设工程合同可能涉及分包商、材料供应商,甚至影响政府部门行政监管、市场监管等,发包人任意解除权的行使不利于社会关系的稳定,同时也使得承包人承担巨大的风险,不利于工程建设。五是原《建设工程司法解释》第 8 条、第 9 条规定的工程施工合同解除条件严格,因此被认为排除了发包人的任意解除权。有些高级人民法院实务解答也持这种观点,例如原《广东省高级人民法院关于审理建设工程合同纠纷案件疑难问题的解答》(粤高法〔2017〕151 号)、《福建省高级人民法院关于审理建设工程施工合同纠纷案件疑难问题的解答》(2007 年发布)等。

2. 最高人民法院支持否定观点

最高人民法院支持否定观点。最高法第二巡回法庭 2021 年第 18 次法官会议纪要支持否定观点,其认为:建设工程合同中发包人不享有参照承揽合同定作人享有的任意解除权。理由如下:一是建设工程合同中发包人是否享有任意解除权,在司法实务中一直是个颇有争议的问题。根据《民法典》第 787 条的规定,承揽合同中的定作人在承揽人完成工作前可以随时解除承揽合同,同时该法第 808 条还规定:"本章没有规定的,适用承揽合同的有关规定。"建设工程合同系特殊的承揽合同,合同法对于建设工程合同中发包人的解除权又无特殊规定,沿此逻辑推理,根据前述规定,建设工程合同中发包人享有任意解除权似乎是必然的结论。然而,一般承揽合同所指向的标的通常为价值相对较小的动产,而建设工程合同所指向的工作成果为工程项目,往往投资巨大,涉及主体众多,甚至事关国计民生。如果赋予发包人任意解除权,即使可以通过赔偿机制填补承包人的损失,也势必造成社会资源的极大浪费。定作人任意解除权制度能否当然适用于发包人,不无疑问。二是2005年1月1日起施行的原《建设工程司法解释》第8条关于发包人解除权的规定,既是对原《合同法》第94条(《民法典》第563条第1款)法定解除权在建设工程合同中具体适用情形的解释,又是对发包人解除权的限制,实际对发包人任意解除权持否定态度。但关于该问题的争议并未因前述司法解释的出台而平息,仍有观点认为发包人享有任意解除权,毕竟仅以司法解释对发包人可以行使解除权的情形进行了列举为由而排斥定作人任意解除权在建设工程合同领域的适用,在逻辑上并不周延。在《民法典》颁布施行后,该法第806条第1款规定,承包人将建设工程转包、违法分包的,发包人可以解除合同。故建设工程合同发包人不享有任意解除权,据此得到进一步明确。

最高法民一庭也认为:不宜认定发包人享有任意解除权。理由如下:第一,从体系解释看,《民法典》合同编(第十八章"建设工程合同")第808条规定:"本章没有规定的,适用承揽合同的有关规定。"《民法典》合同编第十八章已经就发包人在何种情况下享有解除权作了规定,故关于发包人的解除权问题应当适用《民法典》合同编第十八章的规定,不应适用第十七章"承揽合同"的规定。第二,从立法目的看,《民法典》第787条规定定作人在承揽人完成工作前可以随时解除合同,主要目的是减少损失、防止浪费。承揽合同约定的定作物是为满足定作人的特定需求,如果由于情况变化定作人不再需要定作物,就没有必要继续制作定作物,及时解除合同有利于减少当事人损失,避免造成更大的浪费。但建设工程合同并不存在这一情况。实践中,签订建设工程合同后,发包人不需要再建设合同约定工程的情况十分少见。如果由于规划变化等原因导致建设工程没有继续施工的必要,发包人可通过情势变更原则行使合同解除权。相反,承包人准备施工、进场和退场都会带来高昂的成本,如果允许发包人随时解除合同,反而会造成更大的损失,与定作人任意解除合同制度的立法目的正好相背。[1]

---

[1] 参见最高人民法院民事审判第一庭编:《民事审判指导与参考》总第87辑,人民法院出版社2022年版,第254页。

3. 笔者观点:对发包人任意解除权应予限制,而非全盘否定

关于发包人是否享有任意解除权的争议,问题的实质是:若支持发包人的任意解除权,承包人虽可得到已完工工程所产生的利益(包括可得利益),但对未施工完的工程所期待的可得利益无法保护。因为任意解除不同于违约解除,违约解除的赔偿范围不存在争议,而任意解除赔偿范围存在争议。

笔者认为应当赋予发包人任意解除权,但发包人行使任意解除权的条件应予严格限制。理由如下:一是根据《民法典》第808条的规定,建设工程合同章没有规定的,适用承揽合同的相关规定,该条没有明确限制发包人的任意解除权。《民法典》是基本法,是上位法,其他法律和司法解释对该条作出的限缩解释,与立法原意并不相符。《法国民法典》第1794条亦规定:"建筑工程虽已开始,定作人亦得根据其单方的意思,于赔偿承揽人一切费用、劳动力及此次承揽可得利益后解除契约。"二是《民法典》第9条规定:"民事主体从事民事活动,应当有利于节约资源、保护生态环境";《民法典》第509条第3款规定:"当事人在履行合同过程中,应当避免浪费资源、污染环境和破坏生态。"可见绿色原则既是《民法典》的基本原则,也是合同履行的基本规则。在建设工程合同履行过程中,常发生在建工程因城市规划之变更必须拆除、在建工程因基础地质技术问题无法解决(如勘察中未发现的地下巨大溶洞)而无法建设等情形,当工程施工无实际价值时,继续履行合同则会形成社会资源浪费。在实务中,这种情形虽不多见,但并非没有。笔者就曾经见过:某开发项目的房屋基本建成时,当地政府改变规划,决定将项目土地收回建设城市高架桥,由此导致正在履行的建设工程合同无法履行。还有一个开发项目,房屋基础建成时,当地政府通过招商引资引进了一个大型商业项目,需要将该开发项目土地并归到新的大型商业项目中,由此导致该开发项目无法继续实施,同样导致施工合同无法履行。如果发包人没有任意解除权,又不能和承包人协商解除合同,而发包人请求司法终止合同,又将承担违约赔偿责任,有时这种赔偿将是巨额的。如果政府改变规划强行收回土地,拆除已建工程,根据《国家赔偿法》的规定,政府往往不会对承包人未完工工程利润进行补偿,这对发包人是极不公平的。因此,在特殊情形下,有必要赋予发包人任意解除权。三是出现上述特殊情形,发包人以情势变更为由请求解除施工合同,不符合效率原则。因为根据情势变更规则解除合同,发包人所行使的不是解除权,而是请求权,法院对情势变更的认识不同,不一定会判令解除合同,同时诉讼程序有一审、二审,旷日持久,合同不能及时解除,双方损失更大,资源浪费更大,于此情形下,赋予发包人任意解除权更有效率。四是在特殊情形下,赋予发包人任意解除权,符合绿色原则,对承包人未必不公平。对已完工部分工程,发包人应当给付含利润在内的工程款,同时承包人还有其他信赖利益损失(如所备材料不能继续使用)的,发包人应当赔偿,这一点没有争议。对于未施工部分的工程利润,根据公平原则,可酌情给付,但不能全部赔偿,因为未完工部分承包人不再施工,减免了其义务,承包人可将节省的人力、物力投入其他工程。

(三)运输合同之任意解除权

《民法典》第829条规定:"在承运人将货物交付收货人之前,托运人可以要求承运人中止运输、返还货物、变更到达地或者将货物交给其他收货人,但是应当赔偿承运人因此受到的损失。"该条承继了原《合同法》第308条的规定,没有实质性修改。该条虽然用的是"可以要求"字样,但实质上是指托运人的解除要求,承运人必须同意,由此仍为单方任意解除。需要注意的是,在提单运输中(主要是海上货物运输),由于提单具有物权凭证、可转让性质,托运人的权利义务等内容一并转移给了提单持有人,所以在提单运输中,货物已经启运后,托运人如果已经转让了提单,托运人就没有单方变更或解除合同的权利了,但提单持有人可以单方变更或解除合同;而作为承运人一旦货物运输合同成立生效后并不享有运输合同的任意解除权。除此之外,《海商法》第89条规定"船舶在装货港开航前,托运人可以要求解除合同。但是,除合同另有约定外,托运人应当向承运人支付约定运费的一半;货物已经装船的,并应当负担装货、卸货和其他与此有关的费用"。该条不仅规定了海上运输托运人的任意解除权,而且规定了托运人行使任意解除权的法定赔偿范围。《民用航空法》第119条第1款也有托运人行使任意解除权的规定。

关于货运合同的性质,史尚宽教授认为:"运送契约,以将货物或旅客由甲地运送至乙地之结果为目的,为承揽之契约。"[1]故运输合同托运人的任意解除权之法理基础亦与承揽合同中定作人的任意解除权相同。

(四)技术开发合同之任意解除权

《民法典》第851条规定:"技术开发合同是当事人之间就新技术、新产品、新工艺、新品种或者新材料及其系统的研究开发所订立的合同。技术开发合同包括委托开发合同和合作开发合同。技术开发合同应当采用书面形式。当事人之间就具有实用价值的科技成果实施转化订立的合同,参照适用技术开发合同的有关规定。"依此规定,技术开发合同分为三种:委托开发合同;合作开发合同;技术成果转

---

[1] 史尚宽:《债法各论》,中国政法大学出版社2000年版,第322页。

化合同。《民法典》第 857 条规定"作为技术开发合同标的的技术已经由他人公开,致使技术开发合同的履行没有意义的,当事人可以解除合同"。本条是根据技术开发合同的特点规定的解除权。

根据第 857 条的规定,只要同时具备如下两个条件,技术开发合同当事人就可以解除合同,只需要通知对方说明实际情况并提供必要证明,不需要征得对方同意。首先,作为技术开发合同标的的技术已由他人公开。技术标的的公开一般有如下情形:他人已经将该技术申请专利,并履行了专利登记手续;该技术标的已由他人研究成功或者从国外引进并可以在技术市场上作为商品进行转让;该技术标的已经在公开的技术文献上披露或在展览会上或以其他方式向社会公布,任何人可以从公共情报资源中取得。其次,上述事由已经使得技术开发合同的履行没有意义,所谓没有意义,是指技术合同如果履行完毕,对债权人已无效率价值,没有意义。

根据第 857 条规定,双方当事人均可行使任意解除权。至于合同解除后果,有约定的应按照约定,没有约定或者约定不明的,应根据《民法典》第 566 条确定。当事人双方均没有过错的,由当事人合理分担。

(五)旅游合同之任意解除权

《旅游法》第 65 条规定"旅游行程结束前,旅游者解除合同的,组团社应当在扣除必要的费用后,将余款退还旅游者"。《旅游纠纷解释》第 12 条规定"旅游行程开始前或者进行中,因旅游者单方解除合同,旅游者请求旅游经营者退还尚未实际发生的费用,或者旅游经营者请求旅游者支付合理费用的,人民法院应予支持"。旅游合同与承揽合同性质最为接近,同时又有很强的人身属性。对于赋予旅游者任意解除权的正当性,有学者认为:"如果旅游者此时不能参加旅游,也不能由第三人代替参加,法律又不允许其退出合同关系的话,就会导致旅游者构成迟延受领,旅游经营者在旅游者不能参加时又不能停办旅游,从而造成财产的不必要浪费。"[1]

《旅游法》第 65 条仅赋予旅游者任意解除权,旅游经营者并不享有任意解除权,但旅游者解除合同在时间上限制为旅游行程结束前,如果是旅游行程结束后提出解除合同,不应支持。一般而言,旅游合同订立后,旅游经营者根据目的地的不同会为旅游者预订车票、机票、住宿等,由此必然发生费用,根据公平原则,若旅游者行使任意解除权解除合同,应当承担旅游经营者支出的必要费用。

---

[1] 韩阳、孟凡哲等编著:《旅游合同研究》,知识产权出版社 2007 年版,第 282 页。

二、法律基于信赖关系破裂之任意解除

合同之所以能够订立,系以当事人之间存在互为信赖关系为前提的。不仅如此,对于某些持续性服务合同,这种信赖关系的存在还是合同关系存续的基础,如果当事人之间的这种信赖关系破裂,失去信赖基础的合同将无法继续履行,这对于合同一方当事人甚至是双方当事人皆无利益。信赖关系破裂就为任意解除权的产生提供了法理基础。同时,对于信赖关系破裂的合同,若强行判令一方负有继续履行的义务,既无法强制继续履行,对于当事人双方而言,也皆无意义,于此情形下,不如将履行利益转换为赔偿,皆利于双方。

法律关于信赖关系破裂的任意解除权合同类型有以下5种。

(一)委托合同之任意解除权

1. 原《合同法》第410条之不足

原《合同法》第410条第1句规定"委托人或者受托人可以随时解除委托合同",《民法典》第933条第1句亦作出了同一规定。依照该规定,在委托合同中,委托人和受托人均享有任意解除权。

法律赋予委托人任意解除权的通常理由是,委托合同具有特别的信任关系,只有委托人才能够评估该特别信任是否以及何时降低,一旦这种特别信任度降低,委托合同便没有存续的必要。对此,学者认为:委托合同建立在当事人信任关系基础之上,若一方对另一方的信任有所动摇,则不问客观上是否有理由,均应准许其终止委托关系。双方当事人可以随时行使解除权,而无须征得对方同意。至于委托合同为有偿或无偿,定有期限或未定期限,事务处理是否已告一段落,在所不问。[1]但是,在很多委托合同尤其是商事委托合同中,委托人选择受托人更多的是关注其商誉及经营能力,而这与其他类型合同并无实质区别。立法赋予委托人任意解除权更为有力的理由是,因为主客观因素的变化,处理委托事务对委托人已没有利益,或者委托人收回事务处理,甚至因为委托人对特定事务处理事项的事先不了解导致其意愿后来发生变化,此时,委托人即使无法根据一般的法定解除权解除合同,也仍然对解除合同具有合法权益。据此,从委托人角度来看,委托人享有任意解除权的背后是委托人不受到合同绝对拘束。

立法规定受托人也享有任意解除权。在无偿委托中,受托人未因处理事务获

---

[1] 参见江平主编:《中华人民共和国合同法精解》,中国政法大学出版社2009年版,第352~353页。

得对价,故其义务应当弱化,结束无偿合同相对而言应当比较容易,无偿受托人享有任意解除权的正当性较强。在有偿委托合同中任意解除权的正当性要稍弱一些,可能考虑到的理由是委托合同作为手段之债,受托人的行为义务很难予以强制履行,即使采取间接强制方式,也仍然很难保障受托人尽到足够的注意义务去处理事务,且注意义务或者服务瑕疵的判断具有很大的不确定性,不允许受托人任意解除最终仍会损害委托人利益,这点与承揽合同作为结果之债最终是对工作成果的判断不同。

但是,无论是有偿委托还是无偿委托,委托合同也可能同时是为受托人的利益,且该利益并非受托人的报酬利益,而是其他利益。有偿的委托合同含有受托人的报酬利益自不必说,即使是无偿的委托合同,也存在委托人的其他利益。例如:(1)甲委托乙管理甲的公寓,委托本身是无偿的,但乙有权使用从甲的承租人那里收取的保证金,受托人乙就具有使用保证金的利益;(2)甲无偿委托乙收取甲对丙的债权,但因为乙对甲享有债权,甲乙约定乙可以从收取的债权中扣除甲对乙所负债务,乙对处理事务就具有债的保全和担保利益;(3)甲对他人享有债权,同时对乙负有债务,甲乙约定将甲的债权质押给乙,因为乙和丙是关联公司,甲将办理质押登记的事务委托给丙,此时受托人丙和第三人乙对此享有共同利益,实际上是受托人利益的延伸;(4)银行与消费者签订借款合同,以消费者的房产作为抵押,并同时约定委托银行办理抵押登记,此时银行对处理委托事务也同样具有自己的利益。在上述情形中,委托合同不仅是为了委托人的利益,也同时为了受托人报酬利益之外的其他利益,如果委托人任意解除合同,可能会造成受托人利益的损失。

委托合同的双方都有权随时解除委托合同。但是,在解除后果方面,原《合同法》第 410 条第 2 句规定:"因解除合同给对方造成损失的,除不可归责于该当事人的事由以外,应当赔偿损失。"但是,赔偿损失的范围是什么?是仅赔偿直接损失,还是还需要赔偿可得利益?原《合同法》对此未予规定。最高人民法院对"盘起案"的判决对可得利益予以了限制,由此引发重大争议。

最高人民法院通过其审理的上海盘起贸易有限公司与盘起(工业)大连有限公司委托合同纠纷二审判决确立了委托合同的裁判规则,即根据原《合同法》第 410 条的规定,委托人或者受托人可以随时解除委托合同。因解除合同给对方造成损失的,除不可归责于当事人的事由外,应当赔偿损失。但是当事人是基于解除委托合同而应承担的民事赔偿责任,不同于故意违约而应承担的民事责任,前者的责任范围应限于给对方造成的直接损失,不包括对方的预期利益。不仅如此,最高人民法院还将该案作为向全国推广的指导性案例(笔者注:现已废止),明确委托合同任意解除的赔偿规则为"当事人因解除委托合同而应承担的民事赔偿责任,仅限于给对方造成的直接损失"。

最高人民法院这一指导性案例出台后,遭到了诸多学者的批评。如学者崔建远、龙俊专门著文《委托合同的任意解除权及其限制——"上海盘起诉盘起工业案"判决的评释》对该案判决进行评述,该文认为"尽管最高人民法院将《合同法》的第410条任意解除权的损害赔偿范围界定为直接损失,但没有说明理由。如果实践中不分青红皂白地一律贯彻这一结论,将会造成严重不公的结果,正如本文开头所描述的情形,委托事务接近完成,甚至于委托人为履行委托事务而专门设立了公司,从事委托合同约定的业务,受托人即将据此取得可观的合同利益,恰在此时,委托人援用该条规定而主张解除合同,若依最高人民法院的观点,受托人仅能得到直接损失的赔偿。尤其在律师业务的风险代理场合,如果委托人为了规避高额风险代理报酬,在受托律师代理案件即将处理完毕的时候解除合同,结果最后代理案件胜诉等风险代理委托合同的条件成就时,难道受托人仍然仅能得到直接赔偿?而且这种报酬依结果而定的场合,受托人也很难依据《合同法》第405条取得阶段性报酬,若将《合同法》第410条的损害赔偿范围限缩在直接损失,对受托人甚为不公"。据此崔建远教授呼吁:"解决此类问题,从立法论层面讲,中国未来的民法典应当明确限定商事委托合同的解除权。"[1]

2.《民法典》第933条之修改

鉴于原《合同法》第410条在立法上存在的弊病,《民法典》第933条对原《合同法》第410条进行了重大修改。

《民法典》第933条规定:"委托人或者受托人可以随时解除委托合同。因解除合同造成对方损失的,除不可归责于该当事人的事由外,无偿委托合同的解除方应当赔偿因解除时间不当造成的直接损失,有偿委托合同的解除方应当赔偿对方的直接损失和合同履行后可以获得的利益。"

与原《合同法》第410条相比,《民法典》第933条的修改主要体现在以下方面:

一是对委托合同以是否有偿为标准进行了区分,将委托合同区分为无偿委托合同和有偿委托合同。实务中,无偿的委托合同并不多见,较多的是有偿的委托合同,随着服务业的发展,商事委托合同的种类和数量将会大量增加。

二是当事人免责事由中非"不可归责于受托人的事由"包括很多类型。以受托人解除合同为例,包括:受托人因病住院且无法转委托其他人处理;受托人依赖委

---

[1] 崔建远:《合同法总论》,中国人民大学出版社2016年版,第655页。

托人的商业信誉,但委托人的商业信誉严重受损;委托人变更指示导致受托人处理委托事务的难度显著增加,受托人依据《民法典》第922条尽到了通知义务而委托人不同意再变更指示等。

三是对当事人行使任意解除权的结果,根据委托合同的有偿和无偿进行了区分。对于无偿的委托合同,若当事人行使任意解除权予以解除,其赔偿范围限于因解除时间不当造成的直接损失,之所以如此规定,盖因在无偿的委托合同中,当事人之间本来就不存在对可得利益的期待。对于有偿的委托合同,若当事人行使任意解除权予以解除,其赔偿范围不仅限于对相对人造成的直接损失,还应赔偿间接损失,即可得利益损失。

尽管许多学者主张对于有偿委托应区分一般有偿委托和商事委托,对于商事委托合同不应赋予任意解除权或进行限制,但《民法典》没有将有偿委托进一步区分为一般有偿委托和商事委托,更没有对商事委托的任意解除权进行限制。

《民法典》第933条所规定的任意解除权是对所有委托合同而言的,其承继了原《合同法》中不限制当事人任意解除权的规定,只是在解除后果上进行了重大修改。对于有偿的委托合同而言,当事人在行使任意解除权时,应当考虑的赔偿范围是相对人的所有合同利益损失,包括可得利益损失。如此规定,实际上对有偿委托合同起到了限制行使任意解除权的效果,既坚持了委托合同任意解除的法理基础,又平衡了受托人的利益。这一规定完全弥补了原《合同法》第410条的立法缺陷,也必将大力促进我国服务业的发展。

3.委托合同任意解除权之限制

虽然委托人或受托人行使任意解除权无须任何理由,但对此并非绝对"任意"而无任何限制。实务中,对委托合同任意解除权的限制可能是:第一,应当在受托人处理事务完毕之前解除合同。在委托事务处理完毕的情况下,委托人实际上已履行了其主要合同义务,委托的目的已经实现,合同权利义务已终止;而解除委托合同只能使合同在解除后终止其效力,不能溯及既往地使合同无效。于此情形下,解除合同已失去意义,所以对委托事务已处理完毕的,不能再解除合同。第二,该委托合同非不定期委托合同。若为不定期的委托合同,应当适用《民法典》第562条第2款的规定处理。不定期持续性合同中的任意解除权,保护对方利益的方式并非赔偿,而是在合理期限之前通知。委托人行使任意解除权,只要将解除合同的意思表示通知受托人即可,关于解除通知,应当适用《民法典》第565条的规定。第三,任意解除权只适用于单纯的委托合同关系,如果合同中除了委托关系之外,还有其他法律关系,不是单纯的委托性质,则合同当事人不能行使任意解除权。如最高法(2013)民申字 1413 号案件中,申请再审人天长公司与被申请人中宇公司签订《代理销售合同》,约定天长公司对外销售房屋,同时剩余未销售房屋由天长公司购买,法院认为其虽有诸多条款为委托合同性质,但其实质规定含有包销成分,不能认定为单纯的委托关系,也不实用委托合同的任意解除权。[1]

(二)行纪合同之任意解除权

行纪合同又称信托合同,有广义与狭义之分。广义的行纪合同是指所有以自己名义为他人从事民事活动的合同,承揽亦属之;狭义的行纪合同限于以自己名义为他人从事动产买卖和其他商业上的行为的合同。原《合同法》分则第二十二章对行纪合同作了具体规定,其中第 414 条规定"行纪合同是行纪人以自己的名义为委托人从事贸易活动,委托人支付报酬的合同";《民法典》第 951 条承继了原《合同法》第 414 条关于行纪合同的含义,未作修改。根据该定义,《民法典》中的行纪合同属于狭义的行纪合同。

学者认为:行纪合同虽是独立于委托合同的一类有名合同,但二者的共性仍然很多,以至于理论上以及在国外的某些立法体例中,有直接将行纪合同作为一种特殊类型的委托来看待的。从行纪制度的产生和发展的历史过程来看,最初,行纪制度正是为了克服委托制度的弊端而又同时能承袭委托的便利而发展起来的,可以说与委托制度有密切的联系。正因如此,在法律对行纪合同的事项无特别规定时,可适用委托合同的有关规定。[2]

原《合同法》第 423 条规定:"本章没有规定的,适用委托合同的有关规定。"鉴于行纪合同与委托合同并不一致,比如委托合同的标的既可以是事实行为也可以是法律行为,但行纪合同只能是法律行为,又如委托合同可以为有偿也可以为无偿,而行纪合同只能是有偿。故在《民法典》编纂过程中,将"适用"修改为了"参照适用"。《民法典》第 960 条规定"本章没有规定的,参照适用委托合同的有关规定"。一般来说"参照适用"包括两层意思:一是参照适用并不是全部能够适用,换言之,即使行纪合同没有就该合同的具体规则作出明确的规定,也不一定都可以适用委托合同的全部规则。二是参照适用并不是直接适用。在处理行纪合同纠纷确需适用委托合同的相关规则时,不能直接使用委托合同的相关规则,而应首先适用

---

[1] 参见最高人民法院民法典贯彻实施工作领导小组主编:《中华人民共和国民法典合同编理解与适用》(4),人民法院出版社 2020 年版,第 2533~2534 页。

[2] 参见江平主编:《中华人民共和国合同法精解》,中国政法大学出版社 1999 年版,第 367 页。

《民法典》第960条规定,再引用委托合同的相关规则。

根据《民法典》第960条的规定行纪合同可以参照适用委托合同的有关规定,在行纪合同解除问题上,可以参照《民法典》第933条中委托合同任意解除权之规定,即在行纪合同中,委托人和行纪人原则上都享有任意解除权,因解除合同造成对方损失的,除不可归责于解除方的事由外,解除方应当承担相应的赔偿责任。

如上所言,委托人和行纪人仅原则上享有任意解除权,这表明存在任意解除权限制情形。在行纪合同履行过程中,如果行纪人已按照合同约定卖出委托物或买入委托物,只是行纪人尚未将货款或标的物交付委托人,此时不应赋予双方当事人任意解除权。主要理由:一是此时赋予当事人任意解除合同,将很难恢复至合同前的状态,强行恢复不符合诚信原则和节约资源原则。二是在行纪人已经按照约定卖出或买入委托物的情形下,表明相互之间原则上没有失去信任,不应当像委托合同那样赋予当事人任意解除权。三是根据《民法典》第960条的规定,"行纪合同"章没有规定的,不一定就必须适用委托合同的相关规定。四是根据《民法典》第957条第2款的规定,委托人不能卖出或者委托人撤回出卖,经行纪人催告,委托人不取回或者不处分该物的,行纪人有权提存委托物。该规定意味着当事人只有在委托物不能出卖时可以解除合同,或者委托人在委托物出卖前可以解除合同。按照体系解释原则,除此之外,当事人不应当具有解除合同的权利。综上所述,在行纪人已经按照约定卖出或者买入委托物的前提下,当事人约定维持行纪合同的效力,则继续履行合同。[1]

需要注意的是,根据《民法典》第951条的规定,行纪合同为委托人支付报酬的合同,故为有偿合同。而委托合同可以为有偿合同,也可以为无偿合同,但在两类委托合同中,受托人的注意义务及后果明显不同。根据《民法典》第929条第1款的规定,有偿的委托合同,因受托人的过错造成委托人损失的,委托人可以请求赔偿损失。无偿的委托合同,因受托人的故意或者重大过失造成委托人损失的,委托人可以请求赔偿损失。据此,在行纪合同中,只要行纪人有过错造成委托人损失,委托人就有权要求其赔偿损失,而不必要求行纪人的主观要件达到故意或重大过失的程度,即行纪合同不能参照无偿委托合同的相关规定,这也是实务中应当注意的问题。

行纪合同除《民法典》规定的以外,我国《信托法》第2条规定"本法所称信托,

---

[1] 参见最高人民法院民法典贯彻实施工作领导小组主编:《中华人民共和国民法典合同编理解与适用》(4),人民法院出版社2020年版,第2704页。

是指委托人基于对受托人的信任,将其财产权委托给受托人,由受托人按委托人的意愿以自己的名义,为受益人的利益或者特定目的,进行管理或者处分的行为"。《信托法》第50条规定"委托人是唯一受益人的,委托人或者其继承人可以解除信托。信托文件另有规定的,从其规定"。可见,《信托法》赋予了委托人任意解除权。

(三) 中介合同之任意解除权

《民法典》将中介合同纳入典型合同之列,该法第961条规定:"中介合同是中介人向委托人报告订立合同的机会或者提供订立合同的媒介服务,委托人支付报酬的合同。"中介合同又称居间合同,其法律特征如下:一是中介合同是以促成委托人与第三人订立合同为目的的合同;二是中介人在合同关系中处于介绍人地位;三是中介合同具有诺成性、双务性和不要式性;四是中介合同具有有偿性。

实务中,当事人以"保证中标"为条件收取费用的协议因不具有中介合同特征,故不属中介合同,因为在中介合同中,中介人不是保证人,其不应当承担保证委托人和相对人订立合同的责任。对委托人而言,在订立中介合同时,不会事先知悉有订立合同的机会,也不会必然获得该订约机会。故当事人以"保证中标"为条件收取费用的协议不符合中介合同的特征,报告公开招标信息也不能被认为履行了中介义务。

《民法典》"中介合同"章第966条规定:"本章没有规定的,参照适用委托合同的有关规定。"根据该条规定,中介合同在解除问题上,可参照适用《民法典》第933条中委托合同任意解除权之规定,允许委托人行使任意解除权解除中介合同。但中介合同为有偿合同,不能适用《民法典》第933条中无偿委托合同的相关规定。

《七民纪要》第22条对因国家宏观调控政策变化引发的居间报酬纠纷作出了规定:"房屋买卖双方因中介机构的居间行为订立合同的,除合同另有约定外,一方当事人以宏观调控政策调整无法继续履行合同为由,请求解除居间合同并要求返还已支付的居间报酬的,原则上不予支持。但约定的居间报酬确实过高,当事人请求适当酌减的,人民法院可以根据案件具体情况,根据公平原则处理。对于中介机构故意隐瞒真实情况、违规操作,恶意促成买卖双方交易,导致房屋买卖合同无法履行,严重损害委托人利益的,中介机构请求委托人支付居间报酬的,不予支持;委托人请求中介机构赔偿损失的,应当根据当事人的过错程度处理。"

在中介合同中,关于委托人"跳单"与委托人行使任意解除权关系的问题值得探讨。

首先,《民法典》已明确"禁止跳单"规则。原《合同法》居间合同对"跳单"问题没有规定。《民法典》第 965 条导入了"禁止跳单"规则,该条规定:"委托人在接受中介人的服务后,利用中介人提供的交易机会或者媒介服务,绕开中介人直接订立合同的,应当向中介人支付报酬。"该条被作为"坚持问题导向,体现时代特征"的《民法典》合同编重大创新和发展来对待,其对于完善中介规则具有重要意义。在此之前,最高法指导案例 1 号(上海中原物业顾问有限公司诉陶某华居间合同纠纷案)确立的裁判规则为:居间合同中禁止买方利用中介公司提供的房源信息,却撇开该中介公司与卖方签订房屋买卖合同的约定具有约束力,即买方不得"跳单"违约;但是同一房源信息经多个中介公司发布,买方通过上述正当途径获取该房源信息的,有权在多个中介公司中选择报价低、服务好的中介公司促成交易,此行为不属于"跳单"违约。从而既保护中介公司合法权益,促进中介服务市场健康发展,维护市场交易诚信,又促进房屋买卖中介公司之间公平竞争,提高服务质量,保护消费者的合法权益。《民法典》第 965 条规定的"禁止跳单"规则与最高法指导案例 1 号之间具有密切的联系。但指导案例 1 号本身只是在判断该案中格式条款有效的基础上,利用合同解释方法,对当事人是否违反格式条款"禁止跳单"义务作出了判断。指导案例 1 号中格式条款规定的"跳单",与《民法典》第 965 条的字面含义相比,其范围更广,还包括了委托人以外的与委托人相关的人员绕过中介人订立合同的情形,并非限于《民法典》第 965 条规定的"直接订立合同"的字面含义。当然,无论是与委托人相关的人绕过中介人直接缔结合同,还是委托人委托其他中介人缔结合同,都可以在《民法典》第 965 条文义的涵摄范围之内,都可以通过该条的扩张解释予以解决。两者之间更为重要的区别是指导案例 1 号与《民法典》第 965 条构造上的不同。与《民法典》第 965 条规定报酬请求权不同的是,指导案例 1 号中格式条款中规定的是"违约金条款",而非"报酬条款",其实质是损害赔偿请求权构成。当然,也有学者认为该条虽然规定的是报酬请求权,但其是以报酬请求权方式体现的违约责任,将"跳单"本身定位为"违约责任"。[1]

其次,中介合同中委托人行使任意解除权不能完全参照适用委托合同的相关规定。其一,根据《民法典》第 933 条的规定,委托合同中的委托人享有任意解除权,根据《民法典》第 966 条的规定,在中介合同中可以允许委托人任意解除合同,故《民法典》中的"禁止跳单"规则侧重点是解决"跳单后果"问题,不是对委托人行使任意解除权的限制。其二,中介合同委托人行使任意解除权有两种方式,一种是

---

[1] 参见周江洪:《民法典中介合同的变革与理解——以委托合同与中介合同的参照适用关系为切入点》,载《比较法研究》2021 年第 2 期。

通知方式解除,另一种是委托人在订立中介合同后发生跳单行为,这种行为实质上是默示解除合同行为。其三,由于中介合同为有偿合同,不同于委托合同有偿和无偿之分,故中介合同委托人行使任意解除权的赔偿责任应根据不同情形分别处理。如果委托人没有发生"利用中介人提供的交易机会或者媒介服务,绕开中介人直接订立合同"的事实,则应赔偿中介人信赖利益损失,而非参照有偿委托合同的"直接损失和合同履行后可以获得的利益"。如果委托人"利用中介人提供的交易机会或者媒介服务,绕开中介人直接订立合同",即发生"跳单"行为,所适用的《民法典》第965条中的"应当向中介人支付报酬",则无须参照适用《民法典》第933条中委托人解除有偿委托合同后果的规定。

(四)无约定之按份共有物分割请求权

《民法典》第303条规定:"共有人约定不得分割共有的不动产或者动产,以维持共有关系的,应当按照约定,但是共有人有重大理由需要分割的,可以请求分割;没有约定或者约定不明确的,按份共有人可以随时请求分割,共同共有人在共有的基础丧失或者有重大理由需要分割时可以请求分割。因分割造成其他共有人损害的,应当给予赔偿。"

该条规定中"没有约定或者约定不明确的,按份共有人可以随时请求分割"表明法律赋予按份共有人对共有财产之共有享有任意解除权。其正当性在于,按份共有与共同共有比较,其基础关系相对不具有紧密性和人身属性,法律允许分割,体现按份共有基础关系的财产性较强而人身性较弱的特质。但这种分割限制于:其一,共有财产须为按份共有,而不是共同共有;其二,按份共有人对其共有财产之分割没有约定或约定不明之情形。

依照本条,共有人行使任意解除权分割按份共有财产,致使共有财产功能丧失或削弱,降低其价值,给其他共有人造成损害的,应当承担赔偿责任。

(五)物业服务合同之任意解除权

物业服务合同原为无名合同,《民法典》将其列为典型合同。《民法典》第937条规定:"物业服务合同是物业服务人在物业服务区域内,为业主提供建筑物及其附属设施的维修养护、环境卫生和相关秩序的管理维护等物业服务,业主支付物业费的合同。物业服务人包括物业服务企业和其他管理人。"根据《民法典》第284条第1款"业主可以自行管理建筑物及其附属设施,也可以委托物业服务企业或者其他管理人管理"之规定,物业服务合同的主体包括业主、物业服务企业、其他管理人。

《民法典》生效前,关于物业服务合同性质的争议颇多,有委托合同说、服务合同说、混合合同说、独立合同说、承揽合同说、雇佣合同说等。既然《民法典》将物业服务合同列为了典型合同,故物业服务合同是一种独立的合同。

《民法典》第 278 条规定:"下列事项由业主共同决定:(一)制定和修改业主大会议事规则;(二)制定和修改管理规约;(三)选举业委员会或者更换业主委员会成员;(四)选聘和解聘物业服务企业或者其他管理人;(五)使用建筑物及其附属设施的维修资金;(六)筹集建筑物及其附属设施的维修资金;(七)改建、重建建筑物及其附属设施;(八)改变共有部分的用途或者利用共有部分从事经营活动;(九)有关共有和共同管理权利的其他重大事项。业主共同决定事项,应当由专有部分面积占比三分之二以上的业主且人数占比三分之二以上的业主参与表决。决定前款第六项至第八项规定的事项,应当经参与表决专有部分面积四分之三以上的业主且参与表决人数四分之三以上的业主同意。决定前款其他事项,应当经参与表决专有部分面积过半数的业主且参与表决人数过半数的业主同意。"

《民法典》第 946 条规定:"业主依照法定程序共同决定解聘物业服务人的,可以解除物业服务合同。决定解聘的,应当提前六十日书面通知物业服务人,但是合同对通知期限另有约定的除外。依据前款规定解除合同造成物业服务人损失的,除不可归责于业主的事由外,业主应当赔偿损失。"

根据该条规定,在定期物业服务合同中,法律赋予了业主任意解除权,未赋予物业服务人任意解除权。但业主行使物业服务合同的任意解除权须符合下列条件:一是业主依照法定程序共同决定解除合同,这里的法定程序是指《民法典》第 278 条所规定的程序。二是应当提前 60 日通知物业服务人,通知方式为书面而非口头,但合同对通知期限另有约定的除外。之所以规定提前通知,乃是给予物业服务人清理、交接物业服务资料必要的准备时间。

法律赋予业主在特定条件下对物业服务合同的任意解除权。其理由是:对于物业服务合同,双方当事人的义务绝非一次给付即可完成,相反,业主要随着时间的延续不断交付物业费和配合物业服务企业的管理工作,物业服务企业要在相当长时间内持续不断地对房屋及其配套的设施设备和相关场地进行维修、养护、管理、维护物业管理区域内的环境卫生和相关秩序。因此,业主和物业服务企业的相互信任和相互配合对于物业服务合同的顺利履行和合同目的的顺畅实现有举足轻重地位。当因各种客观事由导致业主和物业服务企业丧失相互信任时,应允许解除物业服务合同,为其提供一个离开法锁的途径。否则,将严重损害双方当事人的利益,违反法律的正义和效率。在业主应决议更换物业服务企业的情况下,如果强行维护物业服务合同的效力,业主必将以各种手段进行抗争,比如拒交物业费,此时物业服务企业只能不断对广大欠费业主提起诉讼和申请强制执行,这既背离了业主方便生活的合同目的,也背离了物业服务企业的营利目的。正因如此,《物业管理条例》和原《物权法》都规定了业主大会有权决定解聘物业服务企业,而没有对解聘的前提进行限制。[1]

三、法律基于缔约自由之任意解除

在不定期持续性合同中,合同之所以存续乃因当事人因信赖和善意而存在特殊的利益关系,当此信赖和善意丧失时,基于保护当事人缔结合同的自由,法律赋予当事人可以随时解除合同的权利。《民法典》第 563 条第 2 款规定:"以持续履行的债务为内容的不定期合同,当事人可以随时解除合同,但是应当在合理期限之前通知对方。"本条列在《民法典》合同编通则中是对该类合同赋予任意解除权的概括性规定。适用该条应当注意:一是该类合同必须是以持续履行的债务为标的的持续性合同,而非一次履行就使得债务消灭的合同。二是必须是不定期合同,持续性合同通常会约定一个存续或履行期间,如果没有约定期间或者期间约定不明,先应根据《民法典》第 510 条予以考量;若既未约定期间或者期间约定不明,根据《民法典》第 510 条也无法确定期间的,可确认为不定期合同。

法律基于缔约自由的任意解除类型有以下几种。

(一)不定期租赁合同之任意解除权

不定期租赁合同有两种类型:第一种是缔约时就存在的不定期,即《民法典》第 730 条所规定的:"当事人对租赁期限没有约定或者约定不明确,依据本法第五百一十条的规定仍不能确定的,视为不定期租赁;当事人可以随时解除合同,但是应当在合理期限之前通知对方。"第二种是合同履行期限届满的不定期,即《民法典》第 734 条第 1 款所规定的:"租赁期限届满,承租人继续使用租赁物,出租人没有提出异议的,原租赁合同继续有效,但是租赁期限为不定期。"对第二种类型的不定期租赁合同,虽然立法未明示"当事人可以随时解除合同",但根据《民法典》第 563 条第 2 款的规定,当事人是有权随时解除合同的,只不过负有提

---

[1] 参见最高人民法院民事审判第一庭编著:《最高人民法院建筑物区分所有权、物业服务司法解释理解与适用》,人民法院出版社 2009 年版,第 334~335 页。

前通知对方的义务。

根据《民法典》第730条的规定,在不定期租赁合同中,出租人和承租人均享有任意解除权。这种任意解除权具有如下特征:一是法定性。该任意解除权来源于法律直接规定,无须约定,也不能以约定排除对方的任意解除权,如果双方约定限制解除权,则不宜再认定构成不定期合同。二是任意性。在行使解除权主体上没有限制,出租人和承租人均可;同时当事人行使任意解除权不以一方违约为前提条件,但应当在合理期限内通知对方。

根据《民法典》第734条规定,该条的不定期租赁是在无约定且出租人沉默的情况下,法律将该沉默推定为同意不定期续租的意思表示,故该条属于补充性规范,即在当事人之间不存在特约的情况下适用。如果当事人之间就此存在特约,还应坚持尊重当事人优先原则。如果出租人主张对沉默的意义认识错误,比如不清楚其不提出异议则在法律上推定其同意续租,从而要求撤销意思表示的,根据《民法典》第140条规定的沉默可以作为意思表示的规定,不应支持。当然如果出租人提供证据证明其沉默行为并非意在表达续租的意思表示,而是基于其他原因时,则不应认为推定的不定期续租不可被推翻。

(二)不定期无偿合同之任意解除权

任意解除权当适用于有偿的双务合同,当事人对于不定期无偿合同,是否享有任意解除权？笔者认为:《民法典》第563条第2款所述的不定期合同未限制有偿或无偿,根据该条规定赋予所有当事人任意解除权,故对于不定期的无偿合同,当事人当然享有任意解除权。即使在《民法典》生效前,上海市一中院的判例也是支持赋予不定期无偿合同当事人任意解除权的。该判例如下:

原告陈某与被告长城公司签订了一份由被告长城公司提供免费网络服务的《入网协议》,但双方对免费服务期限条款未作任何约定。长城公司为陈某免费提供了近6年的宽带网络服务后,于2009年5月末向陈某发出解除协议通知。原告遂诉诸法院,要求被告继续履行免费提供网络的服务协议。

一审法院认为:被告在未作约定服务期限的情况下,为原告提供了近6年的免费网络服务,可推定被告已默认及认可为原告提供免费网络服务,故判决支持原告诉讼请求。被告长城公司不服,提出上诉。

二审法院认为:双方未明确约定服务期限,网络服务合同作为一种无名合同,当其履行期限没有约定或者约定不明时,可以类推适用合同法分则中关于持续性合同的相关规定,类推适用任意解除权的规定,故判决撤销原判,驳回被上诉人陈某的诉讼请求。[1]

(三)保管合同之任意解除权

《民法典》第 888 条规定:"保管合同是保管人保管寄存人交付的保管物,并返还该物的合同。寄存人到保管人处从事购物、就餐、住宿等活动,将物品存放在指定场所的,视为保管,但是当事人另有约定或者另有交易习惯的除外。"根据该条规定,保管合同的特征如下:一是保管合同是以物的保管为目的,保管人为寄存人提供保管服务。保管合同的履行仅是转移保管物的占有,而对保管物的所有权、使用权不产生影响。二是保管合同是实践性合同,保管合同的成立不仅需要意思表示一致,还须有寄存人将保管物交付保管人的事实,合同才生效。三是保管合同既可以是单务、无偿、不要式合同,也可以是双务、有偿、要式合同。本条第 2 款中"寄存人到保管人处从事购物、就餐、住宿等活动,将物品存放在指定场所的,视为保管"的规定,在学理上被称为法定保管。

《民法典》第 899 条规定:"寄存人可以随时领取保管物。当事人对保管期限没有约定或者约定不明确的,保管人可以随时请求寄存人领取保管物;约定保管期限的,保管人无特别事由,不得请求寄存人提前领取保管物。"本条承继了原《合同法》第 376 条的规定,未作实质修改。本条对寄存人和保管人任意解除合同分别作了如下规定。

一是寄存人可以随时领取保管物,因为领取保管物意味着保管合同终止,故寄存人行使任意解除权无时间限制。寄存人行使任意解除权的,无论保管合同是否约定了保管期限,有偿还是无偿,以及是当事人约定保管还是依据《民法典》第 888 条确定的法定保管,寄存人均可以随时领取保管物。

二是在不定期保管情形下,保管人可以行使任意解除权,随时要求寄存人领取保管物。但在定期保管情形下,保管人无特别事由不得任意解除合同,而要求寄存人提前领取保管物。关于何谓"特别事由",立法没有进一步规定,应理解为保管人不能再履行妥善保管义务或者继续由保管人保管将不能实现保管合同目的的事由,既可以是保管人主观上已不具备保管能力,也可以是保管人周围环境已不具备保管条件等事由,例如,保管人重病、丧失民事行为能力,或者因战争、洪水等不可抗力原因无法保管等。

---

[1] 该案例编写人为上海一中院杨斯宣,载《人民法院报》2010 年 2 月 11 日。

(四)不定期仓储合同之任意解除权

《民法典》第904条规定:"仓储合同是保管人储存存货人交付的仓储物,存货人支付仓储费的合同。"仓储合同的特征如下:一是保管人必须是有仓库营业资质的人,即具有仓储设施、仓储设备、专门从事仓储保管业务的人。二是仓储合同的对象仅为动产,不动产不能成为仓储合同的对象。三是仓储合同为诺成性合同,这一点与保管合同为实践性合同明显不同。四是仓储合同为不要式合同,有时仓单即为合同。五是仓储合同为双务、有偿合同。六是仓单、入库单是仓储合同的重要凭证和特征。

《民法典》第914条规定:"当事人对储存期限没有约定或者约定不明确的,存货人或者仓单持有人可以随时提取仓储物,保管人也可以随时请求存货人或者仓单持有人提取仓储物,但应当给予必要的准备时间。"本条承继了原《合同法》第391条的规定,未作实质修改。本条是对不定期仓储合同中存货人、仓单持有人、保管人可行使任意解除权的规定。但应当注意以下三点:

一是仓储合同对存储期间没有约定或者约定不明确的首先应根据《民法典》第511条予以确定,只有在无法确定的情况下,才能确认存储期间无约定或者约定不明,这是行使仓储合同任意解除权的前提。

二是行使仓储合同任意解除权的主体为存货人、仓单持有人、保管人。仓单持有人本不是仓储合同的当事人,但仓单如同银行承兑汇票一样具有权利可转让性和转让无因性,故仓单持有人行使任意解除权提取货物的,实际上意味着仓储合同在此之前已发生权利义务概括转移。

三是不定期仓储合同中的保管人行使任意解除权的,应给予存货人或者仓单持有人必要的准备时间。

(五)不定期物业服务合同之任意解除权

《民法典》第948条规定:"物业服务期限届满后,业主没有依法作出续聘或者另聘物业服务人的决定,物业服务人继续提供物业服务的,原物业服务合同继续有效,但是服务期限为不定期。当事人可以随时解除不定期物业服务合同,但是应当提前六十日书面通知对方。"

该条与《民法典》第734条租赁期届满的不定期规定有相同之处,即期限届满,当事人以默示行为继续履行合同的,视为不定期,但也有显著不同,即《民法典》第734条规范的不定期租赁合同,当事人可以随时解除,而根据物业服务的特点,对于不定期物业服务合同,当事人行使任意解除权解除合同的,应当提前60天通知相对人。

(六)保险合同之任意解除权

《保险法》第15条规定"除本法另有规定或者保险合同另有约定外,保险合同成立后,投保人可以解除合同,保险人不得解除合同"。投保人的合同解除权,在实践中称为"退保",是法定任意解除权,投保人可以无须任何理由解除已成立的保险合同,且无须保险人同意。法律上之所以赋予投保人绝对的合同解除权,目的在于授予投保人解除合同的充分自由,使投保人对自己利益的保护更多地选择合同相对人机会。[1] 应当注意"除本法另有规定或者保险合同另有约定"是对投保人任意解除权的限制,这种限制体现在如下四类保险合同中。

1.以流动性物品为保险标的的保险合同,该类合同主要是指以运输工具或者运输途中货物为保险标的的保险合同。《保险法》第50条规定"货物运输保险合同和运输工具航程保险合同,保险责任开始后,合同当事人不得解除合同"。《海商法》第228条规定,货物运输和船舶的航次保险,保险责任开始后,被保险人不得要求解除合同。

2.强制性保险是指法律规定投保人必须参加的保险,该类保险是国家基于社会公共利益考虑而建立的。强制性保险合同中,投保人任意解除的权利受到限制。例如,《机动车交通事故责任强制保险条例》第16条规定"投保人不得解除机动车交通事故责任强制保险合同,但有下列情形之一的除外:(一)被保险机动车被依法注销登记的;(二)被保险机动车办理停驶的;(三)被保险机动车经公安机关证实丢失的"。《旅行社条例》第38条第1句规定"旅行社应当投保旅行社责任险"。

3.政策性保险是基于国家政策性因素及目的所设立的保险。在政策性保险中,国家为鼓励投保人参加保险,承担一部分保费,投保人参加保险之后不得中途退保。因此政策性保险中投保人的解除权是受到限制的。

4.投保人在保险合同中通过特别约定放弃任意解除权的。《保险法》对保险合同中投保人的任意解除权可以约定排除的规则源自法律明确规定,并不是所有任意解除合同中都可约定排除任意解除权。

(七)不定期合伙之任意解除权

合伙是指两个或两个以上的合伙人,按照法律和合伙协议的规定,共同出资、

---

[1] 参见樊启荣:《论保险合同的解除与溯及力》,载《保险研究》1997年第8期。

合伙经营、共担风险、共享收益,对合伙经营所产生的债务承担有限责任或无限连带责任的组织。与股份有限公司这种以资合为主的组织不同,合伙更多的是一种人合组织,这种人合需要合伙人之间相互了解、相互信任、相互合作和高度忠诚,简言之,合伙人之间的人身信赖关系就是合伙合同的基础,如果信赖关系基础丧失,就有必要赋予合伙人任意解除权。

《合伙企业法》第45条规定了合伙期间合伙人有因退伙的事由。但该法46条规定:"合伙协议未约定合伙期限的,合伙人在不给合伙企业事务执行造成不利影响的情况下,可以退伙,但应当提前三十日通知其他合伙人。"该法第47条规定:"合伙人违反本法第四十五条、第四十六条的规定退伙的,应当赔偿由此给合伙企业造成的损失。"以此观之,《合伙企业法》第46条规定的合伙人退伙,本质上是行使任意解除权,但该权利行使受如下限制:(1)合伙期限未约定,即不定期合伙;(2)退伙不应当给合伙事务造成不利影响;(3)退伙应当提前30日通知其他合伙人。

《民法典》将合伙合同纳入了典型合同之列。该法第976条规定:"合伙人对合伙期限没有约定或者约定不明确,依据本法第五百一十条的规定仍不能确定的,视为不定期合伙。合伙期限届满,合伙人继续执行合伙事务,其他合伙人没有提出异议的,原合伙合同继续有效,但是合伙期限为不定期。合伙人可以随时解除不定期合伙合同,但是应当在合理期限之前通知其他合伙人。"根据该条规定不定期合伙有两种情形:一是合伙合同未约定合伙期限或约定不明;二是合伙期限届满,合伙人继续执行合伙事务。存在这两种情形的,合伙人享有任意解除权。

四、法律基于弱者利益保护之任意解除

在某些类型的合同中,当一方当事人处于弱势地位时,为防止强势一方利用自己的优势地位侵害弱势一方的利益,法律赋予弱势方任意解除权,以保护弱势方的合法权益,达到合同当事人之间的利益平衡。

法律基于对弱势方利益保护的任意解除权合同类型有以下几种。

(一)消费者之任意解除权

与生产经营者相比,相对分散的消费者因力量微弱(与大公司相比,其经济力量极为弱小,造成了买卖双方交易能力不平衡)、知识欠缺(因商品种类繁多及科技发展,使消费者越来越难以对所购商品品质作出判断,因而不得不形成对经营者的全面依赖)、人性弱点(消费者购买商品不具营利性,故依据个人兴趣喜好、虚荣心及侥幸心理来选购商品,这些心理上的弱点易被拥有现代营销手段的经营者所利

用而致其利益受损)、缺乏组织(消费者往往是单打独斗,不能通过团体力量与经营者抗衡,以致成为经济上的从属者,易受到经营者的侵害)等原因,为制止少数生产经营者为追求利润而不择手段,导致消费者置身于财产丧失乃至生命危险之中,法律有必要对弱势的消费者进行特别的保护。

《消费者权益保护法》第25条规定:"经营者采用网络、电视、电话、邮购等方式销售商品,消费者有权自收到商品之日起七日内退货,且无需说明理由,但下列商品除外:(一)消费者定作的;(二)鲜活易腐的;(三)在线下载或者消费者拆封的音像制品、计算机软件等数字化商品;(四)交付的报纸、期刊。除前款所列商品外,其他根据商品性质并经消费者在购买时确认不宜退货的商品,不适用无理由退货。消费者退货的商品应当完好。经营者应当自收到退回商品之日起七日内返还消费者支付的商品价款。退回商品的运费由消费者承担;经营者和消费者另有约定的,按照约定。"上述规定中的"退货"即为解除合同,"且无需说明理由"即为任意解除。《消费者权益保护法》的上述规定明确了消费者的任意解除权,但行使该权利应受4种例外情形限制。

(二)储蓄合同之任意解除权

储蓄存款是指居民或单位在银行的存款,储蓄存款主要分为活期储蓄存款和定期储蓄存款两大类。活期储蓄存款以1元为起点,多存不限,随存随取,活期储蓄存款利率较低。定期储蓄存款是存款人与银行约定取款时间,到期支取本金和利息的一种存款,定期储蓄存款一般利率较高。储蓄存款涉及千家万户存款人的生存保障和社会稳定问题,故《储蓄管理条例》对储蓄存款及银行管理均有较为严格的规定。

活期储蓄存款的特点是随存随取,故法律赋予存款人储蓄合同的任意解除权。对于未到期的定期储蓄存款,存款人是否同样享有任意解除权?我国《储蓄管理条例》第24条规定"未到期的定期储蓄存款,全部提前支取的,按支取日挂牌公告的活期储蓄存款利率计付利息;部分提前支取的,提前支取的部分按支取日挂牌公告的活期储蓄存款利率计付利息,其余部分到期时按存单开户日挂牌公告的定期储蓄存款利率计付利息"。相对于储蓄机构来说,储户无论是经济实力还是信息获取,均处于弱势地位,故法律赋予其任意解除权;同时,考虑到储户因急用而支取定期存款的情况,赋予储户任意解除权,亦体现了对合同价值的追求。但须注意,储户对未到期定期储蓄行使任意解除权提前支取的,给付利息的利率将由定期利率变更为活期利率,之间的差额的性质就是储户任意解除储蓄合同的赔偿额。

五、法律基于人身自由之任意解除

在以提供劳务和服务为标的的持续性合同中,基于保障人身自由的理念,宜赋予提供劳务或服务的当事人任意解除权。

(一)劳动合同之任意解除权

《劳动合同法》第 37 条规定:"劳动者提前三十日以书面形式通知用人单位,可以解除劳动合同。劳动者在试用期内提前三日通知用人单位,可以解除劳动合同。"法律赋予劳动者此项任意解除权的目的在于保障劳动者的人身自由权利,同时在劳动关系中劳动者处于弱者地位,法律理应予以特别保护。

但我国《劳动合同法》对劳动者的任意解除权除履行通知程序外没有任何限制,法律也没有"当事人另有约定除外"之类的规定,由此导致特定岗位的劳动者因其特定技能,为了个人利益最大化而经常跳槽,损害了用人单位的合法利益。在此情形下,用人单位也只能用竞业禁止规定来保护自身的合法权益,但要向离职者付出一定费用。

(二)演出经纪合同之任意解除权

《民法典》并未将演出经纪合同列为典型合同,故该类合同属于非典型合同。演艺经纪合同具有人身性质,但不属于劳动合同,由于现行立法对艺人能否任意解除演出经纪合同没有规定,故笔者认为,对该类合同不能简单地比照委托合同或以人身自由为由赋予艺人任意解除权。

在演出经纪合同中,一方面,演艺经纪公司前期对艺人的培养、包装、成名的推出需要花费大量的人力、物力,艺人能否成名具有不确定性,演艺经纪公司存在客观风险;这些需要艺人在成名后为演艺经纪公司服务一段时间给予补偿,若许可艺人成名后以人身自由为由行使任意解除权,将可能使演艺公司对艺人成名前所投入的成本血本无归,如法律对此无限制,如此一来,演艺经纪公司将不会再培养未成名艺人,这将抑制演艺行业的发展。另一方面,无论是资金还是人脉,艺人对于经纪公司而言处于较弱势地位,演艺行业常有经纪公司在艺人成名后"雪藏"艺人的"潜规则",因此,艺人的合法权益也需要保护。笔者认为,解决问题的方法还是要在合同中约定艺人在成名后提供一个合理的服务期,简言之,通过合同约定服务期来解决问题。

在我国香港特区,若艺人滥用演艺经纪合同任意解除权,演艺经纪公司可以向法院申请禁止令,禁止艺人在一定时期和一定范围内开展演艺事业。当然这种禁止令的颁布是有条件限制的,必须是在艺人滥用了任意解除权,且对异议经纪公司的损失无法充分赔偿的情形下才能适用。[1] 禁止令制度既避免了限制艺人人身自由的嫌疑,又防止了任意解除权的滥用。

由于立法的缺陷,演出经纪合同究竟属何性质?艺人是否基于人身自由享有任意解除权?成为了实务中迫切需要解决的问题。对此,最高人民法院编号为2023-09-2-486-002 入库案例即北京市高级人民法院审理的窦某诉北京某影业公司表演合同纠纷案[(2013)高民终字第1164号]二审判决提供了很好的参考判例。

该二审判决认为:(1)演出经纪合同属于具有居间、代理、行纪的综合属性的合同。此类合同既非代理性质亦非行纪性质,而是具有多个类型相结合的综合性合同。(2)为体现合同自愿、公平以及诚实信用等原则,该类合同权利义务终止的确定应主要遵循双方约定,按照合同法的规定进行界定,不能在任何情况下都赋予当事人单方合同解除权,因此不能依据合同法关于代理合同或行纪合同的规定由合同相对方单方行使解除权。(3)经纪公司在艺人的培养过程中存在一定风险。在艺人具有市场知名度后,经纪公司对其付出投入的收益将取决于旗下艺人在接受商业活动中的利润分配,若允许艺人行使单方解除权,将使经纪公司在此类合同的履行中处于不对等的合同地位,也违背诚实信用的基本原则,同时会鼓励成名艺人为了追求高额收入而恶意解除合同,不利于演艺行业的整体运营秩序的建立,因此在演艺合同中单方解除权应当予以合理限制。

---

[1] 参见侯慧杰:《演艺合同任意解除权研究》,中国政法大学2011年硕士学位论文,第38~39页。

第五章
情势变更与合同解除

第一节 情势变更规则及立法

一、情势变更规则之价值和重要性

(一)情势变更规则之价值

情势变更规则,是指合同有效成立后,因不可归责于双方当事人的事由,发生了不可预见的重大情势变化,致使合同基础动摇或者丧失,若继续履行合同会显失公平,因此允许当事人通过协商或司法程序变更或解除合同的规则。

情势变更规则是现代民商事法律中的重要制度,该制度的核心价值在于维护交易公平,该制度已经成为国际商事法律所普遍接受的法律准则。就大陆法系而言,1918年第一次世界大战后的德国,陷入了巨大的经济危机,货币贬值,物价飞涨,已经订立的合同面临巨大风险,履行难度增加。德国法院在合同履行问题上进行了一些突破:一是在合同解除原因上增加"因经济上不能履行的可以解除合同";二是注重合同履行的直接效益及履行结果的公正性,并以此取代死守"观念合同"的做法。[1] 后来《德国新债法》在第313条又增加了交易基础丧失的规定,该规定以诚实信用规则为基础而作出,但只是以概括方式规定了由判例所负责的交易基础丧失制度的主旨,并没有对此作出一个详尽的列举规定。故交易基础丧失的内涵和外延都是不确定的,所以只能由法官来解释,而且适用时有严格的条件限制。就英美法系而言,其用"合同落空"作为解决情势变更的法律规则。英国法认为:合同目的落空是指合同成立之后,非因当事人自身过失,而是由于事后发生的意外事

---

[1] 参见邱鹭凤等:《合同法》,南京大学出版社2000年版,第429页。

件而使当事人在订约时所谋求的商业目标受到挫折;在这种情况下,对于未履行的合同义务,当事人得予以免除。英国在19世纪中叶就出现了合同落空的判例。

(二)情势变更规则之重要性

在经济高速运行发展的市场经济中,合同订立后,常会发生当事人缔约时意想不到但发生后又不能控制的事件,该类事件发生时,当事人要么一筹莫展根本不知运用情势变更规则来解决问题,要么为终止合同履行而随意主张合同无效。笔者在实务中就遇到过两个典型案例。

案例1:2015年中南地区某中等城市房地产市场低迷,但该市开始利用国家棚改政策和资金进行大规模旧城改造,市政府设立全资国有A公司进行棚改运作,对拆迁户实行货币化补偿,并可为拆迁户代筹房源。2015年10月,A公司通过招投标与B公司签订《代筹房源协议》,约定:A公司以均价2580元/平方米的价格购买B公司开发的米兰项目全部12万平方米的商品房,B公司根据A公司提供的名单与100户有购房需求的拆迁户签订售房合同,并承担办证义务;拆迁户不领取补偿资金,购房款由A公司依《代筹房源协议》向B公司支付;B公司应于2018年4月1日前建成房屋并交付。合同生效后,在房屋建设的2016年、2017年中,由于国家进行以压产限产为目标的供给侧改革,导致钢材、水泥等建材价格大幅上涨。B公司若仍按2580元/平方米的价格交房,则整个项目亏损8000万元。交房期临近,B公司多次向A公司提出协商要求调整价格以弥补亏损,均被A公司以合同系通过招投标签订无法变更为由拒绝。A公司请教律师,有的认为属正常风险,应恪守合同约定,有的认为属不可抗力应予免责。对此B公司一筹莫展,不知如何是好。

案例2:甲公司看中某镇126亩镇中村土地,欲在该地块上开发建房,但县土地收储部门对集体土地的收储补偿只按3.2万元/亩计算。村民不接受过低的补偿价,要求土地补偿费、劳力安置费按每亩30平方米用建成后的门面补偿,地面附着物、青苗等另计。2013年8月5日甲公司与该镇政府设立的乙公司签订《协议书》,约定:甲方投资1.6亿开发约定地块;甲方自行参加土地招拍挂,承担土地出让金(预估34万元/亩);甲方按20万元/亩给付乙方补偿款,同时地块上拟建的8500平方米左右的商业街门面归乙方所有,由乙方分配给农户。乙公司提供126亩土地供收储,承担对农民的一切征地补偿、征地人工费及城镇建设配套费,协助甲方办理土地收储、土地开发手续。合同签订后,甲公司给付了部分补偿款,乙公司委托村委会与农户解除了土地承包协议,并向农户给付了附着物及青苗补偿费,随即甲公司平整了126亩土地。2014年3月县收储部门给付土地收储补偿费540万元,该款转给甲公司,土地收储完成。出让土地评估价为34万元/亩,2014年6月县原国土局将126亩土地分为1号(54亩)、2号(72亩)同时挂牌出让,但出让底价提高到54万元/亩。甲公司于2014年9月对两块地块摘牌,后因当地房价大跌、土地出让底价过高而放弃2号地块的开发权。2017年初含商业街的1号地块房屋建成,农民要求交付门面。甲公司认为项目严重亏损,拒交门面。2017年3月甲公司向法院起诉,以乙公司无权征地为由请求确认《协议书》无效,并要求乙公司返还已付款项、不交付商业街8500平方米门面;后法院裁决认定《协议书》为有效合同,驳回了甲公司的诉讼请求。

如上两个案例都涉及合同履行中发生了当事人在订立合同时未预见却使合同一方利益发生损失的客观事由。但当事人都没有想过运用情势变更规则去处理问题,要么一筹莫展,要么无理主张合同无效。由此可见,在实务中,很多当事人对情势变更规则是相当陌生的,故有必要对该问题进行探讨。

二、情势变更规则之演变

(一)《民法典》生效前情势变更之规定

我国立法及司法过程中,情势变更规则之确立经历了一个渐进的历史过程。在《民法典》之前,原《合同法》对情势变更规则没有立法。当时排斥情势变更的立法考虑就是防止当事人逃避商业风险,防范地方保护主义,侧重于合同严守,这与国际惯例(CISG、PICC等)和比较法的做法相比,都更为严格。

但实践中不断出现的达到情势变更标准、未达不可抗力标准的案件,债务人在原《合同法》框架下确实无计可施、只能继续履行,特别是对于负有金钱债务的债务人,其亦无援引原《合同法》第110条进行履行抗辩的可能。如此情形下,固守合同严守规则将严重影响合同的实质正义。在司法实践的强烈要求下,最高人民法院在不同时期通过司法政策、司法解释逐渐确立了情势变更规则。

原《最高人民法院关于审理农村承包合同纠纷案件若干问题的意见》(1986年4月14日发布)第4点关于"承包合同的变更和解除问题"中规定:"出现下列情况之一的,应当允许变更或者解除承包合同:……(二)订立承包合同依据的计划变更或者取消的;(三)因国家税收、价格等政策的调整,致使收益情况发生较大变化的……因变更或解除合同使对方遭受损失的,应当负责赔偿,但依法可以免除责任的除外。"目前,该司法解释虽已失效,但这是最高人民法院认可情势变更规则的最早文件。

最高人民法院在〔1992〕第29号复函中指出:"由于发生了当事人无法预见和防止的情势变更……仍按原合同约定的价格……显失公平",让当事人可以变更或解除合同。

1993年的原《全国经济审判工作座谈会纪要》(法发〔1993〕8号文)指出:由于不可归责于当事人双方的原因,作为合同基础的客观情况发生了非当事人所能预见的根本性变化,以致按原合同履行显失公平的,可以根据当事人的申请,按情势变更的原则变更或解除合同。

2003年《最高人民法院关于在防治传染性非典型肺炎期间依法做好人民法院相关审判、执行工作的通知》(法〔2003〕72号)第3点规定:"……(三)由于'非典'疫情原因,按原合同履行对一方当事人的权益有重大影响的合同纠纷案件,可以根据具体情况,适用公平原则处理。因政府及有关部门为防治'非典'疫情而采取行政措施直接导致合同不能履行,或者由于'非典'疫情的影响致使合同当事人根本不能履行而引起的纠纷,按照《中华人民共和国合同法》第一百一十七条和第一百一十八条的规定妥善处理。"该通知虽然规定了适用情势变更处理的情形,但仅限于受非典疫情影响的合同,适用范围有限。

2008年发生全球性金融危机,面对金融危机带来的合同履行障碍所导致的当事人之间利益的严重失衡而司法处理无依据之问题,最高人民法院于2009年4月24日公布了原《合同法解释(二)》。该解释第26条规定:"合同成立以后客观情况发生了当事人在订立合同时无法预见的、非不可抗力造成的不属于商业风险的重大变化,继续履行合同对于一方当事人明显不公平或者不能实现合同目的,当事人请求人民法院变更或者解除合同的,人民法院应当根据公平规则,并结合案件的实际情况确定是否变更或者解除。"该司法解释首次明确了情势变更规则,并适用于所有类型的合同。2008年国际金融危机爆发后,2009年7月7日最高人民法院发布《审理民商事合同指导意见》。该指导意见规定:"1.当前市场主体之间的产品交易、资金流转因原料价格剧烈波动、市场需求关系的变化、流动资金不足等诸多因素的影响而产生大量纠纷,对于部分当事人在诉讼中提出适用情势变更原则变更或者解除合同的请求,人民法院应当依据公平原则和情势变更原则严格审查。2.人民法院在适用情势变更原则时,应当充分注意到全球性金融危机和国内宏观经济形势变化并非完全是一个令所有市场主体猝不及防的突变过程,而是一个逐步演变的过程。在演变过程中,市场主体应当对于市场风险存在一定程度的预见和判断。人民法院应当依法把握情势变更原则的适用条件,严格审查当事人提出的'无法预见'的主张,对于涉及石油、焦炭、有色金属等市场属性活泼、长期以来价格波动较大的大宗商品标的物以及股票、期货等风险投资型金融产品标的物的合同,更要慎重适用情势变更原则。3. 人民法院要合理区分情势变更与商业风险。商业风险属于从事商业活动的固有风险,诸如尚未达到异常变动程度的供求关系变化、价格涨跌等。情势变更是当事人在缔约时无法预见的非市场系统固有的风险。人民法院在判断某种重大客观变化是否属于情势变更时,应当注意衡量风险类型是否属于社会一般观念上的事先无法预见、风险程度是否远远超出正常人的合理预期、风险是否可以防范和控制、交易性质是否属于通常的'高风险高收益'范围等因素,并结合市场的具体情况,在个案中识别情势变更和商业风险。4. 在调整尺度的价值取向把握上,人民法院仍应遵循侧重于保护守约方的原则。适用情势变更原则并非简单地豁免债务人的义务而使债权人承受不利后果,而是要充分注意利益均衡,公平合理地调整双方利益关系。在诉讼过程中,人民法院要积极引导当事人重新协商,改订合同;重新协商不成的,争取调解解决。为防止情势变更原则被滥用而影响市场正常的交易秩序,人民法院决定适用情势变更原则作出判决的,应当按照《最高人民法院关于正确适用〈中华人民共和国合同法〉若干问题的解释(二)服务党和国家工作大局的通知》(法〔2009〕165号)的要求,严格履行适用情势变更的相关审核程序。"

2020年新冠疫情暴发后,最高人民法院发布了《关于依法妥善审理涉新冠肺炎疫情民事案件若干问题的指导意见(一)》和《关于依法妥善审理涉新冠肺炎疫情民事案件若干问题的指导意见(二)》对新冠疫情构成不可抗力的认定和不构成不可抗力而按情势变更规则处理的情形作出了不同规定。

(二)《民法典》中情势变更规则之变化

《民法典》第533条通过立法正式确立了情势变更规则,该条的直接渊源是《合同法解释(二)》第26条的情势变更规则,将司法解释条文提升为了法律条文。但《民法典》对情势变更规则作了调整和改进,属于"从有到优"的创新,是在合同实质正义和合同严守之间以立法方式规范的"第三条道路"。

《民法典》第533条规定:"合同成立后,合同的基础条件发生了当事人在订立合同时无法预见的、不属于商业风险的重大变化,继续履行合同对于当事人一方明显不公平的,受不利影响的当事人可以与对方重新协商;在合理期限内协商不成的,当事人可以请求人民法院或者仲裁机构变更或者解除合同。人民法院或者仲裁机构应当结合案件的实际情况,根据公平规则变更或者解除合同"。

《民法典》第533条与原《合同法解释(二)》第26条比较,发生了很大变化,具体如下:

第一,将"合同成立以后客观情况"发生变化,确定为"合同成立后,合同的基础条件"发生变化,用语更规范。

第二,在认定情势变更时,不再将"非不可抗力"作为限制条件,也就是说,不可抗力也可以成为情势变更事由,改变了原来将不可抗力与情势变更对立的状态。《民法典》整合了不可抗力与情势变更制度,规定在合同基础条件于缔约后因不可抗力发生变化,导致继续履行合同显失公平时,仍可以按情势变更处理,即不可抗力可以作为情势变更的事由之一,此时二者存在竞合。但按严格的文义解释,情势变更制度仅调整继续履行显失公平类型的合同,对于因不可抗力导致合同基础条件发生变化,致使合同不能履行的情形,则非情势变更制度的调整范围,仍应依据不可抗力规定处理。因此,不可抗力事实只是导致情势变更事实发生的原因事实,并非不可抗力事实直接影响合同义务的履行,这是正确区分适用不可抗力制度还是情势变更制度的关键。

第三,将适用情势变更规则变更或解除合同的条件由"继续履行合同对于一方当事人明显不公平或者不能实现合同目的"改为"继续履行合同对于当事人一方明显不公平",没有将"继续履行合同对于一方当事人不能实现合同目的"作为合同变更或解除事由。

第四,明确了再交涉义务,即发生情势变更情形后,受不利影响的当事人在请求人民法院或仲裁机构变更或解除合同之前,应先与对方协商解决,只有协商不成的,才可以请求司法变更或解除。

《民法典》所确立的情势变更司法解除制度,既肯定情势变更为法定解除事由,体现了立法追求实质正义之价值;又将其定位为只能诉请解除(司法解除)而排除通知解除(私法解除),且能否解除,由司法裁决,明显提高了解除难度,这体现了立法追求合同严守之价值。

(三)不再存在适用情势变更层报程序

1. 原层报程序规定。原《合同法解释(二)》发布后几天,发布《最高人民法院关于正确适用〈中华人民共和国合同法〉若干问题的解释(二)服务党和国家的工作大局的通知》,该通知要求:各级人民法院务必正确理解,慎重适用情势变更规则,严格适用程序。如果根据案件的特殊情况,确需在个案中适用,应当由高级人民法院审核。必要时应报请最高人民法院审核。

当时为什么对适用情势变更案件在程序上作出如此规定？最高人民法院法官在著述中给出的答案是：情势变更规则具有"双刃剑"性质，正确适用对于维护公平交易具有重要意义，如果适用标准宽泛可能导致危害交易安定，英美法系国家一般以判例的形式严格适用的条件，国际商会和投资争端中心认为情势变更制度是"契约神圣不可侵犯规则"的"危险的例外"，要求作严格和狭义的解释。我国未实行判例制度，为加强对情势变更制度适用的控制，所以出台了上述《最高人民法院关于正确适用〈中华人民共和国合同法〉若干问题的解释（二）服务党和国家的工作大局的通知》要求。[1]

对此，当时有学者提出异议：最高人民法院对下级法院适用情势变更规则的程序限制将会导致司法解释或许可能因情势变更而变更或解除合同的"目的落空"；这种着眼于"审慎司法"的规定，其实是"进一步退一步"的举动。[2] 就实务而言，《最高人民法院关于正确适用〈中华人民共和国合同法〉若干问题的解释（二）服务党和国家的工作大局的通知》很大程度上限制了情势变更规则的适用。

2. 实务中法院对层报程序之"变通"。在《民法典》生效前的实务审判中，部分法院对应根据情势变更作出认定的裁判，因怕程序审核的"麻烦"或"过不了关"而采取"变通"方法，来回避程序审核问题，形成"上有政策，下有对策"的局面。表现在：（1）有些情势变更案件的裁判援引了原《合同法》第 94 条第 5 项作为解除合同的法律依据；（2）有的裁判干脆只援引了原《合同法》第 94 条作为解除合同依据，但没有指明究竟是第 94 条的第几项。如上两种情形在判决中，对明显属情势变更情形而需要解除合同的，却只字不提解除原因属于"情势变更"，将合同解除原因归于"因不可归责当事人双方的事由"。例如，上海市松江区法院审理的"叶某诉潘某房屋买卖合同纠纷案"中，法院认为："原告以客观上受限购令政策之影响致无法继续履行合同为由要求解除合同，该事由是不可归责当事人双方的事由，本院予以支持"，进而依据原《合同法》第 94 条第 5 项作出裁判。[3] 笔者认为：情势变更解除是特殊的解除，与原《合同法》第 94 条解除类型和裁判方式完全不同，上述判决为避免"层报审核的麻烦"，在判决中不援引原《合同法解释（二）》第 26 条，而以原

---

〔1〕 参见江必新、何东林等：《最高人民法院指导性案例裁判规则理解与适用·合同卷一》，中国法制出版社 2012 年版，第 264 页。

〔2〕 参见侯国跃、邓平萍：《情事变更原则的司法适用——以〈合同法司法解释（二）〉第 26 条为中心》，载《重庆行政（公共论坛）》2010 年第 3 期。

〔3〕 参见上海市松江区人民法院民事判决书，（2011）松民三（民）初字第 1526 号。

《合同法》第 94 条作为裁判依据,属典型的适用法律错误。

3.《民法典》生效后,适用情势变更裁判不再存在层报程序。笔者认为此规定的理由如下:一是《民法典》是法律不是司法解释,《民法典》对法院判决适用情势变更规则,没有作出须向上层报由省级以上法院审核的限制性规定。二是《民法典》生效后,原《合同法解释(二)》已废止。故原《最高人民法院关于正确适用〈中华人民共和国合同法〉若干问题的解释(二)服务党和国家的工作大局的通知》亦已废止,不再适用。三是情势变更规则法院和仲裁机构均可适用,但各仲裁机构彼此独立,不存在上下级关系,且仲裁实行"一裁终局",不存在层报审核的可能。故原《最高人民法院关于正确适用〈中华人民共和国合同法〉若干问题的解释(二)服务党和国家的工作大局的通知》中的特别"审核程序"有损法制的统一,当然不能再允许存在。

第二节　适用情势变更之条件、效力、范围

一、适用情势变更之条件

融合最高人民法院法官著述及学者的观点,在实务中,适用情势变更规则应同时具备如下条件:

其一,前提条件:须有情势变更的事实。

情势变更是使合同赖以存在的客观情况确实发生了变化,这里应严格把握对"情势""变更"等概念的理解。韩世远教授认为,主张"情势变更"中的"情势",指的是合同基础,或者是法律行为基础,它既不是合同的内容,也有别于单方的动机。"情势变更",指的便是合同基础的变动。[1]《民法典》吸收了韩世远教授的观点,将"情势变更"界定为"合同的基础条件的重大变化"。

其二,时间要件:该事实须发生于合同成立之后履行完毕之前。

如果在订立合同时基础条件就已经发生了情势变更,当事人完全可以决定是否订立合同,无须借助司法权力予以调整。当事人已经认识到合同的基础发生了变化而订立合同的,应视为自甘风险。即使在合同订立时当事人不知道基础条件发生重大变化,也应属重大误解或显失公平,当事人仍可依《民法典》第 151 条对合同予以撤销。合同在履行期间发生情势变更,但若当事人对变更情形作为约定解

---

[1] 参见韩世远:《情事变更若干问题研究》,载《中外法学》2014 年第 3 期。

除条件而解除合同,则不再适用情势变更规则。若债务人迟延履行债务,在迟延履行期间发生情势变更情形的,就不得主张适用情势变更规则。合同履行完毕后再发生情势变更情形的,因当事人双方合同目的已实现不存在利益失衡,同时不再存在合同履行障碍之说,故于此情形下,自无适用情势变更规则之余地。

其三,主观要件:须有当事人缔约时无法预见的情况。

"无法预见"在认定情势变更时比较关键。应从以下四个方面把握:一是预见的主体为双方当事人。如果仅一方当事人无法预见,而另一方当事人能够预见,表明双方缔约时的合意就出现了问题,有可能存在一方欺诈或重大误解的情形,如此情形,不属情势变更规则调整范围。二是预见的时间为缔结合同时。三是预见的标准应当为主观标准,即以遭受不利益的一方的实际情况为准。"突发性"和"异常性"的重大变化是无法预见的基础,特别是对于商事主体而言,其感知市场供求关系、价格涨落的变化是比较敏感的,也都具有一定能力和经验对构成合同基础的各类情况进行预判,这也是双方进行交易的基础前提。只有发生重大变化且具有足够的"突发性"和"异常性",才能够有效冲破双方当事人预见范畴,从而构成情势变更中的无法预见。[1]

其四,结果要件:客观情况发生足以动摇合同基础的重大变化。

情势变更规则中的重大变化并不要求导致合同基础丧失或者合同目的落空,而只需要对合同关系建立和合同正常履行造成障碍即可,当然这种障碍应该是严重的,即足以动摇合同基础。从"客观情况"来看,重大变化并不是当事人产生了不同认识,而是合同正常成立、履行所依托的社会经济形式、周围环境、客观条件等发生了剧烈变动,具有某种"突发性"和"异常性",从而导致当事人之间出现了对价关系的障碍,进而动摇了合同基础。从重大变化类型上看,可以为政治、军事、经济、社会、自然等领域出现的各类突发情况,在民商事审判实践中则主要表现为社会经济形势的剧烈变动,包括经济危机、金融危机、严重通货膨胀、宏观调控与价格管制措施、重大疫情防控措施、重大社会政策调整等。[2]

如果合同因一方迟延履行导致基础条件发生重大变化,迟延履行方无权请求变更或解除合同。理由是:《民法典》第 590 条第 2 款规定,当事人迟延履行后发生不可抗力的,不免除其违约责任。在迟延履行的情况下,若影响较大的不可抗力因

---

[1] 参见最高人民法院民事审判第二庭、研究室编著:《最高人民法院民法典合同编通则司法解释理解与适用》,人民法院出版社 2023 年版,第 371 页。

[2] 参见最高人民法院民事审判第二庭、研究室编著:《最高人民法院民法典合同编通则司法解释理解与适用》,人民法院出版社 2023 年版,第 370 页。

素尚且不能免责的话,影响力较小的重大变化也不能主张变更或者解除合同,否则不利于保护诚信守约方的利益。

实务中,最高人民法院是如何认定情势变更的结果要件已经构成的呢?

参考判例1:最高人民法院在武汉市煤气公司诉重庆市仪表厂煤气表装配线技术转让合同、煤气表散件购销合同纠纷案中认为:该案中原材料价格飙升,已远超出了一般价格波动范围,其根本原因在于国家定价大幅上调近4倍,对此当事人无法预见亦无法防止,合同继续履行将产生明显失衡,对于双方由此发生的纠纷,应适用情势变更原则公平合理地予以处理。[1]

参考判例2:最高法(2015)民二终字第284号民事判决书之法理提示:在合同目的方面,如果合同目的可以得到部分实现且未实现的合同目的并未导致一方获益而另一方受到损害或者产生其他不公平的情形,不符合原《合同法解释(二)》关于情势变更的规定。当事人据此主张变更或者解除合同的,法院不予支持。

参考判例3:(2016)最高法民终796号民事判决书之法理提示:合同成立以后客观情况发生变化,当事人起诉请求解除合同,人民法院查明当事人已根据变更后的情况实际履行合同主要义务,合同目的已基本实现,继续履行亦不违反公平原则的,人民法院不予支持。

二、适用情势变更之法律效力

(一)情势变更之法律效力

满足情势变更规则适用条件的,可产生以下法律效力:

一是受不利影响的当事人有权请求与对方重新协商。对于这种请求,对方应当积极响应,参与协商。双方应当依诚信规则,本着公平规则,重新调整权利义务关系,也可以协商变更或解除合同。

二是双方当事人在协商过程中,就合同变更或解除达不成一致意见,协商不成的,当事人可以请求法院或仲裁机构作最终裁决。

情势变更规则对当事人来讲有两个结果:(1)变更合同。变更合同可以使合同

---

[1] 参见《中华人民共和国最高人民法院公报》1996年第2期。

双方的权利义务重新达到平衡,使合同的履行变得公平合理。变更可以对合同主要条款进行变更,如合同标的数额的增加、标的物的变更、履行方式变更等。(2)解除合同。若变更合同尚不能解决双方显失公平结果,就可以进行合同解除。解除合同的场合通常包括:在合同目的因情势变更而不能实现的场合,或者合同履行因情势变更而成为不可期待的场合,或者合同履行因情势变更而丧失意义的场合,在这类场合下,一般就可以解除合同。

(二)情势变更解除与其他解除权之区别

适用情势变更规则解除合同,与当事人依照《民法典》合同编第 562 条和第 563 条主张解除合同有实质不同。依照《民法典》第 562 条和第 563 条当事人分别享有约定解除权和法定解除权,是当事人本身所享有的民事实体权利。当事人行使合同解除权,可以直接通知解除,通知到达时,合同解除;当事人起诉主张解除合同的,法院判决合同解除是对当事人本身所享有的合同解除权的确认,系确认之诉。而情势变更规则是对当事人权利义务显著失衡状态所作的必要调整,当事人并不享有实体法意义上的合同解除权或变更权,当事人仅在程序上可以向法院或者仲裁机构提出请求,仅是对变更或解除合同存在一种可能性,最终是否变更或解除合同,是否有必要对当事人权利义务进行调整、如何调整,由人民法院或仲裁机构审酌判定。[1] 因此,合同因情势变更解除的,不是当事人行使解除权的结果,而是行使请求权的结果,情势变更成为法院裁判解除的依据。

三、情势变更规则之适用

(一)具体适用范围

情势变更规则符合国际上合同法制度的发展趋势,但在实践中一定要谨慎适用。总的来说,情势变更规则主要针对经济形势、政策的巨大变化,与国家对经济生活平衡有直接关系,比如价格调整、经济危机、通货膨胀等。但现实生活中情势变更是复杂多变的,相应的司法实践应根据具体个案作出合理判断。最高人民法院认为以下情形一般可以认定情势变更:(1)物价飞涨(需求量变化);(2)合同基础丧失(如标的物灭失);(3)汇率大幅度变化;(4)国家经贸政策变化。当然以上只是列举了可能适用情势变更规则的典型,具体还应结合个案,情势变更类型化应

---

[1] 参见黄薇主编:《中华人民共和国民法典合同编解读》,中国法制出版社 2020 年版,第 242 页。

当在案件审判过程中不断得到丰富和总结。[1]

实务中,情势变更规则是否仅适用于合同纠纷呢?

司法实践中,情势变更规则不仅适用于合同法领域,其他民事领域,如果当事人存在履行条件或客观情况的重大变化,同样可能存在适用情势变更的情况。例如,我国实行的商标注册制度,客观上无法彻底规避商标申请以及复审过程中其他商标发生的情势变化。当事人申请注册商标时,可能因其所申请的商标与商标局的引证商标在同一商品上存在相同或者近似而被商标局驳回。商标申请人提起复审,在复审阶段,引证商标因3年连续不使用而被商标局撤销。此时商标申请人的复审申请如果依旧被驳回,其有权以引证商标已经被撤销,商标评审依据已经发生情势变更为由提出对商标评审委员会驳回复审的结论提起行政诉讼。(2016)最高法行再83号行政判决书及(2016)最高法行再第16号行政判决书均体现了上述观点。

(二)政策变化与情势变更

首先,直接回答该问题是不妥当的,因为情势变更反映的是某种客观事实与合同履行的关系。抛开合同签订及履行的实际情况及与政府政策之间的关系,而直接讨论政府政策是否属于情势变更,系对情势变更的错误理解。

其次,政府政策调整如果属于当事人在订立合同时无法预见的情形,那么由于该政府政策调整导致合同目的无法实现或继续履行合同对一方当事人明显不公平的,司法实践中,法院一般将上述政府政策的调整认定为情势变更。例如,最高法(2015)民提字第39号民事判决书就持该观点;又如,最高法第二巡回法庭2020年第3次法官会议纪要认为,法律法规出台导致《国有土地使用权出让合同》不能履行,当事人请求解除合同,返还所支付的国有土地使用权出让金的,应予支持。

最后,政府以"指导意见""通知"等形式发布的各类文件,虽然和合同履行具有一定相关性,但上述文件并不涉及法律法规或政策的调整或某项相关措施变更的,则该类文件实际并不使得合同履行的客观情况发生重大变化。当事人据此主张情势变更的,法院不予支持。例如,(2016)最高法民终727号民事判决书、(2016)最高法民终203号民事判决书、最高法(2015)民二终字第236号民事判决书等就持该观点。

还需注意,行业政策的变化对行业经营者而言不属情势变更。例如,最高人民

---

[1] 参见最高人民法院研究室编著:《最高人民法院关于合同法司法解释(二)理解与适用》,人民法院出版社2009年版,第194页。

法院(2014)民申字第232号民事裁定书就认为:从事房地产营销的经营者应当对国家房地产调控政策可能带来的履约风险进行充分预估,其以政策调控原因主张情势变更的,不能得到法院支持。

政府政策及政府行为能否作为合同因情势变更而产生解除权的条件,原《合同法》及司法解释对此言语不详,并未明确规定政府政策调整属于情势变更。鉴于此,崔建远教授曾经建议在制定《民法典》合同编时对此应予肯定。[1] 但已生效的《民法典》及《民法典合同编通则解释》对此仍然未予明确规定。

第三节 情势变更与商业风险

在合同法立法过程中,反对规定情势变更的理由主要有两点:一是认为所谓情势变更已被不可抗力包含,合同法既已对不可抗力作出了规定,就没有再规定情势变更的必要;二是如何划分情势变更和正常商业风险的界线是十分困难的事,在经济贸易过程中能够适用情势变更的情形很少,规定情势变更制度可能成为有的当事人不履行合同的借口,故在合同法中不宜规定情势变更制度。[2] 正是由于两者很难区分,因此原《合同法》在立法时对情势变更进行了回避。

原《合同法解释(二)》第26条和《民法典》第533条对情势变更中的重大变化与商业风险作出了严格区分,强调运用此条款时应排除商业风险。韩世远教授认为,虽然如此,但时至今日,情势变更与商业风险的关系问题似乎仍未厘清。[3]

一、商业风险含义、特征及类型

(一)商业风险含义及特征

1. 商业风险的内涵

"商业风险"本身并不是一个法律概念。在商务印书馆2005年版的《现代汉语词典》中,"风险"作为名词被定义为"可能发生的危险"。作为一种生活用语,"商业风险"也可以说是商业领域里可能发生的危险。

---

[1] 参见崔建远:《完善合同解除制度的立法建议》,载《武汉大学学报(哲学社会科学版)》2018年第2期。

[2] 参见梁慧星:《民法学说判例与立法研究》,国家行政学院出版社1999年版,第191页。

[3] 参见韩世远:《情事变更若干问题研究》,载《中外法学》2014年第3期。

经济学将商业风险定义为：在商业活动中，由于各种难以或无法预料、控制的因素的作用，使主体的预期收益和实际收益发生背离，因而有蒙受损失的机会或可能性。[1] 商业风险产生的原因主要有两点：一是信息不对称，即社会信息的无限性与个人决策信息的有限性之间存在严重不对称；二是决策调整之滞后性，即个人决策与根据社会要素频繁变动进行调整之间存在滞后性，人们常说的"计划没有变化快"就是指此种情形。所以商业风险的存在具有客观性，人们只能对其进行适度的预判和控制，若要完全实现对风险的规避是不切实际的。

"商业风险"一词在不同的场合，其内涵所指可能有所不同。有的时候，"商业风险"指的是某种外在的、客观的危险，比如市场价格的波动，或者"股市有风险、入市须谨慎"中的"风险"，这可以称为"客观意义上的商业风险"。有的时候，"商业风险"指的则是经过评价的并归结为特定主体的不利益，比如说"市场价格的波动是某甲的商业风险"，由于这种评价与某特定主体相连接，故可以称为"主观意义上的商业风险"。如果仅从语法结构分析，后者只是在"市场价格的波动是商业风险"这一客观描述中添加了"是某甲的"的定语限定，由此表明，所谓"主观意义上的商业风险"依然是以"客观意义上的商业风险"为基础的。[2]

学者王利明、崔新远从合同法角度对商业风险做出了定义："商业风险是指商人或商业组织在商业活动中因经营活动所应承担的正常损失。"[3]

2. 商业风险的一般特征

（1）商业风险具有不确定性。商业风险是否发生、作用力大小存在不确定性，这是因为商业风险的发生，源于商事主体对社会经济形势的判断，社会经济形势的变化与商事主体的判断可能一致，也可能出现不一致的情形，预判的不确定性，造成其结果的不确定。

（2）商业风险具有部分可预见性。在商事活动中，商事主体在特定的时间、空间等条件下，对一般的商业风险有时是能够正确预判的。因为，一是从较长时间来看，经济发展变化具有一定的规律，如市场供求平衡规律等，商事主体可以根据过去已有的经验、信息、技能根据经济规律对未来经济形势的变动发展趋势作出概率的分析，同时还可以借助专业咨询机构对特定分析进行预测；二是任何交易本身就隐藏着风险，对商事主体进行粗略的判断，就可预知其风险，如股票、期货等投机行

---

[1] 参见李良清：《正确认识与把握商业风险》，载《商业经济研究》1999年第3期。
[2] 参见韩世远：《情事变更若干问题研究》，载《中外法学》2014年第3期。
[3] 王利明、崔建远：《合同法新论·总则》，中国政法大学出版社1996年版，第116页。

为。客观上说,商业风险的发生是一个概率大小的问题,而对于发生概率较大的商业风险可以部分把握和预见。

例如,当事人签订的具有长期付费内容的合同,合同履行过较长时间后,有的当事人会以物价或其他成本等作为情势变更的理由主张调整原约定价格。新疆维吾尔自治区高级人民法院在(2015)新民申字第582号民事裁定书中就认为:合同当事人对价格条款及合同履行期限进行约定时应当对合同履行期限内的物价或其他成本等因素有所预见。在其他客观情况没有发生变化的情况下,当事人以情势变更为由主张变更或解除合同不能得到法院支持。

(3)商业风险具有部分可控性。基于商业风险的部分可预见性,商事主体可以根据自己已有的判断,选择适当的方式控制风险范围与影响,如许多金融机构设立了专门的风控机构。控制风险的措施是多种多样的,比如,交易前委托律师对交易对象进行资信调查,交易合同中设置担保条款等。

(二)商业风险类型

1. 系统性风险和非系统性风险

系统性风险是指对所有从事该行业的企业都有影响的风险因素,商业企业对该风险无法控制,也不能避免。该类型的商业风险通常是因整体经营环境,包括政治、经济、自然变化等因素所形成的风险。常见的系统性商业风险有:(1)经济周期波动风险;(2)利率、汇率、税率变动风险;(3)宏观经济政策调整风险;(4)气象风险。以上风险因素的发生与作用是企业在进行商事活动时无法预见也不可避免的。因此,系统性商业风险的发生既可能导致所有企业都面临巨大的损失,也可能引起企业利益严重失衡。

非系统性商业风险,又称公司特别风险,是指对特定商事主体有影响的风险因素。其发生原因通常是企业的一些内部因素,包括组织、管理、经营、财务所造成的风险,这些因素完全可以由企业自身采取提升内部素质、提高经营管理水平等措施,从而将风险降到最大限度。非系统性商业风险主要有:(1)经营对象风险;(2)经营方式风险;(3)信用销售风险;(4)财务风险。该类型风险的发生通常是基于企业自身的因素造成,可以预见并可以避免。如果企业未能预见而造成损失,也只能由企业自己承担。[1]

---

[1] 参见江必新、何东林等:《最高人民法院指导性案例裁判规则理解与适用·合同卷一》,中国法制出版社2012年版,第266页。

2.可预见的风险与不可预见的风险

以风险能否以及应否被预见为标准,商业风险可以区分为可预见的风险与不可预见的风险。可预见的风险,由于当事人对于未来事情的变化已经预见到但仍缔结合同,那么就应当受合同的拘束。如果事情的变化是可以预见的,由于自身的不注意而缔结了合同,那么也应当自行负担其风险。最高人民法院强调:"对于涉及石油、焦炭、有色金属等市场属性活泼、长期以来价格波动较大的大宗商品标的物以及股票、期货等风险投资型金融产品标的物的合同,更要慎重适用情势变更规则。"这类合同标的价格易于波动,尽人皆知,应有预见,其可能的商业风险已经被当事人自甘承受。可预见的商业风险可以通过"可预见性"规则排除适用情势变更规则,不可预见的商业风险如何认定及是否适用情势变更规则,则需要具体问题具体分析。

实务中,常发生当事人在合同签订时对不能控制的履行进度进行承诺,这种承诺被称为"过度承诺",事后又主张情势变更。对于过度承诺,应认定为属于当事人在合同签订时应当预见到的合同履行风险,只不过由于当事人盲目自信或基于其他原因而自愿接受了该承诺可能产生的风险,当事人不得据此主张情势变更。当事人提出此种错误主张的案件在建筑工程纠纷和买卖合同中较为常见。实务中,最高人民法院在(2015)民二终字第231号民事判决中认为:当事人为尽快缔结合同,在签订时对自己不能控制的合同履行进度盲目承诺,事后发生履约风险时,只能自己承担该违约责任。

3.可承受的风险与不可承受的风险

根据风险对于特定商事主体的影响程度,商业风险还可以区分为可承受的风险与不可承受的风险。前者指风险在特定商事主体的承受范围之内的情形;后者指风险造成一方当事人过于艰难,或使其在经济上遭受毁灭性重创,或依社会一般观念认为违背公平。

二、商业风险与情势变更之区别

(一)最高人民法院之观点

最高人民法院认为:风险自负是市场主体从事交易时必须遵循的一项基本准则,若将商业风险从情势变更重大变化中分离,应当抓住商业风险的核心要素。既然是商业风险,其本质上仍要符合商事交易规律,这种风险变化并没有超越当事人的理性预期,即没有出现对合同基础影响的异常性,因而相关交易主体对由此产生的风险在一定程度上当然能够预见或者应当预见,没有预见,要么有过错,要么自甘风险,其本身具有可归责性。因此把握情势变更重大变化与商业风险最核心的区分标准,在于此种重大变化是否符合具体行业领域内的商事规律,市场主体对此是否具有可预见性。此区分标准在"高风险高收益"场景依然适用,即相关市场主体在从事证券、期货、金融衍生品及价格波动较大的大宗商品贸易,或者使用杠杆、风险对冲交易时,应当认为其对该类市场中高度剧烈的情势变化具有相应程度的可预见性,此种情形变化对其而言即属于正常范围的商业风险,因而不能据此主张情势变更。[1]

(二)价格波动与情势变更

《民法典合同编通则解释》第32条第1款规定:"合同成立后,因政策调整或者市场供求关系异常变动等原因导致价格发生当事人在订立合同时无法预见的、不属于商业风险的涨跌,继续履行合同对于当事人一方明显不公平的,人民法院应当认定合同的基础条件发生了民法典第五百三十三条第一款规定的'重大变化'。但是,合同涉及市场属性活跃、长期以来价格波动较大的大宗商品以及股票、期货等风险投资型金融产品的除外。"

根据上述规定,判断价格变动是否属情势变更的标准为:(1)价格异常变动的原因是政策突然调整或者是市场供求关系异常所致;(2)当事人在缔约时都无法预见;(3)不属商业风险;(4)继续履行合同对于当事人一方明显不公平;(5)市场属性活跃、长期以来价格波动较大的大宗商品以及股票、期货等风险投资型金融产品即使发生突发性和异常性变动,也不适用情势变更规则。应当注意的是:这里的价格异常变动有一个从量变到质变的过程。正常的价格变动是量变,是商业风险,但如果超出了量的积累,达到了质的变化,则应当认定为情势变更。所谓质的变化,要求价格的变化必须异常,从而使当事人一方依照合同的约定履行将导致明显不公平。[2]

根据上述规则,在实务中:(1)在买卖合同中,一般情况下货物市场价格变化属于商业风险的范畴。因此导致的所谓继续履行合同对于一方当事人明显不公平或者不能实现合同目的,不属于情势变更的适用情况。(2016)最高法民终342号民事判决体现了上述观点。(2)在建筑工程施工合同中,合同当事人约定执行固定价

---

[1] 参见最高人民法院民事审判第二庭、研究室编著:《最高人民法院民法典合同编通则司法解释理解与适用》,人民法院出版社2023年版,第372页。

[2] 参见《最高人民法院民二庭、研究室负责人就民法典合同编通则司法解释答记者问》,载中华人民共和国最高人民法院官网,2023年12月5日。

格结算,该固定价格中包括人工、材料、工期、质量等价款。除发生设计变更的情况外,总价款仍然应当以双方约定的固定价格为准。上述约定属于当事人对于施工期内的人工、材料等相应的价格条款市场风险的自愿承担条款,同时也说明合同当事人在签订合同时已经预见到上述各项可能存在价格变化的风险。因此,该类风险只能属于正常的商业风险,而不属于情势变更。最高法(2013)民申字第1099号民事裁定便体现了上述观点。当事人如果能够举证证明涉案价格发生波动系来自市场因素之外的原因,法院仍然可以根据案件情况适用情势变更规则。最高法(2013)民申字第2048号民事裁定中体现了上述观点。

三、商业风险与情势变更竞合

情势变更与商业风险之间虽然存在着区别,但现实的复杂性决定了二者之间存在交叉和混同。发生情势变更与商业风险竞合时,需要对其进行取舍。

如何取舍？这实际是司法在处理此类问题时所面临的价值取向问题。对此,最高人民法院法官在著述中主张:"以保守的态度对待情势变更与商业风险更符合市场经济条件下的价值追求。"对于情势变更与商业风险的取舍,"应当认识到情势变更作为以国家力量为依凭的利益平衡手段,旨在排除非商业风险所引起显失公平的结果,平衡当事人之间基于合同履行所导致的失衡利益关系,但并非对严守契约和风险自担规则的否认。情势变更规则作为严守契约规则的例外应限制使用,以保障市场经济交易的安全和市场秩序的稳定"[1]。

笔者认为:审判中若适用情势变更规则,则是对合同自由原则、合同严守原则的突破。当二者竞合时,实务中需要法官把握情势变更重大变化与商业风险最核心的区分标准来厘清二者之间的界限,并根据立法的价值取向限制自由裁量权。

四、最高人民法院判断规则及判例

最高人民法院在实务中判断某一情形是情势变更还是商业风险的裁判规则是:判断是属于情势变更还是商业风险,需要参照合同约定,并从可预见性、归责性以及产生后果等方面进行分析。

最高人民法院如下案例可以反映上述裁判规则。

---

[1] 江必新、何东林等:《最高人民法院指导性案例裁判规则理解与适用·合同卷一》,中国法制出版社2012年版,第268页。

案例1：最高人民法院审理的任某俊、张某采矿权转让合同纠纷二审案[(2016)最高法民终781号]的裁判要点为：任某俊主张贵州省人民政府办公厅于2012年12月19日印发了《贵州省煤矿企业兼并重组工作方案(试行)》，对《转让协议》而言属于情势变更。但基于方案的内容可以看出，煤矿企业的兼并重组工作于2010年即开始启动，国务院办公厅、贵州省人民政府也就煤矿企业兼并重组颁发了相关规范性文件。任某俊作为签约人，在决策购买地质煤矿时应当了解、知晓国家关于煤炭资源整合、煤矿企业兼并重组的相关政策，对于一定规模以下的煤矿可能存在被兼并重组，甚至关闭的商业风险应该是有预期的，不存在客观情况发生了任某俊在订立合同时无法预见的、非不可抗力造成的不属于商业风险的重大变化。任某俊主张依情势变更请求解除《转让协议》，没有事实和法律依据，法院不予支持。

案例2：最高人民法院审理的大宗集团有限公司(以下简称大宗公司)、宗某晋与淮北圣火矿业有限公司(以下简称圣火矿业公司)、淮北圣火房地产开发有限责任公司、涡阳圣火房地产开发有限公司股权转让纠纷案[(2015)民二终字第236号]判决认为：案涉《股权转让协议》第4条约定，无论与淮北宗圣公司、宿州宗圣公司拥有的三处煤炭资源相关的探矿许可证或采矿许可证是否作废、到期或失效，圣火矿业公司均无条件地履行本协议约定的所有条款；第2条约定，2014年7月31日前，圣火矿业公司向大宗公司支付第一笔股权转让款。圣火矿业公司对此并无异议，且在第一笔转让款期满不能支付的情况下向大宗公司出具了2000万元的违约金欠条并实际履行1000万元，而《国家能源局关于调控煤炭总量优化产业布局的指导意见》出台时间是在2014年10月12日，故对该笔股权转让款，一审判决认定不符合情势变更规则，有事实依据。圣火矿业公司以情势变更规则不应履行支付第一笔股权转让款的抗辩，法院不予采信。

案例3：最高人民法院审理的三亚农村商业银行股份有限公司、万宁市农村信用合作联社等与海南中东集团有限公司(以下简称中东集团)、钟某强等金融借款合同纠纷案[(2016)最高法民终219号]判决认为：中东集团主张该案适用情势变更，于法无据。根据原《合同法解释(二)》第26条的规定，合同成立后客观情况发生了当事人在订立合同时无法预见的、非不可抗力造成的不属于商业风险的重大变化，继续履行合同对于一方当事人明显不公平或者不能实现合同目的，当事人请求人民法院变更或者解除合同的，人民法院应当根据公平规则，并结合案件的实际情况确定是否变更或者解除。中东集团提出的房地产市场和地方经济萎缩、国家信贷与货币政策紧收等风险,未超出正常人的合理预见,属于正常商业风险,不适用情势变更规则。

案例4:最高人民法院审理的江苏威如房地产有限公司与天津宝士力置业发展有限公司(以下简称宝士力公司)、天士力控股集团有限公司股权转让纠纷案[(2015)民二终字第231号]判决认为:该案中,宝士力公司在签订《股权转让协议》时,对于诉争地块上的建筑物、物资等所有权并非宝士力公司所有以及有权拆迁单位亦非宝士力公司是明知的,对于拆迁进度并非宝士力公司能够控制以及诉争地块能否在约定期限内拆迁完毕具有不确定性的风险应当有所预见,合同成立以后客观情况并未发生当事人在订立合同时无法预见的重大变化,不构成情势变更事由。宝士力公司以此为由主张解除关于拆迁期限的约定,缺乏法律依据,法院不予采纳。

第四节　情势变更与不可抗力

一、情势变更和不可抗力之规范

"情势变更"规定在《民法典》第533条,"不可抗力"在《民法典》中主要规定在第180条、第590条以及第563条第1款第1项。这样的规范模式可以称为"二元规范模式"。这就是不可抗力及情势变更制度在合同法中的体系位置。

根据原《合同法解释(二)》第26条的规定,法院支持当事人的"情势变更"请求的前提之一是合同成立以后客观情况发生的重大变化应为"非不可抗力造成"。由此可以反向推知,若合同订立后客观情况发生重大变化系"不可抗力"造成,则不适用该解释第26条的规定。如前所述,司法解释的上述表述事出有因,原因在于合同法立法过程中围绕是否规定情势变更所发生的主要争议之一,便是情势变更与不可抗力的区分。在不可抗力与情势变更二元规范模式下,可以看出该司法解释想尽量将情势变更与不可抗力区分开来,使二者达到泾渭分明的程序。

但是,在审判实务中,二者的关系并非真的是泾渭分明而不存在交集。在不可抗力场合,有可能适用情势变更规范解决纠纷。最高人民法院对此有公报判例,如《中华人民共和国最高人民法院公报》2010年第4期上刊登的最高人民法院审理的"成都鹏伟实业有限公司与江西省永修县人民政府、永修县鄱阳湖采砂管理工作领导小组办公室采矿权纠纷案"就将大多数人认为属于不可抗力的气候变化作为情势变更情形,对合同予以变更。

正是由于审判实践中因不可抗力致使继续履行合同对一方明显不公平的情形与情势变更规则的界限难以把握,且法律效果相近,《民法典》才将不可抗力致使继续履行合同对一方明显不公平的情形从不可抗力制度中移出而并入情势变更制度。所以《民法典》第533条中只规定"合同的基础条件发生了当事人在订立合同时无法预见的、不属于商业风险的重大变化",删去了"非不可抗力造成的"一语。

就合同解除而言,发生不可抗力事件时,根据对合同的影响,可以分别适用情势变更和法定解除。如果不可抗力事件致使继续履行合同对一方明显不公平,可以适用《民法典》第533条情势变更规则请求法院或仲裁机构裁决解除合同。在这里,不可抗力事实只是导致情势变更事实发生的原因事实,并非不可抗力事实直接影响合同义务的履行,这是正确区分适用不可抗力制度还是情势变更制度的关键。如果不可抗力事件的发生使合同目的不能实现,当事人可以依《民法典》第563条第1款第1项行使解除权解除合同。[1]

二、情势变更和不可抗力之同异

(一)情势变更与不可抗力之相同点

情势变更与不可抗力是一对相近的概念,体现在以下3个方面。

1. 制度基础和法律规则相同。不可抗力与情势变更均建立在民法公平规则以及诚实信用规则基础上,是诚实信用规则的具体体现和落实,目的在于对因外部事件的异动所引起的当事人利益失衡加以调整,维护合同履行的公平性。

2. 制度构成要件相似。引起不可抗力和情势变更的事件均非商业风险,也都是当事人无法预见的客观情形;两者的发生均不可归责于当事人;两者的发生对于合同的影响均出现于合同订立之后,履行完毕之前;因该无法预见事件的发生,对合同的履行或当事人利益的实现造成严重障碍。

3. 法律免责效果相近。不可抗力与情势变更都具有免责性,在不可抗力或情势变更事件发生后,当事人未按照合同履行的违约责任可以得以免除,同时根据事件的性质及影响程度,可以变更或解除原合同。

---

[1] 参见黄薇主编:《中华人民共和国民法典合同编解读》,中国法制出版社2020年版,第343页。

(二)情势变更与不可抗力之区别

情势变更与不可抗力之区别在于以下 5 个方面。

1. 制度价值不同。不可抗力制度主要是一种免责事由,是因发生了当事人双方均不能预见、不能避免、不能克服的客观现象造成的损失,且双方均无过错,所以不承担责任。该制度体现的精神是法律不强人所难,不让无辜者承担意外之责。情势变更制度的法律效果是合同变更或解除,之所以赋予这样的法律效果,是因为合同订立之后、履行完毕前,订立合同的基础条件发生了异常变化,使双方当事人之间权利义务严重失衡,不符合订立合同时的预期,需要当事人再协商或者由法院、仲裁机构根据当事人的请求和公平原则对权利义务失衡状态再调整,它体现的精神是当事人之间公平和合同权利义务对等。

2. 适用范围不同。不可抗力制度作为民事责任的一般免责事由,除法律作出的特殊规定外,适用于所有民事责任领域,特别是适用于侵权责任领域和合同领域,故在《民法典》总则编第 180 条予以规定。情势变更制度则仅为合同领域的一项特殊制度,不适用于其他领域,故在《民法典》合同编通则中予以规定。

3. 对合同的影响方式和程度不同。不可抗力制度的适用前提是不可抗力造成当事人不能履行合同的后果。情势变更制度是合同基础条件与合同成立时相比出现了当事人无法预见且不可归责于当事人的重大变化,该重大变化对合同的履行也产生了重大影响,但一般来说合同仍有继续履行的可能,只是继续履行对合同另一方当事人明显不公平,例如,履行成本显著上升、等价关系显著失衡。

4. 法律效果不同。适用不可抗力制度体现为免责,对于因不可抗力造成的履行不能,免除全部或部分责任。但是其不直接导致变更合同内容,合同部分不能履行的,其他部分继续履行,合同一时不能履行的,影响消除后继续履行。适用情势变更制度则体现为合同变更或者解除,不直接具有免责效果。在根据该制度调整权利义务前,当事人权利义务关系不变,只是根据该制度进行调整后,当事人的权利义务关系才按照调整后的内容继续履行。至于如何调整,是解除合同还是变更合同,如何变更合同,需要法院或者仲裁机构在个案中根据具体情况判断。

5. 当事人权利行使方式和程序不同。当不可抗力导致不能履行合同时,受不可抗力影响的一方应当及时向对方发出受此影响不能履行合同的通知,并在合理期限内提供证明。未发出通知导致对方损失扩大的,对于扩大的损失不能免责,对于迟延履行后发生不可抗力的也不能主张免责。对于情势变更制度,因情势变化导致合同履行对一方明显不公平时,受不利影响的当事人首先可以通过与对方协商调整失衡的利益,在合理期限内协商不成的,当事人可以请求法院或仲裁机构变更或解除合同。[1]

三、第三人行为与不可抗力或情势变更

(一)第三人行为与不可抗力

通说认为,第三人行为原则上不构成不可抗力。依照法律规定不可抗力之所以可以免除责任,并不仅因为不可抗力导致债务不能履行无法归责于债务人,还因为在这种情况下,如果要求债务人承担责任,而债务人无法向任何人追偿,使得债务人纯受损害而无任何救济。这一点使不可抗力有别于第三人因素,如因第三人行为导致债务不能履行,债务人在承担合同责任后,可以向第三人追偿,以实现责任的合理分配。但也应注意到,除一些"纯粹的"自然灾害以外,大部分意外事件中存在着第三人因素。比如因第三人行为导致堤坝崩溃,造成大范围水灾,或像"9.11"事件这样由第三人实施的恐怖主义行为,都应当作为自然灾害或社会事件进行审查,而不能仅因为此种第三人行为因素而认为其不构成不可抗力。

(二)第三人行为与情势变更

通说认为,第三人行为原则上不构成情势变更。《民法典》第593条规定:"当事人一方因第三人的原因造成违约的,应当依法向对方承担违约责任。当事人一方和第三人之间的纠纷,依照法律规定或者按照约定处理。"这是一个简单的问题,但在诉讼过程中,当事人就涉案行为是否属于情势变更情形经常引发争议,往往就该因素是否由第三人原因导致而进行重点讨论。司法实践中法院一般会从当事人合同条款中涉及的合同约定、当事人对合同风险的可预见性、责任分担等角度综合进行说理。但终归一句,因第三人原因导致的合同无法履行,当事人应当承担违约责任。最高法(2015)民一终字第72号民事判决书就不认同将第三人原因作为情势变更情形。

---

[1] 参见黄薇主编:《中华人民共和国民法典合同编解读》,中国法制出版社2020年版,第244~246页。

第五节 情势变更与合同变更或解除

一、情势变更与再交涉义务

(一)再交涉义务之争议

再交涉义务又称重新协商,是指当合同履行出现情势变更的情形时,当事人一方可以要求对方就合同内容进行重新协商,在协商一致的基础上重新确定合同权利义务,或者终止原合同。从支持社会整体自由、鼓励市场经济主体平等交易、维护交易安定性的层面来看,当出现情势变更时,当事人首先通过重新协商方式对合同进行调整,可避免司法权介入过深,有一定的合理性。

《民法典》出台前,我国原《合同法》以及原《合同法解释(二)》对此均没有明确规定,故在立法层面,未规定当事人在情势变更时负有"再交涉义务"。但理论界对再交涉义务有"肯定说"和"否定说"。

1. "肯定说。"该说认为在立法上要规定再交涉义务。理由是:(1)再交涉义务不仅是我国合同法中"鼓励交易"规则所衍生的合同应受尊重规则的具体体现,而且在交易距离较远的国际贸易领域,具有实质的合理性。因为,国际贸易合同的效力如果因情势变更被解除,由此所引发的所受领给付的返还或不能返还时所采取的补救措施以及损害赔偿等问题,不仅法律关系复杂,而且返还财产后的退货使货物再次远渡重洋,实际操作起来成本较高,不符效益原则。中国是一个幅员辽阔的大国,比如从乌鲁木齐至广州距离过远,若发生合同解除而退货,该成本过高,同样不符经济效益原则。(2)再交涉义务除在情势变更场合有其意义外,在持续性合同或者长期合同场合,存在着通过合同将未来固化为现在的"现时化"与未来的变化之间的矛盾,再交涉义务可以克服长期合同的僵硬性而成为添加灵活性的润滑剂。

2. "否定说。"该说认为在立法上不宜规定再交涉义务。理由是:(1)重新谈判与当初为订立合同而进行的谈判一样,取决于当事人的意愿和相互信任;立法不能通过强制手段使双方能够积极、齐心协力地重新谈判,要求当事人重新谈判可能是一场闹剧,简言之,再交涉义务客观存在"履行不能"问题。(2)若立法规定再交涉义务,其目的在于违反该义务将产生损害赔偿的后果,但是情势变更的案件往往非常复杂,双方利益对立,对当事人是否恶意拒绝谈判或中途放弃谈判,在司法实务中民事审判法官难以通过证据予以判断。(3)市场交易主体所注重的是交易的快捷流通性和法律稳定性,当情势变更纠纷发生,双方利益难以调和时,当事人难以承受冗长的无法确定结果的重新谈判,即使一方诉诸法院亦一般希望案件能够快审快结,获得一个确定的稳定结果。若立法规定再交涉义务,可能是闭门造车式立法。

最高人民法院在《审理民商事合同指导意见》中要求:"在诉讼过程中,人民法院要积极引导当事人重新协商,改订合同;重新协商不成的,争取调解解决。"这里虽然能够反映法院的政策倾向性,但该指导意见本身不属于当事人应当履行"再交涉义务"的规定,可以理解为对司法实务的倡导性意见。当然,参与过原《合同法解释(二)》起草的最高人民法院王闯法官认为,"《合同法解释(二)》第 26 条虽然未明确规定'再交涉义务',但在解释上应当肯定'再交涉义务'的存在,并认为审判实务有必要借鉴因违反再交涉义务而发生损害赔偿责任的做法"。[1]

(二)《民法典》中的再交涉义务

《民法典》第 533 条明确规定了再交涉义务,即当发生情势变更情形时"受不利影响的当事人可以与对方重新协商;在合理期限内协商不成的,当事人可以请求人民法院或者仲裁机构变更或者解除合同"。这里立法规定,发生情势变更时,当事人依法必须履行再交涉义务,这就意味着发生情势变更时,若当事人欲请求法院或仲裁机构变更或解除合同,在程序上应当首先由受不利影响的当事人与对方进行重新协商,并提供与对方重新协商及协商不成的相关证据。

未履行再交涉义务有何法律后果?实务中有三种观点:第一种观点认为重新协商是权利,人民法院不应过分干预。第二种观点认为重新协商是义务,当事人未请求协商即起诉的,人民法院不予受理。第三种观点认为再交涉义务是一种不真正义务,即在当事人违反该义务后,并不会必然产生违约责任。当事人重新协商,是一种体现诚信原则的行为,值得鼓励,这种协商不应该是强制的,人民法院也可以在诉讼中引导当事人进行协商,特别是组织调解。因此,把再交涉义务定义为不真正义务可能更为妥当,当事人将承担迟延请求协商或者无正当理由拒绝协商所造成的不利后果。最高法研究室对此持第三种观点。[2] 也就是说,重新协商既可以在起诉前进行,也可以在诉讼过程中由人民法院确定合理期限进行。在合理期

---

[1] 王闯:《当前人民法院审理商事合同案件适用法律若干问题》,载《法律适用》2009 年第 9 期。

[2] 参见最高人民法院研究室编著:《〈全国法院贯彻实施民法典工作会议纪要〉条文及适用说明》,人民法院出版社 2021 年版,第 49~50 页。

限内协商不成,或者另一方明确拒绝协商的,为尽快让当事人从不利的合同束缚中解脱,应当允许任何一方当事人请求人民法院变更或解除合同。

二、变更或解除及选择问题

(一)情势变更类型之变化

原《合同法解释(二)》第 26 条将情势变更区分为两种类型:其一,继续履行合同对于一方当事人明显不公平;其二,不能实现合同目的。德国民法有第三种"法律行为基础障碍"类型,即当事人双方"共同的动机错误",但这一类型在我国法上并没有被作为情势变更制度的规范对象。[1]

这两种情势变更类型适用情势变更规则的目的明显不同。其一,导致显失公平的情势变更出现后,适用情势变更的规则,是由于一方当事人在合同履行中,发现作为合同赖以成立的客观情况发生了不可预见的异常变化,履行困难,继续履行下去将使得自己利益严重受损。其二,与第一种类型不同的是,导致不能实现合同目的的情势变更出现后,适用情势变更规则,是由于合同一方当事人在合同履行过程中,发现作为合同赖以成立的客观情况发生了不可预见的异常变化,继续履行下去的结果是合同目的的无法实现,为了减轻双方的损失,也为避免在履行期届满后承担违约责任。

应当注意的是,《民法典》第 533 条只将情势变更规定为一种类型,即"继续履行合同对于当事人一方明显不公平",删除了"不能实现合同目的"。其原因是"不能实现合同目的"是产生法定解除权的基础,合同因情势变更而解除的,既不是对当事人法定解除权的确认,也不是当事人行使解除权的结果,而是经当事人请求,法院或仲裁机构对个案综合评判后的裁决结果,故若不删除,存在法理逻辑矛盾。

(二)变更或解除之选择

当发生情势变更情形时,从当事人请求权角度来看,《民法典》第 533 条第 1 款规定当事人可以请求变更或解除合同;《民法典》第 533 条第 2 款规定:"人民法院或者仲裁机构应当结合案件的实际情况,根据公平原则变更或者解除合同。"

实务中,需要解决的问题是:当出现情势变更时,当事人如何提出请求?法官究竟是裁判变更还是解除?

《民法典合同编通则解释》第 32 条第 2 款规定:"合同的基础条件发生了民法

---

[1] 参见韩世远:《情事变更若干问题研究》,载《中外法学》2014 年第 3 期。

典第五百三十三条第一款规定的重大变化,当事人请求变更合同的,人民法院不得解除合同;当事人一方请求变更合同,对方请求解除合同的,或者当事人一方请求解除合同,对方请求变更合同的,人民法院应当结合案件的实际情况,根据公平原则判决变更或者解除合同。"

上述规定规范了两种情形:一是如果当事人都请求变更合同,人民法院不得解除合同。这是因为基于鼓励交易和合同严守的价值考量,应最大限度地保留原合同、维护合同效力、促进合同履行,尽量通过变更合同使双方权利义务重新达到平衡,使合同继续履行变得公正合理,于此情形下,完全没有必要通过解除合同来纠正权利义务失衡问题。法院裁判变更合同的内容可以为增减给付、延期或分期给付、同种给付变更或者拒绝先行给付等,总之,变更之效果宜符合公平规则。二是如果当事人一方请求变更合同,对方请求解除合同,人民法院应当结合案件的实际情况,根据公平原则判决变更或者解除合同。应当指出的是,在出现变更和解除两种不同请求的情形下,结合案件的实际情况,当出现变更或者解除两可的场合,应优先考虑变更,不宜解除,不能为解决一个不公平又引发新的不公平,仅在变更无法解决不公平问题时方予解除合同。学者刘春堂认为,情势变更规则之适用,系对业已成立之法律关系,用以排除其因情势变更所发生不公平的结果为目的,故其效力应在维持当初原有之法律关系下,仅就其不公平之点,予以变更即可,称为第一次的效力;然依上述之办法,尚不足排除不公平之结果时,则可以进一步采取使其法律关系终止或消灭之办法,称为第二次的效力。[1] 当然,如果一方坚持解除合同,而该合同达到了《民法典》所规定的"继续履行合同对于当事人一方明显不公平",且变更无法解决明显不公平问题时,法院可以直接判令解除合同。

(三)《民法典》司法变更范围之变化

在我国,当事人协商变更合同属于意思自治范畴,法律对此当然应鼓励并予倡导。在情势变更情形下,如果当事人无法协商变更合同,则可由法院裁判变更合同,这应是通过法官依职权的行为强行变更合同,客观上存在与意思自治规则不合之特殊情形。

值得关注的是:依原《合同法》第54条之规定,在订立合同时出现重大误解、显失公平、欺诈胁迫、乘人之危之情形的,当事人一方有权请求人民法院或者仲裁机

---

[1] 参见刘春堂:《民法债编通则(一)契约法总论》,三民书局股份有限公司2011年版,第285~286页。

构予以变更或者撤销;请求变更的,不得撤销。但根据《民法典》的规定,对意思表示瑕疵的几类民事法律行为,法官只能裁判能否撤销,而不再有强行变更权。实务中有人提出,对发生情势变更情形后,当事人依《民法典》第533条请求变更合同的,法官还是否享有强制变更权或是否予以限制?

对此,笔者认为:应当承认,赋予法官对合同的司法强行变更权与意思自治规则确存在冲突,同时合同变更到何种地步,也涉及自由裁量及应否限制的问题。但情势变更本来就是合同法上公平规则对合同自由规则的限制,具有特殊性,同时,实务中适用情势变更不属于合同履行障碍的常态,常态的合同履行障碍形式表现为违约,故《民法典》对法官强行变更权予以了保留。就立法而言,《民法典》收回法官司法强制变更权明确是针对原《合同法》第54条可撤销合同之情形,而情势变更不属于可撤销合同之列。至于法官根据情势变更规则变更合同如何变更的问题,存在自由裁量问题,但《民法典合同编通则解释》第32条对这种自由裁量已予规范和限制。

三、情势变更解除之性质及方式

(一)情势变更解除之性质

我国《民法典》对合同解除类型有协商解除、约定解除、法定解除之分。因情势变更而解除合同系何性质?从《民法典》第533条的规定可以得出,合同因情势变更解除,既非协商解除亦非约定解除,也不是法定解除,而是将情势变更作为请求解除的事由,本质上当事人所行使的是一种诉讼程序上的请求权,而非实体法所赋予的解除权。

(二)情势变更解除之方式

《民法典》第565条规定解除权人行使解除权时,应以通知方式或者诉讼(包括仲裁)方式解除。但因情势变更导致合同解除的,当事人必须向法院或仲裁机构以诉讼方式明确请求解除合同;换言之,根据情势变更规则解除合同,必须通过法院或仲裁机构的裁判才能实现,而排除以通知方式实现。这表明,对于情势变更是否必须引起合同解除,须由法院依职权审查,若应当解除,则作出解除判决。

当事人根据《民法典》第533条请求司法机关裁判解除,该请求不是请求法院确认解除权,法院判决解除的,不是确认解除权判决,而是解除权形成判决。对此,学者崔建远亦指出,适用情势变更规则解除合同,当事人无自行解除行为,只是由法院或仲裁机构根据案件的具体情况和情势变更规则的法律要件加以裁决,而非当事人行使解除权的解除。[1]

(三)法官主动援用情势变更问题

在实务中,当事人未以情势变更为由请求变更或解除合同的,法官能否主动援引情势变更规则对案件进行裁判？对此,笔者认为:法官对情势变更情况的审查不同于对合同效力的审查。因为对情势变更的审查应基于当事人的请求,由当事人主动行使,而合同效力审查是基于法官的法定职责,应主动审查。即使案件事实已构成情势变更,但当事人未提出变更或请求的,根据"不告不理"原则,对情势变更事实应不予审查。因此,情势变更规则并非法官在审理合同变更、解除案件中可以主动适用的规则,换言之,如果当事人在诉讼中未提出以情势变更为由请求变更或解除合同,则法官不能主动适用该规则对合同进行变更或解除。最高人民法院入库编号2023-11-2-483-005的参考案例烟台某矿山开发有限公司诉蓬莱某矿业有限公司合同纠纷案[山东省高级人民法院(2020)鲁民终759号]二审判决认为:情势变更原则的适用,应由当事人提出。在当事人没有提出相关诉求的前提下,人民法院不应主动适用情势变更原则解除合同。

四、变更或解除时间及损害后果分担问题

(一)裁判变更或解除时间

根据《民法典》第533条的规定,当出现情势变更,当事人协商不能时,"当事人可以请求人民法院或者仲裁机构变更或者解除合同",人民法院或仲裁机构审理后,"应当结合案件的实际情况,根据公平原则变更或者解除合同"。如果裁判合同解除,如何确定解除时间呢？

《民法典合同编通则解释》第32条第3款规定:"人民法院依据民法典第五百三十三条的规定判决变更或者解除合同的,应当综合考虑合同基础条件发生重大变化的时间、当事人重新协商的情况以及因合同变更或者解除给当事人造成的损失等因素,在判项中明确合同变更或者解除的时间。"

最高人民法院在解读该条时认为:"因情势变更解除合同的,法院根据案件实际情况确定解除的时间点,而不是一个统一的时间点,更具有灵活性。司法实践中,人民法院在适用情势变更解除合同时,也往往根据案情具体情况确定个别的解

---

[1] 参见崔建远:《合同法》,北京大学出版社2012年版,第237页。

除时间。"[1]

笔者认为:该条规定虽赋予了法官一定的自由裁量权,但并非漫无边际,而是明确予以了限制,即判决变更或解除合同时间必须考量合同基础条件发生重大变化的时间、当事人重新协商的情况以及因合同变更或者解除给当事人造成的损失等因素,并且在判理中予以明确说明。

(二) 变更或解除的损害后果承担问题

1.变更或解除后的违约责任问题。一般情形下,因情势变更导致变更或解除合同,当事人不承担违约责任。最高人民法院印发的《关于依法妥善审理涉新冠肺炎疫情民事案件若干问题的指导意见(二)》第1条第2款规定:"疫情或者疫情防控措施导致出卖人不能按照约定的期限完成订单或者交付货物,继续履行不能实现买受人的合同目的,买受人请求解除合同,返还已经支付的预付款或者定金的,人民法院应予支持;买受人请求出卖人承担违约责任的,人民法院不予支持";该指导意见第2条第2款规定:"已经通过调整价款、变更履行期限等方式变更合同,当事人请求对方承担违约责任的,人民法院不予支持。"最高人民法院判决也持此立场,如最高人民法院在福州休曼电脑有限公司及福建省体育彩票管理中心与福建省体育局合作合同纠纷案[(2006)民二终字第160号]判决中就认为:因国家政策及政府命令致合同解除,无须承担违约责任。

2.因变更或解除合同损害后果如何承担问题。适用情势变更规则变更或解除合同后,可能会对相对人造成一定损失,而原受不利影响的一方因此从合同中解脱出来,从而获得一定利益,应当承担对方蒙受的损失。在分担范围上,应根据公平原则确定,可以是由受不利影响的当事人承担,也可以是由双方合理分担。但受不利影响当事人未积极履行再交涉义务的,应对迟延履行协商或无正当理由拒绝协商所造成的扩大损失后果承担责任。最高人民法院在(2013)民申字第511号民事裁定书中指出:如果因为迟延提出,于确认情势变更成立时,利益平衡应当考虑因迟延主张而致对方扩大损失的分配时,应由受不利益的一方承担。如果主张过分延迟,期间双方继续履行合同,可以推定其放弃主张情势变更。

五、预先排除情势变更适用问题

《民法典》所规范的情势变更规则,体现了国家从公平原则出发,通过司法权对

---

[1] 最高人民法院民事审判第二庭、研究室编著:《最高人民法院民法典合同编通则司法解释理解与适用》,人民法院出版社2023年版,第656~657页。

严重失衡下的合同履行进行干预、矫正的价值,其制度本身具有法律适用上的强制性规范旨意。实务中,常发生一方当事人利用其缔约上的优势地位,迫使对方放弃情势变更规则适用,逃避己方的风险和负担的情况,如约定"本约生效后,不论发生何种情况,本合同价格不得调整""任何一方不得以情势变更为由请求变更或解除合同"等,对此等预先排除情势变更适用的条款是否有效的问题,《民法典》未作规定。

《民法典合同编通则解释》第32条第4款规定:"当事人事先约定排除民法典第五百三十三条适用的,人民法院应当认定该约定无效。"为避免情势变更规则被架空,从而导致《民法典》赋予人民法院矫正合同严重失衡的制度设计落空,司法解释明确了预先约定排除适用情势变更规则的行为为无效。除了情势变更规则不得通过合同预先排除适用外,在司法解释中,还有诉讼时效规则、违约金调整规则等都不能通过合同预先排除适用。

第六节 情势变更之判例

一、慎用情势变更规则之判例

在上海同在国际贸易有限公司(以下简称同在公司)与远东电缆有限公司(以下简称远东公司)买卖合同纠纷案[(2011)民二终字第55号]中,最高人民法院认为:2008年全球性金融危机和国内宏观经济形势变化并非完全是一个令所有市场主体猝不及防的突变过程,而是一个逐步演变的过程。在演变过程中,市场主体应当对市场风险存在一定程度的预见和判断。期货中的价格波动非当事人在缔约时无法预见的非市场系统固有的风险,应当属于商业活动的固有风险。远东公司与同在公司约定参照上海期货交易所期货合约卖盘报价进行定价,双方均应当预见也有能力预见到有色金属这种市场属性活泼、长期以来价格波动较大的大宗商品存在投资风险。故该案要慎重适用情势变更规则,要将远东公司对市场价格走势判断失误造成的损失与不可抗力因素相区分。同时,也正是基于对2008年有色金属价格波动较大情况的考量,法院参照《谅解补充协议》约定的违约金标准认定违约责任,兼顾了减轻违约方违约责任承担范围的考虑。该判决显示:要慎重适用情势变更规则,要将当事人对市场价格走势判断失误造成的损失与不可抗力因素相区分。

二、最高人民法院首次适用情势变更之判例

最高人民法院《关于武汉市煤气公司诉重庆检测仪表厂煤气表装配线技术转让合同购销煤气表散件合同纠纷一案适用法律问题的函》（法函〔1992〕27号）内容如下：

湖北省高级人民法院：

你院鄂法〔1992〕经呈字第6号关于武汉市煤气公司诉重庆检测仪表厂煤气表装配线技术转让合同、购销煤气表散件合同纠纷一案适用法律问题的请示报告收悉。经研究，同意你院的处理意见。

本案由两个独立的合同组成。鉴于武汉市煤气公司与重庆检测仪表厂签订的技术转让合同已基本履行，煤气表生产线已投入生产并产生了经济效益，一审法院判决解除该合同并由仪表厂拆除煤气表装配生产线，是不利于社会生产力发展的。就本案购销煤气表散件合同而言，在合同履行过程中，由于发生了当事人无法预见和防止的情势变更，即生产煤气表散件的主要原材料铝锭的价格，由签订合同时国家定价为每吨4400元至4600元，上调到每吨16000元，铝外壳的售价也相应由每套23.085元上调到41元，如要求重庆检测仪表厂仍按原合同约定的价格供给煤气表散件，显失公平，对于对方由此而产生的纠纷，你院可依照《中华人民共和国经济合同法》第二十七条第一款第四项之规定，根据本案实际情况，酌情予以公平合理地解决。

上函之判例为原《合同法解释（二）》出台前，最高人民法院对情势变更最早的判例。

三、过度承诺不视为情势变更之判例

在广东省电白建筑工程总公司与东莞市长安镇房地产开发公司建设工程施工合同纠纷案〔（2013）民申字第1099号〕中，最高人民法院认为：建设工程施工合同约定，承包方式为按定标价包人工、包材料、包工期、包质量、包安全，还包括按国家规定由乙方缴纳的各种税收，除设计变更外，总价、单价以定标价为准，结算时不作调整。上述约定系针对合同约定的施工期间内包括主要建材价格产生变化的市场风险承担条款，说明双方当事人已预见到建材价格变化的市场风险，故二审判决认定开工日期至合同约定的竣工日期建筑材料上涨属于正常的商业风险，不属于情势变更适用法律并无不当。合同已经对市场风险承担条款作出约定，说明双方当事人已预见到市场风险，履行过程中出现的变化，属于正常的商业风险，不适用情

势变更规则。

四、政府行为属情势变更之判例

海南省高级人民法院在审理的海南亚奥集团广告有限公司(以下简称亚奥公司)与琼山区规划建设局(以下简称琼山规划局)合同纠纷案[(2012)琼民二终字第5号]判决中认为:关于琼山规划局未向亚奥公司履行《合作协议书》项下剩余年限的灯杆广告经营发布权义务是否违约的问题。法院认为,琼山规划局未能向亚奥公司履行《合作协议书》项下剩余年限的灯杆广告经营发布权义务,不能归责于合同双方原因所致,不属于违约。理由如下:首先,琼山撤市设区后,海口城管局拆除亚奥公司《合作协议书》项下路灯及其灯杆广告的行为是实施海口市人民政府"3366"工程整顿治理的合法行为,谁都无权干涉和制止。其次,海口市行政区划变更后,原琼山市建设局变更为琼山规划局,《合作协议书》项下的地段划归海口市,不属琼山市。琼山规划局原属路段的路灯已由海口市统一规划设置,不再属于琼山规划局,《合作协议书》已经失去继续履行的基础。最后,在海口城管局执行海口市政府"3366"治理整顿行为前,巨龙公司依约建设了路灯及灯杆,并在上设置了商业广告,证明原琼山建设局和巨龙公司各自依约履行了《合作协议书》项下的相关义务且已享受了相关权利。在亚奥公司受让巨龙公司《合作协议书》项下权利后,亚奥公司之所以不能实现18年灯杆广告经营发布权的合同目的,是因为发生了合同双方在签约时无法预见和履约中不可避免的海口市"3366"治理整顿工程和海口市行政区划变更,不是琼山规划局违约所致。亚奥公司主张琼山规划局违约与事实不符。一审中,虽然亚奥公司没有直接请求解除《合作协议书》,但是在二审中,对其起诉请求判令琼山规划局赔偿亚奥公司直接损失及利息损失和预期利益损失的诉讼请求,明确解释:这项请求已经包含解除合同的意思。《合作协议书》已经不具备继续履行的基础,亚奥公司的请求中又有解除的意思表达,依照原《合同法解释(二)》第26条的规定,《合作协议书》应当依法予以解除。

五、政府政策调整属情势变更之判例

最高人民法院在审理的常州新东化工发展有限公司(以下简称新东公司)与江苏正通宏泰股份有限公司建设工程承包、技术委托开发合同纠纷案[(2015)民提字第39号]判决中认为:该案涉案合同在履行过程中,常州市政府根据省政府《关于进一步加强污染物减排工作的意见》的要求,调整了节能减排的政策,明确要求新东公司自备电厂在2012年6月底前拆除燃煤锅炉,客观情况发生了重大变化,导致新东公司原定的对燃煤锅炉进行脱硫工程改造项目继续进行已经没有意义,无法实现合同目的,该变化是当事人无法预见的,这种合同风险显然也不属于普通的商业风险。虽然合同法及有关司法解释并未明确规定政府政策调整属于情势变更情形,但是如果确实因政府政策的调整,导致不能继续履行合同或者不能实现合同目的,当然属于合同当事人意志之外的客观情况发生重大变化的情形。因此,应该认定该案的情形属于原《合同法解释(二)》第26条规定的情势变更情形。新东公司主张该案的情形属于情势变更,其解除合同不属于违约行为,有充分的事实和法律依据,法院予以支持。

六、气候变化属情势变更而变更合同之判例

《中华人民共和国最高人民法院公报》2010年第4期上刊登的最高人民法院审理的成都鹏伟实业有限公司(以下简称鹏伟公司)与江西省永修县人民政府、永修县鄱阳湖采砂管理工作领导小组办公室采矿权纠纷案[(2011)民再字第2号]判决中认为:公平规则是当事人订立、履行民事合同所应遵循的基本规则。鹏伟公司在履行该案《采砂权出让合同》过程中遭遇鄱阳湖36年未遇的罕见低水位,导致采砂船不能在采砂区域作业,采砂提前结束,未能达到《采砂权出让合同》约定的合同目的,形成巨额亏损。这一客观情况是鹏伟公司和采砂办在签订合同时不可能预见到的,鹏伟公司的损失也非商业风险所致。在此情况下,仍旧依照合同的约定履行,必然导致采砂办取得全部合同收益,而鹏伟公司承担全部投资损失,对鹏伟公司而言是不公平的,有悖于合同法的基本规则。鹏伟公司要求采砂办退还部分合同价款,实际是要求对《采砂权出让合同》的部分条款进行变更,符合合同法公平规则和原《合同法解释(二)》第26条的规定,法院予以支持。最高人民法院对该案确立了一个裁判规则,即由于无法预料的自然环境变化的影响导致合同目的无法实现,若继续履行合同则必然造成一方当事人取得全部合同收益,而另一方当事人承担全部投资损失,受损方当事人请求变更合同部分条款,人民法院应当予以支持。

七、未履行再交涉义务不支持情势变更之判例

最高人民法院在审理的青海隆豪置业有限公司(以下简称隆豪公司)与青海三新房地产开发有限公司(以下简称三新公司)项目转让合同纠纷案[(2013)民申字第511号]判决中认为:双方签订协议后,政府取消危旧房改造的优惠政策,隆豪公司支付土地出让金取得涉案土地使用权,《协议书》签订的背景发生了变化,但自隆豪公司2009年8月竞拍取得涉案土地使用权至一审法院于2011年7月受理该案,

隆豪公司未能提供证据证明其曾与三新公司协商变更或者解除《协议书》,或者曾在法定期间内行使变更或解除合同的权利,且双方还曾于2010年7月27日共同作为建设单位取得包含涉案项目在内的《建筑工程施工许可证》,故该案判决未支持隆豪公司依据情势变更规则要求解除合同的诉讼请求并无不当。该判决显示:合同签订背景发生变化,但当事人在诉前未协商变更或者解除合同,且双方还共同为继续履行合同作了准备,在诉讼中主张依据情势变更规则要求解除合同,不予支持。

八、属于可预见的不能主张情势变更之判例

案例1:最高人民法院审理的华锐风电科技(集团)股份有限公司与肇源新龙顺德风力发电有限公司(以下简称新龙公司)买卖合同纠纷案[(2015)民二终字第88号]判决认为:关于焦点一,法院认为,契约严守为合同法的基本规则,只有由于不可归责于合同当事人的原因导致合同缔约时的基础动摇或丧失,强行维持合同原有效力将导致合同当事人之间的利益均衡关系受到破坏,严重违背公平诚信规则时,才能适用情势变更制度。根据原《合同法解释(二)》第26条对情势变更的定义,情势变更的发生是否为当事人不可预见、继续履行合同是否显失公平为界定该案情形是否适用情势变更制度需要考虑之要件因素。从该案买卖合同缔约情形来看,新龙公司对其以4520元/kW的综合造价购买案涉风力发电机组的意思表示明确,其主张的无法预见是指风力发电机组的价格在合同签订之后大幅下滑,但新龙公司在缔约时对于合同的交易价格是明知的,对其在本次交易中的实际付出有明确的预期,不存在无法预见之情形。新龙公司主张继续履行合同显失公平,但是否显失公平并不能简单以合同签订时的价格与合同履行时的价格进行纵向比较,该案中,新龙公司如继续履行合同不会额外增加其订约时预计付出的履约成本,仅是其在合同签订后可以以更少的交易成本从别处获取合同标的物,但这不是新龙公司可以违约并置正常的交易秩序于不顾之理由,故该案亦不存在显失公平之情形。《国家能源局关于印发风电开发建设管理暂行办法的通知》[国能新能(2011)285号]的出台时间是2011年8月,即在该案新龙公司发出解除通知之后,亦不影响该案的法律适用。风力发电机组作为在市场流通的交易物,其价格出现波动影响当事人的利益,属于市场发挥调节作用的正常现象,新龙公司作为专门从事风力发电的市场主体,对于该价格浮动应当存在一定程度的预见和判断,应当承担相应的商业风险。综合上述情形,该案买卖合同标的物风力发电机组的价格浮动应属正常的商业风险而非情势变更,新龙公司称该案存在情势变更情形的主张不能成立。

最高人民法院在审理的山西华晋纺织印染有限公司(以下简称华晋公司)、上海晋航实业投资有限公司与戴某合资、合作开发房地产合同纠纷案[(2015)民一终字第72号]判决中认为:华晋公司主张该案应适用情势变更,在双方签订合作协议时,对欲收购的目标公司股权结构应是了解的,其对此陈述为,华晋公司分期缴纳保证金是收购策略,试探是否有第三方介入,以及兆雪公司是否诚意转让其持有的广万公司的股权,由此也可以看出华晋公司对兆雪公司行使优先购买权有充分的预判,因此,该案不存在合同成立后客观情况发生变化的情势变更情形,而应为正常的商业风险。

九、当事人已协商的不再属于情势变更之判例

发生价格上涨、政策变化后当事人已协商的,还是否属于情势变更？最高人民法院在审理的陕西圣安房地产开发有限公司、陕西圣安房地产开发有限公司延安分公司与延长油田股份有限公司川口采油厂商品房销售合同纠纷案[(2015)民一终字第179号]判决中认为:原告主张因价格上涨及当地政府政策变化导致被告委托代建的商品房成本大幅上升,要求变更合同价格条款。但在合同履行过程中发生客观情况变化后,当事人对如何继续履行合同又进行了明确约定,表明当事人对合同履行过程中发生的有关变化以及由此带来的影响已经作出判断并就相关事宜的变更达成了合意,当事人一方再行主张适用情势变更规则的,不予支持。

第六章
合同解除权行使主体

第一节 解除权行使主体争议

一、法定解除权行使主体之困境

法定解除权行使主体是指一般法定解除权行使主体。对于一般法定解除权行使主体,《民法典》第593条只是笼统赋予了"当事人"在一些法定情形下有权解除合同,但未明确"当事人"究竟是指合同的某一方还是双方。由于一般法定解除情形多种多样,实务中,究竟谁有权行使一般法定解除权存在争议。故解除权主体问题争议聚焦于谁享有一般法定解除权。

通说认为,只有守约方享有解除权。实务中,司法人员在审查解除行为效力时,往往也是先审查主张解除合同的一方是否享有合同解除权,再决定是否支持该诉讼请求,这已是通常的做法。而这样的通说和通常做法遇到了许多挑战:是否唯有守约方才享有法定解除权?违约方是否绝对不享有解除权?双方违约时谁享有法定解除权?等等。

约定解除权行使主体不存在争议。约定解除权系根据合同约定解除事由而产生,当解除事由发生时,根据约定享有解除权的主体有权解除合同。《民法典》第562条第2款规定:"解除合同的事由发生时,解除权人可以解除合同。"该规定明确行使约定解除权的主体是"解除权人"。故约定解除并不发生解除权主体之争议。至于在诉讼中如何确定约定解除的"解除权人",则属事实判断问题,与解除权主体问题是两回事。

任意解除权行使主体也不存在争议。对于法律赋予任意解除权的特定类型的合同,规定了当事人双方或仅一方享有解除权。法律赋予当事人双方享有任意解除权的典型条款是《民法典》第563条第2款规定的不定期持续性合同,还有《民法典》第933条规定的委托合同。法律仅赋予当事人一方享有任意解除权的,解除主体非常明确,比如《民法典》第787条规定的承揽合同中定作人享有任意解除权,而承揽人不享有任意解除权。

二、法定解除权行使主体之争议

(一)三种不同观点

关于法定解除权行使的主体,现实中存在三种不同观点。

1. 守约主体说。该说认为法定解除权只能由守约方合法享有,其理由是应该从守约方角度考虑,对违约方已经损害了守约方订立合同时所期待的利益,若再允许违约方享有合同解除权,则显得极不公平。

2. 双方主体说。该说认为合同双方享有合同解除权,在时间是效益的当代社会,当事人能从僵持甚至是"死亡"的合同束缚中尽快摆脱出来,便可赢得充裕的时间去主张新的交易。因此,只要有足够的解除理由,任何一方均可有权解除合同。

3. 区分说。该说认为享有法定解除权的主体究竟是一方还是双方,不能一概而论,而应具体情况具体分析。若合同因违约而解除,在此情形下当由守约方享有合同解除权,违约方不享有解除权;若合同因不可抗力而解除,因不可归责于任何一方,则双方均享有解除权。在任意解除权场合,解除权主体究竟是一方还是双方,应从法律的直接规定理解。

(二)笔者倾向性观点

笔者观点:上述三种观点中,笔者倾向于第三种观点。但觉得其存在明显不足,应予补正。

首先,第一种观点中的守约方主体说无法涵盖不可抗力解除、任意解除的情形。我国合同法在违约责任认定方面采取的是严格责任说,而非过错责任说;严格责任说源于合同严守原则。一旦合同有效成立,双方均应恪守合同条款,不论出现何种情形,只要发生不履行合同义务的事实,均视同违约。因不可抗力等导致合同一方不履行义务的,其表象是未履行合同,即违约,只不过因违约原因非为当事人过错,系由当事人意志以外的客观原因所造成,法律对此类原因导致的违约,对违约方给予宽容减免,同时违约方亦可解除合同。

其次,双方主体说的错误在于根本否定合同严守原则。任何一方只要觉得履行合同不利于自己时,都有权解除合同,不仅会损害合同的严肃性,使双方合同期待利益落空,还会纵容违约者利用合同解除获得不当利益。

最后,区分说的观点没有错误,但涵盖内容过于狭窄,没有考虑到特殊情况下,例外地赋予违约方合同解除权的可行性和合理性。当出现合同僵局的特殊情形,而守约方又不愿解除合同时,责令违约方继续履行实属谬误,与其将违约方困死于合同,还不如赋予违约方合同解除权,让违约方从合同的枷锁中摆脱出来,用违约方向守约方承担违约责任的方式来替代已不可能的继续履行。当然,能否使用"赋予违约方合同解除权",是一个至今仍存在争议、值得探讨的问题。在实务中,坚持区分说的情形下,尚有许多问题需要探讨。

第二节 约定放弃法定解除权之效力

一、法定解除权:任意性规范还是强制性规范

笔者认为,法定解除权究竟是任意性规范还是强制性规范问题的实质是:是否允许通过约定对当事人行使解除权予以限制或预先放弃。本节仅讨论《民法典》第563条第1款规定的一般法定解除权,可否通过特别约定抛弃的问题,而任意解除权不属此之列。

《民法典》第563条第1款规定的"法定解除权"能否预先通过合同约定条款限制或放弃?《民法典》及原《合同法》对该问题没有明文规定。

实务中,常见合同条款中有"本约生效后,无论何种原因,任何一方不得提前解除合同""本合同履行期届满之前,任何一方不得解除合同""本合同生效后,任何一方解除合同行为无效"之类的约定。此类条款显然属于通过事先约定排除当事人行使法定解除权。这里的"事先约定"是指当事人在订立合同(包括补充协议)时的约定,但无论如何,该约定应当发生在解除事由尚未发生之前。如果解除事由发生后,当事人另行约定解除权人不得行使解除权,则表明解除权人已明示放弃了解除权,此种情形与事先约定限制解除权是两回事,应注意区分。

通过事先约定排除法定解除权的行使,意味着即使一方出现违约或不可抗力导致合同目的不能实现,或者违约方存在根本违约时,合同都不能解除,双方必须限制在合同的枷锁中,无论何种情形,直至合同履行完毕。由此会产生两种不同结果:第一,若法定解除权为强制性规定,那么当事人通过特别约定排除法定解除权的,该约定自然无效;第二,若法定解除权为任意性规定,那么当事人通过特别约定排除法定解除权的,该约定则为有效。

二、约定放弃法定解除权效力之争议

对于法律赋予当事人的一般法定解除权，能否通过在合同中的事先约定而改变或排除行使？理论界存在不同的争议。

1. 否定观点。该观点认为原《合同法》第 94 条（《民法典》第 563 条第 1 款）是强制性规定。主要理由是：其一，若认为原《合同法》第 94 条为任意性规范，当事人可以通过合同条款中的特别约定予以排除或预先放弃，则意味着允许当事人通过约定架空合同解除制度，这与立法上设立合同解除制度的目的相违背。其二，实务中合同解除原因多数是违约解除，如果合同约定即使相对人已达到根本违约程度时，守约方依约仍不能行使解除权而须固守合同，则对守约方严重不公平，同时意味着对相对人违约行为的放纵。目前无论是审判实务还是理论界，大多数观点认为法定解除权属强制性规定。

2. 肯定观点。王利明教授认为："当事人之间的约定也可以改变法定解除权。例如，当事人可以约定，即使一方违约，另一方也不得行使解除权；或者约定不管违约是否严重，只要违反其一义务，均可导致合同解除。从合同自由原则出发，这些约定均应是有效的。"[1]《民法典》颁布后，王利明教授仍坚持肯定观点，认为：如果仅以法定解除权作为一项法定权利为由而不允许预先排除或者放弃，并非强有力的理由，例如，违约赔偿请求权作为法定权利也可以预先放弃，仅受到《民法典》第 506 条的限制，即造成对方人身损害的、因故意或者重大过失造成对方财产损失的免责条款无效。法定解除权的预先放弃，往往随着当事人双方的其他补偿性约定。因此，如果是当事人真实的意思表示，应予以尊重，除非通过格式条款规则、法律行为效力的一般规则而否定约定的效力。同时，法定解除权的完全放弃或者限制仅是量的区别而非质的区别，当事人完全可以约定仅在极为有限的情形下才可以行使解除权，进而达到与完全放弃法定解除权类似的结果。[2]

3. 崔建远教授观点。崔建远教授就原《合同法》关于解除权产生条件的规定是任意性规定还是强制性规定，另辟蹊径地提出了一个新的思路：不赞同原《合同法》第 94 条规定的解除合同条件、第 410 条关于任意解除权的规定，均为强制性的观点。其认为："如此认识会使得问题难以处理，也增加不少烦恼……又如，在某些建

---

[1] 王利明：《合同法研究》（第 2 卷），中国人民大学出版社 2011 年版，第 301 页。

[2] 参见王利明主编：《中国民法典释评·合同编通则》，中国人民大学出版社 2020 年版，第 473 ~ 474 页。

设用地使用权出让合同中,当事人约定,受让人不依约定时间和数额支付出让金,无须催告,出让人即可解除合同。这些约定虽不符合《合同法》第 94 条第 3 项的规定,但无关社会公共利益,没有破坏市场秩序,不宜被认定无效。推而广之,在诸如普通货物买卖、普通承揽、动产租赁等情况下,当事人双方约定,一方迟延履行不定期行为时,无须催告,守约方径直解除合同,该项约定并未损害社会公共利益,也不存在欺诈、胁迫、乘人之危等因素,也不损害相对人的合法权益时,应当有效。该项结论的得出,要以《合同法》第 94 条规定认定为非强制性规定为前提,若按照上述强制性规定说,就难以有该项结论。可是若一律将《合同法》第 94 条第 1 项的规定认定为任意性规定,就意味着允许当事人通过约定排除解除权及其行使,也意味着面对不能履行合同当事人也得受其束缚,难以脱身,这不利于当事人从事新的交易。显然这也不妥当。有鉴于此,不如放弃强制性规定、任意性规定的思考、衡量的路径,改采依据合同解除目的、功能、诚实信用原则、交易习惯、考虑个案案情、综合多方面因素判断,然后得出结论,这将更为现实,更为妥当。"[1]

4. 笔者观点。笔者认为,法定解除权不能通过事先特约排除。主要理由是:第一,若允许特约排除法定解除权,并不能达到合同必须全面履行完毕的效果,若出现不可抗力或合同僵局,要求合同履行完毕,无异于缘木求鱼,倒不如让解除权人行使法定解除权,使当事人双方从已沉重的合同"枷锁"中解脱出来,使当事人可以重新寻找缔约机会,按效率和效益原则重新配置其有限的人力物力资源。第二,法定解除权是合同解除制度的重要组成部分,立法赋予其重要功能,体现在当发生不可抗力或者一方违约等原因导致合同履行障碍时,法律赋予守约方或相对人从合同"枷锁"中解脱出来的权利救济,它是公平原则、诚信原则的具体化。如果允许当事人通过合同约定排除法定解除权的适用,不仅会架空合同解除制度,而且纵容了在市场经济中处于强势地位一方的当事人,利用合同条款攫取不当利益,而司法却束手无策,这破坏了合同的实质正义。民事法律规范中的一些重要保护当事人权利的规则,不允许当事人通过约定预先抛弃。现行司法解释规定也不允许当事人事先约定排除适用诉讼时效抗辩规则、情势变更情形下当事人请求变更和解除合同规则、违约方请求司法酌减违约金规则,并明确规定这种事先约定应被认定为无效。之所以如此,是因为这些规则的适用结果能够体现合同的实质正义,进而能够体现法律的公平正义。同理,法定解除权是法律直接赋予当事人的民事权利,不允许当事人事先约定排除适用。

---

[1] 崔建远:《合同法总论》,中国人民大学出版社 2016 年版,第 717~719 页。

三、地方法院观点及判例

1. 吉林省高级人民法院规定。对于"法定解除权"能否预先放弃的问题,《民法典》生效前,吉林省高级人民法院民二庭在《关于商事案件适用合同解除制度若干问题的解答》第 8 条就规定:"合同法第 94 条规定的'法定解除权'是合同法赋予当事人的一项重要合同救济权利,如果确定当事人在合同中约定预先放弃法定解除权这一规则,其将不可避免地成为占优势地位的合同当事人签订不平等合同条款的工具,违反合同法第 5 条的公平原则和第 6 条诚实信用原则。因此,合同中有关预先放弃法定解除权的条款应当认定无效。""当事人在合同中做出类似'任何一方违约,双方即可解除合同'的约定,在形式上属于约定解除合同的条件,但应认定对解除条件的约定不明,当事人是否享有合同解除权,应根据合同法第 94 条关于法定解除权的规定进行认定。"[1]

由上可知,吉林省高级人民法院的上述观点是基于原《合同法》第 94 条为强制性规定而非任意性规定而作出的,不仅不同意当事人通过合同约定排除"法定解除权"的适用,而且对没有明确约定合同解除条件仅有"任何一方违约,对方即可解除合同"之类约定,亦予否定,仍定位于严守原《合同法》第 94 条的法定解除权。

2. 实务判例。最高人民法院在李某新、山西中通大盈速递有限公司特许经营合同纠纷再审审查与审判监督一案[(2019)最高法民申 5006 号]裁定书中认为:涉案合同约定"未经特许人同意,被特许人不得擅自解除合同,或者以停止经营等方式停止履约合同义务,否则特许人有权扣除被特许人的履约保证金,并要求被特许人支付金额等同于履约保证金的违约金,因此造成特许人损失的,被特许人应另行赔偿特许人的损失。被特许人提前三个月书面通知特许人解除合同,经特许人同意,并且被特许人与后续经营该区域中通快递业务的新的被特许人完成相关事务交接的,特许人可免除被特许人单方解除合同的违约责任"是对于合同履约过程中,双方如何协议解除合同以及被特许人单方解除合同所应承担责任的约定,该项约定并不能对抗或排除法定解除权的行使。

重庆市第一中级人民法院在重庆红盖头科技有限公司(以下简称红盖头公司)与重庆市沙坪坝区中梁镇庆丰山村庚家堡经济合作社土地租赁合同纠纷二审案[(2020)渝 01 民终 25 号]判决中认为:虽然涉案合同中约定"甲方不得以任何理由单方面解除本合同",但按照合同签订的目的、交易习惯以及诚信原则,该条应理解

---

[1] 最高人民法院民事审判第二庭编:《商事审判指导》总第 39 辑,人民法院出版社 2015 年版。

为甲方不得违约单方解除合同,并不能解读出甲方在任何情况下均无合同解除权,不能排除法定解除权的行使。法定解除权作为一项基于法律规定而产生的权利,属于形成权,是法律赋予一方当事人的救济选择权,该权利并不能通过合同的约定直接或间接予以排除。故在符合法定解除权的情形下,庚家堡经济合作社有权行使法定单方解除权解除涉案合同。红盖头公司对合同条款的解读,与立法本意相悖,亦于当事人不公,法院对该项上诉理由,不予采信。

第三节 违约方解除权及限制

一、赋予违约方解除权之争议

就设立解除权制度的立法初衷而言,除因客观原因导致合同解除的情形外,合同因相对人违约达到解除标准的,解除权原则上应赋予守约方,违约方不享有解除权,这一点成为共识。但能否例外地赋予违约方合同解除权,存在巨大争议,有"肯定说"和"否定说"两种观点。

(一) 肯定说:应赋予违约方解除权

肯定说支持赋予违约方解除权的主要理由有以下几个。

1. 社会公平的体现。从法哲学的角度审视,法的目的在于抑制人性中恶的一面,其基本价值取向是维护社会公平。合同正义要求当事人本着公平观念全面履行合同;所谓公平观念,是指以利益均衡作为判断标准来确定当事人之间的利益关系。公平多以双务合同为适用对象,强调在一方的给付与他方的对待给付之间应具有等值性。当一方因违约而对缔约之初的权利义务之公平进行破坏时,赋予守约方法定解除权是对合同无法正常履行时的一种很好的救济权,也是基于维护合同法公平价值的考虑。因此,在一般情况下,合同法定解除权应赋予守约方,但是,如果只允许守约方独享解除权,有可能会出现对方滥用解除权的情况;当合同已不具备履行条件时,守约方为了自己的利益或者惩罚对方,以放弃行使解除权,选择继续履行的方式来惩罚相对方。即使违约人可以通过催告解除权人行使权利,但是催告后的"合理期限行使"的"合理期限"仍有争议,最后解除权人可以使违约方在解除权事由发生后到解除权实际行使的期间处于履行和不履行的两难选择中,结果有可能导致违约方在此期间所受的损失远远超过合同不履行的赔偿。这与合同法的公平正义之价值背道而驰。因为每个合同主体都是自己利益最大的维护者,即使一方当事人违约,在某些情况下,其仍有在确保守约方履行利益不减少的条件下承担违约责任的方式。从这个角度而言,只允许守约方享有解除权也存在不公平之处。

2. 效率的体现。尽管合同法规定了合同严守原则,该原则是审判实践中应遵循的一项重要原则。但从法经济学角度审视,在商品经济快速发展的今天,合同仍是有效利用资源、实现资源优化配置的调整手段。当事人订立合同的目的,是获取合同履行的经济利益。合同法的主要功能是保障当事人合法履行利益的实现。履行利益是指合同当事人在合同履行后获得的收益,合同履行利益丧失时,其经济动因已不复存在,履行合同也就失去了意义。立法设计合同解除制度的目的在于当正常履行合同已不可能时,赋予当事人解除合同的权利,尽快结束合同关系的不稳定状态,使交易秩序回归于正常运转,减少社会资源的浪费,促进经济发展。正如部分学者所言:"在市场经济下应当鼓励、引导当事人注重效益,实现社会整体利益。特别是当事人的利益在市场上可以找到替代的时候,不应该鼓励其以忽视效益的、负气式的等违约方式来满足自己的利益,它不会增加社会的整体利益,而只会带来利益的冲突,甚至引发新的诉讼。"[1] 在房屋租赁等长期性合同中,一方因为经济形势的变化、履约能力等原因,导致不可能履行长期合同,需要提前解约,而另一方拒绝解除合同。在出现合同僵局的情形下,允许违约方向法院提起诉讼,请求法院通过裁判终结合同关系,从而使当事人从难以继续履行的合同中脱身,有利于充分发挥物的价值,减少财产浪费,有效利用资源。[2] 因此赋予违约方解除权在市场经济下具有重要意义。

3. 破解合同僵局,实现实质正义的体现。对于不能履行的交易,以鼓励交易的名义强制履行,并不是鼓励交易的意义。按照诚实信用原则,交易双方都要善意行使权力,在合同履行不能时,应当允许违约方起诉请求解除合同。违约方要求解除的合同往往是长期的房屋租赁合同,若不解除该房屋租赁合同,一方面将导致涉案房屋长期闲置,另一方面将使承租方在不占有使用房屋的情况下承担租金损失。还有,因为承租方不使用租赁房屋,支付租金的能力受到限制,反过来使得出租方的租金难以得到保障。所以明确违约方起诉请求法院解除合同的条件和法律后

---

[1] 参见郑小川、雷明光:《对"继续履行"的再思考》,载《河北法学》2003 年第 3 期。
[2] 参见最高人民法院民事审判第二庭编著:《〈全国法院民商事审判工作会议纪要〉理解与适用》,人民法院出版社 2019 年版,第 316 页。

果,有利于破解合同僵局,实现实质正义,促进市场经济发展。[1]

崔建远教授也认为在特定情况下应当赋予违约方解除权。其提出的理由是:在违约的情况下,只有守约方才享有解除权,这是普遍的认识。原《合同法》所设条文给人的印象就是如此。可是,实务中出现的下述情况引起我们的反思:合同已经不能履行,继续存在下去会给违约方带来负面的后果,可是,守约方却不行使解除权。于此场合,应当允许违约方将合同解除,违约方也是解除权人。因为一般说来,已经不能履行的合同继续存在,即使对守约方而言也没有积极的意义,令其早日消灭,方为正途。但在主合同项下的债权附有担保的情况下,能否或在何时允许违约方主张解除合同,需要照顾到债权人这个担保权人的合法权益,对违约方的解除合同设定必要的限制。[2]

(二)否定说:违约方不享有解除权

否定违约方解除权的主要理由包括以下两点:

1.效率违约理论存在弊端。一是不适合于我国的情况;二是其本身也有弊端,以效率违约理论作为违约方享有合同解除权的依据不妥当。效率违约理论传入我国后,并没有引起非常大的反响,并没有成为我国合同法的重要学说,也不需要借助该理论来作为违约方合同解除权的理论依据。

2.赋予违约方合同解除权有可能会引发道德风险。在一般的道德观念中,违约方已然被判定为道德的负面形象,如果再赋予其解除合同的权利,势必使违约方从解约中获利,甚至诱使其追求故意违约,这显然不利于诚实守信的交易秩序的建立。

二、违约方解除权之限制

许多学者认为应赋予违约方解除权。尽管赋予违约方解除权存在必要,但允许违约方解除合同应当为特例,应当予以限制,更不允许违约方行使合同解除权而导致破坏合同法现有规则的现象发生。因此,对于违约方解除权之限制,学者提出了不同观点。

1.崔建远教授观点。崔建远教授认为,当违约方主张解除合同时,应考量如下

---

[1] 参见最高人民法院民事审判第二庭编著:《〈全国法院民商事审判工作会议纪要〉理解与适用》,人民法院出版社2019年版,第317页。

[2] 参见崔建远:《完善合同解除制度的立法建议》,载《武汉大学学报(哲学社会科学版)》2018年第2期。

因素对其进行限制:(1)违约方不履行金钱债务的,应承担继续履行的责任,不准许其享有解除权。由于金钱债务的标的物具有可替代性,债务人不存在履行不能之说,若允许违约方任意解除合同以达到自己利益,进而损害守约方利益是对诚信原则和公平原则的破坏。因此当不履行的债务为金钱给付时,合同解除应由守约方行使,违约方不是合同解除主体。(2)在非金钱债务中,若标的物为可替代的普通物,违约方不能解除合同,原因在于其不属于履行不能的情形。(3)在非金钱债务中,若存在履行利益无法实际衡量,履行不具有可替代性和有违约方先前故意或重大过失的行为,导致履行成本增加的,应限制违约方的合同解除权。(4)在主合同项下的债权负有担保的情况下,是否允许违约方解除合同?或在合适情形下允许解除合同?需要照顾到债权人这个担保权人的合法权益,对违约方解除合同设定必要的限制。[1]

2.刘凯湘教授观点。刘凯湘教授认为,在立法与适用解释上可以将违约方解除权的构成要件设计为5个方面:(1)一方已经构成违约。(2)合同已经确定地陷入履行不能,或履行艰难,或根据合同性质或者标的物性质不适于强制履行,或强制履行在经济上明显不合理。(3)守约方享有约定的或者法定的解除权。(4)守约方不行使解除权,甚至在违约方就是否行使解除权进行催告后仍然不行使。(5)守约方不解除合同有违诚实信用原则,且对违约方明显不公平。[2]

三、违约方解除之规定及判例

(一)《九民纪要》第48条规定及解读

1.《九民纪要》第48条之规定

《九民纪要》第48条对违约方起诉解除合同作出了规定,即"违约方不享有单方面解除合同的权利。但是,在一些长期性合同如房屋租赁合同履行过程中,双方形成合同僵局,一概不允许违约方通过起诉的方式解除合同,有时对双方都不利。在此前提下,符合下列条件,违约方起诉请求解除合同的,人民法院依法予以支持:(1)违约方不存在恶意违约的情形;(2)违约方继续履行合同,对其显失公平;(3)守约方拒绝解除合同,违反诚实信用原则。人民法院判决解除合同的,违约方本应当承担的违约责任不能因解除合同而减少或者免除"。

---

[1] 参见崔建远:《合同法总论》,中国人民大学出版社2016年版,第239页。
[2] 参见刘凯湘:《民法典合同解除制度评析与完善建议》,载《清华法学》2020年第3期。

2. 解读《九民纪要》第 48 条

（1）违约方只能通过诉讼方式解除合同

违约方解除权与通常的解除权的性质与要件应当有所不同，应当适用更为严格的条件，且程序上必须通过公力救济的方式，即只能通过向法院或者仲裁机构提起诉讼或仲裁的方式行使，使其成为一种具有诉权性质的形成权，换言之，违约方的解除权只能走司法解除的路径。《九民纪要》将违约方解除权设计为司法解除的依据与意义在于：一方面，提起诉讼或者仲裁需要时间、金钱等相应的成本，且面临败诉的风险，违约方若欲通过此种途径解除合同，必然会慎重行事，这样可以起到过滤的作用，使那些并非真正陷入合同僵局的合同的违约方不会轻意提起解除合同的诉讼。另一方面，法院在处理此类案件时也必然会相当谨慎，因为毕竟是已经陷入违约的一方主动发起的"进攻"，某种意义上原告已经"输在起跑线上"，这样会促使法院综合考虑各种因素，包括合同继续履行的可能性、继续履行在经济上的合理性、违约方的过错程度、若不解除合同可能会对双方尤其是违约方的实质性不利影响等，进而作出判决。如此，也完全可以解除担心赋予违约方以解除权会导致道德风险、效率违约等不良后果的学者与法官的担心。[1]

（2）违约方起诉解除合同须同时具备三个条件

一是违约方起诉请求解除合同主观上必须是非恶意的。规定该条件的目的是防止违约方实施机会主义行为而侵害守约方的利益。违约方在履行困难或者履行对经济上不合理时就会选择故意违约，这将引发相关的道德风险，违反了任何人不能从其不法行为中获利的原则。尤其是在违约方的初衷是故意不履行合同以达废除有效合同的不法目的的场合，更应剥夺其解除权，使其搬起石头砸自己的脚。例如，在房屋价格上涨的情形下，违约方可能进行一房数卖，恶意解约，此类违约行为在实践中时常发生，如果予以认可，将极大地危害交易安全和交易秩序。

二是违约方继续履行合同对其显失公平。在形成合同僵局的情形下，法律上允许违约方提起诉讼解除合同，目的在于纠正利益失衡现象，从而平衡当事人之间的利益关系，最终实现实质正义。因此，在合同僵局的情形下，应当是守约方拒绝解除合同明显导致双方当事人利益关系显失公平。如果继续履行合同可以给守约方带来一定的利益，但此种利益与给违约方造成的损失相比，明显不对等，尤其是在违约方能够赔偿守约方因合同解除而遭受损失时，当事人之间的利益失衡更加明显。实务中，在出现合同僵局时，享有解除权的一方当事人拒绝行使解除权，常

---

[1] 参见刘凯湘：《民法典合同解除制度评析与完善建议》，载《清华法学》2020 年第 3 期。

常是为了向对方索要高价,这就违反了诚信和公平原则。如果任由守约方拒绝解除合同,可能造成双方利益严重失衡。因此,在法律上有必要予以纠正。

三是守约方拒绝解除合同违反诚实信用原则。根据诚实信用原则,合同交易不是零和游戏,而是互赢关系,合同双方都要照顾对方的合理期待,任何一方都必须尊重另一方的可得利益。通常在形成合同僵局的情形下,如果违约方能够找到替代的履行方式,能够保障守约方履行利益的实现,而且对守约方因合同解除而遭受的损失进行赔偿,则能够保障守约方的利益;但在此情形下,守约方坚持继续履行合同,可以认定守约方已经违反了诚信原则。如在房屋租赁合同中,违约方愿意补偿守约方较长时间比如6个月或1年的租金,而守约方仍然拒绝解除合同,通常应当认定其行为违反了诚信原则。

(3)违约方起诉解除不影响其承担违约责任

违约方起诉解除合同需要对守约方的损失进行充分赔偿。违约方请求解除合同的,应当承担违约责任,确保守约方的利益得到保障。有些地方法院对租赁合同中提前解约制定了补偿规则。例如,根据《北京市高级人民法院关于审理房屋租赁合同纠纷案件若干疑难问题的解答》第24条的规定,承租人拒绝履行租赁合同给出租人造成损失的,应当承担赔偿损失的违约责任,出租人作为违约方也负有减少损失扩大的义务,具体损失数额由法院根据合同的剩余租期、租赁房屋是否易于再行租赁、出租人另行出租的差价,承租人的过错程度等因素予以酌定,一般以合同约定的3~6个月的租金为宜。

违约方通过起诉主张解除合同的,法院审查认为符合合同解除条件的,应当进行释明,告知守约方可以直接要求损害赔偿,也可另行起诉主张损害赔偿。关于赔偿损失的范围,应当按照原《合同法》第113条的规定,支持守约方向违约方主张可得利益,但应当遵守原《合同法》第113条的可预见性规则和第119条的防止损失扩大规则。[1]

在《九民纪要》之前,最高人民法第二巡回法庭2019年第13次法官会议纪要认为:"解除权作为一种形成权,除非法律、司法解释另有规定外,通常只赋予合同关系中的守约方,违约方并不享有解除权。违约方请求人民法院判决解除合同,属于行使诉权而非实体法上的合同解除权。人民法院应根据合同能否继续履行、当事人是否陷入合同僵局以及是否存在情势变更等情形,对合同是否解除作出裁判。

---

[1] 参见最高人民法院民事审判第二庭编著:《〈全国法院民商事审判工作会议纪要〉理解与适用》,人民法院出版社2019年版,第317~318页。

人民法院判决解除合同的,该判决为变更判决,守约方可主张违约方赔偿其因此而遭受的损失,包括合同履行后可以获得的可得利益损失。"[1]

(二)违约方解除合同之判例

《民法典》生效前,《中华人民共和国最高人民法院公报》2006 年第 6 期刊载了南京市中级人民法院审理的"新宇公司诉冯某梅商铺买卖合同纠纷案",该案是因非金钱债务履行费用过高,允许违约方解除合同的案例。是我国最早的允许违约方解除合同的一个著名案例。

该案例体现的裁判规则为:有违约行为的一方当事人请求解除合同,没有违约行为的另一方当事人要求继续履行合同,当违约方继续履行所需的财力、物力引起合同双方基于合同履行所获得的利益,合同已不具备继续履行的条件时,为衡平双方当事人利益,可以允许违约方解除合同,但必须由违约方向对方承担赔偿责任,以保证对方当事人的现实既得利益不因合同解除而减少。

第四节 合同僵局与司法终止请求权

一、违约责任中"继续履行"之理解

《民法典》第 577 条规定:"当事人一方不履行合同义务或者履行合同义务不符合约定的,应当承担继续履行、采取补救措施或者赔偿损失等违约责任。"因此,当违约方违反合同义务时,守约方可以主张继续履行,此为守约方的合同权利。因现实中合同种类不同、权利义务各异,在立法上对"继续履行"具体内容是无法予以一一明示的,故在法理上只能就"继续履行"这一抽象的概念进行讨论。

在诉讼实务中,若将"继续履行"作为具体诉讼请求的基础,当事人应当提出内容具体明确的可供法官裁决并可强制执行的具体诉讼请求。因为在合同纠纷中,合同约定双方权利义务众多,发生纠纷时往往部分履行,还有部分没有履行,当事人请求继续履行的,必然是相对人未履行的义务,故"继续履行"请求权必须细化,这既便于审判中法官总结归纳争议要点,使判决事项具有针对性,也是便于执行中向法官提供具体执行事项,否则笼统地主张"继续履行"导致无具体执行事项的,将

---

[1] 贺小荣主编:《最高人民法院第二巡回法庭法官会议纪要》第 1 辑,人民法院出版社 2019 年版,第 33~34 页。

可能被法官以不符合《民事诉讼法》第 122 条起诉条件，以"诉讼请求没有具体、明确"而驳回。《最高人民法院关于人民法院立案、审判与执行工作协调运行的意见》第 11 条第 1 款第 5 项规定"继续履行合同的，应当明确当事人继续履行合同的内容、方式等"。

　　学者们认为，继续履行请求权是合同履行请求权的一部分，与违约本身并不存在必然的前提、效果关系。故其构成并不需要以违约构成为前提，只要存在有效的合同即可，债务人是否有过错，在所不问。在诉讼中，债权人无须证明是否违约，只要能证明其债权存在，即可在法庭上请求给付，并达到判决债务人履行所要求给付的目标。我国原《合同法》第 107 条中笼统地将存在违约行为作为继续履行构成的要件之一，并不合理。由此会加重债权人举证之负担，影响原给付义务的实现。当然继续履行请求权是履行请求权的体现，故我国学者多以"强制履行"表达其含义。在债务人违约的情况下，强制履行请求权的确可以起到违约救济的作用，但在性质上与损害赔偿请求权并非同类，并非基于违约而产生的请求权。[1]

　　当然，在合同履行符合诚信、公平原则的前提下，法院会要求当事人继续履行合同义务，维护守约方的合法权益。对于金钱债务，除情势变更外，一般不存在继续履行之障碍。对于非金钱债务，原则上能够继续履行的应当继续履行，但非金钱债务的继续履行在一定情形下存在局限性，当出现《民法典》第 580 条第 1 款规定的 3 种履行不能的情形时，则不能判令继续履行。

　　在双务合同中，原告起诉请求继续履行，经法院审理查明合同已无继续履行的可能时，应如何处理？最高人民法院第六巡回法庭的观点是：《民法典》第 580 条规定，当事人一方不履行非金钱债务或者履行非金钱债务不符合约定的，对方可以请求履行，但法律上或者事实上不能履行或者债务的标的不适于强制执行或者履行费用过高的除外。合同已无继续履行的可能性，即属于上述情形。因上述情形不能实现合同目的，当事人请求继续履行的，人民法院应当向其释明，告知其变更诉讼请求，或者就合同能否继续履行以及是否请求终止（或者解除）合同征求对方当事人意见。经过人民法院释明，原告一方变更诉讼请求要求终止（或者解除）合同，或合同对方反诉请求终止（或者解除）合同的，人民法院可以根据当事人的主张并结合案件事实确认合同终止（或者解除）。如果当事人坚持请求继续履行，或者虽然表示合同目的不能实现但不主张终止（或者解除），人民法院应判决驳回其诉讼请求。但应当注意，当事人可以在被驳回诉讼请求后，另行起诉请求终止（或者解

---

[1]　参见王洪亮：《债法总论》，北京大学出版社 2016 年版，第 207 页。

除)合同,人民法院不能认为构成重复诉讼而不予受理。[1]

二、合同僵局具体情形和判断

合同僵局并非一个法律概念,而是从司法实践中产生的一个约定俗成的概念。通说认为,合同僵局的主要有以下特点:一是合同非金钱债务无法继续履行,且不构成情势变更;二是合同继续履行将导致当事人利益关系明显失衡;三是非违约方拒绝解除合同。

《民法典》对债务人不履行金钱债务和不履行非金钱债务进行了区分,尤其是后果区别甚大。在实务中,这种区分涉及法律适用,有重要意义。

1. 金钱债务的不履行。《民法典》第579条规定:"当事人一方未支付价款、报酬、租金、利息,或者不履行其他金钱债务的,对方可以请求其支付。"根据该条规定,债务人不履行金钱债务的,债权人有权请求债务人履行,必要时可通过司法裁判强制债务人履行。据此,债务人不履行金钱债务的,债权人可以请求继续履行。若债务人为个人、个人独资企业、合伙企业,其继续履行义务终身存在;若债务人为法人型企业,其继续履行义务至其被宣告破产,财产被全部清算时止。故金钱债务不发生合同僵局问题。

2. 非金钱债务的不履行。《民法典》第580条规定:"当事人一方不履行非金钱债务或者履行非金钱债务不符合约定的,对方可以请求履行,但是有下列情形之一的除外:(一)法律上或者事实上不能履行;(二)债务的标的不适于强制履行或者履行费用过高;(三)债权人在合理期限内未请求履行。有前款规定的除外情形之一,致使不能实现合同目的的,人民法院或者仲裁机构可以根据当事人的请求终止合同权利义务关系,但是不影响违约责任的承担。"根据该条规定,债务人不履行非金钱债务,能否继续履行,可分两种情形:第一种情形是非金钱债务可以继续履行的,应当继续履行。比如,开发商在能够向购房户提供办证资料时,违约未提供的,属不履行非金钱债务,购房户可以请求开发商提供,开发商拒绝提供的可以起诉要求其提供。第二种情形是非金钱债务不能继续履行的,不能要求继续履行。法律对不能请求继续履行的非金钱债务限制为三种情形,即法律上或者事实上不能履行的;债务的标的不适于强制履行或者履行费用过高的;债权人在合理期限内未请求履行的。对于非金钱债务不能履行致使当事人合同目的不达的,当事人双方均有

---

[1] 参见最高人民法院第六巡回法庭编:《最高人民法院第六巡回法庭裁判规则》,人民法院出版社2022年版。

权请求司法终止合同,但不免除违约方的违约责任。该规定实际上是以终止合同这种方式,通过对合同终止后果的处理,将不能履行的非金钱债务转换成了金钱债务。

《民法典》第580条第1款规定的非金钱债务履行不能但不得请求继续履行的三种情形,就是实务中通常所说的"合同僵局"。如何判断合同履行中发生了合同僵局是实务中必须关注的问题。具体如下文所述。

(一)法律上或者事实上不能履行及判断

1. 履行不能的含义

合同法上的履行不能与债法上的给付不能属于同一概念。所谓给付不能是指作为债权的客体存在给付不可能的状态。进一步来讲,是给付义务的履行遭受了并不可克服的情况。[1]

2. 履行不能的后果

一是原给付义务消灭,债权人不得请求继续履行;二是债权人有权请求解除或终止合同;三是债务人有权请求终止合同,以承担违约赔偿责任来替代原给付。

3. 履行不能的原因

履行不能可分为法律上履行不能或事实上履行不能。

第一种情形:法律上履行不能。所谓法律上履行不能是指基于法律规定而不能履行或履行将违反法律的强制性规定(《民法典》第580条第1款第1项出现的第1种情况)。换言之,法律上履行不能属主观不能,是指事实上可以履行,但是法律上不能履行。

法律上履行不能典型的是无处分权人将他人房产出卖给第三人,若他人不同意,则无法向第三人办理房产转移登记,构成法律上履行不能;此时,第三人不能请求出卖人继续履行,只能请求解除合同,主张违约赔偿,《民法典》第597条对此有明确规定。除此之外,法律上不能还有一种情形是:法律行为应当产生一定的法律效果,但该法律效果因实现缺失的不可能。主要表现为法律效果为法律秩序所否认或合同履行违反法律或公序良俗。如地方政府实行的"限购"政策,使很多已订立的购房合同因"限购"而导致买受人无法办理不动产权属证书;又如,应交付的标的物在转移之前因被他人申请查封而无法交付、订立出国旅游合同后旅游者的签证被推迟等,皆属于法律上履行不能。

---

[1] 参见王洪亮:《债法总论》,北京大学出版社2016年版,第207页。

第二种情形:事实上履行不能。又称客观不能,是指依据自然法则或物理规律已经不能履行(《民法典》第580条第1款第1项第2种情况)。如根据自然法则或物理规律,任何人都不能提供给付客体的情况,则属事实上不能履行。如甲向乙购置的古画在交付前因火灾灭失,古画系特定物,具有唯一性、不可再生性,故乙构成事实上履行不能。

标的物存在,债务人不能获得或不能克服该不能获得状况,则属于主观不能,如古画被小偷偷走。事实上的给付不能还有目的达不到和目的不能两种情况。所谓目的达不到,是指所负担的给付结果已经不能再出现,因为通过其他原因而产生了。所谓目的不能,是指如下情况:给付行为应针对债权人提出的标的进行,但该标的消灭或者因为债权人自身存在别的原因,所努力达到给付目的根本不再可能产生了。这两种情况,在事实上给付还是可能的,但却无意义了,因为所负担行为所能达到的给付效果已经通过其他方式出现且不再可能出现,比如买受人购买蛋糕是为了过生日,出卖人亦知道,但由于天气原因无法送到,此时即出现给付不能。又如,某画工承揽教堂顶棚壁画的任务,在即将开始工作时,教堂塌了。

4.非金钱债务履行不能之甄别

导致非金钱债务履行不能的原因复杂,应具体问题具体分析。

(1)《民法典》第143条规定:"具备下列条件的民事法律行为有效:(一)行为人具有相应的民事行为能力;(二)意思表示真实;(三)不违反法律、行政法规的强制性规定,不违背公序良俗。"具备上述条件的民事行为即应有效,而不以标的的履行可能为要件。换言之,无论客观不能或主观不能,合同的效力并不因自始不能履行而受影响。

(2)如当事人双方在缔约时均明知合同不能履行而签订合同,则属《民法典》第146条所指的虚假意思表示,属无效民事行为。如仅当事人一方在订立合同时明知合同不能履行,仍订立合同,则可以欺诈论,属可撤销民事行为,如果相对人遭受损失,依《民法典》第157条有权要求赔偿。

(3)如果双方当事人在缔约时均不知合同不能履行,发生对标的物的品种、质量、规格和数量等错误认识,使行为的后果与自己的意志相悖,并造成较大损失,则应归于《民法典》第147条所指的重大误解,当事人一方有权行使撤销权。

(4)在合同有效的场合,合同对当事人有约束力,一方当事人不能履行,如有免责事由,则不承担违约责任,依风险负担规则处理。如当事人不能履行没有免责事由,则依《民法典》第577条承担违约责任。

(5)违约方在法律或事实上不能履行非金钱债务的,除免除其继续履行责任外,若无其他免责事由,仍应承担其他违约责任。

(二)债务不适合强制执行及判断

1. 不适合强制执行合同之范围

债务不适合强制执行主要是依据债务性质不适合强制执行,通常是指具有一定人身属性的给付内容之债。主要有:(1)基于高度人身信任而产生的合同,如委托合同、合伙合同等,如果是高度信任对方的特殊技能、忠诚所产生,并且强制债务人履行义务会破坏这种高度人身信赖关系,则不得请求继续履行;(2)对于许多提供服务、劳务或不作为的合同来说,如果强制履行会危害到债务人的人身自由和人格尊严(如法律服务合同中的律师因患重病长期卧床不起而不能完成案件代理任务,劳务合同中的司机因肢体残疾无法继续提供劳务),或者说完全属于人身性质,比如需要艺术性或者科学性的个人技能(如演出合同、书法绘画定制合同),或者涉及保密性和私人性的关系,则不得请求履行。

2. 理论基础:人身权、人格权高于财产权

债务标的不适合强制执行而排除原给付义务的理由在于:一般认为,人身权、人格权上的利益高于财产利益。衡量具有人身信任性的服务合同、劳务合同和债权人履行利益上的关系,若强制执行债务人承担此类非金钱债务,会给债务带来人格不利,妨碍人身自由,此时应允许债务人为保全人身权、人格权而主张终止合同。

(三)履行费用过高及判断标准

1. 理论基础:"效率违约论"

履行费用过高是指对非金钱债务,违约方虽事实上可以履行,但履行费用过高,债权人不能请求继续履行的情形。有学者将其称为:"经济上给付障碍"[1]出现履行费用过高,为何要赋予违约方请求终止合同的权利呢?

我国立法实际上借鉴了英美法系国家盛行的"效率违约规则"。"效率违约规则"认为效率违约是一个经济分析法学的概念,指违约方从违约中获得的利益大于它向非违约方作出履行的期待利益,它可以选择违约,法院判断当事人是继续履行还是解除合同,取决于合同履行成本与收益之间的成本收益率。经济分析法学的代表人物波斯纳认为:"违约补救应以效率为其追求的主要目标。如果从违约中获得利益将超出它向另一方作出履行的期待利益,如果损害赔偿被限制在对期待利

---

[1] 王洪亮:《债法总论》,北京大学出版社2016年版,第214页。

益的赔偿方面,则此种情况会导致违约一方当事人认为应该违约。"当合同违约收益大于合同期待利益时,如果违约方继续履行合同,使其负担严重的责任,丧失获取更多利益的机会,不仅对违约方不公平,而且会造成资源的浪费。这种情况下,人民法院判决以损害赔偿代替继续履行可使有限的社会资源得到最佳的配置。因此,《民法典》第580条第1款第2项中关于履行费用过高,违约方不予继续履行的规定有一定的合理之处。

2. 履行费用过高之判断标准

何为"履行费用过高?"其判断标准又如何?《民法典》及原《合同法》未予明确规定。最高人民法院著述观点是:对比直接借鉴"效率违约论"可明确,当违约方的履行成本超过合同双方履行所得的收益属于履行费用过高。需要注意的是:效率违约的放开可能会使债务人违约的概率增加,因此对违约方因履行费用过高而解除的合同需慎用。只有在债权人无特别要求作为缔结合同目的,同时不用合同解除而减少守约方的履行利益时,才允许违约方以解除合同、赔偿损失替代继续履行。若存在履行利益无法衡量,履行不具有可替代性和有违约方先前故意或重大过失导致履行成本增加等情形都得排除违约方解除合同的适用。[1]

当然,也有学者认为,将履行费用过高纳入合同僵局范围的立法目的是:"维护当事人的给付利益,故是否构成经济上的给付障碍并不取决于履行费用与债务人自己利益的关系,而是要考虑履行费用与债权人获得利益之间的关系。……实际上,这里的履行费用过高,是从债务人费用与债权人利益关系进行比较的,如果债务人的费用与债权人获得利益之间进行比较,严重不成比例,即为过高,此时若债权人仍请求履行的,即有违诚实信用原则。"[2]

(四)债权人在合理期限内未请求履行

1. 立法来源:欧洲合同法原则

立法将债权人在合理期限内未请求履行作为合同僵局情形之一,是因为合理期限经过已导致违约方受保护法益处于无法实现的状态、继续履行对违约方明显不公等合同目的无法实现之情形。韩世远教授认为:上述规则出自《欧洲合同法原则》第9:10条第3款:"如果受害方当事人在意志或应知不履行后的一般合理时间

---

[1] 参见江必新、何东林等:《最高人民法院指导性案例裁判规则理解与适用合同卷一》,中国法制出版社2012年版,第368页。

[2] 王洪亮:《债法总论》,北京大学出版社2016年版,第214~215页。

内没有要求实际履行,则丧失实际履行请求权。该规则的立法目的在于督促债权人及时主张权利,行使履行请求权,对于债权人强制履行的权利在时间上给予限制,以尽早结束责任承担方式的确定状态。"[1]

2. 法理基础:公平原则及弃权

如果债权人在债务人的违约行为发生后的较长时间内,未要求债务人继续履行合同,使债务长期处于责任承担方式未明确之状态下,之后再要求债务人履行,对债务人是不公平的。因此,从利益衡量的角度考虑,允许违约方请求终止合同。此外,如果债权人在债务违约之后,明确赔偿损失或要求支付违约金,而未要求违约方继续履行,即以弃权行为表明不需要违约方继续履行,可以视为未在合理期限内要求履行。但是,所谓"合理期限"并非诉讼时效,我国法律无明文规定,在审判中人民法院宜根据案件的具体情况,综合考虑。[2]

笔者认为:对于"合理期限"的确定,首先,应明确是在合同约定履行期限届满后的"合理期限"。至于合同约定期限不明或无约定的情况,应根据《民法典》第510条及第511条的补漏规则依法确定履行期限。其次,在履行期限届满后的合理期限应结合具体案情,综合考量确定。人民法院案例库入库编号为2024-08-2-084-006的上海某水务设备有限公司诉宿迁市某装饰工程有限公司买卖合同纠纷案[(2021)沪01民终2526号]二审判决综合考虑提供了具体方法,即合理期限的识别路径为当事人事先约定、事后补充约定、按照合同条款或交易习惯确定以及参照法律规定。合理期限应符合当事人的预期与社会公众的一般评价标准,综合涉案合同的种类、标的、性质、目的、履行情况、交易习惯等因素,并遵循诚实信用原则予以确定。

例如,在一起设备买卖纠纷中,买方付清了价款,按约定卖方应在1年内交货,但未如期交货,买方亦未要求交货,如此过了5年,后买方想起来,请求卖方交货,卖方表示可退货款及利息,但设备已自用不再交付,理由是买方要求交货已过合理期限。笔者认为,买方在交货期届满4年多后主张交货,属于超过合理期限的情形,买方不能再请求继续履行,但不影响返还货款及利息等。

三、《民法典》第580条之司法终止请求权

《民法典》起草时二审稿本来在合同分编第353条(现在《民法典》的第563条)

---

[1] 韩世远:《合同法总论》(第3版),法律出版社2011年版,第611页。
[2] 参见江必新、何东林等:《最高人民法院指导性案例裁判规则理解与适用·合同卷一》,中国法制出版社2012年版,第386页。

有一个第 3 款,即"合同不能履行致使不能实现合同目的,有解除权的当事人不行使解除权,构成滥用权利对对方显失公平的,人民法院或者仲裁机构可以根据对方的请求解除合同,但是不影响违约责任的承担"。绝大部分学者都认为规定例外情况下的违约方解除权是非常好的尝试,也体现了立法者的高瞻远瞩,但在 2020 年 1 月中旬的最后一次讨论会上又将其删去。然而,在 2020 年两会期间,在 5 月 22 日的《民法典草案送审稿》中又恢复规定了该制度,并且做了重大修改,即《民法典》第 580 条第 2 款。

(一)《民法典》第 580 条第 2 款新规

《民法典》第 580 条第 1 款规定:"当事人一方不履行非金钱债务或者履行非金钱债务不符合约定的,对方可以请求履行,但是有下列情形之一的除外:(一)法律上或者事实上不能履行;(二)债务的标的不适于强制履行或者履行费用过高;(三)债权人在合理期限内未请求履行。"第 2 款规定:"有前款规定的除外情形之一,致使不能实现合同目的的,人民法院或者仲裁机构可以根据当事人的请求终止合同权利义务关系,但是不影响违约责任的承担。"

《民法典》第 580 条与原《合同法》第 110 条比较:一是原《合同法》第 110 条与《民法典》第 580 条第 1 款内容等同;二是《民法典》第 580 条第 2 款是新增条款,提出了"司法终止请求权"的新概念,解决了原《合同法》第 110 条未能解决的非金钱债务不能履行的后果如何处理的问题。

《民法典》在第 580 条后面新增第 2 款,目的是要打破合同僵局。其合理性在于:一是有利于维护公平和诚信原则。在出现合同僵局时,享有解除权的一方当事人拒绝行使解除权,常常是为了以"敲竹杠"的方式向对方索要高价赔偿,这就违反了诚信和公平原则,如果听之任之,则可能造成双方利益严重失衡,因此立法不能袖手旁观,应予纠正。二是降低社会交易成本和费用。可以使当事人及时地从合同僵局脱身,开展新的交易,对社会整体而言,可以降低交易成本和费用。

既然《民法典》第 580 条第 2 款是新增条款,能否适用《民法典》施行前成立的合同?答案是肯定的。最高人民法院《民法典时间效力规定》第 11 条规定:"民法典施行前成立的合同,当事人一方不履行非金钱债务或者履行非金钱债务不符合约定,对方可以请求履行,但是有民法典第五百八十条第一款第一项、第二项、第三项除外情形之一,致使不能实现合同目的,当事人请求终止合同权利义务关系的,适用民法典第五百八十条第二款的规定。"据此,即使是《民法典》生效前订立的合同,在《民法典》实施后,当违约方不履行非金钱债务发生合同僵局情形时,当事人双方均有权行使合同司法终止请求权。

(二)解读《民法典》第 580 条第 2 款

1. 该款适用前提。一是违约方未能继续履行非金钱债务时,对方当事人依照《民法典》第 580 条第 1 款规定不能请求违约方继续履行。在通常情形下,非违约方拒绝解除合同是出于"敲竹杠"、借机发难、索要更高的赔偿等原因,这些行为本质上都违反了诚信原则。但须注意的是,本款仅适用于非金钱给付之债,换言之,在纯粹的金钱给付之债中,不存在合同僵局问题,不存在违约方无法履行的问题。二是必须符合法定的三种情形之一,没有兜底条款,不能类推适用。三是必须是违约方行为致使合同目的不能实现,例如,违约方租赁房屋的目的是用于自己居住,但因为其要到外地工作,继续租赁该房屋已经无法实现其缔约目的,因此,必须解除合同。如果不能请求继续履行的仅是从给付义务,则可能并不会必然导致合同目的不能实现,此时当事人不能请求终止合同。四是不属于情势变更的情形。即便出现了上述情形,但如果符合情势变更的适用条件,直接适用情势变更制度即可解决相关问题,则不需要适用《民法典》第 580 条第 2 款的规定。五是双方均有权请求人民法院或仲裁机构裁判终止合同。不过,守约方在相对人违约的情形下,还可以选择通知或诉讼方式行使解除权,但违约方只能请求人民法院或仲裁机构裁判终止合同,不能提出解除合同的请求。如果当事人未提出终止合同请求,人民法院或仲裁机构不宜依职权主动终止请求。

2. 该款适用后果。一是人民法院或仲裁机构可以裁决终止合同权利义务;当事人依据本款所享有的仅是申请司法终止合同的权利,而非终止合同的权利,本款并未规定当事人的终止权或者形成诉权,而是司法的终止权,司法机关应结合合同履行情况,根据诚信原则和公平原则决定是否终止合同。终止合同后,法律后果可依据《民法典》第 566 条和第 567 条的规定予以确定。二是不影响违约方承担除继续履行之外的其他违约责任。[1]

(三)《民法典》第 580 条第 2 款性质争议

《民法典》第 580 条第 2 款性质争议的焦点为:该条是否赋予了"违约方解除权"。该条与《九民纪要》第 48 条有牵连,究其实质,是如何理解当事人"司法终止

---

[1] 参见黄薇主编:《中华人民共和国民法典合同编解读》,中国法制出版社 2020 年版,第 418~419 页。

请求权"与"违约方解除权"的关系问题。

《九民纪要》第48条是《民法典》出台前最高人民法院所作规定,该条与《民法典》第580条均是针对如何化解合同僵局作出的规定。《九民纪要》第48条提供的路径是以承认违约方享有合同解除权为前提,仅赋予违约方特定条件下的有限解除权。《民法典》提供的路径是未明示承认违约方享有合同解除权为前提,赋予当事人双方在特定条件下,有权请求司法机关根据具体情形判令合同终止。

对《民法典》第580条第2款性质如何解读,从立法机关与最高人民法院的相关著述所持观点来看,已经发生争议。

1. 立法机关的观点。全国人大常委会法工委黄薇认为:新增《民法典》第580条第2款的理由是:"经认真研究,反复斟酌,在债权人无法请求债务人继续履行主要债务,致使不能实现合同目的时,债权人拒绝解除合同而主张继续履行,由于债权人已无法请求债务人继续履行,合同继续存在并无实质意义。当事人均可申请人民法院或仲裁机构终止合同,最终由人民法院或者仲裁机构结合案件实际情况决定终止合同权利义务,在保证债权人合理利益前提下,有利于双方重新获得交易的自由,提高整体的经济效力";"当事人依据本款所享有的仅仅是申请司法终止合同的权利,而非终止合同的权利,本款并未规定当事人的终止权或者形成诉权,而是司法的终止权,司法机关应结合合同履行情况,根据诚信原则和公平原则决定是否终止合同"。[1]

2. 最高人民法院的观点。对新增《民法典》第580条第2款,最高人民法院民法典贯彻实施工作领导小组的解读是:"通说认为,本条是《民商审判会议纪要》第48条规定基础上进行的修改,目的是解决实践中存在的合同僵局问题,完善合同违约责任制度";"增加违约方起诉解除合同的原因,在于《合同法》第110条存在立法构造上的缺陷。……赋予违约方解除合同的权利,有利于破解合同僵局,实现实质正义促进市场经济发展。对于不能履行的交易,以鼓励交易的名义强制履行,并不是鼓励交易的真义,而应当允许违约方起诉请求解除合同。在《民法典》编纂过程中,有学者建议,鉴于学术界对违约方申请合同解除制度尚未达成一致,立法也不可以采取替代性办法,具体来说,借鉴德国法、法国法的规定,在合同不能履行抗辩情形下(《民法典》第580条)增加一款规定(第580条第2款)"。[2]

---

[1] 黄薇主编:《中华人民共和国民法典合同编解读》,中国法制出版社2020年版,第417页。

[2] 最高人民法院民法典贯彻实施工作领导小组主编:《中华人民共和国民法典合同编理解与适用》(2),人民法院出版社2020年版,第736~741页。

很明显,立法机关和最高人民法院对《民法典》第 580 条第 2 款的解读明显不一致。笔者从最高人民法院的解读中感觉到,最高人民法院将《民法典》第 580 条第 2 款当成了《九民纪要》第 48 条的"替代品",认为该条也规定了违约方享有解除权,但立法机关的解读却并非如此。

(四)笔者观点:属司法终止请求权

比较《九民纪要》第 48 条和《民法典》第 580 条第 2 款,从解释论角度来说,笔者倾向于立法机关对《民法典》第 580 条第 2 款的解读的观点,即该条未赋予违约方解除权,而是赋予了当事人双方通过司法终止合同的一种请求权。理由如下:

一是《民法典》未赋予违约方解除权。从文义解释来说,《民法典》第 580 条第 2 款没有明确赋予违约方解除权,而是创设了一个新的"合同终止请求权"。如果"合同终止请求权"是"违约方解除权"的替代品,则完全没有必要增加一个新的概念。立法机关正是考虑到能否赋予违约方解除权存在争议,同时又必须破解合同僵局难题,所以创设了"合同终止请求权",故从该条立法原意来看,难以得出肯定违约方享有解除权的结论,而《九民纪要》也是基于破解合同僵局难题,却明确赋予违约方以承担违约责任为代价而享有合同解除权,是在解除权框架和范围内提出破解合同僵局路径的。

二是诉请裁判终止合同属于请求权。《民法典》第 580 条第 2 款与《九民纪要》第 48 条的共同点,都是要解决在合同僵局情形下,如何终止合同的问题。《九民纪要》提供的路径是赋予违约方解除权来终止合同,由于合同解除权是形成权,对当事人而言,一旦法律赋予即为一种实体法上的权利;司法机关对当事人正当行使解除权的,必然应予尊重,在裁判中予以"确认"。但《民法典》第 580 条第 2 款提供的路径仅准许当事人双方(不仅是违约方)在发生合同僵局时,可请求司法机关终止合同,这是一种请求权,不是形成权性质的"解除权"。当事人基于合同僵局请求终止合同的,司法机关如同审查当事人一般诉讼请求一样,根据具体情形来判令合同是否终止。

三是终止合同之裁判属形成性裁判而非确认性裁判。在民事诉讼法上,根据诉的性质和内容,可以将诉分为确认之诉、给付之诉、形成之诉(又称变更之诉)三种类型。与此相对应,人民法院所作的裁判文书也可以分为确认性裁判文书、给付性裁判文书和形成性裁判文书。

笔者认为:当事人依据《民法典》第 580 条第 2 款,请求司法机关终止合同,不属于确认之诉,更具形成之诉的特点,司法机关裁判终止合同,亦不属于确认性裁

判,而属形成性裁判。理由如下:

第一,确认之诉是指原告请求人民法院确认其与被告存在或不存在某种法律关系或民事权利的诉。当事人提起确认之诉,并不要求对方履行某一民事义务,比如请求确认合同成立、确认合同解除等,法院的裁判不存在执行问题。确认性裁判文书旨在确认某种法律关系或当事人的某一民事权利是否存在。

解除权人选择诉讼方式主张解除合同的,是以享有解除权为前提,若人民法院"确认"该主张成立,则合同自起诉状副本送达对方时解除。可见,以诉讼方式解除合同的应为确认之诉。但人民法院依据《民法典》第580条第2款作出终止合同裁决的,所依据的是该条第1款所具列的三种合同僵局情形,并考量合同目的是否不达,而非当事人是否享有约定或法定解除权。

第二,给付之诉是指原告向被告主张给付请求权,并要求法院对此作出给付判决的请求,给付包括金钱给付和非金钱给付。给付性裁判文书旨在确认原告针对被告的权利,并命令被告向原告给付。给付请求无事实和法律依据的,法院可对此确认,并驳回原告的给付请求。在合同解除领域,当事人行使解除权,合同解除后,当事人请求返还财产、赔偿损失或追究对方违约责任的,此等请求属于给付之诉,若法院予以支持,属于给付性裁判。

第三,形成之诉是指原告请求法院变动或消灭其与相对人之间现存的法律关系的诉。形成之诉有两个特点:一是当事人对特定的民事法律关系的存在与否并无争议,但对是否应当变动这一民事法律关系存在争议;二是当事人之间存在的民事法律关系,需要等到法院作出形成判决生效后,才能发生变动。可见,认定某一个司法裁判是否属于形成性裁判的标准是:只要形成判决未获确定,任何人不得主张变动该法律关系。故形成判决具有设权性或权利变更性,也不需要执行。当事人依《民法典》第580条第2款请求法院裁判终止合同的,是要变动现存的合同关系,使之消灭,这一点与行使解除权使合同消灭相同,但请求权基础不同,裁判基础依据不同。法院裁判合同能否终止的决定性依据,是合同是否真实存在合同僵局情形,且该情形是否导致合同目的不能实现。若存在则判令合同终止,若不存在则应驳回终止合同请求。这一点与形成性裁判的标准"只要形成判决未获确定,任何人不得主张变动该法律关系"相同。与此同类的是,因情势变更请求解除合同的,并非法定解除或约定解除,其实质是法院运用司法裁决解除合同,亦属裁决解除,故法院判决为形成判决,而非确认判决。

基于上述论证,笔者认为:《民法典》生效后,当出现合同僵局时,违约方不享有合同解除权,申请司法终止是其唯一的救济途径。但《九民纪要》第48条还能否适用？则需要最高人民法院予以明示。

在实务中应当注意：当违约方请求终止合同，而享有约定或法定解除权的守约方反诉解除合同时，法院既不能认为双方已合意解除合同，亦不能要求守约方变更诉讼请求为终止合同，而应该先审查守约方解除合同的请求是否成立。若守约方解除合同的请求成立，当判令诉状送达时合同解除；若不成立，再审查违约方终止合同请求是否成立，违约方终止合同的请求成立的，当判令判决合同终止。

(五) 裁判终止合同的时间

根据《民法典》第 565 条第 2 款的规定，解除权人通过诉讼或仲裁方式行使解除权，裁判机关确认解除的，合同解除时间确定为诉状或仲裁申请书副本送达时，这是将文书送达效力视同解除通知送达效力之故。

但法院或仲裁机构根据《民法典》第 580 条第 2 款作出合同终止裁判的，如果是该裁判文书生效时，合同才能终止，那么若认为《民法典》第 580 条第 2 款赋予了违约方解除权，当违约方起诉终止合同时，终止合同时间是否也是诉状或仲裁申请书副本送达时？如果这样解释，显然无法平衡《民法典》第 565 条第 2 款和第 580 条第 2 款的关系。

《民法典合同编通则解释》解决了裁判终止合同时间的问题。该解释第 59 条规定："当事人一方依据民法典第五百八十条第二款的规定请求终止合同权利义务关系的，人民法院一般应当以起诉状副本送达对方的时间作为合同权利义务关系终止的时间。根据案件的具体情况，以其他时间作为合同权利义务关系终止的时间更加符合公平原则和诚信原则的，人民法院可以以该时间作为合同权利义务关系终止的时间，但是应当在裁判文书中充分说明理由。"

根据上述解释，司法裁判终止合同的时间，有两种情形：一是一般情形，应当以起诉状副本送达对方的时间作为合同权利义务关系终止的时间。二是特殊情形，即根据案件的具体情况，以其他时间作为合同权利义务关系终止的时间更加符合公平原则和诚信原则的，人民法院可以以该时间作为合同权利义务关系终止的时间。

在实务中，笔者见过一案例：出租人与承租人签订了 10 年期的长租合同，约定租赁期为 2019 年 1 月 1 日起至 2028 年 12 月 31 日止，押金 10 万元，月租金 5 万元。承租人履行 3 年后，因经营越来越艰难，于 2022 年 12 月 31 日付清此前租金通知出租人收房后，自行关门走人。由于租赁市场萎缩房屋闲置，出租人难寻新承租人，始终不愿解除合同。承租人欲索回押金，遂于 2024 年 1 月起诉请求终止合同；出租人反诉要求继续履行合同,给付至起诉时拖欠的1年租金60万元。一审判决租赁合同于2022年12月31日终止,认为出租人可在4个月内找到新承租人,但怠于履行减损义务,遂判令承租人向出租人赔偿4个月的可得利益损失20万元,抵扣10万元押金,支持10万元。笔者认为,该判决符合《民法典合同编通则解释》第59条的精神。

第五节 双方违约之解除权主体

一、双方违约:谁享有解除权

双方违约,是指当事人双方在合同履行过程中,都存在未全面履行合同义务或者履行合同义务不符合约定之情形。《民法典》第592条第1款"当事人都违反合同的,应当各自承担相应的责任"之规定,解决了双方违约之违约责任问题,但双方都存在违约的情形下,谁享有解除权?《民法典》未予规定。

《民法典》第563条第1款第2~4项规定了违约解除条件,其立法意图是赋予守约方法定解除权,排斥违约方享有解除权。这已达成共识。但现实是复杂的,许多情形下,比如在买卖合同、承揽合同、建设工程合同履行过程中,当事人双方或多或少都有些违约行为,纯粹的只有一方违约而另一方无任何违约行为的情形,在实务中并不多见。

如何判断双方违约,本身是一个复杂问题。比如,在双务合同中,一方当事人违约时,对方当事人消极履行,这究竟是行使履行抗辩权,还是违约行为?对此,笔者认为:在双务合同中,当一方违约导致解除权条件成就时,对方不选择行使解除权,而是消极履行己方义务,往往是基于自身利益考量和判断而为。例如,在承揽合同中,定作人迟延支付货款违约,此时承揽方未行使解除权,而是选择隐蔽降低定作物材质标准,以此来对抗对方迟延付款给自己所造成的损失,此种情形就可能属双方违约情形。又如,在建设工程合同中,发包人未依约支付工程款违约在先,承包人不解除合同而选择暂停施工,以此来迫使发包人付款。此时,承包人的停工行为可能是行使先履行抗辩权,而不构成违约。判断消极行为是行使履行抗辩权还是违约,应考量以下问题:合同约定的具体权利义务;区分主给付义务和从给付义务;合同权利义务履行顺序;无约定时的法定义务规定;双方基于合同约定形成的业务模式;双方是否存在违约行为;法定或约定解除权条件是否成就;行使履行抗辩权的条件是否成就等。就行使履行抗辩权条件而言,应注意《民法典合同编通则解释》第 31 条的规定,即"当事人互负债务,一方以对方没有履行非主要债务为由拒绝履行自己的主要债务的,人民法院不予支持。但是,对方不履行非主要债务致使不能实现合同目的或者当事人另有约定的除外"。根据该条规定,行使履行抗辩权以对等给付为条件,故仅在对方未履行主义务时,才能行使履行抗辩权;若对方仅未履行非主要义务,除非影响合同目的实现或另有约定,否则不能行使履行抗辩权。比如,在分期付款买卖中,付款属主要义务,发票属从义务,若合同对卖方何时提供发票无约定,此时买方不能以卖方未提供发票为由行使履行抗辩权。实务中,常有一方违约行为与对方行使抗辩权的行为存在行为交叉或在时间上极为接近的情形,这需要结合上述要点对违约方、违约行为作出清晰认定。

实务中,在双方违约的情形下,当事人往往对解除权问题争论激烈,法官在处理谁享有解除权时也颇觉棘手。在双方违约的情况下,是否照样排除违约方解除权？若不能排除,则违约双方均需固守合同,被合同所"套牢",此举显然不符合合同解除制度的立法宗旨。若予以排除,双方都存在违约,难道均赋予双方合同解除权吗？如此一来,无论违约大小、损失多少、目的达成程度、合同利益影响程度,赋予任何违约方均可解除合同的权利,此举显然又与公平原则相悖。

当然,探讨双方违约情形下的解除权问题,要排除两种情形:一是一方未全面履行合同义务的原因不是行使履行抗辩权或不可抗力所致,因为这些情形不属违约。二是合同本身存在事实或法律上履行不能的情形,因为在这些情形下,当事人应按《民法典》第 580 条第 2 款请求法院或仲裁机构终止合同,由违约方承担违约责任,而不属解除权讨论之列。

二、崔建远:依解除权产生条件判断

崔建远教授认为:原《合同法》第 94 条第 2~4 项(《民法典》第 563 条第 1 款第 2~4 项)关于解除权产生条件的规定,其规范意旨是排斥违约方享有解除权。这在总体上讲虽然有其道理,但也有不足。其表现之一是,在双方违约的情况下,是否也照样排除违约方的解除权？语焉不详。崔建远教授认为,一方当事人甲违约的场合,就其违约这方面排除其解除权(不能履行的情形另当别论)具有正当性;但在相对人乙违约的领域,甲反倒是守约方,于此场合,再排除其解除权,就有违公平正义了。只要乙违约的事实符合解除权产生的条件及行使条件,就应当承认甲的解除权。另外,如果甲的违约符合解除权产生的条件,那么,也赋予乙解除权。对此,试举一例予以说明。在出租人甲公司与承租人乙公司之间的《国有建设用地使用权租赁协议》纠纷中,承租人乙公司违反了该协议第 8.2 条关于"乙公司未按出租

土地的约定用途进行建设,甲公司可以解除本协议,乙公司支付本协议总租金10%的违约金"的约定,在所租土地上违法建筑。出租人甲公司的违约行为表现在擅自断水、断电,使乙公司无法正常经营;背着乙公司与当地政府达成《补偿征收涉案土地使用权的协议》,独享全部补偿款。崔建远教授认为,妥当处理该案,应当同时承认甲公司和乙公司都享有解除权。[1]

综观崔建远教授的观点,对于双方违约的情形,究竟哪一方享有解除权,其核心是以解除权产生条件来判断。换言之,一方违约行为足以导致对方合同目的不达而享有解除权的,对方有权解除合同,对方自身的违约行为不阻碍其行使解除权,仅需承担违约责任。

三、最高人民法院观点:综合判断

双方违约情形下,究竟是哪一方有权行使解除权,最高人民法院判例提供了一些规则。

(一)规则1:综合判断

该规则具体内容为:在双务合同中,双方均存在违约的情况下,应根据合同义务分配情况、合同履行程度以及各方违约大小等综合考虑合同当事人是否享有解除权。

能体现这一规则的公报判例是:最高人民法院审理的兰州滩尖子永昶商贸有限责任公司(以下简称永昶商贸公司)与爱之泰房地产开发有限公司(以下简称爱之泰公司)合作开发房地产合同纠纷二审案[(2012)民一终字第126号]。该案的争议焦点为,永昶商贸公司和农垦机电公司对联建协议及补充协议是否享有法定解除权。

该案审理查明:永昶商贸公司和农垦机电公司主张爱之泰公司主要存在两项违约行为:一是未办理案涉联建项目的报建、规划、施工、预售等手续,致使案涉项目形成违章建筑并受到处罚;二是未按期交付联建房产。

关于未办理案涉项目报建、规划等手续问题。根据已经查明的事实可以看出,对案涉联建项目的报批手续等,各方均须履行一定义务,现各方均未能提供充分证据证明已履行相应义务,故导致案涉项目规划手续未能有效办理,各方均应承担相应责任。爱之泰公司虽然未成功办理规划手续,但并不属于根本性违约导致合同

---

[1] 参见崔建远:《合同法总论(中卷)》(第2版),中国人民大学出版社2016年版,第723页。

目的不能实现,一审判决以爱之泰公司未办理规划等手续导致案涉项目为违章建筑为由,认定永昶商贸公司和农垦机电公司有权解除合同,无事实和法律依据。

关于爱之泰公司未按时交付联建房产的问题。从合同约定情况看,各方对何时交付联建房产并没有特别严格的时间要求,交房时间一直处于变动中,亦未有逾期交房解除合同的约定。而2008年案涉项目主体工程已经完工。故虽然爱之泰公司存在迟延履行债务的行为,但尚未达到不能实现合同目的之严重程度。在2009至2011年期间,爱之泰公司与施工方宏成公司一直处于诉讼中,该案一审亦因上述诉讼而中止审理。故关于案涉项目停工3年有余是因爱之泰公司无后续履行资金的主张,并无充分事实依据。爱之泰公司欠付工程款及其他材料款的事实与该案属于不同的法律关系,不能因此认定爱之泰公司以自己的行为表明不履行合同义务。一审判决在认定爱之泰公司违约的同时,亦认定永昶商贸公司未按照约定将案涉土地过户到爱之泰公司名下,构成违约。

该案判决认为:在双务合同中,双方均存在违约的情况下,应根据合同义务分配情况、合同履行程度以及各方违约大小等综合考虑合同当事人是否享有解除权。综合全案情况看,爱之泰公司承担了联建项目中的主要工作,并已经履行了大部分合同义务,案涉项目主体工程已经完工,在各方均存在违约的情况下,认定永昶商贸公司和农垦机电公司享有法定解除权,无事实和法律依据,并导致双方合同利益显著失衡。一审判决解除合同不妥,二审法院予以纠正。同时,根据原《合同法》第112条的规定,当事人一方不履行合同义务或者履行合同义务不符合约定的,在履行义务或采取补救措施后,对方还有其他损失的,应当赔偿损失。因此,合同继续履行并不影响各方要求对方承担违约责任的权利。综上所述,根据2007年《民事诉讼法》第153条第1款第2项现《民事诉讼法》第177条第1款第2项之规定,判决如下:(1)撤销甘肃省高级人民法院(2010)甘民一初字第2号民事判决;(2)驳回兰州滩尖子永昶商贸有限责任公司和甘肃省农垦机电总公司的诉讼请求。[1]

(二)规则2:区分严重违约和一般违约

该规则具体内容为:在当事人双方均存在违约的情况下,如果一方为严重违约,另一方仅为一般违约,那么严重违约方不享有合同的法定解除权。笔者认为:这一根据违约情形是否严重为判断标准的规则,仍属于综合判断规则衍生的细化规则。

---

[1] 参见《中华人民共和国最高人民法院公报》2015年第5期。

能体现这一规则的典型判例是:最高人民法院审理的海南昌江鑫龙房地产开发有限公司(以下简称鑫龙公司)与海南献林建筑安装工程有限公司(以下简称献林公司)建设工程施工合同纠纷申诉、申请案[(2017)最高法民申 51 号]。该案争议的焦点是,在发包人自身违约的情况下,能否因承包人违约请求解除合同?

该案审理查明:(1)2014 年 1 月,鑫龙公司将涉案工程发包给献林公司,约定鑫龙公司于合同签订后支付 25% 工程款,计划竣工日期为 2015 年 3 月。后鑫龙公司并未实际支付 25% 工程款。(2)2014 年 10 月,因献林公司采用的原料不合格,导致工程出现质量问题。后献林公司对问题工程进行修复,并经验收合格。随后献林公司继续进行剩余工程的施工。(3)工程在计划竣工日并未完工。后鑫龙公司多次催告,要求献林公司在合理期限内完工,但截至 2016 年 2 月,工程仍未完工,鑫龙公司因故诉至法院,请求解除涉案合同。献林公司提出反诉,要求鑫龙公司支付已到期工程款。

一审法院认为:献林公司虽然已经对问题工程进行了维修,但仍然造成工期严重延后;且经鑫龙公司多次催告,献林公司仍未能在合理期限内完工,故支持鑫龙公司解除合同的请求。

二审海南高法(2016)琼民终 256 号判决认为:献林公司虽因质量问题拖延了工期,但经过整改补救已经验收合格,仅构成迟延履行,属于一般违约;而鑫龙公司未按合同支付工程款,构成严重违约,因此鑫龙公司不享有法定解除权。遂对一审判决改判。鑫龙公司不服,向最高人民法院申请再审,被最高人民法院裁定驳回。

最高人民法院裁定认为:发包人严重违约时,不得因承包人一般违约而解除合同。主要理由是:(1)有质量问题的工程,承包人修复后仅承担迟延履行责任。原《合同法》第 281 条(《民法典》第 801 条)规定,因施工人的原因致使建设工程质量不符合约定的,发包人有权要求施工人在合理期限内无偿修理或者返工、改建。经过修理或者返工、改建后,造成逾期交付的,施工人应当承担违约责任。故有质量问题的工程经修复合格后,承包人仅承担因此造成的延迟履行责任。(2)迟延履行属于一般违约,拖欠工程款属于严重违约。在建设工程合同纠纷中,承包人迟延履行的,属于一般违约;而发包人未按照合同约定支付工程款的,属于严重违约。(3)严重违约方不享有法定解除权。综合法定解除权的立法原意,以及诚实信用原则,在一方当事人严重违约的情况下,即使对方违约,严重违约方也不享有法定解除权。

第六节　行使解除权主体之限制

一、解除权行使主体属当事人

当合同具备法定或约定解除条件时,人民法院或仲裁机构能否依职权解除合同？合同外的第三人能否决定合同解除？这个问题在实务中经常发生,亦引起争议。

笔者认为:解除权行使主体只能是订立合同的当事人,应排除合同之外的第三人,也排除人民法院或仲裁机构。理由有以下4点。

1. 形成权只能由当事人行使。合同解除权属形成权,是法律赋予民事主体的一种合同权利,如合同履行请求权、抗辩权等权利一样,解除权只能由合同当事人行使,如果任由合同之外的他人行使,则与合同相对性原则相悖。当然这里的他人不包括受当事人委托的第三人,比如,实践中当事人经常委托律师向相对人发出解除合同通知,从代理规则来看,受委托律师的行为应视为当事人行为,并未突破合同相对性。

实务中,当事人在合同中约定合同能否解除由第三人裁决,那么第三方裁决合同解除的是否有效？答案应当是否定的。因为合同纠纷裁决权是司法权,法律将该权力赋予了人民法院或仲裁机构,第三人不享有合同纠纷裁决权。人民法院案例库入库编号为2023－16－2－269－2的陈某诉上海某咨询有限公司股权转让纠纷案[(2019)沪民申18号]的再审判决认为,合同约定由第三人裁决合同解除属无效条款,第三方作出的裁决不发生法律效力;若第三人裁决合同解除的,不符合约定解除合同条件,不发生解除合同的效果。

2. 在合同关系中,当事人才是自己最大利益的选择者和决策者。当合同解除条件成就后,解除权人基于自己利益的考量,可选择解除合同,也可选择继续履行合同,这是合同自由原则的应有之义,权利的放弃不构成违法。此时,若允许第三方解除合同,则违反了当事人意志,可能会对解除权人利益造成损害。比如出租人甲与承租人乙签订5年期租赁合同,约定若乙逾期两个月给付租金,甲有权解除合同。该合同已履行了3年,后乙因外债一时难以收回来,逾期两个月未给付租金,此时甲基于对乙能够恢复给付能力的信赖,或基于合同解除后难以出租的考量,甚至是基于与乙的关系的考量等,未选择解除合同,而仅催告乙补足租金。此时,甲未行使解除权,应当允许。

3.就立法而言,已明确解除权行使主体为当事人。根据《民法典》第563条的规定,具备该条第1款情形的,"当事人可以解除合同",此处的"当事人可以解除合同"即表明法律将合同法定解除权人界定为"当事人",同时"可以"表明立法赋予当事人对是否行使解除权享有选择权。根据《民法典》第565条的规定"当事人一方依法主张解除合同的",应当通知对方;对方对解除合同有异议的,"任何一方当事人"均可以请求人民法院或者仲裁机构确认解除行为的效力。该条还规定了"当事人一方未通知对方"的,可以直接以诉讼或者仲裁的方式主张依法解除合同。如上规定均明确解除权行使主体须为当事人。倘若允许合同之外的他人行使解除权,对方请求确认解除合同效力时,将以谁为被告呢?

4.尊重不告不理原则。根据我国《民事诉讼法》中的不告不理原则,法院的裁判内容不得超出当事人的诉讼请求范围,对当事人没有提出的诉讼请求或者是超出当事人提出的诉讼请求进行裁判,违反了当事人的意志,与程序法中的处分原则相悖。

二、债权转让解除权主体应为让与人

《民法典》第545条至第548条规范了债权转让诸多规则。其中:该法第545条规定了债权转让及限制规则;第546条规定了债权转让通知及效力规则;第547条规定了从权利一并转让及例外规则;第548条规定了让与人抗辩效力规则。《民法典合同编通则解释》第47条至第51条对债权转让规则进行了补充,其中:该解释第47条第1款规定了债权转让可追究让与人为第三人的规则;第48条规定了债权转让通知前后债务人履行后果及未通知起诉债务人履行的规则;第49条规定了债权表见让与及债务人确认债权真实存在的规则。第50条规定了债务人抗辩效力规则;第51条规定了债权多重转让效力规则。

实务中,在债权转让情形下,与解除相关的问题是:债权转让后,究竟是该债权让与人还是受让人能够行使解除权,以及何种情况下行使?《民法典》对此没有规定。

现行主流学说认为:应由让与人行使解除权。理由是:债权转让仅涉及债权及该债权相关的从权利转让,不涉及合同义务的转移和当事人合同地位的转移,换言之,债权转让并未冲击合同整体,变更合同当事人。而解除权作为形成权,针对的是特定当事人的合同整体,从其行使关系到合同关系的存废,应专属于合同当事人(让与人)享有。如果受让人基于债权转让而取得解除权,其行使解除权行为还可能不当损害让与人利益,还会不当损害债务人利益。崔建远教授将此归纳为:"当让与人应当解除合同以保护自己合法权益时,却因无解除权而束手无策,或者让与人坚持合同继续有效以获得期待利益,却因受让人行使解除权而期待落空。"[1]

最高人民法院在济南时代医药科技有限公司、山东创新药物研发有限公司技术转让合同纠纷再审审查与审判监督案[(2019)最高法民申 6713 号]中的观点是:合同解除权的行使,关系到合同关系的存废,属于专属当事人的合同权利。由于债权让与情况下让与人并未丧失其合同当事人地位,所以解除权并不能随债权转让而转移。

需要注意的是,债权转让与合同权利义务概括转移是两个不同范畴。根据《民法典》第 555 条"当事人一方经对方同意,可以将自己在合同中的权利和义务一并转让给第三人"之规定,在合同概括转移之情形下,让与人退出合同关系,受让人成为合同当事人,于此情形下,受让人方可享有解除权。

三、法院不能依职权判令解除合同

通说认为,法院不能依职权判令解除合同,主要理由有以下 4 点。

1. 形成权行使主体是当事人。合同解除权为形成权,当事人关于形成权的纠纷,即为形成之诉。形成权的行使须基于权利人的意思表示,并且权利人的意思表示须到达相对人或为相对人了解时,始发生法律效力。至于权利人是否行使形成权、何时行使形成权,依赖于权利人的意志,法律不宜干涉。在诉讼中,如果守约方未提出解除合同的诉讼请求,仅请求违约方继续履行或仅要求承担违约责任,即使违约方的违约行为已构成根本违约,法院也不能依职权裁判解除合同。

2. 对解除效力的裁判属确认。依据《民法典》第 565 条的规定,当事人行使解除权方式有两种:一是通知解除;二是通过诉讼或仲裁请求解除。(1)对于通知解除,当事人诉至法院请求确认解除行为效力的,若法院确认解除行为有效,本质上是对解除权人行使解除权的合法性的确认,并非法院依职权解除合同。实践中,一方向对方发出解除通知后,又请求人民法院确认合同已经解除的,人民法院若支持该请求并确认合同已经解除,并非依职权解除当事人之间的合同,而是依职权对当事人之间解除合同行为的确认。(2)对于以诉讼方式请求解除合同,若得到法院支持的,此时法院判决同样是对解除权人行使解除权效力的确认,并非法院依职权行使了解除权。实务中,原告未明确提出解除合同的请求,但提出了与解除合同后果一致的请求,此时法院判决解除合同的,亦非依职权解除合同,而是原告诉讼请求

---

[1] 崔建远主编:《合同法》(第 7 版),法律出版社 2021 年版,第 155 页。

中已经包含有解除合同的意思,法院判决解除合同同样是对解除权人行使解除权效力的确认。

3. 情势变更及合同僵局情形下,裁判解除或终止合同是对请求权的呼应。(1)情势变更不属法定解除权之列,故当事人一方以情势变更为由请求解除合同的,非行使法定解除权,而是一种请求权;若法院予以支持,非依职权解除,而是将情势变更这一法定事由作为判令合同解除的法律依据,以此来呼应当事人解除合同之请求权。(2)《民法典》第580条第2款已将合同僵局情形作为司法裁判终止合同的法定情形,终止合同亦得当事人请求而裁判,当然不存在法官依职权终止合同的权利。同时,司法终止权是司法机关独享的裁判权,与当事人的合同解除权完全是两回事。

4. 最高人民法院公报案例和地方法院的规定多次重申法官不得依职权解除合同。最高人民法院公报案例:最高人民法院审理的崂山国土局与南太置业公司国有土地使用权出让合同纠纷案[(2004)民一终字第106号]的民事判决,对解除权行使主体,确立了一个裁判规则:解除权在实体方面属于形成权,在程序方面属于形成之诉。在没有当事人依法提出该诉讼请求的情况下,人民法院不能依职权裁判合同解除。[1]

《民法典》颁布前,对当事人一方诉请对方履行非金钱债务,人民法院认为依据原《合同法》第110条规定不应支持的,能否依职权判决解除合同的情形,吉林省高级人民法院民二庭在《关于商事案件适用合同解除制度若干问题的解答》第19条中认为:人民法院不能依职权判决解除合同。对于这种情形,人民法院应当根据2001年颁布的《民事诉讼证据规定》第35条第1款关于"诉讼过程中,当事人主张的法律关系的性质或者民事行为的效力与人民法院根据案件事实作出的认定不一致的,不受本规定第三十四条规定的限制,人民法院应当告知当事人可以变更诉讼请求"的规定,告知当事人可以按照合同法关于合同解除的相关规定变更诉讼请求,当事人拒绝变更的,人民法院应当判决驳回其诉讼请求并告知其可另诉请求解除合同。[2]

同样,湖北高法民二庭2016年11月在《当前民商事疑难问题裁判指引》第9条规定,人民法院不能代替当事人行使合同解除权。合同一方起诉要求继续履行合

---

[1] 参见《中华人民共和国最高人民法院公报》2007年第3期。
[2] 参见最高人民法院民事审判第二庭编:《商事审判指导》(总第39辑),人民法院出版社2015年版,第132~142页。

同约定的非金钱债务,人民法院审查后认为属于《合同法》第110条规定的三种除外情形的,不能代替当事人行使合同解除权,直接判决解除合同、对方以其他方式承担违约责任。如果法院审查后认为不能判决继续履行合同,经释明后原告坚持不变更诉讼请求的,应判决驳回其诉讼请求。

四、合同解除纠纷之释明

(一)合同解除纠纷释明之规定

1. 释明权。释明权是法官向当事人公开明示在庭审中临时形成的心证及相关法律见解,旨在切实保障当事人的程序参与权,避免突袭裁判及诉累。对于释明权,有学者认为是法官的权利,也有学者认为是法官的义务。笔者认为:从实际效用出发,释明权既是法官的权利,亦是法官的义务。当诉讼请求存在瑕疵时,法官应向当事人释明,以探求当事人的真实的诉讼目的,使当事人的诉讼请求明确、完整或予以变更,从而保证法院对案件公正、正确地审理,使当事人的合法权益能够及时得到救济。

2. 司法解释中释明规定之变化。现行《民事诉讼法》对法官释明权没有规定。最早的释明规定是2001年12月21日最高人民法院颁布的《民事诉讼证据规定》第35条第1款,该款规定"诉讼过程中,当事人主张的法律关系的性质或者民事行为的效力与人民法院根据案件事实作出的认定不一致的,不受本规定第三十四条规定的限制,人民法院应当告知当事人可以变更诉讼请求"。根据该规定法官释明权应限于案件的法律关系性质和民事行为效力两项,没有涉及合同解除案件能否释明问题。2019年12月25日最高人民法院颁布了重大修改后的《民事诉讼证据规定》,该规定未涉及法官释明权问题,但该规定第53条规定:"诉讼过程中,当事人主张的法律关系性质或者民事行为效力与人民法院根据案件事实作出的认定不一致的,人民法院应当将法律关系性质或者民事行为效力作为焦点问题进行审理。但法律关系性质对裁判理由及结果没有影响,或者有关问题已经当事人充分辩论的除外。存在前款情形,当事人根据法庭审理情况变更诉讼请求的,人民法院应当准许并可以根据案件的具体情况重新指定举证期限。"解读该条规定,应注意:(1)当事人主张法律关系性质或民事行为效力与法院认定不一致时,为维护法官中立原则和当事人处分原则,法官不再"应当行使释明权"告知当事人变更诉讼请求,而是作为焦点审理;(2)允许当事人在法庭辩论终结前自行变更诉讼请求;(3)若不变更,应及时裁判,但不妨碍当事人嗣后以该裁判的认定为基础另行起诉。同时该规定第100条规定:"本规定自2020年5月1日起施行。本规定公布施行后,最高人民法院以前发布的司法解释与本规定不一致的,不再适用。"据此,2001年颁布的《民事诉讼证据规定》第35条释明的规定不再适用。

3. 地方法院对合同解除释明之规定。由于2001年颁布的《民事诉讼证据规定》第35条释明规定中未涉合同解除能否释明的问题,故地方法院对此曾有规定。如:根据《重庆市高级人民法院关于审理合同纠纷案件若干问题的指导意见(一)(试行)》第2条、第3条、第4条的规定:当违约方构成根本违约时,守约方没有提出解除合同请求,而是提出追究对方违约请求责任时,法官可以释明,告知守约方可以按照合同解除提起诉讼请求,告知之后,当事人是否提出解除合同请求由当事人决定。当事人在对方根本违约时只提出解除合同的诉讼请求,但没有提出解除合同后果请求的,法官仍应释明,告知原告可以对解除合同后果一并提出诉讼请求,若当事人不愿提出解除合同后果请求的,只审理合同解除问题。

4.《九民纪要》对合同解除释明之规定。由于《民事诉讼证据规定》第53条未再规定释明问题,而实务中对合同解除释明确实存在必要,故《九民纪要》第49条第2款对合同解除纠纷释明作出了专门规定,即"双务合同解除时人民法院的释明问题,参照本纪要第36条的相关规定处理"。《九民纪要》第36条的主旨是解决合同效力释明问题,该条原文为:"36.在双务合同中,原告起诉请求确认合同有效并请求继续履行合同,被告主张合同无效的,或者原告起诉请求确认合同无效并返还财产,而被告主张合同有效的,都要防止机械适用'不告不理'原则,仅就当事人的诉讼请求进行审理,而应向原告释明变更或者增加诉讼请求,或者向被告释明提出同时履行抗辩,尽可能一次性解决纠纷。例如,基于合同有给付行为的原告请求确认合同无效,但并未提出返还原物或者折价补偿、赔偿损失等请求的,人民法院应当向其释明,告知其一并提出相应诉讼请求;原告请求确认合同无效并要求被告返还原物或者赔偿损失,被告基于合同也有给付行为的,人民法院同样应当向被告释明,告知其也可以提出返还请求;人民法院经审理认定合同无效的,除了要在判决书'本院认为'部分对同时返还作出认定外,还应当在判项中作出明确表述,避免因判令单方返还而出现不公平的结果。第一审人民法院未予释明,第二审人民法院认为应当对合同不成立、无效或者被撤销的法律后果作出判决的,可以直接释明并改判。当然,如果返还财产或者赔偿损失的范围确实难以确定或者双方争议较大的,也可以告知当事人通过另行起诉等方式解决,并在裁判文书中予以明确。当事人按照释明变更诉讼请求或者提出抗辩的,人民法院应当将其归纳为案件争议焦点,组织当事人充分举证、质证、辩论。"

5. 最高人民法院《关于在审判工作中促进提质增效推动实质性化解矛盾纠纷

的指导意见》对合同解除释明的规定。该《指导意见》文号为法发〔2024〕16号，2024年12月23日颁布。该《指导意见》第10条规定："人民法院在受理、审理合同纠纷时，可以根据起诉和答辩情况，向原告作出如下释明：（一）起诉主张解除合同的，人民法院可以告知诉讼请求不能被支持或者合同无效情形下，是否请求继续履行合同或者主张缔约过失责任；（二）起诉主张继续履行合同的，人民法院可以告知合同无效或者履行不能情形下，是否主张缔约过失责任或者请求解除合同；（三）起诉主张合同无效的，人民法院可以告知合同有效或者履行不能情形下，是否请求继续履行合同或者解除合同。经释明，原告提出相应诉讼请求的，人民法院应当向被告释明可以行使抗辩权。"该条规定实际上是对《九民纪要》第36条和第49条第2款的重申和细化。

该《指导意见》宗旨为"为深入贯彻习近平法治思想，坚持以人民为中心，坚决防止'程序空转'，推动实质性化解矛盾纠纷，做到案结事了、政通人和，促进审判工作提质增效。"显然，该《指导意见》的出台，是要改变实务中因大量当事人诉讼请求不当，被驳回起诉，不能案结事了，导致"程序空转"，当事人不满意，司法资源浪费等情形。

基于上文，笔者认为，在《九民纪要》和《关于在审判工作中促进提质增效推动实质性化解矛盾纠纷的指导意见》出台后，对合同解除纠纷中法院应否释明问题，一是不应再固守《民事诉讼证据规定》第53条不予释明的规定；二是根据《九民纪要》第49条和《关于在审判工作中促进提质增效推动实质性化解矛盾纠纷的指导意见》第10条规定，凡涉合同解除纠纷问题，法院应依据上述规定，该释明时应对当事人予以释明，以避免程序错误避免程序空转、推动实质性化解矛盾纠纷做到案结事了、政通人和、促进审判工作提质增效。

(二) 释明权限制之探讨

法官在对合同解除纠纷行使释明权时，存在有一定"度"的问题，这个"度"关系到法官裁判的公正性，因此有必要探讨。

当违约方虽构成根本违约，但合同能够履行时，守约方要求继续履行，仅主张违约方承担违约责任的，法院可以向守约方释明是否要求解除合同，但不能要求守约方必须提出解除合同请求，因为此时的继续履行是对守约方合同利益的最好保护。

当违约方构成根本违约，守约方仅提出解除合同请求，而未提出解除合同后果的请求时，法官同样可以从减少诉累、节省司法资源角度进行释明，但不能强行要求当事人一并提出解除合同后果的请求,因为当事人是自己利益的最大决定者,其仅提出解除合同的诉讼请求,而不愿提出解除合同后果之请求,自有其自身利益的衡量,无须他人越俎代庖。比如,在一份并不重要的合同中,违约方已构成根本违约,守约方只请求解除合同,而不对支付违约金、返还财产、赔偿损失等解除合同后果提出请求,可能是期待与对方另有更大利益的合作,正所谓"春江水暖鸭先知"。如此情形下,法官只能就个案守约方的利益进行释明,而不能代替守约方对其商业长远利益的决策。

当合同存在僵局确无法实现合同目的,守约方却要求继续履行合同时,法官可以向双方释明,指明双方均可以提出终止合同请求,且违约方不免除违约责任,但继续履行合同的请求不能支持。

五、解除权不可分性问题探讨

合同一方当事人为数人或双方均为数人时,谁来作为解除权行使主体?或对谁行使解除权?此问题涉及解除权不可分性原则,然而我国原《合同法》及《民法典》对此都没有规定。

(一)解除权不可分性原则

1. 解除权不可分性原则。解除权不可分性包括解除权行使的不可分性原则和解除权消灭的不可分性原则。

所谓解除权行使不可分,是指这样一种现象:在解除权人一方有数人的场合,解除权的行使应由全体解除权人为之,如其中一人不能行使解除权,则合同无从解除而仍持续存在;相对人一方有数人的场合,则解除的意思表示应向全体相对人为之,如仅向其中一部分人为解除的意思表示,则不发生解除的效力;若双方各有数人,则应由此方的全体向对方的全体为之。[1] 韩世远教授也认为:合同一方当事人有数人时,无论是由当事人一方行使解除权,还是对有数人一方行使解除权,解除权只能由全体对全体行使,否则解除不发生效力。这便是解除权的不可分原则。[2]

所谓解除权消灭不可分,是指一方当事人为多数人的场合,解除权对于其中一人消灭时,对于其他人亦归于消灭(如《德国民法典》第351条第2句、《日本民法

---

[1] 参见刘春堂:《民发债法通则·契约法总论》,总第1册,台北,三民书局2001年版,第388~389页。
[2] 参见韩世远:《合同法总论》(第4版),法律出版社2018年版,第667页。

典》第 544 条第 2 项）。其中可包括两种情形：一是多数当事人中的一人所拥有的解除权归于消灭；二是对于多数当事人中一人的解除权归于消灭。至于解除权消灭的原因，并不在考虑之列，在学者通说上认为，放弃权利亦得包括在内。[1]

2. 解除权不可分原则产生原因及适用。适用解除权不可分性原则的前提是当事人一方有数人或双方当事人均有数人的情形。如果解除权可分开来行使，一部分合同关系解除，而维持另一部分合同关系，这无疑将使合同关系变得极为复杂，也有悖于一般场合当事人的意思。故避免法律关系复杂化是产生解除权不可分性原则的重要理由。该原则实质是一种便宜的规定，并非为公共利益所强行要求，故不属于强行性规范，当事人可依据特别约定排除适用。一般而言，在当事人负担债务为连带债务、不分开债务场合，应适用解除权不可分性原则，如当事人共同承揽、建筑工程由多数人共同承包施工等。在当事人负担债务为可分债务的场合，可允许用特别约定排除解除权不可分性原则。由全体或者对全体作出解除的意思表示，并不以同时作出为必要，异时作出，也没有什么不妥。唯解除意思到达每个成员时，或者由每个成员作出的意思表示均到达时，始发生其效力。[2]

(二) 解除权不可分性原则应尽快明确

理论源于实践，实务是发现问题的最佳途径。如下案例可以说明解除权是否可分，在立法或司法解释中亟待明确。

案例1：甲公司某流水线机组交乙、丙共同承揽，依《民法典》第 786 条的规定，共同承揽人对定作人承担连带责任，即乙、丙完成工作的债务为不可分债务；依据《民法典》第 787 条任意解除权的规定，定作人可以随时解除合同。若定作人只对乙解除合同，而不对丙解除合同，于此情形下，即使一部分合同关系解除，另一部分合同关系继续保持，无疑将使合同关系变得极为复杂，也有悖于一般场合当事人的意思。尤其是标的物为不可分的特定物，合同关系解除部分该如何清算？合同关系未解除的部分该如何继续履行？这些都是理不清的问题。

案例2：甲、乙分别持有 A 公司各 50% 的股权，在同一《股权转让协议》中，甲公司同意将其 20% 的股权转让给丙，10% 的股权转让给丁，乙同意将其 30% 的股权转

---

[1] 参见韩世远：《合同法总论》（第 4 版），法律出版社 2018 年版，第 668 页。
[2] 参见韩世远：《合同法总论》（第 4 版），法律出版社 2018 年版，第 668 页。

让给丙,5%的股权转让给丁;股权转让后,四人对A公司的股权分别为20%、15%、50%、15%。若丙丁均未向甲、乙支付股权转让款,在催告未果的情形下,甲向丙发出解除合同的通知,明确表示解除《股权转让协议》,丙、丁均不认可合同已解除,此时,该《股权转让协议》究竟是否解除? 抑或甲向丙发出的整个《股权转让协议》予以解除的通知是否有效?这是实务中应当解决的问题。

在原《合同法》未废止前,崔建远教授就认为:中国现行法中应当有条件地承认解除权不可分性原则。理由是:其一,现实生活中已有这方面的案例发生;其二,合同系全体当事人意思表示一致的合意,合同解除权因行使而消灭,亦应由全体为之;若仅由部分解除权人而非全体解除权人发出解除的意思表示,或只有部分相对人接受解除的意思表示,即可发生解除合同的效力,则无视了其他当事人的意思表示;其三,(1)在连带债权情况下,若不承认解除权不可分原则,则会导致以下后果:其中一个债权人(解除权人)而非全体债权人(解除权人)向债务人全体或部分人发出解除合同的通知,即产生解除合同的效果,债务归于消灭,对于其他债权人可能构成损害;或者,其中一个债权人(解除权人),而非全体债权人(解除权人)向部分债务人而非全体债务人发出解除合同的通知,仅消灭权利解除通知的债务人的债务,则无疑大大加重了仍然承担债务的债务人的负担,增强了履行债务的债务人向未履行债务的债务人求偿的风险。(2)在连带债务的情况下,若不承认解除权的不可分原则,则会出现这样的局面:债权人(解除权人)向其中一个债务人而非全体债务人发出解除合同的通知,仅消灭收到解除合同通知的债务人的债务,而不消灭未收到解除通知的债务人的债务,则无疑大大加重了继续承担债务的债务人的负担,增强了履行债务的债务人向未履行债务的债务人求偿的风险。这违背公平原则。如果承认解除权的不可分性,则会发生这种不公正的局面。[1]

尽管学者们呼吁尽快确立解除权不可分原则,但《民法典》对此并没有规定,《民法典合同编通则解释》对此也没有规定。在实务中处理该问题难以找到依据,因此,最终解决该问题,还是需要最高人民法院作出司法解释。

---

[1] 参见崔建远:《合同法总论》(第2版),中国人民大学出版社2016年版,第737~739页。

第七章
合同解除权行使程序

第一节　合同解除权行使方式

通说认为,在合同履行过程中,当合同解除所具备的条件成就后,并不意味着合同当然解除,还需要解除权以一定的方式行使解除权之行为,合同效力才会归于消灭。我国原《合同法》及《民法典》均不承认合同自动解除,故行使合同解除权是一种要式行为。合法的解除权行使方式所带来的结果是合同解除发生法律效力,导致合同权利义务终止。

一、解除权行使之不同模式

(一)当然解除模式

当然解除,也称自动解除,是指合同符合法定解除条件时,合同自动解除,无须当事人为任何意思表示。当然解除在日本法上适用于定期买卖,如《日本商法典》第525条规定:根据买卖性质或当事人的意思表示,除非在一定日期或一定期间内履行,否则就不能达到契约目的的情况下,如果当事人一方不予履行,并且已超过规定时间,如相对人不立即请求履行,则视为解除契约,而一般情形下之解除仍然适用形成权解除之规定。可见,日本民法上合同解除模式出现了当然解除模式和形成权解除模式的结合。

当然解除的解除条件由法律直接规定,与附条件解除行为不同。在附条件解除中,当条件符合法律规定时,合同自动解除,与当事人的意思无关,此种情况下合同解除本质上是效力终止,其路径及成本虽最为单纯,但并非属合同解除射程范围。

(二)裁判解除模式

裁判解除适用于一般法定解除,是指一般法定解除权产生的条件具备后,解除权人欲行使解除权解除合同,必须通过诉讼程序,经裁判解除。此模式以法国为代表。《法国民法典》第1184条第3款规定"债权人的解除契约,必须向法院提起之。法院依情形对于被告得许以犹豫期间",因此"契约之解除,须于裁判上请求之"。此模式的立法理由是:解除合同使得相对人应当支付相当的赔偿,故不能没有法院监督。同时在合同被严重违反的情形下,守约方失去了合同带来的收益,苛求其严守合同已失去意义,但法官如何判定违约严重,在法国法中没有形成统一、明确的标准,这也是这种模式备受诟病的根本原因所在。

在裁判解除模式下,解除权应当通过诉讼方式行使,合同解除生效,依赖裁决文书的生效。解除生效与解除权人的意思无关,解除成为法院行使职权的产物。这种模式使解除权人解除合同的路径显得复杂,提高了成本。

(三)形成权解除模式

形成权解除模式是指合同解除依赖解除权人的意思表示。合同解除自解除的意思表示到达对方时生效。德国民法、CISG均采取了这种模式。《德国民法典》第349条规定:"解除合同应当向对方当事人以意思表示为之。"CISG第26条规定:"宣告合同无效的声明,必须向另一方当事人发出通知,方始有效。"

这种解除权行使方式以解除通知送达为标志,通知到达相对人时,合同解除。这种模式具有方便快捷的特点,体现了效率要求。

二、我国合同解除模式之立法变化

(一)原《合同法》:形成权解除模式

原《合同法》第96条规定:"当事人一方依照本法第九十三条第二款、第九十四条的规定主张解除合同的,应当通知对方。合同自通知到达对方时解除。对方有异议的,可以请求人民法院或者仲裁机构确认解除合同的效力。法律、行政法规规定解除合同应当办理批准、登记手续的,依照其规定。"从该条内容可以看出:(1)无论是法定解除还是约定解除,解除权的行使采取的是通知方式,实行通知到达主义。换言之,在出现解除事由时,当事人将解除合同的决定通知对方,如果通知方享有解除权,合同解除就生效,无须通知方通过法院裁判或仲裁机构确认合同解除效力。(2)为了维护非解除方的权益,防止解除权人滥用解除权,平衡当事人之间的权利,原《合同法》第96条同时规定了非解除方异议权。详言之,当非解除方对解除权解除合同持相反意见或者有其他抗辩理由时,可以请求人民法院或者仲裁机构确认合同效力,以保护自己的合法权益,限制解除权人滥用解除权现象的发生。

由上可知,我国原《合同法》对合同解除的立法模式仅采用了形成权解除模式,未采用当然解除模式和裁判解除模式。

(二)《民法典》颁布前诉讼解除之争议

《民法典》颁布前,关于合同解除权人能否通过诉讼或仲裁方式解除合同的问题,由于原《合同法》对此没有规定,实务中存在两种观点。

一是否定说。该说认为合同解除权人不能通过诉讼或仲裁方式解除合同,理由是原《合同法》第96条第1款规定了合同解除权人主张解除合同的,应当通知对方,这里的"应当"排除了裁判机关解除合同,同时认为合同解除权为形成权,实现形成权不需要强制执行,也不需要向人民法院或仲裁机构提出请求。

原《合同法》在刚开始实施的一段时间内,当事人未发出解除合同通知直接向法院起诉解除合同的,有些案件被持"否定说"的法官以未履行解除合同法定通知方式且人民法院不能直接审理起诉解除为由驳回请求。当事人无奈只得倒回去向相对人发出解除合同通知,待通知送达后再起诉解除合同。

二是肯定说。主要理由是:(1)原《合同法》第96条第1款没有规定履行通知义务是解除权人向人民法院或仲裁机构提出解除合同的前置程序,既然如此,解除权人就完全可以请求人民法院或仲裁机构解除合同。(2)原《合同法》第96条第1款是对解除权人行使方式的扩大而不是限制。该条款明确规定以通知方式解除合同,但对何谓"通知"？通知的形式是什么？该条款没有具体规定,既然如此,解除权人可以诉讼或仲裁方式诉请解除合同,人民法院或仲裁机构在向对方当事人送达起诉状副本时,相当于间接地将合同解除权人要求解除合同的意思表示通知了对方,这种通知的形式不但没有违反该条款的规定,反而是其内在含义。(3)如果不允许合同解除权人通过诉讼或仲裁方式解除合同,必然导致其权益受到损害。在合同解除的纠纷中,合同解除权是问题的一个方面,更重要的是合同解除有关的法律后果如何处理的问题,其中包括合同解除权人要求对方恢复原状或赔偿损失的请求。如果合同解除权人只能通知对方解除合同,并且对方收到通知后,还可以提出异议,那么在对方提出异议之前,合同是否解除将无法确定,如果在对方收到解除合同通知后,尚未提出解除异议之前,合同解除权人就向人民法院或仲裁机构诉请对方恢复原状或赔偿损失,该请求权将失去基础,也将无法得到法院或者仲裁机构的支持,因为合同解除是要求对方恢复原状或赔偿损失的前提,前提尚未确定,结论将无从谈起。[1](4)形成权并不排斥变化的权利。有学者认为"实现形成权不需要执行,也不需要向法院或仲裁机构提出请求这种观点并无不当。但是建立在形成权之上的请求权则需要强制执行,故有必要对形成权的成就与否请求裁判机关予以确认"。[2]

　　对于上述争议及当事人在实务中的困境,在《民法典》颁布前,最高人民法院采纳"肯定说"。体现在:(1)最高人民法院在2011年全国民事审判工作会议纪要和相关谈话中均明确,当事人未通知对方解除而是直接起诉法院解除合同的,人民法院应予受理,只不过人民法院判决解除合同的,合同自判决生效之日起解除。[3](2)最高法民一庭2017年的司法观点认为"合同法第96条第1款规定解除合同应当通知对方,合同自通知到达对方时解除,此前司法实践对于能否以诉讼方式主张解除合同虽然有争议,但目前观点基本一致,依照合同法虽仅规定自通知到达对方时合同解除,但并不意味着解除权的行使只能以诉讼外的方式,举重明轻,连采取诉讼外的行使解除权合同法都承认(第96条第1款),采取诉讼方式行使解除权,会更加明确和稳妥,更有认可的必要"。[4](3)《九民纪要》出台后,最高法民二庭在对该纪要第46条的理解中强调"解除通知可以由解除权人之间发送给对方,也可以通过诉讼的方式行使。提起诉讼是解除权人意思表示的另一种表达方式,只不过不是解除权人直接通知对方解除合同,而是通过法院向对方送达法律文书,以起诉状方式间接通知对方解除合同。起诉状就是解除权行使的通知,载有解除请求的起诉状送达对方时,发生合同解除的效力。无论直接通知还是间接通知,只要解除权人行使解除权这一意思表达到达了对方,符合解除通知的条件,均应产生合同解除的法律效果"。[5]

---

[1] 参见雷裕春:《合同解除权行使的若干问题研究》,载《学术论坛》2007年第5期。

[2] 胡智勇:《合同解除权的行使方式对〈合同法〉第96条第1款的理解与适用》,载《法律适用》2006年第Z1期。

[3] 参见刘德权、王松卷主编:《最高人民法院司法观点集成·民事卷②》,人民法院出版社2014年版,第1085~1086页。

[4] 最高人民法院民事审判第一庭编:《民事审判指导与参考》2017年第4期(总第72辑),人民法院出版社2018年版,第193页。

[5] 最高人民法院民事审判第二庭编著:《〈全国法院民商事审判工作会议纪要〉理解与适用》,人民法院出版社2019年版,第312页。

地方法院也支持"肯定说"。例如：吉林省高级人民法院民二庭在《关于商事案件适用合同解除制度若干问题的解答》第 13 条中对该问题作了如下解答："根据合同法第 96 条规定，合同解除权为形成权，即当事人单方通知即可产生解除合同的法律效力，但并不排除当事人请求人民法院判决解除合同的权利，亦未将通知作为当事人解除合同的前置程序。实践中，当事人更倾向于选择裁判方式来行使合同解除权并请求人民法院对合同解除后的法律后果一并作出裁判。如果对此类案件不予受理，要求解除权人先行通知解除，就解除的法律后果再行起诉，将增大守约方的维权成本。因此当事人未向对方发出合同解除通知，起诉判令解除合同，符合民事诉讼法第 119 条规定的，人民法院应予受理。"[1] 又如：《四川省高级人民法院关于审理合同解除纠纷案件若干问题的指导意见》第 3 条亦规定："当事人可以依照合同法第九十六条的规定向对方发送通知解除合同，也可以直接向人民法院起诉请求判令解除合同。"

（三）《民法典》：形成权解除和裁判解除兼容模式

《民法典》第 565 条第 1 款规定："当事人一方依法主张解除合同的，应当通知对方。合同自通知到达对方时解除；通知载明债务人在一定期限内不履行债务则合同自动解除，债务人在该期限内未履行债务的，合同自通知载明的期限届满时解除。对方对解除合同有异议的，任何一方当事人均可以请求人民法院或者仲裁机构确认解除行为的效力。"第 2 款规定："当事人一方未通知对方，直接以提起诉讼或者申请仲裁的方式依法主张解除合同，人民法院或者仲裁机构确认该主张的，合同自起诉状副本或者仲裁申请书副本送达对方时解除。"

就合同解除模式而言，与原《合同法》第 96 条比较，《民法典》第 565 条发生了一些显著的变化。

第一，《民法典》第 565 条第 1 款仍然保留通知方式解除，但增加了"通知载明债务人在一定期限内不履行债务则合同自动解除，债务人在该期限内未履行债务的，合同自通知载明的期限届满时解除"之规定。

笔者认为：该条包括新增内容表明，在形成权解除模式下，会发生两种情形：一是通知未附期限的，合同自通知到达时解除；二是通知附有期限，债务人在期限内仍未履行债务的，合同自期限届满时自动解除，这时的自动解除，并非表明《民法典》已采纳如日本法中的"自动解除模式"，而仍是形成权解除模式框架下的一种例

---

[1] 最高人民法院民事审判第二庭编：《商事审判指导》（总第 39 辑），人民法院出版社 2015 年版。

外情形。

《民法典》之所以在通知方式解除中增加新的规定,是因为合同的解除对当事人事关重大,实务中,已经享有解除权的当事人为了给对方一个纠正自己违约的机会,可能会向对方发出催告,载明要求对方履行,并且在合理期限内对方仍不履行的话,合同就自动解除。这对对方当事人并不会产生任何不利,反而是对其有利,获得了纠正自己违约的机会。此时,如果对方在催告要求的合理期间内仍未履行,合同就自动解除,无须解除权人在此之后另发一份解除通知。[1]

应当注意:解除通知中的附期限与合同约定解除合同的条件或期限明显不同。一是前者发生在合同有效成立之后,是解除权人在行使解除权时,单方确定的条件或期限。后者发生在合同订立之时,是双方当事人合意确定的解除权发生的条件或期限。二是前者在通知所载明的履行期限届满,而债务人仍未履行合同的情况下,即发生合同自动解除的效力,而无须再向债务人发出解除合同的通知。后者在条件成就时,仍须向对方发出解除合同的通知,才发生解除合同的效力。[2]

第二,以通知模式解除合同,对方有异议的,按照原《合同法》第96条规定对方可以请求人民法院或仲裁机构确认解除合同效力,但该条未明确多长期间内请求确认解除合同效力,故原《合同法解释(二)》第24条规定,有约定期间的从约定,无约定期间的应在收到通知之日起3个月内提出。基于效率原则,《民法典》对此进行了修改,明确对方有异议的,"任何一方当事人"均可以请求人民法院或者仲裁机构确认解除行为的效力,换言之,只要对方对解除合同通知有异议,发出解除通知一方也可以请求法院或仲裁机构确认解除合同效力。

第三,《民法典》第565条第2款规定:"当事人一方未通知对方,直接以提起诉讼或者申请仲裁的方式依法主张解除合同,人民法院或者仲裁机构确认该主张的,合同自起诉状副本或者仲裁申请书副本送达对方时解除。"该款增加了"裁判解除"模式。

增加"裁判解除"模式的优点有三:一是通知模式解除虽然便捷,但行使解除权涉及双方重大利益,相对人提出异议的可能性极大,而一旦有异议就须走向诉讼程序,最终还是要通过裁判解决,如果允许当事人选择裁判解除,既省时间又省成本,可以一次性解决纠纷。二是解除权不像其他的形成权,比如催告权、追认权、拒绝

---

[1] 参见黄薇主编:《中华人民共和国民法典合同编解读》,中国法制出版社2020年版,第360页。

[2] 参见最高人民法院民法典贯彻实施工作领导小组:《中华人民共和国民法典合同编理解与适用》(1),人民法院出版社2020年版,第655页。

权、撤销权、选择权等,它们仅对法律关系的某个环节或某个方面产生影响,而解除权的行使涉及合同效力的终极消灭,涉及恢复原状、赔偿损失等请求权,所涉甚巨,应当允许作出选择,包括选择直接诉请裁判机关的介入。三是从民事诉讼程序而言,允许诉讼解除合同也完全符合形成之诉的要件与价值,并可由司法机关同时解决形成之诉与给付之诉的纠纷。

由上可知,《民法典》对解除合同模式采取了形成权解除模式、裁判解除模式二者兼容的模式。至于当事人具体采取何种模式解除合同,法律赋予了当事人自主选择权。但实务中,笔者有见到部分法院将双方长期未履行但未解除的合同,认定为"双方已自动解除",这种认定是值得商榷的。

第二节 行使解除权前之催告

一、行使解除权前之催告

当解除权人准备行使解除权解除合同时,在此之前,是否都应当向对方进行债务履行催告?对此,《民法典》未一概而论,而是区别对待,在立法上分为无催告解除和须催告解除两种情形。

(一)无催告解除之情形

1. 约定解除权条件成就时,一种情形是解除权人无须催告,可以解除合同(《民法典》第562条第2款)。另一种情形是当事人约定解除合同前须经催告才能解除,这种"约定催告"不属法定催告情形,属于约定解除条件之列,并不改变约定解除无须催告的规则。

2. 因不可抗力致使合同目的不能实现的,解除权人无须催告,可以解除合同(《民法典》第563条第1款第1项)。但发生不可抗力事实时,应当及时通知对方减少损失,在合理期限内提供证明(《民法典》第590条)。

3. 在履行期限届满之前,当事人一方明确表示或以自己行为表明不履行主要债务,构成预期违约的,解除权人无须催告,可以直接解除合同(《民法典》第563条第1款第2项)。

4. 当事人一方迟延履行债务或者有其他违约行为致使合同目的不能实现的,解除权人无须催告,可以直接解除合同(《民法典》第563条第1款第4项)。

5. 行使不安抗辩权的应有确切证据,中止履行时应通知对方;中止履行后,对方无履行能力或提供担保的,中止履行可以解除合同(《民法典》第 527 条、第 528 条)。

(二)须催告解除之情形

1. 当事人一方迟延履行主要债务的,应先行催告,并给予合理期限,期限过后仍未履行的,解除权人才可以解除合同(《民法典》第 563 条第 1 款第 3 项)。

2.《民法典》合同编典型合同分编、其他法律及相关司法解释中规定,对解除合同之前有明确债务履行催告的,应从其规定。如不定期租赁,当事人可以随时解除合同,但出租方解除合同的,应当在合理期限之前通知承租人(《民法典》第 730 条)。此处"通知"含有催告之意,系为诚信原则之故,催告承租方合同解除作退场清算之准备。

(三)解除事由竞合之催告

当《民法典》第 562 条第 2 款约定解除事由与《民法典》第 563 条第 1 款第 3 项法定解除事由出现竞合时,是否必须催告?如何选择适用?对此问题,笔者认为:应当甄别具体情形,区别对待。

第一,《民法典》第 562 条第 2 款的规定属于约定解除,563 条第 1 款第 3 项规定属于法定解除,根据"约定优于法定"的原则,当《民法典》第 562 条第 2 款规定与第 563 条第 1 款第 3 项规定的解除权事由出现竞合时,应优先适用《民法典》第 562 条第 2 款的规定,解除权不以催告为条件。

第二,如果《民法典》合同编典型合同分编或司法解释另有规定,应适用特别规定中的催告程序。例如《民法典》第 806 条第 2 款规定:"发包人提供的主要建筑材料、建筑构配件和设备不符合强制性标准或者不履行协助义务,致使承包人无法施工,经催告后在合理期限内仍未履行相应义务的,承包人可以解除合同。"在司法解释方面,《融资租赁合同解释》第 5 条第 1 项规定:承租人未按照合同约定的期限和数额支付租金,符合合同约定的解除条件,经出租人催告后在合理期限内仍不支付的,出租人请求解除融资租赁合同的,人民法院应予支持。该规定中规定对约定解除条件成就后仍须"催告",所体现的是融资租赁合同独有的"不可解约性"的特点,但对于其他有偿合同,不应类推适用。

第三,还有一种法律未规定催告程序,只规定"可以请求"的情形,如《民法典》第 722 条规定:"承租人无正当理由未支付或者迟延支付租金的,出租人可以请求承租人在合理期限内支付;承租人逾期不支付的,出租人可以解除合同。"虽然迟延履行后之"请求给付"含有催告之功能，但这种"可以请求"赋予了出租人选择权，既可以催告后解除合同，也可以不经催告而直接行使法定解除权。

二、迟延履行主债务之催告

按照《民法典》第563条第1款第3项的规定，发生债务人迟延履行主债务情形的，债权人经催告程序后，债务人在合理期限内仍未履行的，于此情形下，债权人可以解除合同。实务中，如下情形须探讨。

(一)是否必须催告

实务中，当事人一方不履行合同主要债务，守约方从未催告，也未给违约方纠正的"宽限期"，直接在诉讼中主张解除合同，法院能否以该请求不符合《民法典》第563条第1款第3项的规定为由，驳回守约方直接请求解除合同之请求？

对该问题，在《民法典》生效前最高人民法院的观点是"债务履行催告是解除权人在迟延履行场合行使解除权的必经程序"。[1] 但原《合同法》未规定裁判解除模式，未催告而直接诉请裁判解除的，成为《民法典》生效后的一个新问题。

对此，笔者认为：违约方不履行主债务，并不当然导致守约方合同目的不能实现，而解除合同事关当事人重大利益，对守约方规定解除前需履行催告义务，既是给予对方纠正其违约的机会，也是避免社会资源浪费的一种合理安排。故催告仅适用于当事人主张《民法典》第563条第1款第3项的解除情形，如未催告直接诉请裁判解除，应适用《民法典》第563条第1款第4项的解除情形，此时法官考量的重点是守约方合同目的能否实现。

(二)催告主体为守约方还是违约方

从《民法典》第563条第1款第3项的规定可以推断，一般情况下催告主体只能是守约方，而不包括违约方。守约方催告的内容是要违约方履行主债务，若违约方未履行主债务而守约方履行合同，则与诚信原则相悖。最高人民法院也认为："催告义务最深层次的原因在于保持解除权人权利义务的制衡，防范权利人滥用解除权。守约方在合同解除条件成就而未行使解除权时，为防止解除权人怠于行使权利使合同相对方遭受更大损害，违约方只可催告守约方行使解除权，但不能催告守

---

[1] 江必新、何东林等：《最高人民法院指导性案例裁判规则理解与适用·合同卷一》，中国法制出版社2012年版，第353页。

约方履行合同。因为在违约方违约后,解除权人享有先履行抗辩权,可以不履行合同义务,违约方不能据此反而享有催告守约方履行合同之权利。"[1]

最高人民法院公报案例万顺公司诉永新公司等合作开发协议纠纷案[(2003)民一终字第47号]阐释了如下裁判规则:处于违约状态的当事人不享有基于催告对方履行,而对方仍不履行而产生的合同解除权。[2]

(三)催告后"合理期限"之判断

依《民法典》第563条第1款第3项之规定,守约方在对方未履行主要债务而行使合同解除权之前,应催告债务人于合理期限内履行,债务人在合理期限内仍未履行主债务的,守约方得以行使解除权。但是,对于解除权人的催告履行债务的"合理期限"究竟有多长?原《合同法》和《民法典》对此都没有作出规定,由此引发争议。

对此争议,最高人民法院法官认为:"债务催告行使的期限应该受除斥期间与诉讼时效的限制。解除权为形成权,其应受除斥期间限制。否则在一方违约后,若允许解除权人长时间享有解除权而不行使,无异于鼓励权利人消极维护权利,对于相对人而言是不公平的,且合同的不稳定将影响交易秩序的正常;债务履行催告为产生解除权之前奏,同样应受除斥期间之影响。另外解除权为民事权利之特殊类型,同样受制于诉讼时效,因而债务催告的行使时限也不应超出民法关于普通诉讼时效的规定,否则,可能出现日本星野一先生所言的'解除权原本是债务不履行的效果之一,所以在原债务遭到因时效而消灭时还剩下一个解除权,颇显滑稽'。鉴于合同的标的、履行情况因个案而异,债务催告行使的期间不宜统一由法律规定,而宜由当事人确定。鉴于债务履行催告系解除权人行使解除权的必经程序,债务履行催告必须在解除权行使的期间之内行使,并不能超过诉讼时效。"[3]

三、非解除权人之催告

(一)《民法典》第564条非解除权人之催告

《民法典》第564条第1款规定:"法律规定或者当事人约定解除权行使期限,

---

[1] 江必新、何东林等:《最高人民法院指导性案例裁判规则理解与适用·合同卷一》,中国法制出版社2012年版,第353页。

[2] 参见《中华人民共和国最高人民法院公报》2005年第3期。

[3] 江必新、何东林等:《最高人民法院指导性案例裁判规则理解与适用·合同卷一》,中国法制出版社2012年版,第354页。

期限届满当事人不行使的,该权利消灭。"第 2 款规定:"法律没有规定或者当事人没有约定解除权行使期限,自解除权人知道或者应当知道解除事由之日起一年内不行使,或者经对方催告后在合理期限内不行使的,该权利消灭。"

从文义解释角度看,上述条款实质上是规定了合同解除权消灭的原因,即解除权存续期限届满而解除权人没有行使致使解除权消灭的情形。两条款所规定的侧重点略有不同:第 1 款所明确的是法律规定或当事人约定的期限届满,解除权人不行使而解除权当然消灭之情形。

第 2 款所明确的是对于解除权行使期限,没有当事人约定期限也没有法律规定情形的,自解除权人知道或者应当知道解除事由之日起 1 年内不行使,或者相对人经催告后权利人在合理期限内不行使,解除权归于消灭。

(二)非解除权人催告之意义

法律之所以赋予非解除权人催告权,根本原因在于平衡私法的意思自治与社会经济秩序的稳定。从本质上说,合同解除权属于私权,是当事人在平等协商基础上享有的权利。因此权利人是否行使权利以及如何行使权利纯属合同当事人的自由,任何人不能强迫权利人放弃权利或者行使权利。但是一个人在法律上享有了权利,就含有他人的自由受到了限制的意义——这一个人自由活动范围之增加,即是他人自由活动范围之减少。[1] 对相对人而言,合同之解除或者继续履行之决定权掌握在解除权人之手,倘若权利人怠于行使解除权,则将导致合同关系长期处于不稳定状态,不仅可能致使相对人遭受的损害远大于违约赔偿金额,而且破坏交易秩序平稳运转。解除权多产生于一方违约行为,非违约方可通过如主张违约责任等其他法律手段救济权利,因此法律为平衡当事人之间的权益,保持权利义务相一致,敦促权利人及时行使权利,可对合同解除权的行使作出必要的限制。[2]

故非解除权人依《民法典》第 564 条第 2 款催告解除权人行使权利与解除权人依《民法典》第 563 条第 1 款第 3 项催告相对人履行主债务,是两个不同的"催告",有明显区别。

四、履行主债务"催告"与行使解除权"催告"之区别

《民法典》第 563 条第 1 款第 3 项与第 564 条第 2 款分别规定了解除权人债务

---

[1] 参见燕树棠:《自由与法律》,载《律师文摘》2006 年第 6 期。
[2] 参见江必新、何东林等:《最高人民法院指导性案例裁判规则理解与适用·合同卷一》,中国法制出版社 2012 年版,第 355 页。

履行之催告与非解除权人对解除权人行使解除权之催告,两者是不同的催告制度,应正确加以区分。

第一,催告主体不同。前者中的"催告"主体是债权人;后者中的"催告"主体是享有解除权的相对方,在违约情形下,是指违约方。

第二,催告性质不同。前者是解除权人为义务催告,即一方迟延履行主要债务时,解除权人负有催促相对人履行合同义务之责任,否则不能行使合同解除权;而后者是非解除权人为权利催告,属于准形成权,其行使本身并不能产生法律关系变动的后果,即非解除权人可以选择催告解除权人是否行使解除权,也可以选择不作为,等待在期限内解除权人做出选择。

第三,催告内容不同。前者中的"催告"是要求债务人履行债务;后者中的"催告"是要求解除权人解除合同。

第四,催告的法律后果不同。解除权人依《民法典》第563条第1款第3项履行催告义务后,债务人在合理期限内仍未履行主要债务的,解除权产生;非解除权人依《民法典》第564条第2款行使催告权后,解除权人在合理期限内未行使解除权的,解除权消灭。

第三节　行使解除权之通知

《民法典》第565条第1款第1句规定:"当事人一方依法主张解除合同的,应当通知对方。合同自通知到达对方时解除;通知载明债务人在一定期限内不履行债务则合同自动解除,债务人在该期限内未履行债务的,合同自通知载明的期限届满时解除。"由此可见若以通知方式解除合同,我国《民法典》规定为通知到达时合同解除,或通知载明期限届满时自动解除,更体现了一种灵活性和务实性。

理解该条,应当注意:一是发出解约通知的当事人应当依法享有解除权,这是其行使解除权的首要前提。二是行使解除权须通知对方当事人,是否通知,解除权人应当承担举证责任。三是通知到达对方之后,即产生合同解除的效果,无须对方作出同意的意思表示。四是附期限的解除通知是《民法典》新增的一项规则,其含义是:(1)解除权人可直接解除合同,也可附期限解除合同,如果是附期限解除合同,需要在解除通知中明确此一期限是多长,自何时起至何时止,以便对方决策;(2)如果对方在所附期限内履行了债务,则不发生合同解除效果,合同继续履行;(3)如果对方在所附期限内未履行债务,继续违约,则解除权人无须再向对方发出解除通知,上次已经发出的解除通知能够产生合同解除的效果;(4)合同解除的时间并非上次解除通知到达对方的时间,而是通知中载明的给予债务人履行债务的一定期限届满之时。

在实务中,就解除合同通知,已生诸多问题,下文将予探讨。

一、未经通知合同是否解除的问题

当事人一方行使解除合同的权利,必然引起合同权利义务的终止,但解除权的产生并不导致合同自动解除,为防止一方当事人因不确定对方已行使解除权而仍为履行的行为,避免债权人的消极反应使债务人误解债权人会接受其履行,从而对自己的给付做出必要的安排进而产生不必要的损害和浪费,为了避免对债务人这种损害和浪费,解除权人必须依法定程序行使解除权,才能解除合同,简言之,行使解除权是一种要式行为。

根据《民法典》第565条的规定,通知和诉讼或仲裁是解除权人行使解除权的具体方式。就通知方式而言,若出现合同可解除的情形,解除权人不发出解除合同通知,合同不发生自动解除问题。

如果当事人向对方发出的"解除通知"中含有征求对方同意的内容,因解除权系形成权,不得附条件,故应将此解释为协商解除之要约,而非解除通知。

实务中,有发生在当事人没有发出解除合同通知,也未起诉解除的情形下,法院根据当事人消极履行合同的案情依职权自行认定合同"已实际解除"的情形。还有法院根据合同中止履行时间较长,就认定合同"事实上已自动解除"的情形。笔者认为,这种动辄依职权认定合同已"事实解除"的判决是欠妥的,与《民法典》合同解除权行使规则是不相符的。我国立法不存在"自动解除"模式,在诉讼中法官可以释明,要求当事人提出解除合同请求或请求司法裁判终止合同,否则,不能对解除合同后果进行清算,如果当事人拒绝,则应驳回起诉。

二、通知的形式问题

对于解除合同通知须以何种方式作出的问题,《民法典》和原《合同法》未作明确规定。

韩世远教授认为:"合同法对于解除的意思表示未作特别限定,裁判中或裁判外的意思表示、书面抑或口头的甚至是默示的意思表示均无不可,另外学说解释上,提起解除合同并请求恢复原状或损害赔偿的诉讼,对对方的履行请求之诉提出抗辩，也可构成意思表示。"[1]

最高人民法院法官在著述中认为："法律并没有规定通知方式，这意味着当事人可以自由选择通知方式。"[2]《民法典》生效后，最高人民法院在对《民法典》第565条的解读中认为："解除合同的意思表示不以发出书面解除合同通知为限，解除条件成就，解除权人明确告知对方违约，将不再履行合同的，也可以认定已明确表达解除合同的意思。"[3]

最高人民法院在(2010)民一终字第45号民事判决书中亦认为"《合同法》第96条第1款中规定的'通知'应当包括各种形式，如信件、函、电话、传真、电子邮件、直接送达等等。该条规定的'通知'形式并没有排除通过向人民法院起诉的形式解除，也并没有将诉讼作为解除的唯一方式，应当认为所有形式的通知都可以。对于'通知'的形式不应该设置太多限制，而重要的是结果，即通知是否到达对方。到达对方无论通过什么方式进行的通知，都产生解除合同的法律结果"[4]。人民法院案例库入库编号为2023-09-2-152-006的参考案例某制药公司诉某药物研究公司技术转让合同纠纷案[(2012)民申字第1542号]裁判要旨为：解除合同通知的目的在于解除权人将其行使合同解除权的意思表示告知对方当事人，以期对方当事人知晓其解除合同的意思表示。只要能够实现上述效果，通知的方式可以多种多样。专门的解除合同的通知、通过起诉的方式要求解除合同、对方起诉后一方在应诉过程中表示解除合同的意思均可视为通知。

吉林省高级人民法院民二庭在《关于商事案件适用合同解除制度若干问题的解答》第10条中指出"对于合同解除通知的形式，合同法未作明确的约定，为不要式。当事人可以采取书面形式、口头形式和其他形式通知解除合同，只要解除权人通过一定的形式向对方当事人表达了解除合同的意思表示，且该意思表示为对方所知悉，即可发生解除合同的效力"[5]。

---

[1] 韩世远：《合同法总论》（第3版），法律出版社2011年版，第521页。

[2] 江必新·何东林等：《最高人民法院指导性案例裁判规则理解与适用·合同卷一》，中国法制出版社2012年版，第350页。

[3] 最高人民法院民法典贯彻实施工作领导小组：《中华人民共和国民法典合同编理解与适用》（1），人民法院出版社2020年版，第657页。

[4] 最高人民法院民事审判第一庭编：《民事审判指导与参考》2011年第4辑（总第48辑），人民法院出版社2012年版，第190~211页。

[5] 最高人民法院民事审判第二庭编：《商事审判指导》总第39辑，人民法院出版社2014年版，第132~142页。

由上观之,解除合同通知不以书面形式为要件,只要解除的意思表示到达对方即可。但实务中,有的法院机械地理解通知形式,认为通知中须有"解除合同"的字眼才算是解除合同通知,否则不予认定。笔者曾历一案,出租人因承租人未付租金且停止经营,遂发出《告知函》,内容为:"某承租人,鉴于你长期拖欠租金,没有信用,合同已终止,现请你于15日内腾退房屋。"笔者主张该《告知函》属解除合同通知性质,但法院未支持,反而认为出租人未发出解除合同通知而要承租人腾退,也属违约。这种判决确实欠妥,同时也反映了通知形式问题的复杂性。

三、通知附条件、附期限问题

解除合同通知可否附条件或附期限?原《合同法》对此未作规定。《民法典》第565条第1款对通知能否附条件未作规定,但对通知附期限作出了规定,即"通知载明债务人在一定期限内不履行债务则合同自动解除,债务人在该期限内未履行债务的,合同自通知载明的期限届满时解除"。

通说认为,解除权系形成权,其意思表示不得附条件,因为解除相对人对于法律关系之清晰所具有的利益,须得保护。韩世远教授认为,一般来说,解除权是根据一般意思表示即发生合同解除效果的形成权,如果对其行使附以条件,通常会对相对人不利,故不允许(原《合同法》第99条第1款规定抵销不得附条件,其道理与此相通)。[1] 但是否绝对如此?学说上有分歧。崔建远教授认为:"中国大陆不宜盲目地照搬所谓解除权的行使不可附条件之说……判断解除权行使可否附条件,关键在于附解除条件导致的后果如何。如果附解除条件并未造成当事人各方利益失衡,不损害公共利益,不违背公共道德,那么不宜否认解除权行使附条件。"[2]

关于通知能否附期限的问题,从《民法典》对通知可附期限,债务人未在期限内履行,期限届满,合同自行解除的规定来考量,《民法典》已认同附期限解除合同通知的效力。韩世远教授也认为:"只要是确定期限,便不会引发相对人的不利益,实际上是等于使解除的后果(恢复原状、损害赔偿)的义务履行延期,因而对于解除的意思表示可附确定的始期。"[3]

---

[1] 韩世远:《合同法总论》(第3版),法律出版社2011年版,第522页。
[2] 崔建远:《合同法总论》(第2版),中国人民大学出版社2016年版,第728~729页。
[3] 韩世远:《合同法总论》(第3版),法律出版社2011年版,第522页。

四、解除通知送达对象问题

(一)解除通知应送达对方

解除权行使对象只能是合同相对人,通知送达的对象也只能是相对人,这是合同相对性原则和诚信原则的必然要求。实务中,常有解除权人登报通知解除合同,发生此种情形,除非合同另有约定,否则并不发生解除效果。还有解除人向第三人发出解除通知,或者与第三人约定解除与相对人的合同的,也不发生解除效果。其理由为:一是《民法典》第565条已明确规定"当事人一方依法主张解除合同的,应当通知对方",这里的"对方"当然是合同相对人,是解除权行使对象;二是合同解除涉及相对人的切身利益,比如,批量定制家具合同,承揽人须提前备料,若定作方解除合同能够及时通知,承揽人可减少备料损失,若解除通知不向承揽人送达,承揽人稀里糊涂地定制完毕,却无法另行卖给第三人,会造成承揽人损失和社会资源浪费。所以解除通知必须送达相对人,这既是诚信原则的要求,也是保护相对人利益的需要。三是通知解除人与相对人是一个合同关系,而与第三人是另一个合同关系,两个合同分属不同法律关系,根据合同相对性原则,人民法院也不得并案审理。

最高人民法院公报判例:广东中岱企业集团有限公司、广东中岱电讯产业有限公司、广东中珊实业有限公司与广东达宝物业管理有限公司股权转让合作纠纷案[(2010)民提字第153号]中对解除权行使对象确立的裁判规则为:当事人订立合同后,一方要解除合同应当向对方当事人提出。合同解除方未向对方提出而是在其他合同中与他人约定解除前述合同的,不发生合同解除效果。[1]

(二)对方多人时的解除通知

实务中,合同相对人并非总是一人,有时候是多人。解除权人要解除合同时,究竟是向其中一人发出通知?还是向全体相对人发出通知?需要讨论。

笔者认为:《民法典》第565条规定,当事人一方依法主张解除合同的,应向对方发出解除合同通知。这里的"对方"可以是一人,也可以是多人,从法条文义解释角度来看,如果对方是多人,解除合同通知就应当向多人送达。若只向一人送达,其他人不知道合同解除而仍在继续履行合同,如此一来,既达不到解除合同目的,同时其他未收到通知的当事人的合法利益也会受到损害。对于该问题,北京市第三中级人民法院的意见是:"解除合同的通知是需要受领的意思表示,合同自通知

---

[1] 参见《中华人民共和国最高人民法院公报》2012年第5期(总第187期)。

到达对方时解除。一般规则是由所有解除权人向所有相对人行使解除权,故需要通知合同的所有当事人才能产生整个合同对所有当事人都解除的效果。"[1]

当然,例外的情形是,当事人在合同中已事先约定,在一方人数较多的情形下,所有人授权其中一人受领相对人通知,一人受领行为对全体有约束力。于此情形下,解除权人可向相对人中的受托人一人发出解除合同通知,这是代理规则使然。

五、通知能否撤回问题

以通知方式行使解除权为单方意思表示,不过需要对方受领。若撤回解除通知,其效力应根据《民法典》第141条判断。《民法典》第141条规定:"行为人可以撤回意思表示。撤回意思表示的通知应当在意思表示到达相对人前或者与意思表示同时到达相对人。"根据该条规定,撤回解除通知应当及时,否则,就达不到意思表示撤回的效果。

《民法典》颁布前,吉林省高级人民法院民二庭对此亦认为:解除合同的通知在法律性质上属于意思表示,解除合同的通知撤回可以参照适用原《合同法》第17条关于"要约可以撤回。撤回要约的通知应当在要约到达受要约人之前或者与要约同时到达受要约人"的规定,即"解除合同通知可以撤回。撤回的通知应在解除合同的通知到达对方当事人之前或者与解除合同通知同时到达对方当事人"。[2]

六、通知能否撤销问题

解除权人发出解除合同通知后能否撤销?该问题涉及意思表示撤销问题。原《合同法》对此未作规定,但《民法典》作出了规定。

《民法典》第137条第1款规定:"以对话方式作出的意思表示,相对人知道其内容时生效。"《民法典》第565条亦规定合同解除效力自通知到达时生效。故解除通知的意思表示不得撤销为一般规则。之所以如此规定,实际是保护相对人的合理信赖,因为解除的意思表示一经生效,就已产生解除效果,如果允许撤销解除通知,不仅与解除权性质相悖,也会导致法律秩序混乱。域外法中《日本民法典》第540条第2款亦有此规定。

但亦有例外:一是对于解除的意思表示应允许意思表示人以无行为能力或受

---

[1] 参见北京市第三中级人民法院:21个合同解除疑难问题解答,2016年11月12日。
[2] 参见吉林高院民二庭《关于商事案件适用合同解除制度若干问题的解答》。

欺诈为由加以撤销；[1]二是如果对方同意撤销，则应允许撤销。因为在这种情况下，撤销解除合同的意思表示相当于要约，对方同意相当于承诺，本质上属当事人协商一致恢复原合同关系。《民法典》第546条第2款规定"债权转让的通知不得撤销，但是经受让人同意的除外"解除合同通知的撤销可比照该条处理。吉林省高级人民法院民二庭在《关于商事案件适用合同解除制度若干问题的解答》中持此观点。

以上问题，北京市第三中级人民法院民一庭的观点是："我们认为，在审判实践中值得注意的是，如果合同一方基于合同解除的条件已经成就，向对方发送了解除通知，对方并未提出异议并已经基于收到解除通知就合同解除的后续事宜进行了相应安排，此时，行使合同解除权一方不得撤销该解除通知。如果一方发出合同解除通知，在对方提出异议的情形之下，发出通知一方又撤销解除合同通知，可以视为双方一致同意合同继续履行。"[2]

七、通过律师函发出通知之效力

在实务中，解除权人通常委托律师向相对人发出律师函，该函中明确了解除合同的意思表示，由于律师函并未加盖解除权人公章，相对人对此提出异议，以律师函无委托人公章为由否定合同解除效力。

对此问题，笔者认为：应依代理规则判断。律师代理当事人发出解除合同通知，尽管没有解除权人盖章，但有证据证明系受解除权人委托，或解除权人追认的，应当视为解除权人的意思表示。

最高人民法院在深圳富山宝实业有限公司、深圳市福星股份合作公司、深圳市宝安区福永物业发展总公司、深圳市金安城投资发展有限公司等合作开发房地产合同纠纷案[（2010）民一终字第45号]中裁判指出"本案中，福星公司委托律师向富山宝公司发出解除合同的律师函，但是该函件未加盖福星公司的公章。由于函件中明确载明受福星公司的委托所拟，且福星公司作为委托人对此予以认可，因此，该行为违反我国合同法的相关规定，不能以该函件未加盖福星公司的公章而认定无效。换言之，福星公司把解除合同的形式寄托在书面律师函上，由于富山宝公司当时对此并无疑义，应当认定其已收到律师函"[3]

---

[1] 参见韩世远：《合同法总论》（第3版），法律出版社2011年版，第521页。

[2] 参见北京市第三中级人民法院：21个合同解除疑难问题解答，2016年11月12日。

[3] 最高人民法院民事审判第一庭编：《民事审判指导与参考》2011年第4辑（总第48辑），人民法院出版社2012年版，第190～211页。

八、通知迟延送达之效力问题

实务中,作出解除合同通知时间或解除通知落款日期与该通知送达时间不一致,是否导致解除行为无效。

对此问题,笔者认为:既然法律规定合同的解除自解除权人通知到达时生效,那么判断合同解除时间应以通知到达时为准,至于何时作出通知不属考虑之列。最高人民法院在上述(2010)民一终字第45号民事判决书中也指出:"本案中,福星公司解除合同的律师函上签署的日期是2004年5月25日,而送达富山宝公司的时间却是在2004年底,前后相差8个月之久。富山宝公司对此提出异议。但是合同解除的确是以享有解除权一方的相关文书送达相对方之时作为开始发生法律效力的依据,送达时间的拖延只能产生合同解除起始时间相应后延的法律后果,而不能导致相关文书送达后不发生法律效力。富山宝公司提出的因送达长达8个月从而认定合同解除无效的理由没有法律依据,因此不应当支持。"[1]

九、诉讼中的通知与合同解除

法院受理一方当事人请求继续履行合同的案件后,对方在诉讼中发出解除合同通知,于此情形下,该通知能否产生解除合同的效力？存在争议。

(一)否定观点:不发生解除效力

最高人民法院持此观点。最高人民法院在四川京龙建设集团有限公司等与成都星展置业顾问有限公司等股权转让纠纷案[(2013)民二终字第54号]的裁判要旨为:合同当事人因合同履行情况发生争议,起诉到人民法院后,对于该合同的效力及履行情况,应当由人民法院依法作出认定。主张合同已解除的一方在诉讼期间发出解除合同通知的行为,并不能改变诉讼前已经确定的合同效力及履行状态。当事人在诉讼过程中行使解除权,以对抗相对方要求其继续履行的诉讼请求,有违诚信原则,且与人民法院行使的审判权相冲突,故其在诉讼程序中实施的该行为不能产生解除合同的法律效力。[2]

---

[1] 最高人民法院民事审判第一庭编:《民事审判指导与参考》2011年第4辑(总第48辑),人民法院出版社2012年版,第190~211页。

[2] 参见最高人民法院民事审判第二庭编:《商事审判指导》2013年第4辑(总第36辑),人民法院出版社2014年版,第210~232页。

(二)折中观点:依审查情况而定

持此观点的是吉林省高级人民法院。吉林省高级人民法院民二庭在《关于商事案件适用合同解除制度若干问题的解答》第 18 条中认为:人民法院受理一方当事人请求继续履行合同的案件后,对方当事人单方通知解除合同,其目的在于对抗原告继续履行的诉讼请求,如果简单认定合同自通知到达时解除,有违诚实信用原则。人民法院应当依法审查该解除合同行为的效力,符合法律规定的,认定合同自通知到达时解除;不符合法律规定的,认定合同解除行为无效。[1]

(三)笔者观点:可以反诉解除合同

笔者认为:当事人一方起诉请求继续履行合同的,对方当事人虽不能在诉讼过程中单方发出解除通知,但可以反诉请求解除合同。理由是:第一,原告提出继续履行之诉后,若允许对方发出解除合同通知,被告对该通知有异议的,又得另案向人民法院提出解除行为异议之诉,如此一来,不仅使诉讼关系变得复杂,而且徒增当事人诉累。第二,若被告反诉请求解除合同,因反诉可以合并审理,使诉讼关系变得简化,减少了诉累。第三,一旦解除合同之诉提起,法院在合并审理中只解决一个问题,那就是反诉人是否享有解除权。当然,反诉解除合同的,并不改变起诉前合同的履行状态,可对合同能否解除,或能否继续履行进行实质审查。第四,《民法典》第 565 条已明确规定当事人可以通过诉讼或仲裁方式解除合同,当事人通过反诉解除合同自然应当支持。

十、能否变更请求主张解除合同

(一)诉讼请求变更规定

就民事诉讼而言,为了提高诉讼效率,原告的诉讼请求在起诉时一般应当予以固化,被告若有反诉,一般应当在 15 天的答辩期内提出,但是民事诉讼程序启动后,法律并不禁止当事人变更诉讼请求。

诉讼请求变更包括两类:一是诉讼请求的增加和减少,即量的变更;二是诉讼请求质的变化,即性质的变更。诉讼请求变更应当遵守如下规则:

1. 变更诉讼请求应在一审法庭辩论终结前提出。《民事诉讼法解释》第 232 条规定:"在案件受理后,法庭辩论终结前,原告增加诉讼请求,被告提出反诉,第三人

---

[1] 参见最高人民法院民事审判第二庭编:《商事审判指导》总第 39 期,人民法院出版社 2014 年版。

提出与本案有关的诉讼请求,可以合并审理的,人民法院应当合并审理。"故变更诉讼请求必须在法庭辩论结束前。

2. 二审程序中不能变更诉讼请求。《民事诉讼法解释》第326条规定:"在第二审程序中,原审原告增加独立的诉讼请求或者原审被告提出反诉的,第二审人民法院可以根据当事人自愿的原则就新增加的诉讼请求或者反诉进行调解;调解不成的,告知当事人另行起诉。双方当事人同意由第二审人民法院一并审理的,第二审人民法院可以一并裁判。"据此,当事人在二审中不能增加独立的诉讼请求或者提出反诉,否则该请求未经一审审理若由二审进行裁判,损害当事人审级利益,同理,二审阶段不得变更诉讼请求,但调解除外。

3. 变更诉讼请求应当符合起诉条件。变更后新的诉讼请求应属于同一人民法院管辖,不违反专属管辖,同时应属于人民法院主管范围。

(二) 可以变更请求主张解除合同

笔者认为,既然法律规定在法庭辩论终结前当事人可以变更诉讼请求,那么在法庭辩论终结前当事人提出解除合同的新诉讼请求的,若该请求符合诉讼请求变更其他规定,人民法院应当受理并予以裁判。对此问题,湖北省高级人民法院民二庭在2016年11月的《当前民商事审判疑难问题裁判指引》中亦认为:"当事人一方因合同履行产生争议,起诉时未主张解除合同,在法庭辩论终结前当事人任何一方提出解除合同的诉请,如依法受理后确认合同解除有效,合同解除时间为解除合同诉请送达至相对方之日。"

十一、违约方能否通知解除合同问题

根据《民法典》第565条的立法原意,使用通知方式解除合同的权利属于享有法定或者约定解除权的当事人,违约方并不享有单方通知解除合同的权利。违约方发送解除合同的通知,不能产生解除合同的法律后果,否则将鼓励恶意违约行为,有违交易的初衷,不利于经济秩序的稳定,故违约方不能以通知方式解除合同。如果违约方认为合同继续履行将给其自身造成重大损害因而对其显失公平,应当根据《九民纪要》第48条规定通过起诉方式请求法院裁判解除合同,或者依《民法典》第580条第2款通过起诉方式请求法院裁判终止合同。最高人民法院审理的北京居然之家投资控股集团有限公司与马鞍山市煜凯丰房地产开发有限公司房屋租赁合同纠纷申请案[(2020)最高法民申6019号]就体现了上述观点。

第四节　通知解除行为效力实务问题

一、解除行为异议主体变化

（一）原《合同法》：仅赋予相对人一方

原《合同法》第96条第1款规定："当事人一方依照本法第九十三条第二款、第九十四条的规定主张解除合同的，应当通知对方，合同自通知到达对方时解除。对方有异议的，可以请求人民法院或者仲裁机构确认解除合同的效力。"此款表明，《民法典》生效前，当事人一方发出解除合同通知，对方有异议的，法律仅赋予对方异议权。对此，原《合同法》的立法理由是：解除权为形成权，依解除权人单方意思表示可以发生解除合同的法律后果，为平衡保护相对人合法权利，原《合同法》赋予相对人异议权，其目的有二：一是防止享有合同解除权的一方滥用解除权；二是维护合同非解除权方的利益。毕竟，合同的解除对非解除权方的利益会产生重大影响，非解除权方为了维护自己的利益最好的办法是阻止享有合同解除权方行使解除权，即行使其异议权，在法定期限内向人民法院或仲裁机构请求确认合同解除效力。

（二）《民法典》：赋予当事人双方

《民法典》第565条第1款第2句规定："对方对解除合同有异议的，任何一方当事人均可以请求人民法院或者仲裁机构确认解除行为的效力。"这表明，《民法典》通过立法改变了原《合同法》只有相对人享有异议权的规定，使双方当事人均有权请求确认解除行为的效力。如此规定，一方面可防止解除权人滥用解除权，保护相对人的合同权益；另一方面可防止相对方对解除合同提出异议，却又怠于提起确认解除行为效力之诉，从而损害解除权人的利益。[1]

该句从解释论上理解对实务具有如下指导意义：

1. 对方在收到解除通知后，若对解除行为有异议，其有权对解除行为提出异议之诉。此为合同解除制度中的异议权，其性质与解除权不同，属于形成诉权。

---

[1] 参见最高人民法院民法典贯彻实施工作领导小组：《中华人民共和国民法典合同编理解与适用》(1)，人民法院出版社2020年版，第656页。

2. 与解除权的行使显著不同,异议权只能以请求公权力救济的方式行使,即必须向法院或者仲裁机构提出异议,请求确认解除行为无效。如果对方在收到解除通知后,只是回函表示不同意解除合同,则不属于行使异议权,不发生异议权行使的后果,不能产生阻却合同解除的后果。应当指出,行使异议权在立法条文中表述为"可以",此处"可以"所指向的是对方收到解约通知时,可以行使异议权,亦可以放弃异议权,并非允许不经司法裁判程序,可以通过意思自治的方式行使。因为如果对方收到解除通知后给解除权人回复一份异议函就能阻止合同解除效果的发生,则在实质上否认了解除权作为形成权的意义,迫使解除权人只能直接走向公力救济途径,容易导致异议权的滥用。

3. 对方在向法院或者仲裁机构行使合同解除异议权时,如果仅请求法院或者仲裁机构确认解除权人的解除行为无效这一唯一的诉讼请求或者仲裁请求,此为纯粹的形成之诉。

4. 一旦对方向法院或者仲裁机构提出异议权之诉,则暂时阻却解除通知效力的发生,合同未被解除,须等待裁判机关的裁判结论。如果裁判机关裁判合同解除行为有效,则合同自解除通知到达对方时解除;反之,如果是裁判合同解除行为无效,则合同不能解除,须继续履行,于此情形下,发出解除通知的当事人如果在等待裁决前停止履行,须向对方承担违约责任。

5. 对方当事人可以径直向法院或者仲裁机构提出诉讼或仲裁请求,而无须向解除权人发出异议函再行提起确认之诉,故对方收到解除通知后向解除权人发出异议函,是多余的没有法律效果的行为。解除权人在收到法院或者仲裁机构寄送的对方当事人的异议权之诉的法律文书副本后,有权提出反诉或者仲裁反请求,请求裁判确认解除行为有效。

6. 如果对方当事人向解除权人发出没有法律意义的异议函,或在合理期间内未向法院或仲裁机构请求确认解除行为异议之诉,则解除权人可以在收到异议函后或在合理期间经过后,直接向法院或者仲裁机构提起确认解除行为有效的请求。

7. 司法实践中,如果解除权人未向对方发出解除通知,而是直接向法院或者仲裁机构提出确认之诉,法院或者仲裁机构应当受理,不得要求其先行发出解除通知待对方有异议后再提起诉讼或仲裁。于此情形下,对方亦可反诉解除行为无效,由法院合并审理。

二、相对人异议权性质及内容

(一) 相对人异议权性质争议

对于非解约方异议权的性质,存在诸多争论。

第一种观点认为:异议权的性质是请求权,是请求撤销合同的解除行为。最高人民法院法官在著述中持此观点。并认为"异议期限届满非解除权人没有表示异议的,应当认为非解除权人的异议权消灭。非解除权人未在约定或法定的期限行使异议权的,异议权丧失,合同无争议地解除。非解除权人在约定或法定期限届满后向人民法院起诉的,人民法院不支持"[1]。

《民法典》颁布后,最高人民法院民法典贯彻实施工作领导小组仍持该观点,认为:"异议权是一种程序请求权,即请求法院或仲裁机构确认合同解除行为不生效力。一旦异议期届满,异议人没有提起诉讼或者仲裁,异议权即消灭,合同无争议地解除。"[2]但该观点并无依据,因为《民法典》未规定异议期,同时该观点也被后出台的《民法典合同编通则解释》第53条所否定,根据该解释第53条的规定,即使异议期届满,仍应对解除通知作实质审查,而非"异议权消灭,合同无争议地解除"。

第二种观点认为:异议权的性质是确认之诉,即相对人可请求人民法院或仲裁机构确认该形成权行使是否有效。[3]

第三种观点认为:异议权的性质是关于非解约方提起确认之诉的诉权的规定,它只是一种程序性规定,而不是任何民事实体权利,于此情形下,解约方和非解约方均可依2017年《民事诉讼法》第119条第1项(现为第122条第1项)享有,原《合同法》第96条第1款第2句只是非违约方享有诉权的注意规定。[4]

(二) 相对人异议之内容

解约方提出解除合同时,相对人异议内容是否只能请求司法确认解除行为无效,而不能同时提出继续履行之请求,换言之,相对人异议的内容是什么?

---

[1] 最高人民法院研究室编著:《最高人民法院关于合同法司法解释(二)理解与适用》,人民法院出版社2009年版,第177页。

[2] 最高人民法院民法典贯彻实施工作领导小组:《中华人民共和国民法典合同编理解与适用》(1),人民法院出版社2020年版,第656页。

[3] 参见王洪亮:《债法总论》,北京大学出版社2016年版,第356页。

[4] 参见贺剑:《合同解除异议制度研究》,载《中外法学》2013年第3期。

笔者认为：相对人对通知解除行为以诉讼或仲裁方式提出异议的，其目的不仅在于要否定解除行为的效力，阻止合同终止，更在于期待合同能继续履行，实现合同期待利益；从表面上看，否定解除行为效力是对通知解除方的抗辩，实质上其内含的目的是促使合同继续履行。故在请求确认合同解除效力的诉讼或仲裁中，相对人提出请求确认解除行为无效和请求继续履行合同两项请求均应许可，均属相对人异议的内容。

三、解除行为效力异议期间

（一）原《合同法》规定的异议期及问题

原《合同法》第 96 条除了将合同解除异议权仅赋予了相对人外，未明确相对人异议期限，在实务中容易造成纠纷。为解决相对人异议期限问题，原《合同法解释（二）》第 24 条规定：" 当事人对合同法第九十六条、第九十九条规定的合同解除或者债务抵销虽有异议，但在约定的异议期限届满后才提出异议并向人民法院起诉的，人民法院不予支持；当事人没有约定异议期间，在解除合同或者债务抵销通知到达之日起三个月以后才向人民法院起诉的，人民法院不予支持。"根据该条规定，当事人一方向对方发出解除合同通知，不论发出解约通知的一方是否享有解除权，如果对方在约定异议期限内或者自收到解除合同通知之日起 3 个月内，未向人民法院起诉确认解除效力，则合同无争议解除。该条解释是为相对人"量身定制"的，实际上是将"约定异议期间"和"三个月"的性质视为除斥期间。

原《合同法解释（二）》第 24 条对相对人异议期的规定，好处是有利于快速稳定合同秩序，减少纠纷，但其弊端也比较明显，可能会导致解除通知被滥用从而破坏交易秩序，产生对双方当事人的利益保护严重失衡等问题。如此一来，该解释未解决：发出解约通知的一方是否必须享有解除权，换言之，违约方发出解约通知是否有效？

对此，最高人民法院的观点是否定的。《最高人民法院研究室对〈关于适用《中华人民共和国合同法》若干问题的解释（二）〉第 24 条理解与适用的请示的答复》（法研〔2013〕79 号）中规定："当事人根据合同法第九十六条的规定通知对方要求解除合同的，必须具备合同法第九十三条或者第九十四条规定的条件，才能发生解除合同的法律效力。当事人没有约定异议期间，一方当事人在《合同法解释）二)》施行前已依法通知当事人解除合同，双方当事人在《合同法解释（二）》施行之日起三个月以后才起诉的，人民法院不予支持。本答复下发之前已经终审的案件，不适用本款规定。"最高人民法院民一庭主编的《民事审判指导与参考》之"民事审判信箱"对合同解除通知效力问题解答如下:"认定合同解除通知的效力,要看合同解除的条件是否具备,既要符合《合同法》第93条第2款、第94条规定的实质性要件,又要符合通知相对人这一形式要件。在此基础上,如果当事人约定了异议期,异议期内对方当事人未向法院提出异议;或者当事人约定了异议期,异议期内对方当事人未向法院提出异议;或者当事人对合同解除没有约定异议期,在解除合同通知到达之日起三个月内不向法院提出异议,应当认定合同解除通知有效。"[1]

但还有一个重要问题:相对人收到解除合同通知后逾期(超过约定或法定期限)提出解除权异议之诉的,应否认定合同已经解除？在《九民纪要》出台前,对逾期异议,实务中存在两种不同观点,就连最高人民法院对同类案件的相关判决也各执一说,相互冲突。

观点一:对相对人逾期异议仍应实质审查。该观点认为:依照原《合同法》第93条第2款、第94条主张解除合同的,应以具备解除权为前提,没有解除权的一方发出解除通知,无论期间是否经过,均不能发生合同解除后果。异议期间经过,当事人提出异议的,人民法院仍应对解除人是否具有解除权进行实质审理,并在解除人没有解除权的情况下判定合同并不解除。法研〔2013〕79号文及最高法民一庭就是持此观点。最高法民二庭法官会议纪要亦曾认为:当事人根据原《合同法》第96条规定通知对方解除合同的,必须具备原《合同法》第93条或第94条规定的条件,即需要具备约定或法定解除权,合同才能解除。人民法院在审查合同是否解除时,需要审查发出解除合同通知的一方是否享有解除权,不能仅以约定或法定的异议期限届满而受通知一方未起诉表示异议就认定合同已经解除。[2] 实务中,最高人民法院有支持上述观点的判例,例如:江苏聚力新能源有限公司与北京七星华创电子股份有限公司买卖合同纠纷案[(2016)最高法民申1049号]、白某中、尤某花等合同纠纷案[(2015)民申字第2894号]、广州市润力房地产开发有限公司与广州气体厂有限公司等房屋买卖合同纠纷案[(2016)最高法民申3375号]等。

观点二:相对人逾期异议概不支持。该观点认为:合同解除权是形成权,一旦解除通知送达相对人,合同即解除;异议权是一种请求权,是请求撤销合同解除行为。异议期限届满,非解除权人没有表示异议的,应当认为其异议权消灭。非解除权人未在约定或法定期限行使异议权的,异议权丧失,合同无争议的解除。非解除

---

[1] 最高人民法院民事审判第一庭编:《民事审判指导与参考》2013年第1辑(总第53辑),人民法院出版社2013年版,第242~243页。

[2] 参见吴景丽、关丽:《通知解除的认定》,载贺小荣主编:《最高人民法院民事审判第二庭法官会议纪要:追寻裁判背后的法理》,人民法院出版社2018年版,第220页。

权人在约定或法定期限届满后向人民法院起诉的,人民法院不予支持。[1] 刘凯湘教授认为:如果一方面主张法律应当规定异议权的行使期限,即异议期间,另一方面又认为即使过了该异议期间却仍然能够行使异议权,若解除权人提出超过异议期间的抗辩,法院却依然如同没有发生异议期间已经超过的事实一样,依然进行实质审查,并作出不同的裁决,那法律规定异议期间就纯粹属于多此一举了。其实,法律设置异议期间的目的就是要促使违约方对解除通知尽早做出反应,并且承担未能及时作出反应的不利后果,即不能再行使异议权。所以,笔者完全赞同刘凯湘教授仅需形式审查的主张,即异议权人在异议期间届满后再提起的异议权之诉,法院与仲裁机构仅需就解除权人的解除权行使进行形式审查,一旦查明解除权人是依照法律规定行使解除权,发出解除通知且达到对方,对方没有在约定或者法定的异议期间内以裁判方式提出异议即可,而无须再审查解除权的行使是否符合实质解除条件。[2] 实务中,最高人民法院也有支持上述观点的判例。例如:朝阳金昌矿业有限公司与朝阳青花矿业有限公司采矿权转让合同纠纷案[(2013)民申字第2018号]、徐某汉、周某波股权转让纠纷再审审查与审判监督案[(2017)最高法民申1143号]、福建华景建筑设计院有限公司建设工程设计合同纠纷再审审查与审判监督案[(2018)最高法民申602号]等。

鉴于实务中对原《合同法解释(二)》第24条理解发生分歧,且自法研〔2013〕79号文出台后,最高人民法院判例仍然有两种不同观点,2019年11月8日《九民纪要》第46条规定:"审判实践中,部分人民法院对合同法司法解释(二)第24条的理解存在偏差,认为不论发出解除通知的一方有无解除权,只要另一方未在异议期限内以起诉方式提出异议,就判令解除合同,这不符合合同法关于合同解除权行使的有关规定。对该条的准确理解是,只有享有法定或者约定解除权的当事人才能以通知方式解除合同。不享有解除权的一方向另一方发出解除通知,另一方即便未在异议期限内提起诉讼,也不发生合同解除的效果。人民法院在审理案件时,应当审查发出解除通知的一方是否享有约定或者法定的解除权来决定合同应否解除,不能仅以受通知一方在约定或者法定的异议期限届满内未起诉这一事实就认定合同已经解除。"该规定是对实质审查观点的肯定。

通过对原《合同法》中合同解除异议期相关规定及实务问题的梳理,可以知道

---

[1] 参见最高人民法院研究室编著:《最高人民法院关于合同法司法解释(二)理解与适用》,人民法院出版社2009年版,第177页。

[2] 参见刘凯湘:《民法典合同解除制度评析与完善建议》,载《清华法学》2020年第3期。

合同解除通知异议期限表面上似乎是个简单问题,但在实务中,该问题演变得非常复杂。

(二)《民法典》未规定异议期及原因

《民法典》第565条第1款规定:"当事人一方依法主张解除合同的,应当通知对方。合同自通知到达对方时解除;通知载明债务人在一定期限内不履行债务则合同自动解除,债务人在该期限内未履行债务的,合同自通知载明的期限届满时解除。对方对解除合同有异议的,任何一方当事人均可以请求人民法院或者仲裁机构确认解除行为的效力。"根据该规定:首先,双方都有请求人民法院或仲裁机构确认解除行为效力的权利;其次,对方的异议与请求人民法院或仲裁机构确认解除合同行为的效力并不等同,对方提出异议不见得必须要以请求人民法院或者仲裁机构确认解除行为效力这种方式提出,还可以以更为简便的方式提出。

由此可见,《民法典》第565条并未规定当事人的异议期。原因是:《民法典》第565条相较原《合同法》第96条的规定,明确了在对方对于合同解除有异议时,任何一方当事人都有权请求人民法院或仲裁机构确认解除合同行为的效力,导致对方是否提出异议以及是否请求司法确认合同解除效力对于合同解除效力不再产生影响,因此再无必要对异议期限作出规定。换言之,享有解除权的一方当事人不再需要被动等待对方异议,可以自行请求司法确认合同解除效力;对方当事人为了维护自身权益也会积极行使合同解除异议权。具体而言,合同能否解除与合同当事人义务履行密切相关,在解除通知到达后,对方不提异议,必然会影响其向通知解除一方主张相应的合同义务,至少在涉及违约责任承担问题上会被认定为自身存在过错;如果通知解除的一方当事人没有解除权而通知对方解除合同,其也必然要承受可能被提出异议、被否认合同解除效力而引发的违约责任承担问题。此外,从功能替代角度考虑,《民法典》第564条对于解除权行使期限作了明确规定,约定和法定解除权期限经过,解除权人将再无权解除合同,这对于督促解除权人及时行使权利、稳定合同关系必然起到重要作用,一定程度上降低了通过设置异议期限来稳定合同关系的必要性。当然,若当事人约定了异议期限,根据意思自治原则,应予认可。[1]

笔者认为:《民法典》对解除行为效力未规定异议期限制度,在解释上,并非否

---

[1] 参见最高人民法院民事审判第二庭、研究室编著:《最高人民法院民法典合同编通则司法解释理解与适用》,人民法院出版社2023年版,第584页。

定异议的存在;在结果上,视为允许相对人无限期地提起解除权效力的确认之诉。

四、通知解除效力审查新规则

《民法典》生效后,对异议人逾期异议的效力,仍然存在应当进行实质审查和无须进行实质审查两种不同的理解。最高法民一庭也认为:认定合同解除通知的效力,要看合同解除的要件是否具备,既要符合《民法典》第564条第2款、第565条规定的实质性要件,又要符合通知合同相对人这一形式要件。在此基础上,如果当事人约定了异议期,异议期内对方当事人未向法院提出异议,则应当认定合同解除通知有效。[1] 该观点仍将约定异议期视为除斥期间,明显与《民法典》第565条无异议期的规定相悖。

鉴于如上争议,为了统一裁判规则,《民法典合同编通则解释》第53条规定:"当事人一方以通知方式解除合同,并以对方未在约定的异议期限或者其他合理期限内提出异议为由主张合同已经解除的,人民法院应当对其是否享有法律规定或者合同约定的解除权进行审查。经审查,享有解除权的,合同自通知到达对方时解除;不享有解除权的,不发生合同解除的效力。"该规定是对《民法典》第565条第1款中关于通知解除合同效力认定的最新规则。

该条规定的主旨为:当事人通知解除合同须以其享有合同解除权为前提条件;至于约定解除权和法定解除权事由,根据《民法典》第562条第2款和第563条的相关规定判断;当事人没有解除权,即使其通知对方解除合同,对方未提出异议的,也不发生解除合同的效果。最高人民法院该司法解释起草小组强调:在当事人一方通知对方解除合同时,如果对方未在合理期限内提出异议,合同是否解除?对此,实践中有观点认为对方未提出异议的,异议期满后合同即解除。最高人民法院认为,这一认识不符合《民法典》规定精神。通知只是当事人行使法定或者约定解除权的方式,是否产生解除的效力要以当事人是否享有解除权为前提,而与对方是否提出异议无关。[2]

该规定强调实质审查的原因是:其一,根据《民法典》第562条第2款和第563条的立法原意,合同解除须以当事人享有解除权为前提条件,同时,既然《民法典》未规定异议期间制度,那么相对人的异议权就无限制。其二,当事人不享有解除权

---

[1] 参见最高人民法院民事审判第一庭编:《民事审判实务问答》,法律出版社2021年版,第30页。
[2] 参见杨万明、刘贵祥等:《〈关于适用民法典合同编通则若干问题的解释〉的理解与适用》,载《人民司法》2024年第1期。

而通知解除合同,将架空诚信原则和合同严守原则,损害合同正义。合同解除对当事人利益影响甚大,如果任由无解除权的当事人动辄通知解除合同,必会引发解除权滥用,产生鼓励通过合同解除的方法逃避责任的恶果,这将严重背离诚信原则和合同严守原则,造成当事人之间利益严重失衡,损害合同正义,危害交易安全。

笔者认为,适用《民法典合同编通则解释》第53条,在实务中应当注意如下问题:

第一,在对通知解除合同效力的审查中,通知解除方享有解除权是实质要件,通知是形式要件。实质要件根据《民法典》第562条第2款和第563条相关规定判断。《民法典》第563条未规定通知的具体形式,只要有证据证明通知中解除合同的意思表示明确且已送达,即具备形式要件。

第二,即使合同约定了解除合同异议期限,相对人接到解除通知后未在约定期限内提出异议,也不丧失异议权,当事人没有解除权而发出解除通知的,不发生合同解除效果。

第三,根据《民法典》第563条的规定,相对人异议可以是请求司法确认解除合同行为效力,如果相对人未起诉确认解除合同行为效力,而通知解除方起诉确认解除合同行为有效,那么相对人仍可以根据《民法典合同编通则解释》第53条抗辩。不过在援用《民法典合同编通则解释》第53条抗辩时应注意《民法典》第563条第2款规定("以持续履行的债务为内容的不定期合同,当事人可以随时解除合同,但是应当在合理期限之前通知对方"),据此,对于不定期持续性合同,当事人一方享有任意解除权,但应在合理期限之前通知对方。根据最高人民法院的观点,如果当事人没有在合理期限之前通知对方,并非解除通知无效,而是不影响合同解除效力,但要赔偿因未在合理期限前通知对方而给对方造成的损失,或者解除通知延至合理期限之后才发生效力。[1]

第四,不享有解除权的一方发出解除合同通知,该通知行为本身可以看成一种请求解除合同的要约,如果相对人明确同意解除,根据《民法典合同编通则解释》第52条第2款的规定,构成协商解除,但不免通知解除方的违约责任。同时,笔者认为,无解除权的一方发出解除合同通知,是一种预期违约行为,相对人不同意解除请求确认解除行为效力时,人民法院在审理中发现合同存在《民法典》第580条第1款中的无法继续履行情形的,不能简单支持异议方请求,确认解除合同行为无

---

[1] 参见最高人民法院民事审判第二庭、研究室编著:《最高人民法院民法典合同编通则司法解释理解与适用》,人民法院出版社2023年版,第588页。

效,要求继续履行,而应当向异议方释明,要求异议方变更请求,按《民法典》580条第2款规定提出终止合同请求,并要求无解除权人承担违约责任。

第五,当事人直接通过诉讼或仲裁方式请求解除合同的,适用《民法典》第565条第2款的规定,由人民法院或仲裁机构确认有无解除权及解除是否生效,不适用《民法典合同编通则解释》第53条。

五、相对人未提异议而请求继续履行

当事人一方发出解除合同通知,相对人未提出异议,未先请求司法确认解除合同效力,而是径直请求继续履行合同的,如何处理?

笔者认为:首先,根据《民法典》第565条第1款中"当事人一方依法主张解除合同的,应当通知对方。……对方对解除合同有异议的,任何一方当事人均可以请求人民法院或者仲裁机构确认解除行为的效力"的规定,对方对通知解除的异议权并非一律要先行请求司法确认,根据《民法典合同编通则解释》第53条的规定,只要发出通知的一方不享有解除权,并不发生合同解除效果。其次,相对人直接请求继续履行合同的诉求本身含有对解约通知的异议和否定,法院能否支持继续履行合同的诉讼请求,仍取决于发出通知的一方是否享有解除权。换言之,如果发出通知的一方享有解除权,就应驳回相对人的诉讼请求,如果发出通知的一方不享有解除权,就应支持相对人继续履行合同的请求。

最高人民法院在中国再生资源开发有限公司与无锡焦化有限公司买卖合同纠纷案[(2012)民二终字第116号]中的裁判要旨为:原《合同法》第96条规定"当事人一方依照本法第九十三条第二款、第九十四条的规定主张解除合同的,应当通知对方。合同自通知到达对方时解除。对方有异议的,可以请求人民法院或者仲裁机构确认解除合同的效力"。该条就解除通知有异议的当事人救济方式规定为"可以",即赋予其"可以"通过请求人民法院或仲裁机构确认解除合同的效力的方式救济,而未采用"必须",即并未限定此为唯一的救济方式。对方以诉请继续履行合同的方式否定解除通知、解除效力进行救济,并不违反该条规定。故主张解除合同的一方以其发出的解除合同的通知方式送达对方即已产生合同解除效果的,如对方对解除有异议,须首先向人民法院提起确认解除合同的效力,之后方可请求法院判令继续履行合同的主张,人民法院不予支持。[1]

---

[1] 参见最高人民法院民事审判第二庭编:《商事审判指导》2012年第4辑(总第31辑),人民法院出版社2013年版,第253~256页。

六、相对人能否以抗辩方式提出异议

当事人根据《民法典》第 563 条的规定通知对方解除合同后,双方未起诉司法确认解除行为效力,而通知解除方起诉请求依照《民法典》第 566 条规定对合同解除的法律后果进行判决,对方当事人能否以抗辩方式对合同解除行为提出异议?

对此问题,笔者认为:第一,根据《民法典合同编通则解释》第 53 条之规定,当事人通知解除合同须以其享有合同解除权为前提条件,即使双方未起诉司法确认解除行为效力,人民法院在裁判能否支持合同解除后果的请求时,应当先行对通知解除方是否享有解除权进行实质审查。在实质审查过程中,应当允许对方当事人对通知解除方是否享有解除权的问题进行抗辩,这是实质审查的应有含义,也是保护相对人诉讼权利的应有含义。第二,通知解除方请求对合同解除后果进行裁判的法理前提是其享有解除权,解除通知有效,合同已终止。如不允许对方当事人以抗辩方式对合同解除行为提出异议,或认为抗辩已失权,则与通知解除合同须以其享有合同解除权的法理相悖,将导致当事人滥用解除权。如认为对方须以提起反诉或另行提起诉讼的方式对合同解除行为提出异议,则徒增诉累,浪费司法资源。第三,相对人抗辩范围一般应当围绕《民法典》第 562 条第 2 款、第 563 条来抗辩通知解除方不享有解除权。但相对人以其他不属《民法典》第 562 条第 2 款、第 563 条的理由来抗辩,如通知解除方行使解除权已过除斥期间、解除权已抛弃等解除权消灭理由,也就是说,解除权人享有解除权,但解除权已因法定事由消灭,应否支持?笔者的观点是,应予支持。理由是:《民法典》第 562 条第 2 款、第 563 条是判断通知解除方是否享有解除权的法律依据,但其又是以该解除权依法存续为前提的,如果解除权已经消灭,则轮不上探究通知解除方是否享有解除权的问题。所以,解除权是否消灭也是相对人的抗辩范围,这也是提高诉讼效率、一次性解决纠纷的要求。

第五节 诉讼解除实务问题

《民法典》第 565 条第 2 款在单方行使形成权解除模式中,增加了可以通过诉讼和仲裁方式解除合同,这种解除合同的方式又被称为裁判解除模式。尽管立法予以明确,但实务中仍有如下问题需要探讨。

一、先通知解除后诉请解除及后果

当事人的确享有解除权,在起诉前,已向相对人发出解除合同通知,后又起诉

请求判令解除合同并对合同解除的法律后果一并作出裁判,如何处理?

对此问题,2014年12月17日吉林省高级人民法院民二庭《关于商事案件适用合同解除制度若干问题的解答》第14条曾认为:"合同自通知到达对方时已经解除,法院判决在合同解除纠纷中的作用,仅仅是确认当事人有无解除合同的权利,以及当事人是否已经合法解除了合同,而不是代替当事人作出解除合同的决定,或者决定当事人之间的合同应自何时起解除。人民法院经审理,认定当事人解除合同符合法律规定的,应当在判决论理部分确认合同已于解除通知到达之日解除,进而对合同解除的法律后果直接作出裁判,不应当将解除合同的内容写入判决主文。"

《民法典》第565条对合同解除在程序上已构建了通知解除(含通知附期限解除)、诉讼(或仲裁)解除两种模式,各自解除时间不同。对于当事人已通知解除合同且享有解除权的,合同自解除通知到达之日起已经解除,嗣后当事人又起诉请求判决解除的,属确认通知解除效力性质,应以通知解除时间为准,同时处理解除后果。最高法(2010)民一终字第45号民事判决书便持此观点。

二、起诉解除但未主张解除后果

当事人享有解除权,通过起诉仅提出解除合同请求,但未主张解除合同后果,如何处理?

笔者认为:诉请解除合同和诉请解除合同后果是有相互关联的两种不同的请求,应一并主张,但前者是后者的前提,诉请解除合同被驳回的,意味着起诉人不享有解除权,对其解除合同后果的诉求也不存在支持问题。但仅诉请解除合同,未提出解除合同后果请求的,若法院支持合同解除,应当对是否主张解除后果进行释明,若当事人暂不主张解除后果,并不意味着当事人放弃了解除合同后果的请求,可另案主张。对此问题,《四川省高级人民法院关于审理合同解除纠纷案件若干问题的指导意见》第22条规定:"当事人请求解除合同,未根据合同法第九十七条的规定要求恢复原状、采取其他补救措施及赔偿损失的,人民法院应当向当事人进行释明是否增加诉讼请求。"

《九民纪要》第36条规定:"在双务合同中,原告起诉请求确认合同有效并请求继续履行合同,被告主张合同无效的,或者原告起诉请求确认合同无效并返还财产,而被告主张合同有效的,都要防止机械适用'不告不理'原则,仅就当事人的诉讼请求进行审理,而应向原告释明变更或者增加诉讼请求,或者向被告释明提出同时履行抗辩,尽可能一次性解决纠纷";该纪要第49条第2款规定:"双务合同解除时人民法院的释明问题,参照本纪要第36条的相关规定处理。"据此,当事人仅主张解除合同而未主张解除合同后果的,法院原则上应一并处理合同解除的法律后果。对此,最高人民法院在著述中认为:审判实践中,当事人仅主张解除合同,法院应否一并处理合同解除的法律后果,一直有不同的观点和做法。一种观点认为,根据不告不理的民事诉讼原则,法院应当围绕当事人的诉讼请求进行审理,不应判超所请。若当事人仅主张解除合同,法院不应一并处理合同解除的法律后果。笔者认为,定分止争是当事人进行民事诉讼活动的重要目的,也是社会主义法治追求的重要价值目标。为了有效化解社会矛盾,减少当事人诉累,对不告不理原则的理解不应过分机械。当事人请求解除合同的,原则上应当一并处理解除后的责任承担等相关后果。如对房屋租赁合同而言,一旦认定合同应当解除,就应当对返还财产、腾让房屋等事宜一并作出处理。必要时,应当及时组织当事人办理房屋交换手续,这样既可用于减少当事人的经济损失,也便于法院对案件的审理,同时有利于化解纠纷,减少诉累。至于合同解除后的损失赔偿、违约责任承担问题,法院应向当事人释明,如果当事人坚持不提出请求,可以在裁判文书中指出通过另行诉讼的方式予以解决,以便尊重当事人的民事诉讼权利。[1]

实务中,还有一种情形,当事人既提出解除合同请求又提出返还财产请求,而法院仅支持解除合同,对返还财产请求以未清算为由不予支持。对此,笔者认为:《民法典》第566条规定的采取补救措施、赔偿损失等都属解除合同后果,但法官应根据履行情况和合同性质予以裁决。任何合同解除后都应当清算,当事人未清算但又请求返还财产的,法院应主持清算,并根据清算结果裁决能否返还,即使不具备清算条件,也可告知另行起诉,而不是将清算返还之路堵死。

三、直接诉请违约解除后果

当事人未向对方当事人发出解除合同通知,诉讼中亦未明确提出解除合同诉讼请求,而是以违约为由直接请求合同解除的法律后果的,如何处理?在司法实务中有两种不同观点。

第一种观点认为,请求解除后果含有解除请求,法院可依职权主动认定合同是否解除。

最高人民法院第一巡回法庭2017年第5次法官会议纪要认为:判断合同是否

---

[1] 参见最高人民法院民事审判第二庭编著:《〈全国法院民商事审判工作会议纪要〉理解与适用》,人民法院出版社2019年版,第310~313页。

解除,不能拘泥于当事人是否明确提出该项诉讼请求,而应结合案件具体情形予以判断。合同解除权是一项依据当事人单方意思表示就可以行使的形成权,通常在合同当事人未提出解除合同的诉讼请求的情形下,依据"不诉不理"这一民事诉讼原则,人民法院不应依职权解除合同。但是,当合同已事实上履行不能,尽管当事人未提出解除合同的诉讼请求,但如果其提出的诉讼请求系建立在合同解除基础上,则表明其隐含了解除合同的意思表示,人民法院作为定分止争的裁判机关,有权利也有义务尽可能一次性地化解纠纷,减轻当事人诉累,在此情形下,人民法院可以依职权主动认定合同解除。[1]

第二种观点认为,法院不应依职权主动认定合同解除。

该观点认为:解除权是形成权,得由当事人单方行使,且解除合同的意思表示必须明确;同时当事人在诉讼请求中没有明确请求解除合同,根据"不诉不理"的民事诉讼原则,人民法院不应依职权主动认定合同是否解除。

笔者认为:不告不理是民事诉讼的基本规则,而诉讼请求应当具体明确是当事人提起诉讼的法定条件之一。当事人未提出解除合同的诉讼请求,但提出解除合同后果请求的,为减少诉累,节省司法资源,在庭审中法官应要求当事人明示其诉讼请求是否包含解除合同的意思表示;如果当事人肯定,则表明当事人提出了解除合同的诉讼请求,此时法官予以确认是在程序上对解除合同这一诉讼请求的确认,而非依职权确认合同解除,至于合同应否解除则属实体审查问题。

四、同时诉请解除和确认无效

当事人在同一诉讼中,既起诉请求解除合同,又请求确认合同无效,如何处理?

对此问题,吉林省高级人民法院民二庭《关于商事案件适用合同解除制度若干问题的解答》第 16 条认为:"人民法院应当依法受理,并首先审理合同效力,认定合同无效的,应径行驳回解除合同的诉讼请求;认定合同有效的,应对解除合同的诉讼请求进行审理,并依法判决。"

对此问题,《四川省高级人民法院关于审理合同解除纠纷案件若干问题的指导意见》第 4 条规定:"当事人既请求解除合同,又请求确认合同无效,人民法院应当首先审理合同效力。认定合同无效的,应径行判决驳回解除合同的诉讼请求;认定合同有效的,应对解除合同的诉讼请求进行审理,并依法判决。"

---

[1] 参见最高人民法院第一巡回法庭编著:《最高人民法院第一巡回法庭民商事主审法官会议纪要》(第 1 卷),中国法制出版社 2020 年版,第 10~11 页。

笔者认为：解除合同的法理前提是合同有效，无效合同不存在解除问题，当事人既诉请解除合同，又同时请求确认合同无效，自相矛盾，属诉讼请求不明确。诉讼请求不明确的，法官应当释明，由当事人择一主张。当然，人民法院处理合同纠纷案件时，无论当事人是否提出审查合同效力请求，首先应审查合同效力。当事人变更请求，择一主张后，仍应根据其确定的请求结合合同效力进行第二次释明。若当事人请求解除合同而合同无效，应告知当事人按合同无效来变更诉讼请求；若当事人确认合同无效而合同有效，应告知当事人按合同解除来变更诉讼请求；当事人拒绝变更的，则应驳回其诉讼请求。

五、同时诉请解除和继续履行

在同一诉讼中，原告既起诉请求解除合同，又请求继续履行，应当如何处理？

笔者认为：当事人向法院提出的数项诉讼请求不得自相矛盾，否则人民法院无法审理。合同解除的效力是合同权利义务终止，不存在继续履行；继续履行的前提是合同约定的权利义务对当事人仍有约束力，故，当事人既诉请解除合同，又诉请继续履行的，属请求矛盾。在此情形下，可向原告释明，由其变更成"二选一"，否则，不予受理或驳回起诉。吉林省高级人民法院民二庭《关于商事案件适用合同解除制度若干问题的解答》第17条亦认为："人民法院应当告知当事人'解除合同'和'继续履行'的诉讼请求互相矛盾，其应当做出选择。当事人拒绝做出选择的，人民法院应当以诉讼请求不具体为由，依照民事诉讼法第119条和第123条（笔者注：2023修正原为第122、126条）的规定，裁定不予受理。已经受理的，裁定驳回起诉。"

另一种情形是，原告主张解除合同，被告反诉主张继续履行，如何处理？笔者认为：根据《九民纪要》第49条第2款之规定，人民法院在审理双务合同解除类案件时，应参照该纪要第36条的程序和要求对当事人进行释明，告知原告变更或增加诉讼请求，或者告知被告提出同时履行抗辩，对于合同解除的后果一并予以处理。基于上述规定，在因双务合同引发的诉讼中，原告起诉请求解除合同，被告主张继续履行，或者原告起诉请求继续履行，而被告主张解除合同，法院判决合同解除的，要特别注意对合同解除的后果应一并处理，防止机械适用"不告不理"原则仅就当事人的诉讼请求进行审理，而应当依职权向当事人明确释明变更或者增加诉讼请求，尽可能一次性解决纠纷。

六、生效判决继续履行不能与新诉解除

判令继续履行合同的民事判决生效后，当事人以该民事判决履行不能为由另

行起诉解除合同,人民法院应否受理?

笔者认为:对此问题,应当根据继续履行合同的标的,区分不同情形,分别对待。

第一,如果该民事判决确定的继续履行的合同义务为金钱债务,由于金钱债务不存在履行不能,当事人另行起诉解除合同违反"一事不再理"原则,人民法院不应受理。但判决生效后,合同发生情势变更情形的除外。

第二,如果该民事判决确定的继续履行合同义务为非金钱债务,且未能履行系因该非金钱债务在该民事判决生效之后,出现《民法典》第580条第1款规定的"合同僵局"情形,当事人另行起诉解除合同,人民法院应当受理,但应当释明,告知当事人请求司法裁判终止合同。

第三,如果该民事判决确定的继续履行合同义务为非金钱债务,且未能执行系因该非金钱债务在该民事判决生效前,就已出现《民法典》第580条第1款规定的"合同僵局"情形,当事人另行起诉解除合同,人民法院不应受理,但应告知当事人可以对该民事判决申请再审。因为当合同在判决前已存在"合同僵局"情形,法院本不应判决合同继续履行,若发生判决继续履行,属适用法律错误,只能通过再审解决。

七、支持解除请求而对方未诉返还财产

当事人一方基于合同解除提出返还财产请求,在存在相互返还的情形下,另一方未反诉提出返还请求,如何处理?

笔者认为:当事人一方提出解除合同请求,同时又主张返还财产,在存在相互返还的情形下,相对人未提出返还请求,主要原因是认为原告方不享有解除权,其所有抗辩理由均指向解除权不成立问题,如此情形下,其若又主张返还财产,则表明同意解除合同,这与其抗辩理由冲突。于此情形下,法院支持原告解除合同,且具有相互返还情形的,即使对方未提出返还财产请求,也应根据《民法典》第566条第1款规定判令相互返还,这既符合立法目的,也符合减少诉累,节约司法资源的要求。

对此问题,《四川省高级人民法院关于审理合同解除纠纷案件若干问题的指导意见》第21条亦规定:"一方当事人基于合同解除请求相对方返还财产,人民法院经审理后认为合同应当解除并符合相互返还条件的,可根据合同法第九十七条的规定径行判令双方相互返还。"

最高人民法院在中国建筑一局(集团)有限公司,鞍山京辉置业有限公司等建设工程施工合同纠纷案[(2022)最高法民终364号]的裁判要旨为:在双务合同中,

原告起诉请求解除合同，被告主张合同应继续履行的，法院应当向被告释明，告知其可提出返还请求，经法院审理认定合同解除的，还应对同时返还作出认定，避免因判令单方返还而出现不公平的结果。

第六节 合同解除时间之确定

一、合同解除时间之重要性

合同解除时间如何确定，并非简单确定一个时点问题，往往涉及当事人双方重大实际利益，在实务中有非常重要的意义。

第一，合同解除标志着合同权利义务终止，倘若合同权利义务终止时间不能确定，当事人便无法从旧的合同关系枷锁中解脱，无法从事新的交易，影响当事人对解除合同行为效果的判断和期待，在市场经济情形下，此举显然违背了效率原则。比如，在工程施工承包合同中，发包人与承包人均同意解除合同，但没有确定合同于何时解除的，发包人将无法就工程续建重新招投标，确定新的承包人，由此也无法预判续建工程将于何时完工，特别是对外销售的新建商品房开发项目，对开发商利益影响甚大，如果市场行情急剧下跌，弄不好可能导致项目"崩盘"。

第二，合同解除生效时间对当事人利益至关重要。在合同解除场合，原给付义务（第一次给付义务）消灭，次给付义务（第二次给付义务）产生，合同解除的时间点是合同终止后清算关系的基准点，直接影响到恢复原状、采取其他补救措施及赔偿损失，影响当事人的利益期待及利益范围，因而对当事人的利害关系，影响巨大。比如，某房屋租赁合同约定租金每月为1万元，约定因承租人违约而解除的，违约方应5日内退场，否则，应按租金的1倍支付场地占用费。后因承租人违约，出租人发出解除合同通知并要求5日内退场，承租人拒绝退场，出租人起诉腾退房屋，并要求承租人依约定标准给付至实际退场之日止的场地占用费。这里场地占用费的具体数额与合同解除时间密切联系，解除前只计算租金，解除后才计算场地占用费，因租金和场地占用费计价标准不同，产生的利益不同，故在计算场地占用费时，合同解除时间将成为一个极为重要的节点。

所以，讨论合同解除时间问题，不仅是必要的，而且意义重大。因合同解除方式不同、当事人行使解除权方式不同，合同解除生效时间也不相同，需要根据不同的规则予以确定。

需要说明的是：属请求权之列的情势变更解除时间和合同僵局司法裁判终止

时间,已分别在本书第五章"情势变更与合同解除"和第六章"合同解除权行使主体"中详细论述,在此不再赘述。本节只讨论如何确定协商解除时间、通知解除时间、起诉解除时间、批准生效合同解除时间的问题。

二、协商解除时间之确定

《民法典》第562条第1款规定"当事人协商一致,可以解除合同",此表明法律允许当事人通过协商解除合同,是合同自由原则的体现。

协商解除合同一般多发于合同履行出现障碍之场合,但不以合同履行障碍为必要,在合同成立生效未开始履行的场合或部分正常履行场合,当事人根据自己的目的和需要,都可以协商解除合同。协商解除合同不仅发生在合同履行场合,即使是诉讼场合,当事人通过调解方式解除合同,或按《民法典合同编通则解释》第2条规定在诉讼中视为协商解除的场合,都发生协商解除。

判断协商解除时间一般包括以下四种情形:

一是除另有约定外,一般应以解除协议成立并生效的时间,作为合同解除的时间。此种判断与判断普通合同成立并生效时间应为相同。

二是约定解除协议成立及所附条件生效时解除,如"本协议生效后,原合同在款项付清时解除";也有约定成立生效前的时间解除的情形,比如协议成立时间是2023年12月1日,但约定"双方一致同意原合同于2023年10月1日解除"。

三是约定解除协议成立,但约定合同在将来某一特定时间解除,此为附期限解除,当以期限届至时的时间为合同解除时间。比如,协议成立时间为2024年1月1日,但约定"原合同于2024年5月1日解除"。

四是根据《民法典合同编通则解释》第2条规定在诉讼中视为协商解除情形的,合同自能够依法确认双方达成解除合意时解除,比如原告认为被告违约于2024年2月1日起诉解除合同,被告在2024年4月1日开庭时提供的答辩状中认为原告违约,但同意解除合同,于此情形下,应认定合同于2024年4月1日被告作出同意解除的意思表示时解除。当然这种解除的合意可能发生在一审诉讼阶段,也可能发生在二审或者再审诉讼阶段,甚至是案件的执行阶段。

三、通知解除时间之确定

(一)以通知到达或期限届满为准

《民法典》第565条第1款规定"当事人一方依法主张解除合同的,应当通知对方。合同自通知到达对方时解除;通知载明债务人在一定期限内不履行债务则合同自动解除,债务人在该期限内未履行债务的,合同自通知载明的期限届满时解除"。由此可见,以通知方式解除合同的,有两种情形:一是一般应以解除通知到达对方当事人的时间作为合同解除的时间。二是若解除通知附有债务人履行债务的期限,而债务人没有履行的,期限届满时间,即为合同解除时间。

无论以何种方式通知,必须能够证明通知载有发出人解除合同的意思表示,并且能够到达对方。实务中,如何确定解除通知"到达对方"?

笔者认为:对该问题应从两方面考量。第一,从实体法规则考量。解除通知属单方意思表示,该意思表示何时生效,应当依据《民法典》第137条意思表示生效规则来确定。《民法典》第137条规定:"以对话方式作出的意思表示,相对人知道其内容时生效。以非对话方式作出的意思表示,到达相对人时生效。以非对话方式作出的采用数据电文形式的意思表示,相对人指定特定系统接收数据电文的,该数据电文进入该特定系统时生效;未指定特定系统的,相对人知道或者应当知道该数据电文进入其系统时生效。当事人对采用数据电文形式的意思表示的生效时间另有约定的,按照其约定。"根据该条规定,不同的意思表方式其生效时间不同。比如通过微信方式送达解除通知的,属电子数据方式的意思表示,解除通知应当自成功发送至对方微信时生效。第二,从民事诉讼证据规则考量。解除通知是否送达、何时送达,根据"谁主张、谁举证"的规则,应当由解除通知方对此承担举证责任。比如,通知人有证据证明相对人已签收解除通知、解除通知通过公证送达、相对人在诉讼中承认收到解除通知等,均应认定为通知已送达。

(二) 多次通知解除时间之确定

实务中,解除权人发出解除合同通知后,确认对方收到却无回复,嗣后又多次发出解除通知,因解除时间事关当事人双方利益,产生的问题是:合同究竟于哪次通知解除?

笔者认为:从法理来说,解除权属形成权,单方的意思表示一经送达即为生效,产生新的法律效果,故形成权不存在也不允许多次重复行使。有效的解除通知一旦送达相对人,即产生合同解除的效果。故应认定合同自第一次通知到达对方时解除,合同关系解除后,不再产生解除权,故嗣后的多次解除通知属无意义的重复通知。

最高人民法院在其审理的上诉人北京中亿创一科技发展有限公司与被上诉人信达投资有限责任公司、一审被告北京北大青鸟有限责任公司、一审被告正元投资有限公司房屋买卖合同纠纷案[(2014)民一终字第58号]中认为:应认定合同自第一次通知到达对方时解除。[1]

(三)如何认定快递通知到达

实务中,解除权人常用特快专递邮寄解除通知,若其保留邮寄通知依据,并能证明相对人已签收该邮件,则可以认定解除通知已送达。但常发生相对人拒收邮件、无人签收邮件退回或非相对人签收邮件等情形。于此情形下,能否认定解除通知已经"到达"?

尽管民事诉讼法对法院司法文书的送达建立了形式多样、较为完备的送达规则,但毕竟只能适用司法行为的规范,不适用民事法律行为。而对用特快专递方式送达解除通知,在没有相对人签收或拒收等情形下,在法律上容易产生争议。

笔者建议:在上述情形下,应比照适用2003年6月12日最高法民二庭的〔2003〕民二他字第6号复函及最高人民法院《诉讼时效若干规定》第8条第1款第2项处理。

最高法民二庭〔2003〕民二他字第6号复函主题及内容为:

最高人民法院关于债权人在保证期间以特快专递向保证人发出
逾期贷款催收通知书但缺乏保证人对邮件签收或拒收的
证据能否认定债权人向保证人主张权利的请示的复函

"河北省高级人民法院:

你院〔2003〕冀民二请字第1号请求收悉。经研究,答复如下:

债权人通过邮局以特快专递的方式向保证人发出逾期贷款催收通知书,在债权人能够提供特快专递邮件存根及内容的情况下,除非保证人有相反证据推翻债权人所提供的证据,应当认定债权人向保证人主张了权利。"

最高法民二庭对上述复函的主要理由是:根据邮寄规则,正常情况下应该能够查明邮件是否送达,但现在的问题恰恰在于无法查清,而无法查清的原因既无法归责于债权人也无法归责于债务人,那么这种意思传达中的风险应当由谁来承担呢?笔者认为不能由债权人来承担。如果要求债权人必须将催收通知书送达保证人处

---

[1] 参见最高人民法院民事审判第一庭编:《民事审判指导与参考》(总第62辑),人民法院出版社2015年版,第247~340页。

并经其签收,无疑会加重债权人行使权利的负担,增加交易的成本,不仅不利于对债权人权利的保护,而且会强化保证人利用除斥期间达到赖账目的的侥幸心理。假设事实上查明是邮局的过错而没有将邮件送达保证人,这种意思传达中的风险应该由谁来承担呢?由债权人承担显然不公平,因为邮件不能送达并非债权人的原因,况且保证人的风险本身并没有加大。笔者认为从保护债权人的角度来说,当债权人履行了法律要求的主张义务,除非保证人(收件人)有相反证据能够推翻债权人提供的证据,否则应该认定债权人向保证人主张了权利。[1]

应当指出的是:最高人民法院在其审理的中国农业银行股份有限公司丹阳市支行与丹阳珍品八宝酒有限公司金融借款合同纠纷案〔(2015)民申字第134号〕中认为:比照适用〔2003〕民二他字第6号复函的前提是当事人通过邮局用特快专递邮寄通知(EMS特快专递),如果不是EMS特快专递邮寄,就不能比照适用该复函。该判例提醒:在当今快递公司众多的情形下,当事人在实务中用特快专递方式送达合同等相关通知或函告的,应选择EMS特快专递,否则,发生纠纷,拿不出签收或退回依据时,不能适用〔2003〕民二他字6号复函所规定的规则。

最高人民法院《诉讼时效若干规定》第8条第1款第2项规定:"具有下列情形之一的,应当认定为民法典第一百九十五条规定的'权利人向义务人提出履行请求',产生诉讼时效中断的效力:……(二)当事人一方以发送信件或者数据电文方式主张权利,信件或者数据电文到达或者应当到达对方当事人的。"据此,当事人发送信件到达,是指有确切证据证明已经送达,而当事人发送信件也应当到达,指的是根据"高度盖然性"证明标准所认定的到达。最高人民法院在林某源与卢某耀等民间借贷纠纷案〔(2015)民申字第1051号〕民事裁定就体现了上述证明送达标准的规则。

四、起诉解除时间之确定

(一)《民法典》生效前起诉解除时间之争议

解除权人未发出解除合同通知,而是直接向法院起诉解除合同,并得到法院判决支持的,应当如何确定合同解除时间?

《民法典》颁布前,为此发生争议的,有三种不同观点:一是立案受理时;二是诉状副本送达时;三是作出判决之日。最高人民法院在2009年的观点中认为:"相对人收到解除合同的通知后,如果向法院起诉要求确认解除合同的效力,那么合同是

---

[1] 参见最高人民法院民事审判第一庭编:《民商事审判指导》2005年第2辑(总第22辑),人民法院出版社2005年版,第99~107页。

自相对人收到通知之时起解除还是自法院作出生效判决之日起解除。如果认为是判决作出之时解除,在法院没有判决前合同就没解除,这与《合同法》第 96 条第 1 款关于'合同自通知到达对方时解除'的规定有些冲突,但如果通知到达时解除,而法院判决认定合同不解除,则双方根据合同已解除状态所采取的行动就要恢复原状。实践中为防止造成不必要的损失,我们通常认为如果当事人起诉请求确认解除合同的效力,在法院判决未下达前,合同不解除。"[1]

但到 2017 年时,最高人民法院观点发生变化。最高法民一庭认为:解除权人直接向人民法院提起诉讼行使解除权,法院确认合同解除,解除合同的效力可自载有解除请求的诉状副本送达对方时,发生解除合同效力。主要理由是:首先,解除权人以诉讼方式提出解除合同,是通过法院以向对方送达法律文书特别是起诉状通知对方解除合同的方式。在起诉前未经通知方式而解除合同的场合,如果合同解除最终被认定有效,则载有解除请求的起诉状副本送达被告时,发生解除合同的效力。起诉状带有解除权行使通知性质,亦与原《合同法》第 96 条所规定的"合同自通知到达对方时解除"不悖。其次,意思表示是民事法律行为有效要件之一,载有解除意思表示的起诉书副本送达相对人,其实质是解除权人将其解除权意思表示通知对方。最后,第一种观点认为自法院立案时计算,与合同解除为当事人的权利行使,法院或仲裁机构仅为确认合同解除而非主动裁判合同解除性质相悖;第三种观点认为应自裁判生效时发生法律效力,其顾虑在于,若将合同解除时间点确定为守约方诉请解除的诉状副本送达违约方时,损害赔偿数额计算即开始,在诉讼的较长过程中,违约方承担损害赔偿数额存在巨大不公平。[2]

(二)《民法典》:诉状副本送达时

《民法典》第 565 条第 2 款规定:"当事人一方未通知对方,直接以提起诉讼或者申请仲裁的方式依法主张解除合同,人民法院或者仲裁机构确认该主张的,合同自起诉状副本或者仲裁申请书副本送达对方时解除。"可见,《民法典》采纳"诉状副本送达时"观点。该规定表明因诉请解除的意思表示与直接通知的意思表示并无实质区别。应该说,《民法典》颁布后,有关裁判解除合同的时间已明确,再无争议。

应当注意的是:当事人直接向法院起诉解除合同的,合同能否解除应由法院判

---

[1] 最高人民法院民事审判第二庭编:《商事审判指导》2009 年第 4 辑(总第 20 辑),人民法院出版社 2010 年版,第 4~5 页。

[2] 参见最高人民法院民事审判第一庭:《民事审判指导与参考》2017 年第 4 辑(总第 72 辑),人民法院出版社 2018 年版,第 194 页。

定,在法院判决未生效前,其并未丧失请求继续履行合同的基础,在诉讼中亦可以变更诉讼请求,故相对人不能以收到起诉状为由主张合同解除已生效,否则就变相剥夺了当事人变更诉讼请求的权利。最高人民法院在陕西松日置业有限公司与陕西碧桂园置业有限公司等合同纠纷案[(2021)最高法民终751号]中就体现了上述观点。

实务中,当事人双方均起诉解除合同,人民法院审理查明在特定情形下,双方均享有解除权的,如何确定合同解除时间?笔者认为:合同解除时间应以解除权行使较早者为准,原因是双方均起诉解除合同时间有先后,诉状送达时间亦有先后,根据《民法典》第565条第2款的规定,法院确认双方均享有解除权的,先起诉解除人的诉状副本送达对方时合同解除,合同效力终止。其原因在于,合同解除须以合同处于履行状态为前提,合同已经终止的,在后的起诉解除失去了解除标的。当然,双方均起诉解除合同,人民法院认定双方均享有解除权的情形在实务中并不多见。

(三)撤诉后再次起诉的解除时间

《民法典合同编通则解释》第54条规定:"当事人一方未通知对方,直接以提起诉讼的方式主张解除合同,撤诉后再次起诉主张解除合同,人民法院经审理支持该主张的,合同自再次起诉的起诉状副本送达对方时解除。但是,当事人一方撤诉后又通知对方解除合同且该通知已经到达对方的除外。"

该条是对撤诉后再次起诉解除时合同解除时间认定的规定。最高人民法院的理由是:依照《民法典》第565条第2款的规定,合同在起诉状副本送达对方时解除的前提条件,是人民法院确认当事人解除合同的主张。即使当事人一方请求解除合同的诉状副本到达对方当事人,在未经人民法院审理确认其主张前,亦不产生解除合同的意思表示到达对方当事人的法律效果,因此其申请撤诉并非企图撤销解除合同的意思表示,而是撤回解除合同的意思表示,此后再次起诉,经人民法院审理确认合同解除的,合同自再次起诉的起诉状副本送达时解除。[1]

需要注意的是,本条前段适用的前提是当事人一方的两次诉讼均未通知对方,而是直接以提起诉讼的方式向法院解除合同。对此,可细分为两种情况进行理解:第一,当事人在第一次起诉主张解除合同前,已经在诉讼外自行通知对方解除合同且该通知已到达对方,那么其起诉仅是起到确认通知解除效力的效果,其撤诉后,合同仍自诉外通知到达时解除。第二,当事人在第一次起诉主张解除合同前尚未

---

[1] 参见最高人民法院民事审判第二庭、研究室编著:《最高人民法院民法典合同编通则司法解释理解与适用》,人民法院出版社2023年版,第599~600页。

通知对方,但在撤诉后通知对方解除合同且该通知已到达对方的,其再次起诉经法院审查确认其主张的,则属于本条"但书"规定的情形,以诉外通知到达对方的时间作为合同解除时间。[1]

五、批准生效合同解除时间之确定

《民法典》第502条规定:"依法成立的合同,自成立时生效,但是法律另有规定或者当事人另有约定的除外。依照法律、行政法规的规定,合同应当办理批准等手续的,依照其规定。未办理批准等手续影响合同生效的,不影响合同中履行报批等义务条款以及相关条款的效力。应当办理申请批准等手续的当事人未履行义务的,对方可以请求其承担违反该义务的责任。依照法律、行政法规的规定,合同的变更、转让、解除等情形应当办理批准等手续的,适用前款规定。"立法如此规定,既是确保国家利益、国家战略安全需要,也是宏观调控经济之需要。因为这样设计和操作,就使得国家有关主管部门"心中有数",在制定国民经济和社会发展规划、进行宏观调控时基于客观实际,避免决策失误。不过现实中,立法规定合同须批准生效的已经大幅减少。

《民法典合同编通则解释》第12条第1、2款规定:"合同依法成立后,负有报批义务的当事人不履行报批义务或者履行报批义务不符合合同的约定或者法律、行政法规的规定,对方请求其继续履行报批义务的,人民法院应予支持;对方主张解除合同并请求其承担违反报批义务的赔偿责任的,人民法院应予支持。人民法院判决当事人一方履行报批义务后,其仍不履行,对方主张解除合同并参照违反合同的违约责任请求其承担赔偿责任的,人民法院应予支持。"

依据上述法律、司法解释的规定,应经批准生效的合同在解除时间方面存在两种情形:

第一种情形是合同解除应经批准。按照《民法典》第502条第3款的规定,应当以有关部门已经批准解除的时间为准,如果有关部门尚未批准或者不予批准解除,则不发生解除的效果。目前合同解除应经批准才生效的规定已极为少见。

第二种情形是合同解除无须批准。根据《民法典合同编通则解释》第12条第1款、第2款的规定,属应经批准生效的合同,负有报批义务的当事人不履行报批义务构成违约的,对方享有解除权,有权解除合同并要求违约方承担赔偿责任。此种情形下的合同解除时间,与解除权人通知解除或起诉解除的时间相同。

---

[1] 参见最高人民法院民事审判第二庭、研究室编著:《最高人民法院民法典合同编通则司法解释理解与适用》,人民法院出版社2023年版,第600页。

第八章
合同解除权的限制和消灭

解除权虽为法律赋予当事人的一项合同权利,但任何权利的行使并非任意而为,毫无边界。根据民法中的禁止权利滥用原则,当事人行使该权利理所当然地应当受到限制。

《民法典》第132条规定:"民事主体不得滥用民事权利损害国家利益、社会公共利益或者他人合法权益。"根据该规定,构成权利滥用的要件为:一是须有权利的存在;二是权利人有与权利行使的相关行为,包括积极行为和消极行为;三是权利人的行为须有滥用的违法性,造成损害国家利益、社会公共利益或他人合法权益的后果;四是权利人具有主观过错。

尽管立法如此规定,但"滥用民事权利"仍是一个高度抽象概念,实务中如何认定不容易把握。鉴于此,《民法典总则编解释》第3条规定:"对于民法典第一百三十二条所称的滥用民事权利,人民法院可以根据权利行使的对象、目的、时间、方式、造成当事人之间利益失衡的程度等因素作出认定。行为人以损害国家利益、社会公共利益、他人合法权益为主要目的行使民事权利的,人民法院应当认定构成滥用民事权利。构成滥用民事权利的,人民法院应当认定该滥用行为不发生相应的法律效力。滥用民事权利造成损害的,依照民法典第七编等有关规定处理。"该条解释提供了滥用民事权利的判断标准,即:(1)认定是否滥用民事权利的一般方法是根据权利行使的对象、目的、时间、方式、造成当事人之间利益失衡的程度等因素进行综合判断;(2)如果行为人以损害国家利益、社会公共利益、他人合法权益为主要目的行使民事权利,可直接认定;(3)在法律效果上,构成滥用民事权利行为的,该滥用行为不发生效力,即限制权利;(4)在法律后果上,滥用民事权利造成损害的,依照《民法典》侵权责任编等相关规定处理。

实践中,常见的权利滥用情形有:(1)恶意行使权利;(2)欠缺正当利益的权利行使,即权利的行使对权利人自己并无利益;(3)以有害的方式行使权利;(4)损害的利益大于所获得的利益;(5)违背权利目的而行使权利。[1]

出现解除权应被限制的场合,法律将消灭当事人的解除权,这是行使解除权的谦抑性要求。《民法典》对解除权的限制虽无统一规定,但对不同解除权的行使条件、期限等予以了限制,有时这种限制还要根据合同法的基本法理来确定。实务中,总体而言,对解除权的限制应当考量:(1)准确把握权利本旨和权利正当的界限;(2)根据公平正义的法律价值,严格区分权利正当行使和权利滥用的界限;(3)应当根据个案的具体情况,综合考量权利行使的时间、方式、对象、程度等因素,判断是否在当事人之间造成了利益严重失衡,违背诚信原则、公序良俗的结果,不可一概作抽象的认定。

第一节 解除权一般限制情形

任何权利的行使必须正当,不得滥用。对当事人行使合同解除权的限制,本质上是防止当事人对合同解除权的滥用。解除权限制的一般情形,可归纳探讨如下。

一、合同无效不得行使解除权

(一)无效合同不存在解除权

合同解除权依附的基础是合同有效且成立,当合同被确认无效,便是自始无效,一个自始无效的合同自无解除之说,故合同无效与合同解除不可并存。依《民法典》规定,合同效力的确认权在人民法院或仲裁机构,人民法院或者仲裁机构在审理合同纠纷时,首先应依职权对合同效力进行审查,明确合同效力。在实务中,一种情形是,当事人起诉解除合同并对解除后果提出请求时,根据《九民纪要》第36条第1款的规定,法院认为合同不成立或无效的,应向原告释明,告知其变更诉讼请求,原告拒不变更的,再驳回其请求。要防止机械适用"不告不理"原则仅就当事人的诉讼请求进行审理,尽可能一次性解决纠纷。

另一种情形是,当合同效力出现争议时,一方当事人请求解除合同,另一方当事人反诉或反驳合同无效的,在此情形下,人民法院或仲裁机构亦应首先审查合同

---

[1] 参见最高人民法院民法典贯彻实施工作领导小组主编:《中华人民共和国民法典总则编理解与适用》(下),人民法院出版社2020年版,第132~133页。

效力问题,只有在合同有效的前提下,才审查当事人提出的合同解除权能否成立问题。若合同被确认无效,则自无审查解除权的必要,但法官对此亦应行使释明权,尽可能一次性解决纠纷。

(二) 无效合同可协商解除

已成立的合同是否无效,其认定权在人民法院或仲裁机构,当事人无权自行认定,且须以诉讼或者仲裁方式提出。在司法作出最终判断前,所谓合同无效系当事人的判断,并非司法判断。若当事人协商解除原合同,并非原合同处于绝对无效状态。协商解除原合同行为不为法律禁止,即使合同无效,其效果亦是终止合同效力。

协商解除本质上是以一个新合同替代原合同,合同效力应各自独立,只要含有解除原合同内容的新合同意思表示真实、内容没有无效情形,就应当支持。比如,甲开发商将超过规划建设的房屋(通常被认为是违章建筑)售予乙,后甲乙签订新协议,内容为解除原售房合同,乙退房,甲对乙退款并予以补偿。那么原售房合同因标的物不合法而无效,不影响关于解除合同的新协议的效力。即使当事人就合同效力提起诉讼,法院明确告知当事人合同无效的,如果是以调解方式结案,双方在调解协议中选择解除无效合同的,只要调解协议内容不存在无效情形,应当支持。

(三) 可撤销合同未撤销前可解除

可撤销合同包括因欺诈、胁迫、重大误解、显失公平所订立的合同,其效力应依当事人是否行使撤销权而定。在当事人行使撤销权之前,由于合同仍处于有效维持状态,当事人可以依法行使解除权。比如,在一房数卖合同中,出卖人将房屋交付第二买受人并且办理完过户手续的,第一买受人既可以以主张合同目的不达为由解除合同,亦可以以出卖人欺诈为由主张撤销合同。但在当事人行使撤销权得到法院支持时,因合同撤销后果与合同无效后果相同,于此情形下,当事人不得行使合同解除权。

二、解除权期限届满不得行使解除权

解除权行使期间属于除斥期间,超过解除权行使期限,解除权这一实体权利将无争议地消灭。解除权消灭的后果是当事人不再享有解除权,于此情形下,当然不能再行使解除权。

解除权行使期间的规则体现在《民法典》第564条。根据该条规定,解除权行使期限有约定解除权行使期限和法定解除权行使期限两类情形。具体内容详见本章第三节"解除权过除斥期间而消灭"。

三、须保护他人利益时不得行使解除权

依合同相对性原则,解除行为针对的是合同相对人,解除的是与相对人的合同关系,但是如果解除后果严重损害无过错的第三人利益,在特定情形下,须对解除权的行使予以必要限制。

在现行法律中,有出于保护第三人利益的目的而对行使解除权限制的情形。比如,《民法典》第722条规定:"承租人无正当理由未支付或者迟延支付租金的,出租人可以请求承租人在合理期限内支付;承租人逾期不支付的,出租人可以解除合同。"但《民法典》第719条第1款规定:"承租人拖欠租金的,次承租人可以代承租人支付其欠付的租金和违约金,但是转租合同对出租人不具有法律约束力的除外。"该条规定的目的在于稳定交易关系,维护财产交易的安全,保护无过错的次承租人的利益。根据该条规定,若次承租人代为履行,出租人的利益未受损失,于此情形下,出租人行使解除权应受限制,不能解除合同。但次承租人的给付毕竟不同于涉他合同中的第三人给付,根据债必须由债务人亲自履行的原理,如果转租合同对出租人没有约束力,出租人仍有权解除合同。根据《民法典》第716条的规定,承租人转租应经出租人同意,否则出租人有权解除合同。《民法典》第718条规定:"出租人知道或者应当知道承租人转租,但是在六个月内未提出异议的,视为出租人同意转租。"此为默示同意转租的规定。

《人民法院报》2007年1月8日第006版刊登的《合同解除权的行使应遵循谦抑原则》刊载了"原告何某等人诉陆某强房屋租赁合同纠纷"的案例。在该案中,原告之一顾某不服一审判决,上诉坚持请求法院判令解除房屋租赁合同。而二审法院则认为,虽然顾某享有单方约定解除权,但是顾某签订房屋租赁合同时已明知被上诉人打通自己与一审被告的房屋开设酒店的整体用途,顾某解除合同会导致一审中其他原告与被上诉人签订的房屋租赁合同无法履行,严重损害一审中其他原告的利益,因此法院可限制该解除权的行使,判决不准解除合同。有学者对此评论:正是对约定解除权行使与不行使的利益予以衡量后,法院才作出了以上裁判。解除权人行使约定解除权,其依约解除合同的自由得到了保障,但合同解除将严重影响其他出租人利益,且解除权人也事先知情;解除权人不行使约定解除权,虽然其解除合同的自由受到限制,但其收取租金和违约金的利益并未受到实质损害,其他租赁合同的履行也能够得到保证。这表面破坏了"有约必守"的形式正义,本质

却走向了实质正义。不行使单方约定解除权所体现出的公平正义价值以及安全价值、效益价值,比行使单方约定解除权的自由价值更具有优先序位。[1]

笔者认为,为保护第三人利益限制解除权人的解除权,需要遵循以下条件:一是第三人利益须为合法利益,若第三人利益不合法,自不需要保护;二是在解除合同的事由中,第三人无过错,若解除合同事由涉及第三人存在过错,亦不必保护;三是行使解除权将使第三人利益受损严重,而解除权人的利益有其他途径救济;四是在个案中考量利益平衡予以限制。

四、合同履行期届满再无解除权

根据解除权的法律特征,当事人行使解除权的期间必须是在合同有效成立后至合同约定履行期届满之前。一般情形下,当事人会在合同中约定履行期限,即合同效力存续期间,故当事人约定履行期的目的,在于确定合同约束力的期限,约定的履行期届满,合同效力终止,合同不再有约束力。如果在合同履行过程中,出现合同解除条件成就或者出现法定解除情形,而解除权人怠于行使解除权,则在合同履行期届满后,当事人的合同解除权当然消灭。

在实务中,当事人通过诉讼方式行使解除权,主张解除合同,在起诉时,合同履行期尚未届满,但至一审判决前,合同履行期已经届满,即起诉时当事人享有解除权,而判决前因合同履行期限届满而不享有解除权。于此情形下,应根据履行期是否届满来审查原告是否享有解除权,若起诉时履行期未届满,仍应依《民法典》第565条第2款的规定,判令合同于起诉状副本送达被告时解除。

五、合同履行殆尽时不得解除

合同履行殆尽是指合同的权利义务已履行至基本完成状态。对于法定解除权而言,当合同履行殆尽时,难以归结于合同目的不达,故不能行使解除权。但约定解除权不同,它不以当事人未履行主要债务或合同目的不能实现为前提,当约定事由发生时,当事人就享有解除权。但约定事由应体现诚信原则、公平原则,行使约定解除权的结果也应如此,不能构成解除权滥用。故当合同履行殆尽时,应当限制解除权人行使解除权。

《九民纪要》第47条规定:"合同约定的解除条件成就时,守约方以此为由请求解除合同的,人民法院应当审查违约方的违约程度是否显著轻微,是否影响守约方

---

[1] 参见李晓钰:《合同解除制度研究》,中国法制出版社2018年版,第54~55页。

合同目的实现,根据诚实信用原则,确定合同应否解除。违约方的违约程度显著轻微,不影响守约方合同目的实现,守约方请求解除合同的,人民法院不予支持;反之,则依法予以支持。"该规定明确约定解除条件成就时,守约方能否行使解除权应根据违约行为是否构成根本违约来判断,如果违约行为轻微不影响合同目的实现或合同履行殆尽,守约方不能行使约定解除权。

最高人民法院在京顺公司与银座公司建设用地使用权转让合同纠纷一案判决中认为:尽管合同的约定解除权优先于法定解除,但不得滥用,更不得违反法律强制性规定。该案中,银座公司虽因逾期支付土地转让款构成违约,但其支付的土地转让款已达合同的98.1%,已履行了绝大部分合同义务,因履行瑕疵解除合同,不利于维护合同的稳定性和交易安全。京顺公司虽已主张解除合同,但并未依法向银座公司履行通知义务,因而不产生解除合同的效力。银座公司已将其新建的蓝岸丽舍别墅区出售给诸多第三人,解除合同将会损害第三人合法权益,合同客观上已不具备解除条件,故对京顺公司解除合同的主张不予支持。

该判决的法理为:在合同履行殆尽的情况下,守约方依约解除合同不仅会使合同目的不能实现,甚至会损害第三人利益,不符合当事人缔约时的初衷和尽量使合同有效的立法目的,故对守约方滥用合同解除权的行为,人民法院应当加以限制,以平衡当事人双方利益,维护公平正义。[1]

六、违约方合理补救后不能解除

在合同解除前,债务人迟延履行,经债权人催告后债务人又自觉履行的,在债务人履行义务已达到合同目的的场合,再赋予守约方解除权,有损交易秩序稳定和合同解除的立法宗旨。韩世远教授认为:解除权人行使解除权之前,违约的债务人依债务本旨履行或者提交了履行的,解除权消灭。[2] 这是因为法定解除是有条件的,一般只有违约方不遵守合同,致使守约方合同目的落空时,守约方才可解除合同。但债务人迟延履行债务毕竟已构成违约,因此不影响守约方对其违约责任的追究。

当然,在合同对履行期约定较苛严的场合,或存在履行须达当事人特殊合同目的的场合,如果债务人迟延履行给付,而该给付对解除权人已成为不必要,或仍不

---

[1] 参见最高人民法院民事审判第一庭编:《民事审判指导与参考》(总第46辑),人民法院出版社2011年版,第140~156页。
[2] 参见韩世远:《合同法总论》(第3版),法律出版社2011年版,第544页。

能改变合同目的已落空的场合,解除权人的解除权仍不消灭。

七、第三人代偿时解除权受限

《民法典》第 524 条规定了对履行债务具有合法利益的第三人代替债务人清偿债务的构成要件及法律效力。《民法典合同编通则解释》第 30 条第 1 款对代为清偿债务具有合法利益的第三人的范围进行了规范。根据上述规定,具有合法利益的第三人有权替代债务人清偿债务,于此情形下,发生债权人对债务人所负债务应当作相应扣减的法律后果。在债务人违约情形下,债务人的债务因此法定事由被减免的,守约方行使解除权的事由被消灭,其解除权的行使应当受到限制。当然,根据《民法典》第 524 条第三人行使法定代偿权应受限制的规定,如果根据债务性质、当事人约定或者依照法律规定只能由债务人履行,即使发生第三人代偿行为,守约方的解除权仍然存在。

第二节　强制缔约与解除权限制

一般认为,当发生《民法典》第 562 条第 2 款约定解除或第 563 条法定解除情形时,享有解除权的一方当事人解除合同,人民法院应当支持。但也有例外,如根据强制缔约规则所订立的合同,即使相对人违约,享有解除权的一方当事人行使解除权也应当受到限制,原因在于,这种限制是由强制缔约立法目的所决定的。

一、强制缔约之概述

(一)强制缔约含义

所谓强制缔约,是指依照法律、行政法规的规定,对特定的民事主体施加的与他人缔结合同的义务,非正当理由,该民事主体不得拒绝订立该合同。

强制缔约包括两种情形,即强制要约和强制承诺。对于非国家订货合同,仅存在强制承诺。但对于国家订货合同,既涉及强制要约,也涉及强制承诺。在强制要约的情形下,一方当事人必须向特定或不特定民事主体发出及时合理的要约,一旦相对人承诺,合同即告成立。强制要约方不得随意撤销其要约,无正当理由也不得拒绝相对人的承诺。强制承诺方对于要约方提出的订立合同的要求,除非有正当事由,也不得拒绝对方合理的订立合同要求。

国家订货是国家基于国防和国民经济或者公共服务、社会公共利益等特定需要,向相关民事主体下达指令性订货任务。具体体现为国家委托有关部门、单位、或组织用户直接向生产企业采购,取得重要物资,用于满足国家储备、市场调控、国防军工、重点建设、防疫救灾及其他特殊需要。国家拥有优先订货权。国家订货产品价格,除国家另有规定外,均由供需双方协商定价。

《民法典》第494条规定:"国家根据抢险救灾、疫情防控或者其他需要下达国家订货任务、指令性任务的,有关民事主体之间应当依照有关法律、行政法规规定的权利和义务订立合同。依照法律、行政法规的规定负有发出要约义务的当事人,应当及时发出合理的要约。依照法律、行政法规的规定负有作出承诺义务的当事人,不得拒绝对方合理的订立合同要求。"该条是对国家订货合同及强制要约、强制承诺的规定。2020年突如其来的新冠疫情暴发后,结合疫情防控需要,《民法典》完善了国家订货合同制度,明文规定抢险救灾、疫情防控类需要实行国家订货合同,同时还增设强制要约、强制承诺条款,为该类合同的订立及法律适用提供了法律依据。

(二) 强制缔约适用范围

众所周知,订立合同须遵循契约自由原则,法院一般不得判决当事人订立合同。契约自由原则能够促进市场资源的有效配置,是经济发展的动力。但是绝对的契约自由不但不能够促进经济发展,反而会成为经济发展的巨大障碍。强制缔约制度是为了限制缔约自由而产生的,其本质并非要阻碍契约自由,而是要维护契约正义,保护弱势群体的利益不受侵害,同时维护国家整体利益,所以强制缔约仅仅是契约自由原则的例外,并非对契约自由原则的否定。

强制缔约一般发生在两个领域:一是国家订货领域;二是民众基本生存或消费领域。对于后者,被赋予强制缔约义务的企业存在两个明显的特征:其一,这些领域的生产者提供的商品或经营者提供的服务属于消费者赖以生存的必需品,消费者通常必须与这些企业订立合同,否则无法生存和生活;其二,这些领域的企业通常是垄断企业,具有独占性,消费者完全没有选择机会,如果被这些企业拒绝,消费者将失去基本的生存和生活条件。为了使消费者能够与这些垄断企业缔结以生存和生活必需的商品服务为给付内容的合同,保障消费者基本生存和生活条件,基于社会公共利益的考量,对这些垄断企业施加强制缔约义务,成为立法的必然选择。

(三) 强制缔约特点及分类

1. 强制缔约特点

第一,在合同成立问题上,强制性合同的成立,仍要基于要约与承诺的方式。但与订立一般合同不同的是,一方当事人必须负有承诺的义务。强制缔约仍然要经过要约与承诺的过程,不过一方必须得作出承诺,不得以契约自由为由拒绝承诺。当然在缔约义务方未作出承诺之前,合同不成立。对于国家订货合同,双方均负有强制缔约义务。

第二,强制要约或强制承诺是一种法定的先合同义务,一方拒绝发出要约或者拒绝作出承诺,可成立缔约过失责任。[1] 于此情形下,相对人有权提起诉讼。崔建远教授认为,缔约义务人无正当理由情况下拒绝缔约,法院得判决缔约义务人与相对人签订合同。[2] 何谓正当理由应当结合法律规范的目的与客观情势等予以综合考察。[3] 笔者认为,该等正当理由应更多考虑缔约义务人是否在客观上不具备提供公共产品或公共服务的能力,如南方多地没有冬季供热企业,当地居民就不能主张与供热企业强制签订供热合同。

第三,根据强制缔约制度订立的合同应具有合理性,其权利义务应当公正,双方当事人利益应当平衡,不能由负有强制缔约义务的一方自行确定,而是由行政机关或中立的第三方认定。[4]

2. 强制缔约分类

强制缔约可分为法定强制缔约和一般强制缔约。国家订货合同是典型的法定强制缔约合同。另外,公用事业经营者负有强制缔约义务,如对居民用电申请,供电公司不得拒绝;出租车不得拒载乘客等。具有垄断地位或者市场强制地位导致客户在一定地域范围内没有其他选择的企业,在拒绝订立合同且没有正当理由的情形下,即存在一般性的缔约义务,例如,血站不得拒绝供血、传染病医院不得拒收传染病人等。负有强制缔约义务的人拒绝缔约行为而致相对人损害的,应负缔约过失损害赔偿责任。

---

[1] 参见最高人民法院民法典贯彻实施工作领导小组主编:《中华人民共和国民法典合同编理解与适用(一)》,人民法院出版社2020年版,第226页。

[2] 参见崔建远:《强制缔约及其中国化》,载《社会科学战线》2006年第5期。

[3] 参见冉克平:《论强制缔约制度》,载《政治与法律》2009年第11期。

[4] 参见王洪亮:《债法总论》,北京大学出版社2016年版,第57页。

二、我国强制缔约之具体规定

除《民法典》第 494 条规定外,笔者梳理了我国现行法中强制缔约的相关规定,提供如下:

1.《民法典》第 648 条第 2 款规定:"向社会公众供电的供电人,不得拒绝用电人合理的订立合同要求。"

2.《民法典》第 656 条规定:"供用水、供用气、供用热力合同,参照适用供用电合同的有关规定。"依此规定,供水单位、供气单位、供热单位对用水人、用气人、用热人负有强制缔约义务。

3.《民法典》第 810 条规定:"从事公共运输的承运人不得拒绝旅客、托运人通常、合理的运输要求。"

4.《国防法》第 37 条规定:"国家依法实行军事采购制度,保障武装力量所需武器装备和物资、工程、服务的采购供应。"

5.《国防法》第 54 条第 1 款规定:"企业事业组织和个人承担国防科研生产任务或者接受军事采购,应当按照要求提供符合质量标准的武器装备或者物资、工程、服务。"

6.《电信条例》第 5 条规定:"电信业务经营者应当为电信用户提供迅速、准确、安全、方便和价格合理的电信服务。"第 17 条第 2 款规定:"主导的电信业务经营者不得拒绝其他电信业务经营者和专用网运营单位提出的互联互通要求。"第 21 条第 1 款前段规定,网间互联双方必须在协议约定或决定规定的时限内实现互联互通。未经国务院信息产业主管部门批准,任何一方不得擅自中断互联互通。

7.《律师法》第 32 条规定:"委托人可以拒绝已委托的律师为其继续辩护或代理,同时可以另行委托律师担任辩护人或者代理人。律师接受委托后,无正当理由的,不得拒绝辩护或者代理。但是,委托事项违法、委托人利用律师提供的服务从事违法活动或者委托人故意隐瞒与案件有关的重要事实的,律师有权拒绝辩护或者代理。"

8.《电力法》第 26 条第 1 款规定:"供电营业区内的供电营业机构,对本营业区内的用户有按照国家规定供电的义务;不得违反国家规定对其营业区内申请用电的单位和个人拒绝供电。"

9.《医疗机构管理条例》第 30 条规定:"医疗机构对危重病人应当立即抢救。对限于设备或者技术条件不能诊治的病人,应当及时转诊。"

10.《保险法》第 15 条规定:"除本法另有规定或者保险合同另有约定外,保险合同成立后，投保人可以解除保险合同，保险人不得解除合同。"第 50 条规定："货物运输保险合同和运输工具航程保险合同，保险责任开始后，合同当事人不得解除合同。"

11.《机动车交通事故责任强制保险条例》第 14 条第 1 款规定："保险公司不得解除机动车交通事故责任强制保险合同；但是，投保人对重要事项未履行如实告知义务的除外。"第 16 条规定："投保人不得解除机动车交通事故责任强制保险合同，但有下列情形之一的除外：（一）被保险机动车被依法注销登记的；（二）被保险机动车办理停驶的；（三）被保险机动车经公安机关证实丢失的。"

三、强制缔约解除限制之原因

我国《民法典》及其他法律虽然建立了强制缔约制度，但对因强制缔约而订立的合同能否适用合同解除制度，没有明确规定，相关司法解释亦没有明确规定。在实务中对此的观点尚未统一。

笔者认为，根据强制缔约规则订立的合同，解除权应予限制。其理由有：

一是解除权性质属债权中的形成权，需要强制缔约的合同类型往往涉及国家利益或公共利益，涉及当事人或公众的基本生存权，二者产生矛盾时，因为国家利益或公共利益，或公众生存权高于债权（包括解除权），故对解除权必须予以限制。

二是根据强制缔约制度，当一方违约，另一方解除合同后，相对人仍有权请求强制缔约的，守约方仍负缔约义务，此前的解除行为变得没有必要，所以，对强制缔约所订立的合同行使解除权已无实际意义。崔建远教授也认为：当出现社会公共利益、国家利益、第三人或相对人的合法权益需要合同存续的，解除权不得行使。[1]

三是从现行立法上看，未赋予守约方解除权。比如，供电合同属强制缔约合同，当用电人违约时，根据《民法典》第 654 条第 1 款的规定，供电人只能"中止供电"并要求用电人承担违约责任，但不能解除合同。供水、供热合同亦是如此。当然，该类合同的用电人须为终端客户而非电力转售企业。又如，在物业服务合同中，业主不支付物业费构成违约的，根据《民法典》第 944 条第 2、3 款的规定，物业服务人只能通过诉讼或仲裁方式追索物业费，不能解除合同，更不能通过停电、停水等违法的"中止合同"方式催交物业费。

实务中，笔者曾代理过一个供热合同诉案：甲公司为热力生产企业，乙公司系为诸多终端企业（用户）提供热力的销售企业。甲公司与乙公司存在热费争议，同

---

[1] 参见崔建远：《合同法总论》（中卷）（第 2 版），中国人民大学出版社 2016 年版，第 723 页。

时乙公司资金困难欠热费未付。甲公司起诉请求解除合同、索要热费。笔者为乙公司代理人,了解到乙公司对通往终端用户供热管道投资已达上亿元,若支持甲公司解除供热合同,乙公司管道投资就会打水漂,更重要的是,几百家向乙公司购热力的用户也随即断供停产。故笔者在庭审中提出:涉案合同系强制缔约合同,即使乙公司存在违约,但若支持甲公司解除合同的请求,则乙公司再无渠道购买热气,同时将导致众多终端企业停产,严重影响第三人合法权益,故应限制甲公司解除权的行使。法院采纳了笔者意见,认定涉案合同属于强制缔约合同,通过核算支持了甲公司索要热费的请求,驳回了其解除合同的请求。

四、最高人民法院判例:强制缔约合同不能解除

《最高人民法院公报》2012 年第 12 期刊登了南京市江宁区人民法院对"高尔夫(南京)房地产有限公司诉吴咏梅供用热力合同纠纷案"的判决书。最高人民法院通过该案确立了如下裁判规则:

非集中供热地区,开发商向业主出售的商品房含有供热设施,且约定开发商向业主供热的,开发商负有强制缔约义务,是否解除供热合同应由业主或者业主大会决定。

该案在涉原告高尔夫公司主张的供热合同应否解除方面,法院认为:"对高尔夫公司要求确认双方热力代供关系已经解除的请求,因吴咏梅提交的停用暖气热水报告中仅要求停用热水及暖气,并未要求解除双方之间的供热合同,在审理中吴咏梅亦不同意解除双方之间的供热合同,且高尔夫公司提供的供热水、供暖服务的对象为高尔夫国际花园小区业主,相关设施系小区业主的公共设施,解除供热合同势必会影响到吴咏梅房屋的价值以及其他业主的合法权益,是否解除供热应由业主大会决定,故对高尔夫公司的该项请求本院不予支持。"[1]该判例明确:对根据强制缔约规则订立的合同,供热单位不享有解除权,只有业主和业主大会享有解除权。

第三节 解除权过除斥期间而消灭

解除权过除斥期间消灭是指,享有解除权的当事人超过解除权行使期限行使

---

[1] 参见《中华人民共和国最高人民法院公报》2012 年第 12 期。

解除权的,不发生解除效果的情形。解除权过除斥期间的法律效果是消灭了解除权人的解除权,是解除权失权的情形之一。

解除权失权对解除权人意义重大,故探讨解除权人行使解除权是否超过约定或法定期限,非常有必要。

一、解除权行使期限之性质

《民法典》第 199 条规定:"法律规定或者当事人约定的撤销权、解除权等权利的存续期间,除法律另有规定外,自权利人知道或者应当知道权利产生之日起计算,不适用有关诉讼时效中止、中断和延长的规定。存续期间届满,撤销权、解除权等权利消灭。"根据该规定,解除权存续期间性质当属除斥期间,不存在中止、中断、延长情形,期限届满解除权未行使的,解除权人失权,解除权消灭。

除斥期间与诉讼时效最大的不同点是,除斥期间一过,当事人的实体权利消灭,不复再生,而诉讼时效一过,当事人仅不能通过诉讼方式追索债权,但实体债权本身并不消灭,即使诉讼时效已过,债务人自愿给付的,仍受保护,债务人也不能以不知诉讼时效已过为由而反悔。

立法对解除权行使期限予以限制的目的有二:一是当权利人具备行使解除权的条件时,享有解除权的当事人既不行使也不放弃解除权,使合同有随时被解除的可能,这将使得当事人的合同关系长期处于不稳定状态,这与保护交易安全和维护社会经济秩序稳定的立法目的相悖。二是法律本不应该保护"权利上的睡眠者",一方当事人长时间不行使解除权,足以证明其并无解除合同的真实意愿,应视为其自行放弃解除合同的权利。

三亚某船舶公司诉厦门某设备公司等船舶买卖合同纠纷案[(2020)闽民终 605 号,人民法院案例库 2023-10-2-206-00 号]的裁判要旨为:合同解除权属于形成权,经当事人单方面意思表示即可能使合同权利义务终止,故其行使权利的期限应当受到必要的限制,否则当事人之间的权利义务关系将长期处于不确定状态,不利于合同关系的稳定和交易安全的保护。因此,即便是享有解除权的一方当事人,亦应当在法律规定或者约定的解除权行使期限内行使解除权,超过法定或者约定期限行使解除权的,不能发生解除合同的法律效果。

二、解除权除斥期间之规定

(一)《民法典》对解除权行使期限之修改

原《合同法》第 95 条对解除权除斥期间曾作规定,即"法律规定或者当事人约定解除权行使期限,期限届满当事人不行使的,该权利消灭。法律没有规定或者当事人没有约定解除权行使期限,经对方催告后在合理期限内不行使的,该权利消灭。"但该条存在的立法疏漏是:法律没有规定或者当事人没有约定解除权行使期限的,只有经对方催告后解除权才消灭,若相对人未催告,解除权不消灭,这岂不与解除权期限限制的立法目的冲突？对于该条,诸多学者提出批评,期待在统一修订《民法典》时予以纠正。《民法典》呼应学者建议,对解除权除斥期间予以了修订。

《民法典》第 564 条规定:"法律规定或者当事人约定解除权行使期限,期限届满当事人不行使的,该权利消灭。法律没有规定或者当事人没有约定解除权行使期限,自解除权人知道或者应当知道解除事由之日起一年内不行使,或者经对方催告后在合理期限内不行使的,该权利消灭。"

首先,应当关注,任意解除权因当事人可"无因且随时"行使,故不适用《民法典》第 564 条规定的解除权行使期限。还有,当数个解除权同时并存时,某项解除权因行权期限已过而灭失,并不能当然否定其他解除权同时消灭,应根据解除权类型结合具体案情予以甄别。

其次,根据上述规定,解除权期限分为四种情形,与此相对应,解除权因期限原因消灭,也有四种情形:

第一种情形:解除权因超过法律规定的行使期限而消灭。笔者认为,这里的"法律规定"既指《民法典》中的规定,也指其他民商事特别法的规定,还包括司法解释中对特定合同中的解除权行使期限所作的规定。具体而言:(1)就《民法典》而言,《民法典》第 716 条第 2 款规定:"承租人未经出租人同意转租的,出租人可以解除合同。"但第 718 条规定:"出租人知道或者应当知道承租人转租,但是在六个月内未提出异议的,视为出租人同意转租。"此处"六个月"是对出租人行使解除权期限的限制。(2)就特别法而言,如《海商法》第 97 条第 1 款规定:"出租人在约定的受载期限内未能提供船舶的,承租人有权解除合同。但是,出租人将船舶延误情况和船舶预期抵达装货港的日期通知承租人的,承租人应当自收到通知时起四十八小时内,将是否解除合同的决定通知出租人。"又如,《保险法》第 16 条第 2 款规定:"投保人故意或者因重大过失未履行前款规定的如实告知义务,足以影响保险人决定是否同意承保或者提高保险费率的,保险人有权解除合同。"此处的合同解除权,自保险人知道有解除事由之日起,超过 30 日不行使而消灭。自合同成立之日起超过 2 年的,保险人不得解除合同。(3)就司法解释而言,最高人民法院《商品房买卖合同解释》第 11 条规定:"根据民法典第五百六十三条的规定,出卖人迟延交付房屋或者买受人迟延支付购房款,经催告后在三个月的合理期限内仍未履行,解除权人请求解除合同的,应予支持,但当事人另有约定的除外。法律没有规定或者当事人没有约定,经对方当事人催告后,解除权行使的合理期限为三个月。对方当事人没有催告的,解除权人自知道或者应当知道解除事由之日起一年内行使。逾期不行使的,解除权消灭。"该解释"三个月"的规定仅适用于商品房买卖领域,不能扩大适用范围。

第二种情形:解除权因超过约定行使期限而消灭。契约自由是合同的基本原则,基于该原则,法律并不禁止当事人之间约定解除权行使期限。但立法对约定解除权行使期限允许约定多长,没有限制性规定,在实务容易引起争议。

第三种情形:解除权行使期限因无法定或约定,且自解除权人知道或者应当知道解除事由之日起1年内不行使而消灭。该种情形是对法定解除权期限和约定解除权期限之外情形的补充,具有兜底的含义。实务中,除了大量使用格式条款订立合同的单位外,当事人在合同中约定解除权行使期限的情形并不多见。

实务中,适用解除权1年除斥期间的规定时应当注意:一是如果合同约定了解除权的行使期间,则按照约定优先的规则,应优先适用当事人约定的解除权行使期间,不适用该1年的除斥期间。如果其他法律对于除斥期间有规定,则应优先适用特别法,同样不适用该1年的除斥期间。二是只有在当事人没有约定或者其他法律没有规定的情况下,才能适用该1年的除斥期间,1年的起算时点为解除权人知道或者应当知道解除事由之日起。三是1年期间为不变期间,不适用中止、中断、延长等规则。四是发生解除事由后,如果对方向解除权人进行了催告,则不再适用1年的除斥期间,而是适用经催告后的合理期限,该合理期限届满则解除权消灭,即在1年到期之前解除权已消灭。五是1年的除斥期间适用于除合意解除外的所有约定解除权、法定解除权、任意解除权,即1年的除斥期间具有普遍适用的意义。

第四种情形:解除权行使期限因无法定或约定,且经相对人催告后在合理期限内仍不行使而消灭。这里的相对人一般是指违约方。该种情形下解除权消灭的条件有:一是发生合同可以解除的情形但解除权人未行使解除权;二是法律对该类合同的解除权没有规定或合同无约定;三是相对人已催告解除权人及时解除合同;四是解除权人在合理期限内没有行使解除权。但在实务中,守约方享有解除权而未行使,由违约方催告行使的情形并不多见。

尽管《民法典》对解除权行使期限作出了立法规定,但仍然有许多问题需要探讨。

（二）相对人对解除权期限未抗辩问题

在合同解除权诉讼中，一方超过解除权行使期限后，起诉请求解除合同的，对方当事人对合同解除权期限没有提出抗辩的，法官能否依职权审查合同解除权行使期限是否届满？

笔者认为：解除权行使期限属于除斥期间，即除权期间，因除权期间涉及当事人权利的存废，涉及法律对解除权设置除斥期间的立法目的能否实现，所以，不论相对人是否抗辩，法官都应主动审查合同解除权行使期限是否届满，并根据审查结果作出判决。需要甄别的是，除斥期间与诉讼时效不同，在诉讼过程中，一方当事人未提出诉讼时效抗辩的，法院对此问题不予审查。但在合同解除权的问题上，法院应当主动审查合同解除权行使期限是否届满。

三、约定解除权行使期限问题

对当事人约定解除权行使期限中的"期限"有无限制，现行《民法典》没有规定。实务中，尽管当事人在合同中预先约定解除权行使期限的情形并不多见，但也有两种情形发生：一是约定解除权行使期限过短情形，如1个月；二是约定解除权行使期限过长情形，如5年。

1. 约定解除权行使期限过短之探讨

笔者举一案例：黄某（乙方）购买了某开发商（甲方）的商铺，开发商提供的《商品房买卖合同》的附件《补充协议》的格式条款中约定："如出现法定或约定的乙方有权解除本合同及补充协议的事由，甲方自该事由发生之日起30日内未收到乙方解除合同书面通知的，视为乙方放弃解除权及责任追究权，双方应继续履行合同，并按照相关约定履行义务。"商铺交付时，黄某发现商铺存在严重漏水的问题，是违规施工所致，但黄某知晓后并未在30内解除合同，而是催告开发商维修，但开发商在1年多时间内多次维修，商铺仍不能正常使用。黄某起诉请求解除合同，被法院以超过约定解除权行使期限为由予以驳回。

笔者认为：约定解除权行使期限过短，对守约方不利，也不公平，对过短的约定期限应予限制。但约定解除权不得短于多长时间，是一个需要探讨的问题，须通过司法解释解决。解除权是解除权人直接面对合同相对人的一项重要权利，如法律对约定解除权行使期限规定过短的，不利于保护守约方利益，尤其是履行期较长的合同。故笔者建议：约定解除权行使期限以合同履行期为标准予以区分，对于履行期3年以上的长期合同，应明确规定约定解除权行使期限不得低于1年。

2. 约定解除权行使期限过长之探讨

崔建远教授认为：约定除斥期间过长，意味着既存的合同关系随时会因解除权人行使其解除权而被废止，若恢复原状，则现有的法律秩序会遭到破坏。这实际上损害了公共利益，不符合原《合同法》关于合同解除制度的目的，不应被允许，在解释论的层面，应当认为原《合同法》第 95 条关于当事人约定除斥期间的规定，其文义涵盖过宽，应当予以目的性限缩，即若当事人约定除斥期间过长，则过长部分不具有法律效力。至于何者为长，由主审法官基于公平正义的理念，根据个案情形，自由裁量。站在方法论的立场上，未来的《民法典》应当明确规定，过长部分无效；或首先规定典型且合理的除斥期间，然后规定当事人约定的行使期限超此时间的，视为未规定，适用法定除斥期间。[1]

3. "约定期限"需司法解释予以限制

笔者认为：任由当事人约定过短或过长的解除权行使期限，均不符合解除权行使期限的立法原意，尤其在大量使用格式条款的领域，会发生损害弱势群体合法利益的情形。既然《民法典》对此没有规定，就需要最高人民法院制订司法解释，对当事人约定解除权行使期限加以限制。遗憾的是，最高人民法院出台的《民法典合同编通则解释》仍未涉及该问题。

四、无法定或约定解除权存续期限问题

1. 原《合同法》第 95 条之不足

《民法典》第 564 条第 2 款规定："法律没有规定或者当事人没有约定解除权行使期限，自解除权人知道或者应当知道解除事由之日起一年内不行使，或者经对方催告后在合理期限内不行使的，该权利消灭。"《民法典》将解除权行使期间定为 1 年，与撤销权等形成权的除斥期间相同，主要是考虑到相同性质的权利应适用相同失权规则的价值取向。

原《合同法》第 95 条中"法律没有规定或者当事人没有约定解除权行使期限，经对方催告后在合理期限内不行使的，该权利消灭"的规定，存在较大的立法漏洞。这种漏洞表现为：一是当事人事先约定解除权除斥期间的情形不多见。二是"法律规定"仅限于民商事特别法的规定，使得绝大部分的典型与非典型合同缺乏一般的除斥期间适用规则。三是"合理期限"缺乏明确的判断标准。四是如果对方没有进行催告该如何计算除斥期间，且实践中进行催告的情形也是很罕见的，未进行催告

---

[1] 参见崔建远：《合同法总论》（中卷）（第 2 版），中国人民大学出版社 2016 年版，第 743～744 页。

的居多。事实上，司法实践中已经因为"合理期限"的不明确、未经催告时的期间如何确定规则的缺失而产生了相差甚巨的不同判决。[1]《民法典》第 564 条第 2 款明确了解除权人自知道或者应当知道解除事由之日起 1 年内不行使的，解除权消灭。该规定弥补了原《合同法》的立法漏洞。

《民法典》颁布前，对房屋买卖领域，基于原《合同法》第 95 条无催告情形下解除权行使期限的立法缺陷，能否参照适用《商品房买卖合同解释》第 15 条第 2 款规定的问题，最高法民一庭认为：可参照最高人民法院《商品房买卖合同解释》第 15 条第 2 款的规定，对房屋买卖合同纠纷，对方当事人没有催告的，解除权应当在解除权发生之日起 1 年内行使。逾期未行使的，解除权消灭，但法律另有规定或当事人另有约定的除外。[2] 可见，因商品房买卖合同与房屋买卖合同性质相似，最高人民法院允许将《商品房买卖合同解释》第 15 条第 2 款扩充适用至房屋买卖合同。《民法典》实施后，将不再存在扩充适用问题。当法律没有规定或者当事人没有约定解除权行使期限的，在无催告情形下，所有的民事合同均应自解除权人知道或者应当知道解除事由之日起 1 年内行使，否则会失权。

2.《民法典》第 564 条第 2 款"1 年期"之检讨

尽管《民法典》第 564 条第 2 款弥补了原《合同法》的立法漏洞，消除了自由裁量，有利于司法裁判，但学者们对该条的探讨并未停止，探讨的核心问题是《民法典》给予解除权 1 年的除斥期间是否太短？刘凯湘教授认为：其一，可撤销法律行为是由于在合同订立过程中的问题，往往涉及合同效力层面的瑕疵，随着意思表示的不自由（胁迫、欺诈等）或意思表示的不真实（重大误解），不宜长时间使法律关系效力处于可能遭受否定性挑战的状态，故 1 年期间较为合适，而解除权的行使是基于合同履行中出现的问题，合同效力并不存在瑕疵；其二，很多持续性的重大合同如租赁合同、建筑施工合同、股权转让合同、期房买卖合同等，本来合同的履行期限就较长，在履行期内的任何时点都有出现违约或者意外风险的情况，解除权发生的事由较多，应当给当事人相对更长一些时间来处理和应对此等事由；其三，实践中，特别是商事交易中出现解除事由时双方当事人往往会继续较长时间的磋商，法律如果把解除权的除斥期间规定得过短，容易使当事人因担心罹于除斥期间而放弃磋商，此与鼓励交易、尊重意思自治、鼓励通过协商解决纠纷的理念相悖。故刘凯湘教授建议：应对解除权的除斥期间予以适当延长，比如延长到 2 年。同时，也需要

---

[1] 参见刘凯湘：《民法典合同解除制度评析与完善建议》，载《清华法学》2020 年第 3 期。
[2] 参见最高人民法院民事审判第一庭编：《中国民事审判前沿》（总第 2 集），法律出版社 2005 年版。

考虑到权利义务关系状态的稳定性,最好是如撤销权那样规定绝对最长的除斥期间。综合考虑以上诸因素,未来修改《民法典》时可以考虑将上述提及条文修改为:"法律没有规定或者当事人没有约定解除权行使期限,自解除权人知道或者应当知道解除事由之日起两年内不行使的,解除权消灭。自解除权事由发生之日起五年内未行使的,解除权消灭。"[1]

五、催告行使解除权"合理期限"问题

《民法典》第564条第2款"法律没有规定或者当事人没有约定解除权行使期限,自解除权人知道或者应当知道解除事由之日起一年内不行使,或者经对方催告后在合理期限内不行使的,该权利消灭"的规定,可以拆解成两个规则:

一是法律没有规定或者当事人没有约定解除权行使期限,自解除权人知道或者应当知道解除事由之日起1年内不行使的,解除权消灭。

二是法律没有规定或者当事人没有约定解除权行使期限,经对方催告后在合理期限内不行使的,解除权消灭。

根据《民法典》所用的"或者"一词,可知两个规则是一种并列选择关系。对于第1个规则立法条文明确,属于无催告情形下,解除权人行使解除权以1年为期限,否则失权,应无争议。第2个规则属于非解除权人催告情形下的解除权行使期限,其中的"经对方催告后在合理期限内不行使的"中的"合理期限",立法并未规定。于此情形下解除权人何时失权就成问题。比如,设备买卖合同中,买受人发现设备质量存在瑕疵,出卖人为了保持市场信誉,告知买受人可解除合同,买受人出于自身利益考量,未解除合同,而是要求维修,1年半后维修无果,此时市场上出现了同类性能更好的新设备,买受人欲以原来的设备质量瑕疵为由解除合同,于此情形下,自必会产生解除权能否得到支持问题。

(一)催告后"合理期限"争议

《民法典》第564条第2款的第2个规则虽然规定了非解除权人催告后,解除权人应在合理期限内行使解除权,否则,该权利消灭,但该条中的"合理期限"该有多长? 由于立法未作规定,现实中存有争议。

《商品房买卖合同解释》第15条规定,在出卖人迟延交房或者买受人迟延支付购房款场合,法律没有规定或者当事人没有约定,经对方当事人催告后,解除权行

---

[1] 参见刘凯湘:《民法典合同解除制度评析与完善建议》,载《清华法学》2020年第3期。

使合理期限为三个月。逾期不行使的,解除权消灭。该条是最高人民法院对商品房买卖合同中经相对人催告后解除权人行使解除权"合理期限"的具体规定。但该条能否推广适用所有合同?

《民法典》颁布前,对原《合同法》第95条第2款规定的相对人催告解除权人行使解除权的"合理期限"的理解,吉林省高级人民法院民二庭认为"当前,人民法院在审理与商品房买卖合同纠纷相类似的其他有偿合同纠纷时,一般可参照前述司法解释的规定确定解除权行使期限"。[1]

崔建远教授认为:合同解除权为形成权,自然受除斥期间限制。在我国民法对于除斥期间的规定一般较短,因此催告后解除权行使的"合理期限"也不宜过长,可以类推适用上述规定。[2] 笔者认为:商品房买卖合同属于标的额较大的所有权移转合同,类推适用《商品房买卖合同解释》第15条第2款规定的合同,应该是标的、性质相似的标的额较大的所有权移转合同,但对于其他标的、性质、履行期限不同的有偿合同,是否一律类推适用《商品房买卖合同解释》有催告情形下的"三个月"的规定,的确值得探讨。

最高人民法院法官著述中并不赞同"有偿合同一律类推适用三个月"的观点其认为:"何谓'合理期限',条文没有明确,而是充分尊重当事人的意思自治,由当事人平等协商确定,同时由于交易繁纷复杂,合同标的、履行情况千差万别,法律不确定期限有利于法官行使自由裁量权,实现个案主义。对于合理期限的确定,应结合具体的案情,根据合同的标的、交易习惯、交通通信等情况加以判断。"同时,对于《商品房买卖合同解释》第15条第2款的规定,最高人民法院法官认为"该司法解释只是针对房地产领域,具体而言商品房销售所产生的法律问题,其适用的具体范围具有特殊性,不应被无限制扩大。在商品房销售合同中,由于合同标的的特殊性和重要性,不仅合同标的所涉及的金额较大,且关系到国计民生。对于合同中的权利义务,双方当事人大多都了然于胸,因此三个月的解除权行使期限已经足够当事人作出合理的判断。由此推而广之,将所有合同解除权行使期限规定为三个月是不周延和不现实的。笔者主张,原则上三个月为合理期限,但双方当事人在催告中对行使期限达成一致及合同关系复杂的除外。合同关系复杂性由法院根据合同的

---

[1] 最高人民法院民事审判第二庭编:《商事审判指导》(总第39辑),人民法院出版社2014年版,第138页。

[2] 参见崔建远、吴光荣:《我国合同法上解除权的行使规则》,载《法律适用》2009年第11期。

标的、履行的难易、交易习惯、交通通信等情形加以综合认定"。[1]

(二)"合理期限"之考量因素

由于《民法典》第564条第2款第2个规则中的"经对方催告后在合理期限内不行使的"中的"合理期限",未作规定。根据学者研究,该"合理期限"一般依据合同标的和合同类型、合同履行情况、交易习惯等,并结合诚实信用原则来综合认定。最高人民法院亦认为:"合理期限的确定问题上,法官具有一定的酌情适用裁量权。但是这并非意味着法官可以随意解释,相反,法官应当根据纠纷所涉合同的履行情况、交易习惯、合同标的、合同类型及诚信原则进行综合判断。"[2]

1. 因素之一:合同标的和合同类型。合同标的是合同权利义务共同指向的对象,依据合同标的的不同,可以划分不同的合同类型。根据《民法典》对典型合同的立法顺序,典型合同有三种类型:第一种类型为财产权让与型合同,具体为买卖合同、供用电、水、气、热力合同,赠与合同,借款合同;第二种类型为财产权利用型合同,具体为租赁合同、融资租赁合同;第三种类型为服务提供型合同,具体为保理合同、承揽合同、建设工程合同、运输合同、技术合同、保管合同、仓储合同、委托合同、物业服务合同、行纪合同、中介合同。另外还有非典型合同。合同标的和合同类型对合同解除权行使合理期限的影响主要表现在三个方面:

其一,合同标的直接影响合同解除权行使合理期限的认定。比如,土地使用权出让合同解除权行使的合理期限应该比一般动产买卖合同解除权行使期限更长,理由是土地使用权属不动产,其价值属性较一般动产更稀缺和重大。另,合同标的物理性质是否易损坏、本身价值大小以及法律性质应予考量。一般而言,对易保管的标的物,或者标的物价值较大且需权属变更登记的财产权让与型合同,解除权行使的合理期限可以相对放宽;如果标的物属鲜活易腐变质而不易保管的类型,则价值较小的财产权让与型合同或者财产权利用型合同,其解除权行使期限不宜过长。

其二,根据合同标的或合同类型予以类推适用。除了租赁合同、承揽合同、委托合同以及海事合同对合同解除权行使期限有特别规定的外,有些价值较大的财产权让与型合同可以类推适用《商品房买卖合同解释》第15条第2款的规定认定合同解除权的行使期限。对于非典型合同,比如,房地产合作开发合同、土地承包

---

[1] 江必新、何东林等:《最高人民法院指导性案例裁判规则理解与适用·合同卷一》,中国法制出版社2012年版,第355~356页。

[2] 最高人民法院民法典贯彻实施工作领导小组主编:《中华人民共和国民法典合同编理解与适用(一)》,人民法院出版社2020年版,第651页。

合同宜适用1年或者更长的合理期限。

其三,商事合同的解除权行使合理期限应该比一般民事合同的解除权行使合理期限更短。在学理上,股权转让合同、融资租赁合同、建设工程合同、运输合同、技术合同、保管合同、仓储合同、行纪合同、居间合同均属于商事合同。一般而言,民事合同注重对公平及诚实信用的追求,商事合同则更加注重效率、外观主义,以及增加社会的整体效益,故商事的合同解除权行使合理期限应短于民事合同。以股权转让合同为例,在考量此类合同解除权行使合理期限时,必须考虑到其与民事交易合同的不同,比如,股权转让合同一旦登记,会对社会产生公信力,股权转让合同的效力及状态的不稳定将影响信赖该登记的不特定公众的利益。而且在股权转让交易之中,股权转让不仅涉及财产权转移,还涉及股东身份及相关权利转移。从保护公司的正常运营、维护善意第三人利益以及规范市场秩序角度考虑,对商事交易中当事人的合同解除权应予以更严格的限制。

2. 因素之二:依据合同履行情况。对于合理期限是否经过,应结合合同履行情况进行认定,此为最重要的考量因素。之所以如此,在于合同解除本身是一种对合同履行障碍后的处置方式,而考量合同履行情况,可以判断合同当事人对于合同解除或者继续履行的意愿和可能性,主张合同解除时的法律后果等,在实现合同订立目的和稳定交易关系之间,尽量平衡债权人和债务人之间的利益。

就合同履行情况的考量因素,具体而言为:(1)双方当事人的合同履行情况和履行意愿。如果解除事由已经发生,但合同双方当事人均在以实际行动继续积极履行合同,或者合同即将履行完毕,一方在此情况下行使合同解除权,与双方积极履行合同的行为相悖,与双方订立合同的预期不符,可认定为超过合理期限,不应当判定合同解除。反之,如果双方当事人都存在持续违约,且双方都没有继续履行合同的情形,一方在此情况下行使合同解除权,在认定解除权行使期限时,一般认定为没有超过合同解除权行使合理期限,宜判定合同解除。(2)解除合同是否影响既定交易关系。如果解除权人长期怠于行使解除权,致使相对人有理由相信合同不会被解除,此时如果合同解除,恢复原状将影响既定交易关系,一般认定为超过了合同解除权行使的合理期限,不宜判定合同解除。应当注意的是上述两点合同履行情况考量因素并不是认定合同解除权行使合理期限的唯一因素,只是裁判中比较经常考量的因素,而且依据合同履行情况认定合同解除权行使合理期限时,还应结合合同标的和合同类型、交易习惯及诚实信用原则等综合认定,有时候也会按照《商品房买卖合同解释》第15条第2款关于1年除斥期间的规定。

3. 因素之三:考量交易习惯。根据司法解释规定,"交易习惯"在不违反法律或行政法规的前提下,包括两种情形:当事人之间在交易活动中的惯常做法;在交易行为当地或者某一领域、某一行业通常采用并为交易对方订立合同时所知道或者应当知道的做法。在商事交易中,交易习惯对于商人之间的交易来说具有尤为重要的意义。在某些特定交易中,一般会有该交易所形成的特有交易习惯,依此交易习惯形成的行使期限,也可以认为是合理期限。对于商事合同,裁判中尤其应结合交易习惯进一步认定合同解除权的合理期限。

4.因素之四:结合诚实信用原则。诚实信用原则是合同解除权行使合理期限的漏洞补充方法之一。诚实信用的目标方向是保证公平的利益平衡,本质上,涉及的是顾及对方的利益、保护正当的信赖以及保证贸易往来中的一般诚信度。在合同解除关系中,涉及债权人、债务人、第三人以及整个社会秩序之间的利益平衡。因此,运用诚实信用原则进行漏洞补充时应注意平衡各方利益,认定合同解除权行使合理期限时应做如下考量:(1)就债权人而言,债权人能行使权利但存在长期懈怠行使解除权的情形。(2)就债务人而言,从权利人的行为中有正当理由相信债权人不再行使解除权。(3)就第三人而言,债务人基于上述(1)和(2)进行了新的交易关系,且第三人善意地受让了合同标的物。(4)就整个社会秩序而言,合同标的物已经办理了相应的权属变更登记,形成了对外公示的公信力。基于上述四点,若权利人再行使解除权则显然与诚实信用原则相悖,将致使上述四方的利益严重失衡。

四个考量因素的相互关系。在法律没有规定或者当事人没有约定解除权行使期限的情形下,非解除权人催告解除权人行使解除权的,解除权人的"合理期限"通过运用上述四个因素来综合认定。首先,合同标的和合同类型是认定解除权行使合理期限的最基本的因素,进行认定时不能背离合同本身的法律性质。其次,合同履行情况是认定中最重要的因素,对合同履行情况的考察最能回应解除权制度和解除权行使期限设置的价值。再次,在交易习惯被当事人双方和人民法院认可的情形下,交易习惯是认定中可以首先考量的因素。最后,诚实信用原则是解除权行使期限的漏洞补充方法和认定中的综合兜底原则,前三个因素的运用不得违背诚实信用原则。因此,在综合进行司法认定时,既要注意对每一个要素予以厘清,同时也要考量各个要素之间的相互关系,结合具体案情,进行综合判断。[1]

---

[1] 参见丁广宇、高丰美:《合同解除权行使"合理期限"之司法认定——基于36份裁判分析》,载微信公众号"法言峰语",2020年7月24日。

六、解除权消灭与司法终止请求权

解除权属于形成权,受除斥期间限制。《民法典》第 580 条第 2 款对于解决合同僵局问题新增了司法终止请求权,对于当事人请求司法终止合同的,立法对该请求权行使期限未予限制。于此,产生了一个问题:解除权人在法定或约定期限内怠于行使解除权的,解除权无争议地消灭,但如果存在合同僵局情形,还能否允许解除权人依据《民法典》580 条第 2 款的规定行使司法终止请求权?

笔者认为:解除权失权的情形下,若存在《民法典》第 580 条第 1 款规定的合同僵局情形,守约方可以依《民法典》第 580 条第 2 款的规定行使司法终止请求权,理由为:一是虽然行使司法终止请求权与解除权人依法行使解除权是两种不同性质的权利,但从立法条文来看,二者并非相互排斥关系,二者的后果都是使合同效力终止。二是《民法典》第 580 条第 2 款对当事人行使司法终止请求权的期限没有限制,只要具备合同僵局和合同目的不达两个条件即可,同时,该请求权的目的是终止既存的合同关系,不同于债权请求权,不存在诉讼时效约束,同时也不影响追究违约方的违约责任。三是在解除权失权的情形下,若解除权人不能解除合同,在合同无法继续履行的情形下,强行要求履行,将使解除权人处于持续的困窘状态,这在法律上绝非明智之举。让失权的解除权人通过请求法院或仲裁机构裁判终止合同,倒不失为有效救济途径。

第四节 解除权之权利放弃

解除权是一种民事合同权利,合同关系属于财产关系之列,与人身权不同,"民事财产权利可以放弃"是一般法理。如何认定解除权人是否放弃了解除权,对解除权人利益有重大影响。若认定解除权已放弃,意味着解除权消灭,解除权人将承受合同履行价值变化的风险。由此,有必要探讨解除权放弃相关问题。

一、权利放弃之特点及认定

放弃一般是指故意或自愿抛弃其明知的权利,或实施可以推定其抛弃该项权利的行为,或放弃其有权要求实施的行为,或者其在享有法律规定或合同约定的权利并明知相关的重大事实时,作为或不作为地实施与其权利要求相矛盾的行为。如对请求权、权利、特权的放弃,或者在受到他人侵权或伤害之后未提起请求,即是对法律规定的侵权行为补救权的放弃。权利放弃有以下特点。

(一)权利放弃是单方法律行为

《民法典》第134条第1款规定:"民事法律行为可以基于双方或者多方的意思表示一致成立,也可以基于单方的意思表示成立。"据此,民事法律行为成立有两种情形:一是双方法律行为;二是单方法律行为。就本质而言,权利放弃是一种单方法律行为,仅需一方当事人的意思表示即可完成并产生法律效力,无须受益相对方的任何意思表示或行为。故而权利放弃或弃权是一方当事人的单方自愿行为,而不是双方行为,因而,它并不要求或提供新的对价,放弃就是它本身的目的。

(二)权利放弃须有明确意思表示

意思表示是指行为人为了产生一定民法上的效果而将其内心意思通过一定方式表达于外部的行为。意思表示中的"意思"是指设立、变更、终止民事法律关系的内心意图;"表示"是指将内心意思以适当的方式表示出来的行为。意思表示分为有相对人的意思表示和无相对人的意思表示。所谓有相对人的意思表示是指意思表示向特定的相对人作出,订立合同时向特定对象发出的要约最为典型。多数情况下意思表示有相对人是常态。所谓无相对人的意思表示是指意思指向不特定的对象作出,悬赏广告最为典型。无相对人的意思表示是偶然情形。[1] 关于意思表示的生效规则,《民法典》规定了三种不同情形:一是有相对人的意思表示自相对人知道内容或者到达相对人时生效(《民法典》第137条);二是无相对人的意思表示自表示完成时生效(《民法典》第138条);三是以公告方式作出意思表示的,自公告发布时生效(《民法典》第139条)。

根据上述意思表示原理,权利放弃的意思表示一般应当包括以下两层含义,即放弃的意图和表明此意图的行为。

1. 权利放弃意图之认定

在确定一个人是否放弃其享有的权利或财产权益时,其意图是首要条件,因为没有放弃的意图,也就不存在放弃。对当事人是否具有放弃权利的意图,一般而言,判断一个人的意图,可以从当事人的语言、环境、先前的交易行为、当事人之间的

---

[1] 参见最高人民法院民法典贯彻实施工作领导小组主编:《中华人民共和国民法典总则编理解与适用》(下),人民法院出版社2020年版,第701页。

关系、谈判的方式、行业惯例等因素来考虑当事人外在表示是否是其内心意愿。[1]

2. 权利放弃行为之认定

放弃的意思表示不能仅仅存在于内心,必须通过外在行为表示出来。外在的行为表示仅理解为明示,还包括作为的默示以及特定情形下不作为的默示。当然,放弃权利的意思表示属于有相对人的意思表示,不属于无相对人的意思表示,向第三人作出放弃的,不发生意思表示效力。

《民法典》第140条规定:"行为人可以明示或者默示作出意思表示。沉默只有在有法律规定、当事人约定或者符合当事人之间的交易习惯时,才可以视为意思表示"。该条是对意思表示方法的规定。根据该条规定,行为人作出解除权放弃的意思表示方式有三种:

一是明示。明示的意思表示是指表意人直接将其意思表示于外部形式,其中最典型的表现形式是口头形式和书面形式。明示的意思表示强调的是"明",意思表示的内容必须具体、直接、肯定,不用再对其意思表示内容进行推测、揣摩。

二是默示。默示的意思表示是指行为人没有通过书面、口头等积极行为的方式表示,而是通过实施特定行为来进行意思表示,又称作为的默示。默示形式的意思表示强调的是"默",就是意思表示没有通过书面或口头形式表达出来,但仍然是"示",可以通过行为人实施的积极作为,推定出行为人的意思表示内容。

通过积极的默示行为推定意思表示在民事诉讼证据上属于"事实推定"。如何进行事实推定?事实推定是指法官依据经验法则进行逻辑上的演绎,由已知事实(基础事实)得出待证事实(推定事实)的真伪结论。事实推定同时具备的条件:一是必要条件,须无直接证据证明待证事实存在与否,只能借助间接事实推定待证事实;二是前提条件,须已知事实已获法律上承认;三是逻辑条件,须已知事实和待证事实之间有必然联系,或互为因果、互为主从、相互排斥、相互包容,除此之外都不能成为必然联系;四是生效条件,许可对方提出相反证据并以反证成立与否确认推定成立与否。

最高人民法院《民事诉讼证据规定》对推定事实作出了规定。该规定第10条规定:"下列事实,当事人无须举证证明:……(四)根据已知的事实和日常生活经验法则推定出的另一事实……"由此可知,通过行为推定当事人放弃解除权的意思表示的考量要素为:一是当事人积极的行为(已知事实);二是日常生活经验法则。需

---

[1] 参见最高人民法院民事审判第一庭:《如何认定约定解除权放弃》,载最高人民法院民事审判第一庭编:《民事审判指导与参考》2012年第3期(总第51辑),人民法院出版社2012年版。

要注意的是,积极的默示行为所作的推定不属于法律规定的推定。

三是沉默。明示和默示作为意思表示的形式可以归入积极的一类,是意思表示的常态。但与明示和默示不同的是纯粹的沉默,它是一种完全的不作为。一般情形下,纯粹的沉默行为本身不能视为意思表示,其原因多样,可能是同意,可能是因故无法回答,也可能是认为不值得回答。但在特定的法定情形下,纯粹的沉默行为也能够推定出行为人的意思表示内容,被称为不作为的默示。除法律规定沉默视为意思表示的三种情形外,沉默不能视为意思表示。

法律规定沉默视为意思表示的三种情形:一是法律直接规定。这里的法律规定限于全国人大及其常委会制定的法律,不含行政法规。主要有:《民法典》第145条第2款规定的相对人催告法定代理人追认,法定代理人自收到通知之日起30日内未作表示的,视为拒绝追认;《民法典》第638条第1款规定的试用买卖中试用期届满,买受人沉默的,视为购买;《民法典》第1124条规定的遗嘱继承人知道继承事实后保持沉默的,视为接受继承,受遗赠人知道继承事实60日内保持沉默的,视为放弃受遗赠;《民法典》第718条规定的出租人知道或者应当知道承租人转租,但是在6个月内未提出异议的,视为出租人同意转租。二是当事人约定。比如,在商品房买卖合同中约定,发生出卖人严重违约情形的,买受人应在60日内行使解除权,否则视为放弃,合同继续履行。三是符合当事人之间的交易习惯。根据《民法典合同编通则解释》第2条第1款的规定,交易习惯有两种:第一种情形是当事人之间在交易活动中的惯常做法;第二种情形是在交易行为当地或者某一领域、某一行业通常采用并为交易对方订立合同时所知道或者应当知道的做法。这里的交易习惯是指第一种情形,不包括第二种情形。

最高人民法院《民事诉讼证据规定》第10条规定:"下列事实,当事人无须举证证明:……(三)根据法律规定推定的事实……"对于不作为的沉默通过推定得出当事人意思表示的,属于上述证据规则中所指的"根据法律规定推定的事实"。换言之,不属于法律规定推定事实之外的沉默行为,不能视为意思表示。

(三)权利放弃需要证据证实

认定权利放弃的意思表示,根据"谁主张,谁举证"规则,需要当事人提供相关证据来证明,换言之,在权利人否认其放弃权利的情形下,相对人主张权利人已放弃权利的,应由相对人承担举证责任。相对人提供的权利放弃应该达到"明确"的证明标准。根据《民事诉讼法解释》第108条的规定,民事诉讼确立的证明标准有三:一是对负有举证证明责任的当事人提供的证据,人民法院经审查并结合相关事实,确信待证事实的存在具有高度可能性的,应当认定该事实存在。在此对放弃权利须"确信"的理解,应符合"高度可能性"的证明标准。二是对一方当事人为反驳负有举证证明责任的当事人所主张事实而提供的证据,人民法院经审查并结合相关事实,认为待证事实真伪不明的,应当认定该事实不存在。比如,《民法典》第544条规定:"当事人对合同变更的内容约定不明确的,推定为未变更。"同理,若权利人放弃权利的意思表示是不明确、模糊不清,或者内容自相矛盾,就不应当认定权利人已放弃权利。三是法律对于待证事实所应达到的证明标准另有规定的,从其规定。比如,相对人提供证据证明纯粹的沉默符合法定认定权利放弃条件的,就属于此类。

二、解除权之明示放弃

所谓明示方式放弃解除权,是指解除权人以书面、口头或者其他方式向非解除权人明确其放弃合同解除权。根据《民法典》的相关规定,放弃的意思表示到达相对方时生效,因此解除权人须以通知方式告知相对方,使相对方知悉通知内容。通知方式既可以是口头形式,也可以是书面形式或者是其他的方式,比如,短信、微信、电子邮件等。明示放弃解除权的,嗣后不能反悔,否则违反禁止反言规则。

明示放弃解除权的认定标准不存在争议。但实务中,通过明示方式放弃解除权的情形,实属罕见。

三、解除权之默示放弃

(一)解除权默示放弃之争议

解除权能否通过默示行为放弃该问题比较重要,且实务中争议较大,主要存在两种观点:

1. 否定说。该说认为权利的放弃必须以明示方式,不能根据接受履行行为推断出权利人已放弃权利的行使,由于解除权消灭的抗辩没有明确的法律依据,权利人仍可行使合同解除权。最高人民法院法官认为:权利的放弃必须明示,仅接受履行,不能推断权利人已放弃权利的行使。[1]《买卖合同解释》第18条第2款规定,买卖合同约定逾期付款违约金,买受人以出卖人接受价款时未主张逾期付款为由拒绝支付该违约金的,人民法院不予支持。最高人民法院民二庭对该条认为:如此规定除请求支付逾期付款违约金与请求继续履行原价款债务是出卖人的两项可分

---

[1] 参见宋晓明:《聚焦合同法适用问题,推动民商事司法发展》,载《法律适用》2009年第11期。

别主张的合同权利外,还认为"从另一个角度看,权利的放弃应该有明确的意思表示,否则不能通过推定的方式认定对方放弃权利"。[1]

2. 肯定说。该说认为"否定说"不符意思表示规则,解除权可以以明示方式放弃也可以以默示方式放弃。非违约方享有多种救济途径,如果其接受相对方的履行,表明其已不选择解除合同,而愿意使合同接续保持效力,此时其并没有放弃其损害赔偿权利。最高人民法院认为:解除权是一项民事权利,约定解除权和法定解除权都可以明示放弃,实务中,双方约定的合同解除条件成就时,一方未能以法定方式通知违约方解除合同,而是继续接受违约方履行合同的,其行为变更了合同约定的解除条款,视为放弃解除权,不能再依约定解除合同。[2]

最高人民法院在顾某、汪某恒、江苏瑞豪置业有限公司与盐城市大丰区人民政府、盐城市大丰区国土资源局建设用地使用权出让合同纠纷案[(2016)最高法民终822号]民事调解书中认为:合同解除权的行使将导致既存合同关系废止,对当事人之间的权利义务会产生巨大影响,故放弃解除权须经解除权人明示,除法律有明确规定或当事人有明确约定外,不得仅以单纯的沉默推定解除权人放弃解除权。同样,对以解除权人默示的行为推定其放弃解除权的情形,也应该严格把握。解除条件成就后,解除权人未行使解除权,而是催告债务人继续履行合同,并对债务人依照合同约定全面履行给付义务的行为予以受领的,才构成对解除权的放弃。

(二)学者:解除权可默示放弃

多数学者认为:解除权可以通过默示行为予以放弃。理由归纳为如下三点:

1. 以默示方式放弃解除权通常指要求或继续接受对方履行。既然原《合同法》第36条、第37条规定允许当事人通过默示的方式订立合同,也应当可以通过默示的方式放弃合同解除权。当一方违约后,对于非违约方来说,其享有多种救济途径,如果其接受了违约方的继续履行,表明其已不再选择解除合同,而愿意使合同继续保持其效力。当然此时非违约方并没有放弃其损害赔偿的权利。[3]

2. 在不完全履行导致违约的情形下,享有解除权的一方当事人,可以选择继续履行合同或者选择解除合同。解除合同与继续履行合同是法律规定的两种性质相

---

[1] 参见最高人民法院民事审判第二庭编著:《最高人民法院关于买卖合同司法解释理解与适用》,人民法院出版社2016年版,第389页。

[2] 参见最高人民法院民事审判第二庭编著:《〈全国法院民商事审判工作会议纪要〉理解与适用》,人民法院出版社2019年版,第310~313页。

[3] 参见王利明:《合同法研究》(第2卷)(修订版),中国人民大学出版社2011年版,第321页。

异的权利救济方式,两者不能同时主张只能择其一行使。这也是大陆法系与英美法系通行的观点。[1] 解除权人在相对方违约后,要求或者接受合同履行的,表明其默示放弃解除权,理由在于违约一方继续履行合同已表明其不愿解除合同,而解除权人在利益受损风险下没有选择解除合同,也表明其不愿放弃履行合同的价值。在这种情形之下如果允许解除权人依然享有解除权,对于违约一方而言是极其不公平的。[2]

3.解除权人起诉对方要求继续履行合同。若解除权人认为继续履行合同已无必要或者毫无意义,就应该明确作出拒绝履行的意思表示,相反,若解除权人起诉请求继续履行,可以推定解除权人已默示放弃解除权。需要注意的是,有的当事人既起诉解除合同又请求继续履行其中的一部分,于此情形属诉讼请求不明,法官可以释明,若当事人拒绝作出选择,应当驳回起诉。

当然,对解除权人是否以默示行为放弃解除权的认定,应当慎重。当解除事由发生后,守约方继续催告对方履行,或接受对方履行,或继续履行已方义务,可能内在的真实意思是对对方违约行为的一种容忍。这种容忍行为可以解释为允许违约方进行一定程度的补救,但保留了解除权,也可解释为以行为变更了原合同约定,还可解释为对解除权的放弃。在多种解释并存的情形下,应当结合个案事实、履行情况等审慎审查解除权人的真实意图,并进行综合判断。

(三)最高人民法院案例:支持解除权默示放弃

案例1:最高法民一庭就江苏省徐州市中级法院审理的"盛泰公司诉李某某商品房买卖合同纠纷案"对"如何认定约定解除权放弃"这一问题进行了剖析,并形成了倾向性意见。该倾向性意见为:约定解除权人在相对人逾期付款后、约定解除权成立前未足额付款,而于约定解除前、约定条件具备后出具收据的行为,可以认定为特定解除权人放弃了合同约定解除权,愿意继续履行合同。最高法民一庭对该案评析如下:(1)关于约定解除权的放弃。解除权的性质是一种形成权,是合同当事人的一种重要的实体性权利。该案就弃权意图而言,盛泰公司与李某某之间并非关系亲密之人,也非合作伙伴,双方之前亦无经济往来,房价随时间上涨对双方

---

[1] 参见李先波、易纯洁:《无催告情形下合同解除权的消灭》,载《法学杂志》2010年第2期。
[2] 参见江必新、何东林等:《最高人民法院指导性案例裁判规则理解与适用:合同卷一》,中国法制出版社2012年版,第358页。

而言都具有重大利益关系,在合同约定解除权条件成就后,从2009年11月5日盛泰公司给李某某在逾期付款90日内付款的48万元出具收据这个先前行为,可以得出盛泰公司有默示同意继续履行合同的意图。综上所述,盛泰公司虽未明示放弃合同约定解除权,但有默示放弃合同约定解除权的行为。(2)关于约定解除权消灭。与法定解除权不同的是,约定解除权不因债务人的给付或给付的提出而当然消灭,其消灭与否,应当依据解除权成立的合同及主旨进行判断。该案裁判理由中以"在本案审理过程中,李某某已将该6万元房款存入了盛泰公司的银行账户。李某某向盛泰公司支付该6万元房款时,虽然未征得盛泰公司同意,但却能够表明李某某有继续履行合同的诚意"来否定盛泰公司的约定解除权是不妥的。该案的合同解除权不因李某某在案件审理期间的付款行为而消灭。该案合同约定逾期90日之内付款的,合同继续履行,由买受人支付违约金。收据一般是一个债权人的书面受领凭证。收据非有价证券,因为主张债权,不以持有收据为必要。但收据却为合法权限证书,债务人自可以对此书证的持有人清偿而免责,这是对公示性的保护,而公示性保护又以权利外观思想作为基础。一般而言,收据须由债权人或其他有受领权人签名、作成,至于持有收据的原因如何,在所不问。债权人在约定解除权期限后向债务人出具收据,这时债务人仍未付清买房全款,此时债权原则上仍未消灭,不过债务人的行为可被解读为默示的债的免除。故裁判理由中的"盛泰公司不同意继续履行合同,则应当在李某某逾期90日后仍未交付所欠的6万元房款时,及时将李某某所交付的全部房款及盛泰公司代收的暖气初装费、煤气初装费、车库使用费等退还李某某,而不应当继续占用该款而不交付房屋"是有道理的。(3)关于继续履行合同意思表示的认定。2009年11月5日盛泰公司给李某某开具48万元房款收据是真实的。不仅是对李某某2009年4月20日通过银行贷款方式向盛泰公司交付房款48万元的一个确认,也可以认定是逾期90日后,李某某付款而盛泰公司同意接受,意味着盛泰公司同意继续履行房屋买卖合同。从民事法律行为本身来讲,当事人约定的合同解除权成就后,盛泰公司应当及时行使,明确向买受方李某某表明拒绝继续履行合同的意思。但事实上盛泰公司在李某某通过银行贷款方式支付房款48万元后,事隔半年又给李某某开具48万元房款的收据,此行为本身给对方释放的信号是要继续履行合同;从民事法律行为的稳定性和交易习惯来看,一审、二审法院将盛泰公司开具48万元房款收据行为视为继续履行合同的意思表示并无不当;从该案的社会效果来看,一审、二审法院的处理结果可能更能被广大民众所接受。原本双方签订房屋买卖合同是自觉自愿的,李某某按约定支付了首付款及暖气初装费、煤气初装费、车库使用费,只是因为银行贷款不顺而延误付款,盛泰公司并没有提出异议,而是事隔半年多开具付款收据。因为房价上涨原因,盛泰公司提出解除合同,从价值衡量角度考虑,一审、二审法院没有支持盛泰公司的诉讼请求也是适当的。[1]

案例2:最高人民法院审理的至尊塑胶(南京)有限公司(以下简称至尊公司)与江某高淳经济开发区总公司(以下简称开发总公司)合同纠纷申请再审案[(2013)民申字第652号]的裁判要旨为:合同一方当事人的行为表明其放弃行使合同解除权,且与对方当事人就协议书的继续履行达成了新的约定,当事人不得再行使解除权。

最高人民法院对该案再审审查后认为:关于至尊公司提出因开发总公司迟延付款故该案所涉协议应予解除的主张。开发总公司确实存在迟延履行付款义务的行为,经至尊公司催告后,在其自身承诺的最后付款期限内亦没有付清款项,构成违约,至尊公司据此享有合同解除权。但从该案查明的事实来看,至尊公司并没有针对开发总公司的违约行为行使合同解除权,并通知开发总公司解除合同。相反至尊公司委托代理人韩某翔明确告诉开发总公司"要么付款,要么返还资产",在开发总公司告知韩某翔愿意付款的情形下,韩某翔提供了至尊公司在高淳农商行开设的账户,开发总公司汇入了剩余款项,韩某翔向开发总公司出具了收款收据。由于韩某翔是至尊公司书面授权的委托代理人,其代理权限为全权处理至尊公司资产转让的全部事项及至尊公司注销事宜,韩某翔在受托权限范围内以至尊公司名义实施的行为的法律后果,应由至尊公司承担。韩某翔的上述行为,表明至尊公司放弃行使合同解除权,与开发总公司就协议书的继续履行达成了新的约定,该约定合法有效,对双方当事人均具有法律约束力,至尊公司再行请求解除合同,没有事实和法律依据。现协议书已履行完毕,至尊公司也将其在高淳农商行账户上收取的1008万元余款中的800万元从账户内转出,即至尊公司确认收到该800万元并支配使用,其以韩某翔的行为未经授权为由否认收到在同一账户上汇入的其余208万元,与事实明显不符。综上所述,至尊公司关于开发总公司未付清余款、合同应予解除的申请再审理由不能成立。[2]

---

[1] 参见最高人民法院民事审判第一庭:《如何认定约定解除权放弃》,载最高人民法院民事审判第一庭编:《民事审判指导与参考》2012年第3期(总第51辑),人民法院出版社2012年版。

[2] 参见王松主编:《最高人民法院司法观点集成:民事卷②》(第2版),人民法院出版社2014年版,第1076~1077页。

四、解除权一时放弃与永远放弃

当事人放弃解除权究竟是一时放弃还是永远放弃这个问题少有探讨。笔者认为：应根据合同性质、约定履行期长短及履行情况进行综合判断，不能机械地认为当事人放弃解除权是永远放弃。

对于履行期限较短的一时性合同，当事人放弃解除权的，不宜认为是一时放弃，而应该是永远放弃。因为一时性合同的解除权不会因给付和时间的对应关系而不断产生，故不存在一时放弃之说，如此情形下，当事人一旦放弃，解除权无复生可能。

对于约定履行期较长的持续性合同，存在解除权一时放弃问题。其原因是履行期较长的持续性合同，可以根据每一阶段的履行情况产生解除权，也就是说，债的给付与履行期限密切关联，随着期限的届至，债权不断产生。放弃某一阶段产生的解除权，不意味着永远放弃其他阶段的解除权。比如，某租期为10年的房屋租赁合同，约定租金按月给付，逾期出租人有权解除合同。在实际履行中，承租人第1个年度连续12个月未付租金，出租人未解除合同，但第2个年度开始时，承租人补足了第1个年度的租金，嗣后履行到第3个年度时，又开始欠租，出租人发出催告后，承租人无力支付，出租人起诉解除合同。于此情形下，出租人解除合同所指向的是承租人第3个年度未付租金的违约行为，正因为第3个年度租金未付，使出租人享有约定解除权或法定解除权。在此情形下，不能认为承租人第1个年度未付租金，出租人未及时行使约定解除权，而认为出租人永远放弃了后期的约定解除权或法定解除权。

当然，也有观点认为，根据权利失效理论，出租人未在合理期限内解除合同并继续收取后续租金，使承租人有理由认为出租人不会再因该迟延交付租金行为行使合同解除权。现出租人以承租人曾经迟延交付一期租金并达到合同解除条件为由行使合同解除权，法院不应支持。[1] 但笔者认为，这种观点未考虑在长期的持续性合同中，可根据每一时段的履行情况而产生解除权，如果支持权利失效，意味着违约方基于"信赖"，在合同履行期届满前，可不断持续迟延付租，而这与诚信原则是相悖的。

五、解除权并存情形之放弃

解除权并存多见于约定解除权和法定解除权并存。在法定解除权中又可能存

---

[1] 参见北京市第三中级人民法院于2016年11月12日发布的《21个合同解除疑难问题解答》。

在解除权因债务人预期违约而产生、因债务人不履行主债务而产生、因债务人根本违约而产生三种并存情形。解除权并存的情形下,放弃解除权多见于放弃约定解除权,但放弃约定解除权后,解除权人还存在法定解除权的,不能以约定解除权已放弃而否定解除权人行使法定解除权。比如,上述租赁合同中,约定承租人 1 个月未付租金,出租人就有权解除合同,出租人在承租人连续 12 个月未付租金的情形下不行使约定解除权,可认为其已放弃约定解除权。但抛开约定解除权,同样是承租人连续 12 个月未付租金的,该等情形已构成严重违约,于此情形下,出租人已享有法定解除权,其也可以行使该法定解除权。

如果法院要驳回出租人解除合同请求,唯一的理由是,出租人明示其解除合同的依据是约定解除权,而不主张法定解除权。

第五节 利益衡量与违约解除限制

一、利益衡量方法及限制

(一)利益衡量之含义与特征

1. 利益衡量之含义

利益衡量指当法律所确认的利益之间发生冲突时,法官依立法者的立法目的对当事人之间冲突的利益进行权衡与取舍。利益衡量的前提是存在多个法益之间的冲突。民事法律条文本身就是为达成立法目的对各种民事主体之间的法益进行衡量及平衡的结果,但囿于成文法的固有缺陷,就法律适用而言,仍有法官在个案中对当事人之间冲突的法益进行自由裁量的余地。民事审判以事实为根据,以法律为准绳,而从事实、法律得出裁判结果的过程被称为法律推理。实践中有两种推理形式:第一种是三段论式的演绎推理,即以法律规范为大前提、以案件事实为小前提,通过建立前提与结论一一对应的形式逻辑关系,以前提的唯一性确定结论的唯一性。第二种则是以利益衡量为核心的辩证推理,即当案件在法律适用或事实认定上存在复数解释时,通过利益衡量作为将价值衡量与辩证逻辑相结合的法律推理形式,是民事审判处理疑难复杂案件的重要裁判方法,在域外司法中被广泛适用。[1] 在司法实务中,第一种推理适用于大多数案件,为司法倡导及常态,并普遍

---

[1] 参见梁慧星:《裁判的方法》,法律出版社 2003 年版,第 186 页。

为人们所接受;第二种推理则适用于极少数疑难个案,不为常态,由于没有具体条文规定,同时存在滥用,故难以为人们接受。

在大陆法系中,"利益衡量"主要是指:一是以德国赫克为代表的利益法学派所倡导的作为方法的利益衡量;二是在日本民法学界所创立的作为法学方法论的利益衡量论。

以德国赫克为代表的利益法学派在 20 世纪之初提出了作为方法的利益衡量,在批评概念法学的大背景下,赫克进一步把耶林的"目的"明确为"利益",把法律看成所有法律共同体中相互对峙且为得到承认而互相争斗的物质。他始终强调法律在裁判中的决定性作用,追求法律上的正义,主张发现并顺从立法者的意思。德国学者拉伦茨认为,利益衡量的实质是为保护社会上的特定利益而牺牲其他利益。德国利益法学派所主张的利益衡量基本上是一种作为补充法律漏洞的方法。其具体操作是透过现行法探寻立法者对利益取舍的评价,在谋求裁判正当性的同时不损害法的安定性。因此,利益衡量可以看作一种在制定法传统和法律形式主义的影响下,严格遵守制定法的一点点变通。

1966 年日本学者加藤一郎在《法解释学的理论与利益衡量》一文中,在批判概念法学的基础上,提出了"利益衡量"的民法解释观。星野英一教授也提出了自己的"利益考量论"。虽然他们的理论具有一定的差异,但是他们都坚持裁判过程中的实质决定论,认为裁判结论的得出不是源于法律的构成,而是由在法律之外的其他实质性因素决定的。他们主张案件审理法官先有结论再找法律。在对案件进行审理的时候,先避开所谓的法律原则、规则等,而是以一种普通人的立场和逻辑思维对案件中所涉及的利益、价值进行评价,最终得出要保护的对象。

2. 利益衡量之特征

其一,利益衡量具有先决性。利益衡量方法,实际上是先有结论后找法律条文根据,以使结论正当化或合理化,追求的是让法律条文为结论服务,而不是从法律条文中引出结论。法院最终的判决依据的不是法律条文,而是利益衡量的初步结论,加上经过解释的法律条文。也就是说,利益衡量是结论先于法规的一种价值判断,在适用法规之前,应当先进行利益衡量,而法规只不过是为取得说服力而赋予理由的检证。离开法规的利益衡量只需要常人的判断力就足够,这正是利益衡量理论的最大特征。

其二,利益衡量具有个案性。它是裁判者在审理疑难案件过程中的一种思考方法,其主体是法官,对象是具体案件,并且不是所有的案件都需要利益衡量。对于简单案件,由于案件事实清楚,争议焦点明确,且法律规则对当事人的某种利益要求或权利主张的保护是明晰的、确定的,裁判者可以直接运用三段论推理方法得出最终法律结论。只有在疑难案件中,由于当事人之间存在多种不同的利益要求或权利主张,且每一种利益要求或权利主张在法律上均具有其价值,而法律上又未确定某种利益要求或权利主张具有优先性,所以裁判者才需要通过利益衡量来确定这些不同利益要求或权利主张之间的位阶,并根据其位阶高低来确定保护何种利益要求或权利主张。

其三,利益衡量具有判断性。利益衡量理论与概念法学不同。概念法学否定司法权的能动性,认为裁判者自己不需要价值判断或利益衡量,而应规规矩矩地接受制定法的拘束,从法规中引导出唯一正确的结论,所起的只是一种在规则范围内适用的自动选择模式的作用。利益衡量理论则认为成文法存在不可克服的漏洞,法官和仲裁庭不能仅凭逻辑推理适用法律。它强调司法权的能动性,法律本来是预先规范和控制人的行为的规范,在裁判中加入实质的判断,是难以避免的必然行为,故利益衡量理论主张在裁判案件时应当更自由、更弹性地考虑当事人的实际利益,即进行实质判断。

(二)利益衡量之构成要素

1. 利益衡量主体。利益衡量是法官在处理案件时的方法或工具,所以利益衡量的主体是唯一的,即对具体案件进行审理的法官。

2. 利益衡量客体。利益衡量的客体是指法官在对具体案件行使审判权时所涉及的各种各样的、相互发生冲突的利益关系。站在民法领域来考量,利益的标准是:首先,民法上的利益是一种正当利益,非正当的利益不应在衡量的范围。其次,利益衡量中应考虑的利益一般以权利为依托,否则难以进行衡量。最后,进行利益衡量时,总是在一定的法律关系中进行的,因此,利益也是被放在特定的法律关系中进行的,超出特定法律关系内容的利益不作为利益衡量中所考察的对象。

3. 利益衡量内容。利益衡量内容指对各利益重要性的评价及利益的选择和取舍,这往往又牵涉到法官自身的价值判断。

(三)利益衡量理论之合理性

法律是为解决现实社会中发生的纷争而作出的基准,成为其对象的纷争,无论何种意义上都是利益的对立和冲突。成文法存在内容有限、时间滞后、语义欠精准等局限性,因此,在适用成文法规范时,难免会出现法律规范之间发生冲突、法律条款因语义不详存在多种解释、法律规定因存在漏洞需要填补以及抽象的法律原则、法律概念需要具体化等情况。当出现多种解释时，一般很难说某一种解释是绝对正确的解释，某一种解释是绝对错误的解释。

利益衡量论认为，法律解释的选择终究是价值判断问题，因此不能说某一种解释是绝对正确的，法律解释所追求的只是尽可能合理的、妥当的解释。法院裁判案件，似乎是依三段论推理从法律规定中得出判决。但在实际上，多数判决取决于实质判断。因此，适用法律时当然要考虑各种各样实质判断的妥当性，即进行利益衡量。利益衡量论的支持者认为仅从法律条文就可以得出唯一的正确结论的说法，可能是一种幻想，真正起决定作用的是实质的判断。

在利益主体多元化时代，利益冲突在某种意义上构成了社会发展的基本内容。在一般情况下，利益衡量在法律缺乏明确规定或规定不明确时方得以适用，但当适用法律的一般规定有违个案之公正，并影响到法的公平正义价值时，利益衡量则可作为特殊情况而予以适用。社会转型总是伴随社会价值观的解构与重构，法律的制定与适用必须适应这种变化。我国目前正处于社会转型时期，利益多元化的格局基本形成，但调整利益冲突的规则却经常缺位；即使有相应的规则，也往往存在僵硬或滞后现象。当立法不能满足现实社会需求时，革新处理具体案件的通行方法不失为一种良策。如果完全否认法官对个案利益衡量的自由裁量权，可能会将法官变成应用法律的机器，不利于更为贴近现实地去研究法律的运作以及任何法律应用过程中必然蕴含的价值判断。

利益衡量作为一种法官判案全新的思考方法，要求法官不仅要对照法律条文进行判断，而且要对法律条文背后的利益进行衡量，得出社会比较能够接受的结论。故有人认为利益衡量被视为法官能否做出正确司法判决的关键所在，甚至理论界有人称为"黄金方法"。但利益衡量方法毕竟是一种工具，其本质是法官对法律适用进行解释的一种方法。

在司法政策和理念层面，最高人民法院强调民事审判"服务大局，努力实现法律效果与社会效果相统一"。因为审判需要考虑社会效果，所以利益衡量方法也是被许多法官惯常使用的裁判策略，甚至有时被视为法官个人的智慧。但是何谓"社会效果"？如何确定"社会效果"？目前为止，众说纷纭，没有具体标准。所以如何做到"法律效果与社会效果相统一"对于法官对个案的审判而言是一个严峻而巨大的挑战。

(四)利益衡量之弊端及限制

1. 利益衡量之弊端

尽管利益衡量在理论上有其合理性,但其存在严重的固有弊端,表现在:利益衡量具有过程主观性、标准非确定性、结果不易验证等自身特征,如规制不当,可能会出现被滥用的风险,使依法裁判沦为恣意裁判。[1] 尽管司法要求法官对审判的价值观应统一,但应当承认每个法官存在于内心的价值观及判断标准是不同的,要求所有法官形成同一的内心的价值观及判断标准,是不切实际的空想。不同的法官对当事人之间利益的理解亦不相同,哈姆雷特只有一个,但一千个人眼中就有一千个哈姆雷特。若许可动辄使用利益衡量来裁决案件,则会带来司法审判中的大量任意性,危及法制的统一和司法裁判的权威性。

2. 利益衡量之限制

对利益衡量必须严格规制,弱化其中的任意性因素,从而确保依法裁判。首先,法官应全面掌握案件信息。利益衡量基于案件事实先行得出结论,因此,在适用之前必须广泛了解包括案件事实、矛盾产生的成因、当事人的处境、利益状况对比、诉讼预期等全面的案件信息,从而减少偏见,在综合考量各后果的可行性与不可行性的基础上,作出符合当事人需求和社会需求的司法决策。其次,严格控制适用条件。利益衡量应遵循有限适用原则,只能适用于已穷尽对案件事实和法律规则探询的努力,但在事实认定或法律适用上仍存在两种以上的解释,只有在多种利益选项之间作出选择才能使案件得以解决的情形。如果一个案件的事实清楚、法律规定明确,则必须严格适用演绎推理,不得随意适用利益衡量。[2]

3. 最高人民法院司法解释中的利益衡量

立法是自上而下,从抽象到具体,找法是自下而上,从具体到抽象。为规范法律适用,限制自由裁量,《民法典总则编解释》第1条规定:"民法典第二编至第七编对民事关系有规定的,人民法院直接适用该规定;民法典第二编至第七编没有规定的,适用民法典第一编的规定,但是根据其性质不能适用的除外。就同一民事关系,其他民事法律的规定属于对民法典相应规定的细化的,应当适用该民事法律的规定。民法典规定适用其他法律的,适用该法律的规定。民法典及其他法律对民

---

[1] 参见吴国喆、李爱平:《利益衡量的适用缺陷及其补正——以民事裁判为核心展开》,载《西北师大学报(社会科学版)》2010年第6期。

[2] 参见孙盈:《民事审判中利益衡量的方法》,载《人民司法(应用)》2017年第16期。

事关系没有具体规定的,可以遵循民法典关于基本原则的规定。"该条实际上是为法官判案明确了法律适用的顺序,即当事人有效约定 > 部门特别法规范 > 民法典分编规范 > 民法典总则编规范 > 习惯法 > 条款的类推适用 > 基本原则。

《民法典》第 153 条第 1 款规定:"违反法律、行政法规的强制性规定的民事法律行为无效。但是,该强制性规定不导致该民事法律行为无效的除外。"但最高人民法院《民法典合同编通则解释》第 16 条第 1 款在合同效力认定问题上对《民法典》第 153 条第 1 款规定的"但书"进行了解释,具体列举了违反强制性规定但不影响合同效力的 5 种情形。该解释的思路是在秉承鼓励交易、维护交易稳定性的基础上,通过利益衡量来确定合同效力。

利益衡量的本质是自由裁量,在判决中往往表述为直接使用公平原则。由于法律及司法解释在制定过程中已经考虑了利益衡量,故在实务中,一般不允许法官随意以利益衡量来判案。例如,最高人民法院在伟富国际有限公司(以下简称伟富公司)与黄某荣、上海海成资源(集团)有限公司(以下简称海成公司)等服务合同纠纷案[(2022)最高法民再 91 号]中指出:认定连带责任必须以明确的法律规定或合同约定为基础,不能通过行使自由裁量权的方式任意判定承担连带责任。原审判决不应直接适用公平原则,行使自由裁量权判令海成公司对黄某荣向伟富公司支付服务报酬义务承担连带责任。民事审判中,只有在法律没有具体规定的情况下,为了实现个案正义,法院才可以适用法律的基本原则和基本精神进行裁判。通常情况下,法院不能直接将"公平原则"这一法律基本原则作为裁判规则,否则就构成向一般条款逃逸,违背法律适用的基本规则。[1]

二、利益衡量与违约解除限制

(一)《九民纪要》观点

在违约解除场合,一方违约行为导致相对人确有权依法行使约定解除权或法定解除权,但守约方一旦行使解除权,将会使违约方蒙受巨大损失时,是否允许法官从利益衡量角度对守约方的解除权予以限制,从而判决不允许守约方解除合同?对该问题,学术界讨论不多。

从法律层面考察,《民法典》对能否运用利益衡量规则限制解除权,没有具体条文和明确规定。

《民法典》生效前,《九民纪要》第 47 条对约定解除权有限制。《九民纪要》第

---

[1] 参见《中华人民共和国最高人民法院公报》2023 年第 9 期。

47条规定:"合同约定的解除条件成就时,守约方以此为由请求解除合同的,人民法院应当审查违约方的违约程度是否显著轻微,是否影响守约方合同目的实现,根据诚实信用原则,确定合同应否解除。违约方的违约程度显著轻微,不影响守约方合同目的实现,守约方请求解除合同的,人民法院不予支持;反之,则依法予以支持。"违约方的违约程度显著轻微,不影响守约方合同目的实现的,如果允许守约方解除合同,则对违约方利益损害较大,故从利益衡量角度,《九民纪要》不允许守约方在该情况下行使约定解除权。

(二)最高人民法院个案辅助运用判例

最高人民法院个案处理中,有辅助运用利益衡量限制法定解除权的案例。比如:最高人民法院审理的黑龙江省盛玺房地产开发有限公司(以下简称盛玺公司)因与孙某梅、田某峰商品房销售合同纠纷申请再审案[最高法(2015)民申字第1124号]。

盛玺公司申请再审称:孙某梅、田某峰欠付盛玺公司房款82.8万元,超过房款总额1/3,经多次催告,仍不予支付。孙某梅、田某峰严重违约,合同目的已无法实现,盛玺公司有权选择解除合同,这也符合《合同法》第94条的法定解除条件。孙某梅、田某峰已经拖欠房款两年之久,毫无履行债务的意思表示,也无力支付后续房款,如果不判决解除合同,盛玺公司的合法权益将无法获得保障。黑龙江高法二审判决适用法律错误。孙某梅、田某峰辩称:其已付房款167万元,占总房款的2/3,盛玺公司在2012年8月30日后陆续接收其支付的部分购房款,说明双方已经以实际行为变更了付款期限,盛玺公司丧失了解除合同的权利。其根本没有违约,双方合同存在继续履行的基础,合同目的能够实现。盛玺公司交付的房屋未经验收且存在质量问题,其不应支付剩余购房款。其已经实际装修入住案涉房产,盛玺公司要求解除合同没有法律依据。黑龙江高法二审判决客观公正,应予维持。

最高人民法院再审审查认为:一、关于盛玺公司是否享有合同约定解除权的问题。根据盛玺公司与孙某梅、田某峰签订的认购单,当孙某梅、田某峰在约定的2012年8月30日没有交付全部购房款,也没有到售楼部签订正式商品房买卖合同时,双方约定的解除合同的条件已经成就。但盛玺公司没有向买受人履行催告义务行使其合同解除权,而是在2012年10月23日、12月17日、2013年2月5日分三次接受了孙某梅、田某峰交付的购房款72万元、10万元、5万元,其行为表明接受了买受人继续履行合同的事实。至2013年8月30日,盛玺公司仍未依法行使合同约定的解除权，其享有的合同约定解除权至此消灭。黑龙江高法关于此问题的事实认定清楚，适用法律正确。二、关于盛玺公司能否行使法定解除权的问题。合同法的基本价值取向是鼓励交易，所以，除非一方当事人严重违约，导致交易目的不能实现，人民法院在个案中判断是否应当解除双方当事人之间的合同关系时，应当秉持前述立法精神，综合个案情况在利益平衡的基础上具体考量。在交易相对人存在一般违约的情况下，尤其是如果解除合同将导致社会财富的不当浪费时，不宜支持当事人解除合同。从该案查证事实看，案涉商品房总价款249.8万元，孙某梅、田某峰已付房款167万元，尚欠购房款82.8万元。尽管买受人迟延支付部分购房款，构成违约，但迟延付款部分约占房款总额的1/3，尚不构成根本违约。而且，案涉房产早在2012年即已交付，孙某梅、田某峰已进行装修并作为老年公寓投入经营，如果判决解除合同，必然涉及拆除房屋装修以及养老人员重新安置等一系列问题，何况，双方当事人还存在房屋质量、产权办理等其他争议，也就是说，孙某梅、田某峰的违约行为并未达到使合同目的不能实现的程度。因此，相较于解除合同，维持合同效力更有利于维护市场交易秩序的稳定，避免社会资源的浪费，防止衍生其他社会问题。同时，盛玺公司可以按照约定向孙某梅、田某峰主张剩余房款，以实现合同目的。因此，黑龙江高法二审判决维持合同效力，驳回盛玺公司解除合同的诉讼请求并无不当。据上，最高人民法院裁定驳回盛玺公司的再审申请。[1]

从上述案例来看，最高人民法院认为出卖人约定解除权已逾期消灭，购房人在已付2/3购房款情形下，其余款项的迟延给付行为属于违约但不构成根本违约，出卖人不能行使法定解除权，这是裁判基础。在该案中最高人民法院虽然运用了利益衡量规则限制合同法定解除权，但不是单独适用，而是辅助适用，并未抛开法定解除权规则而单独运用利益衡量规则限制合同解除权。

(三) 地方法院判例

笔者曾经办理过一个租赁合同纠纷案件，该案中一审法官实质上运用利益衡量规则限制守约方解除权，但被二审法院改判。案例参考如下(当事人均为化名)：

---

[1] 参见人民法院出版社法规编辑中心编：《最高人民法院裁判观点精编(2014—2015)》，人民法院出版社2016年版，第126~128页。

2011年11月19日，出租人环球公司与承租人康达公司签订房屋租赁合同。合同约定：房屋租赁面积2500m²，康达公司租赁房屋限于开办医疗养老服务行业；租赁期10年，自2012年1月1日起至2021年12月31日止；租金第一年度按每月90元/m²，嗣后每年度上涨5%，直到合同期满；租金按月支付，执行先付后用原则，须于每月前3日支付，逾期付款依未付部分按每日银行贷款利率的4倍支付逾期付款违约金；若承租人逾期1个月未给付租金，出租人有权解除合同；合同因欠付租金解除时，承租人对房屋投入的装修改造等不动产归出租人所有，承租人不得要求补偿或冲抵所欠租金。合同生效后，环球公司如约交付房屋，康达公司对房屋投入不动产改造及装修约600万元；房屋交付后15个月，康达公司因开业困难没有按约交付租金，决定贷款付租，环球公司除催告外又自愿以其他房屋为康达公司银行贷款提供抵押担保，康达公司以贷款付租至2014年10月1日；嗣后康达公司又无力付租，环球公司于2014年11月2日发出催告函，要求支付拖欠租金及违约金，康达公司未履行义务；2014年12月20日，环球公司发出解除合同通知，解除房屋租赁合同，同时告知康达公司退场清算事宜。康达公司未主动退场清算，却向法院起诉，请求确认环球公司解除合同行为无效；但随后康达公司与第三人签订了新的房屋租赁合同。

一审判决认为：(1)虽然康达公司没有按月支付租金且已逾期一年多，但环球公司只是催告，并未及时解除合同，其行为视为认可康达公司不能按月支付租金的事实；(2)环球公司为了获得租金以其他房屋为康达公司的银行贷款提供抵押担保，表明其目的是维持租赁合同关系，并非解除合同；(3)康达公司欠付租金仅两个月，且其前期投入较大，若解除合同，囿于合同对投入不予补偿的约定，康达公司的较大投入无法得到补偿，利益受较大损失，有失公平，《合同法》的立法目的是保护合同当事人的合法权益，维护社会经济秩序及交易稳定。故判决环球公司解除合同行为无效。

环球公司不服一审判决，以其法定解除权未得到保护为由提起上诉。二审判决认为：(1)康达公司不能给付租金的行为违反诚信原则，导致环球公司的合同目的不能实现，环球公司有权解除合同；(2)康达公司在收到合同解除通知后与第三人签订了新的房屋租赁合同，如此情形下，强行要求双方继续履行合同已无必要，故合同应予解除；(3)鉴于康达公司经营项目的特殊性、服务时间的长期性，故给予康达公司6个月的腾退期，房屋租赁合同于2016年6月20日事实解除。故二审撤销原判，判令环球公司解除合同行为有效。

于上案例中,笔者认为:第一,该案一审判决理由的第1、2项不成立,环球公司解除合同的理由不是2014年10月1日之前的未给付租金所致,而是2014年10月1日后康达公司未给付租金且经催告后仍不履行所致,其行使的是法定解除权。第二,一审判决理由的第3项涉及法官运用利益衡量来限制守约方行使法定解除权问题。二审判决未支持一审判决中利益衡量观点,而是依据合同解除规则认定环球公司享有法定解除权;但在解除原因方面,又以违约方已与第三人签订新的租赁合同使涉案合同履行成为不必要而判令合同解除,该判理又隐含利益衡量成分。第三,在合同解除于何时生效问题上,二审法院考虑到了违约方的利益,所以不是判令自守约方发出解除合同通知时生效,而是另辟蹊径,认为合同应自解除通知送达之日起6个月"事实解除",但该6个月"事实解除"没有法律依据。通过二审判决,可以窥见二审法官在利益衡量问题上还是存在说不清道不明的纠结。

(四)笔者观点:仅个案辅助适用

笔者认为:在守约方依法行使约定或法定解除权的场合,法官应根据《民法典总则编解释》第1条的规定正确适用法律,若使用利益衡量规则限制守约方解除权,仅能为个案中例外适用,且不能单独适用,而是辅助适用,理由如下:

1.当守约方依法正当行使解除权时,若法官仅从利益衡量角度不予支持,则与法律适用基本规则相悖。在个案中不能仅因违约方利益失衡而限制守约方解除权,合同解除规则不能动摇,除非在没有法律明文规定或者与法律基本原则冲突的情况。

2.合同解除制度本身是从公平原则、诚信原则所衍生的制度,公平原则的产生本身就是利益衡量的结果。若以利益衡量为由阻止解除权人依法行使解除权,虽然平衡了违约方利益,但使合同解除制度的功能不能发挥,守约方的合法利益得不到保障,也就是说,守约方的利益得不到平衡。

3.在法律无明文规定的情况下,法官以利益衡量为由行使自由裁量权,尤其在法定解除权场合,会导致自由裁量权滥用。即使在个案中适用,特别是在违约方存在一般违约但约定解除权条件已成就的情形下,运用利益衡量规则限制约定解除权,不能单独适用,只能辅助适用。当然,如何辅助适用,应由最高人民法院出台司法解释或者指导判例,并且明确或者限制使用条件、范围,才能确保法律适用的统一性。

4.市场经济是有风险的,有效成立的合同就应当按照诚实信用原则全面履行,违约解除合同所导致的风险,应当由违约方自行承担,不能随意以利益衡量为由阻止守约方行使解除权,否则是对违约方法外开恩;反之,享有解除权的守约方之所以解除合同,亦有其自身的利益衡量,在违约方违约的情形下,守约方的利益也需要保护,而且这种保护是有法律依据的,对守约方而言,不是法外开恩。故即使行使利益衡量规则限制解除权,亦应避免将应由违约方承担的交易风险,转嫁给无辜的守约方。

第六节 解除权之失效

一、权利失效理论

(一)权利失效之内涵及要件

1. 权利失效之内涵

权利失效是德国法上创设的一项制度,日本、我国台湾地区也通过判例确认了该制度。

德国学者拉伦茨认为:"权利失效是指如果权利人长期地不主张或行使自己的权利,像请求权、形成权和抗辩权,特别是当权利人对于有关财产安排或对某种他本来可以用来保护自己不受损害的措施置之不理时,使权利的对方合理地认为权利人不再行使他的权利时,这种权利就可能失效。"[1]

王泽鉴教授认为:"权利者在相当期间内不行使其权利,依特别情事足以使义务人正当信任债权人不欲使其履行义务时,则基于诚信原则不得再为主张。"[2]

王利明教授认为:"权利失效是指权利人在特定期限内不行使或从事某种行为,使相对人有合理理由信赖其将不行使某种权利,依据诚信原则,应当认定其权利已经丧失的一种制度。"[3]

我妻荣教授根据日本判例指出:"日本民法之下,失效原则具有补充消灭时效和除斥期间的作用,对日本民法不承认消灭时效的基于所有权的物上请求权和同样的登记请求权,还有共有物分割请求权等恰恰应该是失效原则活跃的领域,再有,关于专利权和商标权等,生产者和消费者的信赖,期待现实的出现的情况为多,

---

[1] [德]卡尔·拉伦茨:《德国民法通论》(上册),王晓华等译,法律出版社2004年版,第309~310页。

[2] 王泽鉴:《民法学说与判例研究》(重排合订本),北京大学出版社2015年版,第230页。

[3] 王利明:《民法总则研究》(第2版),中国人民大学出版社2012年版,第458页。

所以应当诉诸失效原则的场合也多。"[1]

据上,权利失效是以诚实信用为原则,禁止权利滥用、信赖利益保护为理论依据,在司法实务中发展出来的一项制度,但各国并无立法规定。

2.权利失效的要件

权利失效的要件具体为:(1)必须有权利在相当长时间内不行使的事实,并有特殊情况,足以使义务人有合理理由相信权利人,在义务人未履行义务致使再行使权利有违诚信原则的情形;(2)作出此项判断必须考量权利的性质、法律行为的种类、当事人之间关系、社会经济状态及其他主客观因素综合认定;(3)权利失效须从严认定,避免软化权利功能,避免产生债务人规避债务的道德风险。王泽鉴教授认为:"权利失效系权利不当行使举证之一的特别形态,故以认为,权利自体并未消灭,仅发生抗辩较为妥实。"[2]权利失效主要适用于时效期间过长、形成权未设定除斥期间等场合。

(二)权利失效与权利放弃、期限规定之区别

1.权利失效与权利放弃不同,表现为:(1)权利失效并非基于法律行为,而是基于诚信原则,权利人是否认识到这点,在所不问;权利放弃则是基于权利人的意思表示,即使通过行为的默示放弃也需要探求当事人的真意。[3] (2)就举证责任分配而言,对于权利失效,当事人在证明权利人不行使权利的客观事实之外,还需要证明其对权利人将不行使权利产生合理信赖的事实存在;对于权利放弃,需要证明权利人不行使权利的客观事实存在,还需要证明权利人放弃权利的意图和放弃权利的具体行为,在进行推定放弃时,应遵守推定的相关证据规则。

2.权利失效与诉讼时效不同,表现为:(1)诉讼时效仅以债权人在一定时间内不行使权利的事实为要件;权利失效则是权利人经过相当长时间不行使权利,并且有特定事实足以使义务人信赖权利人不再主张该权利。(2)诉讼时效的对象限于请求权,而权利失效的对象包括一切权利。(3)请求权超过诉讼时效的,须当事人主动抗辩,法院不主动审查;权利失效的,法院应主动审查。[4]

3.权利失效与除斥期间不同,表现为:(1)除斥期间仅以一定期间经过为要件;权利失效除期间因素外,还要基于特别情况而产生的信赖性及不可责望性。(2)除

---

[1] [日]我妻荣:《民法讲义Ⅰ:新订民法总则》,于敏译,中国法制出版社2008年版。
[2] 王泽鉴:《民法学说与判例研究》(重排合订本),北京大学出版社2015年版,第232页。
[3] 参见王泽鉴:《民法学说与判例研究》(重排合订本),北京大学出版社2015年版,第232页。
[4] 参见王泽鉴:《民法学说与判例研究》(重排合订本),北京大学出版社2015年版,第232页。

斥期间经过后法律效果是形成权消灭,而权利失效仅仅是对权利行使的限制,不消灭权利本身。[1]

二、解除权失效之争议

在理论上,解除权失效是权利失效的一种。但我国原《合同法》及《民法典》对权利失效没有规定,也就是说,现行法律对解除权失效没有规定。当然德国、日本也没有规定权利失效,但它们是根据判例来体现权利失权制度的。

在我国,能否根据权利失效理论来认定解除权失效,存在争议。

一是"肯定说"。韩世远教授认为:解除权产生后,在相当长期间内未行使,使得对方对于解除权的不被行使产生合理信赖,依据诚实信用原则,可以认为解除权人不得再行使其解除权(权利失效原则)。[2] 最高人民法院法官在著述中认为:在非解除权方消极履行合同义务时,解除权人应在合理期限内作出解除合同的意思表示,逾期将导致该项权利消灭。法律不保护该项权利沉睡者,权利人怠于行使权利的,将自行承担利益受损的风险。每个人都是自己利益的最佳判断者,在对方未继续履行主要债务时,解除权人至少已知道自己享有合同解除权,在其合法权益受到侵害的情况下,不积极采取行动追偿损失,而是选择消极行使权利,法律对此已无保护的必要。[3]

北京市第三中级人民法院民事审判第一庭亦持肯定观点,他们认为:"合同解除权失权,是对合同解除权滥用的限制。民事权利的行使应当符合诚实信用原则,一旦违反诚实信用原则,即使权利还存在,也不应准许权利人行使其权利。合同解除权的失权,是指按照正常交易人的判断标准,如果相对方有理由相信享有合同解除权一方不会行使其权利,并据此做出相应的交易安排,在此情况下解除合同违背诚实信用原则,损害合同相对方合理的信赖利益,就不应支持享有合同解除权一方行使其解除权。租赁合同中,出租人因承租人曾迟延交付某一期租金享有合同解除权,出租人未行使该合同解除权,承租人继续交纳租金且出租方也接受了后续租金。在此情况下,出租人未在合理期限内解除合同并继续收取后续租金,使承租人有理由认为出租人不会再因该迟延交付租金行为行使合同解除权。现出租人以承租人曾经迟延交付一期租金并达到合同解除条件为由行使合同解除权,

---

[1] 参见王泽鉴:《民法学说与判例研究》(重排合订本),北京大学出版社 2015 年版,第 232 页。
[2] 参见韩世远:《合同法总论》(第 3 版),法律出版社 2011 年版。
[3] 江必新、何东林:《最高人民法院指导性案例裁判规则理解与适用:合同卷一》,中国法制出版社 2012 年版,第 358 页。

法院不应支持。"[1]

二是"否定说"。王利明教授认为：尽管德国司法实践采纳"失权"理论，但这一理论在我国尚难以适用：一方面，在我国，民事权利的发生、变更、消灭都应当有合法的依据，不能完全委诸法官的自由裁量权，否则将会使法律的安定性受到极大影响。另一方面，权利人在规定的期限内不行使权利，并不需要另外创设"失权"制度来解决此类问题，因为通过既有的时效和期限制度足以解决权利或者利益丧失的问题。[2] 还有学者认为：我国现行法规定的普通诉讼时效期间远短于德国（债法改革前为30年），日本（10年、20年），权利失效在这些国家及地区的重要功能是弥补普通时效期间过长造成的弊端，防止权利人长时间不行使权利造成相对人信赖损失，由于我国普通诉讼时效期间仅为2年，在这么短时间内，相对人比较容易以此作为调整自己行为的基础，不大可能出现需要法律保护的信赖利益；在《民法典》上以成文法形式规定权利失效，具有无法克服的障碍，如果在《民法典》上规定权利失效，那么是否规定具体的失效时间呢？如果规定，显然与诉讼时效和除斥期间相冲突，或者沦为特殊时效期间，那就丧失了其原本的价值，如果不规定，那么已有诚实信用原则、禁止权利滥用原则一般条款，再重复设置一个抽象条款，无实际意义；如果法律对某种形成权既未规定除斥期间，也未规定催告程序，则应属法律漏洞，应通过修改法律或其他漏洞补充方法来确定形成权的行使期限，而并非只有承认权利失效才能解决。[3]

笔者倾向"否定说"，认为：解除权行使期限不明，可通过修改法律明确除斥期间予以解决，不宜通过权利失权制度解决。一旦选择权利失权制度来认定解除权失权，必会将"究竟于何时失权"这一重大问题交给法官自由裁量裁决，而将权利失权这一重大问题，交付于"自由裁量裁决"，判决结果必然是各种各样，实有损法制统一。现行《民法典》对解除权行使的除斥期间已作出新的规定，不再存在立法不明问题，对于解除权默示放弃的认定，最高人民法院已有判例，于此情形下，再允许用法无规定的权利失权制度认定解除权失权，颇为不妥。

三、标的物返还不能与解除权失效

合同履行过程中，守约方受领标的场合，自己原因导致所受领标的物严重损

---

[1] 北京市第三中级人民法院于2016年11月12日发布的《21个合同解除疑难问题解答》。
[2] 参见王利明：《民法总则研究》（第2版），中国人民大学出版社2012年版，第459页。
[3] 参见杨巍：《我国民法不应建立权利失效制度》，载《甘肃政法学院学报》2010年第1期。

毁、灭失或其他原因不能返还时，解除权是否失效（或消灭），我国原《合同法》和《民法典》对此都没有规定。

但实务中常见此问题。例如，甲向乙开发商购买门面600平方米，总价2000万元，乙开发商交付房屋后，甲将门面租与第三人进行精装修开设酒店，同时又将房屋以按揭方式抵押给银行，后乙开发商未能及时提供办理房屋权属的证书资料，致使甲暂时办不到不动产权属证书。甲提出解除合同，要求乙开发商返还购房款、赔偿损失。而此时，甲对乙开发商交付的房屋存在客观返还不能的情形，于此情形下，甲是否仍享有合同解除权，这是实务中需要解决的问题。

原《德国民法典》第351条规定，解除权人因可归责于自己的事由，其所受领的标的物严重损毁、灭失或者其他事由不能返还时，解除权消灭。标的物重要部分的灭失与标的物的严重损毁相同。该法典第278条规定，他人的过失应归责于解除权人的，与解除权人自己的过失相同；第352条规定，解除权人加工或者改造所受领的标的物使其变为其他种类物的，解除权消灭；第353条规定，解除权人出让受让标的物或者在其上设定负担场合的，解除权消灭。《日本民法典》第548条也有相似的规定。但德国法也在演进，《德国债法现代化法》废止了原《德国民法典》第350~354条，并于第346条第2款规定了以作价来偿还代替返还，解除权并不消灭。德国法的这一转向，应当值得关注。

笔者认为：既然《民法典》没有对解除权人不能返还标的物时的解除权进行限制，那么在认定解除权人能否行使解除权时，不能以标的物能否返还作为限制解除权行使的考量因素，应依解除权的其他规则判定能否支持解除权人解除合同。如果认定解除权人有权解除合同，而解除权人无法返还标的物，应适用补救措施，可借鉴德国法变化后的规定，当可归责于解除权人的事由使受领标的物严重损毁、灭失或因其他原因而不能返还时，当事人仍享有解除权，但行使解除权后，须对已受领而不能返还的标的物，进行作价偿还。

第九章
合同解除效力和后果

第一节 合同解除效力之争议

合同解除后,如何确定解除后果中的恢复原状、采取补救措施、损害赔偿等问题,都涉及合同解除溯及力问题,都是以合同解除溯及力为前提和基础的。所以,合同解除效力问题的核心,在于解除权行使是否具有溯及既往的效力。

溯及力是法律上拟制的技术,民法理论上对于溯及力含义的理解存在两种不同的观点。一种观点认为,溯及力是使法律行为溯及消灭的效力;另一种观点认为,溯及力是使法律行为结果发生溯及消灭的效力,而法律行为本身并不因溯及力消灭。综观两种观点,前者为通说,后者为新说。[1] 以对溯及力含义的两种不同观点为基础,合同解除的法律效果理论发展出不同学说成为必然。这在大陆法系国家是一个充满争议的经典难题,我国亦不例外。

在合同解除究竟有无溯及力问题上,发生了诸多争议且经久不息,甚至形成了学术上门派之争。其原因是,对合同解除有无溯及力的不同理解,意味着对合同解除制度体系内部结构的不同理解,进一步解读,合同解除是否导致合同消灭,并不是单纯概念上的问题,实质上与合同解除后当事人的利益衡量有密切的关系。由于诸多学说各执己见,即使如《德国民法典》对合同解除究竟有无溯及力问题也没有规定,这并非立法者的疏忽,而是立法者鉴于学说分歧,难以抉择,有意回避。

一、合同解除效力之四种学说

对合同解除效力的理解,我国理论界及实务界存在四种学说观点:直接效果

---

[1] 参见李晓钰:《合同解除制度研究》,西南政法大学2014年博士学位论文。

说;间接效果说;折中说;清算关系说。前三种学说观点是以"溯及力以法律行为溯及消灭"为基础产生的不同观点,是旧说。清算关系说是以"溯及力是使法律行为结果发生溯及消灭的效力"为基础产生的观点,是新说。

(一) 直接效果说

该说认为:合同一经解除,即溯及既往地消灭,尚未履行的债务免予履行,已经履行部分发生返还请求权。[1] 在我国,直接效果说以崔建远先生为代表。合同解除的结果是契约关系的追及性消灭,即当作本来就不存在来处理。[2] 解除不仅是尚未履行的各项给付义务消灭的原因,而且是整个合同关系消灭的原因。此说的核心是赋予解除权溯及既往的效力,目的是使合同好像从来就没有存在过一样,如同台湾学者黄立所说的:"亦即契约经解除者,视为自始未成立,而使解除效果与撤销相同。"[3] 关于合同解除后返还请求权的性质,崔建远先生认为:由于我国法律未承认物权行为独立性理论和无因性理论,给付人请求受领人返还给付物的权利是所有物的返还请求权,它优先于普通债权得到满足。[4] 依此说的逻辑,必须认定合同原已履行的给付,现因无法律原因而产生不当得利返还请求权。在返还金额范围上,它以给付时的价值额为标准进行返还,受领人获利益多少,在所不问。据此,原《合同法》第97条的"恢复原状"仅指物的返还请求权,在给付物为动产时是指"有体物的返还",给付物为不动产且已经办理转移登记时,则为先将受领人的登记注销,使登记恢复到给付人的名下;而该条中的"采取其他补救措施"适用于给付劳务、物品利用、交付金钱、受领原物毁灭等场合。从权利角度看,该条规定属于不当得利返还请求权。总之,依直接效果说,合同解除合同之债消灭,原《合同法》第97条规定的合同解除后果所形成之债,系根据民法或者合同法的特别规定而成立的法定债务关系。此说为德国以前的通说(注:德国法现已改变),现仍然为我国台湾地区理论界和实务界所采用。

主张直接效果说的理由有三:首先,从立法体系上看,原《合同法》第91条规定的"合同的权利义务终止"的7种情形中,"合同解除"被列为其中之一,权利义务终止的本质是合同再无法律约束力,可见立法者是采纳公司解除直接消灭合同关系的观点。其次,从立法背景看,原《合同法》第97条是崔建远教授和王轶博士、杨明

---

[1] 参见崔建远主编:《合同法》(第5版),法律出版社2010年版,第258页。
[2] 参见[日]铃木禄弥:《物权的变动与对抗》,渠涛译,社会科学文献出版社1999年版,第72页。
[3] 黄立:《民法债编总论》,中国政法大学出版社2002年版,第529页。
[4] 参见崔建远:《解除权问题的疑问与释答(下篇)》,载《政治与法律》2005年第4期。

刚博士依直接效果说设计而成的,并未受 CISG 和 PICC 等的影响,所以该条文贯穿了这些学者的思路。再次,原《合同法》第 97 条规定的恢复原状、采取其他补救措施、赔偿损失三种法律效果是并列而由法律直接规定的,通过直接效果说予以解释更符合逻辑。这里的恢复原状是指有体物返还或者不动产情况下的转移登记,性质上属于物的返还请求权;而采取补救措施是指所提供劳务的恢复原状或者受领标的物为金钱时的恢复原状、受领标的物消灭时的恢复原状,性质上属于不当得利返还请求权;赔偿损失则是指上述救济方式以外的其他损失。[1]

但是直接效果说在法理上存在明显的逻辑矛盾:其一,既然合同解除后,合同关系不复存在,则在违约解除场合,守约方就没有依据主张违约责任(包括定金责任、违约金责任及履行利益的损害赔偿责任等),在对主债务设立担保场合,担保债务因合同解除后主债务的消灭而消火,将使解除后的返还义务失去担保,如此一来,守约方的利益将无从保护,换言之,守约方因对方违约行使解除权的结果是不利益,违约方还因合同解除而获利,此显然与诚信原则背道而驰。其二,若认为合同解除后双方的返还义务属于法定债务,则双方的返还义务互相独立,不存在牵连关系,但是解除的重要功能在于维持双方对待给付的平衡牵连关系,没有理由认为合同一旦解除,这种牵连关系就不存在了。其三,若解除合同后恢复原状的性质属于不当得利性质,则应当注意到,不当得利的前提是受领人取得利益(包括接受给付)本质上是没有合法依据的,而合同解除前合同双方接受对方的给付都存在合法依据,这个依据就是以合同有效为前提,这一依据或原因不因为合同解除而消灭。在违约情形可达到解除条件时,守约方既可以主张解除合同,也可以选择继续履行公司并要求违约方支付违约金,就充分说明这一点,而这也正是合同解除和合同无效、可撤销的重要区别。

(二)间接效果说

该说认为:合同并不因解除而归于消灭,解除行为只发生阻却合同效力的功能,对于已履行的债务,发生新的返还义务,对于未履行的债务,发生拒绝履行的抗辩权。该说的核心是合同解除的发生并不等于合同关系溯及性消灭。

该说的特点是:其能将合同解除的若干效果在一个比较一致的平台上予以解释,但并未能达到最优效果;在给付已履行的情况下,依据间接效果说,原债务不消灭,但却发生新的返还债务,在解释损害赔偿、解除条款、同时履行抗辩权乃至担保

---

[1] 参见崔建远:《解除权问题的疑问与释答(下篇)》,载《政治与法律》2005 年第 4 期。

的情况下,仍需借助同一性等规则说理。[1]

(三)折中说

该说认为:在合同解除时,未履行的债务自合同解除时归于消灭(与直接效果说相同),已经履行的债务并不消灭,而是因合同解除发生新的返还请求权(与间接效果说相同)[2]。该说以韩世远先生为代表。韩世远先生认为,合同解除并不溯及地消灭合同关系,因此合同解除前的受领仍然具有相应法律上的效力,所以恢复原状的义务并非不当不利返还义务;同时这种恢复原状的请求权也不是物的返还请求权,我国法律虽不承认物权行为无因性理论,但采取物权行为与原因行为的区分原则,在物权变动上,除了要求当事人有变动物权的意思外,尚需交付登记。因此,合同解除后给付物的所有权并非随着解除的意思表示而达到自动当然地复归于解除权人。另外由于解除前的合同关系仍然有效,以恢复原状为目的的请求权应为债权,通过这种债权来达到"恢复原状"的结果,实现权利的逆变动(复归)。据此,原《合同法》第97条的"恢复原状"是指财产(给付)返还的是债的请求权,而不是物的返还请求权,也不是不当得利返还请求权。"恢复原状"的具体内容是指给付的全面返还,包括标的物的返还(原物返还或作价返还)、利息、果实及使用利益返还、投入费用偿还等,甚至还包括原物返还不能时的风险负担。[3]

反对折中说的观点则认为:若原《合同法》第97条中的"恢复原状"是指对相对人给付的全面返还,包含特定物的返还、行为给付的返还、原物返还不能的风险承担等多种形态,那么第97条中与"恢复原状"平行的"其他补救措施"将处于无明确指向、缺乏规范的状态,该种情形似乎亦不符合立法意图。

(四)清算关系说

该说认为:合同解除并不像合同撤销和合同无效那样使合同归于消灭,而是将当事人从履行的给付义务中解脱出来,并且在继续存在的合同框架之下通过"重新控制"将当事人所履行的给付回转成为清算了结关系。在清算了结最终结束之前,合同继续存在,并没有被解除;对于已完成的给付,给付义务通过改变方向成为对置关系;对于未完成的给付,给付义务通过解除归于消灭。合同在这里是起到作为

---

[1] 参见韩世远:《合同法总论》(第3版),法律出版社2011年版,第527页以下。
[2] 参见韩世远:《合同法总论》(第3版),法律出版社2011年版,第526页。
[3] 参见韩世远:《合同法总论》,法律出版社2004年版,第617~618页。

清算了结框架的作用,即原合同因为返还债的关系而继续存在(此为解除的返还功能),只是原给付义务自始消灭(此为解脱功能)。合同解除导致了合同关系清算,而该清算关系并非不当得利之债或者其他法定之债,其仍是合同之债。合同解除只发生债的效力,而无物权效力,合同解除之后,所有权并不自动返回。[1]

清算关系说是基于合同解除溯及力采用"溯及力是使法律行为的结果发生溯及消灭"而产生的结果。该说实质主张合同解除效果为债的内容的变更,而非债的消灭,合同解除前后的债的关系维持同一性。该说是以诚信原则为核心基础和内容重新构建的合同解除制度。笔者认为,诚信原则为合同法的"帝王原则",故依诚信原则在合同解除理论中演进的清算关系说应当有足够的法律基础。

二、清算关系说之评述

1. "直接效果说"发源于德国,但该说现已被淘汰。德国旧说认为合同解除有溯及力,并在立法上加以贯彻。[2] 结果导致在德国旧法上,解除合同和债务不履行的损害赔偿不能并存,不能满足现实的要求。德国新债法实施后,允许当事人在解除合同时请求债务不履行的损害赔偿。而且德国司法实践中也允许解除权人在解除合同时主张迟延损害、因不良给付发生的损害、因缔约过失发生的损害等。

2. "清算关系说"认为合同解除无溯及力,对此有学者认为如果合同解除无溯及力,则与合同解除制度的价值存在根本冲突;合同解除制度的价值就在于使当事人彻底摆脱已成立并已生效合同的约束,消除其对当事人权利义务的影响;合同解除若无溯及力,则在合同解除前当事人已为的履行或受领行为依然有法律依据,依然对当事人有法律约束力,当事人无法摆脱合同的约束。然而,清算关系说虽然否认合同解除有溯及力,但该说认为解除权的行使可以使当事人摆脱合同关系的束缚,不使合同关系自始消灭,是为了使原合同关系继续和变形的损害赔偿责任仍然存在,而且从解除权人的意思来看,其行使解除权时,绝对不愿抛弃对违约方的损害赔偿请求权,同时因债务不履行而发生的其他责任,如侵权责任,同样继续存在。

3. 坚持合同解除有溯及力的意义主要是针对合同解除后双方履行的给付如何返还问题。"直接效果说"坚持合同解除有溯及力就是要与能否恢复原状直接对应,其要点是,若合同解除有溯及力就应当恢复原状,无溯及力就不应当恢复原状。但是该说并未考虑到若坚持合同解除有溯及力将影响违约损害赔偿请求权,影响

---

[1] 参见王洪亮:《债法总论》,北京大学出版社2016年版,第359页。
[2] 参见郑玉波:《民法债编总论》,台北,三民书局1978年版,第338页。

合同中的违约金条款、定金条款。因为从逻辑上说，若坚持合同解除有溯及力，意味着合同关系一旦解除，合同关系就溯及地消灭，视同自始不存在，那么违约金责任、违约损害赔偿责任、定金责任等合同违约责任就成了无源之水，无本之木，就应随之消灭；此情形下，绝非解除权人所乐见。而"清算关系说"却能完美解决这一问题。

4. 法不溯及既往为法律适用的一般原则，溯及既往为例外。坚持合同解除有溯及力的观点是对法不溯及既往原则的违反，其结果将导致法律关系无法稳定，同时给实践带来严重困扰。诚如有学者认为："债务不履行的损害赔偿必须以合同有效存在为前提。合同解除溯及地消灭债权债务关系，又不影响请求不履行之损害赔偿，其间的矛盾而带来的张力实在无法为法律所承受。"[1]

鉴于此，有学者认为："直接效果说"应被"清算关系说"所替代。解除权并不导致合同的消亡，而是使合同向原合同的反向发展，并产生新的保护义务和其他附随义务，原合同仍然是这种逆向发展的基础；合同关系中"原义务"虽得以免除，但是因为对"原义务"的违反而产生的"次义务"，即损害赔偿责任、定金责任和违约责任仍然存在，对于在合同履行期间合同解除所产生的民事责任更加不应受到影响。"清算关系说"不仅弥补了旧学说的不足，而且理顺了"溯及效力"与"恢复原状"的矛盾关系，增进了法律体系内部的和谐与统一，我国在制定《民法典》时应顺应这一变革。[2]

有关合同解除效力的争议，对学说和立法发生影响的主要是直接效果说和清算关系说，至于间接效果说和折中说已不被提及。相比较而言，后两种学说理论上的缺陷更为明显。"间接效果说"对于未履行的债务在理论构成上是通过抗辩权拒绝履行，由于债务并没有消灭，因此在理论上存在作为自然债务及抗辩权永久性问题的余地，债务人如任意履行，相对人的受领仍属有效，这样的法律构成未免无用，从原《合同法》第 97 条"合同解除后，尚未履行的，终止履行"的规定来看，并没有采纳间接效果说。[3] "折中说"的核心观点是对于已经履行的债务并不消灭，而是发生新的返还债务，该句中前一个"债务"基于合同而产生，系合同债务，适用意思自治原则；后一个"返还债务"基于合同解除而产生，是法定债务，其效果由法律规定。二者虽有强烈的牵连关系，某些情况下甚至具有同一性，但不是一个债务。况且合

---

[1] 蔡立东：《论合同解除制度的重构》，载《法制与社会发展》2001 年第 5 期。
[2] 参见曾祥生：《合同解除效力的比较研究》，载《武汉大学学报（哲学社会科学版）》2009 年第 4 期。
[3] 参见韩世远：《合同法总论》，法律出版社 2004 年版，第 617 页。

同债务一经履行完毕,就应归于消灭,转化为他种权利,折中说称"对于已履行的债务并不消灭"不符合事实与逻辑。[1] 另外,该两说均认为恢复原状义务是合同解除后新产生的义务,由于原《合同法》第95条未明确规定解除权的除斥期间,仅规定可以由法律规定,也可以由当事人约定或经过相对人催告确定的合理期限为除斥期间,那么在法律、当事人均未规定解除权的除斥期间,当事人也未催告的情况下,除斥期间并不存在。假定债权人在解除权发生后5年内未行使,突然再行使解除权,那么作为新产生的权利仍然可以主张恢复原状,显然有悖于诉讼时效。[2]

三、《民法典》实施后最高人民法院的观点

《民法典》实施后,对合同的解除有无溯及力问题,最高法民一庭的观点是:合同的解除原则上有溯及力,但持续性合同的解除无溯及力。虽然对于合同的解除有无溯及力这一问题存在争议,但我们认为,合同的解除原则上有溯及力,理由如下:

1. 承认合同的解除有溯及力对非违约方来讲一般有利。例如:(1)在非违约方已给付而违约方未给付的情况下,合同的解除有溯及力意味着合同被视为自始不存在,此时非违约方则可基于所有物返还请求权而要求违约方返还其已给付之物;如合同的解除无溯及力,则非违约方仅能以不当得利返还请求权要求违约方返还其已给付之物。显然所有物返还请求权属于物权性请求权,在破产等特殊情形下,其效力强于属于债权的不当得利返还请求权。故在此情况下,承认合同的解除有溯及力更有利于保护非违约方的利益。(2)在非违约方未给付而违约方已给付的情况下(此情况通常为瑕疵给付),承认合同的解除具有溯及力,则发生相互返还的效果,非违约方可将瑕疵给付返还给违约方,更好地维护自己的利益。(3)在双方互为给付的情况下,合同的解除有溯及力符合双方利益需求,对违约方同样有利。

2. 相反,否定合同的解除有溯及力,可能会使双方当事人为了避免给付时间差之内合同解除给己方带来的不利后果(无法请求对方给付且自己的给付无法要求返还),在给付时间和顺序上发生不必要的争执,影响交易顺利进行。[3]

四、《民法典》对合同解除后果之修改

《民法典》第566条规定:"合同解除后,尚未履行的,终止履行;已经履行的,根

---

[1] 参见崔建远:《解除权问题的疑问与释答(下篇)》,载《政治与法律》2005年第4期。

[2] 参见葛云松:《期前违约规则研究——兼论不安抗辩权》,中国政法大学出版社2003年版,第376页。

[3] 参见最高人民法院民事审判第一庭编:《民事审判实务问答》,法律出版社2021年版,第32页。

据履行情况和合同性质,当事人可以请求恢复原状或者采取其他补救措施,并有权请求赔偿损失。合同因违约解除的,解除权人可以请求违约方承担违约责任,但是当事人另有约定的除外。主合同解除后,担保人对债务人应当承担的民事责任仍应当承担担保责任,但是担保合同另有约定的除外。"该条为合同解除后果的规定,其中,该条第1款源自原《合同法》第97条,内容相同,没有改变。

本条第2款、第3款是新增条款。这两条新增加的规则进一步说明了合同解除的主要目的在于向后和向前同时消灭合同关于给付的效力,但不影响其他条款的效力,这里的"其他条款"是指合同约定的结算条款、清理条款、争议解决条款、违约责任条款、担保责任条款等。尤其是合同因违约解除违约方应承担违约责任这一点,区分了违约解除后果和非违约解除后果,使二者泾渭分明。

本条是关于合同解除后果的规定,如同《德国民法典》一样,没有对合同解除有无溯及力作出明确规定,而是以"根据履行情况和合同性质"为标志,赋予法官在个案中具体决定。

根据本条的规定,我国合同解除的法律后果包含以下四个方面的内容:

一是债务未履行的情形。该种情形下债务应当终止履行。所谓"尚未履行的"系指尚未履行的合同原定债务。所谓"终止履行"是指将来的债务终止履行,宜理解为债务免除,并非相对人取得抗辩权。因为合同解除作为终结合同关系的手段之一,解除权人负有的债务如尚未履行便因解除权归于终结,这是解除权人所追求的主要目的之一,也是解除制度最基本功能的体现。

二是债务已履行的情形。所谓"债务已经履行的"系指已经履行完的合同原定债务。该种情形下应当根据履行情况和合同性质,恢复原状或采取补救措施,并赔偿损失。该条并未涉及合同的解除有无溯及力问题,只是明文规定合同解除的后果应根据"合同性质"和"履行情况"来确定。

所谓根据"合同性质"确定解除后果,是指根据合同类型、性质及标的的属性来确定合同解除后果,比如,一时性合同存在返还情形,持续性合同和涉及第三人利益合同或交易秩序合同不存在返还问题。所谓根据"履行情况"确定解除后果,是指根据已履行部分对合同债权的影响来确定合同解除后果。据此,我国《民法典》对合同解除后已经履行部分有无溯及力虽涉及,但采取的是一种比较务实的态度。

当然,在确定合同解除后果时,还应当考量当事人的意志因素。在违约解除情形下,比如,一方当事人发生预期违约、迟延履行、根本违约等情形时,合同解除是否溯及既往地恢复原状,宜充分尊重非违约方意见。但若合同因不可抗力解除,双方均没有责任,合同的解除原则上无溯及力,但在具体个案上还应以公平原则综合权衡双方利益。另外,如果当事人双方在合同中对合同解除之后有无溯及力已有特别约定,应视为清算清理条款,从当事人之间的特别约定。当事人通过协议方式解除合同,对合同解除后果及溯及力有特别约定的,也应遵从。

三是合同因违约解除情形。该种情形下违约方应当承担违约责任,但另有约定的除外。合同因违约解除,无论是一方因对方违约行使约定或法定解除权解除合同,还是双方因一方违约或双方违约合意解除合同,除当事人另有约定外,守约方可依《民法典》第566条及第577条的规定,要求违约方承担违约责任。违约责任的承担,包括违约金。

四是担保合同处理。担保合同不随主合同的解除而解除,但另有约定的除外。担保合同是主合同的从合同,具有从属性。主合同解除不等于主合同无效。主合同无论是约定解除还是法定解除,均不影响担保合同效力。担保合同并不一并随主合同解除,担保人仍须承担担保责任,除非担保合同另有约定。需要注意的是,"另有约定"是指担保合同中关于主合同解除时担保人免责或者担保人仍承担担保责任范围的约定,不包括担保合同中关于履行期限的约定。主合同解除后,担保人主张担保合同的约定履行期限未届至,应按原合同约定的履行期限来承担担保责任的,不予支持。[1]

应当注意的是,此处的担保人系指为主合同债务提供担保的第三人。如果缔约人之间为达成交易,对对方债务提供担保,此时若缔约人之间的合同解除,与此相关的担保合同反而可能因合同目的不达而产生解除权。此种情形下,不属于《民法典》第563条第3项的调整范围。

第二节 合同解除与恢复原状

一、恢复原状之性质

(一)《民法典》体系中的"恢复原状"

我国《民法典》立法体系中的"恢复原状"有如下几种规定。

(1)《民法典》第179条规定的"恢复原状",与返还财产、赔偿损失、支付违约金

---

[1] 参见最高人民法院民法典贯彻实施工作领导小组:《中华人民共和国民法典合同编理解与适用(一)》,人民法院出版社2020年版,第665页。

等并列为承担民事责任的主要方式,在此,"恢复原状"区别于返还财产和赔偿损失、支付违约金等,是一种独立的民事责任承担方式。

(2)《民法典》第237条规定:"造成不动产或者动产毁损的,权利人可以依法请求修理、重作、更换或者恢复原状。"该法条中的"恢复原状"与前述第179条规定的"恢复原状"一样,为狭义的含义,仅指使物恢复遭受物理毁损前的状态。

(3)《民法典》第566条第1款规定的"恢复原状",与前述条文中的"恢复原状"不同,它是合同解除的后果之一。恢复原状是一时性合同解除最主要的法律效果,而恢复原状最通常的方式就是返还,包括物的返还、金钱的返还、权利的返还等。

合同解除后果中的"恢复原状"是指恢复到订约前的状态。恢复原状时,当事人因合同取得的财产,经审查可以返还的,应当返还;不能返还或没有必要返还的,应予折价赔偿。这种赔偿属于信赖利益赔偿。

(二)合同解除恢复原状性质

由于对合同解除效力的认识不同,对合同解除后恢复原状的性质,在理论认识上亦存在争议。

直接效果说认为,《民法典》第566条第1款中的"恢复原状"仅指物的不当得利返还请求权,其他不能返还的如利息、使用利益等归于"其他补救措施"。

折中说认为,《民法典》第566条第1款中的"恢复原状"是指财产(给付)返还的债的请求权,包含折价返还、利息返还、使用利益返还等,而不是物的返还请求权,也不是不当得利返还请求权。

但直接效果说和折中说都不认为《民法典》第566条第1款中的"恢复原状"系《民法典》第179条、《民法典》第237条所指的使物恢复遭受物理毁损前的状态的恢复原状。

清算关系说认为,合同解除中的"恢复原状"是对已履行的给付产生一种恢复原状的清算了结关系,而该清算关系并非不当得利之债或者其他法定之债,而是合同之债,在性质上具有债权效力的请求权,当事人应当依诚信原则予以返还。但应当根据合同性质及履行状况判定恢复原状的请求是否应予支持,若在事实及法律上无法恢复原状,则不能提出恢复原状的请求,此时应当向当事人释明,由当事人转换为主张违约责任、补救措施或者损害赔偿请求。

二、恢复原状之内容

合同既然已解除,已经完成的履行如已经支付的金钱(价款或货款或租金或报酬或佣金等)、已经交付的动产(机器设备、原材料、交通工具、生活资料、办公用品等)、已经交付的不动产(建筑物、构筑物等)、已经交付的权利(股权、基金份额权、商标权、专利权、著作权等)、已经交付的工作成果(工程等定作物)、已经完成的劳务(管理、服务、保管、运输等)、已经经过的履行事实状态(租用、借用等)等均存在如何处理问题。

根据《民法典》第566条第1款中的"根据履行情况和合同性质"的规定,恢复原状的具体内容,应根据个案的合同性质、标的属性、双方当事人履行的情况等,具体情形具体分析。

(一)合同性质与恢复原状

一时性合同的解除后果一般具有溯及力,双方债权债务关系可以溯及合同成立时消灭,一般具有恢复原状的可能性,可以产生恢复原状义务。持续性合同,因其性质决定了解除效力只能向将来发生,已经履行的部分继续有效,无恢复原状的可能,或无恢复原状的必要。对于涉及善意第三人的合同,在标的物已经转让给善意第三人的情形下,若返还,将损害第三人利益,故不能返还,只能折价返还。在委托合同中,合同解除后若允许将已办理的委托事务恢复原状,意味着委托人与第三人产生的法律关系失效,将使第三人利益失去保障,故委托合同不发生恢复原状问题。

(二)标的属性与恢复原状

买卖合同中,若以金钱给付为标的,合同解除时,当事人应当相互返还所取得的给付。若合同标的为非实体物,或者合同解除时实体物并不存在,合同的解除无溯及力,不存在恢复原状及原物的返还。合同标的物为非实体物在现实中大量存在,如劳务、服务、智力成果、使用权、特许权、代理权、会员成员权等。实体物在合同解除时不存在或已被消费的,如水、电、汽等被消耗,均不存在返还的可能。如果实体物返还违反绿色原则,属不必要返还,应当用折价补偿替代。例如,甲有高炉需用大量电力供风,同时产生大量煤气对空排放;甲乙双方约定,由乙投资一套特定设备,将甲的高炉煤气转化为风能,向高炉送风,甲按送风时长给付服务费;后合同解除,因乙的设备附着于甲的高炉,一旦拆除则为废铁,根据绿色原则,不适用恢复原状。

(三)合同履行与恢复原状

合同解除后,债务人已经履行的部分对债权人根本无意义的,可请求恢复原状;根据合同履行状态无法恢复或不容易恢复,或者当事人在清算清理条款或解除协议中有补救措施约定的,或者债权人的利益不是必须通过恢复原状才能得到保护的,不必恢复原状,可采取补救措施,即请求修理、更换、重作、退货、减价等。

恢复原状系指对合同成立后至解除前取得财产的返还,对合同订立时已消灭的另一合同关系不能恢复。例如,丙丁欠甲借款 400 万元未还,月利率为 2%。2014 年甲乙丙丁四方签订股权转让协议,约定:甲向乙购买 3% 股权,对价为 600 万元,丙丁欠甲借款本息 560 万元债务移转给乙承担,抵销甲的等额购股款,丙丁不再是甲的债务人,甲剩余 40 万元购股款待目标公司分红后再付给乙,合同对违约责任无约定。2021 年甲起诉解除合同,请求乙返还 400 万元并请求乙按月利率 2% 给付自 2014 年起至款项付清时止的利息。一审法院认定乙违约,判令解除股权转让合同,乙返还 400 万元,同时认为利息应恢复至借贷关系时的月利率 2% 的标准,支持了甲的利息请求。笔者认为:丙丁所欠借款本息虽转移给乙承担,抵销了购股款,但在订立股权转让合同时已结清,借贷关系已消灭;股权转让合同解除时的恢复原状,应指返还已付购股款,而非恢复借贷关系,由于股权转让合同无违约责任条款,乙赔偿损失范围应从法定,当以 LPR 年利率为准。一审法院判决错误之处在于未正确理解合同解除背景下恢复原状的实质内涵。

(四)恢复原状范围及方法

1. 标的物的返还。在特定场合,如果原物存在,自然要求返还原物。对于动产,应返还有体物,动产原物不存在的,若为种类,可用替代方式返还同种类、同数量、同质量的物即可;若为特定物,可按合同解除当时该物市场价值折价返还。对于不动产,已经办理转移登记的,应先将受领人的登记涂销,使登记恢复到给付人名下;但第三人已在合同解除前先行办理转移登记的,属善意取得并无恶意串通等例外情形的,则属返还不能情形,应折价补偿。但须说明,无论标的物能否返还,均不影响解除权的发生。

2. 行为给付的返还。行为给付的情形是在提供劳务、服务或者其他智力成果的无形给付的场合,应当折价返还。对于折价返还,合同有约定价格的,从约定;无约定的,应根据市场价格作价返还;没有市场价格或无法确定市场价格的,应当以适用其他合理方式计算的价值予以返还。另外,协助办理相关证件变更手续亦属于恢复原状范围。最高人民法院在重庆胜天电缆有限公司与重庆宝丰电缆有限公司合同纠纷案[(2021)最高法民申 5823 号]民事裁定书中认为:一方基于合同履行,从另一方取得生产许可证的,合同解除后,取得生产许可证的一方有义务协助另一方办理生产许可证变更手续。该义务属于恢复原状的合同义务,与行政机关是否作出行政行为无关。

3. 利息、孳息及使用利益的返还。在受领金钱场合,除返还本金外,自受领时起的利息也应计算返还,利息有约定的从约定,无约定的从法定。受领金钱以外的场合,返还之前占有使用该物所获得的利益,亦应返还。受领的物产生孳息物时,也应返还孳息物。实务中,对于一时性合同,比如,房屋买卖合同,出卖人解除合同时,买受人应返还合同解除前的房屋占用费;又如,设备买卖合同,出卖人解除合同时,买受人应返还合同解除前的设备占用费,正如《民法典》第 634 条第 2 款规定:"出卖人解除合同的,可以向买受人请求支付该标的物的使用费。"

4. 必要费用的返还。可以对方接受返还时所得到的利益为限,请求返还。

对于恢复原状的方法,应以约定优先。当事人在合同解除前后,就是否返还、如何返还、返还多少等作出明确约定的,应从约定,但不得损害第三人的善意取得;存在免除或部分免除返还义务的,其效力等同于合同免责条款效力(《民法典》第 506 条)。

对于原物返还不可能的情形,原则上应负担折价返还义务。但造成原物返还不能的原因可能是多种多样的,是否统一按照折价返还义务来处理,须关注法律对风险负担的具体规定。如《民法典》第 610 条规定:"因标的物不符合质量要求,致使不能实现合同目的的,买受人可以拒绝接受标的物或者解除合同。买受人拒绝接受标的物或解除合同的,标的物毁损、灭失的风险由出卖人承担。"当然,买受人在合同解除前接受标的物,因自身原因致标的物损毁、灭失的,合同解除后出卖人可请求折价补偿,但不影响买受人向出卖人主张标的物不符合质量要求的违约责任。

三、恢复原状与补救措施

1. 采取补救措施。所谓"采取补救措施",主要是指财产因不可归责于债务人的原因发生毁损、灭失、添附或者其他事由,不能恢复原状的,或者受领标的物为劳务,或者因物的使用而无法恢复原状的,或者虽然能够恢复原状,但因成本过高等原因而没有必要恢复原状的,应当折价补偿。[1] 如此,则"恢复原状或者采取补救措施"实际上对应的是解除后的实物返还和折价返还,这有些类似于《民法典》第

---

[1] 参见黄薇主编:《中华人民共和国民法典合同编解读》(上册),中国法制出版社 2020 年版,第 366 页。

157 条规定的行为无效、被撤销后,"行为人因该行为取得的财产,应当予以返还;不能返还或者没有必要返还的,应当折价补偿"。对于补救措施,折中说认为相当于"价值形态的恢复原状";[1] 清算关系说认为属于债权清算中,发生不能恢复原状情形下的一种差额替代给付,只是采取补救措施所折算的价值范围与本应恢复原状的价值范围相当。

2. 采取补救措施的前提。标的物在事实和法律上不能恢复原状的,如已给付的有体物消失、给付的不动产由第三人善意取得,以及给付为劳务、服务等情形的,当然不能请求恢复原状,而应当采取补救措施。补救措施种类多样,其目的是尽力达成恢复原状的价值要求。如当合同种类物标的不能返还时,采用市场上同一种类物返还,也是一种补救措施。当然采取补偿措施亦包括合同解除后妨碍的排除,如房屋租赁合同约定,合同解除后承租人应将房屋按原状返还给出租人的,而租赁期间,承租人对承租房屋添附构筑物,在合同解除时未将构筑物分离就返还出租人的,在此情形下,出租人有权请求排除妨碍,此为合同解除补救措施。若承租人拒绝采取该补救措施,出租人可以请求第三人予以实施,就相关费用要求承租人赔偿。

3. 恢复原状所涉的折价补偿。在处理折价补偿时,要充分考虑财产增值或者贬值的因素。折价时,应当以当事人交易时约定的价款为基础,同时考虑当事人在标的物灭失或者转售时的获益情况综合确定补偿标准。标的物灭失时当事人获得的保险金或者其他赔偿金,转售时取得的对价,均属于当事人因标的物而获得的利益。对获益高于或者低于价款的部分,应当在当事人之间合理分配或者分担。

四、相关判例对恢复原状之解读

合同解除后如何进行恢复原状和清算,是司法实务中的难题。笔者收集到最高人民法院及地方法院部分案例,通过案例可以看出法院对该问题的阐述及观点,对该类争议问题的司法实践具有一定的指引作用。

案例 1:最高人民法院审理的甘肃浙云海投资发展有限公司与甘肃沃润商贸有限公司合同纠纷二审案[(2017)最高法民终 53 号]的民事判决裁判要旨为:合同解除的原则是恢复到合同未签订前的状态,不能恢复的要进行补救和赔偿,即能够相互返还和恢复原状的,需相互返还和恢复原状;不能相互返还和恢复的,当事人有权要求采取其他补救措施或要求赔偿损失。

---

[1] 韩世远:《合同法总论》(第 3 版),法律出版社 2011 年版,第 529 页。

案例2：最高人民法院审理的天津开发区泰盛贸易有限公司与北京业宏达经贸有限公司、广州睿翔春皮具有限公司商标许可使用合同纠纷再审审查案[(2012)民申字第1501号]的民事裁定书裁判要旨为：解除合同后，对已经履行的部分，在双方履行义务不对等，又不可能恢复原状时，需要根据合同性质，并结合当事人的实际履行、是否存在违约等情况综合分析判断。

案例3：广东省高法审理的深圳碧朗特投资有限公司合同纠纷再审审查与审判监督案[(2017)粤民申4610号]的民事裁定书认为："《合同法》第97条规定：'合同解除后，尚未履行的，终止履行；已经履行的，根据履行情况和合同性质，当事人可以要求恢复原状、采取其他补救措施，并有权要求赔偿损失。'本案中，涉案合同解除后，双方权利义务依法应当恢复到合同签订前的状态，并且守约方有权向违约方主张赔偿损失。"也就是说，合同解除之后，当事人可以要求恢复到合同履行之初的状态，守约方可以请求不履行债务的违约方对因其过错造成的损害进行赔偿。

案例4：北京市高法审理的广州市宏沃投资有限公司与北京远大永恒房地产开发有限公司等股权转让纠纷二审案[(2014)高民(商)终字第4489号]的民事判决书认为："《合同法》第97条规定，合同解除后，尚未履行的，终止履行；已经履行的，根据履行情况和合同性质，当事人可以要求恢复原状、采取其他补救措施，并有权要求赔偿损失。所谓恢复原状，是指在合同解除以后，当事人应恢复到订约前的状态。虽然正如远大永恒公司抗辩所称，印鉴及文件的所有权人为生物公司，但作为《框架协议》《实施协议》的签约一方以及生物公司100%的股权持有人，在合同解除后，远大永恒公司有义务在取得宏沃公司返还的股权转让款后，将依据协议收到的生物公司的公章、证照及相关资料，按照双方所签交接单的内容，返还给宏沃公司。"

案例5：湖北省高法审理的王某与武汉维佳置业有限责任公司、武汉维佳佰港城商业管理有限责任公司工商行政管理再审复查与审判监督案[(2015)鄂民申字第02035号]的民事裁定书认为："同时根据合同法第97条关于'合同解除后，尚未履行的，终止履行；已经履行的，根据履行情况和合同性质，当事人可以要求恢复原状、采取其他补救措施，并有权要求赔偿损失'的规定，合同解除之后，合同当事人可以要求恢复到合同履行之初的状态，无过错一方也可以请求债务不履行另一方对因其过错造成的损害进行赔偿。由于本案所涉租赁合同为持续性合同，解除合同无法恢复到合同履行之初的状态，双方均可主张对方基于过错承担损害赔偿。"

第三节　合同解除与结算清理条款

一、《民法典》第 567 条之适用范围

《民法典》第 567 条规定:"合同的权利义务关系终止,不影响合同中结算和清理条款的效力。"合同的权利义务终止,意味着合同条款失效,对当事人不再有约束力,但本条规定的"不影响合同中结算和清理条款的效力",意味着该类条款效力具有独立性。

《民法典》第 567 条适用合同解除场合。理由是《民法典》第 557 条第 2 款规定了合同解除属合同权利义务关系终止情形之一,由此可知,《民法典》第 567 条规定当然适用于合同解除场合。

合同解除后应当清算。结算清理条款本系合同条款的组成部分,清算首先应执行合同约定的结算清理条款,这是合同自由原则的体现。

从合同解除清算角度,结算清理条款独立的本意是指其他条款失效,唯结算清理条款在合同解除后仍然发挥效用。故在处理合同解除后果时,不仅不能对《民法典》第 567 条置之不理,而且应当以该条作为处理合同解除后果的依据之一。

《民法典》第 567 条中的"结算和清理条款"独立与第 507 条中的"解决争议方法的条款"独立不是同一范畴。合同争议内容涉及面广,包括合同是否成立、是否有效、是否违约、是否终止、如何清算等各种争议。第 567 条中的"结算和清理条款"独立是以合同有效和终止为前提,所解决的是实体处理问题。《民法典》第 507 条规定:"合同不生效、无效、被撤销或者终止的,不影响合同中有关解决争议方法的条款的效力。"该条中的"解决争议方法的条款"独立,是以不论合同是否有效、是否终止为前提,所解决的是纠纷处理程序问题。

二、"结算和清理条款"之内涵

1. 结算条款。"结算"是一个会计用语,是指把某一段时间内的所有收支情况进行总结、核算,包含总结清算和核算了结两个内容,会计上的结算方式有现金结算和转账结算两种。合同法上的所谓"结算条款"应该指合同中有关结算方式方法的条款或约定。比如,建设工程施工合同中涉及的工程款计价标准多种多样,由此导致工程价款的结算问题十分复杂,而且该条款在建设工程合同中处于十分重要的地位。实务中,双方就工程价款结算问题难以协商一致的,在诉讼或仲裁中往往

通过第三方审价鉴定方式解决,这类纠纷称为建设工程合同结算纠纷。

2. 清理条款。"清理"是指对债权债务彻底进行整理清点、估价和处理。所谓"清理条款"是指当事人在合同中约定清理债权债务范围、方式、方法、主体等事项的条款。如双方在合同中约定了固定资产、流动资产、库存产品等,应该对该范围内的财产进行清理。如果当事人在合同中约定了清理方法,如按约定价清理,或按市场价清理,或按政府定价进行清理,当然应当遵守该约定。如果当事人在合同中约定了进行清理的主体,如某会计师事务所、某资产评估事务所,应当由约定的主体进行清理。当然,合同对清理条款有约定且约定有效时,应遵从"约定优先原则",若未约定,应从法律规定。

3. 违约金条款或约定违约损失赔偿额计算方法条款,是否属于结算清理条款？韩世远教授认为:违约金条款或者关于违约产生的损失赔偿额计算方法的条款性质上属于法律规定的清理条款。[1] 最高人民法院在著述中亦认为:违约金条款可以理解为原《合同法》第98条规定的结算清理条款。[2]《民法典》颁布后,全国人大常委会法工委在对《民法典》第567条结算清理条款独立性规则解释时,认为:"关于违约责任的违约金和定金的约定也可以被认为是结算和清理条款。"[3]《买卖合同解释》第20条规定:"买卖合同因违约而解除后,守约方主张继续适用违约金条款的,人民法院应予支持;但约定的违约金过分高于造成的损失的,人民法院可以参照民法典第585条第2款的规定处理。"该解释亦含有将违约金条款视同结算清理条款的本意;当然如果违约金存在《民法典》第585条第2款规定的低于或过高情形,人民法院可以依据当事人请求予以调整,但这是另一问题。

4. 合同约定违约金条款与合同不能履行情形下当事人通过协商达成结算、清理、补偿协议中的违约金条款的区别。前者是当事人通过约定而预先确定,在违约成立后的给付。约定违约金低于或过分高于造成的损失时,人民法院或仲裁机构可以根据当事人的请求予以调整。而后者是当事人在合同已不能履行的情况下的清理、补偿性支付,已经形成新的债权债务关系,按诚信原则,双方均应依约履行,人民法院或仲裁机构不宜对违约金进行调整。北京市门头沟区永定镇冯村村民委员会与利嘉实业(福建)集团有限公司、北京昆仑琨投资有限公司、北京市门头沟区永定镇冯村经济合作社债权纠纷案[(2011)民二终字第97号]的民事判决书,就体

---

[1] 参见韩世远:《合同法总论》(第3版),法律出版社2011年版,第541页。

[2] 参见杜万华主编,最高人民法院环境资源审判庭编著:《最高人民法院审理矿业权纠纷司法解释理解与适用》,中国法制出版社2017年版,第144页。

[3] 黄薇主编:《中华人民共和国民法典合同编解读》(上册),中国法制出版社2020年版,第372页。

现了上述观点。[1]

最高人民法院指导案例第 166 号北京隆昌伟业贸易有限公司诉北京城建重工有限公司合同纠纷案[(2017)京 02 民终 8676 号]的裁判要点为:"当事人双方就债务清偿达成和解协议,约定解除财产保全措施及违约责任。一方当事人依约申请人民法院解除了保全措施后,另一方当事人违反诚实信用原则不履行和解协议,并在和解协议违约金诉讼中请求减少违约金的,人民法院不予支持。"该案针对诉讼中已达成的和解协议中过高违约金能否调整问题,给予了否定;同时亦彰显了合同终止后当事人重新达成的新协议中过高违约金不能调整的裁判规则,因其为指导性案例,同类案件应当参照适用。

三、解除所生次给付义务履行顺序

《民法典》第 566 条对合同解除后果明确了恢复原状、采取补救措施、赔偿损失的规定。合同约定的义务属于原给付义务的,一般会约定履行顺序。与原给付义务不同的是双务合同解除后,在双方之间会产生不同的相互返还、给付、赔偿等义务,这些义务属于次给付义务。比如,建设工程合同解除后,发包方应向承包方支付剩余工程价款,赔偿逾期付款损失,承包方应提供符合备案要求的工程资料协助发包方完成已完工部分工程的备案,并提供工程款税务发票。

对于合同解除产生次给付义务的履行顺序,《民法典》没有具体规定。但在实务中次给付义务的履行顺序应从如下规则:

1. 有约定从约定。原合同中通过结算清理条款对合同解除后的次给付义务有预先约定,或合同解除后重新协商确定的,应从意思自治原则和约定优先原则予以尊重。

2. 无约定应同时履行。合同对解除后果产生的次给付义务的履行顺序没有约定,或未协商确定合同解除后果的,如何确定履行顺序?对此,《民法典》没有规定。但笔者认为,应同时履行,理由是:《民法典》第 525 条规定,当事人互负债务,没有先后履行顺序的,应当同时履行。该条虽为同时履行抗辩权的规定,但亦可看作是合同解除后履行义务顺序的一个补漏规定。合同解除后,当事人双方所负担的义务没有约定先后履行顺序的,应类推适用《民法典》第 525 条规定。法院对此类案件判决时,应判决双方同时履行合同解除后各自所负担的义务。

---

[1] 参见最高人民法院民事审判第二庭编:《最高人民法院商事审判指导案例 6:合同与借贷担保卷》,中国法制出版社 2013 年版,第 187~200 页。

第四节　合同解除与违约责任

与非违约解除不同,当事人一方违反合同约定导致对方解除合同的,在学理上称为违约解除。违约解除涉及违约认定、违约责任承担和损害赔偿等诸多问题。在此,有必要探讨合同解除与违约责任问题。

一、违约责任之性质

(一)违约责任之含义

违约责任,又称"违反合同的民事责任",是指合同当事人不履行合同义务或者履行合同义务不符合约定时,依法所产生的法律责任。

《民法典》第577条规定:"当事人一方不履行合同义务或者履行合同义务不符合约定的,应当承担继续履行、采取补救措施或者赔偿损失等违约责任。"通说认为,该条是对承担违约责任方式(或种类)的规定。

(二)违约责任一般属性

《民法典》第179条规定了11种民事责任承担方式,包括继续履行、赔偿损失、支付违约金等。《民法典》第577条规定承担违约责任的方式为"继续履行、采取补救措施或者赔偿损失等",显然,违约责任属于民事责任,具有民事责任的一般属性,包括财产责任性、补偿性、惩罚性。

第一,违约责任具有财产责任性。《民法典》第577条规定的违约责任包括继续履行,采取补救措施,赔偿损失、违约金,退货,减少价款或报酬等方式。违约责任方式均可引起债务人财产上的变化,故可归于"财产责任"范畴。当违约方违约时,相对人可选择适用以上违约责任方式。违约引起非财产损害赔偿的,理论上对此无论赞同与否,对非财产损害赔偿的结果仍然是金钱赔偿,仍然属于财产责任。

第二,违约责任具有补偿性。违约责任的补偿性,是指违约责任具有填补相对方损失的法律性质,在违约相对方的损失为财产损失时,违约责任的补偿性是通过支付违约金、赔偿金和其他方式实现,从可能性变为现实性。违约责任承担后,使违约方的相对方的实际损失得到全部补偿。从公平和等价交换原则来看,一方违约使对方遭受损失的,违约方也应该以自己的财产赔偿对方的全部损失。补偿性体现在:一是因违约造成财产损失的情况下,应当以实际损失确定赔偿的标准,无损失则无赔偿;二是损失赔偿额不能超过实际损失,违约责任的补偿性,意味着违约方的相对方不能因此获利。

第三,违约责任具有惩罚性。违约责任的惩罚性,是指道德和法律谴责和否定违约方过错责任的法律属性。这种法律属性可以通过高于实际损失额的赔偿金或违约金来体现,也可以通过低于实际损失额的赔偿额或违约金来体现,还可以通过强制继续履行合同并同时支付违约金或赔偿金来实现。违约责任惩罚性的目的是促使当事人严格履行合同并适当履行合同义务。违约责任的惩罚性客观地存在于过错违约场合。[1]

(三)违约责任特殊属性

违约责任具有民事责任一般属性外,还具有特殊属性:

一是违约责任只发生在有效合同成立后终止前。如下情形下不发生违约责任:(1)合同未成立;(2)合同已成立但未生效;(3)合同被确认无效;(4)合同解除或终止后。

二是违约行为主体必须是合同当事人。这是基于合同相对性原理。当事人违约行为是由第三方引起的,不免除违约方的违约责任,违约方与第三方的纠纷另行处理。第三人侵害合同债权,造成合同不能履行的,虽然同样发生了合同不履行的后果,但其实施的侵害债权的行为的性质属于侵权。

三是违约行为本质上是违反了合同义务。这里的合同义务既包括合同主要义务,也包括从义务和附随义务。违约行为的类型有拒绝履行、不能履行、迟延履行和不完全履行等形态。

四是违约行为后果损害相对人利益。损害相对人利益主要是指对相对人的债权造成侵害,并导致债权人依据合同所享有的债权不能实现或者不能完全实现。

五是违约行为是违约方自身原因引起的且无合法免责事由。免责事由有法定免责事由,如不可抗力或相对人行使合同履行抗辩权等;也有约定免责事由,约定免责事由必须有效。《民法典》第506条规定,若当事人约定将造成对方人身损害、因故意或者重大过失造成对方财产损失的情形作为免责事由,该约定应认定为无效。免责条款中涉及格式条款无效情形的,亦应根据《民法典》第497条等规定认定无效。

---

[1] 参见最高人民法院民法典贯彻实施工作领导小组:《中华人民共和国民法典合同编理解与适用(二)》,人民法院出版社2020年版,第714~715页。

二、合同解除与违约责任关系

合同解除与违约责任二者既相互区别,又有密切联系。

一是合同解除不是违约责任的形式。合同解除被规定在《民法典》合同编通则第七章"合同权利义务终止"中,而违约责任由《民法典》合同编通则第八章"违约责任"予以专门规定。合同解除未列入"违约责任"章中,表明合同解除不是违约方承担违约责任的具体方式,原因是非违约解除一般不承担违约责任的后果。通说认为,合同解除是对合同履行障碍的一种补救措施,但不属违约方承担违约责任的方式。

二是违约解除后果与违约责任密切联系。《民法典》第566条第2款规定:"合同因违约解除的,解除权人可以请求违约方承担违约责任,但是当事人另有约定的除外。"该条表明,除当事人另有约定外,违约解除后果的确定,与违约责任息息相关,解除权人有权要求违约方承担除继续履行以外的违约责任。

违约责任本来就是合同义务的转化形态。违约责任既以存在有效合同债权债务为前提,又以发生当事人违约事实为前提。合同义务属于第一次给付义务,该义务不履行便转化为违约责任,所以违约责任便成为合同义务的转化形态,它或者是原合同义务的变形,或者是原合同义务的延伸。当合同因违约而解除时,这种原合同转化而来的违约责任并未消除,在合同解除后,又演化为违约方的次给付义务。

三、违约归责原则及责任形式

(一)违约归责原则

1.严格责任原则。所谓"归责"是指一项损害发生后,如果该损害不由受害人自己承担,就会面临由他人承担的问题,这时法律将赔偿损害作为一项法律责任,归于某人承担,这便是归责。法律将责任归于某人时,要基于一定的理由,这种由立法规定的归责理由,常常被称为"归责事由"。

《民法典》第577条规定:"当事人一方不履行合同义务或者履行合同义务不符合约定的,应当承担继续履行、采取补救措施或者赔偿损失等违约责任。"该条既没有将当事人未完全履行合同义务的原因限制于"过错",也没有"但当事人能够证明自己没有过错的除外"的但书,故通说认为,我国合同法对违约责任的认定采取了"严格责任原则"(又称无过错责任原则)。

严格责任与过错责任不同,区别在于两者的内涵和外延不同。在外延上,严格责任比过错责任范围更广,在债务人无过错场合,依严格责任原则,其仍然应承担违约责任,除非存在法定免责情形,如不可抗力造成的合同履行障碍等。

梁慧星教授对严格责任原则产生的理由作了如下陈述:"这里的逻辑是,只要违约就应当承担违约责任,责任的构成仅以不履行为要件,被告对于不履行是否有过错,与责任无关。被告免责的可能性在于证明有免责事由。""违约责任是由合同义务转化而来,本质上出于当事人双方约定……合同相当于当事人双方为自己制订的法律。法律确认合同具有约束力,在一方不履行时追究其违约责任,不过是执行当事人的意愿和约定而已,因此违约责任与一般侵权责任比较应该更严格。质言之,违约责任出于当事人自己的约定,这就使违约责任具有了充分的合理性和说服力,此外,无须再要求使违约责任具有合理性和说服力的其他理由。"[1]

2. 严格责任原则例外。当然,我国《民法典》对违约责任的归责事由并非一概规定为"严格责任原则",也存在适用"过错责任原则"的情形,具体如:供电合同中供电人过错赔偿责任(第651条、第652条、第653条);赠与合同中赠与人故意或重大过失赔偿责任(第660条第2款);承租人对租赁物保管不善的赔偿责任(第714条);承揽合同中承揽人对工作成果保管不善的赔偿责任(第784条);建设工程合同中承包人的过错责任(第802条);运输合同中承运人过错赔偿责任(第824条第1款);运输合同中托运人过错赔偿责任(第829条);保管合同中寄存人未履行告知义务的赔偿责任(第893条);保管合同中保管人不当转交保管物的赔偿责任(第894条第2款)保管合同中保管人保管不善的赔偿责任(第897条前段);有偿的委托合同中受托人过错赔偿责任(第929条第1款前段);无偿的委托合同中受托人的故意或重大过失赔偿责任(第929条第1款后段)。如上,过错责任原则的规定只能是严格责任原则的例外。

(二)违约责任形式

根据《民法典》第577条的规定,违约方承担违约责任的方式为:继续履行;采取补救措施;给付违约金;赔偿损失。但对于合同解除的场合,自无继续履行的可能,根据《民法典》第577条的规定,在合同因违约解除的场合,违约方承担违约责任的方式为:采取补救措施;给付违约金;赔偿损失。如上承担违约责任形式根据案情既可以独立适用,亦可以合并适用。在合同解除场合,因解除目的是终止合同关系,故不适用"继续履行"这种违约责任方式。

但在实务中,有人将违约方承担违约责任的方式予以单一化理解,将违约责任

---

[1] 梁慧星:《从过错责任到严格责任》,载梁慧星主编:《民商法论丛》第8卷,法律出版社1999年版。

等同于违约金,表现在忽视违约方在发生违约事实后所采取的补救措施也是承担违约责任的方式,似乎承担违约责任必须要判决违约方给付违约金。这种将多样化的违约责任方式进行单一化理解,属明显的法律适用错误。

(三)违约赔偿分类及构成要素

赔偿损失,亦称损害赔偿,在合同法中是指当事人一方不履行合同义务或者履行合同义务不符合约定时赔偿债权人所受损失的责任。我国法对于损害赔偿采取金钱赔偿主义,它是违约方承担违约责任的方式之一。

1. 违约损害赔偿分类

(1)约定赔偿和法定赔偿。约定赔偿是指依当事人意思而定的损害赔偿。如《民法典》第585条第1款规定的"约定因违约产生的损失赔偿额的计算方法"。故,约定赔偿性质的违约金亦属于约定赔偿。法定赔偿是指依照法律的一般规定确立的损害赔偿。比如,《民法典》第584条规定的违约损害赔偿及范围。法定赔偿又可分为一般法定赔偿和特别法定赔偿。特别法定赔偿是指法律基于特殊的立法宗旨而特别规定的损害赔偿,如《消费者权益保护法》及《食品安全法》等法律中的惩罚性赔偿规定。

(2)填补赔偿、迟延赔偿和单纯赔偿。填补赔偿又称替代履行赔偿,当合同出现履行不能时,违约方用损失赔偿来替代履行。迟延赔偿是指发生迟延给付的情形时,不仅不免除违约方的合同本来给付,同时还要给付迟延给付的损害,即守约方有权请求继续履行附加已发生的损害赔偿。单纯赔偿是指违约方造成债权人固有利益遭受损害时的赔偿,此种赔偿产生于加害给付场合。

2. 违约损害赔偿构成

一是相对人须有违约行为。当事人不履行或不完全履行合同义务的主要原因有四:(1)违约行为;(2)行使合同履行抗辩权;(3)发生不可抗力或情势变更情形;(4)债权人迟延或拒绝受领。构成违约损害赔偿的只能是违约行为。当事人行使合同履行抗辩权不属违约行为,该等行为不是违约损害赔偿的构成要素。不可抗力属于违约损害赔偿的法定免责事由,情势变更的赔偿适用公平原则,不属违约损害赔偿范围。债权人迟延或拒绝受领导致债务人不能履行合同的,债务人不构成违约。

二是须有损害事实。损害包括财产上的损害和非财产上的损害。财产上的损害包括财产直接的减少,同时也包括财产应该增加而未增加的损失。非财产上的损害是指赔偿权利人财产外所受到的损害,主要指精神损害赔偿。《民法典》违约责任形式上对精神损害赔偿没有规定,精神损害赔偿,多适用于侵权行为。

合同违约原则上不应支持精神损害赔偿,理由有:其一是合同只是一种交易关系,所遵循的是等价交换原则,精神损害不在当事人订立合同的预期范围内,在违约中适用精神损害赔偿,违反可预见性规则,与合同法鼓励交易原则相悖;其二是因精神损害属主观范畴,无法进行市场价值评估;其三是若非财产权利被过度渲染,存在失控危险,不符合公平原则。

《民法典》例外规定了在违约行为侵害人格权的特殊情况下适用精神损害赔偿。《民法典》第996条规定:"因当事人一方的违约行为,损害对方人格权并造成严重精神损害,受损害方选择请求其承担违约责任的,不影响受损害方请求精神损害赔偿。"适用该条的条件是:适用于侵害人格权情形;以违约责任与侵权责任竞合为前提;违约行为造成非违约方严重精神损害。适用该条的合同类型有:遗体、骨灰等人格物保管合同;医疗服务合同;旅游服务合同;婚礼服务合同;客运服务合同。

其违约行为与损害事实须有因果关系。合同法上的因果关系其价值主要在于厘清责任范围,而侵权法中因果关系存在的价值主要体现在认定侵权责任是否成立。在因果关系学说上,必然的因果关系说长期占据主导地位,该说认为:违约行为与损害事实之间有因果关系,指的是违约行为与损害事实之间存在着客观必然的因果联系。也就是说,一定的损害事实是由该违约行为所引起的必然结果,而该违约行为正是引起一定损害事实的原因,如果没有这一行为,就不会发生该损害事实。但民法因果关系说发展到今天又产生了到相当因果关系说,该说认为:在通常情形下,依一般社会经验,认为有此可能性,即有相当因果关系。必然因果关系说的通说地位虽然已被动摇,与相当因果关系说之间处于转型期,但是有关因果关系问题的研究此后似乎又趋于平淡,其一是新提出的学说的种类较少,其二是在新说中尚没有哪一个学说能够完全取代必然因果关系说成为通说。在司法实践中,完全可以说依然是必然因果关系说在发挥着作用。[1]

四是无免责事由。免责事由也称免责条件,是指当事人对其违约行为免予承担违约责任的事由。合同法上的免责事由可分为两大类,即法定免责事由和约定免责事由。

1. 法定免责事由。法定免责事由是指由法律直接规定,不需要当事人约定即可援用的免责事由,主要指不可抗力。在不可抗力的适用上,有以下问题值得注意:(1)合同中是否约定不可抗力条款不影响直接援用法律规定。(2)不可抗力条

---

[1] 参见韩世远:《合同法总论》(第4版),法律出版社2018年版,第788页。

款是法定免责条款,约定不可抗力条款范围如小于法定范围,当事人仍可援用法律规定主张免责;如大于法定范围,超出部分应视为另外成立了免责条款,依其约定。(3)不可抗力作为免责条款具有强制性。当事人不得约定将不可抗力排除在免责事由之外。(4)不可抗力的免责效力。因不可抗力不能履行合同的,根据不可抗力的影响,违约方可部分或全部免除责任。但有以下例外,金钱债务的迟延责任不得因不可抗力而免除;迟延履行期间发生的不可抗力不具有免责效力。

2.约定免责事由。约定免责事由是指当事人约定的免责条款。免责条款是指当事人在合同中约定免除将来可能发生的违约责任的条款,其所规定的免责事由即约定免责事由。《民法典》除了对格式条款的免责条款作了限制性规定外,对非格式条款的免责条款未予限制。但应注意:《民法典》第497条和第506条规定了约定免责条款的无效情形。《民法典》第497条规定:"有下列情形之一的,该格式条款无效:(一)具有本法第一编第六章第三节和本法第五百零六条规定的无效情形;(二)提供格式条款一方不合理地免除或者减轻其责任、加重对方责任、限制对方主要权利;(三)提供格式条款一方排除对方主要权利。"该条是对格式条款中约定免责条款无效的规定。《民法典》第506条规定:"合同中的下列免责条款无效:(一)造成对方人身损害的;(二)因故意或者重大过失造成对方财产损失的。"该条是对非格式条款中约定免责条款无效的规定。实务中,对于约定免责条款的效力,当事人往往聚焦于该条款是否意思表示真实或是否违反法律、行政法规效力禁止性规定,而疏忽用第506条考量其效力,此种方法应当引起关注。

有人认为,合同履行抗辩权(同时履行抗辩权、先履行抗辩权、不安抗辩权)也可成为免责事由。其实,行使合同履行抗辩权不属违约情形,因而无责可免。

第五节 合同解除与违约金

一、违约金之性质和类型

(一)违约金之性质

违约金是当事人在合同中约定或者由法律直接规定的,一方违约时应当向对方支付一定数额的金钱或者交付其他的财产。大陆法系国家承继罗马法传统,将违约金作为债的担保方式,即违约金责任设置的目的在于强制债务人履行债务。实务中,违约金在合同中常被表述为"罚款""滞纳金"等,因当事人并非行政机关,故民事合同中约定的"罚款""滞纳金"性质应属违约金。

《民法典》第585条规定:"当事人可以约定一方违约时应当根据违约情况向对方支付一定数额的违约金,也可以约定因违约产生的损失赔偿额的计算方法。约定的违约金低于造成的损失的,人民法院或者仲裁机构可以根据当事人的请求予以增加;约定的违约金过分高于造成的损失的,人民法院或者仲裁机构可以根据当事人的请求予以适当减少。当事人就迟延履行约定违约金的,违约方支付违约金后,还应当履行债务。"

《民法典》第585条第1款规定了违约金可以由当事人在合同中予以约定,同时明确违约金是违约方承担违约责任的形式。该条第2款规定了违约金过分低于或高于违约造成的损失的,当事人有权请求调整。理解该款时应当注意,增加的违约金金额以不超过债权人由此造成的损失为宜。该条第3款规定了违约方支付违约金不免除债务履行,确立了违约金可以和继续履行并用规则。

学者认为,违约金作为当事人约定的合同条款,在性质上是从合同,附属于主合同,若主合同不成立、被宣告无效或者被撤销,则违约金条款也将被宣告不成立或者无效。[1] 约定违约金是一种合同关系(从合同),称为违约金合同,违约金约定的前提是违反该约定所针对的合同义务,如果该合同义务不存在,比如,合同无效、被撤销或者确定不发生效力而导致该合同义务不存在,则不能产生违约金请求权。

违约金具体适用中应当注意:(1)合同不成立、无效或者被撤销,违约金条款已经失效,当事人只能主张缔约过失责任,不能依据合同约定主张违约金责任。应当注意的是,根据《民法典》第566条第2款的规定,合同因违约而解除的,解除权人有权依据合同违约金条款请求违约方给付违约金。(2)违约金合同作为主合同的从合同,其可以与主合同同时成立,也可以在主合同成立后另行约定。(3)违约金约定作为一种附停止条件的约定,只有在违约行为发生时才生效,未发生违约行为的,违约金条款不生效。

(二)违约金之类型

违约金在法理上可做如下分类:

1.法定违约金和约定违约金。这是按违约金是否由法律直接规定来划分的。区分约定违约金与法定违约金的法律意义在于:约定违约金适用《民法典》第585

---

[1] 参见王利明、杨立新等:《民法学》(第5版),法律出版社2017年版,第663页。

条第 2 款的司法调整规则;而法定违约金作为对违约行为预设的救济方案,在立法过程中已经充分考虑其合理性及债务人负担的公平性,因此,其不适用前述违约金司法调整规则。

1999 年《合同法》生效前,在已废止的《工矿产品购销合同条例》《农副产品购销合同条例》中,曾有法定违约金的规定。自原《合同法》生效后,上述条例皆废止,再无法定违约金规定;《民法典》承继了原《合同法》的规定,对法定违约金没有规定。故根据《民法典》,违约金当为约定,而无法定。

实务中,是否不再存在法定违约金存在争议。有人认为法定违约金并非完全不存在,例如,人民银行关于逾期罚息的规定,即属于法定违约金。还有人认为《商品房买卖合同解释》第 14 条第 1 款规定,出卖人逾期办证的,应承担违约责任;根据该解释第 14 条第 2 款"合同没有约定违约金或者损失数额难以确定的,可以按照已付购房款总额,参照中国人民银行规定的金融机构计收逾期贷款利息的标准计算"的规定,出卖人逾期办证违约的,在合同没有约定违约金或损失难以确定的情况下,"参照中国人民银行规定的金融机构计收逾期贷款利息的标准计算"就是法定违约金的体现。笔者对此不敢苟同,认为人民银行逾期罚息的规定和逾期办证违约无约定违约金参照金融机构计收逾期贷款利息的标准计算损失的规定,并非法定违约金的规定,应属法定赔偿金的规定。

2.惩罚性违约金和赔偿性违约金。这是在约定违约金中,按订立违约金条款的目的进行划分的。

(1)赔偿性违约金

赔偿性违约金是指当事人双方在合同中预先约定的违约损害赔偿总额,又称损害赔偿额的预定,其表现形式为约定违约金或违约所造成损失额的计算方法。规定该违约金的好处是债权人在对方违约而请求损害赔偿时,因损害赔偿额已预定,可减轻债权人对损失额及因果关系的证明责任。

《民法典》第 585 条所确定约定违约金的性质是"以补偿性为主,以惩罚性为辅"。违约金制度设计的主要功能在于补偿损失,以填补守约方损失为目的,并非在于惩罚违约方。当约定违约金数额低于造成的损失额时,违约金表现为补偿性;当约定违约金数额高于造成的损失额时,违约金与损失额相等的部分具有补偿性,超过损失额的部分,则体现为惩罚性,此时的约定违约金兼具补偿性与惩罚性。

赔偿性违约金作为赔偿损失的预定,虽然不要求其数额与损失额完全一致,但也不宜使两者过分悬殊,否则会使违约金责任与赔偿损失的一致性减弱乃至丧失,如果两者差别过大,可能完全沦为一方恣意谋取不当利益的工具。因此违约金数额过高或过低时予以调整是适宜的。在此,违约金数额与损失额应大体一致,这符合等价交换原则,是合同实质正义的要求,也是合同立法追求的价值之一。

(2)惩罚性违约金

惩罚性违约金的主要目的更倾向于向相对人施加履行合同的心理压力,意在督促其积极履行合同义务。在学理上,惩罚性违约金才是真正意义上的违约金,又称违约罚。债务人违约时,除支付违约金外,其他因债的关系所应负的一切责任,均不因此而受影响。债权人除得请求违约金之外,还可以要求债务人赔偿因违约所发生的损害赔偿。

在实务中,《民法典》第585条规定的违约金,虽属于赔偿性违约金,但并不等于否定惩罚性违约金的适用。根据合同自愿原则,只要此种条款不违反法律强制性规定,其仍然有效。当然,如果当事人的约定不明确,原则上推定为赔偿性违约金。如果当事人在合同中明确约定为督促债务人全面适当履行债务,无论是否造成损失,只要当事人一方违约即应当按照约定支付的违约金,可视为惩罚性违约金。

适用惩罚性违约金不应以损失为前提。理由:①根据《民法典》第585条第2款规定的违约金调整规则,并不能得出违约金的承担必须以损失为前提的结论。②从《民法典》第585条第2款的立法原意来看,立法允许司法干预已达成的违约金条款,其根本目的在于防止违约金条款成为优势的一方压榨对方并获取暴利的工具,并未否定违约金制裁违约行为的功能。③根据《民法典合同编通则解释》第65条第2款的规定,法院支持不超过损失30%的违约金,即在填平损失之后,即使没有实际损失发生,也可以支持一定数额的违约金,同时违约金调整增加或减少,均是"可以"而非"应当",尤其是商事主体之间关于违约金的约定,法院应当秉持更加审慎的态度。④根据《民法典合同编通则解释》第65条第3款"恶意违约的当事人一方请求减少违约金的,人民法院一般不予支持"的规定,该条明确要求在恶意违约情形下,即使违约金过高,仍不予调整,此时的违约金就成了典型的惩罚性违约金。

适用惩罚性违约金应以过错为要件。尽管违约责任的承担并不以过错为条件,但在有约定惩罚性违约金的情况下,法院应当根据当事人约定违约金条款的目的,重点考虑违约方是否存在重大过错或恶意违约情形。在守约方不存在以违约金作为获取暴利工具,且违约方存在重大过错甚至是恶意违约的情形下,应当充分尊重当事人的意思自治,不宜轻易调整惩罚性违约金数额。《民法典合同编通则解释》第65条第3款就体现了上述观点。

二、违约解除与违约金

(一)违约解除应支持违约金请求

合同因违约而解除,守约方能否主张违约金这个问题在 2012 年最高人民法院原《买卖合同解释》未出台之前,争议很大,原因是原《合同法》第 97 条所规定的合同解除后果中,未明文规定守约方有权向违约方主张违约金;而该条中的"采取补救措施"是否包括违约金在内,学术界争议很大。原《合同法》第 98 条规定:"合同的权利义务终止,不影响合同中结算和清理条款的效力。"该规定的"结算和清理条款"是否包括违约金条款,只有韩世远等部分学者认同,并非所有学者认同。至于当时的审判实务,则是各行其是,有的支持,有的不支持。

2009 年最高人民法院发布的《审理民商事合同指导意见》第 8 条规定,合同解除后,当事人主张违约金条款继续有效的,人民法院可以根据合同法第 98 条的规定进行处理。该条规定认为:违约金是当事人通过约定而预先设定并独立于履约行为之外的给付行为,属于原《合同法》第 98 条规定的结算和清理条款,其效力并不因合同权利义务终止而受到影响。[1] 2012 年 5 月最高人民法院颁布了原《买卖合同解释》,终结了上述争议。该司法解释第 26 条规定:"买卖合同因违约而解除后,守约方主张继续适用违约金条款的,人民法院应予支持;但约定的违约金过分高于造成的损失的,人民法院可以参照合同法第一百一十四条第二款的规定处理。"

2019 年的《九民纪要》第 49 条第 1 款规定:"合同解除时,一方依据合同中有关违约金、约定损害赔偿的计算方法、定金责任等违约责任条款的约定,请求另一方承担违约责任的,人民法院依法予以支持。"该规定将违约金、约定损害赔偿的计算方法、定金责任等作为约定违约责任条款。

《民法典》第 566 条第 2 款吸收原《买卖合同解释》第 26 条和《九民纪要》第 49 条第 1 款的规定,首次在立法层面明确,合同因违约解除的,解除权人可以请求违约方承担包括违约金在内的违约责任。该规定彻底终结了合同解除能否适用违约金的争论。

(二)最高人民法院判例之甄别

由于学术界对合同解除效果存在直接效果说、间接效果说、折中说、清算关系

---

[1] 参见王闯:《当前人民法院审理民商事合同案件适用法律若干问题》,载《法律适用》2009 年第 9 期。

说四种学说,学说上不同理论观点引发合同违约解除后是否支持违约金问题的争论,直接影响民事审判。审判实务对不同观点的采纳极大影响了具体案件的裁判结果。在原《买卖合同解释》出台前,最高人民法院存在"肯定说"和"否定说"两种判例。

(1)采用"直接效果说"予以否定的判例。桂冠电力与泳臣房产房屋买卖合同纠纷案[(2009)民一终字第23号]的民事判决即为典型案例。该案的基本案情是因泳臣房产的违约行为符合合同约定的解除条件,解除权人桂冠电力行使解除权解除合同。对于合同解除后的责任承担问题,一审、二审法院均认为:合同解除的法律效果是使合同关系归于消灭,违约方的责任承担方式也不表现为支付违约金,并以此为由驳回了桂冠电力的违约金请求。该判决的裁判要旨为原《合同法》第97条规定:"合同解除后,尚未履行的,终止履行;已经履行的,根据履行情况和合同性质,当事人可以要求恢复原状、采取其他补救施,并有权要求赔偿损失。"合同解除导致合同关系归于消灭,故合同解除的法律后果不表现为违约责任,而是返还不当得利、赔偿损失等形式的民事责任。由此可见,该判决的法理逻辑如下:第一,违约金责任属于违约责任,而违约责任以合同关系的存在为前提,故违约金责任以存在合同关系为前提;第二,合同关系因合同解除而消灭;第三,既然合同关系已消灭,合同关系不存在,是故违约金责任也不复存在。

(2)采用"折中说"予以肯定的判例。华东公司、柴里煤矿与华夏银行联营合同纠纷[(2009)民提字第137号]的民事判决便为典型。该案虽然经历了枣庄市中法二审、山东省高法再审以及最高人民法院再审,但对于一审判决中关于解除合同、退还出资款、支付违约金的内容均予维持,明确肯定合同解除后可以一并行使合同解除请求权和违约金请求权。各地法院多数生效判决持"折中说"和"肯定说",认为包括违约金在内的违约责任"结算与清理"条款,不因合同的解除而影响效力。此外,《最高人民法院公报》刊载的新宇公司诉冯玉梅商铺买卖合同纠纷案[1]、广州市仙源房地产股份有限公司与广东中大中鑫投资策划有限公司、广州远兴房产有限公司、中国投资集团国际理财有限公司股权转让纠纷案等均体现出合同解除并不影响违约金请求权的裁判思路,尽管这两则案件的诉讼焦点并非合同解除与违约金的关系。[2]

---

[1] 参见《中华人民共和国最高人民法院公报》2006年第6期。
[2] 最高人民法院民事审判第二庭编著:《最高人民法院关于买卖合同司法解释理解与适用》,人民法院出版社2012年版,第415~416页。

值得一提的是"桂冠电力与泳臣房产房屋买卖合同纠纷案在原《买卖合同解释》出台前被最高人民法院列为公报案例,原《买卖合同解释》出台后,对合同解除后能否支持违约金请求问题,已经盖棺定论。《民法典》出台后,在实务中应注意甄别,该案不应再作为公报判例被引用。

三、合同解除与违约金限制

（一）合同解除类型与违约金限制

《民法典》第566条第2款中将解除权人可追究对方违约责任的解除类型明确限制为"违约解除"类型,原《买卖合同解释》第26条也如此规定。但合同解除有不同的类型,解除权人是否都可向对方追究违约金？

笔者认为:不能一概而论,应根据不同解除类型来确定。具体如下:

1. 在协商解除场合。协商解除重在"协商"而并非一定存在违约,因此,是否适用违约金条款,应区分不同情况:（1）无论是否存在违约,双方协商解除合同对后果有明确约定的,无论解除后果是否对违约金有明确约定,均应按约定处理。（2）合同因一方违约而协商解除,双方对违约赔偿没有约定或约定不明的,根据《民法典合同编通则解释》第52条第3款"前两款情形下的违约责任、结算和清理等问题,人民法院应当依据民法典第五百六十六条、第五百六十七条和有关违约责任的规定处理"的规定,适用原合同中的违约金条款。（3）若合同并非因一方违约而协商解除,且对解除后果无约定或约定不明,则不能适用原合同中的违约金条款。在实践中,当事人协商解除合同,一般会对原合同违约金赔偿等作出处理,否则难以达成协商解除的意思表示。故协商解除适用违约金条款的场合不多见。

2. 在约定解除场合。在约定解除场合,当合同解除事由发生后,守约方有权选择是否解除合同。以违约为约定解除事由的,当一方当事人发生违约行为,解除权人行使解除权的,只有在合同解除后才能适用原合同的违约金条款,否则,不能适用原合同的违约金条款。

3. 在违约解除场合。根据《民法典》566条第2款的规定,只要合同是因发生违约解除情形而解除的,守约方可以继续适用原合同约定的违约金条款。

4. 在任意解除场合。行使任意解除权无须原因,并不以违约为前提条件,故此类合同解除不属于违约解除,不适用原合同的违约金条款,但当事人在合同中放弃任意解除权且该放弃有效的除外。

5. 在合同僵局场合。根据《民法典》第580条第2款的规定,合同解除发生在合同僵局情形下的,当事人双方均可请求司法裁判终止合同,若合同僵局是一方违约所致,违约方应承担违约责任,于此情形下,应适用原合同的违约金条款;反之,若合同僵局非违约行为所致,则不存在适用违约金条款问题。

值得一提的是,当事人一方依据《民法典》第563条第1款第1项因不可抗力因素解除合同,或依据《民法典》第533条第1款规定的情势变更请求裁判解除合同的,该合同解除非相对人违约所致,自然不能适用原合同的违约金条款。

(二)违约金数额限制

根据《民法典》第585条第2款的规定,若约定违约金高于或低于违约造成的相对人损失,当事人可以请求调整。《买卖合同解释》第20条规定,约定的违约金过分高于造成的损失的,人民法院可以参照民法典第585条第2款的规定处理。如上规定表明,在合同解除可适用违约金条款的场合,违约金过分高于违约所造成的损失的,应予限制。

问题是:当事人在合同中约定了惩罚性违约金,一方违约导致相对人解除合同时,相对人损失小于惩罚性违约金,那么惩罚性违约金能否与解除权并存?对此学者观点与司法机关的观点不一。

韩世远教授认为:在惩罚性违约金场合,由于惩罚性违约金的目的在于给债务人造成心理压力,促使其积极履行义务;同时在债务不履行场合,惩罚性违约金表现为对过错的惩罚,因而应当要求以债务人过错作为其承担惩罚性违约金的要件。[1] 有人据此认为,当违约方对合同解除存在过错时,对方才能适用惩罚性违约金,无过错则不适用。

最高人民法院原《买卖合同解释》的起草人认为:合同解除作为当事人的救济方式,无论是约定解除,还是法定解除,均不以过错为前提。只要约定解除条件成就或法定解除条件出现,当事人就可以行使解除权。既然解除合同不以对方当事人具有过错为前提,那么违约金这一赔偿损失的责任方式亦不须以此为前提。如果违约金与合同违约解除造成的损失较大,则可以参照原《合同法》第114条第2款的规定予以适当增加。由于审判中突出的问题是违约金过分高于损失的情形,故原《买卖合同解释》第26条作出了特别限制。[2] 笔者认为:该观点没有区分补偿性违约金和惩罚性违约金,韩世远教授对于惩罚性违约金应将过错作为考量因

---

[1] 参见韩世远:《违约金的理论问题——以合同法第114条为中心的解释论》,载《法学研究》2003年第4期。

[2] 参见最高人民法院民事审判第二庭编著:《最高人民法院关于买卖合同司法解释理解与适用》,人民法院出版社2012年版,第427页。

素的观点更有道理。不过在《九民纪要》第 50 条出台后,最高人民法院民二庭在解读《九民纪要》第 50 条时认为:在违约金过高的情况下,由于惩罚性违约金的目的在于给债务人心理上制造压力,促使其积极履行债务;在债务不履行的场合,惩罚性违约金表现为对过错的惩罚,因此债务人的过错自应成为惩罚性违约金的要件。[1] 该观点采纳了韩世远教授对惩罚性违约金的观点,改变了 2012 年最高人民法院《买卖合同解释》起草小组的观点。

还有一个问题:《民法典》第 585 条第 1 款规定当事人既可以约定一定数额的违约金,也可以约定因违约产生的损失赔偿额的计算方法。对于二者的关系,通说认为,约定违约金与约定损失赔偿属于不同的民事责任方式,但二者可以同时并用,理由是:第一,违约金与约定损失赔偿之间虽然具有相似性,但也存在差异,违约金的约定具有担保合同履行的价值,而约定损失赔偿仅是为违约行为发生后方便计算损失赔偿数额,不具有明确的担保合同履行的意义;违约金的支付理论上仅需存在违约行为即可,而约定损失赔偿由于其本质上是一种损失赔偿,因此应以存在损失为前提条件,但这个损失的具体大小和数额无须当事人证明。第二,《民法典纪要》第 11 条第 2 款规定:"当事人请求人民法院增加违约金的,增加后的违约金数额以不超过民法典第五百八十四条规定的损失为限。增加违约金以后,当事人又请求对方赔偿损失的,人民法院不予支持。"也就是说,如果当事人没有请求增加违约金而违约金低于当事人遭受的实际损失时,当事人可以在约定违约金之外另行主张赔偿损失,只要其所受赔偿的总数不超过其损失即可,即法律确立的违约损失全部赔偿原则,不必拘泥于赔偿的名目,而仅需关注赔偿是否弥补当事人的全部损失以及当事人并未额外得利即可。从这个角度上看,也就不应否定违约金与约定损失赔偿的并用。

区分违约金与约定损失赔偿额在司法实践中具有积极的价值,尤其是在举证责任方面,居于优势地位并且熟悉法律规定的债权人,可以通过约定损失赔偿额计算方法,绕开其关于实际损失举证责任的风险负担。在具体适用中应当注意的是:如果当事人在合同中明确约定违约金为预定的损害赔偿额,尽管此种违约金在性质上与预定损害赔偿额略有不同,但其目的是避免在计算损失方面存在的举证责任困难替代损害赔偿发挥作用,此时违约金责任的承担仍然需要以损失的发生为前提条件。

---

[1] 最高人民法院民事审判第二庭:《〈全国法院民商事审判工作会议纪要〉理解与适用》,人民法院出版社 2019 年版,第 327 页。

(三)违约金承担与履约过错

《民法典》对违约责任采纳的是严格责任原则,所强调的是对因违约行为造成损失的补偿,故不以违约一方存在过错为前提,所以,当事人一方承担违约金一般不以过错为前提条件。但是存在三种例外情形:一是有约定从约定,即如果当事人在合同中约定违约金的成立以一方当事人的过错为要件,则应当依其约定。二是在《民法典》合同编分则以及单行法规中特别规定违约责任以过错为构成要件的,应当依其规定。三是在当事人约定惩罚性违约金时,应以债务人存在过错作为其承担惩罚性违约金的要件。

当事人双方都存在违约行为时,能否适用违约金及约定损失赔偿条款?有观点认为,由于双方当事人均存在违约,故合同中违约金及约定损失赔偿条款对双方当事人均不再适用,双方均无权向对方主张违约金及违约损失赔偿。笔者认为:根据《民法典》第592条第1款的规定,当事人双方都违反合同的,应当各自承担相应的责任。据此,法律并未规定在双方当事人均存在违约的情况下,合同约定的违约责任条款失效,因此,在双方当事人均存在违约时,不应影响合同违约责任条款的法律效力。

四、违约金数额之酌减

(一)违约金酌减规则

《民法典》第585条第2款规定:"约定的违约金低于造成的损失的,人民法院或者仲裁机构可以根据当事人的请求予以增加;约定的违约金过分高于造成的损失的,人民法院或者仲裁机构可以根据当事人的请求予以适当减少。"该规定前一段解决了违约金过低,守约方可以请求增加违约金以填平违约所造成的损失的问题,后一段规定了违约金过高,违约方可以请求酌减规则,但对如何酌减,没有具体规定。

《民法典合同编通则解释》第65条对违约金酌减规则作出了具体规定,该条规定:"当事人主张约定的违约金过分高于违约造成的损失,请求予以适当减少的,人民法院应当以民法典第五百八十四条规定的损失为基础,兼顾合同主体、交易类型、合同的履行情况、当事人的过错程度、履约背景等因素,遵循公平原则和诚信原则进行衡量,并作出裁判。约定的违约金超过造成损失的百分之三十的,人民法院一般可以认定为过分高于造成的损失。恶意违约的当事人一方请求减少违约金的,人民法院一般不予支持。"

根据该条规定,违约方主张违约金过高,人民法院酌减违约金时,应当考量如下因素:

1. 过高标准的计算基数。判断违约金是否过高,其计算基础(守约方损失)是一个重要问题。但守约方损失范围是什么,厘清这个问题极为重要。原《合同法解释(二)》确定的违约金计算基础是"实际损失";但《民法典合同编通则解释》第65条第1款确定的违约金计算基础是"民法典第五百八十四条规定的损失",即实际损失加可得利益损失。这是一个重大修改,修改的理由是:因违约所造成的损失除了要包括实际损失之外,还应当包括可得利益损失,因为只有在调整的标准包括可得利益损失的情况下,才能使非违约方因违约金责任的承担而达到如同合同被完全履行时一样,即就像没有发生违约行为一样。故按"民法典第五百八十四条规定的损失"作为违约金的计算基础有利于充分救济守约方的利益,惩处违约行为,维护诚信原则。《九民纪要》第50条和《民法典纪要》第11条第1款作出了同样的规定。故自《民法典》生效后,判断违约金是否过高的计算基础应依"实际损失加可得利益损失"确定,而不能再依"实际损失"确定。

2. 个案综合权衡。《民法典》第585条第2款规定,约定的违约金过分高于造成的损失的,当事人可以请求人民法院或者仲裁机构予以适当减少"。这里的"适当"是一个授权性条款,意在授权法官根据当时案件的具体情形综合权衡,使具体案件符合公平原则和诚信原则,具体而言:

第一,应考虑违约金过高的基础标准。《民法典》第585条第2款规定的违约"造成的损失"应依"民法典第五百八十四条规定的损失"确定,这是法律明确规定衡量违约金过高的最重要标准,该标准应为基础标准。故衡量违约金是否过高首先应查明因违约给对方造成的实际损失和可得利益损失,确定基本标准。至于实际损失和可得利益损失的具体数额,属审判中需要查明的事实问题,根据违约金特定的举证责任分配规则由当事人举证证明。

第二,过高的具体标准为超过损失的30%。根据《民法典合同编通则解释》第65条第2款的规定,当事人约定违约金超过造成的损失30%的,一般可以认定"过分高于造成的损失"。该规定明确了调整幅度,换言之,只有超过该标准的,违约方才能请求酌减违约金。

第三,应考虑合同主体、交易类型。合同主体有民事主体和商事主体之分,二者在缔约能力、违约金约定、交易预见性等方面存在差异。如果债务人是商事主体,其对违约风险的预见和控制能力更强,其违约时应承担更多的违约金。交易类型有货物交易、服务交易、金融交易、股权交易、房地产交易等,在房地产交易中,开发商大多以格式条款约定违约金,开发商违约和普通购房者违约,酌减违约金的程度应有所区别。

第四,应考虑履约背景。此涉及个案裁判要考虑宏观经济形势以及价值导向上应促进市场经济发展问题。例如,在当前房地产市场整体下行,就业不充分的背景下,在酌减购房人的违约金时应充分考量此因素,在此,最高人民法院《审理民商事合同指导意见》第6条规定:"在当前企业经营状况普遍较为困难的情况下,对于违约金数额过分高于违约造成损失的,应当根据合同法规定的诚实信用原则、公平原则,坚持以补偿性为主、以惩罚性为辅的违约金性质,合理调整裁量幅度,切实防止以意思自治为由而完全放任当事人约定过高的违约金。"该规定仍有现实指导意义。

第五,应考虑合同履行的程度。合同履行程度须考量两个方面。一是合同履行完成程度。对于已经几乎履行完毕的合同与尚未履行的合同,违约行为导致的结果存在较大区别,故对违约金处理结果应该是明显不同的。二是履行瑕疵程度。对合同履行瑕疵区分两种情形:(1)如果合同履行瑕疵较轻微,即不存在重大违约行为,比如违约时间很短,可以适当调整违约金数额;(2)如果合同部分履行直接影响合同目的实现,则应审慎酌减违约金数额。

第六,应考虑当事人的过错程度。尽管《民法典》对违约责任实行严格责任原则,而不论有无过错,违约确有无过错违约与过错违约之分,当事人违约过错程度直接决定了违约金的补偿功能和惩罚功能的此消彼长。对于当事人故意或重大过失违约的场合,人民法院在调整违约金时应当体现出对违约方较高的惩罚。双方都有违约的,在调整违约金时也要充分考虑双方违约程度的大小、过失程度的高低等因素。

第七,综合衡量。所谓综合衡量是指应考虑当事人缔约时对可得利益的预见,当事人之间交涉能力是否平等,是否适用格式合同条款,是否存在过失相抵、减损规则及损益相抵规则等因素,应根据诚信原则和公平原则,结合案情的实际情况,综合衡量。

就是否适用格式条款而言,在经营者与消费者之间以格式合同为载体的交易关系中,如果债务人是消费者,此时当事人缔约地位的强弱、是否适用格式合同等因素,是适用违约金酌减规则应当考虑的因素。格式条款提供方请求减少违约金的,一般也要十分慎重。

就约定违约金的目的而言,如果当事人约定违约金的目的本身带有惩罚性质,但又不存在其他显失公平的因素,此时就要尊重当事人的意思自治,不能因为司法干预而使当事人约定的违约金目的完全落空。

除上述因素以外,还应考量其他因素,如债务人给付约定违约金可能严重影响其生存的,或者债务人因违约而获利的,应当作为调整违约金数额考虑的因素。

第八,遵循民法基本原则。根据《民法典合同编通则解释》第 65 条第 1 款和第 2 款的规定,对于过高违约金的调整,应当根据公平原则与诚实信用原则予以衡量,即法院或者仲裁机构对过高违约金进行干预的目的,在于矫正当事人的交易行为,使之符合公平原则与诚实信用原则。

实务中,在金钱债务违约中,能否以民间借贷利率保护上限衡量违约金是否过高标准?对此,《九民纪要》第 50 条已予否定。该条规定,除借款合同外的双务合同,作为对价的价款或者报酬给付之债,并非借款合同项下的还款义务,不能以受法律保护的民间借贷利率上限作为判断违约金是否过高的标准,而应当兼顾合同履行情况、当事人过错程度以及预期利益等因素综合确定。

3.不支持恶意违约方酌减违约金请求。《民法典合同编通则解释》第 65 条第 3 款规定:"恶意违约的当事人一方请求减少违约金的,人民法院一般不予支持。"该条是从理论和实践通行做法中总结和提炼出的新规定。恶意违约是指违约方在完全有能力履行合同义务的情况下,故意不履行合同义务的行为。如买卖合同生效后,由于标的物价格飞涨,出卖人违约将标的物售给第三人;在房屋买卖中,先卖后抵或一房数卖等情况。学者王洪亮指出,在故意甚至恶意的情况下,通常不再酌减违约金,因为恶意或故意行为的侵害人不值得免受严格惩罚的保护。[1] 在实务中,已有恶意违约不调整违约金的典型案例。如最高人民法院在史某培与甘肃皇台酿造(集团)有限责任公司、北京皇台商贸有限责任公司互易合同纠纷案[(2007)民二终字第 139 号]二审判决书中认为,违约方存在恶意拖延乃至拒绝履约的嫌疑,加之没有证据能够证明日万分之四的违约金属于过高情形,因此涉案《易货协议》约定的日万分之四违约金不能认定为过高。[2] 还有北京市第二中级人民法院审理的北京隆昌伟业贸易有限公司诉北京城建重工有限公司合同纠纷案[案号:(2017)京 02 民终 8676 号]判决认为,当事人双方就债务清偿达成和解协议,约定解除财产保全措施及违约责任。一方当事人依约申请人民法院解除保全措施后,另一方当事人违反诚实信用原则不履行和解协议,并在和解协议违约金诉讼中请求减少违约金的,人民法院不予支持(该案为最高人民法院指导案例 166 号)。

---

[1] 参见王洪亮:《违约金酌减规则论》,载《法学家》2015 年第 3 期。

[2] 参见《中华人民共和国最高人民法院公报》2008 年第 7 期。

(二)逾期办证无违约金约定损失标准问题

《商品房买卖合同解释》第 14 条第 1 款规定,出卖人逾期办证未约定违约金或者损失数额难以确定的,可按已付购房款总额,参照中国人民银行规定的金融机构计收逾期贷款利息的标准计算。因 2014 年后我国金融利率市场化改革,中国人民银行不再公布贷款基准利率,故上述司法解释中"参照中国人民银行规定的金融机构计收逾期贷款利息的标准"的规定再无依据。

为了解决商品房买卖合同逾期办证无约定违约金损失标准及诉讼时效计算标准问题,《八民纪要》第 18 条规定:"买受人请求出卖人支付逾期办证的违约金,从合同约定或者法定期限届满之次日起计算诉讼时效期间。合同没有约定违约责任或者损失数额难以确定的,可参照《最高人民法院关于审理民间借贷案件适用法律若干问题的规定》第二十九条第二款规定处理。"(注:此处《民间借贷解释》为法释〔2015〕18 号,该解释第 29 条第 2 款规定是指利息无约定的年利率标准为 6%)

自 2019 年 8 月 20 日起,中国人民银行授权全国银行间同业拆借中心于每月 20 日(遇节假日顺延)9 时 30 分公布贷款市场报价利率(LPR),中国人民银行贷款基准利率这一标准已经取消。《九民纪要》要求"自此之后人民法院裁判贷款利息的基本标准应改为全国银行间同业拆借中心公布的贷款市场报价利率"。

2020 年 8 月 18 日最高人民法院对原《民间借贷解释》进行了修改,重新颁布了《民间借贷解释》(法释〔2020〕6 号)并于 2020 年 8 月 20 日实施。该次修改对利息标准及逾期利息标准统一按 LPR 计算,最高不超过 LPR 的 4 倍,这与原《民间借贷解释》显著径庭。于此情形下,《八民纪要》第 18 条有关商品房买卖合同逾期办证无约定情形下无约定违约金损失赔偿标准的规定也就不能再适用。

《买卖合同解释》第 18 条第 4 款规定:"买卖合同没有约定逾期付款违约金或者该违约金的计算方法,出卖人以买受人违约为由主张赔偿逾期付款损失,违约行为发生在 2019 年 8 月 19 日之前的,人民法院可以中国人民银行同期同类人民币贷款基准利率为基础,参照逾期罚息利率标准计算;违约行为发生在 2019 年 8 月 20 日之后的,人民法院可以违约行为发生时中国人民银行授权全国银行间同业拆借中心公布的一年期贷款市场报价利率(LPR)标准为基础,加计 30% ~ 50% 计算逾期付款损失。"该解释第 32 条规定:"法律或者行政法规对债权转让、股权转让等权利转让合同有规定的,依照其规定;没有规定的,人民法院可以根据民法典第四百六十七条和第六百四十六条的规定,参照适用买卖合同的有关规定。权利转让或者其他有偿合同参照适用买卖合同的有关规定的,人民法院应当首先引用民法典

第六百四十六条的规定,再引用买卖合同的有关规定。"根据该条规定,在合同无约定违约金情形下,所有有偿合同的逾期付款损失计算标准均可参照该解释规定处理。

但仍须注意,《建设施工合同解释(一)》第 26 条规定:"当事人对欠付工程价款利息计付标准有约定的,按照约定处理。没有约定的,按照同期同类贷款利率或者同期贷款市场报价利率计息。"因为欠付工程款利息为法定孳息,非法定违约赔偿损失,故有别于一般有偿合同。

(三)和解或调解协议中违约金调整问题

在民事诉讼中,当事人调解结案有两种情形:一是当事人在庭外达成和解协议,原告撤诉而结案;二是当事人双方在法院主持下自愿达成调解协议,由法院根据调解协议制作民事调解书结案。在两种调解方式制作的和解协议或调解协议中,债权人为督促债务人履行义务,经债务人同意,往往约定了过高的违约金,如果债务人未履行义务,能否对和解协议或调解协议中过高的违约金进行调整?这一问题在实务中经常发生争议。笔者认为,应区分和解协议和调解协议两种情形处理:

1.关于和解协议。诉讼中在庭外达成的和解协议,并不具有强制执行效力,债务人未履行义务的,债权人仍可重新起诉解决。在重新起诉的诉案中,往往发生债务人对和解协议中的过高违约金请求调整问题。对此,笔者认为:原则上不应允许调整,仅例外地允许调整。理由是:(1)合同纠纷诉至法院,当事人在达成和解协议中约定过高违约金,虽各自情势和动机不同,但并不违背自愿原则,有的和解协议还是在法院多次要求下达成的。与当事人原合同订立时,对是否发生违约、违约后果并不完全明知的情形比较,和解协议一旦订立,负有履行义务的当事人对违约后果是明知的,若其违约,则应认定为恶意违约。特别是违约方为商事主体的情形下,其违反诚信原则,恶意违约的,根据《民法典合同编通则解释》第 65 条第 3 款"恶意违约的当事人一方请求减少违约金的,人民法院一般不予支持"的规定,即使违约金过高,也不应调整,最高人民法院指导案例第 166 号就体现了这一精神。(2)附有过高违约金的和解协议签订后,过高违约金实质上构成暴利,或发生情势变更情形的,应例外地允许调整过高违约金,因为和解协议是具有可诉性的新合同,该合同的订立也应符合公平原则。

2.关于调解协议。在法官主持下达成的附有过高违约金的调解协议,在法院据此制作民事调解书后,法律赋予其强制执行效力。债务人未履行义务,债权人申请强制执行时,债务人请求调整过高违约金的,能否支持?笔者认为:不能支持。

理由:(1)民事调解书生效后,若有错误,只能申请再审。无论是当事人申请再审还是法院依职权提起再审,再审审查的核心是调解是否违反自愿原则、调解内容是否违反法律规定。民事调解书违反自愿原则被撤销的,属于当事人意思表示瑕疵所致,并非约定违约金过高所致。调解协议自愿约定过高违约金的,并不违反法律规定,应视为已经司法确认的惩罚性违约金,不宜调整。(2)调解协议是生效且有强制执行力的司法文书,并非普通民事合同;和解协议并非司法文书,和普通民事合同没有区别,也没有强制执行力。违约金调整规则适用于民事合同,是在诉讼中调整,对生效司法文书不宜适用。(3)债务人违反诚信原则,不履行民事调解书义务而主张调整过高违约金的,若予支持,将会冲击民事调解书应有的公信力和权威性,也会陡增纠纷,为恶意违约者打开方便之门。(4)如果当事人在仲裁中达成过高违约金的调解协议,根据《仲裁法》的"一裁终局原则",仲裁调解书中的过高违约金属实体问题,无法调整。诉讼和仲裁是解决合同纠纷的两种法定途径,既然生效的仲裁调解书中过高的违约金在申请撤裁时不能被调整酌减,那么法院民事调解书中过高的违约金也不能被调整酌减,否则会造成法制不统一。

(四)土地出让合同违约金调整问题

1.问题来源。最高人民法院《国有土地使用权合同解释》第1条规定,土地使用权出让合同是指市、县人民政府自然资源主管部门作为出让方将国有土地使用权在一定年限内让与受让方,受让方支付土地使用权出让金的合同。土地出让合同虽属于民事合同,但相较于普通民事合同的确具有其特殊性,土地出让合同其中一方主体为政府自然资源行政主管部门,由其提供的土地出让合同格式文本必然会受到相关法律、法规和规范性文件的约束。2006年12月17日,国务院办公厅出台了《关于规范国有土地使用权出让收支管理的通知》(国办发〔2006〕100号),该通知第7条第2款规定:"土地出让合同、征地协议等应约定对土地使用者不按时足额缴纳土地出让收入的,按日加收违约金额1‰的违约金。违约金随同土地出让收入一并缴入地方国库。对违反本通知规定,擅自减免、截留、挤占、挪用应缴国库的土地出让收入,不执行国家统一规定的会计、政府采购等制度的,要严格按照土地管理法、会计法、审计法、政府采购法、《财政违法行为处罚处分条例》(国务院令第427号)和《金融违法行为处罚办法》(国务院令第260号)等有关法律法规进行处理,并依法追究有关责任人的责任;触犯刑法的,依法追究有关人员的刑事责任。"根据该条规定,原国土资源部和原国家工商行政管理总局提供的普遍适用的《国有建设用地使用权出让合同》制式合同文本中,都规定了受让人不能按时支付国有建设用地使用权出让价款的,自滞纳之日起,每日按迟延支付款项的1‰向出让人缴纳违约金;同时,规定了出让人违约迟延交付土地的,亦应按日向受让人支付出让价款1‰的违约金。实务中,各地方自然资源管理部门在土地出让时都是按上述制式合同文本与受让人签订土地出让合同的。在土地出让合同履行过程中,受让人迟延缴纳出让金的,出让人除了催缴出让金本金外,还按合同约定催缴日1‰的违约金,若受让人未缴清出让金本金及违约金,有的地方出让人就不为受让人办理土地权属登记。如此一来,特别是房地产开发项目,没有土地使用权证,无法办理商品房预售许可证,继而无法通过预售获得开发资金,项目开发进程便会受阻。受让人迟延缴纳出让金的原因各自不同,但普遍认为出让合同中按日加收1‰的违约金(年36.5%)标准过高,大大超过了民间借贷利率的法定最高限额,要求根据《民法典》第585条的相关规定进行调整。不同法院在处理土地出让合同违约金能否调整时的问题上,有不同观点,由此,产生了很大争议。换言之,对于普通民事合同违约金能否调整不存在法律适用争议,而土地出让合同违约金能否调整却产生了法律适用争议。

2. 不同的裁判观点。第一种观点,认为对土地出让合同中约定的日1‰逾期付款违约金标准应当进行调整。其主要理由是:土地出让合同属民事合同,应统一适用合同法中违约金调整规则;在出让人没有证据证明存在实际损失的情形下,违约金不应超过同期银行贷款利率标准。例如,湖北省高法对黄冈市宏林房地产开发有限公司、团风县国土资源局建设用地使用权出让合同纠纷再审审查与审判监督作出的(2018)鄂民申174号民事裁定书就持该种观点。第二种观点,认为不能对土地出让合同中约定的日1‰逾期付款违约金标准进行调整。其主要理由是:土地出让合同中按日加收违约金额1‰的违约金的规定,并非地方政府可以随意调减,亦非人民法院可以酌减;该约定违约金对双方具有督促守约和惩罚违约的功能,同时体现了国家维护国有土地交易市场正常秩序的意志;国办发〔2006〕100号文件系经国务院同意后发布的,体现的是国务院的命令,应当不折不扣地执行与遵守,不可调减;违反国办发〔2006〕100号文件的后果是依法追究有关责任人的责任,触犯刑法的,依法追究有关人员的刑事责任;双方当事人均对违约可能造成的法律后果有清楚的认知,且未超出双方当事人签订出让合同时应预见的范围的,依照合同约定承担相应的违约责任。例如,最高人民法院对再审申请人甘肃兴业房地产有限公司与被申请人兰州市国土资源局建设用地使用权出让合同纠纷一案申请再审所作的(2019)最高法民申1451号民事裁定书、广东省高级人民法院对佛山市国土资源和城乡规划局与佛山市南海盈裕房地产发展有限公司、恒大地产集团有限公司建设用地使用权出让合同纠纷所作的(2015)粤高法民一终字第86号二审民事判决书等,就持该种观点。第三种观点,认为只能在特殊情形下才能对土地出让合同中约定的日1‰逾期付款违约金标准进行调整。其主要理由是:土地出让合同中约定的违约金标准,受行政文件及部门规章的约束,国办发〔2006〕100号文对于国有土地出让合同中土地使用者不按时足额缴纳土地出让收入的违约金标准作了明确规定,不属于土地出让合同的双方能够任意协商达成的条款,该类条款如不存在违反法律、行政法规强制性效力性规定的情形,原则上不宜以司法判决的方式否定其效力;受让方逾期支付土地出让金给出让方造成的资金损失,不能简单地以银行同期贷款利率或民间借贷规定的利息标准进行评判,亦不宜依职权作相应调整,而应以此为依据确认各方当事人的民事权利义务;受让人在签订合同、取得土地使用权时,对于土地出让合同的内容包括违约责任的约定应当是知道的,不存在其不能预见的情形;故应当考虑违约金条款内容的法定性、行政管理的强制性、违约责任的可预见性等因素,在无特殊情形下原则上应不予调减。例如,最高人民法院对昆明市国土资源局、昆明滇池国家旅游度假区管委会与仁泽公司建设用地使用权出让合同纠纷所作的(2017)最高法民终561号二审民事判决书就持该种观点。

目前,持第一种观点裁判的是少数,持第二种、第三种观点裁判的是多数,而且是最高人民法院的裁判,对司法实务审判影响较大。

3. 现实的困境。国办发〔2006〕100号文中的违约金标准对处理土地出让合同中出让金的违约金带来了法律适用困境,笔者认为:鉴于该文已经滞后且与《民法典》相关法理冲突,对土地出让合同中约定1‰逾期付款违约金和逾期交地违约金都应该按《民法典》第585条及《民法典合同编通则解释》第65条的规定调整。主要理由是:

(1)国办发〔2006〕100号文的滞后性。原《合同法》生效后,虽然该法第114条第2款确立了违约金酌减规则;但对如何认定违约金过分高于造成的损失的标准和调低的参考因素却没有规定。在此背景下,2006年12月17日国务院办公厅出台了《关于规范国有土地使用权出让收支管理的通知》,规定了土地出让合同、征地协议等应约定对土地使用者不按时足额缴纳土地出让收入的,按日加收违约金额1‰的违约金的规定。2009年最高人民法院出台了《合同法解释(二)》,在第29条规定了违约金酌减规则。随着2009年国际金融危机爆发,最高人民法院出台了《审理民商事合同指导意见》,该意见要求:对当事人在合同中所约定的过分高于违约造成的损失的违约金或者极具惩罚性的违约金条款,人民法院应根据原《合同法》第114条第2款和原《合同法解释(二)》第29条等关于调整过高违约金的规定内容和精神,合理调整违约金数额,公平解决违约责任问题;在当前企业经营状况普遍较为困难的情况下,对于违约金数额过分高于违约造成的损失的,应当根据原《合同法》规定的诚实信用原则、公平原则,坚持以补偿性为主、以惩罚性为辅的违约金性质,合理调整裁量幅度,切实防止以意思自治为由而完全放任当事人约定过高的违约金。《民法典》实施后,最高人民法院《民法典合同编通则解释》第65条对违约金酌减规则作出了规定。同时为降低企业融资成本,支持企业发展,对民间借贷合同法定最高利率规定为不超过LPR的四倍。然而,国办发〔2006〕100号文并没有对土地出让合同逾期付款违约金日1‰标准随着法律的变化进行修改,该违约金标准明显存在滞后性,与我国立法中违约金系以补偿性为主、以惩罚性为辅的性质不相符。

(2)国办发〔2006〕100号文与同为行政法的税法比较,其违约金标准明显过高。税法具有法定性、强制性、无偿性的特点。《税收征收管理法》第32条规定,纳税人未按法定期限缴纳税款的,应从滞纳税款之日起,按日加收滞纳税款万分之五的滞纳金。纳税人未按法定期限缴纳税款的,直接损害国家利益,但这与受让人没有按期缴纳出让金没有本质区别,然而受让人承担的日1‰违约金标准是纳税人承担的日万分之五滞纳金标准的整整2倍,不可谓不高。如果国办发〔2006〕100号文规定的违约金标准体现了国家维护国有土地交易市场正常秩序的意志,那么《税收征收管理法》第32条中的滞纳金标准同样体现了国家意志,但民事合同约定违约金与税法法定滞纳金的严肃性不能一同并论。此外,《民法典合同编通则解释》第65条第3款新规定了恶意违约的违约金不予酌减规则,该规定可以替代国办发〔2006〕100号文的宗旨。

(3)如果以土地出让合同违约金条款内容的法定性、行政管理的强制性、违约责任的可预见性,否定违约金调整规则,该观点实际上是将国务院规范性文件中的规定通过土地出让合同变成了表面上为"协商约定"而实际上是出让人单方确定的违约金,是土地出让部门单方对受让人的违约罚款。此种否定未考虑这种统一的制式合同对于受让人来说,违约金条款就是格式条款。只要是格式条款,就应当允许受让人依《民法典》相关规定对格式条款效力提出抗辩。《民法典》中违约金调整规则本源自公平原则,民事合同应当以民事法律为审理依据,不能以行政规范性文件来否定民事法律的适用。其实,就地方土地出让部门而言,有对国办发〔2006〕100号文件中的违约金标准从地方行政管理角度作出了最高限额及允许调整的规定,如2020年1月16日广州市规划和自然资源局、广州市财政局联合印发的《关于土地出让金违约金计收问题的若干意见的通知》(穗规划资源规字〔2020〕1号)在坚持国办发〔2006〕100号文规定的日1‰逾期付款违约金标准的前提下,同时规定:"二、土地出让金违约金实行额度封顶,即每笔违约金数额不高于当期应缴而未按期缴纳的土地出让收入部分。三、由于文物保护、市政建设、重大规划调整等非企业原因影响项目开发建设并导致产生违约金的,开发单位申请受影响时段免计违约金的,由相关职能部门出具证明材料,并经市住房城乡建设、规划和自然资源、财政主管部门和相关职能部门依据部门职责提出意见后,提交市土地管理委员会审议。"

(4)无法落实法制统一原则。《民法典》是调整平等主体之间的人身关系和财产关系的法律;《民法典》实施后,既然土地出让合同属民事合同,缔约双方的地位应当平等,按照法制统一原则,对土地出让合同中过高的违约金应允许调整,不能因为出让人是政府机关就不能调整。《民法典》是上位法,国办发〔2006〕100号文是国务院规范性文件,并非行政法规之列,在处理民事合同违约金调整问题上,按照法制统一的观点,应坚持以《民法典》相关规定为准。同时,《民法典合同编通则解释》第64条第3款规定预先放弃调整违约金的条款无效,如果允许调整,则该款规定失去意义。根据《优化营商环境条例》第61条第1款"国家根据优化营商环境需要,依照法定权限和程序及时制定或者修改、废止有关法律、法规、规章、行政规范性文件"的规定,笔者认为,对土地出让合同中出让金的违约金应当予以调整,该问题应由国务院和最高人民法院尽快研究解决。

(五)违约金调整举证责任分配

1.举证责任分配。在当事人主张违约金过高而请求减少场合,原《合同法》对违约金调整的举证责任没有具体规定,各地法院做法不一,《民法典》对此也没有规定。但举证责任分配与当事人利益悠关,直接涉及当事人胜诉与败诉问题。

就此问题,在《民法典》生效前后,最高人民法院先后出台了3个规范性文件。一是最高人民法院《审理民商事合同指导意见》。该意见第8条规定,人民法院要正确确定举证责任,违约方对于违约金约定过高的主张承担举证责任,非违约方主张违约金约定合理的,亦应提供相应的证据。二是《九民纪要》。其第50条规定,认定约定违约金是否过高,一般应当以原《合同法》第113条规定的损失为基础进行判断,这里的损失包括合同履行后可以获得的利益。除借款合同外的双务合同,作为对价的价款或者报酬给付之债,并非借款合同项下的还款义务,不能以受法律保护的民间借贷利率上限作为判断违约金是否过高的标准,而应当兼顾合同履行情况、当事人过错程度以及预期利益等因素综合确定。主张违约金过高的违约方应当对违约金是否过高承担举证责任。三是《民法典纪要》。其第11条第3款规定,当事人主张约定违约金过高请求予以适当减少的,应当承担举证责任;相对人主张违约金约定合理的,也应当提供相应的证据。

《民法典合同编通则解释》第 64 条第 2 款规定:"违约方主张约定的违约金过分高于违约造成的损失,请求予以适当减少的,应当承担举证责任。非违约方主张约定的违约金合理的,也应当提供相应的证据。"该规定终结了该问题的争议。据此,在违约金是否过高的举证责任分配问题上,《民法典合同编通则解释》与《民法典纪要》一致,但与《九民纪要》有明显区别,二者都重新回归到《审理民商事合同指导意见》的观点,即当事人双方对其主张都承担举证责任。

最高人民法院在解读《民法典合同编通则解释》第 64 条第 2 款时认为:该条确立了违约方承担结果意义上的举证责任与守约方承担行为意义上的举证责任(提交相应证据的义务)相结合的做法,符合实际情况。对违约金过分高于违约所造成损失的举证责任应当由违约方承担。由于违约金过分高于认定的参照点是违约造成的损失,因此违约金过分高于的举证证明实际就落脚于对违约损失的举证证明上。虽然对违约金过分高于提出抗辩要求的是违约方,但要违约方证明守约方的损失,客观上也存在一定难度。在合同履行过程中,相对于违约方来说,守约方更清楚违约带来的损失情况,理应承担一定的举证义务。就这一举证责任规则的适用,实践中也有相应经验的做法,比如,北京市第三中级人民法院审理的北京君合百年房地产开发有限公司与王某、林某房屋买卖合同纠纷案[(2021)京 03 民终 17003 号]民事判决书中,法院生效裁判认为,违约方主张约定违约金过高请求适当予以减少的,违约方应承担证明违约金过分高于非违约方实际损失的举证证明责任。守约方已就其实际损失进行了合理说明,违约方以守约方未因其违约行为遭受任何损失为由主张酌减违约金,但未举证证明合同约定违约金过分高于守约方实际损失的,不予酌减。在此需要注意的是,依据证据法上的基本原理,当双方当事人都根据此规定提供相应证据而有关案件事实仍处于真伪不明时,违约方应承担结果意义上举证不能的责任。但守约方如果掌握相应证据而不提供,尤其是人民法院责令其提交而其仍不提交时,也要承担不利后果,此规则精神在《民事诉讼法解释》第 112 条、第 113 条有关文书提交命令和证明妨碍规则方面有明确的规定。[1]

2. 公报案例。《最高人民法院公报》2007 年第 5 期所载的"张桂平诉王华股权

---

[1] 参见最高人民法院民事审判第二庭、研究室编著:《最高人民法院民法典合同编通则司法解释理解与适用》,人民法院出版社 2023 年版,第 719~720 页。

转让合同纠纷案"中的判决部分指出：该案中，张桂平应当对王华的违约行为给其造成损失的事实承担相应的举证责任。鉴于张桂平不能对王华违约给其造成的流动资金贷款利息损失之外的其他损失事实进一步举证证明，其要求王华按股份转让金数额的 5 倍，即 41500 万元向其支付特别赔偿金，王华对此持有异议，故对张桂平的主张不予支持。对于王华的违约责任，应以 8100 万元被王华占用期间的流动资金贷款利息为相应参考依据，予以适当调整，酌定王华向张桂平支付 500 万元的违约金。此判例在调整适当的违约金举证分配方面具有一定代表性。

五、预先放弃调整违约金与释明

（一）预先放弃调整违约金效力

如果合同约定当事人一方放弃调整违约金权利，该约定是否有效？由于《民法典》对此没有规定，实务中存在不同认识，有的主张有效，有的主张无效。

《民法典合同编通则解释》第 64 条第 3 款规定："当事人仅以合同约定不得对违约金进行调整为由主张不予调整违约金的，人民法院不予支持。"据此，司法解释采取了无效说。根据该条规定，合同一方仅以合同约定不得对违约金进行调整为由主张不予调整的，人民法院将不予支持。该条表述上强调"仅以"，实际上是为了强调即使当事人约定了不得对违约金进行调整的内容，也不能阻却违约方依法请求调整。

调整违约金是法律赋予民事主体的一项权利，其程序虽由当事人的请求而启动，但其终归属司法调整范畴，不能由当事人通过约定排除，否则将不利于维护法律确定的秩序和保护民事主体请求司法调整违约金的法定权利。对于违反公平原则的预先放弃调整违约金条款，为避免违约金调整规则被架空、避免这种约定可能是"扭曲的自愿"产物、避免出现"天价违约金"，故对预先放弃调整违约金或不得调整违约金的合同条款效力予以否定。[1]

（二）违约金不能依职权调整

《民法典》第 585 条第 2 款规定了司法调整违约金须"根据当事人的请求"，据此，在程序上，司法调整违约金须以当事人请求才能启动。同时，根据《民法典合同编通则解释》第 64 条第 1 款"当事人一方通过反诉或者抗辩的方式，请求调整违约

---

[1] 参见最高人民法院民事审判第二庭、研究室编著：《最高人民法院民法典合同编通则司法解释理解与适用》，人民法院出版社 2023 年版，第 721~722 页。

金的,人民法院依法予以支持"的规定,当事人请求调整违约金的方式为反诉或抗辩。据此,我国目前对违约金调整采取的是"当事人请求"的立法模式,换言之,只有当事人明确提出调整违约金请求的,人民法院才予调整。据此,如果当事人没有请求调整,即使违约金过高,法官也不得依职权直接调整,但可释明。

但在当事人未到庭等缺席判决的情况下,法院应否主动调整过高违约金?对此,最高人民法院第六巡回法庭的观点认为:守约方提起诉讼要求支付约定违约金,违约方未出庭应诉缺席判决的,人民法院应当兼顾合同自由与合同正义,根据能够查明的案件事实,经审查认为合同约定的违约金标准过高的,可以予以适当调整。[1] 笔者觉得该观点值得商榷,理由:一是《民法典》已经规定对启动违约金调整程序采取的是当事人主动请求模式,未赋予法官依职权调整的权利。二是积极参加诉讼是当事人的法定诉讼义务,其未出庭导致缺席判决的,应视为其放弃包括举证权、质证权、反诉权、抗辩权等在内的诉讼权利,也包括请求调整违约金的权利,应自行承担不利后果。三是根据《民法典合同编通则解释》第64条第2款"违约方主张约定的违约金过分高于违约造成的损失,请求予以适当减少的,应当承担举证责任"的规定,违约金是否过高由违约方判断,如果违约方认为过高,须承担举证责任来证明过高情形。如果因违约方未出庭而法官依职权调整违约金,实际上是代替违约方判断违约金"过高",同时免除了违约方的举证责任,这对守约方不公平。

(三)违约金释明规则

1.违约金释明规则。违约金调整制度是公平原则的具体体现,应由当事人来明确提出调整请求,法官原则上不得依职权直接调整。《民法典合同编通则解释》第64条第1款规定了当事人请求调整违约金的两种方式:一是反诉;二是抗辩。但如果当事人未提出调整违约金请求,如何实现约定违约金调整,以达到公平目的,往往以法官释明为桥梁。

最高人民法院《买卖合同解释》第21条规定:"买卖合同当事人一方以对方违约为由主张支付违约金,对方以合同不成立、合同未生效、合同无效或者不构成违约等为由进行免责抗辩而未主张调整过高的违约金的,人民法院应当就法院若不支持免责抗辩,当事人是否需要主张调整违约金进行释明。一审法院认为免责抗

---

[1] 参见杨临萍主编、最高人民法院第六巡回法庭编:《最高人民法院第六巡回法庭裁判规则》,人民法院出版社2022年版。

辩成立且未予释明,二审法院认为应当判决支付违约金的,可以直接释明并改判。"

最高人民法院出台如上解释的理由是:(1)法官行使释明权可以真正体现我国合同法对违约金"补偿性为主,惩罚性为辅"的立法价值取向;(2)在司法实践中,当事人未申请调整违约金的深层原因有很多,有些并非认为违约金金额并无不妥,而是其根本不知道违约金调整制度的存在及适用规则;(3)实务中当事人诉讼策略往往聚集于是否违约,并以合同未违约、合同未成立、合同未生效、合同无效等抗辩理由主张免责,若法院仅就是否违约作出裁判后,当事人又以违约金须调整为由另行起诉,无疑增加了不必要的司法成本;(4)法官的释明只是协助当事人决定是否需要提出调整违约申请,但是否提出申请仍由当事人决定;(5)在当事人提出合同未违约等免责抗辩场合,若不释明导致法院无法调整违约金有悖于立法目的;(6)对违约金的调整释明,可以避免极端当事人主义的弊端,有利于法院公平公正地处理纠纷,平衡当事人之间正确的利益关系,提高审判效率。

2. 释明权行使的原则。(1)坚持公开原则。具体而言,法官向一方当事人释明时,必须告知对方,卷宗对此应有记录,不能暗箱操作。(2)释明应把握尺度,不宜明确表达违约金已过分高于损失这一看法,应注意解释中"若不支持免责抗辩"是对违约方的用语,避免失去法官消极、中立的立场。(3)尊重当事人处分原则。法官对当事人释明后,是否主张调整违约金只能由当事人在了解相关法律的基础上自己判断和决定,法官绝不能越俎代庖。

3. 释明权行使的范围。(1)违约方以合同不成立、合同未生效、合同无效或者不构成违约等为由进行免责抗辩的;(2)违约方虽未明确申请法院调整违约金,但其在抗辩中对违约金与实际损失的差异问题较为"模糊"的表达,如"即使存在违约,对方也没有相应损失或损失很小"等;(3)违约方没有聘请律师,法律知识极度匮乏,经济风险承受能力极低的弱势群体。

4. 经释明后,法官能否再依职权调整违约金问题。法院若不支持免责抗辩,对当事人是否需要主张调整违约金进行释明后,当事人仍未就约定的违约金数额提出调整请求,法官是否可以依职权主动调整违约金的数额?最高人民法院观点认为:由于原《合同法》第114条第2款明确了违约金只能由当事人主张调整,因此法官绝对不能依职权进行调整。我们认为,对于已经向违约方规定,要求当事人请求人民法院或者仲裁机构予以调整,而不是法官依职权调整进行释明但违约方坚持不提出调整违约金请求的,人民法院应当遵循合同法意思自治原则,一般不予主动调整。但按照约定违约金标准判决将严重违反公序良俗原则、诚信原则和公平原则并导致双方利益严重失衡的,人民法院可以根据原《合同法》第5条关于公平原则的规定进行调整,但这种依职权进行的调整是绝对的例外情形。[1]

对如上例外依职权调整的观点,笔者不能认同,理由是:其一,处分权是民事诉讼法的基本原则,当事人是否请求调整过高违约金,属当事人的处分权范畴。其二,为彰显公平及减少诉累,法官释明是对法官不能依职权调整违约金规则的一种补救措施,于此情形下,当事人仍不请求调整过高违约金的,应自担诉讼风险。其三,按约定违约金标准形成的判决将违反公序良俗原则、诚信原则、公平原则的观点,缺乏法理支持,因为约定过高违约金是否违反公序良俗,值得探讨,即使违反公序良俗,也应认定约定无效而非调整;若认为违反公平原则,而违约金调整规则和法官释明本身就是公平原则的体现;若认为违反诚信原则,而在违约方违约情形下,守约方请求给付的违约金无论是否过高,该行为均不违反诚信原则,在违约方主动放弃权利的前提下,考量当事人利益是否严重失衡已没有必要。其四,如允许法官再行例外,可能会导致法官滥用自由裁量权。

第六节 解除后果与合同利益

合同解除而行使损害赔偿请求权的前提是解除权人的合同利益受到损失,若合同利益无损失则无赔偿。然而,当事人的合同利益在合同法理论上有多种类型,故应正确处理合同解除后果,厘清合同利益不同类型及各自规则。

一、返还利益

(一)返还利益之内涵

所谓返还利益,是指合同无效、被撤销,或解除、终止后,因该合同取得的财产,应当予以返还;不能返还或没必要返还或返还违反绿色原则造成资源浪费的,应当折价补偿;合同债权债务履行完毕或已清结的,不存在返还利益。

(二)返还利益类型及规定

返还利益表现为两种类型,各自具体规定如下:

1.第一种类型是因合同效力瑕疵而返还利益。合同效力瑕疵包括合同无效、

---

[1] 参见最高人民法院民事审判第二庭编著:《最高人民法院关于买卖合同司法解释理解与适用》,人民法院出版社2012年版,第437页。

被撤销、未生效且确定不发生效力三种情形。具体规定是：

(1)《民法典》第157条第1句，即"民事法律行为无效、被撤销或者确定不发生效力后，行为人因该行为取得的财产，应当予以返还；不能返还或者没有必要返还的，应当折价赔偿"。该条认为返还利益的救济，与违约责任无关，不是违约救济手段的组成部分。

(2)《民法典》第179条第1款第4项规定的"返还财产"系承担民事责任方式；《民法典》第235条的"无权占有不动产或者动产的，权利人可以请求返还原物"系物权保护规定；如上规定中的"返还财产"或"返还原物"系指作为侵权责任承担方式的返还，相当于德国民法上作为物权返还请求权的"返还原物请求权"。如果受损方承担并履行的是非金钱债务，但在合同行为无效、被撤销或确定不生效后，原物已不存在，或已被第三人合法取得所有权的，所谓返还财产是指《民法典》第985条所确认的不当得利返还。

2. 第二种类型是因违约救济而返还利益。具体规定是《民法典》第566条第1款规定，合同解除后，已经履行的，根据履行情况和合同性质，当事人可以要求恢复原状，采取补救措施，并有权要求赔偿损失。其中所谓"恢复原状"主要须借助返还财产的方式进行。依直接效果说，对这种类型返还利益进行救济的目的是防止在合同解除后，相对人从此前所受的给付中不当获利，简言之，是为了防止不当得利。

实务中，合同解除后，根据履行情况和合同性质，能够恢复原状的，一般应当支持给付方的返还利益请求。一时性合同的解除多存在返还利益规则，持续性合同的解除一般不适用返还利益规则。

二、信赖利益

(一) 信赖利益之内涵

信赖利益是指一方当事人由于信赖法律行为的有效性而遭受的损害。[1] 信赖利益损失通常包括所受损失和所失利益。所谓所受损失，亦称积极损害，是指损害的发生致使信赖人现有财产所减少的利益。所谓所失利益，亦称消极损害，是指损害的发生致使信赖人的财产应增加而未增加的利益。我国台湾地区学者林诚二先生也认为信赖利益赔偿有二项：一是所受损害，即积极的损害，乃指损害原因事实发生，致使现存财产减少；二是所失利益，即消极的损害，乃指损害事实发生，致信

---

[1] 参见韩世远：《合同法总论》（第4版），法律出版社2018年版，第784页。

赖人财产应增加而未增加的利益。[1]

实务中,合同因违约解除的,违约方必然存在向守约方赔偿信赖利益损失问题。

(二)信赖利益之特征

信赖利益具有四项法律特征:

一是信赖利益必须是一种利益,它是某种财产收益或者机会利益的增加,对于一方当事人而言,它体现着正面的价值评价。而与之相反的损失则不能成为利益。在通常情况下,信赖利益也许没有具体的外在表现,如善意允诺人只有因对方过失而遭受该种利益损害时才可以主张追偿。

二是信赖利益具有善意性,当事人对缔约本身必须是善意信赖,信赖利益应当是带有"合理信赖"色彩的普通利益。若善意当事人明知对方发生过失,而不采取措施防止损害发生或阻止损失进一步扩大,其无权就该部分损失主张信赖利益的损害赔偿。

三是信赖利益的保护结果是将善意允诺人重新置于合同订立前的状态,使其重新获得财产利益或机会利益。对于善意允诺人而言,其无法通过期待利益予以补救时,信赖利益损失实际上是当事人约定履行成本的无异议的支出和消耗。法律保护信赖利益,是将善意允诺人消耗掉的订立契约、履行成本重新返还给他,使其处境重新恢复到合同订立前的状态。[2]

四是信赖利益的内容具有广泛性,包括所受损失和所失利益。

(三)信赖利益之类型及规定

我国现行合同法中,有两种类型的信赖利益赔偿规定。

1. 第一种类型是因缔约过失产生的信赖利益损失。法律条文有:其一,《民法典》第500条:"当事人在订立合同过程中有下列情形之一,造成对方损失的,应当承担损害赔偿责任:(一)假借订立合同,恶意进行磋商;(二)故意隐瞒与订立合同有关的重要事实或者提供虚假情况;(三)有其他违背诚信原则的行为。"其二,《民法典》第476条:"要约可以撤销,但是有下列情形之一的除外:……(二)受要约人

---

[1] 参见林诚二:《民法理论与问题研究》,中国政法大学出版社2000年版,第286页。

[2] 参见邹挺谦:《论信赖利益及其损害赔偿》,载《民事审判指导与参考》(总第17集),法律出版社2004年版。

有理由认为要约是不可撤销的,并已经为履行合同做了合理准备工作。"这里的"有理由认为"就是指受要约人的信赖,这种信赖,对双方当事人均有约束力,不得随意被撤销,否则可以请求损害赔偿。

第一种类型的信赖利益赔偿范围包括:(1)缔约费用,如邮电费用,赶赴缔约地或者查看标的物所支出的合理费用;(2)准备履行所支出的费用,包括为运送标的物或受领对方标的物所支付的合理费用;(3)受害人支出上述费用所失去的利息。[1]

2. 第二种类型是因合同不履行或不完全履行所产生的信赖利益损失。法律条文是《民法典》第584条前段:"当事人一方不履行合同义务或者履行合同义务不符合约定,造成对方损失的,损失赔偿额应当相当于因违约所造成的损失,包括合同履行后可以获得的利益。"其中,"违约所造成的损失"中,排除与"合同履行后可以获得的利益"相对应的损失,就是第二种类型的损失。它主要是指当事人因信赖对方将全面履行合同而支付对价或费用,因此遭受的损失。如果说第一种类型的信赖利益与相信合同可以成立或生效有关的话,第二种类型的信赖利益则是与生效合同当事人相信自己的债权可以完全得到实现联系在一起。两种类型信赖利益的相同之处在于:对信赖利益进行赔偿都是为了使受害人处于合同从未订立的状态,而不是使其处于合同得到履行的状态,因此第二种类型的信赖利益损失尽管发生在合同生效后,但对其救济"旨在使非违约方因信赖合同履行而支付的合作费用得到返还或赔偿,从而使当事人处于合同未订立前的良好状态。当事人在合同缔结前的状态与现有状态之间的差距,应是信赖利益的范围。如果该损失是因违约所造成,则应由违约当事人负责赔偿"。[2]

第二种类型的信赖损失赔偿范围包括:(1)第一种类型的信赖利益进行赔偿的所有项目;(2)缔约费用,如差旅费、通讯费等;(3)履行合同费用,如购买原材料、支付工人工资等,以及因此费用所遭受的利息损失等;(4)机会丧失的损失。合同因违约解除的,违约方应向守约方赔偿信赖利益,赔偿范围应当包括上述四项内容。

(四)信赖利益中的机会损失

1. 机会损失及特征。所谓机会损失,不外乎指机会利益的减少或丧失,主要表

---

[1] 参见最高人民法院民事审判第二庭编著:《最高人民法院关于买卖合同司法解释理解与适用》,人民法院出版社2012年版,第451~452页。

[2] 王利明:《合同法研究》(第2卷),中国人民大学出版社2003年版,第625页。

现为由于他人违约,或有其他不当行为导致机会享有者所拥有的获取特定利益或避免特定损害的可能性降低或者丧失。与常见的利益损害相比,机会损失有自己独特的特征:(1)机会损失可能性的降低或丧失为其主要表现形式和判断依据。可能性的大小预示着主体距离目标利益的远近,是衡量机会利益大小的依据,尤其是在目标利益相同的情况下。(2)机会损失具有不确定性,主要表现在机会损失可能性大小以及相应价值计算的不确定性。(3)机会损失具有隐蔽性,表现为两个方面:一是在可能性较小的场合,即使他人不当行为造成这种损失的减少甚至是丧失最终出现目的利益减少甚至是丧失并最终出现目的利益损失的结果,却由于无法具有因果关系理论对原因力的要求而忽略;二是在目的利益最终并未遭受损失(仅是可能性减少)的情形中,由于传统意义上直观、具体的损害结果而难以为人们所认识。

2.机会损失的类型。主要有:(1)机会减少和机会丧失;(2)获利机会丧失与避免机会损失;(3)财产机会损失和人身机会损失。[1]

3.信赖利益赔偿应包含机会损失。许多学者认为信赖利益赔偿中,应包含机会损失。最高人民法院法官在著述中亦主张信赖利益除包括客观的费用支出损失外,还包括机会损失,并认为:"因信赖对方而至丧失的与他人订立合同机会的损失,包括两种情况。第一种情况是受害人与第三人缔约的机会曾经是客观存在的,且在诉讼时已确定不存在。第二种情况是受害人与第三人缔约的机会曾经是客观存在的,且在诉讼时也客观存在,但第三人却比以前提出了更为苛刻的条件,那么后两种条件下的差额,也应是信赖人的机会损失,应予赔偿。"[2]

可以看出,包含机会损失的第二种类型的信赖利益作为计算违约赔偿损害额的替代方法,事实上发生了在特定情形下替代履行利益的作用。但信赖利益的赔偿,应以不得超过履行利益为限。

最高人民法院审理的中信红河矿业有限公司诉鞍山市财政局股权转让纠纷二审民事判决[(2016)最高法民终803号]确立了机会损失属于信赖利益赔偿范围。该判决认为:合同缔约阶段信赖利益的损失既包括直接损失,也包括间接损失。善意相对人客观合理的交易机会损失属于间接损失;此交易机会损失的数额认定应综合考虑缔约过失责任人的获益情况,善意相对人的交易成本支出情况等因素。[3]

---

[1] 参见朱晓平、雷震文:《机会损失赔偿问题研究》,载《人民司法》2014年第3期。

[2] 江必新、何东林等:《最高人民法院指导性案例裁判规则理解与适用:合同卷一》,中国法制出版社2012年版,第404页。

[3] 参见最高人民法院民事判决书,(2016)最高法民终803号。

(五)信赖利益之范围限制及案例

1. 信赖利益之范围限制

对于信赖利益根据公平原则和诚信原则进行赔偿应予限制。本质上是为避免受害人考虑不周或计算错误,将本应由自身承担的损失借助信赖利益损失的赔偿转嫁给违约方。这种限制有两点:

一是信赖利益赔偿对受害人而言不应构成不当得利。若损失非善意信赖所引起,将会造成不当得利。在此同样适用过失原则,《民法典》第592条规定:"当事人都违反合同的,应当各自承担相应的责任。当事人一方违约造成对方损失,对方对损失的发生有过错的,可以减少相应的损失赔偿额。"这就是一种限制。

二是信赖利益赔偿不能超过履行利益。计算信赖利益赔偿额时还应受到可预见规则的限制,即赔偿额应当限制在当事人可预见的范围内,最高不能超过合同实际履行时可以获利的平均利润。因为当事人缔约的目的在于获得履行利益,这种履行利益就是当事人所得到的最终利益。但信赖利益不同于履行利益,故一般而言信赖利益赔偿额不应超过履行利益。

比如,就价格学上价格的构成原理而言,一宗盈利交易合同的价格组成应该是:成本(如原材料采购成本) + 费用(管理费用和贷款利息、折旧等财务费用) + 税金(指增值税等流转税) + 利润(缴纳企业所得税后的净利润)。其中,实际发生成本、费用、流转税等税金三项可视为信赖利益,信赖利益实际上是成本之和,即企业在特定期间运营的总成本。根据税法规定,流转税是指交易一经发生必须缴纳的税款,企业财务中常被列为总成本构成之一,如货物发出,卖方必须向买方开具增值税发票,不论货款是否收回,即不论卖方是否盈利。所得税与流转税不同,有应税所得额则交纳,无应税所得额则不存在交纳;所得税主要有企业所得税和个人所得税。就企业所得税而言,其应税所得额 = 企业年度总收入 − 企业年度总成本,若为正数,则是税前利润。企业所得税按年度计算,税率一般为25%,高新技术企业为15%。税前利润扣除企业所得税后的余额为净利润(又称税后利润);只有净利润才可视为合同法所指的可得利益。个人所得税有股份分红之税、个人红利所得税,税率为20%,企业年度税后利润符合《公司法》规定可以分红的,则由企业代扣代缴;没有分红的,则不存在个人红利所得税。另外,企业员工工资薪金须按薪金累进税率按月计算需缴纳的个人所得税,工资薪金个人所得税仍由企业代扣代缴。但如上两项个人所得税不属于可得利益范畴。

合同履行应是信赖利益不会大于合同履行利益,如果信赖利益等于履行利益,该笔交易属于不赔不赚；如果信赖利益大于履行利益，该笔交易本身就是亏本交易，也就是说，即使没有违约发生，非违约方支付对价获得全方面履行，也是亏本生意。如果允许在信赖利益赔偿中，使违约方赔偿额大于本来就是亏本交易情况下非违约方的期待利益，实际上就是等于非违约方在一笔交易中的亏损转嫁给违约方。[1]

2. 信赖利益限制之案例

案例1：最高人民法院审理的上海凯尉纽澳实业有限公司（以下简称凯尉纽澳公司）与旭化成建材株式会社缔约过失责任纠纷案[（2015）民申字第2648号]中，最高人民法院认为：缔约过失责任旨在弥补或补偿缔约过失行为所造成的财产损害后果，主要保护缔约当事人因信赖法律行为的成立和有效，但由于该法律行为的不成立或无效所蒙受的损失。凯尉纽澳公司主张的期待利益损失部分是合同当事人订立合同时合理期望债务人完全履行债务时应得到的利益，不属于该案缔约过失责任范畴。原审法院没有支持凯尉纽澳公司主张的预期利益损失及委托第三方进行系统研发而尚未支付的费用具有法律依据。凯尉纽澳公司虽然主张其用工成本以及因《备忘录》产生的业务支出属于信赖利益的范畴，但其并未提供证据证明相关支出与《备忘录》的履行行为具有密切关联，且上述成本与支出系其基于对签订后续合同产生合理信赖而产生的实际损失，原审法院基于凯尉纽澳公司举证不足而对其相关诉求未予支持亦无不当。驳回凯尉纽澳公司的再审申请。

案例2：福建省高法审理的陈某与黄某景缔约过失责任纠纷案[（2016）闽民申2446号]中，福建省高级人民法院认为：根据《合同法》第42条第3项有关"当事人在订立合同过程中有下列情形之一，给对方造成损失的，应当承担损害赔偿责任：（三）有其他违背诚实信用原则的行为"的规定，该损害赔偿责任形式为缔约过失责任，属合同前义务，不等同于合同义务，通常以实际损失为限。该案中，黄某景与陈某达成购房意向并支付预付款后，又拒绝签订房屋买卖合同，该行为有违诚实信用原则，黄某景应当承担损害赔偿责任，但该损害赔偿责任应限于造成的实际损失，不包括合同履行后可以获得的利益。陈某要求黄某景赔偿房屋价格下跌的差价38,434元及未支付购房款的利息65,250元，涉及房屋买卖合同履行后可以获得的利益，不属于实际损失，二审法院没有支持陈某的上述诉讼请求，并无不当。综合

---

[1] 参见[美]L.L.富勒、小威廉·R.帕杜：《合同损害赔偿中的信赖利益》，韩世远译，法律出版社2004年版，第47页。

考虑陈某于2011年9月收到预付款后为签订房屋买卖合同进行了准备以及黄某景于2011年11月明确表示不愿意购房,二审法院酌定黄某景赔偿陈某损失2912元(损失额以31.2万元为基数,按中国人民银行同期同类贷款利率计算2个月的利息),已臻合理。黄某景作出不愿意购房的意思表示后,陈某可与他人订立房屋买卖合同,但陈某长时间未采取行动存在过失,对自身损失的扩大应当承担责任,故其主张黄某景赔偿的损失应计算至房屋实际转让之日,理由不能成立。

三、履行利益

(一)履行利益之内涵

履行利益,又称积极利益或积极的合同利益,是债权人基于债务人对合同的履行行为而直接获得的利益。《民法典》第577条规定,当事人一方不履行合同义务或者履行合同义务不符合合同约定的,应当承担继续履行等违约责任。其中"继续履行"目的就是补救债权人所遭受的履行利益损失。

实务中,合同因违约而解除的,存在履行利益损失赔偿问题;但合同非因违约解除的,一般不存在履行利益损失赔偿问题,但法律有特殊规定的除外(如有偿委托合同的任意解除)。

(二)履行利益之规定

履行利益的规定体现在《民法典》第584条,根据该条规定,当事人一方不履行合同义务或履行合同义务不符合合同约定,给对方造成损失的,其损失赔偿额应当相当于违约所造成的损失,包括合同履行后可以获得的利益,但不得超过违反合同一方订立合同时预见到或者应当预见到的因违反合同可能造成的损失。简言之,履行利益范围包括信赖利益和可得利益。

(三)履行利益之特征

履行利益的法律特征是:(1)履行利益是当事人在订立合同时对相对人所作的承诺最基本的期待,订立合同的目的就在于获得预期的履行利益。(2)履行利益损失赔偿须以债务人违约为前提。(3)履行利益损失以合同有效成立为前提,因债务人不履行或不完全履行合同义务所造成的损失。(4)履行利益赔偿的结果,是让债权人处于如同债权被履行的状态。

履行利益损失赔偿范围,在合同不履行的情况下,债权人应当得到的履行利益是债务人应转移的全部价值或者应提供的全部服务;在合同不完全履行的情况下,债权人应该得到的履行利益是债务人应转移的价值或应提供的服务和其实际转移价值或提供服务之间的差额。例如,在买卖合同中,如果出卖人没有按照合同约定交付标的物,则买受人有权根据替代购买标的物所支出的一切费用而请求履行利益损失的赔偿。如果出卖人交付的标的物有瑕疵,则出卖人交付标的物的实际价值与出卖人应交付甲方的标的物的价值之间的差价,就是履行利益损失。由此,履行利益的认定应当考虑价格变化因素的影响。合同标的物的市场价格在不断变化,买受人的履行利益也要随之变化。[1]

四、可得利益

(一)可得利益之内涵及特征

1.可得利益之内涵。在《民法典》中,可得利益是指合同履行后当事人利用合同标的从事生产经营可获得的利益,不包括合同履行本身所获得的利益,主要是指获取利润所对应的利益。

利润是指一方当事人在取得对方交付的财产的基础上,运用该财产从事经营活动所获取的收益,其本质是以通过合同取得的财产为基础而产生的财产增值。在企业财务角度,利润不是毛利,应为净利润,即企业扣除缴纳企业所得税税款后的利润。

在违约损害赔偿方面,《民法典》确立的是完全赔偿原则,包括积极损失赔偿和可得利益的赔偿。积极损失是指当事人现有财产损失,包括为准备履行合同义务支出的费用、守约方应得的与其实际得到的履行之间的价值差额,守约方采取补救措施以及违约造成的其他损失。之所以在赔偿受害人积极损失的同时还要赔偿可得利益,最高人民法院认为:"是因为如果只赔偿积极损失而不赔偿可得利益损失,就只能使守约方的利益恢复到合同订立前的状态,这对守约方不公平,而且也纵容了违约方。"[2]故,法律规定赔偿可得利益的主要目的在于通过加重违约方的违约成本,以期遏制违约行为的发生,督促违约方诚信履约,保护守约方的信赖利益,并

---

[1] 参见最高人民法院民法典贯彻实施工作领导小组主编:《中华人民共和国民法典合同编理解与适用(二)》,人民法院出版社2020年版,第768页。

[2] 《聚焦合同法适用问题推动商事司法审判发展——就合同法实务问题访最高人民法院民二庭庭长宋晓明》,载最高人民法院民事审判第二庭编:《商事审判指导》总第20辑,人民法院出版社2010年版。

弥补守约方因对方违约而造成的可期待利益损失。

2. 可得利益之特征。第一,可得利益是一种未来的利益。它在违约方发生违约行为时并没有为守约方所实际享有,而是必须通过合同的实际履行才得以实现。第二,可得利益必须具有一定的确定性。在合同法中,任何需要补救的损害都必须有一定程度的确定性,否则是不能要求赔偿的。尽管可得利益并非受害方实际享有的利益,但这种利益不是臆想的,具有一定现实性,也就是说,这种利益已经具备实现的条件,只要合同依约履行,就会被当事人获得。在通常情况下,当事人为实现这一利益做了一些准备,所以可得利益具备了转化为现实利益的基础和条件。所谓一定程度的确定性也要求可得利益损害能够以金钱计算,如果完全不能以金钱计算,也不能视为可得利益。[1]

(二) 可得利益赔偿规定

《民法典》第584条确定了可得利益赔偿规则。该条规定:"当事人一方不履行合同义务或者履行合同义务不符合约定,造成对方损失的,损失赔偿额应当相当于因违约所造成的损失,包括合同履行后可以获得的利益。"其中的"包括合同履行后可获得的利益"一语,排除信赖利益,就是可得利益。可得利益与可得利益损失赔偿是两个不同的范畴。可得利益是法律概念,而可得利益损失赔偿是实务中对可得利益所确定的一种结果。并非守约方存在可得利益损失,违约方就必须全额赔偿,因为可得利益的赔偿须受可预见等规则的限制。

实务中,当事人主张合同解除赔偿可得利益损失有两个条件:一是须以合同违约解除为前提;二是守约方须存在可得利益损失。

《民法典合同编通则解释》第60条第1款规定:"人民法院依据民法典第五百八十四条的规定确定合同履行后可以获得的利益时,可以在扣除非违约方为订立、履行合同支出的费用等合理成本后,按照非违约方能够获得的生产利润、经营利润或者转售利润等计算。"根据该条规定,可得利益是合同履行后债权人所能获得的纯利润。这一规定参考了最高人民法院《审理民商事合同指导意见》第9条的规定。该指导意见第9条规定:"在当前市场主体违约情形比较突出的情况下,违约行为通常导致可得利益损失。根据交易的性质、合同的目的等因素,可得利益损失主要分为生产利润损失、经营利润损失和转售利润损失等类型。生产设备和原材

---

[1] 参见人民法院出版社法规编辑中心编:《最高人民法院裁判观点精编(2014—2015)》,人民法院出版社2016年版,第120~121页。

料等买卖合同违约中,因出卖人违约而造成买受人的可得利益损失通常属于生产利润损失。承包经营、租赁经营合同以及提供服务或劳务的合同中,因一方违约造成的可得利益损失通常属于经营利润损失。先后系列买卖合同中,因原合同出卖方违约而造成其后的转售合同出售方的可得利益损失通常属于转售利润损失。"

适用《民法典合同编通则解释》第60条第1款应当注意:一是计算可得利益时应当扣除相应的成本。当事人为履行合同所支出的成本和费用与其合同履行相应的利润之间具有对应关系,对二者不可同时主张,否则构成重复赔偿。二是具体的利润计算方法,应根据交易性质、合同目的等因素,按照非违约方能够获得的生产利润、经营利润或者转售利润等计算。在计算生产经营利润时,可以考虑以客观的、能够证明的非违约方获得的上一年度或近几年的平均净利润,或者同类、同区域、同行业的经营者所能够获得的净利润为标准进行计算。如果非违约方主张其利润比照客观方法计算的利润高,此时非违约方应承担举证责任;如果违约方主张对方利润比照客观方法计算的利润低,此时违约方应承担举证责任。对于经营利润和转售利润损失,大致应当遵循上述规则计算。[1]

(三) 可得利益确定规则

《民法典》对如何认定可得利益损失没有具体规定,这成了司法实践中的一个难题。最高人民法院综合理论和实践成果,在《民法典合同编通则解释》第60条、第61条、第62条,分三个层次对可得利益损失的计算作了具体的规定。具体如下:

1. 第一层次是可得利益损失计算的一般通常方法,包括:

(1) 利润法。也就是《民法典合同编通则解释》第60条第1款规定的"按照非违约方能够获得的生产利润、经营利润或者转售利润等计算"。具体为,可得利益应根据交易性质、合同目的等因素,按照非违约方能够获得的生产利润、经营利润或者转售利润等计算。在计算生产经营利润时,可以考虑以客观的、能够证明的非违约方获得的上一年度或近几年的平均净利润,或者同类、同区域、同行业的经营者所能够获得的净利润为标准进行计算。如果非违约方主张其利润比照客观方法计算的利润高,此时非违约方约方应承担举证责任;如果违约方主张对方利润比照客观方法计算的利润低,此时违约方应承担举证责任。对于经营利润和转售利润

---

[1] 参见最高人民法院民事审判第二庭、研究室编著:《最高人民法院民法典合同编通则司法解释理解与适用》,人民法院出版社2023年版,第669页。

损失,大致应当遵循上述规则计算。[1] 利润法主要适用于非违约方是商事主体(如生产者、经营者、经销商)的情形。

(2)替代交易法。所谓替代交易,是指在特定条件下,当合同一方当事人违约时,另一方当事人通过另一交易取代原合同交易。若该合同价格与原合同价格相比不利于债权人,其可请求债务人赔偿原合同与替代交易的价格差。《民法典合同编通则解释》第60条第2款规定:"非违约方依法行使合同解除权并实施了替代交易,主张按照替代交易价格与合同价格的差额确定合同履行后可以获得的利益的,人民法院依法予以支持;替代交易价格明显偏离替代交易发生时当地的市场价格,违约方主张按照市场价格与合同价格的差额确定合同履行后可以获得的利益的,人民法院应予支持。"

适用替代交易规则,应遵循以下条件:一是一般应以解除合同为前提。因合同解除前尚无法确定债权人最终是否从债务人处获得合同标的,合同解除后给付消灭,非违约方进行替代交易具有正当性。违约方根本违约的,也应允许替代交易,但不宜绝对化。二是要以合同标的为种类物、可替代物为前提。如果合同标的为特定物,不存在替代可能性,此时应根据市场价格规则计算赔偿额。三是必须是非违约方与他人进行了替代原有合同交易的交易,若非违约方自己履行了违约方义务,则不存在替代交易。替代交易一般只要订立合同即可,但非违约方对替代交易方的资质信用、履约能力负有举证责任,法院对此亦应加大依职权调查取证的力度。四是要以存在根本违约为前提,对于不存在根本违约的,应当慎用替代交易规则。

排除适用替代交易的情形是,违约方有证据证明替代交易价格明显偏离替代交易发生时当地的市场价格的,就不宜适用替代交易规则,而应以市场价格法取而代之。不过,如果此时替代交易具有紧迫性,不进行替代交易将导致非违约方损失扩大,根据减损规则,人民法院仍应认定替代交易成立,替代交易方法不能被市场价格法取代。[2]

(3)市场价格法。《民法典合同编通则解释》第60条第3款规定:"非违约方依法行使合同解除权但是未实施替代交易,主张按照违约行为发生后合理期间内合同履行地的市场价格与合同价格的差额确定合同履行后可以获得的利益的,人民

---

[1] 参见最高人民法院民事审判第二庭、研究室编著:《最高人民法院民法典合同编通则司法解释理解与适用》,人民法院出版社2023年版,第669页。

[2] 参见最高人民法院民事审判第二庭、研究室编著:《最高人民法院民法典合同编通则司法解释理解与适用》,人民法院出版社2023年版,第669~672页。

法院应予支持。"该条是对市场价格法的具体规定。

适用市场价格法应当注意：一是替代交易法是可得利益的具体计算方法，市场价格法是可得利益的抽象计算方法，尽管司法解释采用了以替代交易法为原则，以市场价格法为补充的计算模式，非违约方也有不选择替代交易法而选择市场价格法的自主权，但适用市场价格法须以守约方未从事替代交易为前提。二是在计算可得利益问题上，一旦选择了其中一个方法，原则上不能并用其他方法，否则将有违填平原则的要求。至于其他损害赔偿问题，也应当遵循填平原则的要求，区分不同计算方法所蕴含的成本扣除与正常交易之外的额外成本作为实际损失赔偿的情形。三是适用市场价格法时，确定市场价格的时点为"违约行为发生的合理时间内"。这一点与《民法典》第511条第2项合同价格约定不明时，按照"订立合同时"履行地的市场价格履行的规定，显著不同。同时，确定价格的地点为"合同履行地"，根据《民法典》第511条第3项的规定，合同履行地点不明确，给付货币的，在接受货币一方所在地履行；交付不动产的，在不动产所在地履行；其他标的，在履行义务一方所在地履行。

替代交易法、市场价格法更具有普遍意义。非违约方实施了替代交易的，可以按照替代交易的差价认定可得利益损失，没有实施替代交易的，可以按照与市场价格的差额认定可得利益损失。司法实践中需要重点把握替代交易价格和市场价格的合理性，即替代交易价格不能明显偏离替代交易发生时当地的市场价格，而市场价格应当为违约行为发生后合理期间内合同履行地的市场价格。

2. 第二层次是对持续性定期合同可得利益损失计算的特别规定。

《民法典合同编通则解释》第61条规定："在以持续履行的债务为内容的定期合同中，一方不履行支付价款、租金等金钱债务，对方请求解除合同，人民法院经审理认为合同应当依法解除的，可以根据当事人的主张，参考合同主体、交易类型、市场价格变化、剩余履行期限等因素确定非违约方寻找替代交易的合理期限，并按照该期限对应的价款、租金等扣除非违约方应当支付的相应履约成本确定合同履行后可以获得的利益。非违约方主张按照合同解除后剩余履行期限相应的价款、租金等扣除履约成本确定合同履行后可以获得的利益的，人民法院不予支持。但是，剩余履行期限少于寻找替代交易的合理期限的除外。"

该条是针对持续性定期合同中可得利益的赔偿作出的特别规定。因为持续性定期合同的履行期限较长，一方不履行支付价款、租金等金钱债务导致合同解除的，按照剩余履行期限对应的金钱债务为基础计算可得利益，有违公平原则。按照剩余履行期限计算可得利益，非违约方在采取替代交易能够及时止损的情况下，会怠于减损,相当于变相鼓励当事人放任损失扩大,不利于社会整体交易效益的提升;按照剩余履行期限计算可得利益,还可能造成非违约方双重获益的情形,也不符合诚信原则。因此,可以确定非违约方寻找替代交易的合理期限,以此期限对应的价款、租金为基础计算可得利益,这在一定意义上也是替代交易法在持续性定期合同中的具体使用。

理解该条规定关键是如何确定寻找替代交易的合理期限。根据该条规定,应"参考合同主体、交易类型、市场价格变化、剩余履行期限等因素"。具体而言:第一,就合同主体而言,应区分民事主体和商事主体,与普通公民相比,商人寻找替代交易的能力和效率更高,其寻找替代交易的合理期限应少于相同或类似情形下普通公民寻找替代交易的合理期限。第二,就交易类型而言,交易类型包括不同合同关系、同一合同不同交易模式等。比如,租赁合同和保管合同属不同的交易类型,二者不同的替代交易合理期限不应"一刀切"地确定。再如,同为房屋租赁合同,旅游城市季节性、"候鸟式"的房屋租赁与普通的长期房屋租赁在确定替代交易的合理期限上当然不能完全一致。第三,就市场价格变化而言,通常来说,如果合同标的市场价格稳定,合理期限可以长一些;如果市场价格波动较大,则合理期限应当短一些。第四,就剩余期限而言,时间在持续性债务关系中有重要性意义,如果剩余履行期限较短,一定程度上可能影响当事人解除合同的必要性。合同解除后,剩余履行期限只是确定非违约方寻找替代交易合理期限的因素之一,但因剩余履行期限与寻找替代交易合理期限的相关程度较低,故不能作为首要考虑因素。当然,如果当事人主张按照剩余期限相应的价款、租金扣除履约成本计算可得利益,经法院审查该剩余履行期限不超过寻找替代交易的合理期限的,法院应当尊重当事人的处分权,支持当事人的请求。[1]

3. 第三层次是无法确定可得利益且违约方因违约行为获利时可得利益计算的补充兜底性规定。

《民法典合同编通则解释》第 62 条规定:"非违约方在合同履行后可以获得的利益难以根据本解释第六十条、第六十一条的规定予以确定的,人民法院可以综合考虑违约方因违约获得的利益、违约方的过错程度、其他违约情节等因素,遵循公平原则和诚信原则确定。"

在合同领域,存在大量当事人的可得利益损失难以举证的情形,导致有些法院

---

[1] 参见最高人民法院民事审判第二庭、研究室编著:《最高人民法院民法典合同编通则司法解释理解与适用》,人民法院出版社 2023 年版,第 690~691 页。

认为原告主张的可得利益损失不具备"确定性"而不予支持;但违约行为必然导致守约方可得利益损失,换言之,这种损失是客观存在的,仅难以具体量化,此时简单地以守约方无法证明具体损害为多少而直接驳回其诉讼请求是不公平的。正因如此,越来越多的判决采取"合理性"的标准,在降低守约方证明标准的同时,通过法官自由裁量权进行酌定,但这一做法仍会存在法官自由裁量权过大问题。与此同时,由于守约方可得利益损失难以计算和举证,存在违约方利用违约获得巨额利益的情形,特别是恶意违约的情形,若固守于守约方承担举证责任及传统合同法"以损害为中心"的救济方式,既不能威慑违约行为,还可能纵容违约方继续实施违约行为,导致合同得不到尊重,合同制度效力的难以发挥。基于违约方禁止获利原则,上述司法解释明确规定可以根据违约方的获利情况确定守约方的可得利益损失。

适用《民法典合同编通则解释》第62条的规定,应当注意:

1.适用本条的前提是无法根据本司法解释第60条、第61条的规定确定非违约方在合同履行后可获得的利益。本条和本司法解释第60条、第61条的规定共同构成可得利益的计算方法体系。综合这三条规定,从体系解释的角度出发,可得利益计算方式和顺位如下:首先,本司法解释第61条对持续性定期合同可得利益赔偿的计算属特别规定,应优先适用。其次,本司法解释第60条属可得利益计算的一般规则,所有类型的合同均适用。具体而言,非违约方可以根据实际情况,比如,举证方面的难易程度,选择适用不同的计算方法,但就替代交易和市场价格而言,非违约方的选择权体现在其是否进行了替代交易。如果进行了替代交易,则有必要按照替代交易计算;如果没有进行替代交易,则应当按照市场价格计算。最后,本条规定的可得利益计算方法为兜底规定,只有在难以根据本司法解释第60条、第61条确定非违约方在合同履行后可以获得的利益的情况下才可适用。[1]

2.本条虽将违约方的获利作为赔偿非违约方可得利益的一个重要参考因素,但在适用这一方法时,也要作必要限制,为避免新的不公平,应当综合考虑违约方的过错程度、其他违约情节等因素,根据公平原则和诚信原则最终确定非违约方可得利益的赔偿额。

(四)可得利益赔偿限制

可得利益赔偿限制实际上是对完全赔偿原则的限制。因为完全赔偿原则有两

---

[1] 参见最高人民法院民事审判第二庭、研究室编著:《最高人民法院民法典合同编通则司法解释理解与适用》,人民法院出版社2023年版,第697~702页。

项内容:一是损失填平原则,即违约方的赔偿应填平守约方的全部损失;二是禁止得利原则,即守约方不能因违约方的违约行为而重复得利。这两项原则是一体的,不能厚此薄彼。最高人民法院也认为:"违约损害赔偿不仅要保护守约方,还应该为当事人提供交易鼓励。谋求社会共同生活的增进。而过于沉重的赔偿责任不利于当事人积极从事交易,有必要对完全赔偿原则进行一定限制。"[1]

对可得利益限制的具体规定:

1.最高人民法院《审理民商事合同指导意见》第 10 条规定,人民法院在计算和认定可得利益损失时,应当综合运用可预见规则、减损规则、损益相抵规则以及过失相抵规则等,从非违约方主张的可得利益赔偿总额中扣除违约方不可预见的损失、非违约方不当扩大的损失、非违约方因违约获得的利益、非违约方亦有过失所造成的损失以及必要的交易成本。对于欺诈经营的应遵循《民法典》第 179 条第 2 款"法律规定惩罚性赔偿的,依照其规定"的规定。对于惩罚性赔偿特别法有规定的从其规定,如《消费者权益保护法》第 55 条规定:"经营者提供商品或者服务有欺诈行为的,应当按照消费者的要求增加赔偿其受到的损失,增加赔偿的金额为消费者购买商品的价款或者接受服务的费用的三倍;增加赔偿的金额不足五百元的,为五百元。法律另有规定的,依照其规定。经营者明知商品或者服务存在缺陷,仍然向消费者提供,造成消费者或者其他受害人死亡或者健康严重损害的,受害人有权要求经营者依照本法第四十九条、第五十一条等法律规定赔偿损失,并有权要求所受损失二倍以下的惩罚性赔偿。"

2.《买卖合同解释》第 22 条对可得利益赔偿作出了限制性规定,该条规定:"买卖合同当事人一方违约造成对方损失,对方主张赔偿可得利益损失的,人民法院在确定违约责任范围时,应当根据当事人的主张,依据民法典第五百八十四条、第五百九十一条、第五百九十二条、本解释第二十三条等规定进行认定。"

3.《民法典合同编通则解释》第 60 条第 1 款规定:"人民法院依据民法典第五百八十四条的规定确定合同履行后可以获得的利益时,可以在扣除非违约方为订立、履行合同支出的费用等合理成本后,按照非违约方能够获得的生产利润、经营利润或者转售利润等计算。"

可见对可得利益限制的规则主要有可预见规则、减损规则、混合过错规则、损

---

[1]《聚焦合同法适用问题推动商事司法审判发展——就合同法实务问题访最高人民法院民二庭庭长宋晓明》,载最高人民法院民事审判第二庭编:《商事审判指导》总第 20 辑,人民法院出版社 2010 年版。

益相抵规则。根据上述规定,可得利益损失赔偿额=可得利益损失总额-不可预见的损失-受损害方扩大的损失-受损害方自己过错造成的损失-受损害方因违约获得的利益-必要的成本。

在实务中,当事人在订立合同时,已经预见合同不能履行的,其是否有权向违约方主张可得利益损失?对此问题,最高人民法院第一巡回法庭2017年第5次法官会议纪要认为:不应赔偿可得利益损失。原因是可得利益是基于合同的履行而获得的利益,当事人在签订合同时已预见到合同不能履行,仍坚持订立该合同的,其已预见不可能获得可得利益,根据公平原则、减损规则和过失相抵规则,不应支持可得利益损失赔偿请求。[1]

(五)可得利益损失举证责任分配

《民法典合同编通则解释》对可得利益损失举证责任分配没有规定,但最高人民法院《审理民商事合同指导意见》并未废止。故笔者认为,关于可得利益损失举证责任分配应考虑两点:一是最高人民法院《审理民商事合同指导意见》第11条的规定:"人民法院认定可得利益损失时应当合理分配举证责任。违约方一般应当承担非违约方没有采取合理减损措施而导致损失扩大、非违约方因违约而获得利益以及非违约方亦有过失的举证责任;非违约方应当承担其遭受的可得利益损失总额、必要的交易成本的举证责任。对于可以预见的损失,既可以由非违约方举证,也可以由人民法院根据具体情况予以裁量。"二是守约方就可得利益损失总额无法举证的,应适用《民法典合同编通则解释》第62条的规定确定可得利益损失数额。

(六)可得利益赔偿典型案例

最高人民法院审理刘某新、刘某青开发项目内部承包合同纠纷申请再审审查案[(2018)最高法民申2258号]体现了支持可得利益应予赔偿的观点。最高人民法院在该案中阐明了实务中为什么支持可得利益及如何认定可得利益的观点,具有现实指导性。兹介绍如下:

1.案情简介。第一,学海公司与童某军签订《开发项目内部承包协议》,童某军承包学海公司的开发项目,学海公司可获得的收益包括三部分:8000万元款项和价

---

[1] 参见最高人民法院第一巡回法庭编著:《最高人民法院第一巡回法庭民商事主审法官会议纪要》(第1卷),中国法制出版社2020年版,第11~14页。

值2000万元的车位;童某军无偿为学海公司建设的34,300平方米的毛坯房;童某军无偿为学海公司建设的150个地下车位。第二,2015年8月24日,学海公司、童某军与刘某新、刘某青签订《暮云学海——优品汇项目建设承包人变更协议》,约定由刘某新、刘某青全面承接原由童某军承包的案涉项目的相关权利和义务。第三,2015年10月21日,学海公司与刘某新、刘某青签订《补充协议》,明确规定如果刘某新、刘某青未能在规定时间内解决好与案涉项目有关的一切债权债务纠纷等问题,刘某新、刘某青自愿放弃案涉项目的承包权。如果由于刘某新、刘某青方面的原因给学海公司造成经济损失和重大影响,学海公司有权在解除协议的基础上,要求刘某新、刘某青赔偿一切经济损失。第四,刘某新、刘某青未能在规定时间内解决好协议约定的债权债务纠纷等问题,存在违约行为。第五,2015年10月27日,学海公司委托律师向刘某新、刘某青发出《律师函》,通知刘某新、刘某青正式收回变更至其名下的案涉项目承包权,并解除与其签订的相关协议。第六,学海公司起诉要求刘某新、刘某青赔偿可得利益损失。原审判决酌情认定刘某新、刘某青应赔偿学海公司1400万元的可得利益损失。

2. 申请再审理由。刘某新、刘某青不服原审判决,向最高人民法院申请再审,理由之一是可得利益损失不属于合同解除的赔偿范围,赔偿可得利益损失属违约责任,而合同解除与违约责任是合同法上两项相互独立的法律救济制度。

3. 最高人民法院裁定书认定。关于刘某新、刘某青应否赔偿学海公司可得利益损失的问题。根据原《民法通则》第115条、原《合同法》第97条、原《合同法》第113条第1款的规定可知,在出现合同约定或法律规定当事人可以行使解除权解除合同的违约行为的情况下,守约方实际面临两种利益抉择,一是选择继续履行合同,二是选择解除合同。而合同解除后必然涉及恢复原状、采取其他补救措施、赔偿损失等问题。可得利益是合同履行后可以获得的利益,是对债务不履行的赔偿,法律规定可得利益的目的主要在于通过加重当事人的违约成本,以期遏制违约行为的发生,督促当事人诚信履约,保护守约方的信赖利益,并弥补守约方因对方违约而造成的实际损失。如在当事人违约导致合同解除的情况下,将损害赔偿范围仅限定于守约方因对方违约而产生的损失,不将可得利益损失纳入其中,显然将会在一定程度上鼓励甚至纵容当事人违约行为的发生,亦不符合合同法关于赔偿可得利益损失的立法初衷。因而,可以并且应当将可得利益纳入合同解除后的损失赔偿范围,但应以不超过当事人在订立合同时预见或应当预见违反合同可能造成的损失为限。

该案中,根据《开发项目内部承包协议》约定,案涉项目承包价款包括三部分,其一,为8000万元款项和价值2000万元的车位。其二,为童某军无偿为学海公司建设的34,300平方米的毛坯房。其三,为童某军无偿为学海公司建设的150个地下车位。可见,如《开发项目内部承包协议》得以完全履行完毕,学海公司将可以获得上述收益。作为《开发项目内部承包协议》当事人,童某军应可预见违反合同可能给学海公司造成的损失,且作为案涉项目承包权利义务承接人的刘某新、刘某青亦应承担由此产生的相应法律后果。故原判决判令刘某新、刘某青向学海公司支付可得利益损失,并无不当。关于刘某新、刘某青应赔偿学海公司可得利益损失的数额问题。如前所述,如《开发项目内部承包协议》得以完全履行,学海公司将可以获得该协议约定的收益。在《开发项目内部承包协议》未履行完毕,并因刘某新、刘某青违约而解除的情况下,学海公司的可得利益损失客观存在。刘某新、刘某青申请再审主张学海公司没有可得利益损失,有违客观事实。根据该案已查明的事实,在该案一审期间,学海公司向法院提交了其单方委托湖南天信房地产评估有限公司作出的关于案涉34,300平方米毛坯房及150个地下车位价值的评估报告,评估结果为以上房产和车位总价为21,882.46万元。刘某新、刘某青对该评估报告的"三性"均无异议。2016年11月20日,案涉土地使用权以股权转让方式被转让,价款为19,200万元。原判决根据评估价格、合同约定的承包总价款、股权转让价格,并综合考虑因房地产市场变化所带来的不确定性等因素,酌情认定刘某新、刘某青应赔偿学海公司1400万元的可得利益损失,并无不妥。

4. 裁判要旨。如在因违约方违约导致合同解除的情况下,将损害赔偿范围仅限定于守约方因对方违约而产生的损失,不将可得利益损失纳入其中,显然将会在一定程度上鼓励甚至纵容当事人违约行为的发生,亦不符合合同法关于赔偿可得利益损失的立法初衷。因而,可以并且应当将可得利益纳入合同解除后的损失赔偿范围,但应以不超过违约方在订立合同时预见或应当预见违反合同可能造成的损失为限。

5. 裁判结果。刘某新、刘某青应赔偿学海公司的可得利益损失。最高人民法院依评估价格、合同约定的承包总价款、股权转让价格,并综合考虑因房地产市场变化所带来的不确定性等因素,酌情认定刘某新、刘某青应赔偿学海公司1400万元的可得利益损失。最终裁定驳回刘某新、刘某青的再审申请。

五、固有利益

(一)固有利益之内涵

固有利益,又称维持利益或完全性利益,是指债权人享有的不受债务人和其他人侵害的现有财产和人身利益。[1] 固有利益损失,即指因债务人存在加害给付的违约行为,违反保护义务侵害债权人人身或财产权益所造成的损失。加害给付又称积极侵害债权,是一种特殊的违约形态,表现为债务人不仅实施了不符合债的规定的履行行为,而且此种履行行为侵害了债权人合同履行利益以外的其他权益。德国学者称为附带损害,即履行利益之外的损害。因债务人交付的标的物的缺陷而造成他人人身、财产损害的给付行为就是加害给付,如债务人交付的家禽患传染病,导致债权人的其他家禽受到传染而死。

《民法典》第186条规定了固有利益保护原则,该条规定:"因当事人一方的违约行为,损害对方人身权益、财产权益的,受损害方有权选择请求其承担违约责任或者侵权责任。"其中所谓"侵害对方人身权益、财产权益",就是指违约行为侵害了对方固有利益。加害给付会导致违约责任和侵权责任的竞合。

(二)固有利益损害之形态

对固有利益损害相对应的违约形态只能是加害给付,与加害给付相近的违约形态是瑕疵给付。二者区别是:瑕疵给付侵害的是债权人的履行利益,致使该给付本身的价值或效用减少乃至丧失,而且也有可能进一步损害债权人的可得利益。而加害给付所侵害的是债权人的固有利益。加害给付会导致违约责任和侵权责任的竞合。

(三)固有利益损害之赔偿救济

加害人所应赔偿的,系受害人于其健康或所有权所受的一切损害。此类损害可能远远超过合同所产生的利益,却并不发生以履行利益为限界的问题。[2] 比如:客户花500元购买一电锅,因质量问题引起爆炸,客户受伤花费医药费、误工费高达10万元,此损失为固有利益损失,非合同履行利益所能相比的。所以,对固有利益损害的赔偿范围如何确定,有赖于受害人究竟是主张违约责任,还是主张侵权责任的选择,法律对此不作强行性规定。

从违约救济的角度考量,《民法典》第186条涉及固有利益赔偿救济途径,即由当事人选择可提起违约赔偿之诉,也可以提起侵权赔偿之诉,但这种选择对于当事人利益的保护范围极为重要。实务中,常有合同违约赔偿额远远低于侵权赔偿额,

---

[1] 参见王利明:《违约责任论》(修订版),中国政法大学出版社2003年版,第209页。
[2] 参见王泽鉴:《民法学说与判例研究》(第1册),中国政法大学出版社2005年版,第89页。

而当事人错误选择合同违约赔偿,导致未获完全赔偿的情形。还有一种情形,受害人起诉时对侵权责任之诉与违约责任之诉未作明确选择,使得请求权基础不明确而导致案件无法审理,于此情形下,法官应予释明,若释明后受害人仍未选择,应驳回起诉。[1]

在人格权遭受损害的特定场合,当事人主张违约赔偿固有利益的,法律允许附加精神损害赔偿。如《民法典》第996条规定:"因当事人一方的违约行为,损害对方人格权并造成严重精神损害,受损害方选择请求其承担违约责任的,不影响受损害方请求精神损害赔偿。"该条规定将金钱之外的精神上的痛苦纳入了违约赔偿范围,但该类合同属精神上满足为目的的特殊类型合同,其标的物限于具有人身意义的特定物,如婚礼、葬礼、旅游等合同。

第七节　合同解除与损害赔偿

一、合同解除与损害赔偿

《民法典》第566条第1款、第2款规定了合同解除后,已经履行的,根据履行情况和合同性质,当事人可以请求恢复原状或者采取其他补救措施,并有权请求赔偿损失,同时规定了合同因违约解除的,解除权人可以请求违约方承担违约责任。原《民法通则》第115条亦有类似规定。可见,我国立法历来规定合同解除与损害赔偿是可以并存的。

根据《民法典》第566条的规定,赔偿损失为合同解除后果之一,但应根据"履行情况和合同性质"而定。而合同解除又存在协商解除、约定解除、一般法定解除、法定任意解除等不同类型,合同解除效力理论上存在的争议,导致实务中合同性质和履行情况特别复杂,如何确定合同解除后的损失赔偿范围,是司法实践中的焦点和难题。

二、损害赔偿请求权性质与类型

因合同解除的原因不同,其损害赔偿请求权性质不同,赔偿范围亦不同,所以应当予以区别,不宜混同,不宜一概而论。

---

[1] 参见最高人民法院民法典贯彻实施工作领导小组主编:《中华人民共和国民法典总则编理解与适用》(下),人民法院出版社2020年版,第940页。

(一)违约解除与损害赔偿

1.《民法典》颁布前违约解除赔偿性质之争议

第一种观点是赔偿信赖利益。如李永军教授主张:合同解除后,违约方对守约方损失的赔偿仅限于信赖利益,且信赖利益赔偿数额不得大于合同有效时守约方可以获得的利益。其主要理由借助了美国学者富勒在《合同损害赔偿中的信赖利益》中的观点,认为一宗盈利的交易应该是这样的:合同约定价格(期待利益)不仅包括当事人为此支出的费用和成本(信赖利益),还应当包括扣除这些费用和成本后的利润,因此,一宗盈利的交易的信赖利益不会大于期待利益。如果信赖利益等于期待利益,说明这一宗交易是不赔不赚的,而如果信赖利益大于期待利益,说明这一宗交易是亏本的,也就是说假如对方不违约,非违约方获得合同履行也是亏本生意。假如在信赖利益赔偿中,被告的赔偿额大于期待利益,无疑将原告在一宗交易中的亏损转嫁给被告。[1]

第二种观点是赔偿履行利益。如王利明教授认为:违约导致合同解除的场合所产生的损害赔偿,其性质依然是违约损害赔偿,以履行利益(包括合同履行后可获得的利益)为主,在不发生重复填补问题的前提下,也可以包括其他损害赔偿(信赖利益、固有利益)。因违约发生合同解除的情况下,违约方理应承担相应的违约责任,而不应因为合同被解除就被完全免除违约责任。合同解除作为一种补救手段,使受害人摆脱了合同关系的束缚,从而使其可以选择新的定约伙伴,但其因对方的违约遭受的损失并没有得到补救,即使在合同解除后采取恢复原状方法,也不能使受害人遭受的损失得到补偿。故违约导致合同解除应赔偿履行利益。[2]崔建远教授亦认为:违约解除可以与赔偿损失并存,赔偿损失的范围原则上包括直接损失和间接损失。[3]

2.《民法典》:违约解除赔偿履行利益,包括可得利益

《民法典》第566条第2款明确合同因违约解除的,解除权人可以请求违约方承担违约责任。《民法典》第580条第2款规定,因合同僵局不能实现合同目的的,当事人可以请求终止合同,但不影响违约责任的承担。故在《民法典》实施后,合同解除或终止不影响违约方承担违约责任。

---

[1] 参见李永军:《合同法》(第4版),中国人民大学出版社2016年版,第247~248页。
[2] 参见王利明:《合同法研究》(第2卷)(修订版),中国人民大学出版社2011年版,第326~327页。
[3] 参见崔建远主编:《合同法》(第4版),法律出版社2007年版,第254~256页。

当事人因第三人原因违约,解除合同的,对守约方而言,仍属违约解除。根据《民法典》第593条的规定,违约方仍应向相对人承担违约责任,只不过违约方和第三人之间的纠纷,可依照法律规定或者按照约定另行处理。

实务中,还有非法解除情形。所谓非法解除是指当事人在完全不享有解除权或解除权条件不成就的情形下,单方强行解除合同,这种行为通常称为明示毁约。明示毁约行为性质应属预期违约,守约方可以行使解除权。于此情形下,该种行为致使其自身利益受到损害的,应自负全部责任,违法解除致使相对人蒙受的损失,应当赔偿。

《民法典》第584条规定了违约赔偿损失范围包括实际损失和可得利益损失,是完全赔偿规则的具体体现。故《民法典》实施后,关于合同违约解除赔偿范围的争议应盖棺定论。违约赔偿范围具体应当包括:

(1)实际损失。实际损失是指违约行为导致现有利益的减少,是现实利益的损失,又称为积极损失。实际损失通常比较容易认定,主要包括:第一,信赖利益损失,包括违约导致的费用支出、丧失其他交易机会的损失、对方违约造成守约方对第三人承担的违约损害赔偿等;第二,固有利益损失,主要表现为债务人违反保护义务导致的损失,比如,债务人交付的不合格原料对债权人现有生产设备造成的损害等,但应注意,对于债务人在订立合同时无法预见到的损失,其无法采取足够的预防措施以避免损失,故可预见规则不仅适用于对可得利益损失的限制,也适用于对实际损失的限制。

(2)可得利益损失。可得利益损失是指债权人在合同如约履行后可以获得的纯利润。根据《审理民商事合同指导意见》第9条和《民法典合同编通则解释》第60条的规定,可得利益损失主要分为生产利润损失、经营利润损失和转售利润损失等类型。

在具体确认违约造成的损失时,应当注意三个问题:

一是信赖利益损失一般不能大于履行利益,即债权人合同履行成本通常不能大于合同履行收益,否则意味着债权人订立时愿意承担一个亏损的合同,如果允许债权人的信赖利益大于履行利益,则意味着其通过违约赔偿将其原本自愿承担的亏损转嫁给债务人。

二是可得利益损失可能与信赖利益中的机会成本存在重合,在计算损失时不应重复计算。

三是在计算可得利益损失时,有时还需要考虑未来产生的履行利益的发生概率,比如,在快递公司未按时将投标文件送达招标人时,需要考虑在按时送达招标人时投标人中标的概率,并以此为基础确定可得利益损失。

(二)非违约解除与损害赔偿

对于非违约解除,其损害赔偿范围,应区分三种情况:

一是因不可抗力解除合同的,原则上不存在损害赔偿。根据《民法典》第590条的规定,当事人一方因不可抗力不能履行合同的,根据不可抗力的影响,部分或者全部免除责任。但在两种情形下仍然发生损害赔偿:第一,当事人迟延后发生不可抗力的,不能免除损害赔偿责任;第二,在不可抗力发生后,违约方应当及时通知非违约方,并采取相应措施,以减少给对方的损失,未通知或未采取相应措施的,应当赔偿对方未能减轻的损失。

二是因情势变更解除合同的,当事人一方的损失应依照公平原则予以赔偿。情势变更导致合同解除属非违约赔偿,应根据《民法典》第533条第2款规定的公平原则处理,属于法定赔偿性质。

三是行使任意解除权解除合同的,应区分不同情形。第一种情形,如果法律对任意解除合同损害赔偿范围有明确规定,应从其规定。如《民法典》第933条、《旅游法》第65条、《储蓄管理条例》第24条对赔偿范围有明确规定,当属法定赔偿性质。第二种情形,法律赋予当事人其他任意解除权的,如《民法典》第787条,只笼统规定了相对人赔偿损失,但对赔偿范围没有具体规定,存在争议。

(三)协商解除与损害赔偿

当事人协商解除合同,并对解除合同后果,包括损害赔偿问题已经约定的,属于意思自治范畴。只要当事人意思表示真实,新合同内容不存在无效或者损害他人合法利益情形,合同解除后对损害赔偿有约定的,属于约定赔偿性质,对当事人有约束力。

当事人协商解除合同,对解除后果没有约定的,根据《民法典合同编通则解释》第52条第3款的规定,其违约责任、结算和清理等问题,应当依照《民法典》第566条、第567条和有关违约责任的规定处理。

另外,如果当事人协商解除了无效合同,对无效合同解除后的损害赔偿问题进行了约定,该类约定只要不存在无效或者损害他人合法利益情形,就应当认定为有效。因为原合同效力与新合同效力各自独立,在新的有效合同替代原合同的情形下,原合同效力不及于新合同。当事人通过合意对原合同效力予以补正的行为,应当支持。

(四)破产解除与损害赔偿

根据《企业破产法》第18条的规定,人民法院受理破产申请后,对破产企业未履行完的合同,管理人有权决定解除或继续履行,如果管理人自破产申请受理之日起2个月内未通知对方当事人,或者自收到对方当事人催告之日起30日内未答复的,视为解除合同。就破产解除类型而言,应归于《民法典》第563条第1款"有下列情形之一的,当事人可以解除合同:……(五)法律规定的其他情形"之列,当属法定解除。

《企业破产法》第53条规定:"管理人或者债务人依照本法规定解除合同的,对方当事人以因合同解除所产生的损害赔偿请求权申报债权。"但该条对债权人申报债权的"损害赔偿请求权"的范围没有具体规定,导致实务中争议的焦点是:债权人申报的合同解除损失除实际损失外,所申报的可得利益损失能否支持?

在破产债权确认纠纷审判中,诸多判决只支持债权人的实际损失,对债权人的可得利益损失未予支持。理由是:2002年9月30日最高人民法院出台了《关于审理企业破产案件若干问题的规定》(法释〔2002〕23号),其第55条规定:"……(五)清算组解除合同,对方当事人依法或者依照合同约定产生的对债务人可以用货币计算的债权……以上第(五)项债权以实际损失为计算原则。违约金不作为破产债权,定金不再适用定金罚则。"按照该条规定,合同解除以实际损失为原则,可得利益不应支持。

笔者认为上述观点值得商榷,并认为:合同因破产解除的,债权人的损害赔偿请求权范围应按《民法典》第584条规定的实际损失和可得利益损失确定,以满足损害赔偿填平原则。理由是:

第一,尽管管理人解除合同时并不以相对人违约为前提,赋予了破产企业终止合同的权利,但相对人在缔约时是期待合同能够全面履行的,债务人经营管理不善,导致企业破产清算,这种行为对债权人而言就是一种失信违约行为。破产解除的实质内涵与违约解除没有不同,合同解除后,债权人有权根据《民法典》第584条的规定,就其实际损失和可得利益损失申报债权。

第二,对债权人申报债权的限制,须有法律明确规定。比如《企业破产法》第46条第2款"附利息的债权自破产申请受理时起停止计息"的规定,最高人民法院《破产法解释(三)》第3条规定的"破产申请受理后,债务人欠缴款项产生的滞纳金,包括债务人未履行生效法律文书应当加倍支付的迟延利息和劳动保险金的滞纳金,债权人作为破产债权申报的,人民法院不予确认",还有超过诉讼时效债权、超过执行期限债权等。如果法律没有明确限制,则不应限制。可得利益不属借款利息,也不属于执行程序中的加倍利息、滞纳金,《企业破产法》第 53 条对合同解除损害赔偿请求权并未明确限制为实际损失或排除可得利益损失。

第三,根据新法优于旧法原则,《关于审理企业破产案件若干问题的规定》(法释〔2002〕23 号)第 55 条的规定应不再适用。1986 年 12 月 2 日我国出台《企业破产法(试行)》,其条文只有 43 条。针对该法的实施,2002 年 7 月 30 日最高人民法院出台《关于审理企业破产案件若干问题的规定》,应当指出,该解释出台时,我国司法界对合同解除后果是不支持可得利益损失赔偿的。但 2007 年出台的《企业破产法》对原《企业破产法(试行)》进行了大修,增设了诸多破产新制度,条文增加至 136 条。随后根据新法,最高人民法院陆续出台了《破产法解释(一)》(法释〔2011〕22 号)、《破产法解释(二)》(法释〔2013〕22 号)、《全国法院破产审判工作会议纪要》(法〔2018〕53 号)、《破产法解释(三)》(法释〔2019〕3 号)、《关于推进破产案件依法高效审理的意见》(法发〔2020〕14 号),这些司法解释和文件都规定作了此前解释与该解释冲突的,以该解释为准的规定。《民法典》出台后,为了与《民法典》配套,法释〔2013〕22 号文、法释〔2019〕3 号文都进行了修正,尤其是《民法典》及《民法典合同编通则解释》均明确违约解除赔偿范围包括实际损失和可得利益损失。法释〔2002〕23 号文是根据已废止的《企业破产法(试行)》而出台的司法解释,在新法已出台、新的解释已出台、《民法典》已出台的情形下,根据新法优于旧法的原则,不应再适用法释〔2002〕23 号文的第 55 条规定。

第四,管理人解除合同本质上属于《民法典》第 580 条第 1 款第 1 项规定的法律上履行不能的情形,按第 580 条第 2 款的规定终止合同,并不免除违约方的违约责任。综上所述,合同因破产解除,债权人的可得利益损失债权应当得到支持,如此才能符合损害赔偿填平规则。即使债权人申报的可得利益得到支持,但在破产财产分配时,根据债权比例分配原则,在无法全部清偿的情形下,破产债权确认更不应当避开债权人的正当债权。

三、违约金与损害赔偿之关系

合同在违约解除场合,当违约金请求权和损害赔偿请求权并存时,二者能否同时主张?这是实务中的疑难问题。

(一)指向同一损害不能并用

根据损害赔偿原理,损害赔偿的目的在于填补因损害所造成的损失,故不允许当事人基于一个损害获得两次赔偿,否则将违背损害填平原则和禁止获利原则。韩世远教授认为:我国合同法上的违约金的性质系以"补偿为主,惩罚为辅",故补偿为其主要属性。因此就违约金的补偿性而言,违约金本质上属于损害赔偿额之预定,其主要功能在于填补违约方损失,相当于违约方未履行义务的替代。当然约定违约金不能过分高于或低于实际损失,否则当事人有权请求予以减少或增加。因此违约金填补损失功能或替代履行作用决定了违约金请求权与合同解除后的损害赔偿指向的是同一损害,所以应避免同时使用,否则将会出现债权人双重获得利益的结果。[1]

在违约金与损害赔偿责任指向同一损害,债权人不能同时主张损失赔偿和违约金的情形下,守约方有权从两者中选择一种责任形式获得其损失的赔偿,这也符合《民法典》第 577 条当事人有权在诸多违约责任形式中选择行使某一种违约责任的规定。对于违约金高于损失的,守约方通常会选择违约金,因为过高违约金对其有利。对于违约金低于损失的,守约方通常有三种选择:一是根据《民法典》第 584 条的规定请求违约方承担法定损害赔偿责任,而不主张违约金;二是主张约定违约金,同时对违约金低于其损失部分,再请求对方承担差额部分的损害赔偿责任;三是在证明损失的情况下,请求司法酌增违约金。总之,任何的选择都不得违背损害填平原则和禁止获利原则。

最高人民法院在大连盛港置业有限公司与大连风顺商贸有限公司房屋租赁合同纠纷案[(2016)最高法民再 221 号]民事判决书中指出:人民法院判决解除合作合同的同时,判决违约方支付守约方违约金,应当认为违约金已弥补了守约方的损失。守约方再次提起诉讼要求支付可得利益损失的,除非有证据证明前案判决违约金不足以弥补其损失,否则不予支持。[2]

(二)指向不同损害可以并用

韩世远教授认为:如果违约金请求权与损害赔偿请求权所指向的损害不是同一损害,比如,一个指向给付本身的损害,另一个指向迟延损害或固有利益损害,这时二者利益目的不同,不但并行不悖,而且相得益彰。此时违约金虽与损害赔偿金并用,但仍是作为损害赔偿额预定的赔偿性违约金,而不应机械地认为它是惩罚性

---

[1] 参见韩世远:《合同法学》(第 2 版),高等教育出版社 2010 年版,第 344 页。
[2] 参见《违约方承担违约金后,守约方另诉可得利益损失一般不予支持》,载最高人民法院第二巡回法庭编著:《民商事再审典型案例及审判经验》,人民法院出版社 2019 年版。

违约金。[1]应当注意的是,如果当事人在合同中明确约定二者不得并用,应当尊重当事人的意思自治。

需要指出的是,对特别法规定的惩罚性赔偿金,应当优先适用。合同解除后,在有约定违约金及特别法规定的惩罚性赔偿责任的场合,应优先适用惩罚性赔偿金。例如,《食品安全法》第148条第2款规定:生产不符合食品安全标准的食品或者经营明知不符合食品安全标准的食品,消费者除要求赔偿损失外,还可以向生产者或经营者要求支付价款10倍或者损失3倍的赔偿金;增加赔偿金额不足1000元的,为1000元。以上情形,出现当事人在合同中约定了违约金,而特别法有法定赔偿责任的,约定违约金不再适用,而应执行特别法的相关规定。

四、约定违约损失赔偿问题

违约损失赔偿可以分为法定损失赔偿、约定损失赔偿。法定损失赔偿是根据当事人的损失证据依法律相关规定来确定损失赔偿额,一般适用完全赔偿规则,填平受害人的损失。约定损失赔偿是根据双方当事人的约定来确定损失赔偿额,往往与受害人的损失不一定相符。约定损失赔偿根据其约定时间不同有两种情形,应根据不同规则分别处理。

(一)缔约时约定损失赔偿

《民法典》第585条第1款规定:"当事人可以约定一方违约时应当根据违约情况向对方支付一定数额的违约金,也可以约定因违约产生的损失赔偿额的计算方法。"其中的"约定因违约产生的损失赔偿额的计算方法"一语,系指缔约时约定损失赔偿。约定损失赔偿的表现形式有两种:一是约定具体赔偿额,即赔偿金;二是约定损失赔偿的具体计算方法。

立法虽将约定损失赔偿与约定违约金合并规定在《民法典》第585条第1款中,但二者分属不同的责任方式,区分约定违约金与约定损失赔偿具有积极的作用:一是抽象的计算方法,在数额结果上,一般不利于守约方,但在举证方面则有利于守约方。允许当事人约定违约损害赔偿的计算方法,考验和体现了当事人的智慧和谈判能力。二是在举证责任方面,居于优势地位并熟悉法律的债权人,可以通过约定违约损害赔偿的计算方法,绕开举证责任的风险负担。[2]

---

[1] 参见韩世远:《合同法总论》(第3版),法律出版社2011年版,第669页。
[2] 参见崔建远:《违约金的边缘问题》,载《江汉论坛》2015年第11期。

当事人在缔约时约定的损失赔偿计算方式，本质上是一个独立的附停止条件的合同条款，其效力高于法定损失赔偿。换言之，违约行为发生，守约方请求按约定损失赔偿计算方式来主张赔偿的，应按"有约定、从约定"的原则来处理。

约定损失赔偿额过分高于或低于守约方损失时如何处理，立法和司法解释均未作规定。按最高人民法院观点，约定损失赔偿金在性质、功能上与违约金类似。如果约定损失赔偿额过分高于实际损失，应允许当事人根据《民法典》第585条第2款的规定请求酌减。[1] 如果约定损失赔偿额过分低于守约方损失，应允许约定损失赔偿额和损害赔偿并用，并用的结果应遵循损失填平原则。比如，买方逾期付款，卖方依法解除合同将货物低价转卖。此时买方有权主张替代交易的差价损失，同时还有权主张货物对价逾期付款损失，因为如果合同依约履行，则买方早已占有货款并收取利息，但由于买方违约，卖方迟延占有货款，买方丧失了相应的利益。有观点认为，违约金与损害赔偿之间并无排斥关系，当违约金低于实际损失时，当事人可以在违约金之外请求赔偿。但约定损害赔偿系当事人对违约后造成的损失的预约，其目的就是避免违约后再行计算实际损失，因此，在适用约定损失赔偿的情况下，不应再支持当事人提出的其他损失赔偿请求。最高人民法院判例观点认为：既然我国法律确定的违约损害赔偿是全部赔偿原则，在当事人有证据证明其实际损失大于约定的损失赔偿额时，不应排除当事人该项权利的行使。约定赔偿数额是为了免除权利人的举证责任，但权利人可以自行放弃该权利，选择举证证明自己的损失。换言之，在当事人有证据证明其损失大于约定损害赔偿的数额时，仍应支持其约定损害赔偿之外的赔偿请求。

实务中，常有当事人利用优势地位或对方的疏忽，在合同中约定了于己有利的较低的损失赔偿计算方式，进而放纵自己违约，导致合同解除后约定赔偿显著低于守约方损失。如前所述，根据违约赔偿损失的填平原则和《民法典》第577条的规定，应允许当事人放弃违约金或者约定损失赔偿计算方式，选择直接主张损害赔偿，以填平损失。笔者曾代理过一承揽合同工期违约赔偿纠纷案，案情如下：承揽人提供的定作合同，约定承揽人工期违约赔偿不超过合同标的额1600万元的1%，即约定工期赔偿额为16万元，但合同履行后，因承揽人原因，工期实际延误270天，并导致定作方向第三方用户实际赔偿工期延误损失380万元。定作方起诉，要求承揽人直接赔偿工期延误损失380万元，承揽人抗辩主张约定优先，按合同约定其只

---

[1] 参见最高人民法院民事审判第二庭、研究室编著：《最高人民法院民法典合同编通则司法解释理解与适用》，人民法院出版社2023年版，第704页。

用赔偿工期延误损失16万元。最终法院认为在约定赔偿额低于实际损失的情形下,定作方有权选择主张直接赔偿,支持了定作方的诉讼请求。

(二)合同解除后约定损失赔偿

法律并不禁止合同解除后,当事人双方通过合意达成具体损失赔偿额或计算方法。问题是:对于当事人在合同解除后合意达成的损失赔偿金条款,能否调整在实务中常有争议。我国台湾学者郑玉波先生主张"至于事后约定,乃于损失发生后,以当事人合意以定其范围之谓。既由当事人合意以定,则其内容如何,除有悖于公序良俗者外,自应从其所定"。[1]

《民法典》颁布后,最高人民法院在对《民法典》理解与适用的著述中认为:当事人在自愿基础上达成的损失赔偿条款,在不存在协议无效或者可撤销的情形下,一方以损失赔偿额过高或者过低为由,请求法院予以调整的,法院应当区分一般民事主体与商事主体分别处理。商事主体在诉讼中自愿出具和解协议并承诺高额违约金,其没有正当理由未依约履行后续给付义务的,应当认定其主观上具有严重恶意,此时高额违约金应视为惩罚性违约金,可不予酌减。

《民法典》之前的案例:合肥市明利房地产开发有限公司(以下简称明利公司)与甘某、胡某在赔偿协议中约定:经双方协商一致,不再继续履行《房屋买卖协议书》;同时明确因明利公司过错造成甘某、胡某巨大经济损失,经双方充分反复核算,明利公司自愿赔偿甘某、胡某因此遭受的主要经济损失3250万元,很明显该赔偿损失数额属于约定的损失赔偿额。双方发生争议后,一审、二审判决均认定《赔偿协议》合法有效,但处理结果截然不同。一审判决以明利公司承诺的赔偿数额明显过分高于给甘某、胡某造成的损失为由,对当事人约定的损失赔偿金额予以调整,酌定按同期银行贷款利率的4倍作为损失赔偿标准。二审法院判决认为,依法成立的合同,对当事人具有法律约束力,当事人应当按照约定履行自己的义务,不得擅自变更或者解除合同。在《赔偿协议》不存在无效或可撤销的情形下,应当直接作为确认当事人权利义务关系的依据。明利公司不服,向最高人民法院申诉,最高人民法院再审审查后支持二审判决。

最高人民法院认为:意思自治是私法基石。当事人在自愿基础上达成的损失赔偿条款,只要不存在无效或可撤销的情形,即应当作为确认当事人权利义务的依据。如果违约损失赔偿条款是在合同订立时达成的,损失赔偿额过分高于因违约

---

[1] 郑玉波:《民法债编总论》(修订二版),中国政法大学出版社2004年版,第228页。

造成的经济损失的,当事人可以请求参照原《合同法》及司法解释关于违约金的规定予以增加或减少。如果违约损失赔偿条款是在合同终止时签订的,除存在无效或可撤销情形外,一方当事人以数额过高请求调整的,人民法院应不予支持。[1]

(三)金钱债务迟延履行违约损失赔偿

实务中,因迟延履行债务违约的案件非常普遍。金钱债务迟延履行时违约损失如何计算问题是审判实务中的一个难点和空白,导致在损失计算标准方面,同案不同判的情形比比皆是。比如对逾期付款损失计算标准未约定的,有的判决按LPR来计算,有的按LPR的4倍来计算;对约定的逾期付款损失计算标准即使过高,如约定年利率为15%,有的也以自愿原则和约定优先为由,一概予以支持。还有,逾期付款违约金应计算至何时问题。

最高人民法院在起草《民法典合同编通则解释》过程中曾对此进行探索,想统一计算标准,但由于金钱债务迟延履行的情况复杂,比较法上的做法也不一致,不宜采取"一刀切"的办法,故最终司法解释对此未作规定。但由于实践中这一问题非常普遍,最高人民法院特别在《最高人民法院民法典合同编通则司法解释理解与适用》一书中对该问题在法律适用方面作了一定的指引性探讨。笔者认为,最高人民法院的这些指引性观点,在实务中有重要的指导作用,故有必要予以系统介绍。

按最高人民法院观点,对金钱债务迟延履行时违约损失如何计算,应当注意如下规则:第一,基本原则。金钱债务迟延履行的违约损失即逾期付款损失,与合同不成立、无效、被撤销或确定不发生效力情形下的资金占用费不同,不宜适用相同的计算标准。同样,金钱债务迟延履行要区分不同合同类型并按照相应的违约赔偿损失计算方法来确定,不能简单凭"欠条"来认定属借款关系,更不可套用民间借贷的利率计算规则。对应金钱债务迟延履行违约损失计算的一般规则,最高人民法院倾向于参考《买卖合同解释》第18条第3款、第4款的规定处理,之所以参考买卖合同的有关规则处理,是因为买卖合同本身的典型性,其法律适用规则对其他的合同发挥着"小通则"的作用。第二,逾期付款损失宜遵循约定优先原则。第三,逾期付款损失计算没有约定时的裁判标准。逾期付款损失主要表现为利息损失,在本金确定的情况下,利息损失如何计算取决于利率标准如何确定。最高人民法院

---

[1] 参见李玉林:《合同解除后达成的损失赔偿条款一方当事人以数额过高为由请求调整应不予支持——合肥市明利房地产开发有限公司与甘某、胡某房屋买卖合同纠纷申请再审案》,载杜万华主编:《最高人民法院民商事案件审判指导》第4卷,人民法院出版社2016年版。

认为,《买卖合同解释》第 18 条第 3 款、第 4 款的规定较为符合实际情况,可以探索由此扩展到所有金钱债务的违约情形,同时明确以 LPR 为计算基础。考虑到《民间借贷解释》、《建设施工合同解释(一)》第 26 条等司法解释对逾期付款另有规定的,在专门领域应当适用特别规定。第四,其他问题。(1)逾期付款损失与其他损失并存时,守约方还有其他损失的,当然可以请求赔偿,但这时仍要遵循填平原则。(2)当事人约定的逾期付款损失过高的,可以按照违约金过高的规定依法予以调整。实践中,存在当事人约定逾期付款损失过高的情形,比如常见的日万分之五的标准(每迟延一日按照逾期款项数额的万分之五计算损失),最高人民法院认为,逾期付款损失在性质上属于迟延付款违约金,可以根据当事人请求按照《民法典》第 585 条第 2 款的规定予以酌减。[1]

逾期付款违约金计算至何时在实务中常产生争议。人民法院案例库入库编号为 2023-07-2-114-001 号的参考案例"金昌某工业气体公司诉甘肃某环保科技公司加工合同纠纷案"[(2022)最高法民再 77 号]的再审判决裁判要旨为:逾期付款违约责任系基于双方合同约定,法定延迟履行责任系基于法律规定,二者是不同的责任,法定延迟履行责任的承担不能免除逾期付款违约责任的承担。在债务清偿前,逾期付款的事实持续存在,债权人请求将逾期付款违约金计算至债务实际清偿之日的,人民法院应予支持。故逾期付款违约金应计算至债务实际清偿之日。但应当注意,裁决确定的违约金自生效法律文书确定的履行之日起算,延伸至实际付清法律文书确定的金钱债务之日止,其实质上具有一般利息的属性,亦与迟延履行期间的债务利息计算期间重叠,以该违约金为基数计算迟延履行期间的加倍部分债务利息缺乏法律依据,不再计算。人民法院案例库入库案例 2024-17-5-203-009 参考案例"蔡某与某酿酒公司合同纠纷执行监督案"[(2022)最高法执监 45 号]的执行裁定也体现了上述观点。

五、定金与违约金、损害赔偿之关系

合同解除权是法律赋予守约方能及时有效保护自己利益的权利。既然是一种民事权利,如果合同中约定有违约金条款,那么守约方对违约方承担违约责任的方式就应有选择权,既可以选择要求违约方承担违约金责任,也可以选择要求违约方承担违约损害赔偿责任,以最大可能保护和实现其合法权益。

---

[1] 参见最高人民法院民事审判第二庭、研究室编著:《最高人民法院民法典合同编通则司法解释理解与适用》,人民法院出版社 2023 年版,第 702~704 页。

《民法典》第 566 条和第 567 条结合,反映出我国《民法典》对合同解除效果的整体态度,体现出立法"惩罚违约、鼓励守约、鼓励交易、创造财富"的目的,有利于实现合同目的,有利于合同纠纷快速、便捷地解决。由于违约金、约定损失赔偿计算方式、定金是当事人通过约定而预先确定的,因而在合同解除后独立生效,均属《民法典》第 567 条所指的"清算和清理条款"。所以,处理违约解除后果时,有必要考量立法对违约金、损害赔偿、定金的关系及限制,避免不当扩大违约方损失。

(一)定金相关规则

定金合同具有金钱担保性质,是实践合同、从合同。《民法典》第 586 条和第 587 条和《民法典合同编通则解释》第 67 条和第 68 条对定金规则作了规定,体现在如下方面:

《民法典》第 586 条规定:"当事人可以约定一方向对方给付定金作为债权的担保。定金合同自实际交付定金时成立。定金的数额由当事人约定;但是,不得超过主合同标的额的百分之二十,超过部分不产生定金的效力。实际交付的定金数额多于或者少于约定数额的,视为变更约定的定金数额。"该条第 1 款明确了定金的担保性质和定金合同成立规则,第 2 款规定了定金数额确定规则。

《民法典合同编通则解释》第 67 条规定:"当事人交付留置金、担保金、保证金、订约金、押金或者订金等,但是没有约定定金性质,一方主张适用民法典第五百八十七条规定的定金罚则的,人民法院不予支持。当事人约定了定金性质,但是未约定定金类型或者约定不明,一方主张为违约定金的,人民法院应予支持。当事人约定以交付定金作为订立合同的担保,一方拒绝订立合同或者在磋商订立合同时违背诚信原则导致未能订立合同,对方主张适用民法典第五百八十七条规定的定金罚则的,人民法院应予支持。当事人约定以交付定金作为合同成立或者生效条件,应当交付定金的一方未交付定金,但是合同主要义务已经履行完毕并为对方所接受的,人民法院应当认定合同在对方接受履行时已经成立或者生效。当事人约定定金性质为解约定金,交付定金的一方主张以丧失定金为代价解除合同的,或者收受定金的一方主张以双倍返还定金为代价解除合同的,人民法院应予支持。"该条第 1 款规定了定金识别规则,不属定金的,不适用定金罚则;同时鉴于在学理上定金有立约定金、成约定金、违约定金、解约定金之区别,故明确合同未约定定金类型或者约定不明的,视为违约定金。该条第 2 款规定了立约定金适用定金罚则。该条第 3 款规定了未交付成约定金与合同成立或者生效的关系。该条第 4 款规定了解约定金效力规则。

《民法典》第 587 条规定："债务人履行债务的,定金应当抵作价款或者收回。给付定金的一方不履行债务或者履行债务不符合约定,致使不能实现合同目的的,无权请求返还定金;收受定金的一方不履行债务或者履行债务不符合约定,致使不能实现合同目的的,应当双倍返还定金。"该条是对定金罚则的规定,但适用定金罚则前提是当事人一方不履行债务或者履行债务不符合约定,致使"不能实现合同目的",且该条中的定金系指违约定金。

《民法典合同编通则解释》第 68 条规定："双方当事人均具有致使不能实现合同目的的违约行为,其中一方请求适用定金罚则的,人民法院不予支持。当事人一方仅有轻微违约,对方具有致使不能实现合同目的的违约行为,轻微违约方主张适用定金罚则,对方以轻微违约方也构成违约为由抗辩的,人民法院对该抗辩不予支持。当事人一方已经部分履行合同,对方接受并主张按照未履行部分所占比例适用定金罚则的,人民法院应予支持。对方主张按照合同整体适用定金罚则的,人民法院不予支持,但是部分未履行致使不能实现合同目的的除外。因不可抗力致使合同不能履行,非违约方主张适用定金罚则的,人民法院不予支持"。该条第 1 款规定了双方存在根本违约的,不适用定金罚则;一方轻微违约而对方根本违约的,适用定金罚则。该条第 2 款规定了合同部分履行的应按比例适用定金罚则,但部分未履行致使不能实现合同目的的除外。该条第 3 款规定了不可抗力致使合同不能履行的,不适用定金罚则。

(二)定金与违约金之关系

《民法典》第 588 条第 1 款规定："当事人既约定违约金,又约定定金的,一方违约时,对方可以选择适用违约金或者定金条款。"

定金和违约金的相同之处在于:都是合同预先约定的、在一方违约的情形下应向对方作出的补偿性给付;都是以金钱为给付方式;都对合同履行起到一定保障作用。不同之处在于:定金是一方预先给付,系法定担保方式,是物的担保的特殊类型;违约金是违约行为发生后的给付,其保障债权实现的功能较定金有所弱化。正是由于定金和违约金功能上的互通,为避免义务人因同一行为承担两种不同的不利后果,故《民法典》第 588 条第 1 款规定,当定金和违约金竞合时,守约方只能选择其一进行主张,而不能同时主张。

理解《民法典》第 588 条第 1 款应当注意:

其一,守约方选择权行使要件有:当事人约定了违约金,且定金已经给付;赔偿性违约金的约定有效;实际发生的定金合同和违约金约定所针对的是同一违约行为。其二，守约方选择权行使以存在选择对象、两项选择权的成立为前提，如果守约方在对方违约后受领了违约金，应构成选择违约金责任的默示意思表示，于此情形下，不能再主张适用定金罚则。其三，在定金罚则和违约金之间，守约方一旦选定其一进行主张的，另一项权利即消灭，故选定的权利不得变更。

(三) 定金与损害赔偿之关系

《民法典》第 588 条第 2 款规定："定金不足以弥补一方违约造成的损失的，对方可以请求赔偿超过定金数额的损失。"该条款所确立的定金与损害赔偿的关系有两个方面：一是在定金不能填补损失的情形下，定金可与损害赔偿并存使用；二是并存使用的结果不能超过实际损失。如此规定，其实是受《民法典》第 577 条规定的违约赔偿填平规则、不得重复获利的限制。

最高人民法院将定金和损害赔偿之间的关系界定为完整的单向补充关系。[1] 定金高于守约方损失数额的，因定金受不能超过合同标的额的 20% 的限制，不会造成违约方不能接受，故违约方不能请求调低定金数额，否则是将定金等同于违约金，抹杀了定金的担保性质，致使定金的约定不具有任何意义。定金低于守约方损失数额的，根据《民法典》588 条第 2 款的规定，定金可以抵偿部分损失，权利人亦可主张赔偿剩余部分损失。

第八节　违约损失赔偿额确定和限制

一、违约损失赔偿额确定规则

违约损失赔偿额确定规则主要体现在《民法典》第 584 条和《民法典合同编通则解释》第 63 条。

《民法典》第 584 条规定："当事人一方不履行合同义务或者履行合同义务不符合约定，造成对方损失的，损失赔偿额应当相当于因违约所造成的损失，包括合同履行后可以获得的利益；但是，不得超过违约一方订立合同时预见到或者应当预见到的因违约可能造成的损失。"

该条系对违约赔偿损失的一般规则作了规定，其性质属法定赔偿。根据该条

---

[1] 参见最高人民法院民事审判第二庭编著：《最高人民法院关于买卖合同司法解释理解与适用》，人民法院出版社 2016 年版，第 443 页。

规定,违约赔偿损失责任所要遵循的基本原则是损害填平原则,这一原则体现在既要完全赔偿受害人的损失,又要禁止受害人因对方的违约行为而额外获得利益,是完全赔偿规则和禁止得利规则的统一。该条规定的"损失"包括实际损失和可得利益损失。

《民法典合同编通则解释》第 63 条规定:"在认定民法典第五百八十四条规定的'违约一方订立合同时预见到或者应当预见到的因违约可能造成的损失'时,人民法院应当根据当事人订立合同的目的,综合考虑合同主体、合同内容、交易类型、交易习惯、磋商过程等因素,按照与违约方处于相同或者类似情况的民事主体在订立合同时预见到或者应当预见到的损失予以确定。除合同履行后可以获得的利益外,非违约方主张还有其向第三人承担违约责任应当支出的额外费用等其他因违约所造成的损失,并请求违约方赔偿,经审理认为该损失系违约一方订立合同时预见到或者应当预见到的,人民法院应予支持。在确定违约损失赔偿额时,违约方主张扣除非违约方未采取适当措施导致的扩大损失、非违约方也有过错造成的相应损失、非违约方因违约获得的额外利益或者减少的必要支出的,人民法院依法予以支持。"

《民法典》第 584 条规定了可预见性规则,但司法实践对如何适用可预见性规则普遍感到难以把握,常以"不具有确定性或必然性""并无实际发生,且亦非必然发生"等表征确定性的理由取代可预见性规则,因此,《民法典合同编通则解释》第 63 条第 1 款对可预见性规则的适用作了细化。一是在民法典第 584 条已经明确预见的主体、预见的时间的基础上,进一步明确了预见的标准,即采用客观标准,按照与违约方处于相同或者类似情况的民事主体在订立合同时预见到或者应当预见到的损失予以确定。二是列明了判断可预见性的具体参考因素。考虑到司法实践的复杂性,可预见性规则的适用不可能采取"一刀切"的标准,故本款采取了动态系统论的思路,通过列举参考因素的方式加强指引。为进一步增强指引性,本款根据重要性的不同,将参考因素分为两个层次。第一个层次是基础性的参考因素,即合同目的;第二个层次是其他参考因素,包括合同主体、合同内容、交易类型、交易习惯、磋商过程等因素。[1]

司法实践中在计算违约损害赔偿数额时,应当首先确定因违约所造成的损失,然后运用可预见性规则进行衡量,最后综合运用减损规则、损益相抵规则以及过失

---

[1] 杨万明、刘贵祥等:《关于适用〈民法典合同编通则若干问题的解释〉的理解与适用》,载《人民司法》2024 年第 1 期。

相抵规则,得出最终的损害赔偿数额。故《民法典合同编通则解释》第63条第3款明确违约方主张的可得利益赔偿总额中要扣除非违约方不当扩大的损失、非违约方因违约获得的额外利益、非违约方亦有过错所造成的损失以及必要的交易成本。[1]

根据上述规定,违约损失赔偿额公式可以表述为:违约损失赔偿额=受害人自身实际损失+受害人向第三人支出的损失+受害人可得利益损失总额-违约方不可预见的损失-受害人扩大的损失-受害人自己过程造成的损失-受害人因违约获得的利益-受害人因违约减少的必要支出。

二、违约赔偿限制规则

按《民法典》第584条的规定,违约赔偿实行完全赔偿原则,完全赔偿原则融合了违约方需填平守约方全部损失和禁止守约方从同一违约行为中重复得利两项内容。对违约赔偿进行限制是禁止重复得利的要求,故其本质是完全赔偿原则的要求。《民法典》对违约赔偿进行限制是完全赔偿的规则体现在:《民法典》第584条规定的可预见规则;《民法典》第591条第1款规定的减损规则;《民法典》第592条第2款规定的过失相抵规则;《民法典合同编通则解释》第63条第3款及《买卖合同解释》第23条规定的损益相抵规则。需要指出的是上述四项规则不仅适用于可得利益限制,而且适用于全部违约赔偿限制,具体分述如下:

(一)可预见规则

1.可预见规则之规定。《民法典》第584条中"不得超过违约一方订立合同时预见到或者应当预见到的因违约可能造成的损失"及《民法典合同编通则解释》第63条第1款、第2款,确立了违约损失赔偿的可预见规则。可预见标准是确定违约损害赔偿责任的构成要件之一,即因果关系要件。法律要求违约当事人仅对其在订约时能够合理预见到的损害承担赔偿责任,从而为因果关系的确定提供了具有可操作性和确定性的依据。

2.可预见之主体、时间。(1)可预见之主体。根据《民法典》第584条的规定,可预见的主体是违约方。之所以将可预见的主体确定为违约方,是因为可预见规则是对违约方赔偿责任的限制,而违约方应承担的责任构成其交易条件的一部分,

---

[1] 杨万明、刘贵祥等:《关于适用〈民法典合同编若干问题的解释〉的理解与适用》,载《人民司法》2024年第1期。

违约方在磋商确定交易条件时,其承受的不利益必然受到其合同可预见范围的限制。另外《欧洲合同法原则》第9:503条、《国际商事合同通则》第7.4.4条及《联合国国际货物销售合同公约》第74条均规定可预见的主体应为违约方。(2)可预见之时间。根据《民法典》第584条的规定,可预见的时间为"订立合同时",而非违约时。因为订立合同时,当事人正在磋商确定交易条件,这直接受当事人所掌握的信息影响,而违约方掌握的信息是确定其可预见范围的基础。订立合同后违约方获取的信息会扩展其可预见的范围,但新获取的信息与交易条件的确定无关,让违约方的责任随订立合同后获取的信息量的增加而扩张,会破坏当事人的利益平衡,有违公平原则。例如,旅客称飞机航班延误使其错过投标业务,要求航空公司赔偿因其错过投标造成的经济损失。对于旅客投标是否会耽误,是航空公司在售票时无法预见的,故此损失不属于可预见的情形。

3.可预见之判断标准。可预见的判断标准应根据《民法典合同编通则解释》第63条第1款中"人民法院应当根据当事人订立合同的目的,综合考虑合同主体、合同内容、交易类型、交易习惯、磋商过程等因素,按照与违约方处于相同或者类似情况的民事主体在订立合同时预见到或者应当预见到的损失予以确定",上述判断标准参考因素可以分为两类:(1)基础判断因素,包括合同主体、合同目的、合同内容。缔约人是专业商事主体还是普通民事主体,其预见能力、注意义务明显不同。比如,守约方是生产企业,违约方应当预见生产利润损失,但无法预见转售利润损失。旅客因飞机延误使其错过了一笔生意,要求赔偿其因该生意所获得的利益,但航空公司在售票时无法预见此损失,故此损失不予赔偿。另外合同内容是否载明了合同目的,以及当事人是否在订约时通过其他途径知悉对方订立合同的目的也直接影响对方的预见。如果当事人在合同中明示或特别约定,若无无效情形,在适用可预见规则时应当予以尊重,违约方以不能预见为由否认自身责任承担的,属于严重违反诚信原则情形。(2)参考判断因素,包括交易类型、交易习惯、磋商过程等因素。交易类型具有高风险、高收益情形的或者有相应的行业惯例、交易惯例的,适用可预见规则时自然要体现此行业领域或者交易习惯的特点,比如,对赌协议。当事人磋商过程中的有关事项,即使没有被列为当事人明确约定的合同条款,也应当作为可预见规则的参考因素,在有磋商性文件或预约合同的场合,更应该作为考量依据。当事人之间存在较长交易合作关系的,违约方对守约方的经营模式以及订约目的和获益情况均十分了解,违约方对守约方的损失具有更强的可预见能力,也具有相应的可预见义务。

4.可预见之内容或范围。对于可预见内容或范围,《民法典》未作规定。目前的争议主要在于预见内容仅限于预见类型,还是也包括损失程度(数额)。实务审判中各级法院明确反对和支持损失数额需要预见的观点均有。韩世远教授认为:原《合同法》第113条第1款并未特别言明是否要预见到损害的程度或数额,解释上宜将预见的内容确立为,只要预见损害的类型而无须预见损害的程度。[1]《民法典》颁布后,最高人民法院也认为:通说认为,只需要预见到或应当预见到损害的类型,不需要预见到或应当预见到损害的程度,即不需要预见到或应当预见到损害的具体数额。[2] 鉴于预见内容分歧较大,《民法典合同编通则解释》第63条仍未明确预见的内容,但最高人民法院观点发生变化,认为:在考虑违约方预见内容时,应根据各种具体情况作出具体裁判,如当事人在订约前的相互关系、对对方的了解情况、标的物的种类和用途等因素,在尊重当事人约定的基础上参考上面列举的几个因素,来判断可预见性规则适用的范围和对象。[3]

5. 可预见规则之公报判例。最高人民法院审理的新疆亚坤商贸有限公司与新疆精河县康瑞棉花加工有限公司买卖合同纠纷案[(2006)民二终字第111号]为公报案例,其裁判要旨为:在审理合同纠纷案件中,确认违约方赔偿责任应当遵循"可预见原则",即违约方仅就其违约行为给对方造成的损失承担赔偿责任,对于由于市场风险因素造成的、双方当事人均不能预见的损失,因属于非违约方过错,与违约行为之间亦没有因果关系,违约方对此不承担赔偿责任。[4]

(二)减损规则

1. 减损规则之规定。《民法典》第591条规定:"当事人一方违约后,对方应当采取适当措施防止损失的扩大;没有采取适当措施致使损失扩大的,不得就扩大的损失请求赔偿。当事人因防止损失扩大而支出的合理费用,由违约方负担。"该条为减损规则之规定。

学理上,减损规则的理论基础有:一是基于诚信原则。通说认为,减损规则是依据诚信原则而产生的,受损害方未尽到减轻损失义务,已构成对诚信原则的违反。诚信原则所表达的是一种公平正义理念,是一种具体化的道德准则,同时又以

---

[1] 参见韩世远:《合同法总论》(第3版),法律出版社2011年版,第633页。

[2] 参见最高人民法院民法典贯彻实施工作领导小组主编:《中华人民共和国民法典合同编理解与适用(二)》,人民法院出版社2020年版,第772页。

[3] 参见最高人民法院民事审判第二庭、研究室编著:《最高人民法院民法典合同编通则司法解释理解与适用》,人民法院出版社2023年版,第710~712页。

[4] 参见《中华人民共和国最高人民法院公报》2006年第11期(总第121期)。

利益平衡来通行公平的要求。根据该原则,民事活动的参与者应当保持一定的平衡性,并需确保个人的利益与社会的总体利益关系保持一致。二是基于经济效益基础。从一定程度上说,减损规则实际上能够对社会资源及经济资源的合理配置起到促进作用,保障经济活动的公平公正进行,有效预防因个人得失而对整个社会福利的影响。三是基于近因理论基础,近因理论主要来源于因果关系,而因果关系又可以详细划分为远因和近因。远因理论对违约行为与损失并不能被很好的界定,而近因理论能够对违约行为的损失加以确定并进行预防。

2. 减损规则之构成要件。根据《民法典》第591条的规定,减损规则的构成要件有:(1)违约方的违约行为导致了损害的发生,受损害方对损害的发生没有过错。不同于混合过错,属一方当事人单方面违约并造成了损害。(2)受损害方未采取合理措施造成了损失扩大的后果。违约行为已经发生并造成了损失,而受损害方未能防止损失的进一步扩大。不过在违反减损义务的情况下,受损害方并没有在违约中获得利益。如果违约方的违约行为使受损害方得到了某种利益,如因违约方的违约受损害方免除了履行义务并节省了履行费用,这将在确定损害赔偿额时采取损益相抵的规则,扣除受损害方所得的利益,而不适用减损规则。(3)受损害方对损失的扩大有过失。当事人一方违反合同,另一方不能无动于衷,任凭损失扩大。基于民法的诚信原则,受损害方在损害发生后负有减轻损失的义务,应当采取合理、适当的措施防止损失进一步扩大,包括防止所受损失扩大的积极义务和消极义务;在学理上这种义务被称为不真正义务。(4)扩大的损失与受损方未及时采取合理的、适当的措施之间存在因果关系。[1]

3. 减损之适当措施。(1)适当措施之类型。守约方履行减损义务的合理措施主要有:一是停止履行。一旦一方当事人有证据知道对方的对待履行将不会作出,该当事人通常应以停止履行来避免进一步的花费。停止履行是减损规则最基本、最初级的要求,它只是要求受损害方消极的不作为。二是替代安排。有的情形受损害方不仅应停止履行来避免损失扩大,还应采取合理的断然措施进行适当的替代安排。替代安排也就是要缔结替代合同,基于债权的平等性,缔结替代合同并不要求事先解除原合同。比如,用焦炭炼钢,在生产时不能中断焦炭供应,否则,停供不仅导致废品,还会损坏炉膛,若焦炭不能持续供应,就需要提前预备替代能源。三是变更合同。为避免或减少违约造成的损失,违约方提出变更合同的要约,只有

---

[1] 参见最高人民法院民法典贯彻实施工作领导小组主编:《中华人民共和国民法典合同编理解与适用(二)》,人民法院出版社2020年版,第830页。

相对方接受变更要约时,变更合同才可成为减轻损失的合理措施。如果合同不能变更,违约方不能以曾经提出变更要约而主张适用减损规则。另外,根据《民法典》第591条第2款的规定,受有损失的一方当事人在采取措施减轻损害的过程中,也要支付一定的费用,当事人因防止损失扩大而支出的合理费用由违约方承担。

(2)适当措施之判断标准。《民法典》第591条第1款规定:"当事人一方违约后,对方应当采取适当措施防止损失的扩大",这里"采取适当措施"的关键是判断受损害方的行为是否具有"合理性"。1878年,英国詹姆斯法官对合理性标准有一段经典陈述:"原告有权获得的是对他们因违约而业已实际遭受之损害的全部赔偿,违约人不负担因原告们没作为通情达理之人本应做到事情而造成的额外的费用,原告亦没有任何义务去做任何正常经营过程之外的事情。"减损规则的目的是促使受损害方采取合理措施减轻损失,避免社会资源的浪费,因而判断受损害方的行为是否具有合理性的标准有:一是要在其行为时或应为行为时加以判断,而不应以事后的情况来衡量先前的行为是否合理;二是要看受损害方的主观方面而不应拘于其行为的客观结果,只要受损害方在当时已尽心尽力,即使客观上并没有减轻损失甚至增加损失,其仍然可以获得全部赔偿。实践中,对于措施的合理性确定,还应根据具体情况具体分析,尽可能考虑各种因素,而不是单单考虑经济、及时性等因素。[1]

4.可避免损失之认定。受损害方未采取合理减损措施的,在计算具体损害赔偿数额时,可避免的损失数额应予扣减。司法实践中,认定扩大的损失,需要确定受损害方应采取且能够采取减损措施的时间。该时间点之后损失的产生,在受损害方的控制范围之内,与违约方的违约行为无关,即该损失与受损害方的行为之间存在因果关系。在徐某与杨某租赁合同纠纷一案中,争议的焦点问题是出租人应否承担减损规则义务。法院认为,承租人杨某自2009年1月10日起即欠付租金,其行为已构成违约,应承担给付租金并按约支付滞纳金的责任。但在长达两年有余的期间内,出租人徐某明知杨某未生产经营且房租分文未交,仅数次发函催交租金,直到2012年提起诉讼,始终未采取解除合同、收回房屋、另行出租等措施,其履约行为有违减损规则和诚信原则。[2]

5.适用减损规则之判例。

---

[1] 参见最高人民法院民法典贯彻实施工作领导小组主编:《中华人民共和国民法典合同编理解与适用(二)》,人民法院出版社2020年版,第831页。

[2] 参见最高人民法院民法典贯彻实施工作领导小组主编:《中华人民共和国民法典合同编理解与适用(二)》,人民法院出版社2020年版,第832页。

案例 1：最高人民法院在审理的哈尔滨振国房地产开发有限公司(以下简称振国公司)与哈尔滨报达展览策划有限公司(以下简称报达展览公司)、哈尔滨报达海景房销售代理有限公司租赁合同再审纠纷案[(2016)最高法民再 351 号]中认为：原审判决振国公司赔偿报达展览公司 900 万元违反了减损规则。根据《合同法》第 119 条第 1 款的规定，减损规则是法律明确规定的守约人的法定义务，是为了维护公平、诚信原则，防止违约后损失的无限扩大。该案中，振国公司已经提前 3 个月告知报达展览公司解除房屋租赁合同，报达展览公司理应在合理期限内及时采取措施，租用其他房屋，用于智纳德公司的房屋展览展示，以防止损失发生或扩大，但没有证据显示报达展览公司及时采取了措施。根据减损规则，如果造成相关损失或导致损失扩大，依法应由报达展览公司自行承担。另外，在无特别约定时，合同当事人违约给相对方造成的损失应与履行合同后所获得的利益基本相当，即使有一定的惩罚性但也不宜差距过大。该案振国公司除应返还的 30 万元租金外，收取的房屋租金仅为 90 万元，振国公司赔偿报达展览公司服务费损失的 90 万元后，四年的租赁期限内振国公司已经没有任何收益，原审判决振国公司再赔偿报达展览公司 900 万元，严重背离了损益的相当性，应当予以纠正。

案例 2：最高人民法院审理的陈某竹与被申请人大连海川建设集团有限公司(以下简称海川公司)、大连寰宇房地产开发有限公司(以下简称寰宇公司)房屋买卖合同纠纷申请再审案[(2014)民申字第 644 号]，提供了当事人一方向对方主张赔偿可得利益损失时，如何适用减损规则的实务案例。

该案核心是陈某竹要求海川公司赔偿房屋增值损失应否得到支持的问题。最高人民法院再审审查认为：陈某竹此再审主张不能成立。首先，案涉《房屋销售合同》的标的物系寰宇公司用以抵顶海川公司工程款的房屋，因寰宇公司非该合同的义务主体，陈某竹对案涉房屋交易可能发生的风险应有清醒的预判。其次，海川公司按约应在 2004 年 9 月 1 日前向陈某竹交付案涉房屋，寰宇公司业于 2004 年 9 月 2 日取得包括案涉房屋在内的开发项目的商品房预售许可证。此后，海川公司依约履行交付房屋并协助陈某竹与寰宇公司签订正式商品房销售合同等合同义务的期限均已届满。在海川公司已经构成违约的情况下，陈某竹依法已可行使要求海川公司承担继续履行、赔偿损失等违约责任或者解除案涉《房屋销售合同》的权利。陈某竹主张在交房期限届满后，海川公司一再承诺能够协调寰宇公司与陈连竹签订商品房买卖合同并交付房屋，但并未提供相关证据。再次，按照陈某竹所述，其在2010年海川公司与寰宇公司诉讼后才知道案涉房屋已经被寰宇公司另行出售，即便截至当时，海川公司迟延履行合同义务也已将近6年，而陈某竹通过诉讼方式主张权利的时间，为2012年。现陈某竹要求海川公司按照2012年8月16日的市场价格赔偿房屋增值损失，但若其能够及时行使权利则该损失并非必然发生。也就是说，尽管海川公司存在违约行为，但该违约行为并不必然造成陈某竹所诉该项损失。陈某竹此项主张不符合原《合同法》第113条第1款的规定。又次，根据原《合同法》第119条第1款的规定，在对方当事人违约甚至根本违约的情况下，当事人仍负有基于诚实信用原则的合同义务，即应采取适当措施防止损失的扩大，如果其没有采取适当措施致使损失扩大，不得就扩大的损失要求赔偿。最后，按案涉《房屋销售合同》第9条的规定，海川公司非因不可抗力原因造成未能按时交房，陈某竹有权按已付房款的日万分之一向海川公司追究逾期期间的违约金。根据二审判决，海川公司需承担陈某竹已付房款150万元自2004年2月22日起至判决确定的给付之日止按照中国人民银行同期同类银行贷款利率标准计算的利息，该民事责任已经高于海川公司按照合同约定所应承担的违约责任。综上所述，二审判决驳回了陈某竹要求赔偿其房屋增值损失886.98万元的诉讼请求，在认定事实和适用法律方面并无不当。[1]

(三)过失相抵规则

1.过失相抵规则之规定。过失相抵规则又称"混合过错规则"或者"与有过失规则"，是指合同中作为受害人一方对损害的发生也有过错时，人民法院应违约方的请求，应当扣减相应的损失赔偿额。

《民法典》第592条规定："当事人都违反合同的，应当各自承担相应的责任。当事人一方违约造成对方损失，对方对损失的发生有过错的，可以减少相应的损失赔偿额。"其中第1款是指双方违约时的责任承担，第2款是对过失相抵原则的规定。过失相抵与双方违约的区别：过失相抵规则适用的情形通常仅发生一个损害，只是该损害系由违约方的过错和受损失方的过错共同所致，因而违约方得主张扣减相应的损失赔偿额。但在双方违约适用的情形下，合同双方当事人都有违约行为，并由此都给对方造成了损害，因而需要相互承担违约损害赔偿责任。

过失相抵规则的法理基础是公平原则，它是公平原则的具体化，不仅适用于违

---

[1] 最高人民法院民事审判第一庭编：《民事审判指导与参考》总第59辑，人民法院出版社2015年版，第206~216页。

约损害赔偿领域,在侵权损害赔偿领域也有其适用,如《民法典》第 1173 条规定:"被侵权人对同一损害的发生或者扩大有过错的,可以减轻侵权人的责任。"

2. 过失相抵规则之适用条件。过失相抵的适用条件主要有:(1)受损失方因对方违约受有损害。过失相抵要求受损失方必须因对方当事人违约受有损害,此处的损害是指受损失方因对方违约造成的直接损害。如果违约行为发生后并未造成直接损害,而是受损失方的过错导致的损害,则不存在适用过失相抵规则的问题。(2)双方均有过错。违约方的违约行为引起了损害发生,但受损失方的过错也是导致损害发生的原因。只不过在考虑受损失方的过错时,必须明确其非损害发生的唯一原因,也就是说,损害的发生是由违约方的违约行为引起的,受损失方的过错行为只是对损害的发生起到一定的作用。(3)双方过错与损害之间有因果联系。损害的发生是由违约方的违约行为引起的,但受损失方的过错行为对损害的发生也起到一定的作用。受损失方的行为可以是积极行为,也可以是消极行为,正是双方行为的结合才导致最终损害结果的发生。[1]

3. 如何扣减相应损失数额。在过失相抵情形下,如何扣减相应的损失数额,对其标准有不同的见解。第一种观点主张应比较双方原因力的大小来确定。第二种观点主张应比较双方原因力的强弱来确定。第三种观点主张应比较双方原因力的强弱及过失程度加以决定。我国学术界通说主张采取类型化的思考方法,区分不同类型案件分别予以确定。最高人民法院的观点是:类型化区别比较客观,但总体上需要综合考虑当事人的过错程度与损害原因力的大小,予以审查判断。[2]

(四)损益相抵规则

1. 损益相抵规则之规定。最高人民法院《买卖合同解释》第 23 条规定:"买卖合同当事人一方因对方违约而获有利益,违约方主张从损失赔偿额中扣除该部分利益的,人民法院应予支持。"《民法典合同编通则解释》第 63 条第 3 款规定:"在确定违约损失赔偿额时,违约方主张扣除非违约方未采取适当措施导致的扩大损失、非违约方也有过错造成的相应损失、非违约方因违约获得的额外利益或者减少的必要支出的,人民法院依法予以支持。"上述两个司法解释确立了损益相抵规则。

损益相抵规则是指当守约方因损失发生的同一违约行为而获益时,其所能请

---

[1] 参见最高人民法院民法典贯彻实施工作领导小组主编:《中华人民共和国民法典合同编理解与适用(二)》,人民法院出版社 2020 年版,第 840 页。

[2] 参见最高人民法院民法典贯彻实施工作领导小组主编:《中华人民共和国民法典合同编理解与适用(二)》,人民法院出版社 2020 年版,第 841 页。

求的赔偿额应当是损失减去获益的差额。该规则要求守约方获得的利益与遭受的损失是基于同一原因产生的，而非不同原因，同一原因是指守约方（受害人）所获得的利益与所遭受的损失之间具有相当的因果关系。该规则旨在确定受害人因对方违约而遭受的"净损失"。

损益相抵规则中"可扣除的利益"的范围，通常而言包括：标的物毁损的残余价值；本应支付因违约行为发生而免予支付的费用；守约方本应支付的税金等。

比如，甲乙两家公司签订购买1000吨钢材购销合同后，乙公司又与丙公司签订合同，将该1000吨钢材每吨加价200元转售给丙公司，乙公司承担运费。乙公司依约向甲公司支付全款但甲公司逾期交货，后经催告仍无法交货，导致乙公司不能向丙公司履行合同，被迫向丙公司支付了10万元违约金。乙公司起诉甲公司，请求解除合同、返还货款、赔偿利息损失及违约金损失、赔偿两个合同差价损失。

在此案例中，因甲公司违约，合同应当解除并返还货款，乙公司货款利息损失及向丙公司支付的违约金属于实际损失（积极损失），甲公司应当赔偿；两个合同之间的差价损失20万元属于可得利益损失，但在计算时应根据损益相抵规则扣除甲公司违约而使乙公司节约的运费及税金，因为若乙丙公司合同履行，乙公司取得差价利润是以应付出运费及税金为前提的，故合同差价属于"毛利润"，而不属"净利润。"

2. 损益相抵中"利益"之确定。在违约方违约行为给非违约方带来损害同时也带来利益时，若符合适用损益相抵规则的条件，确定实际损害赔偿数额时，利益的计算成为至关重要的问题。虽然个案的情况各不相同，在司法实践中为了有助于适用该规则，最高人民法院民二庭在著述中对"利益"进行了类型化的归纳。[1]具体如下：

其一，应予扣除的利益。(1)中间利息。如判决违约人分期支付，也就是说受害人本应陆续获得的情况下，违约人却一次性地支付了所有损害赔偿金，这时应按霍夫曼计算法扣除未到期的中间利息。(2)因违约实际减少的受害人的某些税负。笔者认为这些税负是指流转税（如增值税）、财产税（如土地占有税、契税）。比如，取得货物差价利益一般应按该差价的13%缴纳增值税。(3)商业保险金。我国台湾地区学者认为，受害人若买了商业保险，则该商业保险请求权与所发生的损害事故并非出于同一原因，故赔偿义务不得请求扣减。但受害人请求保险公司理赔后，

---

[1] 参见最高人民法院民事审判第二庭编著：《最高人民法院关于买卖合同司法解释理解与适用》，人民法院出版社2012年版，第479～483页。

将产生保险人的代位请求权,赔偿义务人可主张扣除。(4)社会保险金。王泽鉴先生认为,劳灾补偿具有代替雇主承担侵权责任的功能,以免劳工获得双重利益之嫌,所以应当扣抵。(5)以新替旧。依规范目的说,损害赔偿所应填补的为实际损失,新旧间的差额为超过实际损失部分的,自应予以扣除。(6)损毁物件的残余价值。该残余价值为毁损事故所致异种利益,自应从损害额中予以扣除。(7)原本支付却因损害事故而免予支付的费用。如因无须继续履行合同而免予支付的进一步费用。(8)原本无法获得却因损害事故的发生而获得的利益。如赛马时骑手策马致死因而获得的奖金。

其二,不得扣减的利益。(1)所得税。我国税法规定的所得税有企业所得税和个人所得税两种,并分别在《企业所得税法》及《个人所得税法》中予以了规定。在计算损害赔偿额时是否要扣除所得税,学说上有"扣除说"和"不扣除说"争论。"扣除说"的理论建立在损益相抵说或实质收益推定说之上。损益相抵说认为:对纳税义务人所得在一定金额以上的,均按一定税率征收所得税,受害人因受损而免除税金,乃是因受损害而得有利益,依照损益相抵理论,自然应扣除该税额。实质收益推定说认为:损害赔偿的目的在于填补受害人的实际损害,受害人实质收益并不包含税金,故计算所失利益应扣除税金。"不扣除说"的根据包括:①通常情况下,税法出于保护受害人的目的,对伤害或死亡的损害赔偿金免税,若计算损害赔偿数额时扣除所得税,不仅违反了立法本意,也使得加害人享有不当利益。②因税率和税额时常修改,不易确定,使得很难确认是否从损害赔偿额中扣除税金。③损益相抵的对象为必要经费,而税金不在此列。④所得税是纳税人依照税法规定应承担的法定义务,既然伤害或死亡的损害赔偿免纳所得税,表明该类损害赔偿并非税法上的所得,且与加害人的加害行为之间并无因果关系。笔者赞同"不扣除说",举例说明:甲公司不履行买卖合同应向乙公司赔偿货物差价100万元,该100万元应扣除增值税13万元,余87万元为所得,根据《企业所得税法》的规定,乙公司核算企业所得税时是按年度总盈亏计算的,不是简单地将87万元乘上25%税率单独计算,若该87万元计入乙公司所得但该年度内仍然亏损的,乙公司将无须缴纳企业所得税。如此一来,在司法实务中若扣除所得税将无法界定所得税额及具体操作。同时即使乙公司该年度总体盈利,该87万可计算出应纳企业所得税,但纳税人是乙公司,若乙公司不缴纳该税款即为逃税,故乙公司缴纳该税款并非获益而是履行纳税义务。(2)第三人的给付。违约行为发生后,第三人基于对受害人的同情、帮助渡过难关,或基于其他原因或动机而赠与给受害人的财物、金钱等,不得扣减。因为该赠与的目的在于使受害人获得利益,若允许相抵,受惠者将不是受害人而是违约人，从而有违赠与人的意愿，故不适用损益相抵规则。(3)受害人基于法律强制规定享有的利益。法律之所以通过强制规定给予受害人利益往往是以受害人具有一定身份为必要条件并使其获得一定保障，该保障并无免除加害人赔偿责任之意，故不适用损益相抵规则。如法律规定基于同一违约损害事实而发生的抚恤金、退休金、被抚养人抚养费等利益不得扣减。(4)法律不能认定的利益。依实际情况无法判断受害人的所得是否为一种利益的，法律不应将之认定为利益而适用损益相抵规则。

其三，定金是否为应扣减的利益。《民法典》第588条第2款规定："定金不足以弥补一方违约造成的损失的，对方可以请求赔偿超过定金数额的损失。"根据该条规定，定金能够填补违约损害赔偿的，不再主张损害赔偿金；但定金不能填补违约损害赔偿的，守约方有权就差额部分主张损害赔偿金。据此，在有定金且定金未冲抵价款的场合，如果守约方全额主张损害赔偿金，此时的定金应为扣减的利益，否则受害人损失已填平的情形下，没有理由可以因为对方的违约行为获取额外的利益。从这一角度，定金在特殊情况下应认定为"利益"，从而适用损益相抵规则。

第十章
几类典型合同解除问题

典型合同又称有名合同,过去人们习惯将典型合同称为有名合同,以区分无名合同,但《民法典》已将有名合同规范为典型合同,故本章亦将有名合同称为典型合同。原《合同法》分则对15类典型合同进行了规制,《民法典》合同编在此基础上将保证合同、保理合同、物业服务合同、合伙合同纳入了典型合同之列,使典型合同增加到19类。

虽然《民法典》合同编通则确立了诸多合同解除规则,但《民法典》典型合同分编中仍对部分典型合同制定了特殊的解除规则。实务中,某些具体典型合同的解除问题存在着诸多特殊性和复杂性,需要进一步探讨。本章拟对常见的买卖合同、房屋买卖合同、租赁合同、建设工程中的施工合同解除问题进行探讨。

第一节 买卖合同解除问题

一、买卖合同标的和特征

(一)买卖合同标的范围

《民法典》合同编第二分编典型合同中第一个典型合同就是第九章买卖合同章。《民法典》和大多数国家的合同法一样将买卖合同置于典型合同之首,表明买卖合同的重要性。

买卖合同的重要性体现在两个方面:一是合同法中的规则大量是以买卖合同

为基础而抽象出来的,[1]我国台湾地区史尚宽教授亦认为:"买卖在自由经济社会,为营利行为之代表方法,契约法之理论,对坯胎于此。"[2]二是《民法典》第646条规定:"法律对其他有偿合同有规定的,依照其规定;没有规定的,参照适用买卖合同的有关规定。"该规定体现了其他有偿合同可适用买卖合同规则,反映了买卖合同规则的重要性。

《民法典》第595条规定:"买卖合同是出卖人转移标的物的所有权于买受人,买受人支付价款的合同。"从《民法典》对买卖合同概念的文义解释中可知,买卖合同的标的物仅限于转让有体的动产和不动产,并不包括转让无体物、使用权、知识产权及其他各种财产权益(如虚拟财产、网络财产、经营权、股权等),这些财产的转让一般通过特别法另行规定。

买卖合同的种类较多,分为一般买卖和特种买卖。一般买卖是普通的大多数买卖。特种买卖有分期付款买卖、凭样品买卖、试用买卖、所有权保留买卖、招投标买卖、拍卖、互易等。《民法典》对一般买卖和特种买卖均作出了规定。除《民法典》外,对于特种买卖也有单行法律予以规范,如《招标投标法》《政府采购法》《消费者权益保护法》《拍卖法》等。

(二)买卖合同主要特征

第一,卖方转移财产所有权。在买卖合同中,出卖人的主要义务是转移财产所有权,这种转移包括实物交付和权利交付,买受人的主要义务是支付价款。买卖合同转移的是物的所有权,不是使用权,这与租赁合同有所区别;在承揽合同中,承揽人的主要义务是交付工作成果,转移所有权是附随义务;买卖合同交付的是有体物,供电供汽合同交付的是无体物;买卖合同是实物和权利均要交付,如房屋买卖不仅要交付房屋,还要办理所有权变更登记,而技术合同、知识产权合同交付的是权利。

第二,是典型的双务合同。买卖合同是一方转移财产所有权,另一方给付对价的合同,而赠与合同则是无偿的。正因为买卖合同的有偿性,故双务合同中的同时履行抗辩、先履行抗辩、不安抗辩等规则多适用于买卖合同。

第三,多为诺成性合同。除法律另有规定或者当事人另有约定外,只要双方当事人就买卖合同的标的和数量达成一致的,合同即成立,无须当事人交付标的物。

---

[1] 参见王利明:《合同法研究》(第3卷),中国人民大学出版社2012年版,第44页。

[2] 史尚宽:《债法各论》,中国政法大学出版社2000年版,第3页。

公民之间的借贷合同是实践性合同,即使订立了借款合同,出借人未给付出借款的,合同仍未成立。

第四,为要式或不要式合同。《民法典》对买卖合同的形式未作特别规定,因此买卖合同在原则上是不要式合同,可以是口头合同,也可以是书面合同,还可以是默示合同。但法律对不动产转移合同规定了应当采取书面形式,且需要办理登记手续,所以不动产买卖合同是要式合同。

二、适用买卖合同解除之规则

买卖合同的解除当然适用《民法典》合同编通则中的一般规则。本书第二章、第三章对此进行了探讨,在此不再赘述。《民法典》对买卖合同规定了一些特殊解除规则,应关注。本节下文将对此进行专门探讨。

除此以外,还应考量涉及买卖关系的单行法律中的特殊解除规则,如《拍卖法》第43条规定:"拍卖人认为需要对拍卖标的进行鉴定的,可以进行鉴定。鉴定结论与委托拍卖合同载明的拍卖标的状况不相符的,拍卖人有权要求变更或者解除合同。"又如,根据《消费者权益保护法》第25条第1款、第2款的规定,经营者采用网络、电视、电话、邮购等方式销售商品,除四类特殊商品或消费者在购买时确认不宜退货的商品外,消费者有权自收到商品之日起7日内退货,且无须说明理由。退货就是解除合同。

关于政府采购合同,根据《政府采购法》第43条"政府采购合同适用合同法"的规定,该类合同适用合同法。在政府采购合同解除问题上,《政府采购法》对解除没有规定,但该法第50条第2款规定:"政府采购合同继续履行将损害国家利益和社会公共利益的,双方当事人应当变更、中止或者终止合同。有过错的一方应当承担赔偿责任,双方都有过错的,各自承担相应的责任。"这一规定既不同于行政协议中行政机关行使行政优益权解除合同的规则,也不同于《民法典》中情势变更可请求终止合同的情形,存在明显法理错误,亟待立法修改。

三、标的物质量瑕疵与合同解除

(一)质量瑕疵担保义务

《民法典》第615条规定:"出卖人应当按照约定的质量要求交付标的物。出卖人提供有关标的物质量说明的,交付的标的物应当符合该说明的质量要求。"该条规定了出卖人对合同标的物的质量瑕疵担保义务。理解该条应注意:(1)标的物的"瑕疵"一般认为有主观和客观两种标准。按照客观标准,所交付标的物不符合该种物所具备的通常性质及客观上应有的特征时，即具有瑕疵。按照主观标准，所交付的标的物不符合当事人约定的品质，致灭失或减少其价值或效用的，即具有瑕疵。(2)瑕疵担保责任是法定责任，不依赖于当事人是否约定，它是保护交易安全的必要条件，出卖人承担的是无过错责任。瑕疵担保是一种明示担保，除合同约定外，出卖人提供的有关标的物的质量说明，如产品说明书、宣传册、网站上宣传资料、样品、模型等，构成当事人约定的有机组成部分，即应受瑕疵担保责任的约束。

(二)质量不明之处理规则

对于标的物的质量标准或要求，当事人在合同中有约定的，从约定；无约定，但出卖人提供标的物样品或产品质量说明的，以该样品或说明的质量标准为依据；如不存在上述两种情形，但有当事人事后协商标准的，以协商标准为依据。

除上述情形外，质量标准仍无法确定的，《民法典》第 616 条规定："当事人对标的物的质量要求没有约定或者约定不明确，依据本法第五百一十条的规定仍不能确定的，适用本法第五百一十一条第一项的规定。"《民法典》第 510 条规定："合同生效后，当事人就质量、价款或者报酬、履行地点等内容没有约定或者约定不明确的，可以协议补充；不能达成补充协议的，按照合同相关条款或者交易习惯确定。"《民法典》第 511 条第 1 项规定："质量要求不明确的，按照强制性国家标准履行；没有强制性国家标准的，按照推荐性国家标准履行；没有推荐性国家标准的，按照行业标准履行；没有国家标准、行业标准的，按照通常标准或者符合合同目的的特定标准履行。"

(三)质量瑕疵之违约责任

1. 质量瑕疵违约责任

出卖人所交标的物存在质量瑕疵时，应当根据《民法典》第 617 条的规定承担违约责任，即"出卖人交付的标的物不符合质量要求的，买受人可以依据本法第五百八十二条至第五百八十四条的规定请求承担违约责任。"其中第 582 条对瑕疵履行的违约责任规定为："履行不符合约定的，应当按照当事人的约定承担违约责任。对违约责任没有约定或者约定不明确，依据本法第五百一十条的规定仍不能确定的，受损害方根据标的的性质以及损失的大小，可以合理选择请求对方承担修理、重作、更换、退货、减少价款或者报酬等违约责任。"第 583 条规定："当事人一方不履行合同义务或者履行合同义务不符合约定的，在履行义务或者采取补救措施后，对方还有其他损失的，应当赔偿损失。"第 584 条规定："当事人一方不履行合同义务或者履行合同义务不符合约定,造成对方损失的,损失赔偿额应当相当于因违约所造成的损失,包括合同履行后可以获得的利益;但是,不得超过违约一方订立合同时预见到或者应当预见到的因违约可能造成的损失。"

根据《民法典》第582条的规定,受害方在"合理选择"各种违约责任形式上应当注意:修理、更换、重作是第一阶层的权利,基于节约交易成本,提高交易效率、平衡双方利益应当首先适用;退货、减少价款或者报酬等属于第二阶层权利,在修理、更换、重作不能弥补质量瑕疵时则可被适用。出卖人拒绝更换而买受人要求退货的,则可视为解除合同行为。

2. 应减免质量瑕疵违约责任情形

应当注意,发生质量瑕疵时,出卖人并非一律承担违约责任,应考量如下减轻或免除质量瑕疵违约责任情形:

一是约定免除情形。买卖合同约定减轻或者免除出卖人对标的物的瑕疵担保责任的,出卖人减轻或免除担瑕疵担保责任,但出卖人故意或者因重大过失不告知买受人标的物的瑕疵的除外(《民法典》第618条)。

二是缔约时知道或应当知道情形。买受人在缔约时知道或者应当知道标的物质量存在瑕疵,主张出卖人承担瑕疵担保责任的,人民法院不予支持,但买受人在缔约时不知道该瑕疵会导致标的物的基本效用显著降低的除外(《买卖合同解释》第24条)。

三是在约定检验期、法定检验期、质保期内未检验情形。

(1)当事人约定检验期限的,买受人应当在检验期限内将标的物的数量或者质量不符合约定的情形通知出卖人。买受人怠于通知的,视为标的物的数量或者质量符合约定(《民法典》第621条第1款)。

(2)当事人没有约定检验期限的,买受人应当在发现或者应当发现标的物的数量或者质量不符合约定的合理期限内通知出卖人。买受人在合理期限内未通知或者自收到标的物之日起2年内未通知出卖人的,视为标的物的数量或者质量符合约定;但是,对标的物有质量保证期的,适用质量保证期,不适用该2年的规定(《民法典》第621条第2款)。

何谓"合理期限"?《买卖合同解释》第12条规定:"人民法院具体认定民法典第六百二十一条第二款规定的'合理期限'时,应当综合当事人之间的交易性质、交易目的、交易方式、交易习惯、标的物的种类、数量、性质、安装和使用情况、瑕疵的性质、买受人应尽的合理注意义务、检验方法和难易程度、买受人或者检验人所处的具体环境、自身技能以及其他合理因素,依据诚实信用原则进行判断。民法典第六百二十一条第二款规定的'二年'是最长的合理期限。该期限为不变期间，不适用诉讼时效中止、中断或者延长的规定。"但出卖人知道或者应当知道提供的标的物不符合约定的，买受人不受前两款规定的通知时间的限制(《民法典》第621条第3款)。

（3）当事人约定的检验期限过短，根据标的物的性质和交易习惯，买受人在检验期限内难以完成全面检验的，该期限仅视为买受人对标的物的外观瑕疵提出异议的期限。约定的检验期限或者质量保证期短于法律、行政法规规定期限的，应当以法律、行政法规规定的期限为准(《民法典》第622条)。

四是未及时检验外观瑕疵情形。当事人对标的物的检验期限未作约定，买受人签收的送货单、确认单等载明标的物数量、型号、规格的，应认定买受人已对数量和外观瑕疵进行了检验，但有相反证据足以推翻的除外(《民法典》第623条)。

五是逾期提出质量异议或反悔情形。《民法典》第621条规定的检验期限、合理期限、2年期限经过后，买受人主张标的物的数量或者质量不符合约定的，人民法院不予支持。出卖人自愿承担违约责任后，又以上述期限经过为由反悔的，人民法院不予支持(《买卖合同解释》第14条)。

3. 瑕疵异议效果及出卖人不当抗辩

瑕疵异议是指买受人在检验时间内向出卖人就合同标的物的数量和质量不符合合同约定提出异议的行为。瑕疵担保责任救济权是指在瑕疵被证明确实存在的前提下，买受人享有要求出卖人承担修理、更换、减少价款或者赔偿损失等责任或者在瑕疵导致无法实现合同目的时选择解除合同的权利。二者的关系是：如果买受人没有在检验期内对标的物提出瑕疵异议，在法律上将产生视为标的物无瑕疵的法律后果；反之，如果买受人在检验期内提出质量瑕疵异议，无论标的物质量瑕疵是否存在，均产生阻却视为标的物符合约定的后果，买受人也就有权向出卖人进一步主张瑕疵担保责任救济权。

关于瑕疵异议通知内容，根据《民法典》第621条第1款"当事人约定检验期限的，买受人应当在检验期限内将标的物的数量或者质量不符合约定的情形通知出卖人"的规定，瑕疵异议通知内容应当具体明确，便于出卖人及时采取有效的补救措施，不能笼统、抽象，但通知无须给出具体原因，也无须说明出卖人是否构成违约，更无须在通知中表达将要行使瑕疵担保责任救济权的意思，因为法律仅规定需通知"标的物的数量或者质量不符合约定的情形"，并没有涉及任何行使救济权的意思。

最高人民法院《买卖合同解释》第13条规定："买受人在合理期限内提出异议，

出卖人以买受人已经支付价款、确认欠款数额、使用标的物等为由,主张买受人放弃异议的,人民法院不予支持,但当事人另有约定的除外。"根据该规定,只要买受人在合理期限内提出瑕疵异议的,出卖人以买受人已经支付价款、确认欠款数额、使用标的物等为由,抗辩该异议无效的,视为不当抗辩,在法律上不应支持。故实务中应注意:对于买受人提出的瑕疵异议,出卖人不能以买受人此前的默示行为推定买受人已放弃异议。

(四)质量瑕疵与合同解除

《民法典》第610条规定:"因标的物不符合质量要求,致使不能实现合同目的的,买受人可以拒绝接受标的物或者解除合同。买受人拒绝接受标的物或者解除合同的,标的物毁损、灭失的风险由出卖人承担。"根据该条规定结合《民法典》第618条至第623条的规定,因标的物质量瑕疵能否解除合同分三种情形处理:

第一种情形是质量瑕疵不影响买受人合同目的实现的,不能解除合同。根据《民法典》第582条的规定,当标的物出现瑕疵,出卖人通过修理、更换、重作等补救措施使标的物达到质量要求的,客观上并不影响买受人的合同目的,买受人不能解除合同。

第二种情形是质量瑕疵使买受人不能实现合同目的的,买受人有权行使法定解除权来解除合同。在设备买卖合同中,出卖人所交设备发生质量问题,经出卖人多次整改维修,发生屡修屡坏、屡坏屡修情形,而出卖人不愿更换,导致买受人无法稳定、连续生产的,可以认为买受人合同目的不能实现,于此情形下,买受人可以解除合同。当然这种解除行为应受标的物质量检验期限制,根据《民法典》第620条至第623条的规定,买受人应在约定或者法定期限内履行标的物质量检验或瑕疵通知义务,若未履行该义务,标的物即使存在瑕疵,亦应视为合格,于此情形下,买受人将无权解除合同。

第三种情形是即使发生标的物质量瑕疵,但属于法律上应视为质量合格范围,或应当减轻或免除责任的,即使买受人合同目的不能实现,买受人也不能解除合同。比如,出卖人在缔约时明确告知是存在质量瑕疵的旧设备,买受人自愿购买的,不能解除合同。还有一种根据交易惯例可免责的,也不能解除合同。比如,古玩买卖,根据古玩行业的交易惯例,卖家对出卖的古玩没有明示保真的,买家买假后不能退货,因为古玩行业买家全凭眼力买货,用古玩行业俗语说"古玩买卖玩的就是眼力",这种情形类似于《民法典》第1176条规定的"自甘风险"。同样,卖家将高价的真品当成低价的赝品出售的,也不能反悔解约,再向买家索回或要买家加价。

(五)质量瑕疵鉴定问题

买受人解除合同须以标的物确存在质量瑕疵为前提,失去这一前提,解除合同无从谈起,这也是合同能否解除必须查明的基础事实。

标的物外观瑕疵无须检验,一般不影响买受人合同目的,故因标的物外观瑕疵而主张解除合同的,应当慎重考量该外观瑕疵是否足以影响买受人合同目的的实现。

实务中,标的物质量瑕疵一般是致使买受人合同目的不达的内在瑕疵,在出卖人交付前就存在,但一般在标的物使用一段时间后才能发现,标的物使用后发生的质量问题也有买受人操作或使用不当所致。正因如此,在民事诉讼中,确定标的物质量问题的成因是否属于出卖人是一个专业性判断问题,需要专业性鉴定,包括检验或检测等方法。

实务中,审判人员在确定质量瑕疵时往往因专业知识过少而过于依赖司法鉴定,似乎没有司法鉴定就不能认定标的物存在质量瑕疵,哪怕买受人举证证明出卖人已多次认同质量瑕疵系其自身原因引起也不行;这就涉及审判人员对鉴定意见过度依赖、鉴定泛化,甚至以鉴代审等问题。同时,部分鉴定机构、鉴定人在执业活动中以利益为导向,违法或者违规鉴定,导致鉴定结果严重影响司法公正,当前这已成了痼疾。

为解决上述问题,2020 年 8 月 14 日最高人民法院发布了《关于人民法院民事诉讼中委托鉴定审查工作若干问题的规定》(法〔2020〕202 号),根据该规定,只有需要解决案件中的专门性问题才可启动鉴定,据此,应严格审查拟鉴定事项是否属于查明案件事实的专门性问题,并明确对通过生活常识、经验法则可以推定的事实,与待证事实无关联的问题,对证明待证事实无意义的问题,应当由当事人举证的非专门性问题,通过法庭调查、勘验等方法可以查明的事实及对当事人责任划分的认定、法律适用等不予委托鉴定。

四、标的物权利瑕疵与合同解除

(一)权利瑕疵担保义务

《民法典》第 612 条规定:"出卖人就交付的标的物,负有保证第三人对该标的物不享有任何权利的义务,但是法律另有规定的除外。"通说认为该条规定了出卖人对标的物的权利负有瑕疵担保的义务。标的物的权利瑕疵包括:出卖人在缔约时对标的物不享有所有权;缔约时标的物存在抵押、质押、出租等其他权利负担;标的物存在侵犯他人合法知识产权。但如果存在相邻权使不动产买受人权利受到一定限制,出卖人不承担权利瑕疵担保责任。权利瑕疵担保责任的性质属于法定责任、无过错责任,故出卖人承担标的物瑕疵担保义务不以其主观上有过错为条件。

(二)权利瑕疵担保义务免除与合同解除

《民法典》第613条规定:"买受人订立合同时知道或者应当知道第三人对买卖的标的物享有权利的,出卖人不承担前条规定的义务。"该条为对出卖人对标的物的权利瑕疵担保义务作出的例外规定,即明知或应知标的物存在权利瑕疵的,出卖人不负权利瑕疵担保义务。适用该条应注意:一是买受人知道或应当知道标的物权利瑕疵的时间点应为订立合同时,包括订立合同后才知道但仍要求继续履行的情形。二是买受人"知道"包括出卖人告知或买受人通过其他途径知道两种情形;"应当知道"是指如买受人尽到交易方的一般注意义务,则应当知道标的物存在权利瑕疵,但未尽到该义务导致其不知道的情形。注意义务的判断应采用主客观相结合的标准,买受人依法依约和交易习惯尽到形式审查即可,并不要求其进行实质审查。[1] 发生权利瑕疵担保义务免除情形的,买受人不享有合同解除权。

(三)买受人中止付款权与合同解除

《民法典》第614条规定:"买受人有确切证据证明第三人对标的物享有权利的,可以中止支付相应的价款,但是出卖人提供适当担保的除外。"在买卖合同中,出卖人担保其交付无瑕疵的标的物,买受人担保其全额给付价款。当买受人有确切证据证明第三人对标的物享有权利时,意味着出卖人交付的标的物已存在权利瑕疵危险,于此情形下,买受人可以中止给付相应价金,这是权利义务相一致原则的体现,也是当事人根据个案行使不安抗辩权的体现。

发现第三人对标的物享有权利,买受人中止付款后,出卖人未在合理期限内消除第三人对标的物的权利或者拒绝提供担保的,买受人可以根据《民法典》第528条规定的不安抗辩权规则行使合同解除权。

(四)无处分权买卖与合同解除

《民法典》第597条规定:"因出卖人未取得处分权致使标的物所有权不能转移

---

[1] 参见最高人民法院民法典贯彻实施工作领导小组主编:《中华人民共和国民法典合同编理解与适用(二)》,人民法院出版社2020年版,第943~946页。

的,买受人可以解除合同并请求出卖人承担违约责任。法律、行政法规禁止或者限制转让的标的物,依照其规定。"可见,《民法典》对无处分权买卖合同的效力采纳的是有效说。

对《民法典》第597条的理解应注意如下几点:

第一,第597条第1款对无处分权人所订立的买卖合同,立法者立足于保障交易安全采纳了有效说。现代的商业交易市场变化迅速,在商事交易中,当事人往往在尚未获得标的物时,便可能已经进行了一系列的交易安排;买卖将来物已经成为一种十分普遍的交易形态,当事人可通过此种方式加速财产的流动,故有效说可以鼓励未来财产交易。在有效说的前提下,买受人可以直接请求无权处分人赔偿履行利益的损害。

第二,依据第597条第1款的规定,标的物权利存在瑕疵导致买受人不能获得标的物所有权的,表明买受人合同目的无法实现,于此情形下,买受人享有两项权利,一是可以主张解除合同,二是要求出卖人承担违约责任。

需要关注的是,在无权处分的情形下,买受人是否可以当然取得所有权,取决于买受人的行为是否符合《民法典》第311条规定的善意取得的构成要件。如果构成善意取得,所有权将发生移转,真正权利人将无法追及;如果不构成善意取得,则真正权利人可以行使物权请求权。但即便在所有权发生移转的情形下,如果真正权利人与出卖人之间存在合同关系,则其可以依法请求出卖人承担违约责任。同时,真正权利人在法律上也可能享有要求无权处分人承担侵权责任或不当得利返还的请求权。

第三,第597条第2款明确了法律禁止或限制的流通物不得作为买卖合同的标的物,否则合同无效。主要有:《治安管理处罚法》规定的不得出售的淫秽书刊等物品;《枪支管理法》对枪支作出特别许可的买卖;《文物保护法》对文物转让作出的禁止和限制性的规定;《禁毒法》所禁止的毒品交易;《人民银行法》所禁止的伪造、变造人民币的交易;《城市房地产管理法》所禁止的特定房地产的转让;《人体器官捐献和移植条例》所禁止的人体器官的买卖;《医疗废物管理条例》所禁止的医疗废物买卖;《古生物化石保护条例》所禁止或限制的古生物化石的买卖;《危险化学用品安全管理条例》所限制的剧毒化学品等的买卖。

(五)标的物其他权利负担与合同解除

买卖合同缔约时标的物存在抵押、质押、出租等其他权利负担的,表明出卖人的标的物存在权利瑕疵,该等权利瑕疵导致买受人无法取得权利的,根据《民法典》

第 646 条"法律对其他有偿合同有规定的,依照其规定;没有规定的,参照适用买卖合同的有关规定"的规定,可以参照《民法典》第 597 条第 1 款的规定解除合同。

五、主物与从物合同解除效力问题

主物和从物是指两个物之间的相互依存关系。对主物合同从物的理解,重心应在物上。从物具有如下特点:一是从物在物理性质上与主物可分离,并不是主物的组成部分,具有独立存在的价值;二是从物是为发挥主物的效用而存在的,从物的效用须配属于主物方能发挥,从物的存在是为了辅助主物的存在,为了增加主物的价值;三是从物与主物须有一定程度的场所结合关系;四是从物与主物必须是同属于一人。《民法典》第 320 条规定:"主物转让的,从物随主物转让,但是当事人另有约定的除外。"

基于从物附随于主物,从物的归属依主物的归属而定,对主物的处分及于从物,反之对从物的处分不及于主物。《民法典》第 631 条规定:"因标的物的主物不符合约定而解除合同的,解除合同的效力及于从物。因标的物的从物不符合约定被解除的,解除的效力不及于主物。"该条规定买卖合同标的物的主物不符合约定的而解除合同的,解除效力及于从物,反之则不然。其主旨为,若离开主物,从物没有单独的实用价值;而离开从物,买受人仍然可以实现合同目的。

六、买卖合同之部分解除问题

(一)合同能否部分解除之标准

当买卖合同标的物为数物时,其中一物不符合合同约定使得合同目的不能实现的,合同能否部分解除取决于一物价值与其他物价值是否存在密不可分的情形,即标的物的可分性。如果解除该物,该物分离不影响其他物的价值,则允许部分解除;如果部分物的质量严重背离合同约定,但不宜与他物分离,一旦分离他物价值将明显受到损害的,只能全部解除合同,而不能部分解除合同。

(二)数物买卖或分批交付之部分解除

买卖合同能否部分解除或是全部解除,分为两种情形处理:

第一种情形是同一合同的数物解除。《民法典》第 632 条规定:"标的物为数物,其中一物不符合约定的,买受人可以就该物解除。但是,该物与他物分离使标的物的价值显受损害的,买受人可以就数物解除合同。"本条规定的"数物"是指在形态上能够单独、个别存在的物的集合体,它们虽为同一合同的标的物,但其彼此之间在经济上具有独立性,在物理上具有可分割性。本条规定的"数物"不同于原物与孳息物,不同于主物与从物。

第二种情形是同一合同分批交付的解除。《民法典》第633条规定:"出卖人分批交付标的物的,出卖人对其中一批标的物不交付或者交付不符合约定,致使该批标的物不能实现合同目的的,买受人可以就该批标的物解除。出卖人不交付其中一批标的物或者交付不符合约定,致使之后其他各批标的物的交付不能实现合同目的的,买受人可以就该批以及之后其他各批标的物解除。买受人如果就其中一批标的物解除,该批标的物与其他各批标的物相互依存的,可以就已经交付和未交付的各批标的物解除。"该规定为同一合同分批交付的解除规则。

七、分期付款买卖解除问题

(一)分期付款买卖价值及规定

1. 分期付款买卖之价值

分期付款买卖属于一种特殊买卖形式,是指买受人将其应付总价款按照一定期限分批向出卖人支付的买卖。至于标的物所有权转移规则,与普通买卖是完全相同。《买卖合同解释》第27条的规定"分期付款",系指买受人将应付的总价款在一定期间内至少分三次向出卖人支付,故低于该标准的合同显然不适用分期付款买卖规则。

分期付款买卖常见于消费领域。在标的物价格较高,一次性付款有困难时,分批陆续支付能减轻买受人在心理上、履行上的负担,变相增加了买受人的购买力,能够促进房产、汽车等昂贵物品的消费,繁荣市场,促进经济发展。分期付款买卖与一般买卖相比,其最大特点是,出卖人在合同成立或仅收到部分价款时即交付标的物,剩余价款由买受人在受领标的物后分若干次付清。为降低风险,出卖人往往通过合同设定期限利益丧失、解除合同、所有权保留等条款,作为保障回收全部价款或不丧失标的物所有权的措施。在平等自愿的情况下,如此约定无可厚非,但在消费品买卖场合,买受人一般相对弱势,如果这些措施被滥用或启动条件过于宽松,则容易使买受人处于不公平的交易地位,轻易丧失买受物,有损失于买受人利益。实践中分期付款一般都有金融机构的参与,出卖人的价款在订立合同之初即已作为现金流从金融机构收回。分期付款下的法律关系往往是买受人与金融机构之间的关系,这就需要立法作出限制性的规定,防止合同条款过分不利于买受人。

因此分期付款买卖制度的立法目的在于对买受人的保护。[1]

分期付款买卖多存在于消费领域,而出卖人往往是实力雄厚的地产商、科技产品提供者或者大型耐用消费品的销售者,往往以意思自治为由,通过格式条款进一步降低自己风险,在充分享受信用消费带来的巨大利润的同时,将信用消费带来的一切风险转嫁给买受人。由于分期付款的标的物多为价值较高的财产,如住房、汽车等。如买受人违约时,无论要求买受人支付全部价款还是解除合同,对双方当事人利益影响都很大,有鉴于此,法律有必要对出卖人要求买受人支付全部价款或解除合同作出较为严格的规定。[2] 最高人民法院亦认为:分期付款买卖制度应在保护出卖人剩余债权与保护买受人合同利益之间进行平衡。[3]

2. 分期付款买卖之规定

《民法典》第634条规定:"分期付款的买受人未支付到期价款的数额达到全部价款的五分之一,经催告后在合理期限内仍未支付到期价款的,出卖人可以请求买受人支付全部价款或者解除合同。出卖人解除合同的,可以向买受人请求支付该标的物的使用费。"

《买卖合同解释》第27条规定:"民法典第六百三十四条第一款规定的'分期付款',系指买受人将应付的总价款在一定期间内至少分三次向出卖人支付。分期付款买卖合同的约定违反民法典第六百三十四条第一款的规定,损害买受人利益,买受人主张该约定无效的,人民法院应予支持。"

《买卖合同解释》第28条规定:"分期付款买卖合同约定出卖人在解除合同时可以扣留已受领价金,出卖人扣留的金额超过标的物使用费以及标的物受损赔偿额,买受人请求返还超过部分的,人民法院应予支持。当事人对标的物的使用费没有约定的,人民法院可以参照当地同类标的物的租金标准确定。"

《民法典》在出卖人可以请求买受人支付全部价款或者解除合同前面强调"经催告后在合理期限内仍未支付到期价款的"规定,该规定更表明法律保护买受人利益。

3. 对上述规定的理解

(1)《民法典》规定当买受人未支付到期价款的金额达到全部价款的1/5时,并

---

[1] 参见最高人民法院民法典贯彻实施工作领导小组主编:《中华人民共和国民法典合同编理解与适用(二)》,人民法院出版社2020年版,第1044~1045页。

[2] 参见江平主编:《中华人民共和国合同法精解》,中国政法大学出版社1999年版,第136页。

[3] 参见最高人民法院民法典贯彻实施工作领导小组主编:《中华人民共和国民法典合同编理解与适用(二)》,人民法院出版社2020年版,第1045~1046页。

未将买受人期限利益丧失(提前支付全部价款)或解除合同交由当事人约定,而是由法律直接规定。依该规定行使的法定解除权显然不同于《民法典》第563条第1款中的第3项、第4项解除权。

(2)《买卖合同解释》第27条、第28条出台的背景是考虑到分期付款买卖多发生于经营者和消费者之间,买受人一般都是消费者,为了更好地保护消费者权益,作出了不利于出卖人的规定。但对于其他分期付款但非消费类型的合同,基于分期付款买卖的立法目的,故不宜扩充剩余该解释规范。

(3)经营者、消费者之间约定的内容低于《民法典》第634条规定的法定情形,比如,双方约定消费者未支付到期价款达全部价款的1/10时,出卖人有权解除合同的,该类约定无效。反之,出卖人在合同中明确排除《民法典》第634条中出卖人的权利,那么就属于出卖人自愿放弃这种特别保护,故应当认可该约定效力。

(二)分期付款买卖解除之条件

根据《民法典》第634条的规定,出卖人向买受人请求支付全部价款或者解除合同的,应当具备以下条件:(1)买受人已经迟延支付价款;(2)迟延支付价款金额已达到全部价款的1/5;(3)出卖人已向买受人催告付款;(4)买受人在合理期限内仍未支付到期价款。

对于"合理期限"的长短,应根据合同约定的每期付款的相隔时间、买受人补充履行的难易程度和所需时间来确定。《德国分期付款买卖法》第4条第2款规定,卖方在请求付清价款或宣布解除合同之前,应当给予买方不少于14天的履行宽延期;《日本割赋贩卖法》第3条第1款规定了20天的相当期限。[1]

(三)分期付款解除与违约解除之比较

1.两项规定系平行并列之关系

《民法典》第563条第1款规定了5种法定解除情形,其中第1款第5项规定为"法律规定的其他情形",该规定为指引性规定。实务中若当事人行使的法定解除权不属于第563条第1款中第1~4种情形而归属于第5种情形,不能直接引用该项以"法律规定的其他情形"作为判决依据,而应以该项中指引的其他具体法律条文来作为判决依据。《民法典》第634条第1款应当属于"法律规定其他情形"之

---

[1] 参见最高人民法院民法典贯彻实施工作领导小组主编:《中华人民共和国民法典合同编理解与适用(二)》,人民法院出版社2020年版,第1048页。

一。《民法典》第563条第1款规定的5种法定解除情形属于平行并列的关系,彼此之间不存在先后或主从关系。当事人行使解除权时,应当根据案件具体情形正确选择其中的一项规定来主张权利,因为每一种法定解除情形都有特定的适用情形,不能混同。所以,《民法典》第634条第1款与第563条第1款第3项、第4项之间同样是平行并列的关系,当事人不能同时主张,但若依《民法典》第634条主张解除权,只能存在于分期付款买卖合同的特殊情形中。

2. 分期付款解除与不履行主债务解除之比较

原《合同法》第167条第1款规定的分期付款解除权要件包括:(1)买受人迟延付款;(2)迟延付款金额达到全部价款的1/5。原《合同法》第94条第3项规定的不履行主债务解除权的要件包括:(1)发生履行迟延行为;(2)履行迟延的债务为主要债务;(3)债权人已催告债务人履行;(4)债务人在合理期限内仍未履行债务。

原《合同法》第167条第1款没有《民法典》第563条第1款第3项中的债权人的"催告义务"和给予债务人"合理期限"的规定。同时,第167条第1款规定迟延付款的金额须达到全部价款的1/5以上。相较于原《合同法》第94条第3项的规定,原《合同法》第167条第1款为出卖人提供了更为宽松的解除权行使空间,对买受人的保护程度较弱。由此可以看出,原《合同法》第167条第1款设置的分期付款解除要件并不一定比不履行主债务的解除要件严苛,该规定在相当大的程度上对买受人更为不利。[1]

《民法典》第634条第1款增加的规定"经催告后在合理期限内仍未支付到期价款的"规定,使该条与第563条第1款第3项不履行主债务的解除得以平衡,改变了原《合同法》第167条第1款对买受人不利情形的规定。

3. 分期付款解除与合同目的不达解除之比较

《民法典》第563条第1款第4项规定的是根本违约而无须催告的解除情形,其并未要求履行迟延的债务须为主要债务,只要是不履行义务甚至是不履行附随义务达到合同目的不能实现这一标准的,债权人也有权解除合同。该项与《民法典》第634条第1款对比,行使解除权的相同要件是债务人迟延履行债务。不同点在于:第634条第1款分期付款买卖合同中要求迟延付款金额达到全部价款的1/5,第563条第1款第4项则要求合同目的因迟延履行而不能实现。分期付款买卖合同中的买受人迟延付款金额即便达到全部价款的1/5,付款的迟延通常也并不直接导

---

[1] 参见孙新宽:《分期付款买卖合同解除权的立法目的与行使限制——从最高人民法院指导案例67号切入》,载《法学》2017年第4期。

致合同目的不能实现,因为出卖人还可以要求买受人履行付款义务。因此,出卖人不能依据《民法典》第563条第1款第4项的规定主张"不能实现合同目的"而解除合同,但可依据第634条第1款的规定解除合同,这表明第634条第1款设置了比第563条第1款第4项更为宽松的合同解除要件,是对出卖人更为有利的条款。

从举证责任角度出发,出卖人在依据第634条第1款的规定行使解除权时仅需证明买受人迟延付款金额达到全部价款的1/5即可;但依据第563条第1款第4项的规定解除合同的,出卖人对迟延付款已经达到了"不能实现合同目的"的程度需举证证明。所以,第634条第1款的规定对出卖人证明责任的要求显然更低,明显有利于保护出卖人。

(四)分期付款解除权之限制

由于原《合同法》《买卖合同解释》《民法典》的规定在文义上均不能理解为仅适用于消费品买卖,实务中对分期付款出卖人的解除权能否限制于消费品买卖领域成为焦点。

1. 最高人民法院指导性案例67号

最高人民法院发布的指导案例67号"汤长龙诉周士海股权转让纠纷案"〔(2015)民申字第2532号〕涉分期付款的股权转让合同的解除是否适用分期付款买卖合同解除规则问题。根据最高人民法院《关于案例指导工作的规定》(法发〔2010〕51号)第7条"最高人民法院发布的指导性案例,各级人民法院审判类似案例时应当参照"的规定,该指导性案例虽然属《民法典》生效前的案例,但《民法典》生效后未被最高人民法院取消,对实务仍具有指导意义。

该案的裁判要点总结如下:原《合同法》第167条第1款的规定限定适用于分期付款的消费合同;有限责任公司的股权分期支付转让款中发生股权受让人延迟或者拒付等违约情形,股权转让人要求解除双方签订的股权转让合同的,不适用原《合同法》第167条第1款关于分期付款买卖中出卖人在买受人未支付到期价款的金额达到合同全部价款的1/5时即可解除合同的规定。[1]

2.《民法典》颁布后最高人民法院观点

《民法典》颁布后,最高人民法院对分期付款合同解除适用范围的观点为:"我们认为,通过对立法的目的考察可知,分期付款买卖的规定一般是针对生活消费,立法意图重在保护消费者。在非消费场合,应考虑合同双方交易地位是否平等、合

---

[1] 参见汤长龙诉周士海股权转让纠纷案,最高人民法院指导案例67号(2016)。

同是否存在格式条款、格式合同是否是行业普遍交易习惯等因素,确定买受人是否处于弱势地位,如果买受人与实际消费买卖中的买受人无明显差别,可以使用本条保护。对于买卖之外的其他交易形式,不能认为有偿转让就是买卖,有些财产转让并不是买卖,不能简单套用买卖合同。比如,证券交易就要适用证券法。买卖合同制度本质上还是针对商品、货物的买卖规则,分期付款买卖制度不宜随意扩张适用到其他财产转让。原《合同法》第130条和《民法典》第595条关于买卖合同概念的规定中,标的物应理解为有体物,其他财产纠纷可以通过适用其他合同类型有关规定来解决。"[1]

综上所述,笔者认为:(1)《民法典》生效后,指导性案例67号未被废止,仍属于"应当参照"之列。(2)凡不属消费合同的其他分期付款买卖合同,在行使解除权时,当宜以《民法典》第563条的规定作为解除依据,不宜以《民法典》第634条的规定作为解除依据。(3)审查分期付款买卖合同能否解除时,除审查是否符合法定解除条件外,能否解除还须考虑诚信原则及维护交易安全等因素。

八、债权人迟延受领与合同解除

(一)债权人迟延受领之规定

在买卖合同中,债权人出于各种原因迟延受领标的物的情形比较常见,特别是在标的物价格涨跌变化较大的场合。在买卖合同中,"买涨不卖跌"是通常发生的情形。比如,在2012年秋钢铁市场价格暴跌前,铁精粉订货价格约为900元/吨,2012年秋后,铁精粉价格暴跌至400元/吨左右。笔者曾经见过,在铁精粉价格上涨时,买家都争先恐后地抢着订货,当价格暴跌,卖家依约通知提货或送货时,买家却装聋作哑拒绝收货,甚至干脆提起诉讼,以情势变更为由提出解除合同,索要货款和利息。因原《合同法》未规定债权人迟延或拒绝受领的法律责任,实务中各地法院的裁决莫衷一是,这实为合同立法的一大缺陷。

《民法典》第589条规定:"债务人按照约定履行债务,债权人无正当理由拒绝受领的,债务人可以请求债权人赔偿增加的费用。在债权人受领迟延期间,债务人无须支付利息。"该条规定是新增规定,完善了合同违约制度。

债权人迟延受领的构成要件:(1)须有合法的债的关系存在。若合同无效、被撤销,不发生债权人迟延受领情形。(2)债的性质是债务人的给付义务需要债权人

---

[1] 最高人民法院民法典贯彻实施工作领导小组主编:《中华人民共和国民法典合同编理解与适用(二)》,人民法院出版社2020年版,第1051~1052页。

的协助配合才能完成;如果债的履行不以债权人的协助为必要,如不作为的债务,则没有债权人受领迟延的余地。(3)债务已届履行期限。合同有约定履行期限的,根据《民法典》第 530 条第 1 款规定的债务人原则上不能提前履行规则,若债务人提前履行,债权人有权拒绝,不构成受领迟延。合同未约定履行期限或约定不明的,根据《民法典》第 511 条第 4 项规定的履行期限补漏规则,债务人提出履行,应确立一个合理的履行期限,若未给予合理履行期限,债权人拒绝受领,不构成迟延受领。(4)债务人依合同约定提供了适当的给付。根据《民法典》第 509 条第 1 款规定的合同全面履行规则,如果债务人给付的标的及标的物的数量、质量、给付方式、给付地点等不符合合同约定或者法律规定,债权人有权拒绝受领,不构成受领迟延。(5)债权人受领拒绝。受领拒绝是指对于债务人已提供的给付,债权人拒绝受领,则自债务人提供给付时起,债权人负受领迟延责任。受领迟除在客观上表现为未受理债务人适当给付外,主观上还应存在过失作为受理迟延的构成要件。如果是不可归责于债权人的正当原因造成的迟延受领,债权人不应承担迟延受领的法律责任。[1]

根据《民法典》第 589 条的规定,债权人受领迟延的法律后果有两个:一是债务人有权请求债权人赔偿增加的费用。该等费用一般包括保管费,运输费,提成费,履行债务所支出路费、通知费用,对不宜保存标的物的处理费用。二是受领迟延期间,债务人无须支付利息。

(二)债权人迟延受领与合同解除

《民法典》第 589 条规定了债权人迟延受领的法律后果,但未规定债务人受羁于债权人迟延受领情形下,是否有权解除合同?

对此问题,最高人民法院持肯定观点,并认为:"《民法典》第 563 条第 1 款第 3 项、第 4 项规定,当事人迟延履行主要债务,经催告后在合理期间内仍未履行,或当事人迟延履行债务致使不能实现合同目的的情况下,当事人可以解除合同。我们认为,根据上述规定,如果债权人受领迟延后,经催告后在合理时间内仍未受领,或者发生受领迟延致使合同目的无法实现的情形,债务人可以主张解除合同。这样有利于及时解决合同争议问题,促使债权人及时受领给付的标的物。例如,《民法典》第 778 条也秉持了这一理念,规定承揽人工作需要定作人协助的,定作人有协

---

[1] 参见最高人民法院民法典贯彻实施工作领导小组主编:《中华人民共和国民法典合同编理解与适用(二)》,人民法院出版社 2020 年版,第 812~813 页。

作义务。定作人不履行协助义务致使承揽人承揽工作不能完成的,承揽人可以催告定作人在合理期限内履行义务,并可以顺延履行期限;定作人逾期不履行的,承揽人可以解除合同。"[1]

笔者赞同最高人民法院的观点,同时补充另一路径:债权人拒绝受领标的物的情形,既属于违约行为,亦符合《民法典》第 580 条第 1 款所规定的非金钱债务不能履行的情形,于此情形下,债务人可以根据《民法典》第 580 条第 2 款的规定请求终止合同,追究债权人的违约责任。

九、动产多重买卖与合同解除

(一)动产多重买卖履行顺序

多重买卖又称一物数卖,实务中屡见不鲜,尤其以动产多重买卖居多,多发生于动产价格上涨之时,诚如王泽鉴先生所言:"买卖是人类最早、最基本的交易行为,多重买卖自古有之,在物价波动之际,最为常见。而此实际多处于罔顾信用,图谋私利。"[2] 由于动产多重买卖会导致买受人之间的利益冲突,而动产多重买卖行为兼涉合同法和物权法两大领域,故动产多重买卖合同效力认定、合同的实际履行顺序及标的物所有权的归属成为买卖合同的重点问题。

动产多重买卖既然涉及物权法,就应当注意动产物权变动及归属相关规则。我国《民法典》物权编及最高人民法院《民法典物权编解释(一)》对动产物权变动制定了如下规则:(1)动产物权变动生效要件规则,即《民法典》第 224 条规定:"动产物权的设立和转让,自交付时发生效力,但是法律另有规定的除外。"(2)特殊动产登记对抗主义规则,即《民法典》第 225 条规定:"船舶、航空器和机动车等的物权的设立、变更、转让和消灭,未经登记,不得对抗善意第三人。"(3)动产拟制交付规则,动产交付除了直接交付外,还有 3 种拟制交付形式,即简易交付(《民法典》第 226 条)、指示交付(《民法典》第 227 条)、占有改定(《民法典》第 228 条)。(4)因生效法律文书和征收决定引起物权变动的规则,即《民法典》第 229 条规定:"因人民法院、仲裁机构的法律文书或者人民政府的征收决定等,导致物权设立、变更、转让或者消灭的,自法律文书或者征收决定等生效时发生效力。"最高人民法院《民法典物权编解释(一)》第 7 条规定:"人民法院、仲裁机构在分割共有不动产或者动产等

---

[1] 最高人民法院民法典贯彻实施工作领导小组主编:《中华人民共和国民法典合同编理解与适用(二)》,人民法院出版社 2020 年版,第 815~816 页。

[2] 王泽鉴:《民法学说与判例》(第 4 册),中国政法大学出版社 1998 年版,第 162 页。

案件中作出并依法生效的改变原有物权关系的判决书、裁决书、调解书,以及人民法院在执行程序中作出的拍卖成交裁定书、变卖成交裁定书、以物抵债裁定书,应当认定为民法典第二百二十九条所称导致物权设立、变更、转让或者消灭的人民法院、仲裁机构的法律文书。"(5)继承导致的物权变动规则,即《民法典》第230条规定:"因继承取得物权的,自继承开始时发生效力。"(6)事实行为导致物权变动的规则,即《民法典》第231条规定:"因合法建造、拆除房屋等事实行为设立或者消灭物权的,自事实行为成就时发生效力。"(7)特殊情形物权保护规则,即最高人民法院《民法典物权编解释(一)》第8条规定:"依据民法典第二百二十九条至第二百三十一条规定享有物权,但尚未完成动产交付或者不动产登记的权利人,依据民法典第二百三十五条至第二百三十八条的规定,请求保护其物权的,应予支持。"

《买卖合同解释》为平衡多重买卖行为中各方利益,根据诚信原则和公平原则,结合动产物权变动规则,对普通动产和特殊动产的多重买卖实际履行顺序及标的物归属分别作出了规定:

《买卖合同解释》第6条规定:"出卖人就同一普通动产订立多重买卖合同,在买卖合同均有效的情况下,买受人均要求实际履行合同的,应当按照以下情形分别处理:(一)先行受领交付的买受人请求确认所有权已经转移的,人民法院应予支持;(二)均未受领交付,先行支付价款的买受人请求出卖人履行交付标的物等合同义务的,人民法院应予支持;(三)均未受领交付,也未支付价款,依法成立在先合同的买受人请求出卖人履行交付标的物等合同义务的,人民法院应予支持。"该条系对普通动产多重买卖履行顺序及标的物归属的规定。

《买卖合同解释》第7条规定:"出卖人就同一船舶、航空器、机动车等特殊动产订立多重买卖合同,在买卖合同均有效的情况下,买受人均要求实际履行合同的,应当按照以下情形分别处理:(一)先行受领交付的买受人请求出卖人履行办理所有权转移登记手续等合同义务的,人民法院应予支持;(二)均未受领交付,先行办理所有权转移登记手续的买受人请求出卖人履行交付标的物等合同义务的,人民法院应予支持;(三)均未受领交付,也未办理所有权转移登记手续,依法成立在先合同的买受人请求出卖人履行交付标的物和办理所有权转移登记手续等合同义务的,人民法院应予支持;(四)出卖人将标的物交付给买受人之一,又为其他买受人办理所有权转移登记,已受领交付的买受人请求将标的物所有权登记在自己名下的,人民法院应予支持。"该条系对特殊动产多重买卖履行顺序及标的物归属的规定。

(二)动产多重买卖与合同解除

《买卖合同解释》第 6 条、第 7 条解决了动产多重买卖履行顺序问题,也明确了标的物的归属。多重买卖对出卖人而言,意味着违反诚信原则,对与出卖人签订买卖合同而未获得标的物的买受人无疑是一种意料之外的风险,从债权法角度,对这种买受人如何救济,是紧接着必须探讨的问题。实务中在债的相对性原理下所寻求的债权法上的救济手段,有解除合同、追究违约责任两种情形。

1. 解除合同。就动产买卖合同而言,交付标的物是出卖人的主要义务,经催告后,出卖人不能交付标的物的,无疑构成不能履行该主要义务,于此情形下,买受人可以依据《民法典》第 563 条第 1 款第 3 项债务人经催告不履行主要债务的规定,行使法定解除权。多重买卖中,出卖人将标的物交付第三人或依据司法解释标的物归属第三人的,买受人可依据《民法典》第 563 条第 1 款第 4 项债务人根本违约的规定,行使法定解除权。

2. 追究违约责任。《民法典》第 566 条第 2 款规定:"合同因违约解除的,解除权人可以请求违约方承担违约责任,但是当事人另有约定的除外。"根据《民法典》第 577 条"当事人一方不履行合同义务或者履行合同义务不符合约定的,应当承担继续履行、采取补救措施或者赔偿损失等违约责任"的规定,在多重买卖场合,由于特定标的物所有权已转移给某一买受人,则其他买受人此时不能再请求出卖人依约继续履行合同。因此,违约责任的救济主要体现在赔偿损失和替代履行两个方面。

(1)关于赔偿损失。根据《民法典》第 584 条的规定,因违约行为向守约方赔偿的损失包括实际损失和可得利益损失两部分。由于多重买卖通常是因标的物涨价而发生,因此实务中的问题是:该涨价部分是否属于损失赔偿范围?最高人民法院的观点是:出卖人与先买受人缔结买卖合同后,又将标的物卖给后买受人,如果出卖人不能对先买受人履行合同,则标的物价格上涨部分应当是先买受人在合同实际履行情形下的可得利益,因此在计算损失赔偿时,应当考虑涨价部分损失。[1] 当然,对可得利益的确定应遵循《民法典合同编通则解释》中的相关规则。

(2)关于替代履行。《民法典》第 581 条规定:"当事人一方不履行债务或者履行债务不符合约定,根据债务的性质不得强制履行的,对方可以请求其负担由第三

---

[1] 参见最高人民法院民事审判第二庭编著:《最高人民法院关于买卖合同司法解释理解与适用》,人民法院出版社 2012 年版,第 165~166 页。

人替代履行的费用。"

据此,适用替代履行的条件有两个:一是债务人不履行行为义务;二是该行为义务可由他人完成。就多重买卖合同而言,由于多重买卖合同是以特定物为标的物的合同,在实际履行已不可能的情形下,买受人可以要求出卖人交付与原合同相同或相似的标的物,此种情形下的替代履行相当于出卖人承担了违约责任中的"补救措施"。出卖人无法交付与原合同相同或相似的标的物,而第三人有相同或相似标的物的,买受人可以与第三人订立合同予以购买,所付价款及相关费用应由原出卖人承担,此种情形下的替代履行属于《民法典》第581条所指的实体法意义上的替代履行。

第二节 房屋买卖合同解除问题

一、房屋买卖合同概说

(一)房屋买卖合同之特点

房屋买卖合同是指出卖人将房屋交付并转移所有权予买受人,买受人支付价款的合同。它是与人们居住和生活密切相关的一种特殊买卖合同。房屋买卖合同既有买卖合同的一般特征,也有自身特征。这主要表现为:(1)出卖人将所出卖的房屋的实物交付给买受人并向买受人转移所有权,买受人支付相应价款;(2)房屋买卖合同是诺成、双务、有偿合同;(3)与动产买卖不同,房屋买卖合同标的为不动产,所有权转移须办理不动产登记手续;(4)房屋买卖合同属于要式合同。

(二)房屋买卖合同主要类型

1. 商品房买卖合同

商品房买卖合同是指房地产开发企业将尚未建成的或已竣工的房屋向社会销售并转移房屋所有权予买受人,买受人支付对价的合同。

2. 商品房包销合同

商品房包销合同是指出卖人(开发商)与包销人订立约定,在包销期内出卖人将已竣工或尚未建成但符合销售条件的房屋,确定包销基金,由包销人以出卖人的名义与买受人签订商品房买卖合同,包销期限届满,包销人按约定包销价格买入未出售的剩余商品房的合同。包销合同不属于严格意义上的房屋买卖合同,属于兼具委托代理和买卖双重属性的合同。

3. 二手房买卖合同

二手房买卖合同是指出卖人将向商品房权利人购买的商品房再次转让给买受人或将原已办理不动产权属登记的房屋转让给买受人,买受人支付价款的合同,又称旧房买卖。

4. 房改房买卖合同

房改房买卖合同是指根据国家现行房改政策的规定,单位将原公房通过优惠的形式出卖给已经承租或使用该公房的职工,职工享有部分或者全部产权的居住用房。房改房有3种情形:第一种是以低于成本价购买,单位和个人共享产权,个人享有部分产权,取得房屋占有权、使用权和有限收益权、处分权;第二种是以市场价购买,产权全部归个人;第三种是以成本价购买,产权归个人。房改房所占用土地大多为国有划拨用地。

5. "指标房"买卖合同

"指标房"买卖合同是指具有"指标房"购买资格的人与售房单位签订了具有预售性质的房屋买卖合同后,因各种原因把尚未取得所有权的"房屋"又转让给第三人即受让人,转让方收取一定数额的差价,由受让方直接以转让方的名义交付房款、税费并接房,在转让方取得不动产权属证书后办理不动产登记手续的合同。"指标房"是指具有一定优惠性,买受人需要具有特殊身份才能有资格购买的经济适用房、安置房、集资房、团购房等。"指标房"买卖最大的特点是不以房屋所有权为标的物而以"购房指标"为交易标的物。购房指标是一种财产权利,至于这种财产权利能否转让,应根据不同类型的购房指标而定。

6. 农村房屋买卖合同

农村房屋买卖合同是指对建造于集体土地上的房屋的买卖合同。包括建造于宅基地上的房屋的买卖和"小产权"房的买卖。宅基地房屋买卖可以分为3种类型:本集体经济组织成员购买宅基地房屋;其他集体经济组织成员购买宅基地房屋;城镇居民购买宅基地房屋。"小产权房"并非法律概念,是指未经法定征地和审批等程序,由村集体和镇政府独立或与房地产开发企业联合在集体所有土地上开发建设的房屋。

二、房屋买卖合同之效力

审查房屋买卖合同效力一般应适用《民法典》总则编中涉及民事法律行为的相关规定和《民法典》合同编中涉及合同效力的相关规定,还须注意房屋买卖合同中关于效力问题的一些特殊规定。房屋买卖合同类型较多，本节只探讨商品房买卖、农村房屋买卖的合同效力问题。

（一）商品房买卖合同效力

1. 未取得预售许可证所签合同的效力

《商品房买卖合同解释》第 2 条规定："未得商品房预售许可证明，与买受人订立的商品房预售合同，应当认定无效，但是在起诉前取得商品房预售许可证明的，可以认定有效。"《民法典合同编通则解释》第 16 条第 1 款第 4 项规定："合同违反法律、行政法规的强制性规定，有下列情形之一，由行为人承担行政责任或者刑事责任能够实现强制性规定的立法目的的，人民法院可以依据民法典第一百五十三条第一款关于'该强制性规定不导致该民事法律行为无效的除外'的规定认定该合同不因违反强制性规定无效：……（四）当事人一方虽然在订立合同时违反强制性规定，但是在合同订立后其已经具备补正违反强制性规定的条件却违背诚信原则不予补正。"

在《民法典合同编通则解释》出台前，笔者曾见：某开发商具备领取预售许可证条件时，却因房价继续上涨而不去领取，以未取得预售许可证为由提起诉讼，请求确认合同无效，目的显然是要将房屋另行高价转卖。曾有判决依《商品房买卖合同解释》第 2 条规定予以支持。当然，《民法典合同编通则解释》实施后，对开发商故意不领取预售许可证而主张商品房买卖合同无效的，应予驳回。

2. 为套取银行贷款所签合同的效力

在实务中，开发商与买受人假意签订商品房买卖合同，嗣后，买受人以此与银行签订个人住房抵押贷款合同，从银行套取低息房贷，并实际交付开发商使用，由开发商通过借款人账户还本付息，买受人只签名，不承担责任。这种行为实际上是开发商套取银行贷款行为，而与买受人签订的商品房买卖合同仅是套取银行贷款的"道具"。对于该类意思表示虚假的合同，按照《民法典》第 146 条第 1 款"行为人与相对人以虚假意思表示实施的民事法律行为无效"的规定，应当认定无效。

（二）农村房屋买卖合同效力

1. 同一集体经济组织成员之间房屋买卖合同的效力

基于双方交易主体系同一经济组织成员，其住宅买卖行为不会导致本集体经济组织有限宅基地资源的流失，因此村民之间的宅基地房屋买卖合同应当有效。需要说明的是，《土地管理法》中的"一户一宅"原则是限制重复申请宅基地、多占宅基地行为,并非限制通过取得房屋所有权而另外获得宅基地。笔者认为:同一集体经济组织成员之间房屋买卖,买受人已有宅基地住宅的,房屋买卖合同有效,但受制于"一户一宅"原则和"房地一致"原则,将无法进行物权登记。

2. 非本集体经济组织成员购买宅基地房屋的效力

就当前而言,宅基地使用权具有福利和社会保障功能,能够使农民享有基本的居住条件,但宅基地所有权属集体所有,如果允许非本集体经济组织成员通过购买宅基地房屋的方式取得宅基地使用权,将架空集体所有权,同时宅基地对外流转必然带来需求增加,造成宅基地向耕地扩张,这与我国保护耕地的基本国策相违背,所以该类合同实质损害了社会公共利益,一般应认定无效。但从发展趋势来看,随着城镇化进程加快,农民对土地的依赖程度逐渐降低,秉承着物尽其用的原则,宅基地使用权流转将会逐步放宽。

《八民纪要》第19条规定:"在国家确定的宅基地制度改革试点地区,可以按照国家政策及相关指导意见处理宅基地使用权因抵押、转让而产生的纠纷。在非试点地区,农民将其宅基地上的房屋出售给本集体经济组织以外的个人,该房屋买卖合同认定为无效。合同无效后,买受人请求返还购房款及其利息,以及请求赔偿翻建或者改建成本的,应当综合考虑当事人过错因素予以确定。"综上所述,非本集体成员购买宅基地房屋的效力分为两种情形:一是原则无效;二是在国家确定的宅基地制度改革试点地区,合同效力按照国家政策及相关指导意见处理。

三、商品房买卖合同解除问题

(一)房屋主体质量与合同解除

1. 房屋主体结构及质量要求

商品房是用于人们居住的,商品房设计使用寿命一般在50年以上。在商品房买卖合同中,出卖人建造的商品房主体结构质量问题不同于一般买卖合同中的质量问题,不仅涉及买受人居住权,而且涉及买受人的生命权、健康权,故其重要性不言而喻。

一个完整的建筑工程的地下部分和地上部分是不可分割的。一般而言,房屋建筑工程包括:房屋地基基础工程、主体结构工程、屋面防水工程和其他土建工程,以及电气管线、上下水管线的安装工程,供热、供冷系统工程等。"房屋主体结构"应该是指地基基础工程和主体结构工程两部分,都是建筑物的核心承重部分,这两部分的质量与建筑物的安全性及建筑物的使用寿命是密切相关的,是建筑物至关重要的部分。因此,《建筑法》第 60 条第 1 款规定:"建筑物在合理使用寿命内,必须确保地基基础工程和主体结构的质量。"立法使用了"必须确保"一词,表明地基基础和主体结构质量问题不容半点马虎,表明该质量问题极端重要。

在实务中,建设工程质量问题的原因是多方面的,可能与地基勘察、建筑设计、工程施工、工程监理有关,还可能与发包人有关(比如,为抢进度指令施工人违规作业,提供不合格材料等),这需要具体问题具体分析,也需要检测、鉴定后才能分析出具体原因。

2. 房屋主体质量与合同解除

《商品房买卖合同解释》第 9 条规定:"因房屋主体结构质量不合格不能交付使用,或者房屋交付使用后,房屋主体结构质量经核验确属不合格,买受人请求解除合同和赔偿损失的,应予支持。"

该条解释明确规定在两种情形下,买受人享有解除权:

一是房屋主体结构质量不合格不能交付使用的情形。房屋主体结构质量是否合格是在施工过程中通过工程验收的方式确定的。按建设工程质量管理要求,"工程验收"一般包括分部验收和综合验收。工程验收依据《建设工程质量管理条例》、原《建设项目(工程)竣工验收办法》、《建筑工程施工质量验收统一标准》(部分失效)等规范性文件。根据《建筑法》第 61 条"建筑工程竣工经验收合格后,方可交付使用;未经验收或者验收不合格的,不得交付使用"的规定,如果买受人所购买的房屋主体结构因质量问题不能通过合格验收,则房屋安全性得不到保障,而保障所购房屋的安全性,保障买受人生命安全,是出卖人最基本的法定义务,违反该法定义务的,买受人有权解除合同。

二是房屋交付使用后,房屋主体结构质量经核验确属不合格的情形。有些房屋尽管已经竣工验收,已经交付使用,但验收人在验收过程中存在失职、渎职行为,未检验出质量问题,导致在交付使用后,主体结构仍存在问题。比如,房屋交付使用后,经核验,发现地基基础下沉导致主体结构拉裂,构造柱由于承载力不够被压弯等,均属于不合格工程,于此情形下,买受人有权解除合同,并有权要求赔偿损失。

(二)房屋质量问题影响居住与合同解除

1. 房屋质量问题影响居住与合同解除

《商品房买卖合同解释》第 10 条规定:"因房屋质量问题严重影响正常居住使用,买受人请求解除合同和赔偿损失的,应予支持。交付使用的房屋存在质量问题,在保修期内,出卖人应当承担修复责任;出卖人拒绝修复或者在合理期限内拖延修复的,买受人可以自行或者委托他人修复。修复费用及修复期间造成的其他损失由出卖人承担。"

就商品房买卖而言,如同一般买卖一样,出卖人对房屋质量应当承担物的瑕疵担保责任。在司法实践中,商品房质量问题一般可划分为3个层次:一是房屋地基基础和主体结构质量不合格。二是房屋质量问题严重影响正常居住使用,这是指除地基基础和房屋主体结构之外的其他工程质量问题,并且该质量问题能够达到足以影响房屋正常居住和使用的严重程度。三是属于可保修的一般质量问题,这是指除地基基础和主体结构之外的其他质量问题,经修复后不影响正常居住使用的房屋质量问题。就合同解除而言,对于第一个层次的质量问题,《商品房买卖合同解释》第9条已作规定;对于第二个层次的质量问题,《商品房买卖合同解释》第10条第1款已作规定;对于第三个层次的质量问题,《商品房买卖合同解释》第10条第2款已作规定。

2.严重影响正常居住使用的判断

根据上述司法解释,只有房屋质量问题达到"严重影响正常居住使用"时,买受人方有权解除合同。因此,适用该条司法解释的关键是:如何理解"严重影响正常居住使用"。在实务中,这是一个非常复杂的问题,笔者曾代理过数起买受人因房屋质量问题而主张解除合同的案件,由于法官对法条理解不同,同类案件判决结果也不同,至今尚未形成统一裁判标准。

最高人民法院法官认为:所谓"严重影响正常居住使用"应指房屋质量问题已严重影响买受人享用房屋的正常使用功能和用途的情形。在具体认定时,应注意区分:一是影响居住使用与房屋这一商品本身的特性有关,应该说,房屋建筑的绝大部分具有居住与使用功能,如果这些部分出现瑕疵,如房屋渗水、墙面裂痕、天花板开裂、地面空鼓、墙皮脱落等,都会影响到该房的居住和使用功能。二是影响居住和使用的程度必须是"严重"。这显然包含了一定的自由裁量权。法官需要根据当事人提交的证据结合自己内心的公正和感知,作出公平的判断。裁量标准主要有:其一,危害居住人的程度。如果已危害居住人的生命安全,直接认定严重影响居住使用;如果危害居住人的身体健康,则居住人对此主张应以医院病历证明或者相关部门技术检测结论为准。其二,修复的次数。如果多次修复未果,则也应认定严重影响到居住人享用房屋的正常使用功能和用途。三是使用该条款不以买受人的居住使用为条件。也就是说,买受人在交付使用时确有证据证明商品房存在重大质量瑕疵且足以影响商品房居住使用的,也可以主张合同解除权。[1]

(三)迟延交房或迟延付款与合同解除

1. 迟延履行解除的特别规定

在商品房买卖中,迟延交房一般是指发生出卖人在合同约定交房时间后交房或仍未交房的情形;迟延付款一般是指发生买受人在合同约定付款时间后付款或仍未付款的情形。在合同法中,与瑕疵履行不同,迟延交房或迟延付款均属迟延履行。

在商品房买卖合同中,交房是出卖人的主要义务,付款是买受人的主要义务,根据《民法典》第563条第1款第3项,当事人未履行主要债务,经催告后仍未履行的,相对人享有解除权。但对于商品房这一特殊商品而言,司法解释对因迟延履行而解除合同的行为作出了有别于一般买卖合同的规定。

《商品房买卖合同解释》第11条规定:"根据民法典第五百六十三条的规定,出卖人迟延交付房屋或者买受人迟延支付购房款,经催告后在三个月的合理期限内仍未履行,解除权人请求解除合同的,应予支持,但当事人另有约定的除外。法律没有规定或者当事人没有约定,经对方当事人催告后,解除权行使的合理期限为三个月。对方当事人没有催告的,解除权人自知道或者应当知道解除事由之日起一年内行使。逾期不行使的,解除权消灭。"

虽然该条解释是《民法典》第563条第1款第3项在商品房买卖领域的延伸,但其有特殊规定,表现为:一是因迟延交房或迟延付款解除合同的,须经催告后相对人在"三个月内"仍未履行的,方可行使解除权,这3个月是等待期,在等待期届满之前,守约方不能解除合同,只有等待期过后,才能解除合同。当然,当事人在合同中另有约定的,应遵从约定优先原则。二是对解除权行使期限的特殊限制。当守约方发出履行合同催告通知,相对人基于自身原因催告守约方解除合同的,守约方解除权行使期限为3个月;相对人无催告的,解除权行使期限为1年。超过上述期限的,守约方解除权灭失。

2. 迟延交房与交房条件

如果是逾期交付房屋,根据合同约定的交房时间,是否逾期,比较容易判断。在实务中,争议的问题是:出卖人没有逾期交房,但交房不符合标准,是否等同逾期

---

[1] 参见程新文主编:《房屋买卖合同纠纷裁判精要与实务指南》,法律出版社2017年版,第262~263页。

交付？这里存在如何认定房屋交付标准的问题。在实务中，大多数商品房买卖合同一般约定以单栋验收合格即取得该栋房屋建设工程竣工验收报告为交房标准。有人认为，房屋交付须符合法定交房标准，未达法定交房标准的，均视为未交付，出卖人承担逾期交房违约责任。法定交房标准为出卖人取得建设工程竣工验收备案表，取得该备案表可以证明该商品房竣工验收和消防、规划等其他专业验收已经合格，已经具备了商品房交付使用的法定最低交付标准。对此笔者认为：（1）根据《建筑法》第61条及《城市房地产开发经营管理条例》第17条的规定，房屋交付使用的前提是经竣工验收合格，若未通过竣工验收，不得交付使用。出卖人将未经竣工验收合格的房屋交付，通知买受人受领时，买受人拒绝收房的，或在不知晓房屋未竣工验收情形下接受房屋的，为保护买受人基本居住权不受损害，应视同出卖人交房无效，构成逾期交房，买受人有权解除合同，出卖人承担违约责任。（2）若出卖人按期交付已经竣工验收合格房屋，且符合合同约定交房标准，应认定没有违约，合同不能解除，这是约定优先原则的体现。（3）合同对交房标准没有约定，但出卖人在约定时间交房，虽所交房屋经竣工验收合格，但未达到备案标准的，应认定出卖人未逾期交房，合同不能解除，但出卖人存在瑕疵交付，仅承担瑕疵交付的违约责任。

3.逾期交房或逾期付款违约赔偿标准

《商品房买卖合同解释》第13条规定："商品房买卖合同没有约定违约金数额或者损失赔偿额计算方法，违约金数额或者损失赔偿额可以参照以下标准确定：逾期付款的，按照未付购房款总额，参照中国人民银行规定的金融机构计收逾期贷款利息的标准计算。逾期交付使用房屋的，按照逾期交付使用房屋期间有关主管部门公布或者有资格的房地产评估机构评定的同地段同类房屋租金标准确定。"需要注意的是，对商品房买卖合同迟延履行损失无约定的，参照金融机构逾期罚息标准计算损失，而根据《买卖合同解释》第18条第4款，对买卖合同逾期付款损失无约定的，以 LPR 标准为基础，加计30%~50%计算逾期付款损失，二者有明显区别。

（四）迟延办证与合同解除

1.迟延办证违约的认定

在商品房买卖中，出卖人同样对标的物负有权利瑕疵担保义务。具体为，出卖人应当为买受人提供办理不动产权属证书的相关资料，使买受人能够获得不动产权属证书，因出卖人原因未履行该义务的，出卖人应承担违约责任。故《商品房买卖合同解释》第14条规定："由于出卖人的原因，买受人在下列期限届满未能取得不动产权属证书的，除当事人有特殊约定外，出卖人应当承担违约责任：（一）商品房买卖合同约定的办理不动产登记的期限;(二)商品房买卖合同的标的物为尚未建成房屋的,自房屋交付使用之日起90日;(三)商品房买卖合同的标的物为已竣工房屋的,自合同订立之日起90日。合同没有约定违约金或者损失数额难以确定的,可以按照已付购房款总额,参照中国人民银行规定的金融机构计收逾期贷款利息的标准计算。"

根据上述规定,认定"出卖人原因"导致买受人迟延办证,出卖人应承担违约责任的,审查的重点是:出卖人是否按合同约定时间向买受人提供了属开发商应提供的办证资料;是否存在不可抗力情形;出卖人是否有正当理由(如合同是否存在免责条款,即该条司法解释中的"除当事人有特殊约定外")。具体分述如下:

第一,开发商是否按合同约定时间向买受人提供了属开发商应提供的办证资料。解决该问题首先必须了解办理不动产登记的流程。

办理不动产登记流程为:(1)开发商所售房屋及所在小区所有房屋建成后,均应通过竣工合格验收,房屋所在小区应通过综合验收(包括规划验收、消防验收、土地验收、园林绿化验收等)。综合验收完成后,小区所有房屋完成备案并对每户完成测绘,随后开发商对小区所有房屋在不动产登记部门完成首次登记。(2)首次登记完成后,在买受人付款未违约情形下,开发商向买受人提供所购房屋不动产转移登记所需的首次登记权属证明、不动产发票、分层分户图、不动产转移证明、维修基金证明等属开发商应提供的办理不动产登记的文件。(3)买受人凭开发商提供的办证资料和已订立的商品房买卖合同、身份证明到不动产登记中心申请办理不动产登记,并按规定缴纳契税和办证费用,经不动产登记机构审核后,领取所购房屋的不动产权属证书。

根据上述流程可知:其一,买受人最终办理完不动产权属登记是开发商、买受人、不动产登记部门三者相互协助、相互配合的一个动态过程,各方承担的义务不同,买受人未能取得不动产权属证书的,不能一概归责于开发商,应具体问题具体分析。其二,开发商对于买受人的办证义务是按合同约定时间协助提供开发商所应该提供的办证资料,除此之外的办证资料须由买受人提供或取得,如买受人不按规定时间申请不动产登记,或虽登记但未提供买受人身份证明、缴纳契税完税证明等,都可能导致不能取得不动产权属证书。其三,房地产登记机构、测绘机构等相关部门人事变动,或工作拖延、推诿、失职等因素,可能导致办证迟延。因此,只有开发商未按合同约定时间提供属于开发商应当提供的办证资料时,开发商才构成违约,若迟延办证由其他因素引起,开发商不承担违约责任。

第二,是否存在不可抗力。在实务中应特别注意不动产登记规则变化对办证登记的影响。根据国务院《不动产登记暂行条例》(2015年3月1日实施)、国土资源部《不动产登记暂行条例实施细则》(2016年1月1日实施)及《不动产登记操作规范(试行)》(2016年5月30日实施)等,原不动产权登记模式已改变。体现在:(1)统一了不动产登记机构,由自然资源部门统一设立不动产登记中心,统一进行不动产登记,住建部及各地方的房产局不再受理不动产登记事项。(2)规定了两证合一,对房屋不动产统一颁发不动产权证书,不再分批分次颁发房屋权属证书和土地使用权证。自2016年5月30日后实施不动产统一登记。

在实务中,不动产登记规则变化对开发商影响巨大,不动产登记规则变化导致开发商逾期提供办证资料的,应视为不可抗力。不可抗力还包括政府行为等,比如政府因创建文明城市达标需要,要求开发商对开发项目暂停施工,会迟滞已销售房屋的交房和办证。

第三,出卖人是否有正当理由。出卖人迟延办证是否构成违约,还应考量出卖人有无正当理由,若有正当理由,即使迟延办证,也不构成违约。这些正当理由包括约定免责事由,出卖人行使合同履行抗辩权,买受人迟延受领办证资料及拒绝履行协助义务等情形。

2. 迟延办证与合同解除

《商品房买卖合同解释》第15条规定:"商品房买卖合同约定或者《城市房地产开发经营管理条例》第三十三条规定的办理不动产登记的期限届满后超过一年,由于出卖人的原因,导致买受人无法办理不动产登记,买受人请求解除合同和赔偿损失的,应予支持。"该条是对"出卖人的原因"导致买受人无法办理不动产登记,买受人享有解除权的规定。

根据该条司法解释的规定,买受人享有解除权须具备如下条件:

第一,买受人无法办理不动产登记系出卖人原因所致。出卖人原因主要是指在合同约定或法定的期限内,出卖人不能提交办理不动产所有权首次登记应具备的文件材料,或者在买受人申请办理不动产登记时,不能提供相关办证材料。这是导致逾期办证的常见原因,如出卖人的土地使用手续不合法,未支付全部土地使用权出让金或未补交出让金,违规开发建设,没有通过综合验收或没有提供综合验收合格证明,所售房屋设定的抵押尚未注销等。其他客观原因导致买受人不能办理不动产登记的,买受人不能解除合同。

第二,因出卖人原因迟延办证须超过商品房买卖合同约定期限1年或超过《城市房地产开发经营管理条例》第32条规定的办理房屋所有权登记的期限届满后1年。《城市房地产开发经营管理条例》第32条规定:"预售商品房的购买人应当自商品房交付使用之日起 90 日内,办理土地使用权变更和房屋所有权变更登记手续;现售商品房的购买人应当自销售合同签订之日起 90 日内,办理土地使用权变更和房屋所有权登记手续。房地产开发企业应当协助商品房购买人办理土地使用权变更和房屋所有权登记手续,并提供必要的证明文件。"上述规定中 1 年的起算有约定从约定,无约定从法定;但未足 1 年的,不得行使解除权。

(五)住房按揭贷款与合同解除

1.按揭贷款及条件

住房按揭贷款是指购房者以申请购房为目的,以所购住房作抵押并由所购住房的开发商提供阶段性担保,向银行申请贷款支付房款,然后再将贷款按一定年限分期还给银行,同时银行收取利息的一种贷款。

根据国家金融监督管理总局《个人贷款管理办法》《中国人民银行、中国银行业监督管理委员会关于加强商业性房地产信贷管理的通知》等,按揭贷款条件一般为:(1)贷款人具有完全民事行为能力、城镇居民常住户口或合法有效的居留有效证明;(2)贷款人有稳定经济收入、偿还贷款能力,有合法有效的商品房买卖合同;(3)有所购商品房系合法建造的证明文件,且所购商品房主体已封顶,出卖人已取得所售商品房的预售许可证;(4)有按相关规定向开发商支付首付款的证明文件,且承诺所贷款项专用于支付购房款;(5)有贷款行认可的房产抵押或质押,或贷款行认可的法人、其他经济组织或自然人作为保证人(一般由开发商提供阶段性保证);(6)贷款指标、贷款额度、贷款利率等符合相关规定。应当注意的是,上述按揭贷款条件系一般条件,在实务中,按揭贷款条件应由承办贷款的银行具体决定。

从以上按揭贷款条件可以看出,开发商与买受人签订商品房买卖合同约定买受人以按揭贷款方式支付购房款的,买受人能否与银行签订按揭贷款合同,受开发商、买受人、银行 3 个方面因素影响。任何一方未能提供相关证明文件或未履行协助配合义务的,可能导致银行不能与买受人签订按揭贷款合同,买受人将不能获得按揭贷款。

2.按揭不能与合同解除

《商品房买卖合同解释》第 19 条规定:"商品房买卖合同约定,买受人以担保贷款方式付款,因当事人一方原因未能订立商品房担保贷款合同并导致商品房买卖合同不能继续履行的,对方当事人可以请求解除合同和赔偿损失。因不可归责于当事人双方的事由未能订立商品房担保贷款合同并导致商品房买卖合同不能继续履行的,当事人可以请求解除合同,出卖人应当将收受的购房款本金及其利息或者定金返还买受人。"

据此,当事人在已订立的商品房买卖合同中,约定以按揭贷款方式支付房款的,当事人一方行使解除权时,应注意如下两点:

一是因当事人一方原因未能订立担保贷款合同,或该合同已订立但放贷条件未成就银行拒绝放贷的,这两种情形均导致买受人不能获得按揭贷款。这里的"当事人一方原因"既包括出卖人原因,也包括买受人原因。对于作为出卖人的开发商而言,银行在对开发项目发放按揭贷款前,要求与开发商签订协议,要求开发商提供相关文件或承诺作为为该项目购房户发放贷款的前提条件。于此情形下,如果开发商因开发项目手续问题无法向银行证明项目合法,未取得预售许可证,未按银行要求提供阶段性担保等,导致银行未能与买受人订立担保贷款合同,则属于司法解释所指的"因开发商原因"。对于买受人而言,主要是未能提供符合贷款资格的文件,未能提供已缴纳首付款的证明文件,存在不良信用记录等情形,导致银行未能与买受人订立担保贷款合同。出卖人或买受人未能按银行要求提供相关证明文件的,属于违约行为,会导致银行不能发放按揭贷款。除非买受人另行用自有资金支付购房款,否则导致商品房买卖合同不能继续履行的,守约方有权解除合同,并要求违约方赔偿损失。

二是因不可归责于当事人双方事由而未能订立担保贷款合同。这里的"因不可归责于当事人双方事由"主要包括房地产贷款宏观调控政策的变化(如限贷),地方政府出台房地产调控政策(如限购),贷款银行内部贷款指标、贷款额度限制或调整等情形。当发生上述不可归责于当事人双方事由时,除非买受人另行用自有资金支付购房款,否则商品房买卖合同将发生履行不能情形,于此情形下,当事人双方均享有解除权。因此种情形下的解除不同于当事人一方违约解除,故后果是出卖人应当将收受的购房款本金及其利息或者定金返还买受人,不再承担违约金问题。

还应注意,政府房贷政策调整会导致商品房买卖合同无法履行问题。国家房贷政策调整主要是指提高首付款比例,对于此种情形应区别对待:一种情形是商品房买卖合同签订于国家房贷政策调整之后,购房者理应知晓利害,于此情形下,不能获得贷款的,属于"当事人一方原因"未能订立贷款担保合同情形。另一种情形是商品房买卖合同签订于国家房贷政策调整之前,首付款提高超出了购房者的合理预期,如果仍然要求购房者依合同约定继续履行,相当于将不利后果转嫁给购房者,违背了合同本意,因此该种情形未能获得贷款的,属于"不可归责于当事人双方"情形,应允许解除合同。

(六)担保贷款合同解除问题

1. 担保贷款合同与商品房买卖合同关系

通说认为,贷款担保合同在发生、转让、效力、消灭等方面与商品房买卖合同之间不存在依附性和从属性,贷款担保合同不是商品房买卖合同的从合同。故商品房买卖合同无效的,贷款合同不因此而无效。

贷款担保合同与商品房买卖合同之间是既紧密联系又相互独立的合同关系。二者之间的紧密联系表现在:一是买受人办理按揭贷款的目的就是解决购房款不足的困难,所贷的款项均支付给出卖人作为购房款。在实践中,在买受人(借款人)与银行(贷款人)签订商品房按揭贷款合同之后,银行会按照合同约定将贷款直接打给出卖人,买受人不得也无法将该贷款挪用。二是现实中的买受人一般为普通百姓,他们的付款能力,尤其是一次性付款能力较弱,同样他们在取得贷款之后的还款能力也很难让银行获得足够的收回贷款的信心。因此,银行在与买受人签订贷款合同的同时都会要求买受人将所购商品房作为担保物为贷款担保合同提供担保。因此,买卖合同的标的物与贷款担保合同的担保物就具有了同一性。二者之间的相互依存关系表现在:在合同联立中,依当事人的意思表示,一份合同的存在,依存于另一份合同的存在,构成依存型的合同联立。贷款担保合同与商品房买卖合同与合同联立中的相互依存结合的情形相似。[1]

基于贷款担保合同与商品房买卖合同之间的关系,当商品房买卖合同因各种原因无法继续履行时,贷款担保合同能否解除,在法律上成为一个不能回避的问题。

2. 担保贷款合同解除规定

《商品房买卖合同解释》第 20 条规定:"因商品房买卖合同被确认无效或者被撤销、解除,致使商品房担保贷款合同的目的无法实现,当事人请求解除商品房担保贷款合同的,应予支持。"根据该解释,贷款担保合同解除应注意 3 点:

一是商品房买卖合同已不能继续履行。商品房买卖合同不能继续履行的原因可能是该合同被确认无效、被撤销、被解除 3 种情形。发生上述 3 种情形的,商品房买卖合同自无继续履行的可能,在此情形下,出卖人和买受人之间存在返还财产情形,即出卖人将购房款返还买受人,买受人将所购房屋返还出卖人。至于是否承担

---

[1] 参见最高人民法院民事审判第一庭编著:《最高人民法院关于审理商品房买卖合同纠纷案件司法解释的理解与适用》,人民法院出版社 2003 年版,第 306~309 页。

违约赔偿责任,根据合同效力及具体违约行为而定。

二是担保贷款合同目的已无法实现。就买受人(贷款人)而言,买受人与银行签订按揭贷款合同的目的不仅仅是获得贷款,更重要的是买房。在商品房买卖合同被确认无效或者被撤销、解除后,买受人订立担保贷款的合同目的就已落空,故应允许买受人解除合同。对于贷款银行而言,虽然贷款有买受人提供商品房作为担保,但当担保标的物权属根据法院判决应返还给出卖人而发生变动时,该种情形是有悖于银行当初订立贷款担保合同时对于顺利收贷的期望的,导致收贷风险增加,在此情形下,亦应允许银行解除担保贷款合同,提前收贷。

三是贷款担保合同因合同目的无法实现而解除不以贷款人和借款人违约为前提,仅以商品房买卖合同被确认无效、撤销、解除为前提。该合同中合同目的不达,既非《民法典》第563条第1款第1项中不可抗力致使合同目的不达的情形,亦非《民法典》第563条第1款第4项中当事人一方违约致使相对人合同目的不达的情形,而是一种特别规定。但在实务中,存在用利益衡量规则突破上述原则的判例。

最典型的是经最高人民法院审判委员会讨论决定的王某诚、王某博、王某宝与建行青海分行、青海越州房地产开发有限公司金融借款合同纠纷再审案[(2019)最高法民再245号],裁判要旨为:(1)因出卖人(开发商)未按约定期限交房,涉案《商品房预售合同》解除,《借款合同》《抵押合同》亦因合同目的无法实现而解除,应由出卖人将收取的购房贷款本金及利息返还给担保权人(贷款银行)和买受人(购房者),而买受人不负返还义务。(2)案涉《借款合同》相关格式条款要求购房者在既未取得所购房屋亦未实际占用购房贷款的情况下归还贷款,明显不合理加重了购房者责任,该格式条款无效,对购房者不具约束力。(3)该案涉及商品房买卖合同和商品房贷款担保合同双重法律关系,开发商违约不能交房导致各方合同解除,但实际占用购房者支付的首付款及银行按揭贷款;银行根据合同约定既享有抵押权,又享有对开发商、购房者的债权;购房者未取得房屋,却既支付了首付款,又须偿还按揭贷款。若按合同约定的权利义务关系处理,在购房者对合同解除无过错的情况下,仍要求购房者对剩余贷款承担还款责任,明显加重了购房者负担,各方权利义务失衡,有违公平原则。

笔者认为:该案只限定在开发商违法解除合同且买房人无过错的情形下,买房人不承担还款责任,在买房人有过错导致合同无效、撤销、解除的情形下,买房人基于过错不能免责。

(七)合同解除与房屋预查封效力

买受人购买的房屋已经预告登记,但因未偿还他人债务被法院预查封,后房屋出卖人通过法院裁决解除了房屋买卖合同，提出了执行异议之诉，请求解除预查封并停止执行的，于此情形下，能否支持出卖人解除合同的请求，该问题在实务中存在争议。

《民法典》第221条承继原《物权法》第20条预告登记制度，规定："当事人签订买卖房屋的协议或者签订其他不动产物权的协议，为保障将来实现物权，按照约定可以向登记机构申请预告登记。预告登记后，未经预告登记的权利人同意，处分该不动产的，不发生物权效力。预告登记后，债权消灭或者自能够进行不动产登记之日起九十日内未申请登记的，预告登记失效。"预告登记是在不动产登记簿中公示的、具有一定物权效力的、以将来物权变动为内容的预先登记，预告登记并不发生不动产物权变动之法律效果，只是临时性的保护措施，排除或阻却对登记于权利人名下的不动产物权的取得，从而保证本登记的实现，因此预告登记属于附条件或附期限的登记。预告登记本身已彰显该项标的物之上存在"权利负担"。

《最高人民法院、国土资源部、建设部关于依法规范人民法院执行和国土资源房地产管理部门协助执行若干问题的通知》（2004年2月10日公布）第15条第3项规定："下列房屋虽未进行房屋所有权登记，人民法院也可以进行预查封：……（三）被执行人购买的办理了商品房预售合同登记备案手续或者商品房预告登记的房屋。"人民法院对于预告登记的不动产可以进行预查封，预查封效力等于正式查封。对于申请执行人而言，基于金钱债权申请执行的，预查封标的是被执行人享有的在本登记完成之前的物权变动请求权，并非不动产物权。被执行人能否在将来现实取得不动产物权，存在不确定性，因此预查封固定的是预告登记本身及本登记完成后对房屋的查封，不包括通过执行程序对房屋的拍卖、变卖、折价等。预查封的执行效果取决于预告登记是否符合本登记的条件。当预告登记符合本登记条件而进行了本登记时，预查封相应转为正式查封。

但预告登记存在因法定原因而失效情形。因预告登记担保的对象是买受人的不动产物权变动请求权，故预告登记具有附随性，即预告登记须以该请求权的有效成立并存续为前提，且该请求权的变动效力及于预告登记。《民法典物权编解释（一）》第5条规定，预告登记的买卖不动产物权的协议被认定无效、被撤销，或者预告登记的权利人放弃债权的，应当认定为《民法典》第221条第2款所称的"债权消灭"。在债权消灭后，登记部门应当根据当事人的申请将预告登记涂销。

预查封等于正式查封，查封的主要效力是禁止被执行人处分财产。但买受人在购买期房后，常有拒不支付购房款，构成严重违约的情形，预查封是司法行为，除非法律明确规定，否则不能直接干预当事人之间合同权利义务的履行，故预查封后,出卖人有权解除合同。

出卖人解除合同的后果是买受人应返还财产,赔偿违约损失。如果房屋被预查封的话,出卖人对查封会提出执行异议。根据最高人民法院《执行异议和复议若干规定》(根据法释〔2020〕21号修正)第26条,出卖人提出执行异议被驳回后,应及时按《民事诉讼法》规定提出执行异议之诉。

预查封后通过法院裁判解除合同的,出卖人在执行异议之诉中请求解除预查封与排除执行的请求应该得到支持。对此,最高人民法院第二巡回法庭2019年第15次法官会议纪要认为:"房屋预告登记保全的是权利人未来请求实现不动产物权的权利,是对预告登记期间预告登记义务人处分房屋效力的排斥。预查封的效力实为冻结不动产物权登记簿的登记,以限制预告登记人未来对标的物的处分。通过预查封固定的是预告登记本身以及本登记完成之后对房屋的查封,不包括提供执行程序对标的物进行拍卖、变卖、折价等。预查封执行效果取决于预告登记能否符合本登记的条件。房屋买卖合同解除后,房屋买受人不再享有相应的物权期待权,预告登记的效力消灭。房屋出卖人有权向人民法院申请解除预查封,排除执行。"[1]

四、二手房买卖合同解除问题

二手房买卖合同解除中涉及不能履行、迟延履行、拒绝履行、瑕疵履行、不能办证等导致合同解除的一般情形,均可从《民法典》相关规则处理,在此不再赘述。在现实中,二手房买卖多涉及限购及禁购问题和一房数卖等问题。

(一)限购、禁购与合同解除

房地产行业是国家宏观政策调控较多的行业,常见的调控手段包括调整银行信贷政策,调整建设用地供应量,限制或禁止房屋买卖等。其中限购、禁购政策主要是对买受人购房主体资格的限制,具有较强的地域性、时间性和强制性,对二手房买卖影响较大,将导致买受人无法进行不动产登记,取得不动产权属证书。

因政府政策一般不能作为评判合同效力的依据,故限购、禁购等房地产调控政策并非法律、行政法规的强制性规定,同时违反"限购令""禁购令"的行为也不宜认为损害了社会公共利益,不影响二手房买卖合同效力。

---

[1] 贺小荣主编:《最高人民法院第二巡回法庭法官会议纪要》(第1辑),人民法院出版社2019年版,第177~185页。

虽然"限购""限贷"的政策变化可能对房屋买卖合同的履行造成影响,但此类政策也有一定的连续性和稳定性。当买受方主张限购、禁购政策导致合同无法继续履行时,应当审慎查明买受方相关"限购"政策所涉及的交易主体和房屋类型,如交易主体是个人还是企业,房屋类型是新建住房还是二手住房。如买受方主张的"限购"政策对涉案房屋买卖合同的履行不产生实质性影响,则不应当认定买受方享有约定解除权。

但若限购、禁购政策将会导致合同不能履行,所售房屋不能过户,则应当视为产生了实质性影响,由此买受人诉至法院请求解除合同的,应区分不同情形处理:

第一种情形:签订二手房买卖合同时,买受人具备购房主体资格条件,但合同订立后政府出台限购、禁购政策,导致合同无法继续履行,当事人双方对合同无法履行均无过错。政策变化导致合同不能履行的,应属不可抗力,于此情形下,任何一方当事人均可依据《民法典》第 563 条第 1 款第 1 项的规定诉请解除合同,买受人可请求返还购房款或定金。

第二种情形:签订二手房买卖合同时,买受人具备购房主体资格条件,合同订立后,当事人一方迟延履行合同义务期间,政府出台限购、禁购政策。按新政策规定,买受人属于限购、禁购范围,导致合同无法继续履行的,系当事人一方违约所致,根据《民法典》第 580 条,双方当事人均可请求司法终止合同,但违约方的违约责任不能免除。

第三种情形:签订二手房买卖合同时,政府已出台限购、禁购政策,双方明知买受人属于限购、禁购范围,但合同订立后,当事人起诉前,政府取消限购、禁购政策,买受人购房主体资格不再受限制的,合同应继续履行,在无其他法定或约定解除情形情况下,当事人不能以限购、禁购为由主张解除合同或终止合同。

第四种情形:如果买受人在主张的"限购"政策实施前后均不具备购房资格,则涉案房屋买卖合同无法继续履行,根据《民法典》第 580 条,买卖双方均可以请求人民法院或仲裁机构终止合同。但合同终止并非政策变化导致,故一方依据合同约定向对方主张承担违约责任的,不应支持。如买受人是境外个人,买受人在境内购房的条件是在境内工作超过 1 年且在境内无其他住房,该政策在《住房和城乡部和国家外汇管理局关于进一步规范境外机构和个人购房管理的通知》(建房〔2010〕186 号)中就已确立,至今未发生变化。地方政府部门后续制定的政策可能仅对前述规定进行细化,而非设置更为严格的购房条件。

(二)一房数卖与合同解除

"一房数卖"是指出卖人就同一房屋订立了两个以上买卖合同,形成了两个以上具有重叠内容的债权债务关系。在房地产价格快速上涨期，出卖人受利益驱动，与数人订立房屋买卖合同，导致部分受让人无法取得房屋的情况时有发生。

1. 一房数卖合同的效力

根据《民法典》第215条物权变动与合同效力区分之规定，当事人之间订立的房屋买卖合同，除法律另有规定或者当事人另有约定外，自合同成立时生效；未办理物权登记的，不影响合同效力。因此，出卖人就同一房屋订立数个买卖合同的，在没有其他合同无效情形的情况下，数个买卖合同均应为有效合同。

2. 一房数卖合同的履行顺序

一房数卖情形下，买受人之间的利益冲突尤甚，是故，一房数卖履行顺序规则非常重要。《买卖合同解释》第6条、第7条分别对普通动产和特殊动产多重买卖的履行顺序作出了规定，但房屋是不动产，与动产区别甚大，不能适用动产多重买卖履行顺序规则。

《国有土地使用权合同解释》第9条对"一地数转"合同的履行顺序作出了规定，但该解释仅适用于土地使用权转让中的"一地数转"。房屋虽包含了土地使用权，但房屋属所有权之列，土地使用权属用益物权之列，房屋买卖合同不等于纯粹的土地使用权转让合同，故"一房数卖"合同履行顺序不能适用该司法解释。

《八民纪要》第15条规定："审理一房数卖纠纷案时，如果数份合同均有效且买受人均要求履行合同的，一般应按照已经办理房屋所有权变更登记、合法占有房屋以及合同履行情况、买卖合同成立先后顺序确定权利保护顺位。但恶意办理登记的买受人，其权利不能优先已经合法占有该房的买受人。对于买卖合同的成立时间，应综合主管机关备案时间、合同载明的签订时间以及其他证据确定。"这是现有唯一的对"一房数卖"合同履行顺序的规定。根据上述规定，一房数卖合同履行顺序，是通过着重考察各个合同的履行程度来确定对不同当事人的保护顺序的。

3. 一房数卖与合同解除

出卖人一房数卖的根本原因在于出卖人受利益的驱使，而严重违反诚信原则。对于合同得不到履行，未能取得标的物的买受人而言，其订立合同的目的完全落空，此时，出卖人的行为非一般违约，而纯属恶意违约。此种情形下，买受人当然可以解除合同，并有权请求出卖人支付违约金，赔偿损失。此种情形下，过高约定违约金的，根据《民法典合同编通则解释》第65条第3款"恶意违约的当事人一方请求减少违约金的，人民法院一般不予支持"之规定，对过高违约金不予调整，以体现惩罚性；而损失赔偿范围应当包括机会利益损失和可得利益损失等。

(三)房屋内违法搭建与合同解除

二手房买卖合同签订后,买受方以涉案房屋内存在违法搭建为由,起诉要求解除合同的,应当如何处理?

笔者认为:所售房屋内存在违法搭建本质上是标的物存在瑕疵问题。违法搭建可能影响房屋过户手续的办理,而拆除违法搭建则会影响房屋的使用价值。对该问题的处理应区分不同情形:一是在出卖人在售房前已经告知或合同约定房屋存在违法搭建而买受人自愿购买,或买卖双方已经就违法搭建拆除事宜达成一致意见的情况下,买受方不能解除合同。二是出卖人未将房屋内存在违法搭建事项告知买受方,导致房屋不能过户的,买受人有权解除合同。根据交易习惯,买受方在签约前一般应查看房屋现状而怠于查看的,双方均有过错,买受方要求出卖方赔偿定金及违约金的,应予减少或免除;对于一方因房屋买卖合同解除受到的损失,如买受方已支付房款的利息损失,可酌情确定由买卖双方根据各自的过错程度分担。

第三节 租赁合同解除问题

一、租赁合同内涵和特征

(一)租赁合同之内涵

《民法典》第703条规定:"租赁合同是出租人将租赁物交付承租人使用、收益,承租人支付租金的合同。"租赁合同是实务中常见的合同,通过租赁,可以在当事人之间调剂余缺,充分发挥物的使用功能,最大限度地利用其价值,同时满足承租人和承租人双方的利益。

租赁合同种类:(1)以租赁物种类、性质区分,租赁合同可分为动产租赁合同(如设备租赁)、不动产租赁合同(如房屋租赁)、权利租赁合同(如土地使用权租赁)。(2)以是否约定固定期限区分,租赁合同可以分为定期租赁合同、不定期租赁合同(包括合同未约定期限的租赁合同、期限届满的不定期租赁合同)。对于定期租赁合同,除非发生约定或法定事由,当事人不得任意解除。对于不定期租赁合同,当事人可以行使任意解除权。

(二)租赁合同之特征

一是租赁合同是转移财产使用权的合同。买卖合同是以转移标的物所有权为合同目的的合同,租赁合同中的承租人不能任意处分租赁物,合同终止时,承租人负有返还租赁物义务。在租赁合同中,只要是有权将租赁物使用权和收益权转让给承租人的,均可称为出租人,承租人征得出租人同意,也可转租。

二是承租人取得租赁物使用权以支付租金为对价。租赁合同是有偿的双务合同,支付租金是租赁合同的本质特征。无偿的租赁合同属于借用合同之列,非《民法典》第703条所指的租赁合同。租赁合同的租金多从约定,法律并无限制。

三是租赁合同标的物是有体物、非消耗物。租赁物必须是有形的财产,如汽车、机械设备、房屋、土地等,无形财产不能成为租赁合同的标的物。一次性使用的物品或很快就消耗掉的物品不能作为租赁物,如粮食、燃料等,因为这些物品一经使用,就丧失自身价值,甚至物本身已经消失了,根本不可能再要求承租人返还。因此,消耗物不能作为租赁合同的标的物。

四是租赁合同是持续性合同。与一时性的买卖合同不同,租赁合同对租赁期的约定无论长短,出租人的给付义务均非一次给付就能完成,而是在约定期限内持续不断或者反复给付才能完成,故为持续性合同。

(三)《民法典》"租赁合同"章适用范围

集体土地承包经营权期限为30年,但《农村土地承包法》第36条规定可通过租赁方式流转土地承包经营权;按政策规定,集体四荒土地可在50年内通过招标方式对外承包或租赁;《土地管理法》规定国有土地使用权期限最高可达70年。但在实务中,当发生土地租赁或土地使用权租赁期限超过20年的情形时,法院往往援用《民法典》第705条第1款租赁期不得超过20年的规定,认定超过部分无效。由此发生了《民法典》"租赁合同"章适用范围争议问题。对于该问题,原《合同法》和《民法典》均无明确规定。

通说认为,涉及不同类型的土地租赁合同或者土地使用权、土地承包经营权租赁合同,首先应当适用《土地管理法》《农村土地承包法》等相关特别法的规定,特别是在租赁期限上,应优先适用这些特别法的相关规定。在此基础上,才能根据案件的具体情况准用《民法典》"租赁合同"章的相关规定。

对于企业整体租赁合同,由于租赁的标的是整个企业,而不是某一特定财产,是人财物、产供销、租金、技术、经营等多种因素的综合体,故承租人获得的不仅是对财产的使用权,本质上是一种经营权。企业整体租赁合同与企业整体承包合同极为类似,区别仅仅在于称谓不同。笔者认为:这种合同应为非典型合同,不宜归于租赁合同之列。在法律适用上,首先适用《民法典》合同编通则的规定,若通则没有规定,可比照适用租赁合同的相关规定。

(四)租赁合同特殊无效情形

对于合同效力的认定应遵循《民法典》合同编通则的相关规则。但在租赁合同纠纷最多的房屋租赁合同中,有一些特殊无效情形。主要有:

1. 租赁标的物无效情形。(1)租赁物为违章建筑的效力。《城镇房屋租赁合同解释》第2条规定:"出租人就未取得建设工程规划许可证或者未按照建设工程规划许可证的规定建设的房屋,与承租人订立的租赁合同无效。但在一审法庭辩论终结前取得建设工程规划许可证或者经主管部门批准建设的,人民法院应当认定有效。"(2)租赁物为未审批的临时建筑的效力。《城镇房屋租赁合同解释》第3条规定:"出租人就未经批准或者未按照批准内容建设的临时建筑,与承租人订立的租赁合同无效。但在一审法庭辩论终结前经主管部门批准建设的,人民法院应当认定有效。租赁期限超过临时建筑的使用期限,超过部分无效。但在一审法庭辩论终结前经主管部门批准延长使用期限的,人民法院应当认定延长使用期限内的租赁期间有效。"(3)租赁物违反《建筑法》《消防法》强制性验收规定的无效。《建筑法》第61条第2款规定,建筑工程经竣工验收合格后,方可交付使用;未经验收或者验收不合格的,不得交付使用。《消防法》第10条第1款规定,按照国家工程建筑消防技术标准进行消防设计的建筑工程竣工时,必须进行消防验收,未经验收或者验收不合格的,不得投入使用。这些强制性规定是为保障建筑物安全性所作的规定,租赁物若未经竣工验收或消防验收,不得投入使用,所签租赁合同亦应认定为无效。(4)将经鉴定存在严重结构隐患或可能造成重大安全事故的应当尽快拆除的危房出租的合同无效,因为该类房屋将危及不特定公众的人身及财产安全,出租该类房屋属于损害社会公共利益,违背公序良俗的行为。最高人民法院指导案例170号饶某礼诉某物资供应站等房屋租赁合同纠纷案,[(2019)最高法民再97号]就体现了这一裁判宗旨。

2. 约定租赁期无效情形。(1)超过法定最长租赁期的无效。《民法典》第705条规定:"租赁期限不得超过二十年。超过二十年的,超过部分无效。租赁期限届满,当事人可以续订租赁合同;但是,约定的租赁期限自续订之日起不得超过二十年。"(2)转租租期超过承租人剩余租期的对出租人不具有法律约束力。《民法典》

第717条规定:"承租人经出租人同意将租赁物转租给第三人,转租期限超过承租人剩余租赁期限的,超过部分的约定对出租人不具有法律约束力,但是出租人与承租人另有约定的除外。"传统观点认为,转租期限超过承租人剩余租赁期限的,超过部分无效,《民法典》修正了该观点,规定转租期限超过承租人剩余租赁期限的,超过部分的对于转租合同有效,但该约定对出租人不具有法律约束力,即次承租人不能以转租合同约定期限对抗出租人。

3.免责条款无效情形。《民法典》第506条规定:"合同中的下列免责条款无效:(一)造成对方人身损害的;(二)因故意或者重大过失造成对方财产损失的。"在实务中,常有"出租人有权采取停水停电措施催缴租金"或"出租人有权采取锁门措施催缴租金"等约定。该类约定在承租人违约时,以损害承租人人身和财产为代价,当然为法律所禁止。

二、出租人有权行使解除权情形

(一)承租人违约使用租赁物的

在租赁合同中,出租人交付没有瑕疵的标的物后,承租人负有合理使用标的物,不得滥用租赁物的法定义务。《民法典》第709条规定:"承租人应当按照约定的方法使用租赁物。对租赁物的使用方法没有约定或者约定不明确,依据本法第五百一十条的规定仍不能确定的,应当根据租赁物的性质使用。"该条规定表明,承租人使用租赁物的方法有两种:一是按照约定方法使用标的物。一般情形下,约定租赁物使用方法主要体现在租赁物用途条款中。特殊情形下租赁合同当事人为保障人身和财产安全,会根据租赁物形状、构造、类别、关系、功能对使用方法作出明确的规定,如施工企业租赁吊塔设备,对使用方法都有非常详细的约定。但权利租赁中的农村土地经营权租赁、国有土地使用权租赁中的标的物使用方法,并不可自由约定,必须符合法律规定,如租赁耕地的就不得约定非农用途。二是按租赁物的性质使用。在合同没有约定租赁物使用方法,且适用补缺规则仍不能确定时,承租人应当按照租赁物性质使用。所谓租赁物性质是指租赁物固有或者通常用途。比如,汽车是用于交通运输的,不能用作居住,租赁住宅房就不能用于开商店。确定租赁物用途须考虑具体情形,比如,一对夫妻租赁住宅的,小孩和父母一同居住,就不能认为违反租赁物用途,除非特别约定。

承租人正常使用租赁物,致租赁物损耗的,不属违约行为,不承担违约赔偿责任。之所以如此,是因为租赁物的合理损耗是租赁物被使用的正常结果,同时在租金中包含了租赁物损耗的价值。《民法典》第710条规定:"承租人按照约定的方法或者根据租赁物的性质使用租赁物,致使租赁物受到损耗的,不承担赔偿责任。"这里的损耗是合理正常损耗,是指租赁物的正常磨损、挥发、氧化或者其他功能的退化或降低情形。

《民法典》第711条规定:"承租人未按照约定的方法或者未根据租赁物的性质使用租赁物,致使租赁物受到损失的,出租人可以解除合同并请求赔偿损失。"根据该条规定,承租人未合理正当使用租赁物,致使租赁物受到损失的,构成根本违约,出租人有权解除合同,并要求承租人赔偿损失。该条规定中出租人的解除权是法定解除权。

(二)承租人擅自变动主体和承重结构或扩建的

《城镇房屋租赁合同解释》第6条规定:"承租人擅自变动房屋建筑主体和承重结构或者扩建,在出租人要求的合理期限内仍不予恢复原状,出租人请求解除合同并要求赔偿损失的,人民法院依照民法典第七百一十一条的规定处理。"该条司法解释将承租人不合理使用租赁房屋最严重的情形作为出租人解除合同的法定事由。这种法定事由包括两种情形:

一是擅自变动房屋主体结构和承重结构。房屋主体结构和承重结构是建筑物最重要的部分,不得擅自变动,否则可能对人身和财产安全构成巨大的威胁。《建筑法》规定,施工企业对建筑物的桩基、主体、承重结构在建筑物设计合理寿命期限内的质量承担终身责任。为了保护验收合格的建筑物的安全性,《建设工程质量管理条例》第15条第2款规定:"房屋建筑使用者在装修过程中,不得擅自变动房屋建筑主体和承重结构",该条例第69条第1款还规定:"房屋建筑使用者在装修过程中擅自变动房屋建筑主体和承重结构的,责令改正,处以5万元以上10万元以下的罚款。"

二是擅自扩建。所谓扩建就是在原有基础上加以扩充的建设项目,就建筑物而言通常是指向上加层、加高,向下挖掘地下空间。无论何种扩建,都可能极大地影响建筑物的主体和承重结构,从而影响人身安全和财产安全。同时,扩建建筑物,必须经规划部门审批;擅自扩建是典型的违反《城乡规划法》的行为,所形成的建筑物是违章建筑,根据城市管理规定,应当予以拆除并予以罚款。承租人擅自扩建不仅会对房屋造成损害,还会给出租人带来不必要的行政处罚风险。由此一来,当然为法律所禁止。

(三)承租人擅自转租的

《民法典》第716条规定:"承租人经出租人同意,可以将租赁物转租给第三人。

承租人转租的,承租人与出租人之间的租赁合同继续有效;第三人造成租赁物损失的,承租人应当赔偿损失。承租人未经出租人同意转租的,出租人可以解除合同。"该条是对租赁物转租及违法转租情形下,赋予出租人法定解除权的规定。

转租是指承租人在租赁期间将租赁物交付给第三人使用,获取收益,第三人向承租人支付租金的行为。在转租行为中,原租赁合同关系中的承租人为转租人,第三人为次承租人。

承租人转租的,应征得出租人的同意。这种同意可以是事前同意,也可以是事后追认。《民法典》第718条规定:"出租人知道或者应当知道承租人转租,但是在六个月内未提出异议的,视为出租人同意转租。"此为法律规定的推定同意转租意思表示情形。上述规定中的6个月异议期性质属于除斥期间,不适用诉讼时效中止、中断、延长的规定。

合法转租的法律后果是:(1)原租赁合同继续有效。转租会产生两个法律关系,一个是出租人与承租人的原租赁合同关系;另一个是转租人与次承租人的转租合同关系。在转租合法的情形下,根据合同相对性规则,两个合同关系都为有效,不存在谁否定谁的问题。但在转租合同中,为了维护出租人利益,转租期不应超过原租赁合同的租赁期限,否则超过部分对出租人没有法律约束力。(2)承租人应对次承租人的过错承担损害赔偿责任。根据合同相对性规则,次承租人对租赁物造成损坏的,承租人应向出租人承担违约赔偿责任,若出现《民法典》第710条情形,出租人还有权行使解除权。承租人承担责任后,有权向次承租人追偿。

擅自转租的法律后果:(1)出租人可以解除合同。擅自转租就是承租人在未取得出租人同意的情形下,将租赁物向第三人转租。在此情形下,承租人虽然未违约,但擅自转租行为严重损害了出租人的信赖利益,而第三人的加入,使出租人丧失了对租赁物使用收益人的选择权,将租赁物置于更高的风险状态,故立法对出租人的信赖利益作出特别保护。(2)承租人须承担违约责任,且承租人擅自转租行为属于非法处分租赁物,承租人向次承租人收取租金的差价可以作为对出租人损失的补偿,归出租人所有。

转租情形下出租人解除权的限制:(1)《民法典》第718条规定,出租人知道或者应当知道承租人转租,但在6个月内未提出异议的,在法律上被视为同意转租,不得行使解除权。(2)《民法典》第719条规定:"承租人拖欠租金的,次承租人可以代承租人支付其欠付的租金和违约金,但是转租合同对出租人不具有法律约束力的除外。次承租人代为支付的租金和违约金,可以充抵次承租人应当向承租人支付的租金;超出其应付的租金数额的,可以向承租人追偿。"据此规定,承租人对出租人具有拖欠租金行为的,在转租合同对出租人有约束力的情形下,次承租人有权替代承租人给付租金,以消除承租人违约情形,于此情形下,出租人解除权应当受到限制。当然,承租人对出租人拖欠租金,转租合同对出租人没有约束力的,即使次承租人代付租金和违约金,出租人对承租人仍然享有解除权,要理解《民法典》第719条,"转租合同对出租人是否有约束力"是关键。

(四)承租人拒绝或迟延付租的

于租赁合同而言,给付租金是承租人的主要义务,收取租金是出租人的主要权利。特别是商事租赁合同,出租人的缔约目的就是收取租金,租金是其营业收入的主要来源。承租人不给付租金,当然构成严重违约,法律对此有必要作出回应。

《民法典》第722条规定:"承租人无正当理由未支付或者迟延支付租金的,出租人可以请求承租人在合理期限内支付;承租人逾期不支付的,出租人可以解除合同。"该条是在承租人欠付租金情形下,出租人行使合同解除权的规定。对该条的理解应注意如下几点:

1. 出租人给予"合理期限"是解除合同的前提。根据《民法典》第577条对违约责任形式的规定,继续履行是承租人应承担的违约责任形式之一。出租人仅请求给付租金而不解除合同的,请求付租的意思表示就是要承租人继续履行,根据《民法典》第579条"当事人一方未支付价款、报酬、租金、利息,或者不履行其他金钱债务的,对方可以请求其支付"之规定,在承租人本已欠付租金的情形下,出租人可直接请求给付,不存在给予"合理期限"。由此可以看出,《民法典》第722条中给予"合理期限",仅是出租人解除合同的前提条件,不是已欠租情形下,不欲解除合同催缴租金的前提条件。

2. 出租人请求承租人在合理期限内支付,相当于"催告"。《民法典》第563条第1款第3项规定,"当事人迟延履行主要债务,经催告后在合理期限内仍未履行",当事人可以解除合同;但《民法典》第722条没有明确规定在迟延付租情形下的催告义务。最高人民法院民法典贯彻实施工作领导小组认为:《民法典》第722条前半句规定的"出租人可以请求承租人在合理期限内支付",应理解为出租人通过向承租人请求给付并给予履行宽限期的方式来实现第563条第1款第3项规定之"催告",因此,该条中的"可以"不应理解为出租人亦可以选择不经向承租人发出催告通知,即可径行行使合同解除权。从出租人因承租人欠付租金而主张解除合同的角度,将"可以请求"理解为"须首先请求"更为妥帖。[1]

3. 承租人在宽限期后仍未付租的,出租人可以解除合同。实务中的问题是:宽延期内承租人部分给付所欠租金,仍存在部分未给付的,是否属于"逾期不支付"情形? 如此情形下,出租人是否享有解除权? 对该问题,最高人民法院民法典贯彻实施工作领导小组认为:按照比例原则,在出租人催告后,承租人支付了部分欠付租金,但仍存在部分欠租情形的,应考虑欠付租金数额和欠付比例,不宜一概认为经催告后承租人仍未完全履行的情形,均可成就出租人的解除权。[2] 人民法院案例库2023-10-2-111-001号案莱州某港务公司诉莱州某管桩公司等租赁合同纠纷案[山东省高级人民法院(2021)鲁民终477号]二审判决认为:合同约定的解除条件成就时,守约请求解除合同的,人民法院应当审查违约方的违约程度是否显著轻微,是否影响守约方合同目的实现,确定合同应否解除。

4.《民法典》第722条系法定解除权规定,但不排除约定解除权的适用。当租赁合同对解除权另有约定时,比如,约定"承租人拖欠1个月租金的,出租人有权解除合同"时,根据《民法典》第562条第2款,约定解除事由发生时,出租人有权行使约定解除权,于此情形下,依据"约定优先"的原则,就不能再用法定解除权行使条件考量约定解除权的正当性。

5. 承租人在履行宽限期内明示拒绝付租的,出租人无须等待宽限期届满。当出租人发出请求承租人在一定期限内支付所欠租金的通知时,承租人在宽限期内明示拒绝支付租金的,该种情形属于《民法典》第563条第1款第2项所指的明示预期违约情形,于此情形下,应当认为出租人此时已取得法定解除权,而无须等待该宽限期届满。

三、承租人有权行使解除权情形

(一)非承租人原因致使租赁物无法使用的

出租人对租赁物承担瑕疵担保义务。《民法典》第708条规定:"出租人应当按照约定将租赁物交付承租人,并在租赁期限内保持租赁物符合约定的用途。"该条规定明确了出租人的两项主要义务:一是交付租赁物;二是对租赁物承担瑕疵担保

---

[1] 参见最高人民法院民法典贯彻实施领导工作小组:《中华人民共和国民法典合同编理解与适用》(三),人民法院出版社2020年版,第1531~1532页。

[2] 参见最高人民法院民法典贯彻实施领导工作小组:《中华人民共和国民法典合同编理解与适用》(三),人民法院出版社2020年版,第1533~1534页。

责任。其他义务如维修义务、转让租赁物通知义务均由此派生而来。标的物瑕疵担保责任是买卖合同中出卖人的最重要的法定责任,租赁合同与买卖合同虽有区别,但两类合同的标的物都是根据约定形成的特定物,因此出租人对租赁物亦负瑕疵担保义务。唯一区别是出租人的瑕疵担保仅是对租赁物的效用进行担保。

出租人对租赁物的效用瑕疵担保责任有两个方面:一是交付时保证标的物符合约定的用途;二是在租赁期间内保持租赁物符合约定用途。但《民法典》第708条效用瑕疵担保的规定,并非强制性规定,当事人可以通过约定加以排除。比如,出租人在订立房屋租赁合同时告知租赁物被抵押,约定在租赁期限届满前,债权人实现抵押权导致承租人提前腾退的,出租人可免责,发生该情形时,出租人不承担瑕疵担保责任。但在出租人由于故意或者重大过失不告知承租人权利瑕疵的情形下,出租人仍不能免责。

《民法典》第724条规定:"有下列情形之一,非因承租人原因致使租赁物无法使用的,承租人可以解除合同:(一)租赁物被司法机关或者行政机关依法查封、扣押;(二)租赁物权属有争议;(三)租赁物具有违反法律、行政法规关于使用条件的强制性规定情形。"该条是非因承租人原因租赁物无法使用时,承租人享有法定解除权的规定。非因承租人原因不能使用租赁物的情形不限于租赁物出现权利瑕疵,亦包括租赁物出现物的瑕疵,出租人违法或侵权等情形。

在实务中,对该条的理解应注意如下几点:

1.租赁物是否存在3种法定情形之一。(1)租赁物被司法机关或行政机关依法查封、扣押。查封、扣押有两种情形:在登记机关对标的物的冻结称为"活封";对标的物贴封条或扣押而不许使用的称为"死封"。这里的司法机关或行政机关的查封、扣押应指"死封"。因为只有"死封"才能影响承租人对租赁物的正常使用。(2)租赁物权属有争议。租赁物权属争议实质上属于租赁物存在权利瑕疵,多因租赁物所有权争议而产生,存在出租人对租赁物无权出租情形。租赁物权属争议既可能涉及租赁合同效力,也可能涉及承租人的合同目的无法实现,应当赋予承租人解除权。(3)租赁物具有违反法律、行政法规关于使用条件的强制性规定的情形。对于现行法律、行政法规关于使用条件有强制性规定的租赁物,由于不符合使用条件或者违反法律、行政法规的规定进行使用,可能面临行政处罚,乃至追究刑事责任,因此,亦应赋予承租人解除权。比如,根据《幼儿园管理条例》中严禁在污染区或危险区设置幼儿园的规定,出租人在未能兑现消除污染或危险承诺的情形下,将房屋出租用于经营幼儿园的,承租人有权解除合同。

2.须非因承租人原因租赁物无法使用。当出现上述3种情形时,承租人能够享有解除权,还须具备如下两个条件:一是租赁物无法使用。例如,租赁物被"活封"或权属发生争议等未影响租赁物的正常使用的,承租人不享有解除权。又如,承租在建工程的,出租人完成消防施工,交付房屋后,承租人以出租人未完成消防备案为由主张房屋交付不合格,要求解除合同的,不应支持,因为消防备案包含设计备案与竣工备案,竣工备案可以在承租人装修完成后投入使用前一并进行,不影响承租人使用房屋。厦门市中级法院审理的李某斌诉廖某进房屋租赁合同纠纷案[(2014)厦民终字第2883号][1]就体现了这一观点。二是租赁物无法使用非承租人自身所致。例如,在大型卖场租赁合同中,约定承租人完成消防投资和验收,承租人未履行该义务致使消防部门责令停业整改的,承租人不享有解除权。又如,房屋租赁合同约定承租人负有对租赁房屋维修的义务,这里承租人维修的范围应限于租赁房屋的权属四至范围,若房屋漏水是该房自身未及时维修所致,则承租人不能解除合同;但若房屋漏水是毗邻不动产第三人的房屋怠于维修所致,则出租人拒绝协助承租人要求第三人进行维修,致使承租人无法使用租赁房屋的,承租人可以解除合同。

在实务中,还有双方对租赁物瑕疵明知但约定承租人处理该瑕疵的情况,在承租人非故意违约而无法处理租赁物瑕疵的情形下,应允许承租人解除合同。例如,人民法院案例库入库编号为2023-16-2-111-006的参考案例刘某诉中山市某农产品有限公司、虎逊村某合作经济社土地租赁合同纠纷案[中山市中级法院(2022)粤20民终6140号]二审裁判要旨为:双方在签订涉案租赁合同时对租赁物的缺陷均系明知,故出租方并不存在故意隐瞒与订立合同有关的重要事实的情形,后承租方改良租赁物未果,合同目的不能实现,承租方也不存在故意违约的情形。承租方主张提前解除合同应予支持,但应认定双方均不存在故意违约的情形。

(二)租赁物损毁而不可归责于承租人的

租赁物毁损、灭失多发生于汽车、设备等动产租赁领域。对于房屋等不动产租赁,由于现行法律对不动产安全性有诸多强制性规定,故除极少数的火灾外,不动产毁损、灭失情形并不多见。

《民法典》第729条规定:"因不可归责于承租人的事由,致使租赁物部分或者全部毁损、灭失的,承租人可以请求减少租金或者不支付租金;因租赁物部分或者全部毁损、灭失,致使不能实现合同目的的,承租人可以解除合同。"该条是关于租

---

[1] 参见《人民法院案例选》2015年第4期(总第94期)。

赁物毁损、灭失时,承租人权利及法定解除权的规定。在实务中,对该条的理解应注意如下几点:

1. 租赁物毁损、灭失主要是指有形物的毁损、灭失,但在特别情形下,也包括有形物所搭载的数据电文等无形物的毁损、灭失。比如,租赁搭载特定数据库的电子软硬件设备,就存在无形物的毁损、灭失问题。判断租赁物的毁损、灭失是指在客观结果上考量是否影响承租人的使用权和收益权。

2. 租赁物的毁损、灭失已影响承租人利用租赁物。承租人订立合同的目的是获得租赁物使用权,租赁物灭失的损害程度应高于毁损,但不必然使承租人的合同目的不达。在租赁物灭失情形下,出租人可以通过更换同类等值的租赁物来继续履行;在租赁物毁损的情形下,出租人可以通过维修或更换来维持继续履行。对于租赁物毁损、灭失是否妨害承租人利用租赁物的判断,应结合租赁物特征、毁损程度、使用目的、租赁合同的特别约定等情况综合进行。

3. 租赁物的毁损、灭失不可归责于承租人。出租人依约交付租赁物后,承租人实际占有、使用租赁物的,亦负有妥善保管租赁物的义务。租赁物的毁损、灭失通常为如下原因所致:(1)出租人过错所致,如租赁物交付时就存在质量隐患,交付后在使用中发生毁损、灭失;(2)承租人过错所致,如承租人使用不当或违章作业或怠于保管、维修所致;(3)双方共同过错造成;(4)不可抗力因素造成。租赁物的毁损、灭失不可归责于承租人主要是指出租人未履行瑕疵担保义务导致发生毁损、灭失情形。根据《民法典》第714条"承租人应当妥善保管租赁物,因保管不善造成租赁物毁损、灭失的,应当承担赔偿责任"的规定,承租人对于租赁物的毁损、灭失有过错的不仅不享有解除权,而且还应当向出租人承担赔偿责任。

4. 对于承租人合同目的不能实现的判断。首先,要根据租赁合同的约定、交易惯例等确定承租人的合同目的。其次,应考量租赁物的毁损、灭失对出租人合同目的是否具有实质性影响。实质性影响的考量因素为:一是租赁物的使用收益目的在客观上不能实现。特定租赁物已经完全灭失的,可以认定承租人合同目的不能实现;租赁物是可替代或可维修的,在替代或维修后达到合同要求的,则不能认为承租人的合同目的不能实现。二是租赁期限对合同目的具有实质性影响。如替换或维修时间导致承租人在特定时间不能使用租赁物的,可以认为承租人合同目的不能实现。

5. 租赁物毁损、灭失的后果。在《民法典》第729条规定的法定情形下,租赁物毁损、灭失的后果有两个:一是承租人可以减少或不支付租金;二是承租人可以主张解除合同。

（三）租赁物存在危及人身权瑕疵的

《民法典》第731条规定："租赁物危及承租人的安全或者健康的，即使承租人订立合同时明知该租赁物质量不合格，承租人仍然可以随时解除合同。"该条是出租人违反租赁物瑕疵担保责任时，承租人享有法定解除权的规定。在实务中，对该条的理解应注意如下几点：

1.租赁物存在缺陷瑕疵是行使解除权的前提。出租人对租赁物负有瑕疵担保义务。租赁物的瑕疵有两种：一是缺陷瑕疵，是指租赁物存在危及人身、财产安全的不合理危险，当发生该种情形时，出租人有权随时解除合同。二是一般质量瑕疵，是指仅造成租赁物使用价值减损，而不涉及人身、财产安全的瑕疵。发生一般质量瑕疵时，可以采取修缮以及减少或不支付租金等方式弥补承租人的损失，只有在合同目的不能实现时，才能解除合同。

2.承租人的解除权体现了人格权优先保护原则。人格权优先保护原则，是指在财产权与人格权发生冲突时，应当优先保护人格权。按照人本主义的要求，民法应当充分体现对人的关怀，在财产权与人格权发生冲突时，应当确立人格权的高价位性和保护的优先性。租赁物危及人的"安全或健康"，涵盖了包括人格权中的生命权、身体权和健康权在内的物质性人格权。

3."危及"是指存在现实的、紧迫的、不可避免地会在将来发生的危险和威胁。如果租赁物事实上已经出现了安全危险和损害，承租人当然有权解除合同。对于尚未发生的危险，承租人应当举证证明该危害安全健康的危险是必然发生的。承租人所举证据是否达到"危及"的程度，要以对安全危险认识的合理人标准为判断准则，以一般具有常识的人或者具有同等专业知识的承租人认为租赁物具有威胁人的健康和安全的隐患为标准，而出租人的主观认识不能作为判断标准。

4.承租人事先知情不影响行使解除权。在租赁物危及人的安全健康的情形下，即使事先约定承租人风险自担，风险自担原则也不能限制承租人的合同解除权。立法如此规定，出发点仍是最大限度地保护人格权，仍是强调人格权利益高于保护当事人意思自治和维护交易安全的财产利益。但风险自担原则虽不能限制承租人解除权，却可以限制承租人解除合同后的赔偿范围，即承租人在解除合同后主张未履行部分可得利益的，不能支持。

（四）一屋数租致承租人无房可用的

一屋数租多发生在房屋租赁市场价格上涨时，出租人为了谋取更多的租金利益,置已在先签订租赁合同的承租人利益于不顾,就同一租赁物又与第三人签订租赁合同。与一物数卖相类似,出租人一屋数租行为属严重违反诚信原则行为。

承租人租赁房屋是欲取得房屋使用权,一屋数租必然会带来承租人之间房屋使用权的冲突。为了解决这种冲突,《城镇房屋租赁合同解释》第5条第1款对一屋数租使用权履行顺序作出了规定,即"出租人就同一房屋订立数份租赁合同,在合同均有效的情况下,承租人均主张履行合同的,人民法院按照下列顺序确定履行合同的承租人:(一)已经合法占有租赁房屋的;(二)已经办理登记备案手续的;(三)合同成立在先的"。根据以上规定,必然会发生其他承租人不能取得房屋使用权的情形,出租人严重违反诚信原则的行为会导致其他未能获得房屋使用权的承租人订立合同的目的落空,承租人当然有权解除合同,因此《城镇房屋租赁合同解释》第5条第2款规定:"不能取得租赁房屋的承租人请求解除合同、赔偿损失的,依照民法典的有关规定处理。"

第四节　施工合同违约解除问题

《民法典》第788条第2款规定,建设工程合同种类包括设计合同、勘察合同、施工合同3类,因施工合同解除问题较为复杂,故本节不探讨设计合同和勘察合同解除问题,仅探讨施工合同解除问题。

施工合同解除存在协商解除、约定解除、任意解除、违约解除4种形态。协商解除及约定解除在本书第二章已讨论:建设部提供的建设工程施工合同示范文本的通用条款规定了发包方或承包方解除合同的条件,允许当事人通过专用条款予以变更或补充;施工合同中约定解除的情形,当属《民法典》第562条第2款所指的约定解除。对于施工合同的任意解除问题,本书在第四章"任意解除权"的第三节"任意解除权类型"中探讨了该类合同中发包人任意解除权的问题,本节不再探讨。本节重点探讨施工合同违约解除问题。

工程施工合同标的较大,周期较长,双方协助配合关系密切,在实务中,一般而言,承包人和发包人双方都不愿意解除合同。对于承包人而言,如解除合同,承包人将面临向材料商定制的建筑材料退货,承担违约责任的后果,中途退场对承包人造成的损失很大。对发包人而言,如解除合同,将面临许多复杂问题需要解决。建设工程一旦解除,建筑市场本来就僧多粥少,会引发承包人产生激烈对抗情绪这会导致承包人在退场问题、已完工工程量需确认问题、已完工工程之工程价款结算问题以及已完工工程需要承包人提供符合备案要求的工程资料协助备案等方面不予配合。就续建工程而言,有的须重新招投标,没有双方签署的解除合同协议或者人民法院作出的解除合同判决,仅凭发包人的解约通知,往往不会得到建设主管部门认同,续建工程重新招投标将困难重重,影响工程续建。如发包人通过诉讼方式解决如上问题,往往旷日持久,但工程费用(建筑材料、人工费等)和建成房屋的销售价格往往是变动的。发包人一般不愿意工程烂尾并陷入旷日持久的诉讼之中,除非万不得已,一般不会随意行使施工合同解除权。

故解除施工合同对承包人、发包人均是一个很难的选择。但在相对人违约达到一定程度时,当事人只能选择解除合同,所以,判别施工合同违约解除标准及处理违约解除后果等,与一般合同违约解除相比较,在实务中显得更为复杂,自有必要探讨。

一、发包人行使法定解除权的情形

根据《民法典》相关规定,承包人具有下列情形之一,发包人请求解除建设工程施工合同的,一般应予支持:(1)明确表示或者以行为表明不履行合同主要义务的;(2)在合同约定的期限内没有完工,且在发包人催告的合理期限内仍未完工的;(3)已经完成的建设工程质量不合格,并拒绝修复的;(4)将承包的建设工程非法转包、违法分包的。

(一)承包人明示或默示不履行主要义务的

在施工合同中,承包人的主要义务是按约定质量、工期完成工程施工,这也是发包人的合同目的所在。工程质量的重要性自不必说,在实务中,工期对于发包人也非常重要。比如,在房地产开发中,商品房开始预售后,何时能够向众多购房户交房对于开发商非常重要,如工程进度延期导致交房延期,会出现购房户群体性向开发商提出退房或提出逾期交房索赔的情况。因此施工合同订立后,发包人是迫切希望承包人能够按期施工完成竣工验收的,故按期施工是承包人的主义务。

根据《民法典》第563条第1款第2项"有下列情形之一的,当事人可以解除合同:……(二)在履行期限届满前,当事人一方明确表示或者以自己的行为表明不履行主要债务"的规定,承包人明示或默示不履行合同主要义务的,发包人有权解除合同。在实践中,承包人明示拒绝施工的情形并不多见,但停工现象较多。于此情形下,对停工原因应具体分析:发包人未依约支付进度款或未履行协助协作义务,合同约定承包人对此可行使停工权的,承包人停工不构成违约,发包人不享有解除权;但发包人没有违约,承包人擅自停工且严重影响工期的,构成预期违约,在此情形下,发包人主张解除合同的,应予支持。

(二)承包人工期延误导致在约定工期内未完工的

《民法典》第563条第1款第3项规定:"有下列情形之一的,当事人可以解除合同:……(三)当事人一方迟延履行主要债务,经催告后在合理期限内仍未履行。"依施工合同约定期限完成工程施工,是承包人应履行的合同主要义务,承包人在约定工期内未完工,且在发包人催告的合理期限内仍未完工的,发包人当然有权解除合同。但在实务中,存在如下问题需要探讨。

1. 因承包人原因逾期开工可否解除合同。发包人发出开工令后,因承包人的原因未能按期开工的,此时发包人能否解除合同?第一种观点认为,该行为属默示拒绝履行合同义务,发包人可根据《民法典》第563条第1款第2项的规定解除合同。第二种观点认为,默示拒绝履行合同须有证据证明确为承包人存在故意,承包人因客观原因未能按时开工的,发包人应进行催告并给予合理的履行时间,只有经催告后承包人在合理时间内仍未开工的,发包人才可依《民法典》563条第1款第3项的规定解除合同。在实务中,承包人不能按时开工的原因主要是农民工逐渐稀缺,承包人组建施工队伍存在客观困难,故笔者赞同第二种观点。

2. 承包人在约定工期内未完工的认定标准。工期延误是施工中的常见问题,如何确定工期延误情形下发包人行使合同解除权的标准是实务中的难点。一般应注意如下问题:其一,工期延误的责任主要在于承包人,特别是在双方都有过错的情形下,更应该查明承包人对此是否承担主要责任。其二,应以施工进度计划作为在工期内未完工的判断依据。施工合同一般约定由承包人编制施工进度计划,并经发包人批准后实施,这是工期管理的重要依据,经双方确认后的施工进度计划,对双方均具有约束力。其三,应审查施工进度计划的合理性。施工进度计划虽为承包人所编制,但发包人须以定额工期结合工程实际情形来合理审查。发包人未尽审查义务导致施工进度计划严重背离实际施工进度,而发包人却以此施工进度计划作为解除合同依据的,应予限制。承包人具有合理理由(如施工中发生未预见的施工障碍)请求修订施工进度计划,发包人未及时审查或拒绝审查,而依原施工进度计划主张解除合同的,则不应支持。其四,返修导致工期延误的,工期不予顺延。对此,《民法典》第801条规定:"因施工人的原因致使建设工程质量不符合约定的,发包人有权请求施工人在合理期限内无偿修理或者返工、改建。经过修理或者返工、改建后,造成逾期交付的,施工人应当承担违约责任。"其五,发包人应履行催告程序并给予合理履行期限,未履行催告程序且未给予合理履行期限的,发包人不享有解除权。

3. 承包人能否以约定工期不合理为由抗辩。工期分为约定工期和定额工期。定额工期是指在一定生产技术和自然条件下,完成某个单位(或群体)工程所需的定额天数。定额工期对于确定相同或同类型工程的施工工期具有普遍指导意义。《建设工程质量管理条例》第10条第1款规定"建设工程发包单位不得迫使承包方以低于成本的价格竞标,不得任意压缩合理工期",这里的"合理工期"可参照定额工期。

尽管约定工期属于意思自治范围,但建设工程除体现意思自治外,还关系公共安全,工程施工技术也决定了工期不能任意压缩,比如,混凝土砼彻底凝固是需要一定时间的,在未形成设计所定的承载力之前,不能在其上部继续施工。约定工期过低,承包人提出工期不合理进行抗辩的,应当以约定工期是否低于定额工期的最低天数为审查标准,低于定额工期最低天数的部分,应当认定为无效(但在不影响质量前提下发包人给付赶工费的除外)。于此情形下,相应的施工进度计划亦不能参照适用。发包人依此解除合同的,不能得到支持。

(三)承包人已完工的工程质量不合格且拒绝修复的

承包人已完工的工程质量不合格包括工程质量不符合当事人约定质量标准和不符合国家对建设工程质量强制性的规范标准两种情形。承包人原因造成的工程质量问题,主要包括如下3种情形:一是承包人不按照工程设计图纸和施工技术规范施工造成的工程质量问题。二是承包人未按照工程设计要求、施工技术标准和合同约定,对建筑材料、建筑构配件和设备进行检验,使用不合格的建筑材料、建筑构配件和设备等,造成的质量问题。三是建筑物在合理使用寿命周期内,地基基础工程和主体结构的质量出现问题;建筑工程竣工时,屋顶、墙面有渗漏、开裂等问题。《民法典》第801条规定:"因施工人的原因致使建设工程质量不符合约定的,发包人有权请求施工人在合理期限内无偿修理或者返工、改建。"《建设工程质量管理条例》第32条规定:"施工单位对施工中出现质量问题的建设工程或者竣工验收不合格的建设工程,应当负责返修。"据上述规定,已完工的建设工程质量不合格的,承包人应当负有修复义务。

《民法典》第563条第1款第4项规定:"有下列情形之一的,当事人可以解除合同:……(四)当事人一方迟延履行债务或者有其他违约行为致使不能实现合同目的。"在工程交付前,已完成的建设工程质量不合格的,并非都允许解除合同,能够采取补救措施的,应尽量采取补救措施。但已完成的建设工程质量不合格,而承包人又拒绝修复的,则该工程既不能通过竣工验收又无法投入使用。发生该种情形的,表明发包人合同目的不能实现,于此情形下,发包人享有合同解除权。实务中的其他问题主要有:

1. 竣工验收前承包人拒绝修复质量瑕疵。根据《民法典》第801条,修复工程质量瑕疵是承包人的法定义务。在承包人拒绝修复的情形下,发包人是否享有解除权应根据质量瑕疵程度是否影响合同目的实现来判断。具体而言:(1)地基基础、主体结构出现重大质量问题,不可修复或无修复价值的,发包人可以解除合同。应当指出,《建筑法》第60条第1款规定"建筑物在合理使用寿命内,必须确保地基基础工程和主体结构质量",通说认为,该规定是对承包人的强制性义务规定,无论合同是否有效,工程是否验收,是否提前使用,承包人对此皆不能免责。(2)对于非地基基础、主体结构的一般性质量瑕疵,承包人拒绝修复的,发包人可通过委托他人整改方式救济,这种方式属于替代履行,一般不支持解除合同。(3)对于一般性的质量瑕疵,承包人拒不修复又阻挠或不配合发包人整改,导致整改施工无法进行,工程无法竣工验收的,属于《民法典》第563条第1款第4项的"其他违约行为导致合同目的不能实现",于此情形下,发包人有权解除合同。

2. 未验收擅自使用,承包人拒绝修复质量瑕疵。由于房屋建筑是较为永久性的建设项目,故产生质量瑕疵的原因较为复杂,可能是勘察、设计的原因,也可能是施工的原因,而竣工验收是建设过程的最后一个工序,是全面考核、检查工程是否合乎设计要求和工程质量的主要环节。《建筑法》第61条第2款规定:"建筑工程竣工经验收合格后,方可交付使用;未经验收或者验收不合格的,不得交付使用。"《民法典》第799条第2款及《建设工程质量管理条例》第60条亦作了类似规定。建筑工程竣工验收合格,表明承包人已履行完毕合同主义务,当然还有后续提供工程备案资料等从义务。

但在未经验收或验收不合格的情形下,发包人擅自或强行使用的,《建设施工合同解释(一)》第14条规定:"建设工程未经竣工验收,发包人擅自使用后,又以使用部分质量不符合约定为由主张权利的,不予支持;但是承包人应当在建设工程的合理使用寿命内对地基基础工程和主体结构质量承担民事责任。"该规定表明:(1)发包人擅自使用即发生交付工程质量责任风险转移,即可视为发包人对工程质量认可,即使工程质量不合格发包人自愿承担工程质量责任。(2)既然擅自使用后,发包人不能就质量问题向承包人主张权利,那么发包人当然也就不享有合同解除权。(3)因承包人对地基基础工程和主体结构在合理寿命内的质量责任为法定强制责任,该责任不因是否合格验收而免除,故若该部分质量发生问题而承包人拒绝修复的,发包人仍然享有解除权。

3.竣工验收后承包人拒绝修复质量瑕疵。工程竣工验收后,承包人应依法履行工程保修责任。《建设工程质量管理条例》第40条规定:"在正常使用条件下,建设工程的最低保修期限为:(一)基础设施工程、房屋建筑的地基基础工程和主体结构工程,为设计文件规定的该工程的合理使用年限;(二)屋面防水工程、有防水要求的卫生间、房间和外墙面的防渗漏,为5年;(三)供热与供冷系统,为2个采暖期、供冷期;(四)电气管线、给排水管道、设备安装和装修工程,为2年。其他项目的保修期限由发包方与承包方约定。建设工程的保修期,自竣工验收合格之日起计算。"该规定所指的建设工程最低保修期,是法定最低保修期。若施工合同未约定保修期,当遵守法定最低保修期;若当事人约定保修期低于最低保修期,低于部分无效。建设工程竣工后,承包人不履行该条例第40条第1款第2、3、4项保修责任的,并不构成合同目的不能实现,于此情形下,发包人可委托第三人替代履行,并可以根据约定的保修条款或法定保修责任追究承包人违约责任,但不能解除合同。当然,发生该条例第40条第1款第1项所指的地基基础工程、主体结构工程的质量瑕疵,而承包人拒绝修复的,即使工程已竣工验收,发包人仍享有法定解除权。

4.已竣工验收但未达"特约"标准,承包人拒绝整改。所谓"特约"是指当事人之间的特别约定。根据《建筑工程施工质量验收统一标准》(GB50300—2013)等国家标准,建设工程质量评定标准分为合格和不合格两个等级。但在施工合同中,当事人双方特别约定的工程质量标准往往高于国家标准,如要求工程质量应获"鲁班奖"(国家级)或其他特定要求等。对于未能达到合同"特约"质量标准但竣工验收合格,承包人拒绝按"特约"要求整改的,因为工程质量已合格,通常不影响工程的使用和安全,发包人可以通过使承包人承担违约责任的方式进行救济,故发包人一般不能解除合同。但发包人基于特定安全生产要求(如特种隧道、核电工程等)而对工程质量有特别约定,承包人拒绝整改的,发包人可有合同解除权。

(四)承包人对工程非法转包、违法分包的

对于承包人做出工程转包、违法分包行为时,发包人是否享有解除权,原《合同法》未作规定,《民法典》对此作出了明确规定。《民法典》第806条第1款规定:"承包人将建设工程转包、违法分包的,发包人可以解除合同。"

1.非法转包的判断。《建设工程质量管理条例》第78条第3款规定:"本条例所称转包,是指承包单位承包建设工程后,不履行合同约定的责任和义务,将其承包的全部建设工程转给他人或者将其承包的全部建设工程肢解以后以分包的名义分别转给其他单位承包的行为。"在实务中,非法转包行为种类较多,应根据住建部《建筑工程施工发包与承包违法行为认定查处管理办法》(建市规〔2019〕1号文)第7条和第8条判断。

2. 违法分包的判断。《建设工程质量管理条例》第78条第2款规定:"本条例所称违法分包,是指下列行为:(一)总承包单位将建设工程分包给不具备相应资质条件的单位的;(二)建设工程总承包合同中未有约定,又未经建设单位认可,承包单位将其承包的部分建设工程交由其他单位完成的;(三)施工总承包单位将建设工程主体结构的施工分包给其他单位的;(四)分包单位将其承包的建设工程再分包的。"除此之外,住建部《建筑工程施工发包与承包违法行为认定查处管理办法》第11条、第12条对违法分包行为也作出了具体规定,在实务中,这些规定应当作为违法分包的判断标准。

3. 转包与专业分包不同。根据住建部《建设工程企业资质管理制度改革方案》及附件1《建设企业资质改革措施表》、附件2《改革后建设工程企业资质分类分级表》的规定,专业分包有地基与基础设施、土石方工程、建筑装修装饰工程、消防设施工程、建筑防水工程等30多种。转包通常只收管理费,对工程施工不提供任何技术和管理,为法律明确禁止行为。而合法的专业分包不为法律禁止,是有效合同。

4. 承包人违法劳务分包情形。承包人违法劳务分包时,发包人是否享有解除权?实务中有两种观点:第一种观点主张区别对待,认为未将主体工程分包,只是将附属工程分包的或者仅将少量劳务作业违法分包给不具备资质的单位或个人的,一般不能认定发包人将主要工作交由第三人完成,发包人不能解除合同;反之,将主体工程违法分包的,发包人可以解除合同。第二种观点主张不能区别对待,认为根据《民法典》第806条第1款,发包人对违法分包的解除权没有任何前提限制,违法劳务分包也属于违法分包,只要发生承包人违法分包的事实,发包人就享有法定解除权。

笔者赞同第二种观点,并认为《民法典》对违法分包解除权问题没有区分不同情形,用意不在于平衡当事人之间的利益,而在于规范多年来屡屡失控的建筑市场。当然该条效果如何,有待实践检验。

(五)承包人发生安全事故或施工期间资质等级下降的

1. 安全事故与合同解除。国务院《建设工程安全生产管理条例》对建设工程的安全施工从设计到施工作出了诸多管理强制性规定,但仍不能避免安全事故的发生。如有安全事故或严重安全隐患,发包人能否解除合同应分别处理:(1)在无约定解除情形下,若承包人违法施工发生一般性的安全事故,对合同履行没有实质性影响,且承包人积极整改,为维护合同稳定性,不宜认定发包人享有法定解除权。(2)承包人违法施工发生重大安全事故,导致主管部门责令工程停工整改,对工程造成实质性影响的,应认定发包人享有解除权。(3)安全施工是承包人的法定合同义务,违规施工是一种违约行为。若发包人有证据证明违规施工已形成重大安全隐患,而承包人怠于整改,发包人可根据《民法典》第527条行使不安抗辩权,下达停工令;承包人仍不整改的,视为以自己的行为表明不履行主要债务,发包人可以依《民法典》第528条规定解除合同。

2. 资质下降与合同解除。招投标时承包人具备相应资质,但在施工中出现资质吊销或资质下降的,属《民法典》第527条不安抗辩权所指的"有丧失或可能丧失履行债务能力的其他情形"。但应注意:(1)在施工期间,承包人因自身的原因被主管部门吊销资质的,或降低资质经整改仍不能恢复资质的,根据建筑法关于禁止施工企业无资质或超越资质许可范围承揽工程的规定,承包人已丧失合同履行能力,发包人可以解除合同。(2)在施工中,承包人资质降低,虽然不符合招投标时所要求的资质但达到该工程所需资质要求的,应认为承包人仍然具备合同履行能力,于此情形下,发包人不宜解除合同。

二、承包人行使法定解除权情形

发包人具有下列情形之一,致使承包人无法施工,且在催告的合理期限内仍未履行相应义务,承包人请求解除建设工程施工合同的,应予支持:(1)未按约定支付工程价款的;(2)提供的主要建筑材料、建筑构配件和设备不符合强制性标准的;(3)不履行合同约定的协助义务的。上述情形是《民法典》第563条第1款规定的法定解除权在建设工程中的具体适用。但若承包人不愿解除合同,选择继续履行,发包人应当承担违约责任;该违约责任体现在《民法典》第803条,即"发包人未按照约定的时间和要求提供原材料、设备、场地、资金、技术资料的,承包人可以顺延工程日期,并有权要求赔偿停工、窝工等损失"。

(一)发包人未按约支付工程款的

按施工合同的约定支付工程款,是发包人的主要义务。发包人未按约定支付工程款,致使承包人无法施工,经催告在合理期限内未履行相应义务的,承包人有权解除合同。该规定与《民法典》第563条第1款第3项之规定相符。在实务中的主要问题有：

1. 注意实质限制。虽然发包人给付工程款是其主要义务，但并非发包人发生迟延给付行为时，承包人就当然享有解除权。在实践中，承包人是否享有解除权，应考虑应给付工程款是否确定，是否致使承包人无法施工，是否经催告而未给付等多种情形。

2. 未付工程款的性质。工程款与工程进度相对应，可分为预付款、进度款、结算款、质保金。在实务中，工程施工往往要求承包人垫资施工，再根据工程进度支付一定比例的进度款，工程完工验收后付一定比例的结算款，再预留一定比例款项作为质保金。因此，签订合同后给付一定比例的预付款的情形不多见，容易发生纠纷的是进度款、结算款给付迟延问题。

笔者认为：因结算款、质保金一般是在工程竣工验收后给付，此时合同义务已近履行完毕，发包人未给付的，此时不存在承包人"无法施工"情形，故只能追究发包人迟延付款违约责任，而不能行使合同解除权，发包人未按约支付工程款一般应限于工程进度款。

3. 未付工程款的程度。现行法律对未依约支付工程款达到何种程度才能解除合同未作规定。在实务中，发包人迟延支付进度款的，承包人往往通过停工方式等待进度款，但由于承包人的经济实力不同，在实务中对未完工的工程如何认定"欠付工程款导致承包人无法施工"是一个复杂问题，需要根据个案进行综合判断。需要指出，工程进度款的确认是给付的前提，当进度款付款节点到来时，确定该节点应付工程款的通常程序是：承包人提出已完成该节点部分的工程量及造价预估，监理预审，发包人（或委托的专业审价单位）对该节点工程量及造价进行审核，再依据合同约定确定该节点应付进度款。因此，未按约支付工程款理应包含每一个节点应付工程款的确认程序。如果承包人施工达到付款节点，但没有提供资料交监理及发包人确认导致发包人无法给付该节点的进度款，不能认为发包人违约。如果承包人施工达到进度款付款节点，提供资料交监理及发包人，但发包人怠于或拒绝确认该节点进度款，可认定发包人付款违约。如果拖欠进度款数额较大，导致承包人出现不能支付民工工资、购买材料等无法施工情形，则承包人享有解除权。

（二）发包人所供主要建筑材料、构配件和设备不符强制性标准的

《民法典》第806条第2款规定："发包人提供的主要建筑材料、建筑构配件和设备不符合强制性标准或者不履行协助义务，致使承包人无法施工，经催告后在合理期限内仍未履行相应义务的，承包人可以解除合同。"

施工合同多以承包方式施工。承包方式多种多样，一般有"包工包料"、"包工不包料"（俗称"单包工"）、"包工部分包料"3种模式。在"包工不包料"、"包工部分包料"方式中常有发包人提供主要建筑材料、建筑构配件或施工设备等情形。

根据《建设工程质量管理条例》第14条和第29条，发包人提供主要建筑材料、建筑构配件和设备的，应对质量承担瑕疵担保责任，同时承包人对发包人提供的不符合强制性标准的主要建筑材料、建筑构配件和设备负有不得使用的强制性义务。这里的强制性标准是指国家规定的强制性标准，这种标准通常是对材料、设备性能的最低要求，它是保障工程质量和工程建成后公共安全的基本要求。发包人发生该类情形，经承包人催告后，发包人不愿意整改而强行命令承包人违规使用的，承包人当然有权解除合同。

（三）发包人不履行约定协助义务的

《民法典》第806条第2款规定："发包人提供的主要建筑材料、建筑构配件和设备不符合强制性标准或者不履行协助义务，致使承包人无法施工，经催告后在合理期限内仍未履行相应义务的，承包人可以解除合同。"可见，《民法典》将发包人协助义务提升到非常重要的高度。

1. 发包人协助义务性质。一般而言，合同协助义务属于附随义务，若不履行该附随义务未达到致使不能实现合同目的的程度，合同不得解除。建设工程非普通产品，需要缔约双方通力配合才能顺利完成，协作性强是施工合同的一大特点，故不能简单地将施工合同中发包人的协助义务归属于合同附随义务，应属发包人的主要义务。最高人民法院认为："虽然该项是对发包人的协助义务的规定，但不是从主要义务和次要义务来说的，如果不履行协助义务致使承包人无法进行施工，就可以认定发包人没有履行合同的主要义务，经承包人催告仍不履行的，承包人具有合同解除权。"[1]

2. 发包人协助义务范围。发包人协助义务范围一般如下：(1)开工前完成施工场地的"三通一平"工作并提供施工场地地质、地下管网等资料；(2)提供施工人临时设施、道路交通、爆破作业等审批手续；(3)办理施工许可及其他施工所需等批件；(4)提供施工图纸、组织图纸会审和设计交底；(5)按照约定提供场地、原材料、设备和技术资料；(6)确认工程量进度和相关签证，及时提供指示；(7)及时解决属

---

[1] 参见最高人民法院民事审判第一庭编著：《最高人民法院建设工程施工合同司法解释的理解与适用》（第2版），人民法院出版社2015年版，第81页。

发包人责任的施工受阻技术问题;(8)在约定时间内办理工程中间验收、隐蔽验收、竣工验收;(9)合同约定的其他协助义务。

3. 不履行协助义务致合同解除的界限。发包人协助义务众多,是否任一协助义务未履行,承包人就有权解除合同? 答案是否定的。不履行协助义务致合同解除的标准是该协助义务的不履行导致承包人无法施工,同时承包人应及时履行催告义务,否则,承包人不能解除合同。比如,桩基工程完工后发包人不组织验收,工程变更不提供专业设计单位出具的变更图纸等,都会使承包人无法继续施工,于此情形下,承包人经催告后,可以解除合同;但发包人具有迟延签证等并不影响承包人施工行为的,承包人一般不能解除合同。

4. 发包人协助义务无约定或约定不明的处理。有的施工合同签订得非常简单,对发包人的协助义务没有约定或约定不多或约定不明。如按司法解释,因发包人不履行合同约定的协助义务,承包人可解除合同,是否可以由此得出:发包人未履行协助义务而该合同对该协助义务没有约定的,承包人不得解除合同? 笔者认为:发包人的协助义务涉施工合同履行方式问题,如果对发包人协助义务没有约定或约定不明,并非束手无策,该等义务完全可依《民法典》第510条、第511条合同补漏规则确定,即双方可就此达成补充协议,若不能达成补充协议,依合同相关条款或者交易习惯确定,同时可要求发包人按照有利于实现合同目的的方式履行协助义务。在实务中,建设部颁布的建设工程通用条款就是施工领域的交易惯例,同时,协助义务可因法律规定而产生,为保证工程顺利施工,国家出台诸多规定和规范,这些规定和规范均可作为判断发包人协助义务的依据。

三、施工合同违约解除后果问题

《建筑法》第15条第2款规定:"发包单位和承包单位应当全面履行合同约定的义务。不按照合同约定履行义务的,依法承担违约责任。"《民法典》第566条规定,合同因违约解除的,一般而言应返还财产,赔偿损失,同时,解除权人可以请求违约方承担违约责任。《民法典》第806条第3款规定:"合同解除后,已经完成的建设工程质量合格的,发包人应当按照约定支付相应的工程价款;已经完成的建设工程质量不合格的,参照本法第七百九十三条的规定处理。"《民法典》第793条规定:"建设工程施工合同无效,但是建设工程经验收合格的,可以参照合同关于工程价款的约定折价补偿承包人。建设工程施工合同无效,且建设工程经验收不合格的,按照以下情形处理:(一)修复后的建设工程经验收合格的,发包人可以请求承包人承担修复费用;(二)修复后的建设工程经验收不合格的,承包人无权请求参照合同关于工程价款的约定折价补偿。发包人对因建设工程不合格造成的损失有过错的,应当承担相应的责任。"虽然上述规定对合同违约解除的后果作出了规定,但实务中仍有一些问题需要探讨。

(一)合同解除后能否依原约定扣留质保金

《建设工程质量保证金管理办法》第2条第1款规定:"本办法所称建设工程质量保证金(以下简称保证金)是指发包人与承包人在建设工程承包合同中约定,从应付的工程款中预留,用以保证承包人在缺陷责任期内对建设工程出现的缺陷进行维修的资金。"该办法第2条第3款规定:"缺陷责任期一般为1年,最长不超过2年,由发、承双方在合同中约定。"而《建设工程质量管理条例》第40条对建设工程最低保修期限作出了不同规定。比较两个规定,可以看出:(1)缺陷责任期与工程保修期不同,缺陷责任期可以在法定范围内约定,而最低保修期为法定,不能通过约定排除;(2)质保金条款源自约定而非法定,保修义务为法定强制义务;(3)质保金所对应的是缺陷责任期,而非保修期,故缺陷责任期过后承包人要求返还质保金的,应予支持,但在保修期内仍然承担保修义务。

当事人双方对施工合同解除后质保金的预留有特别约定的,当属于清算清理条款,应当尊重其约定。但合同解除后,当事人对质保金的预留没有约定的,能否根据原合同约定的质保金条款扣留质保金,在实务中颇多争议。最高人民法院观点是:(1)因合同解除时工程尚未验收,缺陷责任期尚未起算,质保金条款尚未履行,而合同解除后,尚未履行的条款将不再履行,故不宜直接适用原合同中质保金条款作为扣留部分款项依据;(2)合同解除,虽不能适用原质保金条款,但不影响承包人对已完工部分工程承担保修义务;(3)仅在特定情况下质保金有适用余地,该特定情况应限于约定合同解除后预留质保金。对于已完工工程的质量缺陷期应从验收合格,确定质量合格或者交付使用时起计算;同时即使扣留质保金也应以完工部分对应的工程价款为基数按约定比例计算。故如果当事人对合同解除后支付工程价款时是否扣除质保金没有特别约定,人民法院在认定应否扣除质保金时,应当持谨慎态度。[1]

---

[1] 参见于蒙:《建设工程施工合同解除后,质量保证金条款能否适用——中国新兴建设开发总公司与国泰纸业(唐山曹妃甸)有限公司建设工程施工合同纠纷案》,载最高人民法院民事审判第一庭编:《民事审判指导与参考》2018年第2期(总第74辑),人民法院出版社2018年版,第208~212页。

(二)承包人应付违约金之调整

合同因违约而解除的,违约方应当给付违约金。若违约方对过高违约金请求调整,依法应允许减少。施工合同因承包人违约而解除的,在违约金调整问题上,最高人民法院的观点是"违约金过高或过低的判断标准应结合行业利润率确定。建设工程行业的利润率一般在3%左右,实践中,在计算或调整违约金数额时,要考虑建筑业微利的特点,尽量避免承包人承担过高的违约金导致'倒贴钱'现象发生"[1]。

(三)发包人解除合同信赖利益之赔偿范围

发包人因承包人违约而解除合同的情形虽不多见,但实务中确有发生。然而,发包人解除合同后,如何确定发包人的信赖利益赔偿范围是一个难题。笔者举实务中见到的一例:

开发商A公司与建筑商B公司2011年1月签订施工合同,约定B公司承建60,000m^2的商住楼工程。因B公司完成桩基后长期停工违约,A公司被迫于2012年3月通知解除施工合同,并通知B公司20日内自行退场,B公司不愿退场,因而被A公司委托的他人清场,退场迟延200天。A公司为工程续建重新招标,未完工程续建中标价比B公司同一工程原中标价多750万元。B公司完工工程造价经双方确认为1100万元。

A公司提起诉讼,请求判令B公司赔偿损失1375万元,具体为:(1)因长期停工多付工程项目策划费15万元、造价咨询费9万元、监理费15万元、广告费21万元、贷款利息损失63万元、企业管理费用180万元;(2)解除合同后迟延退场产生项目策划费15万元、造价咨询费28万元、监理费17万元、广告费40万元、委托他人清场承包费20万元、企业管理费用210万元、重新招标代理费2万元,未完工程重新续建导致同一工程价差损失750万元。B公司反诉给付工程款1100万元。一审法院认定B公司违约,但对A公司的请求仅支持清场费20万、重新招投标代理费2万元,对未完工程重新续建差价损失750万元判令B公司承担40%即300万元(合计赔偿322万元),其余损失虽客观发生,但不予支持。

---

[1] 程新文:《关于当前民事审判工作中的若干具体问题》(2015年12月24日),载杜万华主编:《〈第八次全国法院民事商事审判工作会议(民商部分)纪要〉理解与适用》,人民法院出版社2017年版,第68页。

发包人主张的损失赔偿属信赖利益损失赔偿。一审判决对损失范围过分限制的原因并非为了符合法律规定，而是出于平衡当事人利益考虑。因为如果全部支持发包人的赔偿请求，与承包人应得工程款抵扣后，承包人不仅不能拿回工程款，还要"倒贴"。这是司法实务中，发包人解除合同后向承包人主张违约赔偿的一个现实难题。

(四)承包人解除合同可得利益之赔偿问题

施工合同因发包人违约而解除的，承包人有权主张可得利益赔偿，可得利益在工程中表现为施工利润。但承包人的可得利益分为两部分：一部分是已完工部分工程的施工利润；另一部分是合同继续履行直至履行完毕之后所产生的施工预期利润。

对第一种情形，即已完工部分工程的施工利润予以支持没有争议。从实务中提供的对工程价款的审核鉴定可以得出，对工程价款的审核必然包含对施工利润的审核。对第二种情形，即承包人未施工部分的预期利润是否支持，存在不同观点：第一种观点认为，合同解除后，承包人对未完工部分不再施工，因不存在新的投入，故承包人不享有未施工部分预期利润；另一种观点认为，合同因发包人违约而解除的，承包人订立合同时的预期利益落空，根据完全赔偿原则，发包人应予赔偿未完工工程的预期利润。

笔者认为，《民法典合同编通则解释》实施后，施工合同并非持续性定期合同，施工合同因发包人违约而解除的，发包人应赔偿未施工部分的预期利润，但应根据该解释第60条、第63条相关规则确定。

第十一章
几种特殊合同解除问题

在学理上,合同可按不同标准进行诸多分类。这种基于学理上分类而形成的不同合同,在涉及合同解除问题时是比较复杂的。合同解除除了一般共性问题需要研究外,某些特殊种类的合同的解除问题非常值得关注和研究。本章将对涉他合同、非典型合同、未生效合同、预约合同、股东协议的解除问题进行探讨。

第一节 涉他合同解除问题

一、束己合同与涉他合同

在对合同的学理分类中,以合同内容是否实质性地涉及第三人为标准可将合同分为束己合同和涉他合同。

(一)束己合同

束己合同是指订约当事人订立合同是为自己设定权利和义务,使自己直接取得和享有某种利益,承受某种负担的合同,故又称"为订约中自己订立的合同"。束己合同严格遵守合同相对性原则,第三人既不因合同而享有权利,也不因合同而承担义务,合同仅在当事人之间有约束力。

(二)涉他合同

涉他合同或称"第三人合同",是指合同当事人在合同中为第三人设定了权利或约定了义务,实质的涉及了第三人利益的合同。合同虽具有相对性,但涉及合同之外第三方利益(包括国家利益、公共利益、集体利益、他人利益)的,就涉他之广义而言,法律对第三人利益保护多有规制。仅就合同效力而言,《民法典》第 153 条第 2 款"违背公序良俗的民事法律行为无效"、第 154 条"行为人与相对人恶意串通,损害他人合法权益的民事法律行为无效"等规定就是在合同效力问题上对第三人利益保护的规定。

合同解除建立在合同有效逻辑前提之下,自然不涉及无效问题,但因为合同涉他条款实质地涉及第三人利益,而第三人又不是合同当事人,一般不享有合同代位权、撤销权、解除权,故当事人之间解除涉他合同的,自然必涉及涉他合同中第三人利益。依禁止权利滥用原则,对涉他合同解除中第三人利益如何看待和是否允许解除涉他合同,我国《民法典》对此没有特别的明文规定,故对于涉他合同解除问题,自然有必要讨论。

二、涉他合同之两种类型

我国合同法规定的涉他合同有两种类型:向第三人履行合同和由第三人履行合同。

(一)向第三人履行合同

1. 向第三人履行合同又称"第三人利益合同"、"第三人取得债权的合同"或"为第三人利益订立的合同",是指合同双方当事人为第三人设定了合同权利,由第三人取得利益的合同。第三人不是合同缔约人,不需要在合同上签字或者签章,也不需要通过代理人为其参与其缔约;合同约定不得为第三人增加负担,且双方当事人约定不约束该第三人,因此,第三人常被称为"受益人"。合同债务人拒绝向第三人履行的,债务人应向债权人履行并承担违约责任。

2. 《民法典》对第三人利益合同之规定。《民法典》第 522 条第 1 款规定:"当事人约定由债务人向第三人履行债务,债务人未向第三人履行债务或者履行债务不符合约定的,应当向债权人承担违约责任。"《民法典》第 522 条第 2 款规定:"法律规定或者当事人约定第三人可以直接请求债务人向其履行债务,第三人未在合理期限内明确拒绝,债务人未向第三人履行债务或者履行债务不符合约定的,第三人可以请求债务人承担违约责任;债务人对债权人的抗辩,可以向第三人主张。"《民法典》第 522 条第 2 款系新增条款。

从《民法典》第 522 条的规定来看,该规定将不真正利益第三人合同置于第 1 款,将真正利益第三人合同置于第 2 款,且从体系解释来看,不真正利益第三人合同属于常态,而真正利益第三人合同需要法律规定或当事人约定才能适用,这也符合当事人的意愿。

据此,《民法典》第 522 条将向第三人履行合同根据第三人是否享有履行请求权分为不真正利他合同和真正的利他合同两种类型:

第一种类型:不真正利他合同。该条第 1 款规定的是不真正利他合同的情形。不真正利他合同实际上是合同履行的一种特殊形式,在该类合同中第三人是纯粹的履行受领人,并不获得直接针对债务人的履行请求权,债务人未向第三人履行债务或者履行债务不符合约定的,应当向债权人承担违约责任。

不真正利他合同中的第三人具有以下几个特征:一是不真正利他合同中的第三人不同于受领辅助人。受领辅助人是由债权人指定的代债权人进行受领的人。不真正利他合同中的第三人并非由合同当事人一方指定的,而是由双方当事人共同同意的,二者产生方式不同。二是不真正利他合同中的第三人不享有合同中的请求权。在不真正利他合同中,第三人只是可以接受债务人的给付,而不享有合同中的请求权,不能直接向债务人请求给付。三是当债务人不履行,或不按照合同约定履行时,不真正利他合同中的第三人不能向债务人主张承担违约责任。此时,能够主张违约责任的主体仍然是合同债权人。[1]

此外,还应当注意:第一,在合同履行过程中,债务人违反约定直接向债权人履行的,属于履行不当,债权人有权拒绝而不构成受领迟延;第二,债权人和债务人之间可以随时就债务履行的对象进行变更,第三人无干涉权利;第三,第三人并非合同当事人,仅消极地接受债务人的履行,并不享有直接请求履行的权利,但若第三人拒绝受领给付,此时对于债权人和债务人之间的债务关系构成履行障碍,债务人应当将第三人拒绝受领的情况告知债权人,债权人可以亲自受领给付;第四,第三人受领债务人的给付后,可享有保有利益,拒绝返还,而不构成不当得利。因此,不真正利他合同仍遵循合同相对性原理,债务人未按照约定向第三人履行债务的,仅债权人有权请求债务人承担违约责任。

第二种类型:利他合同。利他合同又称"真正利益第三人合同",是指根据当事人约定,由债务人向第三人履行债务,并且根据法律规定或者由合同约定,第三人可以直接请求债务人履行的合同。利他合同的特点在于虽然第三人并非合同的当事人,但合同的效力可以拓展到非合同当事人的第三人,第三人可以取得履行请求权。

利他合同突破了合同相对性,但构成利他合同须具备如下要件:一是须约定由

---

[1] 参见王利明:《具有国际化视野的〈民法典〉合同编立法》,载《经贸法律评论》2021 年第 4 期。

债务人向第三人履行;二是第三人根据法律规定或者合同约定享有直接请求债务人向其履行债务的权利,而且第三人取得权利是直接由法律规定或者由合同约定,而非由债权人继受取得,与债权让与不同;三是须债权人亦有请求债务人向第三人履行的权利。

第三人享有直接履行请求权的权利来源有两种:一是法律直接规定,如《保险法》第 18 条规定的人身保险合同中约定的受益人,该受益人非该保险合同当事人,但发生特定事由时,受益人可以直接请求保险人支付保险金。二是合同约定。这种约定请求权的取得,不需要当事人特别作出接受的意思表示,只要未在合理期限内明确拒绝即可。

当第三人直接要求债务人履行合同时,债务人有权行使抗辩权。理由是,由于第三人的权利实际来源于债权人和债务人之间的合同,故对于因该合同所发生的一切抗辩,债务人可以以之对抗第三人。[1] 这些抗辩包括债权不成立的抗辩、产生债权的合同被撤销或者被宣告无效的抗辩、合同债权已经因履行或者清偿等原因而消灭的抗辩、同时履行抗辩、不安抗辩、后履行抗辩等

在利他合同中,第三人享有如下权利:一是拒绝权。在利他合同中,法律推定当事人为第三人创设的合同权利符合第三人利益,或至少不会侵害第三人权利,但第三人自己对于该合同是否真正符合自身利益最为清楚,应当赋予第三人决定是否接受该合同的权利。因此,《民法典》第 522 条第 2 款赋予了第三人拒绝权。在第三人表示拒绝时,第三人利益条款不能生效,但其他条款仍可在当事人之间发生效力。二是履行请求权。利他合同最为显著的特征就是,第三人直接享有请求债务人履行的权利,债务人也负有向该第三人履行的义务。第三人可以请求履行合同中为其设定的权利和利益,但不得超出合同的约定。三是请求债务人承担违约责任。在利他合同中,如果债务人没有依约向第三人作出给付,则第三人有权请求债务人承担违约责任,即第三人可以请求违约损害赔偿,当然,损害赔偿仅限于债务人不履行债务使第三人为接受履行作出准备而遭受的损失。而由于第三人不是合同当事人,其救济相对于当事人而言应当受到一定的限制,也就是说,第三人原则上无权主张债务人承担违约金责任、定金责任,也无权解除合同。[2]

真正利益第三人是否享有合同撤销权、解除权?《民法典》对此未作规定。《民

---

[1] 参见最高人民法院民法典贯彻实施工作领导小组主编:《中华人民共和国民法典合同编理解与适用》,人民法院出版社 2020 年版,第 411~415 页。

[2] 参见王利明:《具有国际化视野的〈民法典〉合同编立法》,载《经贸法律评论》2021 年第 4 期。

法典合同编通则解释》第 29 条规定："民法典第五百二十二条第二款规定的第三人请求债务人向自己履行债务的,人民法院应予支持;请求行使撤销权、解除权等民事权利的,人民法院不予支持,但是法律另有规定的除外。合同依法被撤销或者被解除,债务人请求债权人返还财产的,人民法院应予支持。债务人按照约定向第三人履行债务,第三人拒绝受领,债权人请求债务人向自己履行债务的,人民法院应予支持,但是债务人已经采取提存等方式消灭债务的除外。第三人拒绝受领或者受领迟延,债务人请求债权人赔偿因此造成的损失的,人民法院依法予以支持(第3款)。"

该条第 1 款明确规定有独立请求权的第三人不享有合同撤销权和解除权,原因是第三人对债务人虽取得履行请求权,但由于不是合同当事人,合同本身的权利如撤销权、解除权等,第三人不得行使,仍应由债权人行使。换言之,第三人取得独立请求权,并不意味着第三人已取得债权人在合同中的地位,也不意味着合同全部债权转让给了第三人。该条第 2 款规定债权人行使撤销权、解除权后,如果第三人从债务人处取得财产,则由债权人承担返还义务,第三人不负返还义务,理由是第三人仅取得权利,不应承担义务,否则不能称为真正利益第三人;至于债权人承担责任后是否有权向第三人请求返还,则取决于双方之间的约定。第 3 款是第三人拒绝受领情形,除非债务人已采取提成方式消灭债务,否则债权人可以请求债务人向自己履行债务。

(二)由第三人履行合同

1. 由第三人履行合同及《民法典》之规定

由第三人履行合同,又称"第三人负担的合同",是指合同当事人为第三人设立了义务,约定第三人向合同债权人履行该合同约定的义务的合同。

《民法典》第 523 条规定:"当事人约定由第三人向债权人履行债务,第三人不履行债务或者履行债务不符合约定的,债务人应当向债权人承担违约责任。"该规定是指由第三人履行合同。

由第三人履行合同,法律特征在于:(1)由第三人履行的合同,该第三人并没有成为合同的当事人,合同的当事人仍然是原债权人和债务人,如果第三人没有履行,债务人应向债权人承担责任;(2)合同当事人经过协商一致决定由第三人向债权人履行债务,至于第三人是否履行,应由债务人和第三人进行协商;(3)第三人代为履行不能损害债权人利益;(4)合同债务可以由第三人代为履行,且必须是由债务人亲自履行的债务,不能由第三人代为履行的除外。

由第三人履行的法律后果:(1)债权人应当接受第三人履行,由于债务人已经与债权人约定由第三人履行债务,如果债权人不接受第三人履行视为债务人已经履行了债务而债权人构成违约。(2)第三人违约时,债务人应当向债权人承担违约责任。因此,第三人代为履行中的第三人只是替代债务人履行债务,而不是合同的当事人。

由第三人履行合同与债务移转的共同点是两者都是给予第三人负担,但两者的区别为:一是两者约定主体不同。在第三人履行合同中,合同当事人是债权人和债务人两方,第三人不参与合同的约定;在债务移转中,是由第三人与债务人或者债权人进行约定,第三人必须是合同约定的参与主体,在第三人与债务人约定免责的债务移转情形下,该约定需要经债权人同意才能对债权人发生效力。二是两者的法律约束力不同。债务移转后,第三人成为新债务人,受到合同约定的约束;但是在由第三人履行的合同中,第三人并非债务人,不受合同约束,第三人可以选择履行或者不履行债务。三是第三人不履行债务的责任承担主体不同。在由第三人履行的合同中,第三人不履行债务或者履行债务不符合合同约定的,由债务人承担违约责任;在债务移转后,第三人不履行债务或者履行债务不符合合同约定的,第三人须向债权人承担违约责任。

由第三人履行合同和第三人单方自愿代为履行不同。《民法典》第 524 条新增了第三人单方自愿代为履行规则,即"债务人不履行债务,第三人对履行该债务具有合法利益的,第三人有权向债权人代为履行;但是,根据债务性质、按照当事人约定或者依照法律规定只能由债务人履行的除外。债权人接受第三人履行后,其对债务人的债权转让给第三人,但是债务人和第三人另有约定的除外"。在法理上,两者的共同点是:一是第三人地位相同。无论是由第三人履行合同还是第三人单方自愿代为履行,第三人均不是合同当事人,第三人对合同的义务均出于自愿,任何一方不得强制第三人履行。二是第三人履行债务的后果均由债务人承担。但两者不同点是:一是两者性质不同。由第三人履行合同本质上是指以担保第三人履行为合同标的的合同,当第三人未履行合同义务时,债务人承担赔偿责任。而第三人单方自愿代为履行则不是一种合同类型,而是一种事实行为。二是构成要件不同。由第三人履行合同须以债权人和债务人在合同中予以明确约定为前提,但第三人单方自愿代为履行则无此要求。三是法律效果不同。一方面,对债权人而言,在由第三人履行合同中,债权人已与债务人达成由第三人履行的共识,故在第三人作出履行时,债权人不得拒绝受领;而在第三人单方自愿代为履行的情形下,如果该债务性质不适合由第三人履行(如演出合同中已指定演员),则在第三人自愿代为清偿时,债权人有权予以拒绝。另一方面,对债务人而言,在由第三人履行合同中,根据合同约定,债务人无权拒绝第三人向债权人履行;而在第三人单方自愿代为履行的情形下,债务人事先提出异议的,第三人则不得代为履行。四是在合同约定由第三人履行的情况下,债务人可以依据合同约定督促第三人作出履行;而在第三人自愿清偿的情形下,债务人无权要求第三人履行债务。第三人单方自愿代为履行后,自动发生债权转让的效果;而在由第三人履行合同中,并不自动发生债权转让效果。[1]

应当注意,《民法典》第524条规定的第三人代为履行应当具有合法利益。由于债务在绝大多数情况下并不具有专属性,可以由第三人代为清偿,因此,为了促进债权的实现,同时有效保护债务人的利益,只要第三人对履行的债务具有合法利益,第三人有权向债权人作出清偿,债权人无权拒绝,且一旦清偿,将发生债的消灭的效力。[2]《民法典合同编通则解释》第30条规定:"下列民事主体,人民法院可以认定为民法典第五百二十四条第一款规定的对履行债务具有合法利益的第三人:(一)保证人或者提供物的担保的第三人;(二)担保财产的受让人、用益物权人、合法占有人;(三)担保财产上的后顺位担保权人;(四)对债务人的财产享有合法权益且该权益将因财产被强制执行而丧失的第三人;(五)债务人为法人或者非法人组织的,其出资人或者设立人;(六)债务人为自然人的,其近亲属;(七)其他对履行债务具有合法利益的第三人。第三人在其已经代为履行的范围内取得对债务人的债权,但是不得损害债权人的利益。担保人代为履行债务取得债权后,向其他担保人主张担保权利的,依据《最高人民法院关于适用〈中华人民共和国民法典〉有关担保制度的解释》第十三条、第十四条、第十八条第二款等规定处理。"

基于上述内容可知,由第三人履行合同属于涉他合同之列,而第三人单方自愿代为履行不属涉他合同之列。

三、涉他合同之效力

涉他合同效力问题的核心是该类合同能否突破合同相对性原则,换言之就是涉他合同对第三人有无约束力。随着社会经济高速发展以及商业往来越发频繁、复杂,合同效力扩张到第三人的情形逐渐普遍,尤其是在保险业、运输业、金融业等

---

[1] 参见最高人民法院民法典贯彻实施工作领导小组主编:《中华人民共和国民法典合同编理解与适用》,人民法院出版社2020年版,第426~427页。

[2] 参见王利明:《具有国际化视野的〈民法典〉合同编立法》,载《经贸法律评论》2021年第4期。

行业,各国通过判例或立法承认涉他合同及相应的效力。涉他合同制度的创立,使合同更充分地体现了当事人尤其是债权人的意志和利益,同时在合同中为第三人设立权利或负担也是当事人意思自治原则的体现,只不过这种为第三人设立的权利或负担对第三人而言有的具有直接约束力,有的不具有直接约束力。

在《民法典》颁布前,对原《合同法》第64条规定的是否为真正意义上的第三人利益合同,在学术界有"肯定说""否定说""宽泛肯定说""不足肯定说"等几种学说观点。产生争议的原因是原《合同法》第64条、第65条没有明确规定第三人享有直接请求权,因此相关合同被一些学者认为不是真正的涉他合同,但我国一些单行法,如《保险法》第65条、《海商法》明确承认了第三人享有请求权,《民事诉讼法》第59条也赋予了第三人独立请求权。

《民法典》部分突破了涉他合同相对性原则,有条件地承认了当事人的独立请求权。根据《民法典》,对涉他合同中第三人是否享有独立请求权应当区别对待:一种情形是符合《民法典》第522条第1款属于不真正利他合同的,仍应坚持合同相对性原则,第三人不享有履行请求权;另一种情形是符合《民法典》第522条第2款属于利他合同的,则应允许突破合同相对性原则,允许第三人介入合同,对债务人享有直接履行请求权。

四、涉他合同之解除问题

(一) 涉他合同解除之争议

原《合同法》对涉他合同能否解除问题没有作出规定,由此导致争议。争议焦点在于:在原《合同法》第64条规定的第三人利益类型的涉他合同中,因存在第三人利益,是否赋予当事人对涉他合同的解除权?对于该问题,在学说上有"否定说"和"肯定说"。

1. 否定说。该说认为应区分约定解除权与法定解除权。就约定解除权而言,因其系由当事人基本行为的补偿关系所订,与第三人条款同为合同的内容,当事人自得本于约定,行使约定解除权。至于法定解除权的行使,有学者认为除得第三人同意外,不得为之,因为基于债务不履行而产生的损害赔偿请求权与第三人基于为第三人利益的合同所取得的权利为同一权利,当事人不得将之变更或消灭,否则第三人的债务不履行损害赔偿权将无法产生,对第三人权益影响甚大。其中部分学者认为:在第三人未表示受领前,利益尚未确定,故债权人与债务人可变更或解除合同;第三人表示受领后,利益业已确定,不容剥夺,债权人与债务人不得变更第三人约款或解除合同。[1]

2. 肯定说。该说认为法定解除权的产生仍为法律所明确规定,纯为保护债权人所涉约定,民法关于为第三人利益合同的规定,既然未限制当事人行使因法定原因所发生的撤销权,当然不宜限制当事人行使法定解除权。[2] 由于第三人取得权利系直接本于当事人的合同,就一般情况而言,当事人并未赋予第三人得以排除当事人解除合同的独立权利,故应以肯定说为是。[3] 崔建远教授也基本上赞同肯定说,认为如果存在无须保护第三人而应优惠保护当事人的特殊情形,证据充分、确凿,则不妨允许当事人解除为第三人利益的合同。[4]

3. 笔者观点。根据《民法典合同编通则解释》第29条第1款、第2款的规定,第三人取得的仅仅是基于合同产生的请求权,撤销权、解除权等决定合同地位的权利并未由第三人取得,仍应由债权人行使,债权人行使合同撤销权、解除权,债务人请求返还财产的,应该由债权人负责返还。最高人民法院倾向性认为,具有独立请求权的第三人仅取得权利,不应承担义务,即使合同依法被撤销或者解除,第三人也不负返还义务,而应由债权人承担返还义务。[5] 据此,笔者认为,涉他合同本不存在对合同解除权予以特别限制的问题,仅因存在第三人利益需要保护,才予探讨。既然涉他合同制度已部分突破合同相对性原则,据此,应根据第三人利益保护标准,排除两种极端情形:一是允许当事人在任何时候可以不经过第三人同意即变更或解除与第三人权利相关的合同条款;二是涉他合同一旦生效,除非征得第三人同意,否则,当事人在任何情况下都不能变更或解除合同或与第三人权利相关的合同条款。换言之,涉他合同能否解除,关键是第三人利益保护标准问题。

(二)第三人利益保护标准

既然《民法典》第522条第2款已明确规定涉他合同中存在第三人利益,当然应予保护,那么该第三人利益保护的标准也就涉及涉他合同解除标准,立法对这个问题没有明确,自有必要探讨。

---

[1] 参见胡康生主编:《中华人民共和国合同法释义》(第3版),法律出版社2013年版,第128页。

[2] 参见胡长青:《中国民法债法总编》(下册),上海商务部书馆1947年版,第405页。

[3] 参见刘春堂:《民法债编通则(一)》,台北,三民书局2001年版,第262页。

[4] 参见崔建远:《完善合同解除制度的立法建议》,载《武汉大学学报(哲学社会科学版)》2018年第2期。

[5] 参见最高人民法院民事审判第二庭、研究室编著:《最高人民法院民法典合同编通则司法解释理解与适用》,人民法院出版社2023年版,第336页。

在涉他合同解除标准上,有学者认为,第三人利益保护标准如下:(1)知晓标准,在第三人利益合同中,只要受益第三人知道该利益的存在,当事人就不能再变更或解除合同;(2)告知规则,如果当事人告知第三人合同已经订立或者将合同文件递交受益第三人,当事人就不能再变更或解除合同;(3)接受规则,在第三人利益合同中,若第三人接受该合同,则当事人不得再变更和解除;(4)依赖规则,受益第三人希望从合同中获得为其所设定的利益并希望该合同能够得到正确履行,因此依据该合同作出了某种行为或采取了某种措施,那么第三人依赖合同的行为可以作为限制合同变更或解除合同的理由。也有学者不赞同上述观点,认为知晓规则、告知规则、接受规则均存在无法证实的第三人心理活动,不宜作为阻却当事人解除合同的原因,而依赖规则表明第三人对合同不仅是接受而且付诸实际履行或接受,于此情形下,若许可当事人解除合同,则会对第三人造成利益上的损害,故建议我国合同法采取依赖规则。[1]

笔者认为:不论合同履行情况如何,应根据第三人利益是否实质受损来判断当事人能否解除涉他合同,换言之,应秉承诚信原则,以个案中第三人利益是否"实质受损"作为涉他合同解除的判断标准。

(三)涉他合同解除情形

1.未向第三人未履行或第三人未履行。(1)在第三人利益合同中,当事人约定债务人向第三人履行给付义务;在该合同之外,一般情形下,在第三人与债权人之间存在另一个对价关系,特殊情形下存在无对价或无偿关系。若为有偿对价,涉他合同关系中的债务人不履行行为会影响第三人利益,但该第三人在另一对价关系中可以对债权人行使同时履行抗辩权,或行使先履行抗辩权,或行使不安抗辩权,使自己与债权人另一对价关系的权益得到保护。第三人另一对价关系得到保护的,则第三人在涉他合同中的利益不存在损失,但行使抗辩权,第三人利益也有可能实质落空。比如,债权人已无偿还能力,于此情形下,对债权人解除合同行为就要作出限制。若另一对价关系为无偿,则第三人在涉他合同中的利益更不存在损失,故此情形下,涉他合同当事人当然有权解除合同。(2)在由第三人履行的合同中,由于本不存在第三人利益,第三人未履行的,债权人当然有权解除合同。

当然,在《民法典》第 522 条规范的利他合同场合,无论第三人与债权人之间是否存在另一有偿或无偿对价关系,根据第 522 条第 2 款,第三人享有对债务人的直

---

[1] 陈任:《第三人利益合同的变更和解除》,载《法律科学(西北政法学院学报)》2007 年第 5 期。

接履行请求权或违约责任赔偿请求权。故债权人与债务人之间行使解除权损害第三人这一法定权利,使第三人利益实质落空的,应当予以限制。

也有学者认为,即使是纯粹的利他合同,当事人的解除权也不会对第三人的权利造成危害,因为第三人可以行使损害赔偿请求权以获得救济,故而不应限制解除。[1] 笔者对此持有异议。理由是:纯粹的利他合同第三人直接介入合同享有请求权有两个条件:一是法律规定或合同当事人约定;二是第三人未在合理期限内拒绝。对于法律规定情形(如保险合同受益人),在立法上有保护第三人利益的重要价值,这种立法价值,远高于合同当事人的利益,构成当事人解除合同的限制。对于约定情形,第三人未拒绝,意味着第三人选择债务人履行合同义务,这种选择自有其价值评估或对风险的考虑,亦与意思自治原则不悖,于此情形下,若允许当事人解除合同,既未考虑第三人利益,亦违反诚信原则,不应当支持。

2. 向第三人履行完毕或由第三人履行完毕。(1)在第三人利益合同中,债务人依合同向第三人已履行完毕,债权人债务人再因其他条款未履行而解除合同的,因第三人不是合同当事人,第三人获得了债务人给付,于此情形下,当事人解除合同只要不影响第三人利益,可以准许当事人解除合同,但不能向第三人主张返还已给付的利益。(2)在由第三人履行合同中,第三人已向债权人履行完毕的,债权人自无解除合同的必要;因其他条款或情形而达成解除合意的,与第三人无关,当事人协商解除的,亦无关第三人利益。

3. 向第三人部分履行或第三人部分履行。(1)在第三人利益合同中,存在金钱债务,债务人对第三人部分给付,部分未给付的,第三人对未获得的部分,如同上述"1"中情形处理,根据具体情形考量当事人的合同解除权。若尚未办理不动产过户登记手续,尽管标的物的物权变动尚未完成,债务人所负合同义务尚未全部履行完毕,但一般不宜允许解除纯粹的利他合同。比如,某建筑商与某开发商约定,对于所欠工程之部分进度款愿以部分房屋折价抵款,由建筑商寻买主,款由建筑商收取,抵扣工程进度款,开发商须与买主签订售房合同,向买主支付房屋,提供办理不动产权属登记的资料。后开发商与众多买主签订售房合同并进行了预售房登记,且已向买主交房,买主亦装修入住,之后建筑商不提供竣工备案资料,导致房屋不能备案,开发商欲解除合同。此时,若许可开发商解除与建筑商以物抵债合同,仅从第三人利益保护角度出发,解除合同将涉及众多买主的利益,买主的利益将蒙受实质性损害,于此情形下,不应准许开发商解除合同。(2)在第三人向债权人部分

---

[1] 参见刘凯湘:《民法典合同解除制度评析与完善建议》,载《清华法学》2020 年第 3 期。

履行场合,债务人基于其他原因解除合同的,若第三人利益未实质受损,可以支持解除,但若实质受损,不宜支持解除。

第二节 非典型合同解除问题

一、典型合同与非典型合同

依据法律规范是否赋予合同特定名称并给予特别规定为标准,合同可以分为典型合同和非典型合同。

(一)典型合同及解除

1. 典型合同。典型合同又称"有名合同",是指法律设有规定或设有规则并赋予特定名称的合同。如《民法典》合同编第二分编规定的 19 类合同都属于典型合同,除此之外,其他法律或司法解释中也规定了典型合同,如《民法典》物权编规定了居住权合同、抵押合同、质押合同,《农村土地承包法》规定了土地承包合同、土地流转合同,《城市房地产管理法》规定了土地使用权出让合同和转让合同,《民间借贷解释》规定了民间借贷合同,等等。

2. 创设典型合同功能。法律之所以在合同类型自由主义的前提下创设典型合同,主要功能有:其一,以任意性规定补充当事人约定之不足。法律关于有名合同的相关规定,主要是对合同的内容进行具体规范,于合同而言,除了当事人、标的、数量等必要条款须由当事人约定外(目的是解决合同是否成立的问题),其他非必要条款,如履行时间、履行方式、履行地点、风险负担等方面的问题,如合同无约定,则可适用有名合同的相关规则。有名合同中对非必要条款的规定,在德国称"任意规定",在英国称"默示条款",在法国称"补充规定"。立法规定这些规则,有利于减轻当事人订立合同过程中的负担,填补当事人订约疏忽,亦有利于法院在无约定时适用这些规则处理案件。其二,以强制性规范抑制当事人的不当约定。合同法虽遵循自愿原则,但在原则之外有例外,若当事人在合同中的约定损害国家利益、公共利益或使当事人之间利益严重失衡,有名合同可设立强行性规范予以抑制,对当事人约定效力予以否认。如建设工程合同中禁止非法转包及违法分包之规定,租赁合同中租赁期限限制在 20 年内之规定等。其三,满足确定合同纠纷地域管辖之需要。不同的典型合同,发生纠纷时,地域管辖法院亦不同,这包括两个方面:一是确定合同履行地。如《民事诉讼法》第 24 条规定"因合同纠纷提起的诉讼,由被告住所地或者合同履行地人民法院管辖"。故在合同纠纷诉讼管辖中,合同履行地是重要考量依据之一。二是确定专属管辖。如《民事诉讼法》第34条和《民事诉讼法解释》第28条对专属管辖作出了具体规定。

3.典型合同解除规则。实务中多数合同属于典型合同。由于典型合同有明确的法律规则,故典型合同解除在如何选择解除规则上争议不大。典型合同解除除了适用《民法典》第563条外,还须适用《民法典》中各典型合同的具体解除规则、单项法律和司法解释中的具体解除规则。关于《民法典》中的典型合同具体规则,例如,《民法典》第806条第1款规定"承包人将建设工程转包、违法分包的,发包人可以解除合同"(违约解除);又如,《民法典》第857条规定"作为技术开发合同标的的技术已经由他人公开,致使技术开发合同的履行没有意义的,当事人可以解除合同"(任意解除)。

(二)典型合同名不副实问题

典型合同类型不同,将导致合同性质不同,由此会带来适用法律规范不同,裁判结果不同。在判断合同是否属某一类型典型合同时,还应注意甄别是否存在名不符实问题。名不副实合同与阴阳合同虽然都存在需要探讨真实意思表示的问题,但二者亦存在不同,最大的区别是前者是一份合同,后者是两份以上的合同。对于名不符实合同的判断,《民法典合同编通则解释》提供了判断标准。

《民法典合同编通则解释》第15条规定:"人民法院认定当事人之间的权利义务关系,不应当拘泥于合同使用的名称,而应当根据合同约定的内容。当事人主张的权利义务关系与根据合同内容认定的权利义务关系不一致的,人民法院应当结合缔约背景、交易目的、交易结构、履行行为以及当事人是否存在虚构交易标的等事实认定当事人之间的实际民事法律关系。"根据上述解释规定,名不副实合同存在如下两种情形,但二者法律属性不同,应注意区别。具体如下:

1.第一种情形是合同名称是典型合同但与合同约定的内容不一致。这种情形涉合同解释问题,即如何理解当事人在合同中的特殊约定。认定合同性质应当以当事人真实意思表示和合同内容为准,不能简单地以当事人自行约定的合同名称来认定。

关于合同解释的具体规定如下:《民法典》第142条规定:"有相对人的意思表示的解释,应当按照所使用的词句,结合相关条款、行为的性质和目的、习惯以及诚信原则,确定意思表示的含义。无相对人的意思表示的解释,不能完全拘泥于所使用的词句,而应当结合相关条款、行为的性质和目的、习惯以及诚信原则,确定行为人的真实意思。"《民法典》第466条规定："当事人对合同条款的理解有争议的,应当依据本法第一百四十六条第一款的规定,确定争议条款的含义。合同文本采用两种以上文字订立并约定具有同等效力的,对各文本使用的词句推定具有相同含义。各文本使用的词句不一致的,应当根据合同的相关条款、性质、目的以及诚信原则等予以解释。"《民法典合同编通则解释》第1条规定："人民法院依据民法典第一百四十二条第一款、第四百六十六条第一款的规定解释合同条款时,应当以词句的通常含义为基础,结合相关条款、合同的性质和目的、习惯以及诚信原则,参考缔约背景、磋商过程、履行行为等因素确定争议条款的含义。有证据证明当事人之间对合同条款有不同于词句的通常含义的其他共同理解,一方主张按照词句的通常含义理解合同条款的,人民法院不予支持。对合同条款有两种以上解释,可能影响该条款效力的,人民法院应当选择有利于该条款有效的解释;属于无偿合同的,应当选择对债务人负担较轻的解释。"

就单项司法解释而言,《国有土地使用权合同解释》第12条将合作开发房地产合同列为典型合同,同时该类合同特征为"共同投资,共享利润、共担风险",不具备上述特征的,不能认定为合作开发房地产合同。该解释同时对合作开发房地产合同中虚假和隐藏意思表示的4种情形作出了规定:合作开发房地产合同约定提供土地使用权的当事人不承担经营风险,只收取固定利益的,应当认定为土地使用权转让合同(该解释第21条);合作开发房地产合同约定提供资金的当事人不承担经营风险,只分配固定数量房屋的,应当认定为房屋买卖合同(该解释第22条);合作开发房地产合同约定提供资金的当事人不承担经营风险,只收取固定数额货币的,应当认定为借款合同(该解释第23条);合作开发房地产合同约定提供资金的当事人不承担经营风险,只以租赁或者其他形式使用房屋的,应当认定为房屋租赁合同(该解释第24条)。

2. 第二种情形是当事人主张的法律关系与合同约定的权利义务不一致。这种情形涉及当事人以虚假意思表示隐藏真实意思表示问题,往往存在双方虚构交易标的进行交易或为规避监管而采取虚伪表示的情形。近年来,发生了当事人出于分散风险的目的,拉长交易链条,权利义务主体分散进入交易环节,制造多个主体间的多重虚伪意思表示行为的情形,称为当事人主张法律关系与交易结构不一致。

上述情形适用《民法典》第146条进行判断。《民法典》第146条规定："行为人与相对人以虚假的意思表示实施的民事法律行为无效。以虚假的意思表示隐藏的民事法律行为的效力,依照有关法律规定处理。"但判断是否构成"虚假意思表示"难度较大,为此,应"结合缔约背景、交易目的、交易结构、履行行为以及当事人是否存在虚构交易标的等事实认定当事人之间的实际民事法律关系"。换言之,要认定当事人之间形式上订立的合同并非当事人的真实意思表示,则应先认定当事人的真实意思表示,再认定真实意思表示订立合同的效力。

在实务中,应根据《九民纪要》的规定通过穿透式审判思维,查明当事人的真实意思,探求真实法律关系。穿透式审判思维来源于穿透式监管,即正确认定多层嵌套交易合同下的真实交易关系,打破刚性兑付,尤其要对以金融创新为名掩盖金融风险,规避金融监管,进行制度套利的金融违规行为,以其实际构成的法律关系认定合同效力和权利义务,防止金融风险在不同金融行业和金融机构之间快速传播。

对名为买卖实为企业借贷的合同如何判断,是实务中争议比较多的问题,值得探讨。2010年至2012年左右,在铁矿石、钢铁、铜等大宗商品交易中,产生了托盘交易模式。以钢材为例,该模式是指钢贸商先向钢材生产商下达订货计划,支付20%左右货款给资金雄厚的中间商,由中间商与生产商签订供货合同,并支付全额货款,同时钢贸商与中间商就同笔货物签订销售合同加一定佣金或利息费用,生产商的钢材发给钢贸商指定的第三方仓库,进行监管,一段时间后钢贸商向中间商付清货款后,拿回钢材货权。对钢贸商而言,资金雄厚的中间商实际上成了其融资的"影子银行"。当时部分资金雄厚的大型国有企业充当中间商,通过托盘交易实际上已经异化为融资平台,在大宗商品价格下跌时,产生了诸多纠纷。该类合同究竟是买卖合同还是企业借贷合同?在实践中存在不同的看法,最高人民法院亦未对此明确表态。但是,最高人民法院通过(2010)民提字第110号、(2011)民提字第119号、(2014)民二终字第56号3个类似的案件的终审判决,提供了基本认定标准:(1)诉讼各方当事人均认可系以融资为目的而签订买卖合同的,或有确切的证据证明各方当事人在签订合同时均明知是以融资为目的的,应认定为企业间借贷。(2)诉讼中,一方当事人主张买卖合同有效,另一方抗辩双方或各方系以融资为目的签订买卖合同,否认存在真实买卖合同关系的,抗辩方应负有举证责任,如抗辩方无法举证或抗辩方提交的证据不足以证明抗辩方抗辩事由,则抗辩方主张不能采信,应当根据现有已确认的证据及查明的事实确定合同性质。

(三)非典型合同

1.非典型合同。非典型合同又称"无名合同",与典型合同相反,是指法律尚未确定一定名称,尚未特别规定其适用规则的合同。

《民法典》第116条规定了"物权法定主义"原则,即物权的种类和内容由法律直接规定,当事人无权通过协商自由创设物权种类和每一类别的内容。但与物权领域规定的"物权法定主义"不同,《民法典》合同编并不禁止当事人订立非典型合同。当事人在法律规定的典型合同之外,确定各种非典型合同这是合同自由的固有含义。由于社会性质变化多端,交易活动日益复杂,变形交易不断出现,法律许可设立非典型合同,实际上是为当事人自由创设各种合同形式,从事各种交易提供了广泛的活动空间,也使各种合法交易即使没有被法律规定为典型合同,也能够获得法律的保护。

最高人民法院在秦皇岛绿色房地产有限公司与秦皇岛商行长城支行其他合同纠纷上诉案[(2011)民一终字第101号]中认为:"确定合同当事人之间的法律关系应当从当事人签订合同的真实意思表示及合同所约定权利义务关系内容判断,而不应限定于当事人所签合同表面形式。不具有《合同法》所规定有名合同类型的典型特征,属于无名合同"。[1]

2. 非典型合同保护的司法政策。随着社会经济的快速发展,在市场经济主体之间各种交易模式和交易结构不断创新,形成了大量的无名合同(如土地一级开发合同、PPP合同),最高人民法院已经注意到这一问题,并提出应以契约自由为基本原则对这类无名合同亦予以保护。最高人民法院领导在讲话中指出:"这点很重要。交易模式和交易结构创新,必须得到司法尊重。现在按照合同法,有名合同很有限,随市场经济的发展,现在大量无名合同出现。如果不鼓励交易模式和交易结构的创新,中国的社会市场经济就没有活力。只有鼓励它,它才有活力,才能发挥出创造社会财富的生命力。我们要鼓励、包容交易模式和交易结构创新,维护依法成立的合同的法律效力,合同只要是依法成立的,效力就应该得到保护,这一点非常重要。要充分认识依法成立的合同一旦生效,就成为当事人之间的法律,当事人必认真履行,非经法定程序,没有法律依据,不得随意变更、解除合同,更不可随意否定合同效力。要以契约严守规则的司法,实现保障契约自由,我们法官有很重要的责任,要维护好契约自由。当事人订立的合同,只要是依法成立,不损害国家利益、社会公共利益和他人合法权利,就要信守。法官审理案件时也要遵守这个观点,不能随意修改、变更合同内容,要尊重当事人意思,因此,司法承担了重要任务。"[2]

3. 非典型合同向典型合同转化。应当关注的是,无名合同产生以后,经过一定

---

[1] 最高人民法院民事审判第一庭编:《民事审判指导与参考》总第46辑,人民法院出版社2011年版,第183~197页。

[2] 杜万华:《在第八次法院民商事审判工作会议上的专题讲话》,载杜万华主编,最高人民法院民事审判第一庭编:《民商事审判指导与参考》总第64辑,人民法院出版社2016年版,第35~37页。

发展阶段,具有成熟性和典型性时,合同立法应适时设立规范,使其成为典型合同。从这种意义上说,合同法的历史是非典型合同不断地演变成典型合同的过程。[1] 比如在原《合同法》颁布前,融资租赁合同尚属于非典型合同,此种合同经由原《合同法》第 14 章予以规范,已转化为典型合同;特许经营合同在原《合同法》颁布前尚属于非典型合同,2007 年 5 月 1 日《商业特许经营管理条例》实施后,已转化为典型合同;还有旅游合同,自 2009 年《旅游法实施条例》颁布后,已转化为典型合同。《民法典》颁布后,将保证合同、保理合同、物业服务合同、中介合同、合伙合同纳入典型合同。

二、非典型合同之法律适用

典型合同和非典型合同两者适用法律规则是不同的。典型合同既应适用《民法典》合同编第一分编通则的规定,也应适用《民法典》合同编第二分编对应的典型合同或单行法规中对该典型合同的特别规定。

1. 非典型合同法律适用。非典型合同的法律适用规范体现在《民法典》第 467 条规定的:"本法或者其他法律没有明文规定的合同,适用本编通则的规定,并可以参照适用本编或者其他法律最相类似合同的规定。在中华人民共和国境内履行的中外合资经营企业合同、中外合作经营企业合同、中外合作勘探开发自然资源合同,适用中华人民共和国法律。"

《立法技术规范(试行)(一)》(法工委发〔2009〕62 号)第 18.3 条规定,"参照"一般用于没有直接纳入法律调整范围,但是又属于该范围逻辑内涵自然延伸的事项。《民法典》有 26 处"参照适用",两处"可以参照适用",针对的都是在没有规定情况下的类似事项的参照适用。

"参照适用"在立法技术上,实质为"准用"。之所以采用"准用"之构成,乃是因为在特定情形下应等同视之从而赋予其法律效果。也就是说,"参照适用"和"准用"两者的个别要素,依各要素之作用及其于构成要件意义脉络中的地位而言,应等同视之,应赋予其相同的法效果。其特点是彼此分别所规范的法律事实虽不相同,但就系争问题,其法律上重要之点确是相同的。虽然有不少学者区分"参照适用"与"类推适用",但各学说均不否认其过程中包含类似性考量,将关于某种事项所设之规定,适用于相类似之事项。除通过类似性考量赋予相同法律效果之外,应特别注意"参照适用"不等于"完全适用",内涵区别于"适用"。换言之,"参照适

---

[1] 参见崔建远:《合同法总论》(上卷)(第 2 版),中国人民大学出版社 2011 年版,第 56 页。

用"非全部照样适用,如法律事实有差异时,根据性质许可的限度,结合差异点,加以取舍变更,以变通适用,此等"完全适用"不同。

应当注意,在法学方法论视角下,"参照"是两个性质相同的不同事项之间的准用,不同时空下的同一事项不能用"参照"。因此,对同一事项的法律适用,不存在参照和准用的问题。

应当指出,根据《民法典》第467条,若能达到"可参照"标准,可将非典型合同比照典型合同进行类型化,那么不同类型的非典型合同,适用法律规则是不同的。

2. 非典型合同隐藏行为之识别。非典型合同如何达到"可参照"典型合同标准,在诉讼实务中,针对某一具体非典型合同而言,往往争议很大,特别是那些订立合同时已隐藏意思表示的合同,即通常所说的"名为某一类合同,实为另一类合同",应根据《民法典》第146条第2款处理。如许多建筑公司为规避工程违法分包问题,常与实际施工人签订内部承包合同(非典型合同),这种合同就是"名为内部承包合同,实为工程分包合同"。

3. "参照"仅限于法律适用。在具体案件中,非典型合同参照适用典型合同的规则,指的是在法律适用方面,在法律事实方面不存在"参照"问题。但在实务中,有的法院在处理案件时却错误地对法律事实进行"参照"适用,实为不妥。

三、非典型合同之种类及法律适用

非典型合同包括纯粹的非典型合同、混合合同、准混合合同3种类型,还应包括合同联立,各自特点及法律适用不同。

(一)纯粹非典型合同及法律适用

所谓纯粹非典型合同,是指法律对合同内容无任何规定事项的合同。此种合同既无特定名称,内容也不属于任何典型合同的事项。合同名称和内容完全由订立合同的当事人通过协商的方式加以确定。在实务中,如土地一级开发合同、PPP合同、企业内部承包合同、运动员转会合同等,就属于此类。

纯粹的非典型合同无法参照已有的典型合同。在适用法律时,应当注意:第一,作为一种合同,该类合同当然适用《民法典》总则编关于民事法律行为的规定,以及《民法典》合同编第一分编通则的规定。第二,该类合同内容不属于任何典型合同事项,因此典型合同的规则在该类合同中一般无适用空间。除此之外,王泽鉴先生认为:"其法律关系应依合同约定、诚实信用原则,并斟酌交易惯例认定。"[1]

(二)混合合同及法律适用

1.混合合同含义

混合合同是由数个典型合同或非典型合同部分内容构成的合同,是由两类或两类以上有名合同与无名合同组合而成的。有学说称为"混血儿契约"。混合合同性质上属于一个合同,与合同联立不同。

2.混合合同的四种类型

第一种类型:主从型混合合同。所谓主从型混合合同,是指双方当事人所提出的给付符合典型合同,但一方当事人尚负有其他种类的从给付义务。比如,甲向乙商店购买一件瓶装啤酒,约定甲饮用完毕后向乙商店返还啤酒瓶,属于买卖合同附带借用合同的构成部分类型。其中,买卖合同为主要部分,借用合同的构成部分为非主要部分。对此,原则上仅适用主要部分的合同规范,非主要部分被主要部分吸收。[2]

第二种类型:双重典型混合合同。所谓双重典型混合合同,是指双方当事人互付的给付义务分属于不同合同类型的合同。换工合同就是一种双重典型混合合同。如甲为乙开发商工程提供监理服务,乙为甲免费提供住宿。其中甲的给付义务为监理服务合同组成部分,乙的给付义务为借用合同领域。对此应适用各个典型合同的规定。[3]

第三种类型:类型结合型混合合同。所谓类型结合型混合合同,是指一方当事人所负的数个给付义务属于不同合同类型,彼此间居于同等地位,而对方当事人仅负单一的对待给付义务,或不负任何对待给付义务的合同。例如,甲律师事务所与乙饭店订立"包租"10个房间合同,乙负有提供办公房间、午餐,清扫房间和洗涤办公用品的义务,甲负有支付价款的义务。其中乙的给付义务分别属于租赁、买卖、雇佣诸典型合同的构成部分。对此应理解各物构成部分,分别适用各部分的典型合同规范,并依当事人可推知的意思调和歧义。

第四种类型:类型融合型混合合同。所谓类型融合型混合合同,是指一个合同中所含构成部分同时属于不同类型的合同。例如,甲以半卖半送的意思,将价值50万元的图书以25万元价款出售给乙图书馆,甲的给付同时属于买卖合同与赠与

---

[1] 王泽鉴:《民法债编总论》(总第1册),台北,三民书局1993年版,第95页。

[2] 参见王泽鉴《民法债编总论》(总第1册),台北,三民书局1993年版,第97页。

[3] 参见王泽鉴:《民法债权编总论》(总第1册),台北,三民书局1993年版,第98页。

对此原则上适用两种类型的合同规范:关于物的瑕疵,依买卖合同的规定;关于乙图书馆的不当行为,按赠与的规定处理。[1]

3.混合合同的法律适用

关于混合合同的法律适用,是一个疑难问题,有三种学说:

(1)吸收主义。该学说认为应将混合合同构成部分区分为主要部分与非主要部分,主要部分适用有名(或无名)合同的规定,非主要合同部分则由主要部分吸收。但该说存在两种成分较难明确区别,且吸收方式有悖于当事人定约真正目的的弊端。

(2)结合主义。该学说认为应分解混合合同的构成部分,分别适用各部分的有名合同规定,并依当事人可推知的意思和歧义,而统一适用。但在实务中,该学说存在机械相加,适用法律时违背当事人缔约真实意图的缺点。

(3)类推适用主义。该学说认为法律对混合合同既然没有规定,就应对混合合同和各个构成部分类推适用各种典型合同所设的规定,并斟酌当事人缔约真实目的予以调整。该观点尊重合同当事人的意愿,保持了合同各组成部分的有机联系。

在如上三种学说中,如何适用?王利明教授认为"类推适用说"较为合理,该说现为混合合同法律适用理论通说。[2] 韩世远教授认为:关于混合合同的法律适用存在"吸收说""结合说""类推适用说",但三种学说均无法圆满解决混合合同法律适用问题,鉴于此,学说上有见解提出,当事人没有约定时,应依其利益状态、合同目的及斟酌交易惯例适用较为合理。[3] 韩世远教授的观点概言之,就是主张具体问题具体分析。

(三)准混合合同及法律适用

准混合合同是指在一个典型合同中规定非典型合同事项的合同,此种非典型合同一般有两种表现形式:一是合同部分系典型合同,但另一部分内容属于非典型合同;二是当事人在订立合同时做出与典型合同规定相反的约定。

在法律适用方面,对于该类合同可以在于其主体部分适用相关典型合同规则的基础上,判断其特别规定部分的效力,如若该部分未违反法律、行政法规强制性规定和公序良俗,则应当认定该部分有效。

---

[1] 参见王泽鉴:《民法债编总论》(总第1册),台北,三民书局1993年版,第97~98页。
[2] 参见王利明:《合同法研究》(第1卷,修订版),中国人民大学出版社2011年版,第23页。
[3] 参见韩世远:《合同法总论》(第3版),法律出版社2011年版,第51页。

(四)合同联立及法律适用

1. 合同联立

合同联立是指数个典型合同或非典型合同不失其个性而相互结合的关系。如机械设备的买卖,附带技术秘密的转让。合同联立是交易密切的数个独立合同之结合,而非典型合同中的混合合同本质上是一个合同。王利明教授认为,无名合同在法律上适用存在困难,而合同联立不存在法律适用问题,各个合同是独立的,各自适用相关的法律规定。[1]

2. 合同联立类型

合同联立可分为两种类型:

(1)单纯外观结合。单纯外观结合即各个合同彼此之间没有牵连或依存关系,仅因为缔约行为而结合,在外观上以一个合同出现。于此情形下,各个合同彼此独立,应分别适用各自的法律规范。例如,甲种禽公司和乙养鸡户签订合同,约定甲种禽公司向乙养鸡户提供种鸡,乙养鸡户向甲种禽公司供应鸡蛋,互不牵连。其中,种鸡买卖合同和鸡蛋买卖合同之间不具有依存关系,发生纠纷时,应依两个独立的买卖合同处理。又如,甲交 A 车与乙修理,并向乙租 B 车。于此情形下,对于 A 车的修理,应适用有关承揽的规定,对于 B 车的租用,适用有关租赁的规定,彼此之间不发生任何牵连。[2]

(2)非单纯外观结合。依当事人的意思表示,一份合同效力或存在,或依存于另一份合同的效力而存在,可分为一方依存结合(结合的合同间有一方依存关系)、相互依存结合(结合的合同间有相互依存关系)、择一结合(数个合同结合,因某个条件的发生,甲合同表示丧失效力而乙合同发生效力)等形态。于此情形下,个别合同是否有效成立,虽应结合各个合同判断,但如果其中一个合同不成立、无效、撤销或解除,则另一个合同亦应当命运相同。[3] 比如,甲、乙两公司签订合同,约定甲公司向乙公司出借人民币 2000 万元,同时约定,该笔款项到账后,乙公司应将 $300m^2$ 办公楼转让给甲公司。其中,房屋转让合同具有依存合同性质,借款合同为非依存合同,若借款合同被认定无效,则房屋转让合同亦无效。在实务中,合同联立在类似"一揽子交易协议"中较为常见,在重大复杂的金融商事交易中更为普遍,

---

[1] 参见王利明:《合同法研究》(第 1 卷)(修订版),中国人民大学出版社 2011 年版,第 22 页。

[2] 参见王泽鉴:《债法原理》(第 2 版),中国政法大学出版社 2013 年版,第 139 页。

[3] 参见王泽鉴:《债法原理》(第 2 版),中国政法大学出版社 2013 年版,第 139 页。

但当事人往往对联立合同的特殊性关注不够。根据《九民纪要》中的穿透式审判思维理念,探求各方当事人真实意思表示,既要重视各个合同权利义务的独立性,也需区别构成合同联立的数个合同之间的关联关系,以及经济整体性,尽可能一次性解决当事人之间的纠纷,减轻当事人诉累,节约司法资源。最高人民法院在建行广东自贸区分行与永熙顺公司、华鸿公司合同纠纷再审判决[(2022)最高法民再187号]中,将合同联立正式纳入裁判理由,强调"整体性审判原则",秉承"诉讼经济原则"再审改判,实现案结事了。

3. 混合合同与合同联立区分

在实务中,混合合同与合同联立不易分辨。我国台湾地区判决认为,混合合同为以两个以上有名合同应有的内容合并为其内容的单一合同,各个有名合同有不可分割的关系。而合同联立为数个合同便宜上的相互结合,数个合同之间并无不可分割关系(见中国台湾地区1982年台上第1286号判决)。由此决定了混合合同是单一合同,而合同联立则是复数合同,两者存在显著不同。德国通说认为,是否为一个合同或者仅仅是数个独立合同同时成立,必须通过当事人的意思表示的解释才能加以确定。也就是说,如果当事人缔约的经济目的并不重视合同的个别性,就可以将合同视为一个整体而以混合合同对待。[1]

4. 合同联立与主从合同关系

合同联立区别于主从合同关系。所谓主合同,是指不依赖于其他合同存在而能够独立存在的合同。在主从合同关系中,主合同具有主体性,关系到合同交易的根本目的;从合同具有从属性,本身没有独立的合同目的,没有独立的履行行为,其履行时是为实现主合同目的服务的。在成立时间方面,一般主合同成立在前,从合同成立在后,主合同不成立则从合同不可能成立;在效力方面,主合同起支配作用,主合同无效则从合同当然无效,主合同解除则从合同当然解除,从合同居于从属地位,从合同无效不影响主合同效力,从合同一般也不得单独解除。担保法规定,担保合同属于从合同,主债权债务合同属于主合同,它们二者表现出鲜明的主从合同特征。在实务中,有些具有事实上履行联系的合同,比如,商品房买卖合同及在此基础上成立的房地产抵押担保借款合同、货物买卖合同及在此基础上成立的财产保险合同等,因为具有主从合同这些特征,但不构成主从合同关系,属于普通关联合同,又称合同联立。

---

[1] 参见崔建远:《合同法总论》(上卷)(第2版),中国人民大学出版社2011年版,第59页。

四、非典型合同之解除问题

无论何种类型的合同,法律均允许当事人协商解除,故非典型合同的协商解除不存在争议。《民法典》除了在合同编通则对合同解除作出了规定外,还对各典型合同的解除制定了许多规则。非典型合同由于没有法律规定的名称和典型合同那般明确的规则,不论类型如何,当发生整体法定解除、部分法定解除或约定解除时,在实务中存在争议。

(一)纯粹非典型合同解除问题

1. 约定或一般法定解除。纯粹非典型合同解除设有约定解除条款的,应适用《民法典》第 562 条约定解除的规则;未设约定解除条款的,应适用《民法典》第 563 条法定解除规则。

2. 任意解除。法定任意解除规则在《民法典》合同编第一分编通则第 563 条第 2 款中仅适用于不定期合同,主要规定在合同编第二分编的典型合同中。纯粹非典型合同在法律适用上可参照合同编第二分编典型合同或其他法律最相类似的规定,若有可参照典型合同规定的情形,且典型合同或其他法律对任意解除有特别规定,则当然可参照适用。

(二)混合合同解除问题

混合合同是一个合同,对于混合合同解除问题,笔者认为,应当考量如下 4 点:一是该合同究竟是混合合同还是合同联立,如为合同联立则适用合同联立解除规则;二是如为混合合同,应考虑该合同主要条款能否参照典型合同进行类型化区分,如能够区分为典型合同,则可适用典型合同解除规则;三是如为混合合同,还应从合同目的能否实现角度考量能否解除,因为合同目的不达是合同解除的基本规则;四是如为混合合同,无法适用任何合同解除规则,但存在合同僵局,则应由当事人根据《民法典》第 520 条规定行使司法终止请求权,终止合同。

(三)合同联立解除问题

合同联立是指数个合同因交易关系密切结合起来,是指复数合同。而非典型混合合同是一份独立合同。对于合同联立的解除应区分如下两种情形:

1. 单纯外观结合的合同联立解除问题

单纯外观结合的合同联立,由于各个合同彼此独立,在合同解除上,当然可以分别解除。最高人民法院在过去的相关判例中,没有使用合同联立的概念,而使用"关联性合同"的概念,并认为:关联性合同是指不同合同之间因具有某种事实上的联系,从而互为彼此的履行基础或履行保障的关系合同。关联性合同分为两种,一种是主从合同,另一种是普通关联性合同。不具有主从合同特征但具有事实上履行联系的合同属于普通的关联性合同,作为履行基础的前一个合同或后成立的后续性合同效力各自独立,可以分别解除。

最高人民法院在中材公益源彩票销售有限公司与乔某、于某会、北京建贸永信玻璃实业有限责任公司股权转让合同抗诉案[(2010)民提字第26号]中认为:"本案中,股权转让与重组协议签订在前,合作开发协议签订在后。虽然《补充协议(二)》约定,致爽公司股权转让与重组是为建贸永信的宗地开发,但本质上,股权转让与重组协议和合作开发协议是相互独立的,合同目的及给付行为各不相同,一个是股权转让,另一个是房地产开发。两个合同存在关联性的事实并不否定独立性。它们不是主从合同关系,效力各自独立,可以分别解除。"由此演绎出一个裁判规则:普通关联性合同不属于主从合同,效力各自独立,可以分别解除。[1]

2. 非单纯外观结合的合同联立解除问题

非单纯外观结合的合同联立的特点是由于一份合同的效力和存在依存于另一份合同的效力和存在,故一份合同之解除(包括无效、撤销)必然导致另一合同的解除,而且不宜个别解除,须整体解除。

比如,甲经营养鸡场,乙向甲贷款开设香鸡美食城,同时约定乙所需的土鸡,均应向甲购买。该合同应判定为非单纯外观结合的合同联立。若乙未按期偿还贷款,甲解除贷款合同,那么乙购买甲的土鸡合同亦应同时解除。在实务中,商品房贷款担保合同与商品房买卖合同紧密联系又相互依存,类似于合同联立。最高人民法院《商品房买卖合同解释》第20条规定:"因商品房买卖合同被确认无效或者被撤销、解除,致使商品房担保贷款合同的目的无法实现,当事人请求解除商品房担保贷款合同的,应予支持。"该条解释是对类似于依存型合同联立解除在商品房买卖领域的具体规定。

---

[1] 参见江必新主编,最高人民法院审判监督庭编:《审判监督指导》总第36辑,人民法院出版社2011年版,第187~188页。

第三节　未生效合同解除问题

一、未生效合同及法律地位

（一）未生效合同及要件

未生效合同是指合同已成立，但不符合当事人约定的生效条件或法律规定的生效要件，不具有法律履行效力的合同。

我国合同法并没有列举合同未生效原因，学者们也只是讨论合同生效的要件。通说认为，合同生效应具备如下要件：(1)当事人具备相应的缔约条件；(2)意思表示真实；(3)合同内容不违反法律、行政法规效力强制性规定和公共利益；(4)合同内容具备法律所要求的形式。未生效合同实际上具备合同生效的其他要件但不具备法律所要求的形式，因而未被视为生效合同。

（二）未生效合同之种类

《民法典》总则编第136条第1款规定"民事法律行为自成立时生效，但法律另有规定或者当事人另有约定的除外"，第502条第1款规定"依法成立的合同，自成立时生效，但是法律另有规定或者当事人另有约定的除外"。据此，未生效合同有两大类，具体如下：

1. 依当事人约定才生效的合同。此又分为：(1)附条件生效合同，即《民法典》第158条规定的："民事法律行为可以附条件，但根据其性质不得附条件的除外。附生效条件的民事法律行为，自条件成就时生效。"(2)附期限生效的合同，即《民法典》第160条规定的："民事法律行为可以附期限，但是根据其性质不得附期限的除外。附生效期限的合同，自期限届至时生效。"

2. 履行批准、登记等手续才生效的合同。原《合同法》第44条第2款规定的："法律、行政法规规定应当办理批准、登记等手续生效的，依照其规定。"《民法典》第502条第2款、第3款将此修改为"依照法律、行政法规的规定，合同应当办理批准等手续的，依照其规定。未办理批准等手续影响合同生效的，不影响合同中履行报批等义务条款以及相关条款的效力。应当办理申请批准等手续的当事人未履行义务的，对方可以请求其承担违反该义务的责任。依照法律、行政法规的规定，合同的变更、转让、解除等情形应当办理批准等手续的，适用前款规定。"根据该条规定，只有法律、行政法规明确规定应当办批准等手续的合同,批准才影响合同效力。部门规章、地方性法规有关批准的规定,不影响合同效力。

经批准生效合同中的"批准"是合同的法定生效要件。理解审批应从如下几个方面把握:一是行政审批或批准的本质是行政许可。根据《行政许可法》的相关规定,行政许可原则上只能由法律、行政法规设定,但对法律、行政法规未制定的行政许可事项,地方性法规可以设定行政许可,省级人民政府行政规章可设定临时性行政许可。但《民法典》第502条规定的能够影响合同是否生效的"批准"依据是法律、行政法规,故地方性法规、省级政府规章中的许可或审批,不影响合同效力。二是合同批准的本质是允许某一项具体交易。审批的对象是合同,顺序是先签订合同后报有关部门批准,审批的本质是审批机关基于行政管理规范对合同的行政合法性审查,不涉及意思表示的真实性和合同的有效性问题,该类问题应按《民法典》第153条第1款判断。三是审批生效合同范围不以法律、行政法规是否有"自批准之日起生效"的规定来判断,只要法律、行政法规规定某类合同需要批准,一般就属于《民法典》第502条规定的批准生效合同。四是批准是合同的法定生效要件。[1]

在现行法律、行政法规中,须经批准手续才生效的合同主要有:

(1)金融商事领域。如《商业银行法》第28条规定,单位和个人购买商业银行股份总额5%以上的,应事先经国务院银行监督业管理机构批准;《证券法》第80条第2款第8项规定,变更持有证券公司5%以上股权的股东、实际控制人的,应经国务院证券监督机构批准;《保险法》第84条第7项规定,变更出资额占有限责任公司资本总额5%以上的股东,或者变更持有股份有限公司股份5%以上的股东,应当经保险监督机构批准。

(2)国有资产管理领域。如《企业国有资产监督管理暂行条例》第24条规定:"所出资企业投资设立的重要子企业的重大事项,需由所出资企业报国有资产监督管理机构批准的,管理办法由国务院国有资产监督管理机构另行制定,报国务院批准。"《企业国有资产法》第30条规定了国家出资企业的"重大事项"范围,第34条规定了重要的国有企业在作出重要事项前应报本级人民政府批准。

(3)外商投资领域。新的《外商投资法》于2020年1月1日生效实施,根据该法第42条,原《中外合资经营企业法》、原《外资企业法》、原《中外合作经营企业法》同时废止,故原《中外合资经营企业法》第3条,原《中外合资经营企业法实施条例》

---

[1] 参见最高人民法院民事审判第二庭、研究室编著:《民法典合同编通则司法解释理解与适用》,人民法院出版社2023年版,第152~158页。

第 14 条、第 20 条，原《中外合作经营企业法实施细则》第 23 条，原《外资企业法实施细则》第 22 条对外商投资企业协议、章程、合同、股权转让等应予报批的规定不再执行。根据《外商投资法》第 4 条前 3 款，国家对外商投资实行准入前国民待遇加负面清单管理制度。所谓准入前国民待遇，是指在投资准入阶段给予外国投资者及其投资不低于本国投资者及其投资的待遇；所谓负面清单，是指国家规定在特定领域对外商投资实施的准入特别管理措施。国家对负面清单之外的外商投资，给予国民待遇。负面清单由国务院发布或者批准发布。根据《外商投资法》，外商投资企业合同一概需要批准的制度将退出历史舞台，只有负面清单范围内的外商投资企业的设立和股权转让合同才需要履行报批手续。

（4）探矿权、采矿权转让合同。《探矿权采矿权转让管理办法》第 3 条规定，除按照下列规定可以转让外，探矿权、转让权不得转让：一是探矿权人有权在划定的勘查作业区内进行规定的勘查作业，有权优先取得勘查作业区内矿产资源的采矿权。探矿权人在完成规定的最低勘查投入后，经依法批准，可以将探矿权转让他人。二是已经取得采矿权的矿山企业，因企业合并、分立，与他人合资、合作经营，或者因企业资产出售以及有其他变更企业资产产权的情形，需要变更采矿权主体的，经依法批准，可以将采矿权转让他人采矿。该办法第 10 条第 3 款规定："批准转让的，转让合同自批准之日起生效。"除此之外，在土地使用权转让和出让领域，根据《城镇国有土地使用权出让和转让暂行条例》（2020 年修订）第 45 条规定，转让划拨土地使用权应经政府土地管理部门和房产管理部门批准；根据《土地管理法》（2019 年修订）第 53 条规定，经批准的建设项目需要使用国有建设用地的，建设单位应当持法律、行政法规规定的有关文件，向有批准权的县级以上人民政府自然资源主管部门提出建设用地申请，经自然资源主管部门审查，报本级人民政府批准。

（5）技术进出口合同。《技术进出口管理条例》第 16 条规定："技术进口合同自技术进口许可证颁发之日起生效。"技术出口合同也是类似规定。

（6）有关经营者集中的合同。《反垄断法》第四章规定，经营者通过合并，收购股权或资产，或通过合同等方式对其他经营者进行控制达到市场支配地位标准应申报的经营者集中合同，事先应向国务院反垄断执法机构申报，未经申报或者申报后国务院反垄断执法机构作出禁止经营者集中决定的，不得实施经营者集中合同。

（7）发包给本集体经济组织以外的单位或者个人承包的农村土地承包合同。《农村土地承包法》第 52 条第 1 款规定："发包方将农村土地发包给本集体经济组织以外的单位或者个人承包，应当事先经本集体经济组织成员的村民会议三分之二以上成员或者三分之二以上村民代表的同意,并报乡(镇)人民政府批准。"

(8)需国家指令性计划予以保证的武器装备研制合同。《武器装备研制合同暂行办法》第11条规定:"需国家指令性计划予以保证的合同,报经双方主管部门审核后生效。其中属于一级定型委员会审批定型项目的合同(不含附件),由使用部门报总参谋部和国防科工委备案。其他的合同,经当事人签字即行生效。"

(9)集体劳动合同。《劳动合同法》第54条第1款、《集体合同规定》第47条均规定,集体合同订立后,应当报送劳动行政部门,劳动行政部门自收到集体合同之日起在15日内未提出异议的,集体合同即行生效。

(三)依法须登记或备案合同之效力

1. 依法须办理登记合同及效力

对依法律、行政法规需要登记的合同,应作如下理解:(1)除当事人另有约定以外,合同自依法成立时起即生效。(2)是否登记仅影响设权效力和对抗效力,对合同效力没有影响。设权效力是指登记后才产生物权法意义上的物权或权利;对抗效力是指合同生效即产生该权利,但必须经过登记,该权利才能对抗善意第三人。(3)特定情形下的登记与合同效力、对抗效力均无关系,如《技术合同认定登记管理办法》规定,属技术类的开发、转让、咨询、服务、培训、中介合同在科技行政部门进行认定登记后,可享受国家在税收、信贷和奖励等方面的优惠政策。

依法律、行政法规应登记的合同及效力具体如下:

(1)物权担保类合同。根据《民法典》物权编第215条"当事人之间订立有关设立、变更、转让和消灭不动产物权的合同,除法律另有规定或者当事人另有约定外,自合同成立时生效;未办理物权登记的,不影响合同效力"之规定,抵押合同、质押合同均自成立时生效。

根据《民法典》第214条、第402条,需要办理抵押登记的,抵押权自登记之日起设立,未经登记不产生对抗效力,其中,标的为航空器、船舶、车辆的特殊动产和标的为企业的设备其他动产的两种抵押合同,办理登记的,产生设权效力,还产生对抗效力。《民法典》第429条规定,质权自交付质物之日起设立,但以第441条规定的没有权利凭证的质物、第443条第1款规定的基金份额及股权、第444条第1款规定的知识产权、第445条第1款规定的应收账款出质的,质权自登记之日起设立。

(2)特定动产买卖合同。标的为船舶、航空器、机动车的特定动产买卖合同办理登记的,该登记仅产生对抗效力,与合同生效及效力无关。

(3)房地产转让合同。《城市房地产管理法》第61条规定,转让房地产办理转移登记或变更登记的,该登记产生物权变动效果,但与合同生效无关。

(4)农村土地承包经营权互换、转让合同。《农村土地承包法》第35条规定,农村土地承包经营者将其承包经营权互换、转让,办理登记的,该登记产生对抗效力,但与合同生效无关。

(5)专利申请权转让合同、专利权转让合同。《专利法》第10条第3款规定,当事人之间签订专利申请权转让合同、专利权转让合同,办理登记的,该登记产生权利变动效果,但与合同生效无关。

(6)植物新品种申请权、品种权转让合同。《植物新品种保护条例》第9条第3款规定,当事人之间签订植物新品种申请权、品种权转让合同,办理登记的,产生权利变动效果,但与合同效力无关。

(7)商标使用许可合同。《商标法实施条例》第69条规定,当事人之间签订商标使用权许可合同,办理登记的,登记行为产生对抗效力,但与合同是否生效无关。

(8)地役权合同。《民法典》第374条规定,当事人签订地役权合同,办理登记的,登记行为产生对抗效力,但与合同效力无关。

2.依法须办理备案合同的效力

在现行法律中,法律、行政法规对于备案合同的规定,除著作权许可、转让合同"可以"备案外,其他合同均使用"应当"一词。对于法定"应当"备案的合同,应当作如下理解:(1)除当事人特别约定外,应当备案而未经备案的,不影响合同效力。(2)当事人未履行法规规定的合同备案手续的,可能会面临一定的行政法律责任,如责令改正、行政处罚。(3)极少数情形下,备案具有对抗效力。如《最高人民法院关于审理商标民事纠纷案件适用法律若干问题的解释》第19条规定:"商标使用许可合同未经备案的,不影响该许可合同的效力,但当事人另有约定的除外。商标使用许可合同未在商标局备案的,不得对抗善意第三人。"(4)备案中的阴阳合同,即备案合同与双方私下另签合同版本不一致,并约定以私下版本为准,目的为规避备案制度。因备案并不影响合同生效,所以私下的阴合同也是有效的,只不过应认定备案合同未履行。但在建设工程领域,私下所签合同背离备案合同实质性条款的,应认定无效。

依法律、行政法规应备案的合同具体如下:

(1)房屋租赁合同。《城市房地产管理法》第54条规定,城市国有土地上的房屋租赁的,该房屋租赁合同应当备案。《民法典》第706条规定:"当事人未依照法律、行政法规规定办理租赁合同登记备案手续的,不影响合同的效力。"

(2)商品房预售合同。《城市房地产管理法》第45条第2款规定:"商品房预售人应当按照国家有关规定将预售合同报县级以上人民政府房产管理部门和土地管理部门登记备案。"《城市商品房预售管理办法》第10条第1款规定："商品房预售，开发企业应当与承购人签订商品房预售合同。开发企业应当自签约之日起30日内，向市(县)土地管理部门和房地产管理部门办理商品房预售合同登记备案手续。"

(3)房地产开发项目转让合同。《城市房地产开发经营管理条例》第20条规定："转让房地产开发项目，转让人和受让人应当自土地使用权变更登记手续办理完毕之日起30日内，持房地产开发项目转让合同到房地产开发主管部门备案。"

(4)土地经营权流转合同。《农村土地经营权流转管理办法》第17条第1款规定："承包方流转土地经营权，应当与受让方在协商一致的基础上签订书面流转合同，并向发包方备案。"

(5)技术进出口合同。《对外贸易法》第14条第3款规定："进出口属于自由进出口的技术，应当国务院对外贸易主管部门或者其委托的机构办理合同备案登记。"

(6)政府采购合同。《政府采购法》第47条规定："政府采购项目的采购合同自签订之日起七个工作日内，采购人应当将合同副本报同级政府采购监督部门和有关部门备案。"

(7)注册商标使用许可合同。《商标法》第43条第3款规定："许可他人使用注册商标的，许可应当将其商标使用许可报商标局备案，由商标局公告。商标使用许可未经备案不得对抗善意第三人。"

(8)专利实施许可合同。《专利法实施细则》第15条第2款规定："专利权人与他人订立的专利实施许可合同，应当自合同生效3个月内向国务院专利行政部门备案。"

(9)保安服务合同。《保安服务管理条例》第23条规定："保安服务公司派出保安员跨省、自治区、直辖市为客户单位提供保安服务的，应当向服务所在地设区的市级人民政府公安机关备案。"

(10)特许经营合同。《商业特许经营管理条例》第8条第1款规定："特许人应当自首次订立特许经营合同之日起15日内，依照本条例的规定向商务主管部门备案。"

(11)加工贸易合同。《海关法》第33条第1款规定："企业从事加工贸易，应当按照海关总署的规定向海关备案。"

(12)进口药品购货合同。《药品管理法实施条例》第37条第1款规定:"进口药品到岸后,进口单位应当持《进口药品注册证》或者《医药产品注册证》以及产地证明原件、购货合同副本、装箱单、运单、货运发票、出厂检验报告书、说明书等材料,向口岸所在地药品监督管理部门备案。"

(13)中外合作勘查矿产资源合同。《矿产资源勘查区块登记管理办法》第38条规定:"中外合作勘查矿产资源的,中方合作者应当在签订合同后,将合同向原发证机关备案。"

(14)中外合作开采矿产资源合同。《矿产资源开采登记管理办法》第29条规定:"中外合作开采矿产资源的,中方合作者应当在签订合同后,将合同向原发证机关备案。"

(15)委托生产兴奋剂合同。《反兴奋剂条例》第13条第1款规定:"境内企业接受境外企业委托生产蛋白同化制剂、肽类激素,应当签订书面委托生产合同,并将委托生产合同报省、自治区、直辖市人民政府药品监督管理部门备案。"

(16)监控化学品使用合同。《监控化学品管理条例》第12条规定:"为科研、医疗、制造药物或者防护目的需要使用第一类监控化学品的,应当向国务院化学工业主管部门提出申请,经国务院化学工业主管部门审查批准后,凭批准文件同国务院化学工业主管部门指定的生产单位签订合同,并将合同副本报送国务院化学工业主管部门备案。"第13条规定:"需要使用第二类监控化学品的,应当向所在地省、自治区、直辖市人民政府化学工业主管部门提出申请,经省、自治区、直辖市人民政府化学工业主管部门审查批准后,凭批准文件同国务院化学工业主管部门指定的经销单位签订合同,并将合同副本报送所在地省、自治区、直辖市人民政府化学工业主管部门备案。"

(17)境外就业中介服务协议、境外就业劳动合同。《境外就业中介管理规定》第12条规定:"境外就业中介机构应当将签订的境外就业中介服务协议书和经其确认的境外就业劳动合同报省级劳动保障行政部门备案。省级劳动保障行政部门在10日内未提出异议的,境外就业中介机构可以向境外就业人员发出境外就业确认书。公安机关依据有关规定,凭境外就业确认书为境外就业人员办理入境证件。"

(18)对外劳务合作企业与劳务人员的服务合同或劳动合同、与国外雇主签订的劳务合作合同。《对外劳务合作管理条例》第26条第1款规定:"对外劳务合作企业应当自与劳务人员订立服务合同或者劳动合同之日起10个工作日之内,将服务合同或者劳动合同、劳务合作合同副本及劳务人员名单报负责审批的商务主管部门备案。"

(19)台港澳人员劳动合同。《就业服务与就业管理规定》第22条规定:"用人单位招用台港澳人员后,应按有关规定到当地劳动保障行政部门备案,并为其办理《台港澳人员就业证》。"

(20)解除或终止劳动合同。《就业服务与就业管理规定》第62条第1款规定:"用人单位招用劳动者和与劳动者终止或解除劳动关系,应当到当地公共就业服务机构备案。"

(21)著作权专有许可使用合同、转让合同。《著作权法实施条例》第25条规定:"与著作权人订立专有许可使用合同、转让合同的,可以向著作权行政管理部门备案。"

(22)基金合同。《证券投资基金法》第60条第1款规定:"基金管理人依照本法第五十八条的规定向国务院证券监督管理机构办理基金备案手续,基金合同生效。"这里实际上是基金管理人对募集基金份额进行验资、备案后,之前所签署的基金合同才生效,不是一般的"合同备案后生效。"

(四)未生效合同之法律地位

根据《民法典》相关规定,合同根据效力可分为有效合同、无效合同、效力待定合同、可撤销合同4种类型,那么,未生效的合同归于哪种类型? 在实务中,有人将其归于无效合同,有人将其归于效力待定合同。

1. 未生效合同不属无效合同。若将未生效合同归于无效合同,则存在以下困惑:一旦未生效合同被认定为无效,则合同自订立时起就没有法律约束力。仅就未生效合同中的报批而言,只要当事人不去报批,合同就永远不能生效;如此一来,负有报批义务的当事人完全可以待价而沽,视行情而作出是否报批的决定:觉得报批对自己有利的就去报批,反之则不去报批。反正不去报批的合同无效,没有约束力。于此情形下,那些不诚信的当事人因不诚信的行为反而获得利益,这明显不符合合同无效的立法意图。简言之,将未生效合同归于无效,将导致发生"效力僵局"情形,这在法理上说不通。那么,合同未生效与合同无效究竟有何区别? 笔者认为:(1)合同无效是因合同条款违反法律、行政法规强制性规定或违反公序良俗而无效,而合同未生效是约定条件未成就或未获批准而未生效,谈不上是否违法的问题;(2)无效合同对应的规定是《民法典》第144条、第146条第1款、第153条、第506条等,而未生效合同对应的规定是《民法典》第158条、第160条、第502条;(3)无效合同不存在可补正的可能,而未生效合同条件成就或经批准,合同就生效,生效条件可以补正;(4)无效合同产生的是缔约过失责任,未生效合同在双方另有约定的情况下,则可能产生违约责任,没有约定的不产生违约责任。可见,未生效合同不能归于无效合同。

2.未生效合同不属效力待定合同。效力待定的合同是指合同成立后,是否已经发生效力尚不明确,有待其他行为或权利人使之确定的合同,主要包括3类:限制民事行为能力人订立的合同;无权代理人因无代理权订立的合同;无处分权人无权处分而订立的合同。未生效合同与效力待定合同最大的相同点是一定行为发生后才生效,该行为不发生,则合同不生效。但二者有诸多区别:(1)订立主体资格不同。未生效合同的订立主体均有完全民事权利能力和民事行为能力;而效力待定合同的主体资格都存在某种缺陷,如行为能力受限。(2)适用法律不同。未生效合同适用《民法典》第158条、第160条、第502条调整;而效力待定的合同则分别由《民法典》第145条、第503条、和第504条调整。(3)具体效力不同。未生效合同在条件未成就或未获批准时虽未生效,不具有履行效力,但并非没有任何效力,任何一方当事人不得擅自变更或解除合同,尤其是批准生效合同中约定的报批义务条款不受影响;效力待定合同如未获得权利人同意,则归于无效。

3.未生效合同是一种独立类型合同。未生效合同究竟具有什么法律地位?最高人民法院杨永清倾向性认为:未生效合同不属于上述4种合同类型中的任何一种,属于一种独立类型的合同。[1] 最高人民法院刘贵祥认为:"合同已成立但未生效的并不意味合同不发生任何法律效力,而仅是指不发生当事人请求履行合同的效力。"[2]

《民法典》第502条对未报批合同未采纳"无效说"或"效力待定说",而是采纳"未生效说";未生效合同是一种独立类型的合同,在法律规定批准生效的情况下,批准是合同生效条件,未经批准的合同,属于生效条件未成就的合同,属于未生效的合同。

二、未生效合同能否解除之争议

(一)未生效合同能否解除争议观点

我国《民法典》所规定的约定解除权和法定解除权,皆以合同成立生效为前提。

---

[1] 参见杨永清:《批准生效合同若干问题探讨》,载杜万华主编,最高人民法院民事审判第二庭编:《商事审判指导》总第40期,人民法院出版社2016年版,第103~104页。

[2] 刘贵祥:《合同效力研究》,人民法院出版社2012年版,第188页。

根据《民法典》第502条第2款"依照法律、行政法规的规定,合同应当办理批准等手续的,依照其规定"之规定,未报批合同不属生效合同,但根据该款中"未办理批准等手续影响合同生效的,不影响合同中履行报批等义务条款以及相关条款的效力。应当办理申请批准等手续的当事人未履行义务的,对方可以请求其承担违反该义务的责任"之规定,在未报批合同中,并非所有条款都处于未生效状态,报批义务及相关违约条款是独立生效的。

未生效合同能否解除?我国《民法典》对此没有规定,实务中有3种观点:

一是否定说。否定说认为未生效合同不存在解除问题。比如,有观点认为:尚未成立的合同、已成立或尚未生效的合同或无效合同,均不对当事人具有约束力,自然没有解除的必要。[1] 有观点认为,法律上能够解除的合同必须是合法有效的合同。[2] 有观点认为,法律对于合同的控制包含了如下动态流程:合同成立—合同生效—合同履行—合同权利义务终止—违约责任。合同的解除是合同权利义务终止的一个原因,其产生在合同生效之后履行完毕之前,因此已成立或尚未成立的合同,在控制流程上仍处于效力生效阶段,并未达到履行阶段,故不应存在撤销甚至宣告无效的问题,不发生解除问题。[3]

二是中间说。中间说认为否定说有一定道理,但未生效合同也存在是否可以解除的问题。理由是:第一,当事人意思自治。对未生效合同当事人协商解除,应归于当事人意思自治的范畴,法律无禁止当事人解除之必要。第二,立法层面的依据。原《合同法》第8条第1款规定,依法成立的合同当事人不得擅自变更或解除,批准生效的合同依法成立后,在批准之前也是依法成立的合同,也存在变更和解除的问题,只是应当依法办理,不得擅自进行。第三,司法解释层面上的依据。《最高人民法院关于审理外商投资企业纠纷案件若干问题的规定(一)》(法释〔2020〕18号)第5条明确规定,"外商投资企业股权转让合同成立后,转让方和外商投资企业不履行报批义务,经受让方催告后在合理的期限内仍未履行,受让方请求解除合同并由转让方返还其已支付的转让款、赔偿因未履行报批义务而造成的实际损失的,人民法院应予支持。"第四,通说认为未生效合同可能存在撤销问题,不存在解除问题,但根据合同撤销理论,合同被撤销前,该合同仍然是有效的。因此,撤销的对象

---

[1] 参见江必新、何东林等:《最高人民法院指导性案例裁判规则理解与适用》(合同卷一),中国法制出版社2012年版。

[2] 参见王利明:《合同法研究》(第2卷,修订版),中国人民大学出版社2011年版,第286页。

[3] 参见万鄂湘编著:《最高人民法院关于审理外商投资企业纠纷案件若干问题的规定(一)条文理解与适用》,中国法制出版社2011年版,第72页。

仍然是有效合同,未生效的合同也不存在撤销问题。故否定说本身也存在难以自圆其说的问题。解除合同对象只能是有效合同这一命题本身也应当与时俱进。如果说原《合同法》第 8 条对该问题没有说得很清楚的话,《最高人民法院关于审理外商投资企业纠纷案件若干问题的规定(一)》第 5 条对此问题的态度应当足够明确,虽然该解释适用范围有限,只适用于外商投资企业纠纷案件,但毕竟这类案件存在未生效合同可以解除问题。司法解释为有权解释,不仅要求法官在审理案件中必须遵守司法解释的规定,学理解释也应当重视司法解释的观点。[1]

三是肯定说。最高人民法院通过多个司法解释明确未生效合同中的未报批合同可以解除。体现在:(1)《最高人民法院关于审理外商投资企业纠纷案件若干问题的规定(一)》第 5 条规定:"外商投资企业股权转让合同成立后,转让方和外商投资企业不履行报批义务,经受让方催告后在合理的期限内仍未履行,受让方请求解除合同并由转让方返还其已支付的转让款、赔偿因未履行报批义务而造成的实际损失的,人民法院应予支持。"该解释第 6 条规定:"外商投资企业股权转让合同成立后,转让方和外商投资企业不履行报批义务,受让方以转让方为被告、以外商投资企业为第三人提起诉讼,请求转让方与外商投资企业在一定期限内共同履行报批义务的,人民法院应予支持。受让方同时请求在转让方和外商投资企业于生效判决确定的期限内不履行报批义务时自行报批的,人民法院应予支持。转让方和外商投资企业拒不根据人民法院生效判决确定的期限履行报批义务,受让方另行起诉,请求解除合同并赔偿损失的,人民法院应予支持。赔偿损失的范围可以包括股权的差价损失、股权收益及其他合理损失。"该解释第 8 条规定:"外商投资企业股权转让合同约定受让方支付转让款后转让方才办理报批手续,受让方未支付股权转让款,经转让方催告后在合理的期限内仍未履行,转让方请求解除合同并赔偿因迟延履行而造成的实际损失的,人民法院应予支持。"(2)《矿业权纠纷司法解释》第 8 条规定:"矿业权转让合同依法成立后,转让人无正当理由拒不履行报批义务,受让人请求解除合同、返还已付转让款及利息,并由转让人承担违约责任的,人民法院应予支持。"(3)《九民纪要》第 38 条规定:"须经行政机关批准生效的合同,对报批义务及未履行报批义务的违约责任等相关内容作出专门约定的,该约定独立生效。一方因另一方不履行报批义务,请求解除合同并请求其承担合同约定的相应违约责任的,人民法院依法予以支持。"

---

[1] 参见杨永清:《批准生效合同若干问题探讨》,载杜万华主编,最高人民法院民事审判第二庭编:《商事审判指导》总第 40 期,人民法院出版社 2016 年版,第 107 ~ 108 页。

《民法典合同编通则解释》第 12 条规定:"合同依法成立后,负有报批义务的当事人不履行报批义务或者履行报批义务不符合合同的约定或者法律、行政法规的规定,对方请求其继续履行报批义务的,人民法院应予支持;对方主张解除合同并请求其承担违反报批义务的赔偿责任的,人民法院应予支持。人民法院判决当事人一方履行报批义务后,其仍不履行,对方主张解除合同并参照违反合同的违约责任请求其承担赔偿责任的,人民法院应予支持。合同获得批准前,当事人一方起诉请求对方履行合同约定的主要义务,经释明后拒绝变更诉讼请求的,人民法院应当判决驳回其诉讼请求,但是不影响其另行提起诉讼。负有报批义务的当事人已经办理申请批准等手续或者已经履行生效判决确定的报批义务,批准机关决定不予批准,对方请求其承担赔偿责任的,人民法院不予支持。但是,因迟延履行报批义务等可归责于当事人的原因导致合同未获批准,对方请求赔偿因此受到的损失的,人民法院应当依据民法典第一百五十七条的规定处理。"该条是在《九民纪要》第 37 条至第 40 条规定的基础上经整合而来,二者尽管在表述上有所不同,但在内容和精神上基本相同。

至此,最高人民法院多个司法解释明确确立了未生效合同可以解除的规则。

(二)未生效合同解除争议之根源

笔者认为,对于未生效合同能否解除产生争议的根源在于:对于对已成立而未生效合同有无约束力的理解产生争议。笔者认为,要厘清未生效合同是否有约束力,应该从如下两个方面进行理解。

首先,是要对合同成立、合同有效、合同生效的关系在理论上进行澄清。合同成立一般属事实判断问题,简言之,是指是否存在一个已由当事人双方完成签字盖章的合同。当然对于合同是否成立存在争议的,存在法律价值判断问题。合同成立主要体现当事人意志,体现的是合同自由原则。合同是否有效属于法律价值判断,合同有效的要件包括缔约主体适格、意思表示真实、内容合法等。合同生效与有效皆以合同成立为前提,若合同不成立,则谈不上生效或有效问题,合同成立与生效基于事实判断,合同有效基于法律价值判断。但就联系而言,合同成立且有效是合同生效的逻辑前提;就其区别而言,成立且有效的合同并不必然生效,如附延缓条件的合同或附始期的合同,只有待所附条件成就或所附期限到来时才生效。[1]

其次,是要对《民法典》相关条款作体系理解。合同生效的逻辑前提是合同成

---

[1] 参见余延满:《合同法原论》,武汉大学出版社 1999 年版,第 77 页。

立且有效，而合同成立、生效又多属事实判断，合同有效属于法律价值判断，因此未生效合同当然不同于无效合同，必须要承认未生效合同是已成立且有效的合同，这一点非常重要。《民法典》第465条第1款规定"依法成立的合同，受法律保护"；第509条第1款规定"当事人应当按照约定全面履行自己的义务"。据此，如果合同成立且内容合法，则具有"法律约束力"且"受法律保护"。由于成立且内容合法的合同既包含未生效的合同，也包含已生效的合同，故笔者认为，从《民法典》相关条款，完全可以得出结论：未生效合同本身是有效合同，应有法律约束力，应受法律保护。

问题是，如何理解未生效合同的法律约束力？未生效合同毕竟不同于生效合同，将来可能生效，也可能不生效，它与生效合同的法律约束力有什么区别？这里需要用王泽鉴先生的合同约束力二分法来解释二者的区别。王泽鉴先生认为，合同效力（或约束力）分为形式约束力和实质效力，形式约束力是指当事人不能任意撤销、变更甚至解除合同，实质效力则是基于合同本身而在当事人之间发生权利义务关系。[1] 前者来源于合同成立，后者来源于合同生效。《民法典》第465条就是关于形式约束力的规定。

笔者认同合同效力二分法，但认为实质效力概念还须进一步明确。笔者认为：合同效力应分为形式约束力和履行约束力，未生效合同本质是履行条件受阻碍，当约定条件不成就或未获批准时，不能请求履行，但合同本身是有效的。因此"履行约束力"的概念比"实质效力"的概念更加精确，更能够体现未生效合同法律约束力的本质。当然就形式约束力与履行约束力而言，形式约束力是前提、是基础，履行约束力只有在合同生效后才能产生。《九民纪要》第37条规定："未生效合同已具备合同的有效要件，对双方具有一定的拘束力，任何一方不得擅自撤回、解除、变更，但因欠缺法律、行政法规规定或当事人约定的特别生效条件，在该生效条件成就前，不能产生请求对方履行合同主要权利义务的法律效力。"该条规定与笔者观点一致。

关于未生效合同效力，根据《民法典》第502条和《民法典合同编通则解释》第12条的规定，未报批合同效力应从四个方面理解：一是整个合同未生效；二是报批义务及相关条款独立生效；三是可请求报批义务人履行报批义务并承担责任；四是可以请求解除合同并要求报批义务人承担责任；五是法院的释明，《民法典合同编通则解释》第12条第3款规定，合同获得批准前，当事人一方起诉请求对方履行合同约定的主要义务，经释明后拒绝变更诉讼请求的，人民法院应当判决驳回其诉讼

---

[1] 参见王泽鉴：《债法原理》，中国政法大学出版社2001年版，第193页。

请求,但是不影响其另行提起诉讼。[1]

三、未生效合同可解除之法理

未生效合同可以解除,具有法理基础。主要理由是:

1. 我国立法对未生效合同能否解除虽然没有明确规定,但也未明文规定合同解除的对象必须是已生效的合同,同时未明文规定未生效合同不得解除。根据"法无禁止皆可为"的私法原则,合同解除的对象当然包括未生效的合同。未生效合同是已经成立且有效的合同,只不过因条件欠缺而无履行效力。《民法典》第136条第2款规定"行为人非依法律规定或者未经对方同意,不得擅自变更或者解除民事法律行为",后一句"不得擅自变更或者解除"强调合同在依法成立后具有一定的法律约束力,在不具备合同解除条件的情形下,不得随意解除合同(当然,即使是已生效的合同也不得擅自变更和解除),但不是禁止解除已成立的合同。根据立法条文的文义解释,合同解除仅与合同成立相关,而与合同是否生效并无必然联系。[2] 既然如此,未生效合同当然可以解除。

2. 《民法典》第527条规定约定先履行债务的当事人在特定条件下可以行使不安抗辩权,中止履行合同;第528条规定"对方在合理期限内未恢复履行能力且未提供适当担保的,中止履行的一方可以解除合同"。该条没有明确合同是否生效,即使合同未生效,负有履行前合同义务的当事人,也享有不安抗辩权而可以解除合同。另外,《民法典》第158条规定:"附生效条件的民事法律行为,自条件成就时生效。"第159条规定:"当事人为自己的利益不正当地阻止条件成就的,视为条件已经成就。"依此条规定条件被推定成就的,合同将视为生效。合同被推定为生效,那么当然可解除。合同可以推定生效,毕竟不同于事实生效,推定虽借助于"不正当阻止条件成就"这一事实,但推定毕竟是一种法律价值的认定,并不同于自然生效事实的认定。如剥离推定这一法律价值的认定,基础事实仍是合同未生效,只有承认未生效合同有法律约束力,才可产生推定生效的可行性,才可产生解除的可行性。

3. 合同解除是合同订立后履行遇到障碍时使合同效力提前结束的一种"逃离"

---

[1] 参见最高人民法院民事审判第二庭、研究室编著:《民法典合同编通则司法解释理解与适用》,人民法院出版社2023年版,第159~164页。

[2] 参见刘贵祥:《论行政审批与合同效力——以外商投资企业股权转让为线索》,载《中国法学》2011年第2期。

机制,[1]本质是否定合同的履行约束力,要解除的是合同的形式约束力。《民法典》第465条正是合同成立后具有形式约束力的规定,即使合同未生效,当事人也应当按照约定履行自己的前合同义务。如买卖合同约定"本合同自双方签字盖章之日起成立,自买受人支付10万元定金之日起生效",根据诚信原则,买受人必须受此条件约束,理应负有积极筹备10万元定金,促成合同生效的先合同义务,出卖人的合同约定义务自收到定金之日起开始履行,在此之前亦应做履行义务的准备工作。当然,在定金未给付合同未生效的场合,出卖人不承担履行责任,买受人也无权请求出卖人履行义务;但在合同未生效之场合,不能说合同是一张废纸,连形式约束力都不承认。笔者认为,既然已成立的合同具有形式约束力,而合同解除所指向的就是这种形式约束力,那么未生效合同当然可以解除。

4. 合同解除的主要功能是合同义务的解放,以及由此派生的非违约方交易自由的恢复及对违约方的合同利益剥夺。如果不允许解除未生效合同,那么在合同法定生效条件不成立,如采矿权转让合同未经批准时不能解除合同,就会导致合同长时间停留在成立未生效阶段,合同当事人约定的权利义务关系无法发生,但当事人仍要受合同成立法律效力的约束,这不仅对当事人权利无法提供保障,对市场经济发展也是不利的。合同解除的根本原因是当事人违反诚信原则对合同约定义务不作为导致守约方利益严重受损,法律基于公平原则赋予了守约方从合同中逃离出来的权利,产生了合同解除权。未生效合同尤其是须报批生效的合同中,在报批义务兼具双重属性的前提下,如果严格将报批效力限于合同效力控制层面,而不顾及报批同时具有履行合同义务性质,则会使不履行义务的当事人从自身不诚信的行为中获益,有违基本的公平正义理念。报批义务具有双重属性,是本书认为未生效合同可以解除的重要考量因素。[2] 从另一个角度看,不赋予守约方解除权,守约方就始终负有给付价款的对待给付义务,也不能另行寻找交易对象,这样既不利于守约方利益保护,会导致守约方合同期待利益落空,还会造成社会资源浪费,不符合诚信原则和效率原则。

5. 既然已经发生效力的合同尚且可以解除,不再受合同严守原则的束缚,那么,举重明轻,尚不具备完整效力的合同就更应该允许解除,除非阻止此类合同生效履行且宜提前消灭的正当事由不存在。

---

[1] 参见杜晨妍:《合同解除权行使制度研究》,经济科学出版社2011年版,第15页。

[2] 参见最高人民法院民法典贯彻实施工作领导小组主编:《中华人民共和国民法典合同编理解与适用》,人民法院出版社2020年版,第305页。

四、批准生效合同解除之限制

(一)必须经催告程序

《民法典》第563条规定,关于有效合同的解除,在拒绝履行或不履行场合,非违约方无须催告可以直接解除合同,只有迟延履行才有经催告解除问题。《九民纪要》第38条规定,只有在催告后合理期限内仍未履行报批义务时,另一方才能解除合同,此点较有效合同的解除更为严格。原因是报批义务尽管是合同主要义务,但本身还具有促成合同生效的意义。根据鼓励交易原则,应尽量促成当事人履行报批义务,而不轻易地以报批义务人没有报批为由解除合同。[1]

未生效合同既不同于无效合同,也不同于有效合同,因此当事人基于有效合同或者无效合同提出相关诉讼请求时,一审法院应做好相关释明工作。因此,《九民纪要》第39条规定:"须经行政机关批准生效的合同,一方请求另一方履行合同主要权利义务的,人民法院应当向其释明,将诉讼请求变更为请求履行报批义务。一方变更诉讼请求的,人民法院依法予以支持;经释明后当事人拒绝变更的,应当驳回其诉讼请求,但不影响其另行提起诉讼。"《民法典合同编通则解释》第12条第3款同样作了如此规定。

(二)报批人违约不报批或行政机关未批准时,才能解除合同

《民法典合同编通则解释》第12条第1款"合同依法成立后,负有报批义务的当事人不履行报批义务或者履行报批义务不符合合同的约定或者法律、行政法规的规定,对方请求其继续履行报批义务的,人民法院应予支持;对方主张解除合同并请求其承担违反报批义务的赔偿责任的,人民法院应予支持"的规定和第2款"人民法院判决当事人一方履行报批义务后,其仍不履行,对方主张解除合同并参照违反合同的违约责任请求其承担赔偿责任的,人民法院应予支持"的规定,指的是报批人不履行报批义务,相对人可以解除合同的情形,此种解除属于违约解除。

《民法典合同编通则解释》第12条第4款规定:"负有报批义务的当事人已经办理申请批准等手续或者已经履行生效判决确定的报批义务,批准机关决定不予批准,对方请求其承担赔偿责任的,人民法院不予支持。但是,因迟延履行报批义

---

[1] 参见最高人民法院民事审判第二庭编著:《〈全国法院民商事审判工作会议纪要〉理解与适用》,人民法院出版社2019年版,第283页。

务等可归责于当事人的原因导致合同未获批准,对方请求赔偿因此受到的损失的,人民法院应当依据民法典第一百五十七条的规定处理。"该条中的行政机关未批准而导致合同解除的,此种解除不属于违约解除。

五、未生效合同解除之后果

《民法典》第566条第1、2款规定:"合同解除后,尚未履行的,终止履行;已经履行的,根据履行情况和合同性质,当事人可以请求恢复原状或者采取其他补救措施,并有权请求赔偿损失。合同因违约解除的,解除权人可以请求违约方承担违约责任,但是当事人另有约定的除外。"未生效合同解除原因多样,原则应适用该条关于合同解除的处理规则。根据上述规定未生效合同解除后果如下:

一是关于终止履行。未生效合同的终止履行,宜理解为债务免除,并非守约方取得抗辩权。比如,在矿业权转让合同中,转让人无正当理由拒绝履行报批义务,受让人解除合同的,受让人的付款义务和转让人的报批义务及后续变更登记义务均终止履行;受让人付款义务因解除而终结,这既是受让人解除合同所追求的主要目标之一,也是解除制度最基本的功能的体现,同时伴随对违反报批义务的受让人合同利益的剥夺。

二是关于恢复原状。从未生效合同的具体形态来看,大多数未生效合同是一时性合同,而非持续性合同,尤其是依法需要审批的合同,有恢复原状的适用空间。非违约方已给付全部或部分合同价款的,相对人应当予以返还,并给付相应利息。

三是违约赔偿责任根据解除原因确定。与生效合同不同,未生效合同有其特殊性,还应根据解除原因的不同,明确当事人是否承担违约赔偿责任。

1. 附条件生效合同因当事人恶意阻止而解除的

附条件生效合同中的违约责任条款是独立生效的。合同成立后,当事人恶意阻止条件成就的,根据《民法典》第159条,应视为条件拟制成就。若发生此种情形导致合同解除,合同有违约责任条款的,应当按违约责任条款执行;无违约责任条款的,违约方应承担法定违约赔偿责任。

2. 合同因报批人违约而解除的

合同因报批人违约而解除的情形有:恶意阻止报批条件形成的;具备报批条件而报批人拒不履行的;在约定期限内不履行报批义务的;报批人本可以取得批准但因迟延报批发生法律政策变化而未获批准的;等等。根据未生效合同报批义务和违约责任条款已生效规则,合同因报批人违约而解除的,违约方除返还财产,支付利息外,损失赔偿范围还应包括相对人的可得利益损失。

合同对报批义务未专门约定违约责任的,有观点认为报批人仅承担缔约过失责任。笔者认为该观点与《民法典》第566条、第584条相悖。既然报批义务已生效,那么根据《民法典》第566条第2款,当事人不履行该义务导致合同解除的应承担违约赔偿责任,除非当事人对违约赔偿责任另有约定。

3. 合同仅因批准机关不批准而解除的

报批人根据合同约定及时提供相关报批文件,而纯粹因批准机关未能批准的,报批人不构成违约。于此情形下,合同无法继续履行,导致合同解除的,应根据《民法典》第157条的规定处理,即报批人应及时返还财产,而不承担违约赔偿责任。

第四节 预约合同解除问题

一、预约合同及法律规定

(一)预约及目的

1. 预约。史尚宽先生和郑玉波先生曾对预约作出经典界定:预约乃约定将来成立一定契约之契约。此定义为后来大多数学者所认同和引用。预约是相对于本约而言的一种特殊合同,签订预约合同的目的指向本约的缔结,预约签订后,当事人负有一定期限内缔结本约之义务。故预约合同是指当事人约定在将来一定期限内订立合同而达成的协议,是当事人在本约合同内容达成一致前作出的具有约束力的意思表示。

2. 预约的目的。预约的目的在于成立本约。当事人之所以不直接订立本约,原因主要分为两种:一是订立本约的条件不成熟,既有主观条件不成熟,即当事人就待决事项的内容暂时无法达成一致,希望未来给予明确,或者当事人主观上犹豫,故给予订立本约的犹豫期;亦有客观条件不成熟,即当事人存在某种事实、法律上的暂时障碍不能订立本约,常表现为交易未取得有关机关批准或者取得相应的许可证,签订本约时机尚不成熟,履行本约的某种条件尚不具备或者履行本约的时间尚未到来。二是因为担心如果直接签订本约,就可能会使自己因过早作出决定而陷入被动,故想先签订预约,以保留是否最终签订本约的决策权。从预约到本约的签订,双方当事人应当遵循诚信原则,将预约所确定的原则贯彻到本约的合同条款中;履行预约的过程即是克服"当事人主客观未决事项"的过程,预约合同履行完毕的标志是本约成立,此时预约即转化为本约。故预约的核心特征在于:当事人在赋予阶段性谈判结果以法律约束力的同时,要求就共同关注的全部实质性内容达成一致才能完成交易。

(二)预约的法律规定

1.《民法典》生效前的预约规定。原《合同法》对预约合同未作规定。《商品房买卖合同解释》第5条对商品房的认购、订购、预约于何种情形下认定为本约性质的商品房买卖合同作出了规定,首次涉及预约制度。修订前的《买卖合同解释》(法释〔2012〕8号)第2条规定:"当事人签订认购书、订购书、预定书、意向书、备忘录等预约合同,约定在将来一定期限内订立买卖合同,一方不履行订立买卖合同的义务,对方请求其承担预约合同违约责任或者要求解除预约合同并主张损害赔偿的,人民法院应予支持。"该条是对于预约合同的效力、违反预约的违约责任和违约救济的规定。根据原《合同法》第174条"法律对其他有偿合同有规定的,依照其规定;没有规定的,参照买卖合同的有关规定"的规定,预约合同可参照适用买卖合同相关规定。

2.《民法典》中的预约规定。《民法典》第495条规定:"当事人约定在将来一定期限内订立合同的认购书、订购书、预订书等,构成预约合同。当事人一方不履行预约合同约定的订立合同义务的,对方可以请求其承担预约合同的违约责任。"

该条第1款吸收了原《买卖合同解释》第2条的规定,从立法层面认可了预约合同是一种独立合同,但再未将"意向书""备忘录"明确列举为预约合同形式,原因是现实中大多数意向书、备忘录仅是当事人为进一步交易而达成的意向,本身不具约束力,不属预约合同,为避免误解,故而不再列举;另外,也不能根据该条规定将认购书、订购书、预订书等都认定为预约合同,换言之,《民法典》第495条本身未就预约合同成立作出规定,该条并非判断预约合同成立的标准。

(三)预约之法律特征

(1)预约应具备合意性。预约发生在本约磋商阶段,是对本约所作的初步安排,因此预约合同具有预备性的特点,签订预约的根本目的是签订本约。既然预约是合同,则应由当事人达成合意。实务中的预约表现形态复杂多样,表现为意向书、允诺书、认购书、原则协议、调解备忘录、协议要点、定金收据、谈判纪要等。从合意角度判断是否构成预约,关键是考察是双方意思表示还是单方面表示。若为前者,则为预约;若为后者,则为要约。若双方意思表示或者单方面表示均不明确,则既不构成预约也不构成要约。举例说明:A与B签订的《起重机买卖意向书》约定：只要 A 保证起重机质量且价格合理，则 B 考虑向 A 购买。在此份意向书中，B 使用了"考虑"一词，使得双方的权利、义务变得完全不确定，因合同欠缺明确的意思表示，故该意向书不属预约。

(2) 预约应具备约束性。预约应该具有双方当事人受合同约束的意思表示。合同的法律约束力不仅来源于法律，而且源于当事人的意思表示，可谓当事人意志与法律意志之合一。因此，预约合同中当事人明示或者默示受合同约束的意思表示，是预约合同的必要条件。例如，当事人双方在进行反复磋商后，就合同的部分内容初步达成共识，并签署了备忘录，为进一步的磋商提供参考。由于此类备忘录仅是双方谈判过程中的记录，属于缔约过程中的一部分，没有体现出双方必须依此缔结本约的义务，因此，该备忘录没有法律约束力，不能构成预约。

(3) 预约应具备确定性。预约内容应具有一定的确定性，以免合同当事人陷入本约谈判的僵局，致使预约丧失存在之必要。《民法典》第 472 条规定，要约的内容应当具体确定；经受要约人承诺，才能成为双方合同的内容；故合同内容的具体明确是合同成立的基本条件。《民法典》第 470 条第 1 款规定合同一般应具备 8 项内容，但该条属于任意性规范，当事人可以对合同条款作出自主安排。预约作为合同，并不以支付对价为必要，换言之，预约的要点在于当事人就将来成立合同（本约）达成合意，而为此是否一方向另一方支付对价，并不影响该合意作为一份独立的合同的。[1] 预约合同是否成立，应根据相关法律、司法解释关于预约合同的成立要件来判断。

(4) 预约应具备期限性。预约标的应当是在一定期限内签订本约，《民法典》第 495 条明确强调约定在将来一定期限内订立买卖合同旨在突出预约合同的期限性。在实务中，应注意名为预约，实为本约的情形。如果当事人双方订立了"房屋转让预约合同"，合同约定了转让房屋的面积、位置、价款付款方式以及办理转让登记期限等具体内容，但无将来一定期间内订立房屋转让协议的约定，或者嗣后发生了按该合同办理了土地使用权转让登记手续的事实，则该合同虽名为预约合同，但本质仍属于本约。

二、预约合同成立之判断

(一) 预约成立之判断标准

《民法典合同编通则解释》第 6 条第 1、2 款规定："当事人以认购书、订购书、预

---

[1] 参见韩世远：《合同法总论》，法律出版社 2018 年版，第 93 页。

订书等形式约定在将来一定期限内订立合同,或者为担保在将来一定期限内订立合同交付了定金,能够确定将来所要订立合同的主体、标的等内容的,人民法院应当认定预约合同成立。当事人通过签订意向书或者备忘录等方式,仅表达交易的意向,未约定在将来一定期限内订立合同,或者虽然有约定但是难以确定将来所要订立合同的主体、标的等内容,一方主张预约合同成立的,人民法院不予支持。"

根据上述规定,根据不同情况,认定预约合同成立的标准为:

1. 当事人约定将来一定期限内订立合同,且将来所要订立合同的主体和标的明确,应认定预约合同成立。特别指出,《民法典合同编通则解释》第3条第1款"人民法院能够确定当事人姓名或者名称、标的和数量的,一般应当认定合同成立。但是,法律另有规定或者当事人另有约定的除外"之规定是对一般合同成立要件的认定,不能适用于预约合同。换言之,预约合同欠缺数量、价格的,不影响预约合同成立,数量、价格等一般在本约合同中约定。

2. 意向书、备忘录(包括原则性协议、框架协议、临时协议等),在通常情况下,仅表明当事人有订立合同的意向,属磋商性文件,不构成预约合同,但如果意向书、备忘录等具备前述预约合同的成立要件,也应当认定构成预约合同。

3. 当事人虽然没有签订认购书、订购书、预订书、意向书、备忘录等,但为将来订立合同交付了立约定金,也应当认为当事人之间成立了预约合同。就此而言,立约定金本质上是预约合同的违约定金。

(二)磋商性文件问题

磋商性文件与预约合同成立标准不同。磋商性文件的特点是:(1)主要条款没有约定标的,但大多数情形是标的不明,存在不确定性或者多变性,根据《民法典》第510条和第511条也无法准确判断标的的种类、范围等。(2)缺少当事人受其约束的意思表示,常常使用"原则上可以签约""考虑签约"等词语,或没有明确约定在将来一定期限内订立本约合同。(3)没有约定定金,也没有交付定金。

《民法典合同编通则解释》第15条规定:"人民法院认定当事人之间的权利义务关系,不应当拘泥于合同使用的名称,而应当根据合同约定的内容。"据此,对合同性质的认定,不应拘泥于合同名称,而应根据合同约定内容来判断,判断某一合同是否为预约合同亦应如此。因此,名为认购书、订购书、预订书、意向书、备忘录、原则性协议、框架协议、临时协议等,具备预约合同成立要件的,应认定为预约合同,具备本约成立要件的,应认定为本约,否则只能是磋商性文件。

磋商性文件既非预约,亦非本约,表明合同不成立,没有法律约束力。但磋商性文件如何处理？《民法典》对此未作规定。《民法典总则编解释》第23条规定："民事法律行为不成立,当事人请求返还财产、折价补偿或者赔偿损失的,参照适用民法典第一百五十七条的规定。"换言之,预约合同(包括本约合同)不成立的,是参照民事法律行为无效、被撤销或者确定不发生效力的法定后果进行处理。

(三)优先协议问题

在买卖合同交易实务中,双方约定的协议仅对一方当事人产生法律约束力,该协议能否构成预约？举例:A与B约定,在A出售挖掘机时,B可以80万元的价格优先购买。该协议是否属于预约？

有观点认为,此类协议亦属预约。最高人民法院观点认为:此协议类似于法国法上的优先性协议或者英美合同法上的选择权合同,不能构成预约合同。理由有两点:一是优先协议性仅赋予一方订立特定合同的优先权,只为一方当事人固定了交易机会。这与预约为双方当事人固定交易机会的本旨不合。二是由于B被赋予了买卖挖掘机的优先权或者选择权,A在以任何价格出售挖掘机之前都必须向B发出要约,B在任何价位上均享有优先承诺权,故对B而言,只有权利而无必须缔结本约或者为缔结本约必须进行磋商的义务,此与要约的基本含义不相符。[1]

三、预约与本约之识别

(一)预约与本约之关系

关于预约与本约的关系,理论界和实务界基本存在前契约说、从合同说、附停止条件本约说、独立契约说4种观点。

2012年最高人民法院在制定原《买卖合同解释》时,对预约和本约关系采纳了"独立契约说"。最高人民法院认为:预约与本约之间既相互独立,又相互关联,两者之间是手段和目的之关系。预约的目的在于订立本约,预约的标的须是在一定期限内签订本约,履行预约合同的结果是订立本约合同。因此,不能否定预约的独立性,不能将预约合同当作磋商本约过程中的文件和本约合同的附件。[2]

《民法典》仍采取"独立契约说",将预约合同视为一个独立合同,适用合同法的

---

[1] 参见最高人民法院民事审判第二庭编著:《最高人民法院关于买卖合同司法解释理解与适用》,人民法院出版社2012年版,第67页。

[2] 参见最高人民法院民事审判第二庭编著:《最高人民法院关于买卖合同司法解释理解与适用》,人民法院出版社2012年版,第53~54页。

通行规则。

(二)预约与本约之区别

1.本约合同成立要件。《民法典》第471条规定了订立合同的方式一般为要约和承诺,《民法典》第483条规定了承诺生效时合同成立及例外情形,以上规定是对合同成立须达成合意的规定。《民法典》第470条规定了合同一般包括的条款,但未明确规定合同成立必备条款,容易引发合同是否成立的争议。对此,《民法典合同编通则解释》第3条规定:"当事人对合同是否成立存在争议,人民法院能够确定当事人姓名或者名称、标的和数量的,一般应当认定合同成立。但是,法律另有规定或者当事人另有约定的除外。根据前款规定能够认定合同已经成立的,对合同欠缺的内容,人民法院应当依据民法典第五百一十条、第五百一十一条等规定予以确定。当事人主张合同无效或者请求撤销、解除合同等,人民法院认为合同不成立的,应当依据《最高人民法院关于民事诉讼证据的若干规定》第53条的规定将合同是否成立作为焦点问题进行审理,并可以根据案件的具体情况重新指定举证期限。"

上述规定是对无预约合同情形下一般合同成立的判断标准,若存在预约合同的,则为本约合同判定标准。据此,在存在预约合同情形下,判断本约合同成立的标准为:

(1)判定合同成立的一般标准为合同已具备当事人姓名或者名称、标的和数量三要素,例外不成立的情形为法律另有规定或者当事人另有约定。此处"法律另有规定"是指合同成立不以承诺生效时间为准的例外情形,主要有《民法典》第490条所指的以最后签名盖章时间或一方履行对方接受的时间为合同成立时间,《民法典》第491条以确认书签订和网络订单提交时间为合同成立时间,以及借贷等实践合同、需批准成立的合同。

(2)即使合同具备当事人姓名或者名称、标的和数量,合同也并非当然成立,还要考察决定合同类型的个别要素是否存在,因为实践中可能会有关于某一合同内容,既没有当事人之间约定,也无法依照《民法典》第510条、第511条等规定予以确定的情形。例如,当事人对价款和报酬既没有约定,又无法达成补充协议,按照合同相关条款或者交易惯例也无法确定,且不存在订立合同时履行地市场价格以及政府定价或者政府指导价。于此情形下合同是否成立?对此,最高人民法院《民法典合同编通则解释》起草者认为:价格或者报酬作为合同的个别要素,通常会影响合同成立,尤其是人们将磋商过程通俗地称为"讨价还价",也足以表明价格或者报酬在交易中的重要性。如果当事人之间对价格或者报酬存在争议且无法通过上述途径予以解决，只能认为当事人未能达成合意，因而合同不成立。[1]

另外，应当注意，当事人主张合同无效或者请求撤销、解除等，而人民法院认定合同不成立时，不宜直接驳回当事人的诉讼请求，而应根据《民事诉讼证据规定》第53条规定，将合同是否成立作为争议焦点进行归纳并就合同是否成立作出认定。

2. 预约与本约的区别标准。预约合同具有多样性、灵活性，特别是某些合同条款比较完备的预约合同与本约合同难以区分，属于司法实践中的难题。鉴于此，《民法典合同编通则解释》第6条第3款规定："当事人订立的认购书、订购书、预订书等已就合同标的、数量、价款或者报酬等主要内容达成合意，符合本解释第三条第一款规定的合同成立条件，未明确约定在将来一定期限内另行订立合同，或者虽然有约定但是当事人一方已实施履行行为且对方接受的，人民法院应当认定本约合同成立。"

根据上述解释的规定，预约与本约的区别标准为：

（1）即使预约合同条款完备，达到本约成立标准，但明确约定在将来一定期限内另行订立合同的，仍应认定为预约合同；反之，未明确约定在将来一定期限内另行订立合同的，应认定为本约合同。

（2）即使预约合同条款完备，达到本约成立标准，且明确约定在将来一定期限内另行订立合同，但是当事人一方已实施履行行为且对方接受的，应认定为本约合同；反之，则仍应认定为预约合同。

最高人民法院发布的《民法典合同编通则解释》典型案例某通讯公司与某实业公司房屋买卖合同纠纷案裁判要点为：判断当事人之间订立的合同是本约还是预约的根本标准，应当是当事人是否有意在将来另行订立一个新的合同，以最终明确双方之间的权利义务关系。即使当事人对标的、数量以及价款等内容进行了约定，但如果约定将来一定期间仍须另行订立合同，就应认定该约定是预约而非本约。当事人在签订预约合同后，已经实施交付标的物或者支付价款等履行行为的，应当认定当事人以行为的方式订立了本约合同。

在实务中，当事人约定将来还要签订"正式合同"的场合，仍应根据当事人的真实意思表示判断当事人之间的法律关系。因为该等情形下，当事人的真实意思表示，可能存在3种情形：其一，当事人约定的"正式合同"，仅是本约合同成立后当

---

[1] 参见最高人民法院民事审判第二庭、研究室编著：《最高人民法院民法典合同编通则司法解释理解与适用》，人民法院出版社2023年版，第65页。

事人的合同义务,当事人达成合意但未签订正式合同的,不影响本约合同成立;其二,当事人约定的"正式合同"属于《民法典》第491条规定的确认书,当事人虽已达成合意但未签订确认书,将导致本约合同不成立,且当事人之间不存在预约合同关系;其三,当事人约定的"正式合同",系将来所要订立的本约合同,当事人达成合意但未签订正式合同的,仅导致本约合同不成立,不影响预约合同关系的成立。[1] 在以上3种情形中,第3种情形才符合司法解释中"在将来一定期限内另行订立合同"的含义。

(三)商品房买卖中的预约与本约

《商品房买卖合同解释》第5条规定:"商品房的认购、订购、预订等协议具备《商品房销售管理办法》第十六条第二款规定的商品房买卖合同的主要内容,并且出卖人已经按照约定收受购房款的,该协议应当认定为商品房买卖合同。"最高人民法院认为:依该条款,认定名为预约实为本约,应具备两个条件:一是具备《商品房销售管理办法》第16条规定的商品房买卖合同的主要条款;二是出卖人已按约定收取购房款,"出卖人已按约定收取购房款"的内涵为:认购书已实际履行,出卖人已收取了购房款。这里所称"购房款"既应包括全款,也应包括部分购房款。之所以将"出卖人已按约定收取购房款"作为本约成立条件之一,主要是因为出卖人与买受人签订的认购书多订有日后再签订正式买卖合同的条款,尽管认购书具有本约内容,但当事人的真实意思表示是签订预约合同。根据实际情况,《商品房买卖合同解释》附加买受人缴纳全部或部分房款的合同才转化为正式的商品房买卖合同。以这样的方式区分预约和本约,符合我国商品房销售市场的实际情况。[2]

《商品房销售管理办法》第16条第2款规定,商品房买卖合同应明确如下13项主要内容:(1)当事人名称或者姓名和住所;(2)商品房基本状况;(3)商品房的销售方式;(4)商品房价款的确定方式及总价款、付款方式、付款时间;(5)交付使用条件及日期;(6)装饰、设备标准承诺;(7)供水、供电、供热、燃气、通信、道路、绿化等配套基础设施和公共设施的交付承诺和有关权益、责任;(8)公共配套建筑的产权归属;(9)面积差异的处理方式;(10)办理产权登记有关事宜;(11)解决争议的方法;(12)违约责任;(13)双方约定的其他事项。《商品房销售管理办法》是原建设

---

[1] 最高人民法院民事审判第二庭、研究室编著:《最高人民法院民法典合同编通则司法解释理解与适用》,人民法院出版社2023年版,第107~108页。

[2] 参见最高人民法院民事审判第一庭编著:《最高人民法院关于审理商品房买卖合同纠纷案件司法解释的理解与适用》,人民法院出版社2015年版,第70~72页。

部规章,该办法第2条规定商品房销售及商品房销售管理应当遵守该办法,该办法对商品房买卖合同当事人具有行政规章的约束力,属于强制性规范;该办法所追求的目标是规范商品房买卖市场,这种规范行为是对商品房买卖合同本约的规制而非对预约的规制。因此,司法解释将该办法作为判断商品房买卖合同预约与本约的标准之一。

四、预约合同违约认定与解除

（一）违反预约合同之认定

《民法典合同编通则解释》第7条规定:"预约合同生效后,当事人一方拒绝订立本约合同或者在磋商订立本约合同时违背诚信原则导致未能订立本约合同的,人民法院应当认定该当事人不履行预约合同约定的义务。人民法院认定当事人一方在磋商订立本约合同时是否违背诚信原则,应当综合考虑该当事人在磋商时提出的条件是否明显背离预约合同约定的内容以及是否已尽合理努力进行协商等因素。"

根据上述解释的规定,在预约合同生效后,违反预约合同的行为有两种情形:一是当事人一方拒绝订立本约合同。拒绝的意思表示可以是明示,如明确不同意订立本约合同,也可以是以行为表示的默示,如已将股权转让给第三人,构成默示预期违约。二是在磋商订立本约合同时,当事人一方违背诚信原则导致未能订立本约合同。

预约合同成立后,当事人之间虽然多次磋商但仍无法订立本约合同的原因很多,如果双方均诚信协商但未能达成一致,不应认为违反预约合同。但如何认定磋商违背诚信原则？最高人民法院认为:根据《民法典合同编通则解释》第2款,判断当事人是否诚信磋商的标准是当事人是否已经努力促成本约合同订立。判断当事人是否已经努力促成本约合同订立,关键是要看当事人在谈判订立本约合同过程中所提出的条件是否合理。如果当事人所提出的条件不合理从而导致本约合同未能订立,即可认定当事人未尽诚信磋商义务,进而构成违反预约合同。如何判断当事人所提的条件是否合理,主要看该条件是否明显背离预约合同的内容。这里说的预约合同的内容,既包括当事人在预约合同中就本约的内容已作出的明确约定,也包括预约合同未涉及,但根据合同解释、合同漏洞填补规则可以获得的内容。此外,尽管当事人在预约合同中约定对某项内容在订立本约时仍须进一步磋商(如暂定价),但当事人在磋商订立本约合同过程中,即使市场行情发生重大变化,所提条件也不能明显背离预约合同的约定。如果当事人所提条件明显背离预约合同的约定或者与根据合同解释、合同漏洞填补规则获得的内容明显不一致,即可认定当事人未尽合理努力促成本约订立,有违诚信磋商义务。[1]

(二)预约合同解除问题

1. 违约解除。违约解除适用于当事人存在违反预约合同行为的情形。原《买卖合同解释》第 2 条规定"一方不履行订立买卖合同的义务,对方请求其承担预约合同违约责任或者要求解除预约合同并主张损害赔偿的,人民法院应予以支持"。根据该规定,在预约违约情形下,非违约方可以将合同解除作为违约的救济手段。《民法典》第 495 条第 2 款规定:"当事人一方不履行预约合同约定的订立合同义务的,对方可以请求其承担预约合同的违约责任。"该条仅对违反预约合同应承担违约责任作出了规定,再未提及违约解除问题,究其原因,笔者认为:既然预约是独立合同,而《民法典》第 562 条、第 563 条对违约解除已有明确规定,故非违约方完全可以依上述规定解除预约合同。

2. 非违约解除。如果预约合同生效后,发生不可抗力导致无法订立本约合同,当事人双方均可依据《民法典》第 563 条第 1 款第 1 项的规定请求解除合同,且无须承担违约责任。如果预约合同生效后,发生情势变更导致按预约合同订立本约合同的基础条件发生变化,对一方显失公平的,根据《民法典》第 533 条第 1 款的规定,当事人双方也可请求变更或解除合同。

3. 请求司法裁判终止合同。如果当事人经诚信磋商,仍然不能订立本约合同,不应认定当事人存在违约行为。基于预约合同在事实上已无履行可能,当事人双方可以根据《民法典》第 580 条第 2 款请求终止合同。

五、预约合同解除赔偿

(一)违约解除赔偿范围

《民法典合同编通则解释》第 8 条规定:"预约合同生效后,当事人一方不履行订立本约合同的义务,对方请求其赔偿因此造成的损失的,人民法院依法予以支持。前款规定的损失赔偿,当事人有约定的,按照约定;没有约定的,人民法院应当综合考虑预约合同在内容上的完备程度以及订立本约合同的条件的成就程度等因素酌定。"该条是对违反预约合同(包括违约解除)违约赔偿责任的规定。

---

[1] 参见最高人民法院民事审判第二庭、研究室编著:《最高人民法院民法典合同编通则司法解释理解与适用》,人民法院出版社 2023 年版,第 110~113 页。

根据上述规定,预约合同违约赔偿应注意:

1. 该条没有明确规定违反预约合同强制履行。违反预约合同的违约责任历来存在应当磋商说和必须缔约说两种观点,因现行法并无对意思表示强制执行的规定,现实中亦不可行,故不能判决违约方必须签订本约合同,只能追究违约方违约赔偿责任。笔者认为:既然不能强制违约方缔结本约,非违约方应当先解除预约合同,再追究违约方的违约赔偿责任。

2. 如何计算违反预约合同的损失赔偿额？最高人民法院认为:在违反预约合同的情况下,应由法院在本约合同信赖利益和履行利益之间,根据交易的成熟度进行酌定。预约合同越详尽,交易的成熟度就越高,当事人的信赖程度就越高,违约赔偿的数额也应越高。尤其是在预约合同已就本约合同的主体、标的、数量、价款或者报酬等主要内容均达成合意的情形下,当事人请求参照本约合同履行利益认定违反预约合同责任的,人民法院应予支持。如此处理既可以防止当事人的不诚信行为,也可以在无法对预约合同强制执行的情况下,最大限度地保护当事人的交易安全。[1]

（二）非违约解除赔偿范围

笔者认为,预约合同因非违约行为解除或终止的,赔偿范围应限于相当于本约合同的信赖利益损失,并根据公平原则处理。信赖利益通常包括所受损失,如缔约费用、准备履行所需费用、已给付金钱的利息、提供担保造成的损失等。

（三）预约解除与定金罚则

定金可分为立约定金、证约定金、违约定金、解约定金。《买卖合同解释》和《民法典》对于预约合同定金适用问题未作规定。

《商品房买卖合同解释》第 4 条规定:"出卖人通过认购、订购、预订等方式向买受人收受定金作为订立商品房买卖合同担保的,如果当事人一方原因未能订立商品房买卖合同,应当按照法律关于定金的规定处理;因不可归责于当事人双方的事由,导致商品房买卖合同未能订立的,出卖人应当将定金返还买受人。"这是对商品房买卖预约合同中的定金适用作出的专门规定,并非适用所有的预约合同。

《民法典合同编通则解释》第 67 条第 2 款规定:"当事人约定以交付定金作为

---

[1] 参见最高人民法院民事审判第二庭、研究室编著:《最高人民法院民法典合同编通则司法解释理解与适用》,人民法院出版社 2023 年版,第 115~116 页。

订立合同的担保,一方拒绝订立合同或者在磋商订立合同时违背诚信原则导致未能订立合同,对方主张适用民法典第五百八十七条规定的定金罚则的,人民法院应予支持。"该条规定适用于所有的预约合同。

有关预约合同定金的性质以及定金的数额等问题,仍需进一步予以明确。

1. 预约合同定金性质问题。最高人民法院观点认为:包括商品房在内的买卖预约中的定金至少具有两重属性。第一重属性是立约定金,立约定金是专为保证当事人能够就某事订立合同而设立的,不具有担保主合同之债的功能。第二重属性是履约定金或违约金,旨在担保当事人诚信谈判而促使本约的成立。只有兼顾定金的这两个属性,我们才能在买卖合同案件中正确理解《商品房买卖合同解释》第4条的法义。如果认为预约定金仅为立约定金,那么不论何种原因,只要拒绝订立商品房买卖合同,就应适用定金罚则。例如,开发商在订立合同时,附加种种不合理的条款,买方要么拒绝签订合同而丧失定金,要么同开发商违心签约,这显然有悖公平原则。[1]

2. 预约合同定金数额问题。《民法典》第586条第2款规定,定金数额不得超过主合同标的额的20%。此条规定对于预约合同定金是否同样适用?最高人民法院对此认为:20%的限额规定只有在可计算合同标的额的情况下,方有适用之余地,而预约合同的标的是缔结本约之行为,难以计算合同标的额,因此,20%的限额规定自难适用。当然,如果约定的定金过高,在实务中还应兼顾公平原则。[2]

3. 预约合同违约解除定金罚则适用。《民法典》第587条规定:"给付定金的一方不履行债务或者履行债务不符合约定,致使不能实现合同目的的,无权请求返还定金;收受定金的一方不履行债务或者履行债务不符合约定,致使不能实现合同目的的,应当双倍返还定金。"可见,《民法典》规定了适用定金罚则的前提,即当事人一方违约致使对方"不能实现合同目的",这是对定金罚则的限制。但预约合同违约解除的原因是违约方拒绝签订本约或磋商违背诚信原则,导致对方订立本约合同的目的无法实现,违约方构成根本违约,因此,根据《民法典合同编通则解释》第67条第2款应当适用《民法典》第587条所规定的定金罚则。

4. 预约合同非违约解除定金罚则适用。《民法典》第587条所规定的定金罚则针对的是一方根本违约情形,定金罚则具有明显惩罚性,但对于双方根本违约,一

---

[1] 参见最高人民法院民事审判第二庭编著:《最高人民法院关于买卖合同司法解释理解与适用》,人民法院出版社2012年版,第63页。

[2] 参见最高人民法院民事审判第二庭编著:《最高人民法院关于买卖合同司法解释理解与适用》,人民法院出版社2012年版,第64页。

方根本违约而对方非根本违约,定金罚则能否根据违约情况按比例适用,不可抗力能否免责等情形未作规定。

《民法典合同编通则解释》第 68 条确立的定金使用规则如下:在双方根本违约情形下,双方均不得主张适用定金罚则,但在一方根本违约,另一方轻微违约的情形下,轻微违约方可主张定金罚则;定金罚则应按未履行部分比例适用;在不可抗力致使合同不能履行的情形下不适用定金罚则。

预约合同非违约解除或终止的原因较多,同样存在双方根本违约,一方根本违约而对方非根本违约,发生不可抗力等情形,对于非违约解除定金罚则适用问题,根据不同情形,同样应根据上述司法解释的规定处理。

第五节 股东协议解除问题

一、股东协议及种类

1.股东协议。基于股东之间、股东与公司之间的特别关系、特别承诺或者特别信任,常有股东通过协议界定彼此之间的权利义务关系,这种协议就是股东协议。股东协议有广义与狭义之分。广义的股东协议是指股东之间、股东与公司之间签署的各类协议;狭义的股东协议仅指股东之间签订的与股东资格相关的协议。[1]

《公司法》虽然未设专章对股东协议予以全面系统的规定,但散见于各章节的制度设计重视股东契约自由,重视通过股东协议界定相互之间的权利、利益、义务、责任和风险。例如:《公司法》第 43 条允许有限公司全体股东签订设立协议,明确各自在公司设立过程中的权利和义务;第 84 条规定在保证其他股东在同等条件下享有优先权的前提下,允许股东向公司外第三人转让股权;第 89 条鼓励在特定情形下股东与公司达成退股协议。

2.股东协议种类。在实务中,股东协议有诸多种类。主要有:《公司法》第 43 条规定的有限公司设立协议、第 84 条规定股权转让协议、第 93 条规定的股份有限公司发起人协议、第 89 条规定的退股协议、第 210 条规定的股东分红协议、第 218 条规定的公司合并协议、第 222 条规定的公司分立协议、第 224 条规定的减资协议、第 228 条规定的增资协议;《公司法解释(三)》第 24 条规定的股权代持协议;《九民纪要》规定的对赌协议;除此以外,还有股权激励协议、表决权委托代理协议、股东

---

[1] 参见刘俊海:《现代公司法》(第 3 版),法律出版社 2015 年版,第 145 页。

对公司承包经营协议、股东对公司租赁经营协议、公司清算协议、公司剩余财产分配协议;等等。

3.股东协议与公司章程不同。第一,根据《公司法》第二章"公司登记"的规定和《市场主体登记管理条例》的规定,公司章程包括变更后的章程须在登记机关备案;但对股东协议没有登记备案要求,股东协议一般也未在登记机关备案。第二,公司章程虽由股东签署,但根据《公司法》第5条,公司章程对公司、股东、董事、监事、高级管理人员具有约束力,也就是说,公司章程的约束力为法定,不受合同相对性原则限制;然股东协议的约束力仍遵循合同相对性原则,对协议之外的当事人一般没有约束力。第三,《公司法》第66条第3款规定,公司章程的变更修改必须经代表2/3以上表决权的股东通过;而股东协议的变更补充需要当事人协商一致。第四,公司章程须依法订立,须遵守公司法中诸多强制性规定,只有公司法中许可"由章程规定"的地方才能自由协商订立;而股东协议若不涉及公司法中强制性规定,仍以契约自由为主。

在实务中,股东协议与章程冲突时,以何者为准?笔者比较赞同王毓莹教授的观点:针对公司内部关系时,通过文件成立时间、公司章程是否为"照章填空"的产物等综合判断当事人的真实意思,不论载体是章程还是股东协议,应以真实意思表示为准;而针对外部第三人时,为保护外部第三人的信赖利益,则以公司章程为准,除非第三人知悉股东协议。[1]

4.股东协议与股东会决议不同。第一,公司召集股东会须遵守《公司法》及章程规定的召集程序;而订立股东协议遵循的是合同法上的要约和承诺的程序。第二,允许股东会表决事项受《公司法》对股东会职权的限制及章程依法对股东会职权的限制,对非股东会职权范围内(如属董事会、监事会、经理的职权)的事项,股东会不能作出决议;而股东协议的内容若不涉及公司法中强制性规定,以契约自由为主。第三,股东会决议无须每一股东同意,效力根据《公司法》和章程的规定来确认;而股东协议须当事人协商一致达成合意,效力未违反法律、行政法规强制性规定或未违反公序良俗的,皆为有效。第四,股东会决议是处理公司内部事务的决议,适用《公司法》调整,不适用《民法典》调整;而股东协议既受《民法典》调整,亦受《公司法》调整。

二、股东协议之法律适用

《民法典》是调整平等主体的自然人、法人和非法人组织之间的人身关系和财

---

[1] 参见王毓莹:《新公司法二十四讲》,法律出版社2024年版,第372~375页。

产关系的法律,其中的合同编专门调整因合同产生的民事关系;《公司法》是旨在规范公司的组织和行为,保护公司、股东、职工和债权人的合法权益的商法,与《民法典》侧重点不同;但二者均有维护合同自由、合同正义,维护交易安全的目的。

股东协议既受《民法典》调整,也受《公司法》调整。《民法典》第11条规定:"其他法律对民事关系有特别规定的,依照其规定。"据此,《公司法》是特别法,《民法典》是一般法。《民法典》生效前的《九民纪要》第3条强调,民法总则与公司法的关系,是一般法与商事特别法的关系。故在法律适用上,股东协议应当优先适用《公司法》的相关规定,《公司法》没有规定的可以适用《民法典》的相关规定。

股东协议属于《民法典》合同编中的非典型合同。根据《民法典》第467条第1款"本法或者其他法律没有明文规定的合同,适用本编通则的规定,并可以参照适用本编或者其他法律最相类似合同的规定"的规定,股东协议在适用《民法典》相关规定时,应适用《民法典》合同编通则的规定,参照适用《民法典》典型合同或其他法律最相似合同的规定。比如,股权转让协议可以参照买卖合同相关规定,股权代持协议可以参照适用代理规则和委托合同相关规定。

复杂的股东协议往往是一种混合合同,应注意股东协议与合同联立的区别。同时复杂的股东协议多有涉他条款,涉及第三人利益保护问题。比如,有限公司设立公司协议中,若实际出资人的出资是给付名义设立人拟设立公司,则这种给付不仅是一种约定给付,而且根据《公司法》第49条,这种出资给付是强制的必须给付。不仅如此,当出资给付不足时,公司还有权直接追索,其他股东还要承担连带责任。因此,股东协议的法律适用问题比纯粹的民事合同要复杂得多。

三、股东协议效力审查

公司法是强行法和任意法的合体。公司是市场经济最重要的主体,市场经济能否健康发展,与公司行为是否规范密切相关,所以为维护社会经济秩序,促进社会主义市场经济的发展,公司法对公司行为必须作出一系列的强制性规范。股东协议不同于普通的民事合同,对股东协议效力进行审查,首先应适用《公司法》的相关强行性规则,除此之外还应适用《民法典》中的合同效力规则。

《公司法》围绕如何依法平衡保护股东权益、公司权益、职工和债权人权益制定了诸多强行性规则。比如:(1)为保护公司股东权益,公司法明确了股东权利,确认了股东有权行使共益权,且共益权不可剥夺规则,对股东会和董事会决议异议权、股份转让及退出公司权、股权转让及增资优先权、查账权、分红权、剩余财产分配权、损害赔偿权予以保护等一系列规则。(2)为保障公司权益,公司法建立了注册资本,法定出资方式,必须足额出资并禁止抽逃,增资或减资程序法定的规则;建立了限制对外担保及投资,限制关联交易,治理结构法定,董事、监事、高级管理人员任职资格限制及行为禁止,股东代表诉讼制度的规则;建立了公司财务核算、利润分配及禁止行为、公司解散、清算等一系列规则。(3)为保护公司职工和债权人权益,公司法建立了职工权益保护原则、建立职代会民主管理制度原则、建立了法人格否认、外观信赖保护、公司解散清算中债权人利益保护等一系列规则。《公司法》所规定的这些强行性规则,是对当事人意思自治的限制,当事人在订立股东协议时必须遵守。股东协议相关条款有违反的,则应认定无效。

在股东协议效力审查中,还要注意,在公司法框架下的股东协议是否成立的问题。就民事合同而言,当事人主体、标的、数量不能确定的,该合同不成立。对于未成立的合同,也不存在通过合同补漏规则,使其成立的效果。就股东协议是否成立,除了适用民法合同成立规则判断外,还须适用公司法相关规则判断。

例如,在唐某与上海澳仪公司、毛某、王某增资纠纷中,对于增资协议是否成立的问题,一审法院判决增资协议成立。二审上海市第一中级人民法院在(2018)沪01民终2769号判决书中认为,增资协议不成立。二审判决理由是:第一,根据另案生效判决,王某投入澳仪公司的51万元被认定为借款,且王某表示股东间未就增资达成协议,如果其他股东自行增资,将会稀释自身股权比例,损害自身合法权益。在无其他证据证明的情况下,不能认为3名股东间曾达成如下协议,即两名股东的出资是股权性质的增资,另一名股东的出资只具有债权性质。因此,两名股东单独增资的方式,不应被认为具有合理性和可行性。第二,增资作为公司重要事项,属于要式法律行为,不仅需要合意基础,还需要符合法律及公司章程规定的股东会决议、工商登记变更等形式和手续。从该案来看,既无股东之间书面增资协议,也没有形成增资的股东会决议,当然也就不可能发生工商登记变更事项。2017年2月8日,澳仪公司的3位股东就增资扩股等事宜曾召开过临时股东会会议,却因意见分歧而未形成决议。茅某虽然认为3名股东就增资形成了口头协议,却未提供证据证明,也与前述另案生效判决认定王某投入公司的51万元为借款存在矛盾。在此情况下,不能认为唐某在临时股东会会议上的意见构成对先前协议内容的反悔,也就不应视作不当阻止协议条件成就。第三,二审法院注意到,澳仪公司的资产负债表显示,资本公积一栏的数额经常变动,而澳仪公司和茅某对此的解释并不能令人信服。因为该17万元并非始终列入资本公积,并且(2013)长民二(商)初字第1306号民事判决也未明确该17万元系增资款(仅认为该17万元款项不构成借款关系)。在同样没有增资依据的情况下,2018年1月和2月,澳仪公司却将该17万元列为资本公积(股东权益性质),而将茅某投入的102万元列入其他应付款(公司债务性质)。茅某虽然表示与其他两名股东达成过口头增资协议,但茅某作为大股东和公司法定代表人,却未将自己投入的102万元始终列入(且2017年6月至2018年2月多数情形下不列入)资本公积一栏。这说明,茅某本人并未积极促成增资目的的实现。第四,澳仪公司3名股东就增加投资一事产生纠纷,自实际出资以来已有8年左右,期间引发多起诉讼,对公司治理、股东行权以及权益保障都会产生负面影响。在二审庭审中,唐某明示不愿将该17万元作为增资款。如果按照这一意见,根据现有的公司章程,澳仪公司将难以形成涉案相关的增资决议,在增资事项上可能会长期形成僵局,不利于澳仪公司的正常运作。基于公司治理的正当考量,也应当选择有利于促成公司有效治理,并且有利于维护股东,特别是非控股股东利益的方案,而不是相反的方案。

四、股东协议解除问题

由于股东协议种类较多,本节不可能对每一类型的股东协议的解除问题进行全面的探讨,故本节仅选择发起设立公司协议、对赌协议、股权转让协议进行粗略的探讨。

(一)发起设立公司协议解除问题

发起设立公司协议一般是指发起人以包含设立新公司等为目的而签订的协议,往往以投资协议名义出现。《公司法解释(三)》第1条对发起人的概念予以了规定:"为设立公司而签署公司章程、向公司认购出资或者股份并履行公司设立职责的人,应当认定为公司的发起人,包括有限责任公司设立时的股东。"

发起设立公司协议的内容可能包括:发起人、拟设立公司股东、各股东出资额、出资方式、持股比例、股东会职权及表决、董事会职权及成员、监事会职权及成员、新公司经营范围、利润分配、公司解散后剩余财产分配、新公司行政审批、新公司成立前或成立后各方责任和义务、违约责任等。

发起设立公司协议履行结果有两种:一种是新公司设立,领取营业执照或许可证;另一种是新公司未能设立,未能取得营业执照或营业许可。探讨发起设立公司协议能否解除,应根据该等协议内容、性质及新公司是否成立等因素进行综合判断。

1. 发起设立公司协议生效但新公司未能设立情形

当事人签订发起设立公司协议而最终新公司未能在约定期间内设立或根本无

法设立的,原因一般为:(1)当事人未能履行协议约定义务,导致新公司本可以设立而未能设立;(2)营业许可未能获得行政审批或行政许可;(3)发生了不可抗力或情势变更情形。《公司法》第44条第2款规定:"公司未成立的,其法律后果由公司设立时的股东承受;设立时的股东为二人以上的,享有连带债权,承担连带债务。"该规定显系指公司未设立情形下,将设立时的股东视同合伙人,进而明确了此类股东的对外债权债务承担规则,但该规则并非指向发起设立公司协议本身。

笔者认为:在新公司未能设立的情形下,当事人之间签订的设立协议,不涉及新公司利益需要保护的问题,属于纯粹的民事合同。该类合同效力根据《公司法》和《民法典》考量,不存在无效情形的,在能否解除问题上,根据合同履行状况,是否违约,履行障碍原因等,可以适用《民法典》合同编通则中合同解除相关规则,分别处理,不存在公司利益需要保护而对当事人解除权或司法终止请求权予以限制的问题。

2. 单纯的发起设立公司协议且公司已设立情形

发起人签订发起设立公司协议,新公司设立且该协议全部内容已融入新公司章程或被新公司章程全部覆盖的,此属单纯的发起设立公司协议。于此情形下,当事人未履行发起设立公司协议相关条款的,比如,某一设立人未按发起设立公司协议约定期限、方式履行出资义务(包括全部未履行或部分未履行),构成违约的,此时守约方能否解除合同?

笔者认为:不能解除合同。理由是:第一,当事人约定的出资额是向拟设立的公司给付,属于《民法典》第522条第2款所指的纯粹的利他合同。新公司设立后,发起人身份变成股东,根据《公司法》第49条第3款,新公司有权直接向出资人追索出资款并有权要求赔偿损失,于此情形下,对解除权应当予以限制。第二,《公司法》对发起人股东未履行出资义务进行救济的方式多样。除了新公司可以直接追索出资款外,发起人股东被催告后仍拒绝出资的,《公司法》第52条第1款规定,公司经董事会决议可以向该股东发出失权通知,通知应当以书面形式发出。自通知发出之日起,该股东丧失其未缴纳出资的股权。另外,在公司董事会拒绝发出失权通知或公司不愿起诉未出资股东失权的情形下,其他已履行出资义务的发起人股东可以根据《公司法》第189条规定提起股东代表诉讼,代表新公司追索出资款等。于上情形下,无须守约的发起人解除股东协议来解决问题。第三,公司是市场经济主体,公司承载着向国家缴纳税款和满足大众就业的社会责任,承载着对债权人利益的保护责任,若非经营陷入绝境需要解散清算或准予破产,对正常经营的公司,应予维持使其存续经营。虽然《公司法》第229条规定了公司解散事由,但《公司法解释(二)》第 5 条第 1 款规定"人民法院审理解散公司诉讼案件,应当注重调解。当事人协商同意由公司或者股东收购股份,或者以减资等方式使公司存续,且不违反法律、行政法规强制性规定的,人民法院应予支持",该规定体现了公司法中的"竭尽公司内部救济原则"。《民法典》第 9 条将绿色原则作为民法基本原则予以规定,体现在公司领域,就是要注意不能任由公司解散导致社会资源浪费。解除发起设立公司协议必然牵涉到公司解散问题,若任由该协议解除导致公司解散,不仅涉及当事人之间的利益,还涉及国家税源稳定,就业民生稳定及债权人利益保护问题,故对解除权应予限制。

3. 非单纯的发起设立公司协议且公司已设立情形

在发起人签订的发起设立公司协议中,有一种既包含公司设立内容,又包含规范公司设立后、公司运营过程中各方权利义务内容的协议。它不仅约定了出资人、出资金额、注册资本等成立新公司的相关事项,还用大量条款约定了新公司成立后项目的具体开展、公司注册资本金的管理及使用、双方的分红比例、项目投产后员工的待遇以及双方在项目运营过程中的具体权利义务、各方的竞业禁止、技术保密等诸多事项。从这类协议的目的来看,新公司仅是双方合同约定的合作方式或载体,新公司成立后,还要通过公司的经营,对产品进行生产、销售,最终实现合同利润分配。故在性质上,这类协议属于非单纯的发起设立公司协议。

非单纯的发起设立公司协议订立后,新公司设立的,新公司章程必融入了该协议涉公司设立的部分内容,协议中章程未吸纳的其他内容在新公司设立后,并非自然终止,对双方当事人仍然有约束力,但对新公司无约束力。

对于非单纯的发起设立公司协议在公司设立后能否解除问题,最高法民一庭意见是:"若公司发起人订立的协议中不仅包含了设立公司的内容,还包含了公司成立后如何运营,双方在公司运营中的权利义务等其他内容的,应根据具体内容来认定协议的性质,不宜简单认定为单纯的公司设立协议。公司成立后,一方诉请解除的,应根据《合同法》第 94 条等相关规定进行审查和判断,不宜简单驳回。合同解除后,公司解散事由出现的,应依法进行清算。"[1]

笔者补充认为:对于非单纯的发起设立公司协议能否解除问题,应从缔约目的来考量这类协议的性质。首先,应考量发起设立公司协议究竟是混合合同还是合同联立。如果是混合合同,根据混合合同的解除规则判断能否解除;如果是合同联

---

[1] 于蒙:《包含设立公司内容的协议在公司设立后能否解除》,载杜万华主编,最高人民法院民事审判第一庭编:《民事审判指导与参考》总第 71 辑,人民法院出版社 2017 年版。

立,则应按各自的解除规则判断能否解除。比如,该类协议中设立公司的条款独立于其他条款构成合同联立的,尽管公司已设立,其他条款可因合同联立性质而解除,但设立公司条款不宜解除。其次,应注意维护已设立公司的持续经营,这是公司法中"穷尽公司内部救济"原则和《民法典》中"绿色原则"的应有要求,也就是说,协议部分解除能不牵扯到公司解散的,尽量不要衍生出公司解散的后果,尽量将协议解除后果限制在发起人之间。

还应注意,在该类协议解除的后果中,应注意根据《公司法》的规定维护资本充实原则和公司财产保护原则。

在最高人民法院审理的浙江新湖集团股份有限公司(以下简称新湖公司)诉浙江玻璃股份有限公司等公司增资纠纷一案中,原告新湖集团诉请终止履行剩余出资义务,最高人民法院作出的(2010)最高民二终字第101号判决认为"……新湖集团在其他各方违约的情况下,要求终止继续履行剩余出资义务,有相应的合同依据。但合同自由应以不违反法律强制性规定为前提。新湖集团终止继续出资义务的诉请涉及公司资本制度,公司资本制度多为强行性规范,尤其是股东的足额出资义务是我国《公司法》明确规定的法定义务。《公司法》第28条的规定……其立法意旨在于确立公司资本信用,保护债权人利益,既保护公司经营发展能力,又保护交易安全,是一项强制性的义务。……股东认缴新增资本的出资,依照本法设立有限责任公司缴纳出资的有关规定执行。故本案增资纠纷中的新湖集团也和青海碱业设立时的原始股东一样,负有足额出资的法定义务。因此,新湖集团虽然可以依照《增资扩股协议书》单方面终止继续履行余额出资的合同义务,但不能据此免除其对青海碱业足额出资的法定义务。其终止履行继续出资的义务,应以其已经足额缴纳青海碱业章程规定的其认缴的出资额为前提。"

而在该案中受挫的新湖集团另行向浙江省绍兴市中级人民法院提起诉讼,请求解除《增资扩股协议书》,同时要求青海碱业股东偿还新湖集团已经支付的出资款及资本公积金,并要求青海碱业承担连带责任。浙江省高级人民法院就该案做出二审判决后,新湖集团向最高人民法院申请再审被驳回,最高人民法院在(2013)民申字第326号裁定中明确指出:"本案《增资扩股协议书》解除后……但《增资扩股协议书》的性质决定了新湖集团所诉的这部分资本公积金不能得以返还。《增资扩股协议书》的合同相对人虽然是浙江玻璃、董某华、冯某珍,但合同约定增资扩股的标的却是青海碱业。合同履行过程中,新湖集团也已将资本金直接注入了青海碱业。青海碱业系合法存在的企业法人。浙江玻璃、董某华、冯某珍均不再具有返还涉案资本公积金的资格。至于青海碱业能否返还新湖集团已注入的这部分资本公积金,关乎资本公积金的性质。……股东向公司已缴纳的出资无论是计入注册资本还是计入资本公积金,都形成公司资产,股东不得请求返还。"

最高人民法院在前述案件中,基本形成了以下裁判规则:(1)股东出资义务是《公司法》明确规定的法定义务,即使投资者据以履行出资义务的出资协议被解除,投资者也不能终止履行缴纳认缴的注册资本;(2)投资者向项目公司缴纳的资金,无论计入注册资本还是计入资本公积金,都属于目标公司资产,投资者不得请求返还。但依约尚未缴纳的资本公积金,则可停止缴纳。

(二)对赌协议解除问题

1. 对赌协议效力及实际履行

对赌协议,又称估值调整协议,是指投资方与融资方在达成股权性融资协议时,为解决交易双方对目标公司未来发展的不确定性、信息不对称以及代理成本而设计的包含了财务业绩、上市时间、股权转让限制、股权回购、金钱补偿等对未来目标公司的估值进行调整的协议。对赌协议名称具有多样性,如"股权投资协议""股权回购协议""增资协议""公司业绩补偿协议""公司利润分配协议"等。

从订立对赌协议的主体来看,其形式有:(1)投资方与目标公司的股东或者实际控制人"对赌";(2)投资方与目标公司"对赌";(3)投资方与目标公司的股东、目标公司"对赌"等。

关于对赌协议效力及能否履行问题,应根据订立协议主体判断。

一是投资方与目标公司的股东或者实际控制人订立的对赌协议的效力及履行。《九民纪要》的对该类协议的规定是:"人民法院在审理'对赌协议'纠纷案件时,不仅应当适用合同法的相关规定,还应当适用公司法的相关规定;既要坚持鼓励投资方对实体企业特别是科技创新企业投资原则,从而在一定程度上缓解企业融资难问题,又要贯彻资本维持原则和保护债权人合法权益原则,依法平衡投资方、公司债权人、公司之间的利益。对于投资方与目标公司的股东或者实际控制人订立的'对赌协议',如无其他无效事由,认定有效并支持实际履行,实践中并无争议。"

二是投资方与目标公司订立的对赌协议效力及实际履行。所谓与目标公司"对赌",是指投资方与目标公司订立的协议约定,目标公司从投资方处获得融资,投资方成为目标公司股东,当目标公司在约定期限内实现双方预设的目标时,由投资方给予目标公司奖励;相反,由目标公司按照事先约定的方式回购投资方的股权或者/同时向投资方承担金钱补偿义务。

对投资方与目标公司对赌协议的效力问题,最高人民法院观点先后有变化:(1)最高人民法院民事审判第四庭2012年12月7日在苏州工业园区海富投资有限公司与甘肃世恒有色资源再利用有限公司、香港迪亚有限公司增资纠纷案[(2012)民提字11号]的民事判决中认为:投资方与目标公司的股东对赌有效,与目标公司对赌无效。无效的理由是增资协议要遵守公司法和合同法的规定,投资者与目标公司本身之间的补偿条款如果使投资者可以取得相对的固定收益,则该收益会脱离目标公司的经营业绩,直接或间接地损害公司利益和公司债权人利益。(2)但上述一律无效的观点遭到了如下质疑:一是如果对赌协议达到了预定目标,显然不能认为协议无效。达到合同预期目标就有效,达不到就无效,这在逻辑上说不通。二是约定投资方获得固定收益,如果满足保护公司债权人利益这一要求,应当允许。三是没有法律依据。对合同效力立法的总态度是,尽量使合同有效,如果不损害国家、集体或他人利益,不违反法律、行政法规效力强制性规定,就应当认定有效。[1]《九民纪要》出台后改变了投资人与目标公司对赌协议一律无效的观点,强调以法定事由判定该类协议效力。

《九民纪要》第5条对该类协议的规定是:"投资方与目标公司订立的'对赌协议'在不存在法定无效事由的情况下,目标公司仅以存在股权回购或者金钱补偿约定为由,主张'对赌协议'无效的,人民法院不予支持,但投资方主张实际履行的,人民法院应当审查是否符合公司法关于'股东不得抽逃出资'及股份回购的强制性规定,判决是否支持其诉讼请求。投资方请求目标公司回购股权的,人民法院应当依据《公司法》第35条(现行《公司法》第53条)关于'股东不得抽逃出资'或者第142条(现行《公司法》第162条)关于股份回购的强制性规定进行审查。经审查,目标公司未完成减资程序的,人民法院应当驳回其诉讼请求。投资方请求目标公司承担金钱补偿义务的,人民法院应当依据《公司法》第35条关于'股东不得抽逃出资'和第166条(现行《公司法》第210条)关于利润分配的强制性规定进行审查。经审查,目标公司没有利润或者虽有利润但不足以补偿投资方的,人民法院应当驳回或者部分支持其诉讼请求。今后目标公司有利润时,投资方还可以依据该事实另行提起诉讼。"

2. 对赌协议解除及后果限制问题

在对赌协议有效的前提下,对赌协议只要符合《民法典》协商解除、约定解除、

---

[1] 参见最高人民法院民事审判第二庭编著:《〈全国法院民商事审判工作会议纪要〉理解与适用》,人民法院出版社2019年版,第114~116页。

法定解除相关规定,当事人就可以解除对赌协议。关键是有的对赌协议的解除后果与一般民事合同的解除后果不同,要受《公司法》的规制,对赌协议解除后果在能否"返还财产",能否"赔偿预期损失"问题上应予以限制。具体如下:

(1)投资方与目标公司的股东或者实际控制人订立的对赌协议的解除后果。因该类协议不涉及目标公司,并不受《公司法》相关规定约束,故该类协议解除后果应从《民法典》第566条。

(2)投资方与目标公司订立的对赌协议的解除后果。《九民纪要》第5条第2、3款规定,投资方请求目标公司返还股权投资款的,在目标公司未完成减资程序的情形下,该请求违反《公司法》第35条股东不得抽逃出资或者第142条关于股份回购的强制性规定,不予支持;投资方请求赔偿预期损失(对赌协议约定的金钱补偿或固定利润)的,因该请求须遵守《公司法》第35条股东不得抽逃出资和第166条关于利润分配的强制性规定,故若目标公司没有利润或者虽有利润但不足以补偿投资方,应当驳回或者部分支持投资方诉讼请求,今后目标公司有利润时,投资方还可以依据该事实另行提起诉讼。

在投资方与目标公司对赌协议中,应当区分投资者支付至目标公司的资金属于股权性资金还是债权性资金。债权性投资区别于股权性投资的根本之处在于债权性投资要偿还资金本息,而股权性投资则按照相应的投资额享有参与项目法人经营管理的权利,承担相应的投资风险并分享相应的投资收益。若构成债权性资金,目标公司仍应当返还。

(三)股权转让协议解除问题

1. 股权转让协议及效力

股权转让协议是公司股东将其所持公司股权转让给其他股东或对外转让给第三人的协议。股权转让协议有两类:一是股权对内转让;二是股权对外转让。《公司法》第84条及《公司法解释(四)》第17条、第18条、第19条、第20条、第21条对股权对内和对外转让作出了诸多规定。在实务中,应注意根据意思表示规则和合同解释规则判断股权转让协议真实的意思表示,甄别真实的股权转让协议与"名为股权转让,实为让与担保",对于后者,应根据《民法典担保制度解释》相关规定处理。

股权转让协议从是否给付对价角度,可分为有偿的股权转让协议和无偿的股权转让协议。在实务中,大多数股权转让协议属于有偿的股权转让协议。对于有偿的股权转让协议,除了遵循《公司法》股权转让相关规定外,还应比照买卖合同相关规则处理。在有偿的股权转让协议中,转让方的主要义务为转让股权和协助变更登记,让受让方成为显名股东;受让方主要义务是给付股权转让价款。

关于股权转让效力问题。(1)《公司法》第84条取消了原《公司法》第71条中股东对外转让股权"应当经其他股东过半数同意"的规定,保留了享有优先购买权的规定,同时保留了章程可对股权转让限制的规定。在实务中,股东对外转股违反章程限制性规定或者损害其他股东优先购买权的,在过去的审判实践中,法院往往以保护章程的权威性或其他股东的优先购买权为由,认定股权转让合同无效。其实,基于公司人合性要求,立法规定股权向外转让应受章程限制或其他股东优先购买权限制,并非对股权交易本身限制,而是对转让方股权处分权的一种限制。但根据《公司法解释(四)》第21条损害优先购买权的规定,该类协议属于有效协议,这一点与《民法典》第597条无处分权买卖效力的规定类似。当其他股东优先购买权被损害时,救济途径是在法定期限内主张优先购买权并办理股权变更登记,而非主张股东对外转股协议无效。(2)外商受让股权所涉项目属负面清单禁止投资项目的(如义务教育机构),股权转让协议无效。(3)根据《企业国有资产法》等法律规定,国有股权转让时必须评估,未经评估的股权转让合同无效。(4)法律、行政法规规定股权转让须批准才能生效的(如《商业银行法》第28条规定,任何单位和个人购买商业银行股份总额5%以上的,应当事先经国务院银行业监督管理机构批准),该等股权转让协议属于未生效协议,但根据《民法典》第502条、《民法典合同编通则解释》第12条的规定,报批义务及相关条款独立生效。

2.股权转让协议解除问题

股权转让协议解除可适用《民法典》第562条和第563条中协议解除、约定解除、法定解除的相关规定,亦可参照买卖合同中合同解除的相关规定。但股权转让协议涉及公司法相关规定,其解除有与一般合同解除不同的情形,现以有限公司为例,探讨如下:

(1)股权转让协议的受让方未取得股权情形

在股权转让协议中,受让人未取得股权是指受让人未载入股东名册或未办理股权变更登记。根据公司法"内外有别原则",股权的取得有两种对抗效力:一是对公司的对抗效力。《公司法》第56条第2款规定:"记载于股东名册的股东,可以依股东名册主张行使股东权利。"一般认为未记载于股东名册的股东,不能对抗公司。二是对外对抗效力。《公司法》第32条第1款规定,有限责任公司股东、股份有限公司发起人姓名或名称属于必须登记事项。《公司法》第34条规定:"公司登记事项发生变更的,应当依法办理变更登记。公司登记事项未经登记或者未经变更登记,不得对抗善意相对人"。根据该条规定,未取得股权的受让人不得对抗公司的善意相对人。《民法典》第 65 条规定:"法人的实际情况与登记的事项不一致的,不得对抗善意相对人。"这里的"相对人"是指与公司交易的第三人。这里的"善意"应指行为人对其实施行为后果的一种心态,行为人非因自身过错而"不知"、"无法知"或"不应知"相对人登记情况与实际不相符。《公司法解释(三)》第 23 条规定:"当事人依法履行出资义务或者依法继受取得股权后,公司未根据公司法第三十一条、第三十二条的规定签发出资证明书、记载于股东名册并办理公司登记机关登记,当事人请求公司履行上述义务的,人民法院应予支持"(注:该解释中的条文系指原《公司法》条文)。该规定明确了公司在股权转让中的法定义务。

股权转让而由受让人取得完整股权是一个渐进过程。协议生效后而受让人不能取得股权的,主要原因有:①未遵守章程对股权转让限制规定;②未尊重其他股东优购买权,其他股东已依法行使优先购买权;③转让人股权被质押或被冻结而无法办理变更登记;④转让人股权被法院强制拍卖、变卖;⑤受让人未依约支付股权转让价款;⑥公司未完成股东名册记载变更,未出具出资证明书,未修改章程等内部程序;⑦转让人拒绝协助变更登记;⑧受让人拒绝协助变更登记;等等。

在实务中,应注意章程对股权转让另有约定的核心是效力问题。最高人民法院在指导案例 96 号宋文军诉西安市大华餐饮有限公司股东资格确认纠纷案中,是从初始章程是否对后入股东产生约束力,章程限制规定是否符合有限公司封闭性和人合性特点,限制股权转让有效而禁止股权转让无效 3 个角度来考量的,该案裁判要点为:国有企业改制为有限公司,初始章程对股权转让进行限制,明确约定公司回购条款的,只要不违反公司法等法律强制性规定,可认定为有效。有限公司按照初始章程约定,支付合理对价回购股东股权,且通过转让给其他股东等方式进行合理处置的,人民法院应予支持。

笔者认为,股权转让合同成立生效时应视同转让方已交付股权,若受让人未获得完整股权,应根据约定及转让方履行义务情形,判断受让人是否享有解除权。应分别处理如下:一是除另有约定外,转让方存在其他股东已依法行使优先购买权,股权被拍卖或变卖等情形,致使标的股权灭失的,可认为受让方合同目的不能实现,受让方享有解除权。二是除另有约定外,转让人存在未告知和遵守章程限制,未尊重其他股东优先购买权,股权被质押或冻结,未将股权转让情形告知公司,不履行变更登记协助义务等情形的,受让方应先行催告转让方解除股权和变更登记限制等,转让方不履行该义务的,可认为受让方合同目的不能实现,受让方享有解除权。三是受让方存在迟延履行支付股权转让款义务,迟延履行股权变更登记协助义务的,不享有解除权。四是将受让人记载于股东名册,签发出资证明书,修改章程中的股东条款,至公司登记机关办理股东变更登记,根据《公司法》和《公司法解释(三)》第 23 条的规定,均是公司的法定义务,不属于股权转让合同项下义务。若转让人已通知公司股权转让情况,而公司未能及时完成上述变更,受让人有权要求公司履行法定义务而获得股权,于此情形下,受让人不享有合同解除权。但合同明确约定转让方协助公司履行上述义务,经转让方催告未果的除外。五是即使公司尚未办理变更登记,但若受让人已以股东身份参与股东会,获得分红等,在合同无特别约定,且转让人未拒绝配合的情况下,受让人仅以未办理变更登记未获股权为由,主张解除合同的,不应支持,因为此种情形下,受让人应起诉公司办理变更登记。

在实务中,有些判决将股权转让当成了房屋买卖,不考虑股权转让变更登记属公司法定义务的特殊性,将转让人在变更登记中的附随义务拔高到主义务,只要变更登记未办理,就认为受让方合同目的不达而支持受让方解除合同请求。这种判决是违反公司法法理的。

(2)受让方已取得股权但转让方出资瑕疵情形

转让人出资瑕疵有两种情形:一是出资期限届满未出资或未足额出资,未足额出资包括非货币出资存在瑕疵情形;二是部分或全部抽逃出资。股权转让后,公司或其他股东已向受让人索回未到位出资或已抽逃出资的,或债权人向转让方主张对公司债务承担补偿责任,转让方实际履行的,应视为转让方出资无瑕疵。

转让方出资瑕疵而股权转让的,《公司法》第 88 条规定:(1)转让方未到期出资由受让人承担;受让人到期未足额缴纳的,转让人承担补充责任。(2)未按期出资或非货币财产出资瑕疵的,转让人与受让人承担连带责任;受让人不知情的,由转让人担责。

(2019)最高法民终 1110 号裁定认为:在没有特别约定的情况下,股权转让交易对价是公司在交易时点所有的包括货币在内的实物资产及无形资产。原股东出资是否充足的问题,一是涉及能否对抗公司外部债权人免责的问题,二是在外部债权人追责后新老股东责任如何承担的问题,不影响股权转让对价本身。

在实务中,受让方对转让方出资瑕疵事实有事前知道(包括应当知道)和事后知道(包括应当知道)两种情形。所谓事前知道或应当知道,是指转让方在协议中已经如实披露出资瑕疵,或受让方事前已对公司查阅账目或审计而获知转让人出资瑕疵情形,但受让方仍自愿与转让人签订股权转让协议。所谓事后知道,是指转让人在协议中承诺没有出资瑕疵,且受让人通过事前对公司查阅账目或审计而当时无法知晓转让人出资瑕疵情形。

根据上述情况,笔者认为:在转让人存在出资瑕疵但受让人已获得股权的情形下,受让人能否解除股权转让协议,应分两种情形处理:

第一种情形,受让人事前知道或应当知道转让人出资瑕疵的,受让人不得解除合同。"商人是自己利益的最好裁判者",受让人明知或应知转让人出资瑕疵而购买股权的,不是简单的为买而买,受让人所看中的是目标公司的商业价值或其他长远利益,故而容忍转让人出资瑕疵。于此情形下,即使受让股权后,目标公司整体价值贬损或其他利益落空,也不应允许受让人以转让人出资瑕疵为由解除合同,否则,违反诚信原则。

第二种情形,缔约时受让人不知道转让人出资瑕疵,事后知道的,可撤销合同,但受让人能否解除股权转让协议,则要根据缔约目的能否实现来判断。如果公司向转让人追回出资,或受让人填补出资后转让人向受让人赔偿损失,则不应支持解除合同;反之,转让人出资瑕疵使受让人蒙受较大损失,导致受让人合同目的不能实现的,则应允许解除合同。

(3) 受让方已取得股权但转让人隐瞒公司债务情形

在控制权转移类的股权转让协议中,往往会签订有转让方负责如实披露股权交割前公司负债及相关承诺与担保条款。受让方控制公司后,一般能够知晓公司财务已记载的负债,但对公司财务未记载或遗漏的负债(如公司担保之债),若非事前披露,受让方将无从知晓。直到受让人控制公司较长时间后,这种隐藏的债务(主要是担保之债)接连"爆雷",顷刻使公司陷入绝境,而此时转让方已抽身离开,将一个烂摊子留给受让方。笔者执业多年,曾经数次见过这种情形,常让人嗟叹不已。

转让人隐瞒公司债务情形,可能属于民事欺诈行为,亦可能属于重大误解行为。受让方可在法定期限内撤销合同,但欺诈的撤销权除斥期间为1年,重大误解的撤销权除斥期间为90日,行权期限过短。受让方从接管公司到债务"爆雷",再到决定如何处置,可能已过法定除斥期间。笔者在实务中看到,受让方更多的是要求转让方去处理或承担该类债务,而转让方既然在缔约前已为自己利益对公司埋下"地雷",即使合同约定该类债务由其处理或承担,也往往拖延时间,不去解决问题,由此行使撤销权更不可能。

如果撤销权除斥期间已过,公司债务仍存在,那么受让方登记为股东,控制公司后,还能否解除合同?笔者认为分两种情形处理:一是股权转让协议约定转让方如实披露公司负债,转让方违约隐瞒负债数额巨大而不处理或承担的,构成严重违约,受让方有权解除合同。二是若合同对转让前公司债务问题无约定,转让方对此也无承诺,则一般表明受让人并不在意公司债务,或该债务在交易的整体框架下不重要。一旦股权变更登记,受让人控制公司,应视为受让方合同目的已实现,此时不宜支持受让人解除合同请求。

(4)受让方已取得股权但嗣后发现公司存在严重经营风险情形

受让人取得股权甚至控制公司后,发现公司存在违法经营或亏损等严重经营风险的,能否请求解除股权转让协议?

笔者认为:除非另有约定,一般不能解除。受让方所购股权已变更登记,甚至受让方已控制公司的,表明股权转让的目的已实现。在无特别约定的情形下,目标公司在经营过程中遇到经营风险,比如,发生非法经营被处罚或责令停业,经营管理不善或受市场影响陷入亏损等情形,并非股权转让合同目的不能实现,不能将股权转让的合同目的扩大至目标公司预期经营目标确定能够实现。在实务中,在无特别约定的情形下,受让人往往将受让股权的目的界定为期待得到公司分红,这种说法混淆了合同动机和合同目的的区别,股权投资是典型的风险投资,追求公司红利仅是受让方的合同动机,而非合同目的。

(5)受让方未能依约成为公司董事长或高级管理人员情形

在实务中,有的股权转让合同约定转让方保证受让方当选公司董事长或被聘为总经理,一旦受让方成为公司股东后,未能当选董事长或被聘为总经理,能否以此为由解除股权转让协议?

笔者认为:不能解除。理由:一是在股权转让协议中,转让方的主要义务是转让股权并使受让方成为公司股东,如果转让方履行了该义务,受让方也真正成了公司股东的话,受让方的合同目的已经实现。二是转让方保证受让方成为公司董事长或高级管理人员不是合同主要义务,而是附随义务,况且董事及经理任期是有限的,这种保证不是永久的,在受让方合同目的已实现的情形下,不能解除合同。三是公司法规定,公司董事会成员由股东会根据章程规定选举,董事长由董事会选举,公司经理由董事会聘任,转让方的承诺只能代表其单方意志,在法律上对股东会和董事会无约束力。就公司法而言,这种承诺侵犯了股东共益权,与公司法强行性规定相悖,属无效承诺。四是受让方应当知晓,其能否被选为董事、董事长或能否被聘任为总经理,与其自身所持公司股权、个人能力、信誉等密切相关,非转让方承诺所能实现,转让方的承诺具有不确定性。五是受让方成为股东后,就应受公司章程约束,这是公司法的强行性规定,章程的约束力不以转让方和受让方的意志为转移。受让方接受章程约束的,从另一个角度,应视为对转让方承诺的放弃。

3. 股权转让合同解除限制问题

股权是一种综合性的财产权利,不仅包括股份收益权,还包括公司经营决策等多种权利。股权转让合同的签订与履行不仅直接影响缔约双方的利益,还会涉及目标公司管理、员工和债权人及其他相关第三人的利益,因此,股权转让合同的解除,除法律明确规定外,还应根据公司法考虑该类合同的特殊性。尤其在股权已经变更登记,受让方已付大部分款项,且已实际控制目标公司的情况下,解除股权转让合同应结合合同履行情况,违约方的过错程度,股权转让合同目的能否实现等因素,予以综合判断。

在股权已经变更登记的情形下,一般不能解除股权转让合同。最高人民法院第一巡回法庭审理的绿洲公司与锐鸿公司、海港城公司、绿创公司股权纠纷二审案[(2017)最高法民终919号]体现了上述观点。该二审判决认为:在该案中,绿洲公司已将海港城公司80%的股权变更登记至锐鸿公司名下,锐鸿公司已实际接管海港城公司长达两年之久;占海港城公司20%股权的股东国升公司明确反对绿洲公司再次进入海港城公司;威斯汀酒店也开业在即;海港城公司在甲银行海口海甸支行的贷款本息已经还清;海港城公司也于2016年2月19日分立为海港城公司和绿创公司。与2015年11月29日涉案股权过户时相比,锐鸿公司持有海港城公司的股权价值和股权结构已经发生了很大的变化,涉案股权客观上已经无法返还。综上所述,锐鸿公司虽然存在迟延支付股权转让款的违约行为,但依据该案事实和法律规定,《股权转让协议》并不符合应予解除的法定解除条件,绿洲公司该项上诉请求不成立,不予支持。[1]

---

[1] 参见最高人民法院第一巡回法庭编著:《最高人民法院第一巡回法庭典型民商事案件裁判观点与文书指导》,中国法制出版社2020年版,第41~43页。

第十二章

行政协议解除问题

行政协议作为特殊的行政管理活动，兼具"行政性"和"合同性"，它既是一种行政行为，具有行政行为的属性，又是一种合同，体现合同制度的特征。由于该类协议由行政法律关系所产生，故当然适用行政法律规范调整，但行政协议与单方行政行为不同，因行政协议具有"合同性"，准许适用民事法律规范调整。本书主题是探讨民事合同解除问题，行政协议同样存在解除问题，为了使解除权的探讨形成体系，故将行政协议解除问题作为专章探讨。

第一节 行政协议识别和范围

一、行政协议及行政诉讼规范

（一）行政协议之内涵

何谓行政协议？《行政协议规定》对此作出了明确的规定。该解释第1条规定"行政机关为了实现行政管理或者公共服务目标，与公民、法人或者其他组织协商订立的具有行政法上权利义务内容的协议，属于行政诉讼法第十二条第一款第十一项规定的行政协议"。

探讨行政协议解除问题，如同民事合同一样，须有两个前提：一是行政协议已经成立，未成立的行政协议不存在解除问题；二是行政协议必须有效，无效行政协议不存在解除问题。

关于行政协议成立问题。行政协议未成立的，表明双方没有成立行政法律关系，也就不存在行政协议纠纷问题。行政协议是否成立及何时成立？笔者认为：应根据《民法典》第471条(订立合同方式)、第483条(合同成立时间)、第490条(书面合同成立时间)、第491条(确认书/网络合同成立时间)以及《民法典合同编通则解释》第3条(合同成立一般认定)、第4条(竞价合同成立认定)等规则来判断。除此之外,对于诸如投资意向书之类的行政协议,究竟属于无约束力的磋商性意见,还是属于预约性的行政协议,或本约性的行政协议,应根据《民法典》第495条(预约合同认定及后果)和《民法典合同编司法解释》第6条(预约合同认定)等规则来判断。

关于行政协议效力问题。已成立的行政协议是否有效,属于法律价值判断范畴。行政协议效力判断主要涉及订立协议的行政机关主体是否适格(如是否在职责范围内签订),当事人意思表示是否存在瑕疵(如是否存在欺诈、显失公平、重大误解等),协议内容是否合法(如行政机关是否越权)等问题。这些问题涉行政协议是否无效,是否撤销问题。

(二)行政诉讼规范

行政协议纠纷的处理属行政诉讼范围,主要的适用规范有:

1. 行政诉讼法。《行政诉讼法》于1990年10月1日施行,此后该法于2014年11月1日、2017年6月27日进行了两次修正。其中2014年11月1日的修正是第一次修正,实施日期为2015年5月1日。此次修正在若干领域取得了重大突破,确立了一系列新的制度,对一些传统的通行做法进行了调整。如2014年《行政诉讼法》第12条第1款第11项规定"人民法院受理公民、法人或者其他组织提起的下列诉讼:……(11)认为行政机关不依法履行、未按照约定履行或者违法变更、解除政府特许经营协议、土地房屋征收补偿协议等协议的",首次将行政协议案件纳入行政诉讼的受案范围;该法第78条规定"被告不依法履行、未按照约定履行或者违法变更、解除本法第十二条第一款第十一项规定的协议的,人民法院判决被告承担继续履行、采取补救措施或者赔偿损失等责任。被告变更、解除本法第十二条第一款第十一项规定的协议合法,但未依法给予补偿的,人民法院判决给予补偿"。但以上规定,仍存在行政协议范围不明确,易引起分歧,以及未规定行政相对人解除行政协议是否属于行政诉讼主管范围等诸多问题。

2. 行政诉讼司法解释。在行政诉讼司法解释方面,2000年3月8日最高人民法院颁布了《关于执行〈中华人民共和国行政诉讼法〉若干问题的解释》(法释〔2000〕8号),后最高人民法院又于2015年4月22日颁布了《关于适用〈中华人民共和国行政诉讼法〉若干问题的解释》(法释〔2015〕9号)。2018年2月6日最高人民法院颁布了《行政诉讼法解释》(法释〔2018〕1号),该解释自2018年2月8日起施行。该解释第163条规定,自该解释施行后,法释〔2000〕8号文、法释〔2015〕9号文同时废止,同时最高人民法院以前发布的司法解释与该解释不一致的,不再适用。

2018年施行的《行政诉讼法解释》未涉及行政协议争议审理问题。该解释系对《行政诉讼法》的全面解释,原拟对与行政诉讼的相关问题都作出规定,包括《行政诉讼法》规定的若干新制度,如行政机关负责人出庭应诉,一并解决民事争议,附带审查规范性文件等。但鉴于行政协议司法解释与《行政诉讼法解释》同时立项,《行政诉讼法解释》并未对审理行政协议案件的相关问题作出规定,而是将相关问题纳入专项司法解释计划,在调研更为深入、广泛的基础上,通过制定《行政协议规定》作出更为全面、合理的规定。

3. 审理行政协议规定。2019年11月27日最高人民法院颁布了《行政协议规定》,该解释自2020年1月1日起施行。该解释是行政诉讼中关于如何审理解决行政协议纠纷的全面系统的专门性解释,内容涉及行政协议解除问题,也成为处理行政协议解除问题的依据之一。

二、行政协议识别

(一) 行政协议之要素

行政协议具有作为行政管理方式的行政性和作为公私合意产物的协议性,是行政和民事的混合体。依《行政诉讼法》第12条第1款第11项和《行政协议规定》第1条的规定,行政协议具有以下要素:

一是主体要素。行政协议必须一方当事人恒定为行政机关,另一方当事人为行政相对人。这里的行政机关是按照国家宪法和有关组织法的规定而设立的,代表国家依法行使行政权,组织和管理国家行政事务的机关,包括各级政府及其职能部门。行政相对人是指行政管理法律关系中与行政关系相对应的另一方当事人,即被行政主体行政行为影响权益的当事人,这是行政相对人的广义解释。对于行政协议而言,行政相对人是指与行政机关缔结协议的公民、法人和非法人组织。

二是目的要素。行政协议必须以实现行政管理或者公共服务为目标。行政管理是运用国家权力对社会事务进行管理的一种活动。公共服务是指依法应由政府负责提供并由公共负担的,以满足公民生活、生存和发展的某些直接需求为目的并能使公民受益或享受的服务,它包括基础公共服务、经济公共服务、公共安全服务、社会公共服务等。订立行政协议的目的具有公益性,并非为行政机关自身利益。

行政机关为了自身利益的需要所签订的建设、维修、采购等协议,应属民事合同,不属行政协议。

三是内容要素。行政协议必须具有行政法上的权利义务内容。对于行政法上的权利义务,可以从3个方面判断,即是否行使行政职权,是否为实现行政管理目标或公共利益,在协议中或法律上是否体现行政机关优益权。[1] 当然行政协议并不排除缔约双方通过合意约定民事权利义务,比如,约定履行抗辩权、违约责任等,只不过这种约定不得与行政法中的强制性规定冲突。

四是意思要素。当事人订立行政协议必须协商一致。行政协议通过协商订立,当事人之间在形式上是平等的,但实质上是不平等的,行政机关的意思表示受行政法的限制,应体现依法行政要求,不允许超越职权订立协议。

基于此,行政协议的识别标准,可从以下两个方面考量:一是形式标准,即是否发生于履行职能的行政机关与行政相对人之间的协商一致。二是实质标准,即协议的标的及内容具有行政法上的权利义务,该权利义务取决于行政机关是否依法行使行政职权,是否依法履行行政职责,是否为实现行政管理目标和公共服务,行政机关是否具有优益权。

(二)行政协议与民事合同区别

行政协议与民事合同都是合同,但二者毕竟不同,区别为:

一是主体地位不同。在行政法律关系中,行政机关与行政相对人是不平等的管理者和被管理者的关系,行政协议是行政管理的特殊形式,双方地位仍然是不平等的。民事合同当事人地位是平等的,《民法典》合同编所调整的合同是指平等主体之间的合同。

二是合同目的不同。订立行政协议的目的是"实现行政管理和公共服务目标",明显具有国家利益和公共利益的特征。而订立民事合同通常是为了实现缔约主体之间的利益,这种利益不属公益而属私益。

三是缔约依据不同。就程序而言,行政协议的订立往往有前置批准、招投标等程序,如土地出让须先由政府审批,然后再招拍挂,而民事合同一般没有前置程序。就实体而言,订立行政协议首先要适用行政法(公法)的相关规定,再适用与行政法规定不冲突的民事法律规定,而民事合同以契约自由为基石,所适用的是私法,只

---

[1] 参见最高人民法院行政审判庭编著:《最高人民法院关于审理行政协议案件若干问题的规定理解与适用》,人民法院出版社2020年版,第34页。

要内容不违反法律、行政法规强制性规定,不违反公序良俗,皆为有效。

四是合同内容不同。尽管行政协议可以存在民法上的权利义务,但也必须具有行政法上的权利义务内容,否则就不能称为行政协议。民事合同适用私法,且种类繁多,任何一方无权行使公权力,故自无必要将公法上的权利义务载入合同。另行行政机关享有行政优益权特权,若以行政机关为缔约主体的协议载入行政优益权,则表明该协议应属行政协议而非民事合同。

三、行政协议范围

（一）法定范围及排除范围

1. 法定范围。《行政协议规定》第 2 条规定:"公民、法人或者其他组织就下列行政协议提起行政诉讼的,人民法院应当依法受理:(一)政府特许经营协议;(二)土地、房屋等征收征用补偿协议;(三)矿业权等国有自然资源使用权出让协议;(四)政府投资的保障性住房的租赁、买卖等协议;(五)符合本规定第一条规定的政府与社会资本合作协议;(六)其他行政协议。"根据该规定及最高人民法院行政庭对该解释的解读,具体分述如下:

一是政府特许经营协议。政府特许经营协议是指行政机关在有限资源开发利用、公共资源配置以及直接关系公共利益的特定行业的市场准入等领域,与公民协商一致授予公民参与公共工程或者基础建设的特许权的协议。根据《城镇排水与污水处理条例》《市政公用事业特许经营管理办法》《基础设施和公用事业特许经营管理办法》等规定,我国政府特许经营协议广泛运用在市政基础设施建设、城市供水、供气、供热、污水处理、垃圾处理、城市公共交通、客运出租车经营、海域使用权出让等领域。

二是土地、房屋等征收征用补偿协议。关于土地、房屋等征收征用补偿协议的规定主要体现在《民法典》《城市房地产管理法》《土地管理法》《国有土地上房屋征收与补偿条例》中。"土地、房屋等征收征用补充协议"中的"等"属"等外等",包括:对其他不动产如集体所有宅基地、自留山、自留地、山岭、草原、荒地、滩涂等征收补偿。《民法典》第 243 条规定了征收集体土地和组织、个人不动产的,应予补偿;《民法典》第 245 条规定了因抢险、救灾等需要征用私人财产的,应予补偿;《人民警察法》第 13 条规定了因侦查犯罪需要征用它人财产的,应予补偿;《专利法》第六章专利实施中规定了国家因实施专利强制许可的,应予补偿;等等。

三是矿业权等国有自然资源使用权出让协议。这类协议是指行政机关代表国家将矿业权等自然资源使用权在一定期限内出让给行政相对人,行政相对人支付出让金并按规定开发利用国有自然资源而签订的协议。矿业权出让协议包括探矿权出让协议、采矿权出让协议。自然资源不限于矿业资源,还包括土地资源、水资源、草原资源、海洋资源、森林资源、气候资源、风能、太阳能等,但并非所有的自然资源都需要国家出让给相对人使用,也并非所有的自然资源出让合同都是行政协议。

四是政府投资的保障性住房的租赁、买卖等协议。这类协议是指行政机关为了推行和实现福利政策,与行政相对人签订的由政府投资建设的保障性住房的租赁、买卖协议。原建设部《廉租住房保障办法》规定了相应的协议类型。无论是共有租赁住房还是新类型的保障房,都是国家通过财政、土地等支付或者补助,再由国家所有或者开发商所有,物业企业运营的房屋,目的在于保障部分人群的住房权利,属于国家福利行政的范围,具有强烈的公共服务性质,相关协议属于行政协议范围。

五是符合上述规定第1条规定的政府与社会资本合作协议。这类协议又称PPP协议、公私合作协议,是行政机关利用社会资本进行相关基础设施等投资合作的协议,是行政机关为了实现相关行政管理目的而签订的协议。应当注意的是,并非所有公私合作协议都是行政协议,只有符合政府特许经营的公私合作协议才称为行政协议,如TOT(转让经营移交)、BOT(建设运营移交)、BOOT(建设拥有运用移交)等。根据财政部《关于在公共服务领域推广运用政府和社会资本合作模式的指导意见》和《国家发展和改革委员会关于开展政府和社会资本合作的指导意见》的规定,公私合营项目主要适用于政府负有责任又适宜市场化运作的公共服务、基础设施类项目。

六是其他行政协议。该规定属兜底条款。凡符合行政协议四要素的其他无名协议都应属于行政协议。实务中包括招商引资协议、治安担保协议、行政和解协议、国有资产承包经营出售或租赁合同、行政机关委托科研咨询协议等。

2. 排除范围。《行政协议规定》第3条规定"因行政机关订立的下列协议提起诉讼的,不属于人民法院行政诉讼的受案范围:(一)行政机关之间因公务协助等事由而订立的协议;(二)行政机关与其工作人员订立的劳动人事协议。"

(二)未列入行政协议的民事合同

1. 国有土地使用权出让合同。土地属于重要的自然资源,土地使用权出让合同亦属自然资源出让合同。《行政协议规定》第2条第3项虽将"矿业权等国有自然资源使用权出让协议"列入行政协议范围,但此处的"等"是否包括国有土地使用权出让合同？最高人民法院审判委员会在讨论《行政协议规定》时，对国有土地使用权出让协议属行政协议还是民事合同存在较大争议，同时民事审判部门还在执行相关司法解释，建议对于该协议该次司法解释暂不列入，故《行政协议规定》暂未将国有土地使用权出让协议纳入行政协议范围，待条件成熟时，司法解释再进行明确规定。[1] 故依最高人民法院的观点，国有土地使用权出让协议暂不列入行政协议之范围。

笔者认为：国有土地使用权出让协议不应纳入行政协议之范围，否则会造成法律适用冲突。理由：

其一，《民法典》是调整平等主体之间财产关系和人身关系的基本法，该法第 347 条规定了建设用地出让方式，第 348 条规定了建设用地使用权出让合同具体内容。这表明，《民法典》已确定土地使用权出让合同属于民事合同，而非行政协议。

其二，《国有土地使用权合同解释》的有关规定源自《城市房地产管理法》。例如，根据《城市房地产管理法》第 17 条"土地使用者按照出让合同约定支付土地使用权出让金的，市、县人民政府土地管理部门必须按照出让合同约定，提供出让的土地；未按照出让合同约定提供出让的土地的，土地使用者有权解除合同，由土地管理部门返还土地使用权出让金，土地使用者并可以请求违约赔偿"之规定，《国有土地使用权合同解释》第 4 条规定"土地使用权出让合同的出让方因未办理土地使用权出让批准手续而不能交付土地，受让方请求解除合同的，应予支持"。又如，根据《城市房地产管理法》第 18 条"土地使用者需要改变土地使用权出让合同约定的土地用途的，必须取得出让方和市、县人民政府城市规划行政主管部门的同意，签订土地使用权出让合同变更协议或者重新签订土地使用权出让合同，相应调整土地使用权出让金"之规定，《国有土地使用权合同解释》第 6 条规定"受让方擅自改变土地使用权出让合同约定的土地用途，出让方请求解除合同的，应予支持"。从以上比较可以看出，《城市房地产管理法》对出让人或受让人所规定的解除权性质属民事合同中的违约解除，对于土地出让机关而言，其基于相对人违约而行使解除权，并有权要求相对人进行违约赔偿，这显然与《行政协议规定》第 16 条中的行使行政优益权解除合同不同，因为行政机关行使行政优益权解除合同的，需要对相对人予以合理补偿。《城市房地产管理法》属于全国人大常委会立法，在该法未修订前，国有土地出让合同不可能列入行政协议范围。

---

[1] 参见最高人民法院行政审判庭编著：《最高人民法院关于审理行政协议案件若干问题的规定理解与适用》，人民法院出版社 2020 年版，第 45 页、第 52 页。

其三,《国有土地使用权合同解释》是民事司法解释。《民法典》颁布后,最高人民法院法释〔2020〕17号文对该解释予以了修正,修正后该解释仍然保留了处理国有土地使用权出让合同纠纷的相关规定;换言之,国有土地使用权出让合同纠纷仍然要按民事纠纷处理。

其四,2020年12月29日最高人民法院根据《民法典》对民事案由重新进行了修订,出台了新的《民事案件案由规定》(法〔2020〕347号),该规定于2021年1月1日正式实施。在新的《民事案件案由规定》中,国有土地使用权出让合同仍属民事案件。对此,最高人民法院参与修订民事案由规定的法官撰文认为:自2014年行政协议纳入行政诉讼受案范围以来,司法实践中对建设用地使用权出让合同纠纷到底属于民事诉讼受案范围还是行政诉讼受案范围,意见不统一。我们经研究后认为,建设用地使用权出让合同纠纷属于民事案件类型。理由如下:一是《民法典》第348条明确规定了建设用地使用权出让合同,全国人大常委会法工委在相关释义中也明确,建设用地使用权合同为民事合同。虽然各级人民政府代表国家,以土地所有人的身份与建设用地使用权人签订出让合同,但是该合同属于国家以民事主体的身份与其他主体从事交易行为。二是将此类合同纳入行政协议的法律依据明显不足。行政协议虽然是行政诉讼法的新规定,但行政诉讼法所列举的行政协议类型中没有此类合同,行政诉讼法司法解释也未将此类合同界定为行政协议。另外,该类案件作为民事案件审理更有利于平等保护。比如,《国有土地使用权合同解释》第6条规定:"受让方擅自改变土地使用权出让合同约定的土地用途,出让方请求解除合同的,应予支持。"此种情形即行政机关为原告起诉的情形,属"官告民"情形,无法纳入行政诉讼范畴。在实践中上述"官告民"案件在2015年后仍有发生,且不止于该第6条规定的解除合同情形。部分土地因特定原因,其上可产生出让土地的行政机关起诉要求受让人补交地价款的民事诉讼。鉴于此,最高人民法院将建设用地使用权出让合同作为民事案件案由予以保留。[1]

2.国家订货合同。国家订货合同不属于行政协议。理由是:其一,从缔约目的来看,订立国家订货合同是为了满足国家储备、市场调控、国防军工、重点建设及防疫救灾等特殊需要;而订立行政协议是不同层级的行政机关为了实现行政管理或者公共服务目标。其二,虽然国家订货合同是根据国家行政命令或指令性计划而签订的合同,但签约主体是民事主体,即使公权力机关作为签约主体,也是作为平

---

[1] 参见郭锋、陈龙业、贾玉慧:《修改后〈民事案件案由规定〉的理解与适用》,载《人民司法》2021年第13期。

等的民事主体,对合同内容经过平等协商确定相应的民事权利义务;而行政协议的缔约方必然有一方是行政机关,缔约人的地位是不平等的。其三,国家订货合同具有强制缔约性质,强制要约或强制缔约属于先合同义务,缔约人违反的,应承担缔约过失赔偿责任;而行政协议不具有强制缔约性质,行政机关往往通过招投标方式选择相对人,除非招投标程序存在问题,相对人一般不负有缔约过失责任。其四,订立国家订货合同的依据是民事法律法规;订立行政协议首先要适用行政法的相关规定,再适用与行政法规定不冲突的民事法律规定。其五,《民法典》第494条已明确将国家订货合同纳入民事合同,这足以排除其行政协议性质;而《行政协议规定》未将国家订货合同纳入行政协议之列。

3. 政府采购合同。《政府采购法》第2条第2、3、4款规定:"本法所称政府采购,是指各级国家机关、事业单位和团体组织,使用财政性资金采购依法制定的集中采购目录以内的或采购限额标准以上的货物、工程和服务的行为。政府集中采购目录和采购限额标准依照本法规定的权限制定。本法所称采购,是指以合同方式有偿取得货物、工程和服务的行为,包括购买、租赁、委托、雇用等。"据此,政府采购合同与一般民事合同不同,具有如下特点:一是采购资金来源于公共财政资金,属政府买单行为;二是采购行为是为了满足政府行政管理和公共利益需求,具有非盈利性;三是采购种类繁多,故采购对象具有广泛性和复杂性;四是采购程序具有严格的规范性;五是采购过程受政策影响较大,故采购具有政策性;六是政府采购必须公开、透明,禁止暗箱操作;七是采购具有极大的影响力,政府采购主体是政府,是一个国家内最大的单一消费者,购买力非常大,正因如此,政府采购对社会影响非常大,有其他采购主体不可替代的作用,它已成为各国政府经常使用的一种宏观经济调节手段。

《行政协议规定》暂未将政府采购合同列入行政协议。尽管最高人民法院行政庭和立法机关都认同政府采购合同具有行政协议性质,但现行有效的《政府采购法》第43条第1款规定"政府采购合同适用合同法。采购人和供应商之间的权利义务,应当按照平等、自愿的原则以合同方式约定"。在该法未修改的情形下,《行政协议规定》暂未将政府采购合同纳入行政协议。[1]

应当注意的是,虽然政府采购合同中的采购人和供应商之间的纠纷不适用行政纠纷,但政府采购合同侵害市场主体公平竞争权的,合同外的第三人在无法根据

---

[1] 参见最高人民法院行政审判庭编著:《最高人民法院关于审理行政协议案件若干问题的规定理解与适用》,人民法院出版社2020年版,第60~64页。

《政府采购法》第58条所规定的质疑程序进行救济的情形下,可以直接提起行政诉讼。原因是政府采购活动应当依法平等对待各类市场主体,有多种政府采购方式或者服务方式可供选择的,应当选择有利于增进公平竞争的方式,维护市场在公共服务领域资源配置中的决定性作用,保障市场主体公平竞争。如果被诉政府采购合同妨碍市场主体双向选择商品和服务的自由,限制市场主体确定商品和服务价格的权利,剥夺市场主体竞争交易的机会,损害市场主体交易地位的平等,侵害市场主体的公平竞争权,存在重大且明显违法情形,依法应当确认无效。某刻章服务部诉如皋市行政审批局政府采购行政协议案二审行政判决[(2021)苏06行终838号]就体现了上述观点。

(三)委托订约问题探讨

在实务中,行政机关除了招商引资等协议或法律规定必须由行政机关签订的协议(如矿业权出让协议、城市国有土地上房屋征收补偿协议)以外,往往不愿直接与相对人签订。对涉保障性住房的租赁、买卖之类的行政协议,行政机关大量委托地方政府的国有平台公司与相对人签订。主要原因为:一是这类合同数量庞大,标的较小,相对人人数众多;二是行政机关特别是地方政府在该类协议产生纠纷时不愿意作被告,承担可能败诉而影响声誉,甚至被追责的风险,而平台公司是风险自担的企业;三是寄希望于通过民事诉讼程序在平台公司与相对人之间解决这类纠纷,不要牵扯到行政机关,行政机关也没有人力精力去处理数量众多的纠纷。平台公司在签订这类协议时,极少数以显名代理方式签订,绝大多数以自己名义与相对人签订(以隐名代理方式)。

《行政协议规定》第2条第4项将涉保障性住房的租赁、买卖等类合同归于行政协议。《行政协议规定》第4条第2款规定:"因行政机关委托的组织订立的行政协议发生纠纷的,委托的行政机关是被告。"该规定源自《行政诉讼法》第26条第5款"行政机关委托的组织所作的行政行为,委托的行政机关是被告"之规定。在《行政协议规定》生效前,这类数量较大的协议作为民事纠纷,适用民事法律规定处理比较快捷高效,也不牵扯到行政机关特别是各地方政府。《行政协议规定》实施后,行政机关委托平台公司订立这类行政协议纠纷的处理变得非常复杂。在实务中,存在两个令人困惑的问题:一是该协议为显名代理的,关于是否受行政机关"委托"往往发生争议;二是受托人以自己名义与相对人签订协议往往发生争议。具体如下:

1. 关于受托人显名代理中受托人是否受"委托将"的争议。依照代理规则,能够确定显名代理中的受托人订立协议时,经特定行政机关委托授权或事后追认的,该行政机关当然是行政协议纠纷中的被告。问题是:当受托人发生违约行为损害行政相对人利益时,作为委托人的行政机关为避免引火烧身不愿追认,而受托人基于利弊考量,亦不愿提供受托证据,于是导致行政相对人对受托人是否经"授权"难以举证,甚至引用表见代理规则,亦难以查明。在该类协议既定为行政协议的前提下,可能发生相对人以行政机关为被告提起行政诉讼,而司法机关无法按代理规则确定行政机关是否为适格被告的问题。若相对人以受托人为被告提起行政诉讼,由于受托人并非行政机关,这又与行政诉讼被告恒定原则不符;以上情形,会引发相对人权益如何保护的困惑。另一个问题是:在实务中,受托人与相对人订立租赁或买卖保障性住房协议的数量庞大,在受托人显名代理,能够查清行政机关事前委托或事后追认的情形下,若相对人违约,行政机关不能作原告起诉,只能通过行政非诉强制执行程序救济;在相对人违约人数众多,违约金额较低的情形下,行政机关将不得不成立专门机构,耗费大量人力物力去"讨债",且当该类协议不具有司法强制执行性时,行政机关权益如何救济是一个难题。这涉及将租赁或买卖保障性住房协议纳入行政协议,是否存在浪费行政资源和是否符合行政效率的问题。

2. 关于隐名代理中相对人选定受托人的问题。隐名代理的规则体现在《民法典》第925条和第926条中。《民法典》第925条规定:"受托人以自己的名义,在委托人的授权范围内与第三人订立的合同,第三人在订立合同时知道受托人与委托人之间的代理关系的,该合同直接约束委托人和第三人;但是,有确切证据证明该合同只约束受托人和第三人的除外。"《民法典》第926条规定:"受托人以自己的名义与第三人订立合同时,第三人不知道受托人与委托人之间的代理关系的,受托人因第三人的原因对委托人不履行义务,受托人应当向委托人披露第三人,委托人因此可以行使受托人对第三人的权利。但是,第三人与受托人订立合同时如果知道该委托人就不会订立合同的除外。受托人因委托人的原因对第三人不履行义务,受托人应当向第三人披露委托人,第三人因此可以选择受托人或者委托人作为相对人主张其权利,但是第三人不得变更选定的相对人。委托人行使受托人对第三人的权利的,第三人可以向委托人主张其对受托人的抗辩。第三人选定委托人作为其相对人的,委托人可以向第三人主张其对受托人的抗辩以及受托人对第三人的抗辩。"根据上述隐名代理规则,在行政协议中若发生行政机关相对人选定平台公司为行政协议相对人时,存在法律适用问题:若平台公司以自己名义与相对人签订行政协议,发生《民法典》第925条"有确切证据证明该合同只约束受托人和第三人的除外"情形或《民法典》第926条第2款行政相对人选定平台公司(受托人)为合同相对人且不得变更情形,发生纠纷时,该类协议定为行政协议,而平台公司不是行政机关,则有违行政协议纠纷中被告恒定原则。故,以行政机关为被告的,如何解决行政相对人选定平台公司不得变更规则,则是需要进一步探讨的问题。

第二节 行政协议合法性审查

行政协议解除必须是成立了一个有效的行政协议。《行政诉讼法》第6条规定:"人民法院审理行政案件,对行政行为是否合法进行审查。"经审查,行政协议存在不成立,或无效,或因意思表示瑕疵被撤销的情形的,自不存在解除问题。因此,对行政协议合法性审查是讨论能否解除的先决问题。

一、合法性审查范围

(一)对行政机关合法性审查

《行政协议规定》第11条第1款规定:"人民法院审理行政协议案件,应当对被告订立、履行、变更、解除行政协议的行为是否具有法定职权、是否滥用职权、适用法律法规是否正确、是否遵守法定程序、是否明显不当、是否履行相应法定职责进行合法性审查。"该规定表明:在行政协议纠纷中,对行政机关的所有行为,包括订立行为、履行行为、变更行为、解除行为等都要进行合法性审查。合法性审查是全面审查,包括:(1)审查行政机关是否具有法定职权,是否滥用职权;(2)审查行政机关适用法律法规是否正确;(3)审查行政机关是否遵循法定程序;(4)审查行政机关所作行政行为是否存在明显不当之处;(5)审查行政机关是否履行相应法定职责等。

在实务中,如何理解行政机关"法定职责"是难点。人民法院案例库入库案例为2023-12-3-021-005号参考案例某公司诉福州市长乐区人民政府不履行法定职责案再审判决[(2018)最高法行再205号]对此认为:(1)行政诉讼法第12条、第72条所指法定职责,既包括法律、法规、规章规定的行政机关职责,也包括上级和本级规范性文件以及"三定方案"确定的职责,还包括行政机关本不具有的但基于行政机关的先行行为、行政允诺、行政协议而形成的职责。政府会议纪要议定事项具有法定效力,非依法定程序不得否定之。无论是行政机关还是相对人,均应遵照执行。会议纪要议定的行政机关职责,亦因此而转化为该行政机关的法定职责。(2)市、县人民政府如果在会议纪要中确定了所属工作部门的法定职责事项,属于以承诺的方式,将监督所属工作部门依法履职转化成为本政府依法应当履行的承诺、义务与职责。政府应秉持诚实守信的原则,确保会议纪要的贯彻落实,监督并督促相关工作部门依法、正确、全面履行会议纪要议定事项。(3)政府及相关工作部门应当依法兑现向行政相对人依法作出的政策承诺,地方以政府换届、领导人员更替等理由违约毁约,违反承诺导致相对人经济损失的,依法应当承担法律和经济责任。

(二)结合原告诉求审查

《行政协议规定》第11条第2款规定:"原告认为被告未依法或者未按照约定履行行政协议的,人民法院应当针对其诉讼请求,对被告是否具有相应义务或者履行相应义务等进行审查。"该规定表明:对行政协议的合法性审查,必须紧紧围绕原告的诉讼请求进行,原告诉讼请求不同,审查方向和重点也不相同。

《行政协议规定》第9条规定:"在行政协议案件中,行政诉讼法第四十九条第三项规定的'有具体的诉讼请求'是指:(一)请求判决撤销行政机关变更、解除行政协议的行政行为,或者确认该行政行为违法;(二)请求判决行政机关依法履行或者按照行政协议约定履行义务;(三)请求判决确认行政协议的效力;(四)请求判决行政机关依法或者按照约定订立行政协议;(五)请求判决撤销、解除行政协议;(六)请求判决行政机关赔偿或者补偿;(七)其他有关行政协议的订立、履行、变更、终止等诉讼请求。"除此以外,《行政诉讼法》第53条规定,原告还有权对行政协议订立及行政协议内容所依据的规范性文件一并请求审查。在实务中,法院应根据原告诉讼请求的不同,明确区分行政协议审查的方向和重点。比如,原告请求撤销行政协议的案件,应重点审查订立行政协议时是否存在意思表示瑕疵问题,该意思表示瑕疵能否使协议达到可撤销标准,原告行使撤销权是否过法定期间等。

二、行政协议无效之认定

(一)认定无效之依据

《行政协议规定》第12条规定:"行政协议存在行政诉讼法第七十五条规定的重大且明显违法情形的,人民法院应当确认行政协议无效。人民法院可以适用民事法律规范确认行政协议无效。行政协议无效的原因在一审法庭辩论终结前消除的,人民法院可以确认行政协议有效。"该规定表明只有行政协议存在"重大且明显"违法行为时才应当认定无效,同时协议瑕疵能够补正的,应当避免认定无效。故行政协议效力认定应审慎,秉承谦抑性原则。

何谓"重大且明显"违法情形?《行政诉讼法》第75条规定"行政行为有实施主体不具有行政主体资格或者没有依据等重大且明显违法情形,原告申请确认行政行为无效的,人民法院判决确认无效"。最高人民法院《行政诉讼法解释》第99条规定:"有下列情形之一的,属于行政诉讼法第七十五条规定的'重大且明显违法':(一)行政行为实施主体不具有行政主体资格;(二)减损权利或者增加义务的行政行为没有法律规范依据;(三)行政行为的内容客观上不可能实施;(四)其他重大且明显违法的情形。"如上规定,明确了对行政协议效力首先应当适用行政法律规范进行审查的规则。如上规定是判断行政行为是否存在"重大且明显"违法情形的依据。

《行政协议规定》第27条规定"人民法院审理行政协议案件,应当适用行政诉讼法的规定;行政诉讼法没有规定的,参照适用民事诉讼法的规定。人民法院审理行政协议案件,可以参照适用民事法律规范关于民事合同的相关规定"。该规定明确,在行政协议效力审查过程中,如果行政诉讼法没有依据,可参照民事法律规范中民事合同效力的相关规定审查。

(二)认定无效具体情形及例外

1.适用行政法律规范认定行政协议无效情形

(1)行政机关无职权或超越职权的。行政机关行使权力应遵循"职权法定原则"和"法无授权不可为原则",行政机关违反上述原则签订行政协议的,应认定该协议无效。需要指出的是,主体不合法导致行政协议无效的,只针对行政机关,不针对行政相对人。

(2)作为行政协议主要内容的行政行为无效的。行政协议约定行政机关义务是要行政机关作出一定的行政行为,如果约定行政行为无效,将会导致协议无效。例如,土地出让必须经过"招拍挂"程序,若招商引资协议约定土地以协议方式出让,这种约定可能导致招商引资无效。

(3)按照事件性质或者法律、法规、规章的规定不得订立行政协议的。例如,公安机关与特定公司订立治安承包协议,由特定公司完成罚款额度,属于按事件性质不能订立行政协议的情形,属于无效协议。

(4)其他重大且明显违法的情形。例如,若行政机关实施协议约定的行政行为,将导致犯罪或严重违法,行政协议内容违背公序良俗原则,或损害第三人合法权益等,协议亦属无效。

2.适用民事法律规范确认行政协议无效情形

在行政协议效力认定依据问题上,应将行政法律规范作为特别规定,没有特别规定的,可适用民事法律规范来认定。

适用民事法律规范认定行政协议效力的主要依据是:《民法典》第 146 条第 1 款(虚假意思表示无效)、第 153 条(违反强制性规定或违反公序良俗的无效)、第 154 条(恶意串通损害他人合法权益的无效)、第 497 条(属格式条款无效情形)、第 505 条(超经营范围效力认定)、第 506 条(免责条款无效情形);《民法典合同编通则解释》第 13 条(备案合同或者已批准合同等效力认定)、第 14 条(多份合同效力认定)、第 15 条(名不符实合同效力)、第 16 条(《民法典》第 153 条第 1 款但书的适用)、第 17 条(《民法典》第 153 条第 2 款的适用)、第 18 条(不适用《民法典》第 153 条第 1 款的情形)、第 19 条(无处分权合同效力)、第 20 条(越权代表合同效力)、第 21 条(职务代理与合同效力)、第 22 条(印章与合同效力)、第 23 条(代表人或代理人与相对人恶意串通的合同效力);等等。

3. 行政协议存在无效事由后的补正

无效行政协议根据无效事由在一审法庭辩论前效力得以补正的,应当认定有效。这种效力补正情形有:就主体瑕疵而言,无职权或越权签订协议被有权机关追认或授权的;就违法性瑕疵而言,该违法行为被消除的;就书面形式瑕疵而言,通过实际履行或补充协议的形式予以纠正的;就行政审批瑕疵而言,起诉后已获行政审批的。

4. 行政协议违法但应认定有效情形

最高人民法院认为:对行政协议的审查,不仅要考虑行政行为的合法性,也应该考虑行政协议的合意性,需要权衡依法行政原则与合同严守原则、信赖利益保护原则之间的冲突。如果行政机关的行政行为的违法性已达到"明显且重大"的程度,自应依据《行政诉讼法》第 75 条宣告行政协议无效,以维护法律秩序的统一性。但是如果行政机关的行政行为的违法性没有达到"明显且重大"的程度,且宣告行政协议无效可能会给国家利益、社会公共利益造成重大损害,则不应宣告行政协议无效。[1]

另外,如何看待招商引资协议中的优惠政策条款效力问题,是备受关注的问题。对此,笔者认为:(1)根据 2015 年 5 月 10 日《国务院关于税收等优惠政策相关事项的通知》(国发〔2015〕25 号)的规定,2015 年 5 月 10 日前签订的招商引资合同中的优惠政策条款,即使与相关法律、行政法规冲突,亦不能认定无效。但该文第 4

---

[1] 参见最高人民法院行政审判庭编著:《最高人民法院关于审理行政协议案件若干问题的规定理解与适用》,人民法院出版社 2020 年版,第 187~188 页。

条规定:"各地区、各部门今后制定出台新的优惠政策,除法律、行政法规已有规定事项外,涉及税收或中央批准设立的非税收入的,应报国务院批准后执行;其他由地方政府和相关部门批准后执行,其中安排支出一般不得与企业缴纳的税收或非税收入挂钩。"(2)根据国务院《公平竞争审查条例》(2024年8月1日实施),自2024年8月1日后,招商引资协议中的优惠政策条款应当符合该条例相关规定,否则无效。

5.约定仲裁无效

因仲裁具有"一裁终局"的便捷,《行政协议规定》出台前,行政协议范围不明,众多行政协议尤其是招商引资协议约定了仲裁条款。基于我国仲裁法明确只受理民商事案件,仲裁的民间性与行政管理的公权性存在冲突,同时若仲裁裁决不当,一裁终局的规制堵死了双方当事人上诉或申诉的救济渠道,故行政协议不适合仲裁。《行政协议规定》第26条规定"行政协议约定仲裁条款的,人民法院应当确认该条款无效,但法律、行政法规或者我国缔结、参加的国际条约另有规定的除外"。故自《行政协议规定》生效后,除例外情形外,行政协议中的仲裁条款无效。

三、行政法律规范适用

(一)应适用的行政法律规范

1.具体规范依据。《行政诉讼法》第63条规定:"人民法院审理行政案件,以法律和行政法规、地方性法规为依据。地方性法规适用于本行政区域内发生的行政案件。人民法院审理民族自治地方的行政案件,并以该民族自治地方的自治条例和单行条例为依据。人民法院审理行政案件,参照规章。"《行政诉讼法解释》第100条规定:"人民法院审理行政案件,适用最高人民法院司法解释的,应当在裁判文书中援引。人民法院审理行政案件,可以在裁判文书中引用合法有效的规章及其他规范性文件。"

从上述规定可以看出,依照行政法律规范对行政协议效力审查的具体依据是:(1)法律;(2)行政法规;(3)适用本行政区的地方性法规、民族自治条例和单行条例;(4)最高人民法院司法解释;(5)参照适用合法有效的规章及其他规范性文件。

2.规范性文件审查及效力。(1)相对人一并请求审查权。《行政诉讼法》第53条规定:"公民、法人或者其他组织认为行政行为所依据的国务院部门和地方人民政府及其部门制定的规范性文件不合法,在对行政行为提起诉讼时,可以一并请求对该规范性文件进行审查。前款规定的规范性文件不含规章。"(2)审查标准。《行政诉讼法解释》第148条规定:"人民法院对规范性文件进行一并审查时,可以从规范性文件制定机关是否超越权限或者违反法定程序、作出行政行为所依据的条款以及相关条款等方面进行。有下列情形之一的，属于行政诉讼法第六十四条规定的'规范性文件不合法'：（一）超越制定机关的法定职权或者超越法律、法规、规章的授权范围的；（二）与法律、法规、规章等上位法的规定相抵触的；（三）没有法律、法规、规章依据，违法增加公民、法人和其他组织义务或者减损公民、法人和其他组织合法权益的；（四）未履行法定批准程序、公开发布程序，严重违反制定程序的；（五）其他违反法律、法规以及规章规定的情形。"（3）审查结果。《行政诉讼法》第64条规定："人民法院在审理行政案件中，经审查认为本法第五十三条规定的规范性文件不合法的，不作为认定行政行为合法的依据，并向制定机关提出处理建议。"《行政诉讼法解释》第149条第1款规定："人民法院经审查认为行政行为所依据的规范性文件合法的，应当作为认定行政行为合法的依据；经审查认为规范性文件不合法的，不作为人民法院认定行政行为合法的依据，并在裁判理由中予以阐明。"

3.《行政协议规定》溯及力。《行政协议规定》第28条第1款规定："2015年5月1日后订立的行政协议发生纠纷的，适用行政诉讼法及本规定。2015年5月1日前订立的行政协议发生纠纷的，适用当时的法律、行政法规及司法解释。"在新法与旧法适用问题上，行政诉讼本来就有"实体从旧兼轻，程序从新"原则，《行政协议规定》既涉及程序问题又涉及实体问题。从该解释第28条第2款可以看出，2015年5月1日前订立的行政协议效力问题适用当时的法律、行政法规及司法解释。

（二）行政法律规范冲突处理

适用行政法律规范审查行政协议效力时，常发生如何适用法律及如何处理规范冲突的问题。2004年5月18日《最高人民法院关于审理行政案件适用法律规范问题的座谈会纪要》（法〔2004〕96号）对该问题作出了明确规定。为了提升本书实用性，笔者摘录如下：

1.行政法律规范冲突的适用规则

调整同一对象的两个或者两个以上的法律规范因规定不同的法律后果而产生冲突的，一般情况下应当按照《立法法》规定的上位法优于下位法，后法优于前法以及特别法优于一般法等法律适用规则，判断和选择所应适用的法律规范。冲突规范所涉及的事项比较重大，有关机关对是否存在冲突有不同意见，应当优先适用的法律规范的合法有效性尚有疑问或者按照法律适用规则不能确定如何适用时，依据《立法法》规定的程序逐级送请有权机关裁决。

(1)下位法不符合上位法的判断和适用

下位法的规定不符合上位法的,人民法院原则上应当适用上位法。当前许多具体行政行为是依据下位法作出的,并未援引和适用上位法。在这种情况下,为维护法制统一,人民法院审查具体行政行为的合法性时,应当对下位法是否符合上位法一并进行判断。经判断下位法与上位法相抵触的,应当依据上位法认定被诉具体行政行为的合法性。从审判实践来看,下位法不符合上位法的常见情形有:下位法缩小上位法规定的权利主体范围,或者违反上位法立法目的扩大上位法规定的权利主体范围;下位法限制或者剥夺上位法规定的权利,或者违反上位法立法目的扩大上位法规定的权利范围;下位法扩大行政主体或其职权范围;下位法延长上位法规定的履行法定职责期限;下位法以参照、准用等方式扩大或者限缩上位法规定的义务或者义务主体的范围、性质或者条件;下位法增设或者限缩违反上位法规定的适用条件;下位法扩大或者限缩上位法规定的给予行政处罚的行为、种类和幅度的范围;下位法改变上位法已规定的违法行为的性质;下位法超出上位法规定的强制措施的适用范围、种类和方式,以及增设或者限缩强制措施适用条件;法规、规章或者其他规范文件设定不符合《行政许可法》规定的行政许可,或者增设违反上位法的行政许可条件;其他相抵触的情形。

法律、行政法规或者地方性法规修改后,其实施性规定未被明文废止的,人民法院在适用时应当区分下列情形:实施性规定与修改后的法律、行政法规或者地方性法规相抵触的,不予适用;因法律、行政法规或者地方性法规的修改,相应的实施性规定丧失依据而不能单独施行的,不予适用;实施性规定与修改后的法律、行政法规或者地方性法规不相抵触的,可以适用。

(2)特别规定与一般规定的适用关系

同一法律、行政法规、地方性法规、自治条例和单行条例、规章内的不同条文对相同事项有一般规定和特别规定的,优先适用特别规定。

法律之间、行政法规之间或者地方性法规之间对同一事项的新的一般规定与旧的特别规定不一致的,人民法院原则上应按照下列情形适用:新的一般规定允许旧的特别规定继续适用的,适用旧的特别规定;新的一般规定废止旧的特别规定的,适用新的一般规定。不能确定新的一般规定是否允许旧的规定继续适用的,人民法院应当中止行政案件的审理,属于法律的,逐级上报最高人民法院送请全国人大常委会裁决;属于行政法规的,逐级上报最高人民法院送请国务院裁决;属于地方性法规的,由高级人民法院送请制定机关裁决。

(3) 地方性法规与部门规章冲突的选择适用

地方性法规与部门规章之间对同一事项的规定不一致的,人民法院一般可以按照下列情形适用:法律或者行政法规授权部门规章作出实施性规定的,该规定优先适用;尚未制定法律、行政法规的,部门规章对于国务院决定、命令授权的事项,或者对属于中央宏观调控的事项、需要全国统一的市场活动规则及对外贸易和外商投资等需要全国统一规定的事项作出的规定,应当优先适用;地方性法规根据法律或者行政法规的授权,根据本行政区域的实际情况作出的具体规定,应当优先适用;地方性法规对属于地方性事务的事项作出的规定,应当优先适用;尚未制定法律、行政法规的,地方性法规根据本行政区域的具体情况,对需要全国统一规定以外的事项作出的规定,应当优先适用;能够直接适用的其他情形。不能确定如何适用的,应当中止行政案件的审理,逐级上报最高人民法院按照《立法法》第106条第1款第2项的规定送请有权机关处理。

(4) 规章冲突的选择适用

部门规章与地方政府规章之间对相同事项的规定不一致的,人民法院一般可以按照下列情形适用:法律或者行政法规授权部门规章作出实施性规定的,该规定优先适用;尚未制定法律、行政法规的,部门规章对于国务院决定、命令授权的事项,或者对属于中央宏观调控的事项、需要全国统一的市场活动规则及对外贸易和外商投资等事项作出的规定,应当优先适用;地方政府规章根据法律或者行政法规的授权,根据本行政区域的实际情况作出的具体规定,应当优先适用;地方政府规章对属于本行政区域的具体行政管理事项作出的规定,应当优先适用;能够直接适用的其他情形。不能确定如何适用的,应当中止行政案件的审理,逐级上报最高人民法院送请国务院裁决。

国务院部门之间制定的规章对同一事项的规定不一致的,人民法院一般可以按照下列情形选择适用:适用与上位法不相抵触的部门规章规定;与上位法均不抵触的,优先适用根据专属职权制定的规章规定;两个以上的国务院部门就涉及其职权范围的事项联合制定的规章规定,优先于其中一个部门单独作出的规章规定;能够选择适用的其他情形。不能确定如何适用的,应当中止行政案件的审理,逐级上报最高人民法院送请国务院裁决。

国务院部门或者省、直辖市、自治区人民政府制定的其他规范性文件对相同事项的规定不一致的,参照上列精神处理。

2. 关于新旧法律规范的适用规则

根据行政审判中的普遍认识和做法,行政相对人的行为发生在新法施行以前,具体行政行为作出在新法施行以后的,人民法院审查具体行政行为的合法性时,实体问题适用旧法规定,程序问题适用新法规定,但下列情形除外:(1)法律、法规或规章另有规定的;(2)适用新法对保护行政相对人的合法权益更为有利的;(3)按照具体行政行为的性质应当适用新法的实体规定的。

《最高人民法院办公厅关于印发〈行政审判办案指南(一)〉的通知》(法办〔2014〕17号)"17.行政处罚作出过程中法律规定发生变化时的选择适用问题"规定"被诉行政处罚作出过程中新法开始实施的,按照实体从旧、程序从新的原则作出处理,但新法对原告更有利的除外"。

3.关于行政法律规范具体应用解释问题

在裁判案件中阐释法律规范的具体适用,是人民法院适用法律的重要组成部分。人民法院对于所适用的法律规范,一般按照其通常语义进行解释;有专业上的特殊含义的,该含义优先;语义不清楚或者有歧义的,可以根据上下文和立法宗旨、目的和原则等确定其含义。

法律规范在列举所适用的典型事项后,又以"等""其他"等词语进行表述的,属于不完全列举的例示性规定。以"等""其他"等概括性用语表示的事项,均为明文列举的事项以外的事项,且所概括的情形应为与列举事项类似的事项。

人民法院在解释和适用法律时,应当妥善处理法律效果与社会效果的关系,既要严格适用法律规定和维护法律规定的严肃性,确保法律适用的确定性、统一性和连续性,又要注意与时俱进,注意办案的社会效果,避免刻板僵化地理解和适用法律条文,在法律适用中维护国家利益和社会公共利益。[1]

四、行政协议效力审查结果

1.行政协议有效。在法律上确认协议有效所用的是排除法。除被司法判定无效的行政协议,或因原告主张意思表示瑕疵而被撤销的行政协议以外,其余所有行政协议应为合法有效协议。

2.行政协议无效。就合同法而言,根据《民法典》第153条,认定合同无效的依据是合同违反法律、行政法规强制性规定或违反公序良俗。在行政协议中,这些规定可以作为行政协议效力判定依据。据此,就实务而言,行政协议无效范围应比民事合同无效范围宽泛得多。

3.行政协议未生效。《行政协议规定》第13条第1款规定:"法律、行政法规规

---

[1] 参见最高人民法院《关于审理行政案件适用法律规范问题的座谈会纪要》(法〔2004〕96号)。

定应当经过其他机关批准等程序后生效的行政协议,在一审法庭辩论终结前未获得批准的,人民法院应当确认该协议未生效。"应当指出:行政协议未生效不等于该协议无约束力,更不等于无效,只不过该协议在获其他行政机关批准前暂时没有履行约束力而已。正因为未生效协议对当事人具有约束力,行政机关未履行报批义务的仍应承担相应责任,所以《行政协议规定》第13条第2款规定:"行政协议约定被告负有履行批准程序等义务而被告未履行,原告要求被告承担赔偿责任的,人民法院应予支持。"

4. 行政协议撤销。(1)原告撤销权。《行政协议规定》第14条规定:"原告认为行政协议存在胁迫、欺诈、重大误解、显失公平等情形而请求撤销,人民法院经审理认为符合法律规定可撤销情形的,可以依法判决撤销该协议。"从该条规定可以看出:行政协议意思表示瑕疵的,唯有行政相对人享有撤销权,行政机关不享有撤销权。基于该条规定,在实务中行政机关主张在订立行政协议时意思表示瑕疵的,亦不能依民事法律规范行使撤销权。(2)单方变更、解除行为被撤销不等于行政协议被撤销。《行政诉讼法》第70条规定:"行政行为有下列情形之一的,人民法院判决撤销或者部分撤销,并可以判决被告重新作出行政行为:(一)主要证据不足的;(二)适用法律、法规错误的;(三)违反法定程序的;(四)超越职权的;(五)滥用职权的;(六)明显不当的。"《行政协议规定》第16条第2款规定:"被告变更、解除行政协议的行政行为存在行政诉讼法第七十条规定情形的,人民法院判决撤销或者部分撤销,并可以责令被告重新作出行政行为。"由上可知:行政机关单方变更或解除协议所作行政行为被撤销的原因是该行为本身错误,予以撤销更彰显行政相对人合法权益应予保护原则。这种撤销与行政协议因意思表示瑕疵的撤销是两回事,更说明行政机关对行政协议无撤销权。

第三节 行政机关解除权

一、行使行政优益权单方解除

(一)行政优益权及行使原则

1. 行政优益权及特点

行政优益权是指为实现行政管理或者公共服务目标或者保护公共利益,行政机关所具有的超越合同约束的特别权力。其特点如下:(1)法定性,即行政优益权的内容及程序必须依照法律规定,遵循"法无明文规定不可为"的原则。(2)专属性,即行政优益权只能由行政机关单方行使,且只能为了维护国家利益或者社会公共利益行使。(3)权利义务统一性,即行政机关必须正当行使行政优益权,不能滥用权力,且不能任意放弃优益权,构成行政不作为。

2. 行使行政优益权原则

(1)公益优先原则。行政机关是出于维护国家利益和社会公共利益的需要享有优益权,一般而言,该权利应当是在穷尽其他方法的情况下行使,如果通过协商或者行政相对人通过努力能够使协议恢复正常履行,就无行使必要。因此,承认公益优先并不否定对私人利益的保护。

(2)合同自由原则。行政机关应当在行政协议约定范围内,保障行政相对人的契约自由,尊重行政相对人的意愿和权利,不能以行使行政优益权为由随意损害相对人利益。

(3)诚实信用原则。该原则主要是指信赖保护原则。信赖保护原则是将私法诚实信用原则引入行政法后确立的原则,指非因法定事由并经法定程序,行政机关不得撤销、变更已生效的行政决定。如果行政机关不能保证行政行为的稳定性、可预期性,朝令夕改,将会导致行政行为当事人和其他社会公众无所适从,从而引发社会秩序的混乱。

(4)比例原则。比例原则又称"禁止过分原则",即行政机关在行使行政优益权时所要牺牲的个体利益必须小于所要保护的公共利益,所采取的具体措施和手段应为法律所需,并且应当采取对当事人权益损害最小的方式,这也是合理行政的要求。

(5)责权均衡原则。在行政协议中双方权利义务并不相等,但是应当公平均衡,在行政协议内容方面的利益配置应当均衡,风险分配与违约责任应平等适用双方。任何一方不应当承担不合法、不合理义务,当然也不享有过分权利。

(6)保护相对人原则。行使行政优益权的条件应当予以限制,即使是为了实现公共利益,也不能通过给行政相对人增加额外的负担实现,行政机关对给行政相对人造成的损害应当进行同等的补偿或赔偿。[1]

(二)行使行政优益权解除协议

1. 行使行政优益权解除协议之条件

《行政协议规定》第 16 条第 1 款规定:"在履行行政协议过程中,可能出现严重

---

[1] 参见最高人民法院行政审判庭编著:《关于审理行政协议案件若干问题的规定理解与适用》,人民法院出版社 2020 年版,第 232~233 页。

损害国家利益、社会公共利益的情形,被告作出变更、解除协议的行政行为后,原告请求撤销该行为,人民法院经审理认为该行为合法的,判决驳回原告诉讼请求;给原告造成损失的,判决被告予以补偿。"该条是行政机关行使行政优益权单方解除行政协议的规定。该规定明确行使行政优益权解除合同的前提条件是:继续履行该行政协议"可能出现严重损害国家利益、社会公共利益的情形"。当然,行政机关依法单方行使解除权并不排除对相对人的权益保护,若行使该等解除权给相对人造成损失,行政机关应予补偿。

笔者认为,行政机关行使行政优益权解除行政协议应符合如下条件:(1)必须是发生可能严重损害国家利益、社会公共利益的情形,这里的损害是"严重损害"而非"一般损害"或"轻微损害"。(2)损害情形的发生是客观情况变化(如不可抗力或情势变更),而非相对人违约或过错所致,如相对人违约或过错所致,相对人应承担违约责任,而非获得补偿。(3)行政机关在履约过程中对诚实信用原则的遵循,较之行政相对人要更加严格。如行政机关先存在违约行为,再单方行使行政职权解除行政协议,则属违法解除;由此给相对人造成直接损失的,应予行政赔偿。人民法院案例库入库编号为2024-12-3-020-005的参考案例某游乐公司诉磐石市住房和城乡建设局政府与社会资本合作协议行政赔偿案二审判决[(2023)吉71行终264号]就体现了上述观点。(4)行使行政优益权解除情形只需"可能出现"即可,对于"已经出现"可解除情形的,根据举重以明轻规则,应当认定行政机关享有解除权。若不符合上述条件,则行政机关无权以行政优益权为由解除行政协议。

2. 国家利益之判断

《行政协议规定》第16条规定行政机关有权行使行政优益权解除行政协议的条件是国家利益可能蒙受重大损失。故"国家利益"作为法律术语显得十分重要,但现行立法及司法解释对"国家利益"这一概念内涵均未作出明确规定,甚至连抽象的概念都没有。如何判断"国家利益",实属实务难题。

最高人民法院在《中学生学习报》社有限公司(以下简称中学生报社)、中报报刊图书发行(郑州)有限公司合同纠纷再审审查与审判监督民事裁定书[(2017)最高法民申4336号]中对"国家利益"予以了解读。在该案中,中报报刊图书发行(郑州)有限公司因中学生报社(系国有企业)违约未履行所签订的合同而诉至法院,河南省高级人民法院二审判令中学生报社向原告支付违约金300万元,中学生报社不服以合同中的部分约定明显损害国家利益应属无效为向最高人民法院申请再审,被驳回。最高人民法院在裁定书中对"国家利益"的解读是"从国家利益内涵的阐释来看,《合同法》第52条中的'国家利益'应是以我国全体公民利益为前提的,国家在整体上所具有的政治利益、经济利益和国防利益。这一利益应具有至上性、不可辩驳性,而国有企业的利益在合同法层面也仅是代表其自身的利益和作为独立市场主体的利益,不应与国家利益混同"。

笔者认为:在目前立法及司法解释对"国家利益"内涵未明确界定的情形下,该判例所体现的"国家利益"内涵为"是以我国全体公民利益为前提的,国家在整体上所具有的政治利益、经济利益和国防利益。这一利益应具有至上性、不可辩驳性"的结论,应在司法实践中得到尊重。

3. 社会公共利益之判断

《行政协议规定》第16条第1款使用了"社会公共利益"的概念,社会公共利益与公共秩序的内涵相同,在英美法系国家也被称为公共政策。由于公共利益是抽象概念,对公共利益的判断成了实务焦点。

《民法典》使用的是"公序良俗"的概念,这一概念包含了公共秩序和善良习俗两方面的含义。笔者认为,公共秩序与公共利益内涵相同,所以公序良俗包含了公共利益。

在《民法典》总则编中,有4处使用了公序良俗这一概念:一是《民法典》第8条规定了从事民事活动,不得违反公序良俗原则。二是《民法典》第10条规定了处理民事纠纷,应当依照法律;法律没有规定的,可以适用习惯,但是不得违背公序良俗。三是《民法典》第143条第3项规定了不违反公序良俗是民事法律行为有效要件之一。四是《民法典》第153条第2款规定了违背公序良俗的民事法律行为无效。

《民法典》对公序良俗概念没有界定。但《民法典合同编通则解释》第17条规定了违反公序良俗的判断标准。该条规定:"合同虽然不违反法律、行政法规的强制性规定,但是有下列情形之一,人民法院应当依据民法典第一百五十三条第二款的规定认定合同无效:(一)合同影响政治安全、经济安全、军事安全等国家安全的;(二)合同影响社会稳定、公平竞争秩序或者损害社会公共利益等违背社会公共秩序的;(三)合同背离社会公德、家庭伦理或者有损人格尊严等违背善良风俗的。人民法院在认定合同是否违背公序良俗时,应当以社会主义核心价值观为导向,综合考虑当事人的主观动机和交易目的、政府部门的监管强度、一定期限内当事人从事类似交易的频次、行为的社会后果等因素,并在裁判文书中充分说理。当事人确因生活需要进行交易,未给社会公共秩序造成重大影响,且不影响国家安全,也不违背善良风俗的,人民法院不应当认定合同无效。"

该条虽然旨在规范合同违反公序良俗原则标准问题,但从上述条文中,可解读出公共利益的范围应当包括两个方面：一是国家安全，包括政治安全、经济安全、军事安全等；二是社会公共秩序，包括社会稳定秩序、公平竞争秩序等。这就是公共利益的判断标准。

就行政协议而言，其内容是否违反公序良俗，应从如下内容判断：

（1）特别法之判断。虽然行政法对公共利益没有界定，但少数特别法中有明确规定。例如，《土地管理法》第58条规定："有下列情形之一的，由有关人民政府自然资源主管部门报经原批准用地的人民政府或者有批准权的人民政府批准，可以收回国有土地使用权：（一）为实施城市规划进行旧城区改建以及其他公共利益需要，确需使用土地的；（二）土地出让等有偿使用合同约定的使用期限届满，土地使用者未申请续期或者申请续期未获批准的；（三）因单位撤销、迁移等原因，停止使用原划拨的国有土地的；（四）公路、铁路、机场、矿场等经核准报废的。依照前款第（一）项的规定收回国有土地使用权的，对土地使用权人应当给予适当补偿。"笔者认为：该条第1款第1项"实施城市规划进行旧城区改建"是涉及"公共利益"的具体情形，发生该情形时自然资源部主管部门有权"收回国有土地使用权"就是行政机关利用行政优益权对未到期土地出让合同行使解除权。又如，《城市房地产管理法》第20条规定："国家对土地使用者依法取得的土地使用权，在出让合同约定的使用年限届满前不收回；在特殊情况下，根据社会公共利益的需要，可以依照法律程序提前收回，并根据土地使用者使用土地的实际年限和开发土地的实际情况给予相应的补偿。"《国有土地上房屋征收与补偿条例》第8条规定："为了保障国家安全、促进国民经济和社会发展等公共利益的需要，有下列情形之一，确需征收房屋的，由市、县级人民政府作出房屋征收决定：（一）国防和外交的需要；（二）由政府组织实施的能源、交通、水利等基础设施建设的需要；（三）由政府组织实施的科技、教育、文化、卫生、体育、环境和资源保护、防灾减灾、文物保护、社会福利、市政公用等公共事业的需要；（四）由政府组织实施的保障性安居工程建设的需要；（五）由政府依照城乡规划法有关规定组织实施的对危房集中、基础设施落后等地段进行旧城区改建的需要；（六）法律、行政法规规定的其他公共利益的需要。"笔者认为，该条例所列举的第1项至第5项就是对城市国有土地上房屋征收行政行为中"社会公共利益"的具体情形界定。

（2）民法中的公共利益判断。笔者认为，凡行政法中对公共利益没有具体规定的，应以《民法典》及《民法典合同编通则解释》中的公序良俗标准来判断。最高人民法院在相关民商事判例中对公共利益也进行过阐释，可作为公共利益的判断依据或判断理念，列举如下：

案例1：最高人民法院在东北石油大学与深圳新世纪公司合同纠纷[（2015）民二终字第129号]中认为："社会公共利益一般是指关系到全体社会成员或者不特定的多数人利益，主要包括社会公共秩序及社会善良风俗等。"东北石油大学处置了安达校区固定资产，该固定资产虽属国有资产和社会公共教育资源，但合同双方是作为平等主体通过协商一致进行的有偿转让，没有损害全体社会成员或社会不特定多数人利益，也无证据证明涉案资产处分损害该大学正常教育秩序或学生正常接受教育的权利，故涉案资产处分未损害社会公共利益和社会善良风俗。

案例2：最高人民法院在安徽省彩票中心与德法利公司彩票销售合同纠纷[（2008）民提字61号]中认为：当事人约定彩票提成费用为销售总额的3%未违反《中国福利彩票管理办法》第18条的相关规定，不构成违反社会公共利益。

案例3：最高人民法院在杨某国与林某坤代持股协议纠纷[（2017）民申2454号]裁定中认为：诉争协议是上市公司代持股协议，其效力争议应根据上市公司监管相关法律规定及《合同法》处理。首先，根据中国证监会《首次公开发行股票并上市管理办法》（2015）第13条、《证券法》（2014）第12条及第63条、《上市公司信息披露管理办法》（2007）第3条，公司上市发行人必须股权清晰，且股份不存在重大权属纠纷，同时公司上市需遵守如实披露的义务，披露的信息必须真实、准确、完整，这是证券行业监管的基本要求，也是证券行业的基本共识。通俗而言，上市公司股权不得隐名代持。在本案中，在亚玛顿公司上市前，林某坤代杨某国持有股份，以自身名义参与公司上市发行，实际隐瞒了真实股东或投资人身份，违反了发行人如实披露义务，为上述规定明令禁止。其次，中国证监会根据《证券法》（2014）授权对证券行业进行监督管理，是为保护广大非特定投资者的合法权益。要求拟上市公司股权必须清晰，约束上市公司不得隐名代持股权，系对上市公司监管的基本要求，否则如果上市公司真实股东都不清晰的话，其他对于上市公司的系列信息披露要求、关联交易审查、高级管理人员任职回避等监管举措必然落空，必然损害到广大非特定投资者的合法权益，从而损害到资本市场基本交易秩序与基本交易安全，损害到金融安全与社会稳定，从而损害到社会公共利益。故依据《合同法》第52条第4项等规定，本案上述诉争协议应认定为无效。

案例4：最高人民法院在王某君等97人与兰山农合行委托代理合同纠纷[（2015）民提字第232号]中认为：王某君等97人作为兰山农合行的中层以上职

工,利用从兰山农合行贷款所得资金及少部分自有资金,委托兰山农合行与其信贷客户开展房地产投资,以谋取个人商业利润,该委托行为违背了银行员工的职业准则,属于严重的利益冲突行为,亦损害了其他社会职业主体的合法利益;兰山农合行作为银行金融机构,以银行名义与其信贷客户双月园公司从事案涉房地产交易,不仅违反了《商业银行法》第43条关于商业银行不得向非自用不动产投资的法律禁止性规定,也严重违背了审慎经营原则,使银行与信贷客户之间存在严重的利益冲突。案涉委托受托行为,不仅损害了商业银行的声誉,也致使商业银行、银行职工、银行信贷客户三者之间利益界限模糊,不利于防范和控制金融风险,属违反《商业银行法》第8条所规定的商业银行开展业务不得损害社会公共利益的行为。据此,根据《合同法》第52条第4项的规定,本院依法确认案涉王某君等97人与兰山农合行之间的委托代理合同法律关系无效。

案例5:最高人民法院在丁某铁律所与林某吉法律服务合同纠纷〔(2018)最高法民申1649号〕中认为:丁某铁律所与林某吉在《法律服务协议》中约定丁某铁律所采取将律师服务费与追回赃物的办案结果直接挂钩的收费方式,属于刑事风险代理。刑事风险代理以刑事司法活动结果作为收取代理报酬的条件,性质和后果干扰了正常的司法秩序,损害了司法公正和社会公共利益。故双方在《法律服务协议》中关于刑事风险代理的约定因违反《合同法》第52条第4项,应认定为无效。[1]

据《民法典合同编通则解释》和上述判例,笔者认为,行政协议中的社会公共利益应具备如下特征:第一,社会公共利益原则主要体现为法律对社会正常的政治、经济、文化、公共安全等所规制的基本秩序和根本理念,是与国家与社会整体利益相关的基础性原则;与社会公众所认同的善良风俗不同的是,公共利益强调的是国家和社会层面的价值理念,善良风俗突出的是民间的道德理念。第二,社会公共利益所涉的是社会大多数人尤其是不特定的多数人的利益,这种利益不能简单地归于行政机关利益,更不宜归于某一行政协议中特定行政机关的利益。

公共利益原则是一种为现行法律所规制的国家和社会的基本秩序,是现存的需要维护的客观事实。社会公共利益受到严重损害是行政机关解除行政协议的根本原因。《行政协议规定》中的社会公共利益受到"严重损害"是从继续履行协议的结果来判断的,非从解除行为将致行政协议当事人双方之间哪一方利益受到"严重

---

[1] 上述判例均来源于微信公众号"民事法律参考"。

损害"判断。

从实践出发,笔者认为,对社会公共利益的认定应满足如下条件:(1)法律对公共利益范围作出明确规定的,应遵循该规定;未作明确规定的,应从现有法律规定及多数不特定人的利益进行认定。但无论是行政机关作出解除决定还是司法裁判解除合同时,都应当基于公共利益的条件对具体情形作出释明。(2)为维护社会公共利益,行政机关行使行政优益权变更或解除合同应严格遵守法律规定程序。

(三)行政优益权来源之争议

行政机关行使行政优益权解除合同是一种特权,不以行政相对人违约或过错为前提。笔者认为,《行政协议规定》第16条既然规定了行政优益权是基于维护国家利益和社会公共利益而产生,那么行政机关行使行政优益权解除行政协议的解除权来源,亦应为现行法律对国家利益或社会公共利益所作的具体规则。

最高人民法院行政庭将行政优益权具体来源归为两类:一是法律规范规定了行政机关单方变更、解除权,如《城镇国有土地使用权出让和转让暂行条例》第14条规定:"土地使用者应当在签订土地使用权出让合同后60日内,支付土地使用权出让金。逾期未全部支付的,出让方有权解除合同,并可请求违约赔偿。"二是如法律没有规定,但行政协议中约定行政机关可以变更或解除行政协议,那么行政机关行政优益权可以来自双方约定。[1]

笔者对第二点行政机关优益权来自约定的观点,不敢认同。理由为:

第一,就约定解除权而言,如果行政协议将行政机关行政优益权载入协议作为约定解除条件,当然允许;即使无此约定,行政机关亦可直接行使行政优益权解除合同。但行政协议将相对人违约事由(如约定相对人付款逾期三个月的,行政机关有权解除合同)载入协议作为约定解除事由的,若允许行政机关行使解除权,则属民法上的违约解除,但按照《行政协议规定》第24条,相对人违约时,行政机关的救济渠道不是行使违约解除权,而是非诉行政强制执行。

第二,按照合同法,合同因相对人违约而解除的,守约方有权要求违约方承担违约赔偿责任,而非相反。《行政协议规定》第16条第1款规定,行政机关行使行政优益权解除协议应当对行政相对人予以补偿。若行政机关在相对人违约时解除协议是行使行政优益权的表现,那么会得出行政相对人违约时,行政机关可行使违

---

[1] 参见最高人民法院行政审判庭编著:《关于审理行政协议案件若干问题的规定理解与适用》,人民法院出版社2020年版,第234~235页。

约解除权而非申请非诉行政强制执行获得救济,行政相对人不仅不承担违约责任,而且还可以从行政机关处获得"补偿"。如此悖论,只能说明行政优益权来源法定,不能约定。

第三,《行政协议规定》第 17 条规定了行政相对人的约定解除权和法定解除权。《行政协议规定》第 24 条未赋予行政机关对相对人违约的解除权。《行政协议规定》第 16 条以损害国家利益和社会公共利益为前提赋予行政机关特种法定解除权,并将这种特权归属于行政优益权。在此情形下,最高人民法院行政庭对行政优益权解除协议的具体来源的理解似乎不妥。

第四,在《行政协议规定》出台前,最高人民法院判例对行政机关基于行使行政优益权解除行政协议与合同法中的约定解除和违约解除的区别,作出了明确划分。最高人民法院在某市开发区管委会与某饮料公司《招商项目投资合同》纠纷[(2017)最高法行申3564]中对该问题阐释如下:其一,行政优益权的行使,通常须受到严格的限制。首先,必须是为了防止或除去对于公共利益的重大危害;其次,当作出单方调整或单方解除时,应当对公共利益的具体情形作出释明;再次,单方调整必须符合比例原则,将由此带来的副作用降到最低;最后,应当对相对方因此而产生的损失依法或者依约给予相应补偿。其二,行政优益权的行使是行政机关在原《合同法》框架之外作出的单方处置,也就是说,行政协议本来能够依照约定继续履行,只是基于公共利益考虑才人为地予以变更或解除。如果是相对方违约致使合同目的不能实现,行政机关完全可以依照原《合同法》规定或合同约定采取相应措施,因而无行使优益权的必要。其三,行政机关既然选择以缔结行政协议的方式"替代"单方行政行为,则应于缔结协议后,切实避免再以单方行政行为径令协议相对方无条件接受权利义务变动。如果出尔反尔,不仅显失公平,亦违背当初以行政协议而不是单方行政行为来形塑当事人之间法律关系的合意基础。

从最高人民法院上述观点可以看出,行政机关基于行政优益权所享有的解除权属法定解除权,产生的原因类似于合同法中的因情势变更而解除,而非简单的约定解除或违约解除。这种解除权的行使不以行政相对人违约或过错为前提,也不以其他与行政优益权无关的约定解除事由发生为前提。行政机关行使行政优益权是特例,且应予限制。

(四)行政优益权合法行使之审查

1. 合法性审查。(1)行政机关行使行政优益权是否有具体法律法规授权,是否越权。(2)行政机关行使行政优益权是否遵循了相关程序。

2. 合理性审查。(1)行政优益权行使的必要性,即是否应当行使行政优益权。(2)行政优益权的界限,即行政优益权行使范围和程序。

3. 考量标准。(1)如果不行使行政优益权,公共利益是否会遭受重大损失。(2)行政优益权的行使是否违反了信赖保护原则,行政机关是否履行了自身的法定职责或承诺、约定。《优化营商环境条例》第 31 条规定"地方各级人民政府及其有关部门应当履行向市场主体依法作出的政策承诺以及依法订立的各类合同,不得以行政区划调整、政府换届、机构或者职能调整以及相关责任人更替等为由违约毁约"。(3)行使行政优益权是否违背了自由平等原则,而将行政协议变成行政命令。(4)情势变更是否为缔约时无法预料,缔约后发生,发生后是否导致行政协议基础的根本改变,公共利益是否可能遭受重大损失。(5)行政机关是否存在不诚信现象,是否导致行政协议相对人利益受损或行政协议无法履行或履行困难。[1]

二、行政协议协商解除及限制

行政协议能否协商解除?《行政协议规定》对此未作规定。笔者认为,行政协议可以协商解除。理由:《行政协议规定》第 23 条规定:"人民法院审理行政协议案件,可以依法进行调解。人民法院进行调解时,应当遵循自愿、合法原则,不得损害国家利益、社会公共利益和他人合法权益。"《民法典》第 562 条规定了民事合同可由当事人协商解除。根据以上规定,行政协议既可以通过非诉讼协商方式解除,也可以通过诉讼调解方式解除。但是,无论以何种方式协商解除,均不得损害国家利益、社会公共利益和他人合法权益。

在实务中,当事人协商解除行政协议但对解除后果未约定的,相对人有权提起行政诉讼,请求处理解除后果,而法院不能不予受理。对协商解除后果应根据当事人是否违约,是否存在过错等情形,参照《行政诉讼法》第 78 条第 1 款、《行政协议规定》第 27 条、《民法典合同编通则解释》第 52 条处理。某公司诉广东省茂名市茂南区人民政府行政协议案再审判决[(2020)最高法行再 360 号]就体现了上述观点。

三、行政相对人违约之处理

行政协议并非等同于民事合同,行政相对人违约时,不能套用民事法律规定对行政机关进行救济。行政相对人违约时,对行政机关的救济须考虑两种情形:第 1

---

[1] 参见最高人民法院行政审判庭编著:《关于审理行政协议案件若干问题的规定理解与适用》,人民法院出版社 2020 年版,第 239 页。

种情形是相对人存在违约,但行政协议可继续履行;第 2 种情形是相对人存在违约,但行政协议存在事实和法律上无法履行的情形。对于第 1 种情形,《行政协议规定》作出了与民事规定显著区别的规定;但对第 2 种情形,该司法解释没有作出规定。

(一)非诉行政强制执行

行政相对人违约时,行政机关是否可依民事法律规定行使约定或法定解除权?答案似乎是否定的。《行政协议规定》第 24 条规定:"公民、法人或者其他组织未按照行政协议约定履行义务,经催告后不履行,行政机关可以作出要求其履行协议的书面决定。公民、法人或者其他组织收到书面决定后在法定期限内未申请行政复议或者提起行政诉讼,且仍不履行,协议内容具有可执行性的,行政机关可以向人民法院申请强制执行。法律、行政法规规定行政机关对行政协议享有监督协议履行的职权,公民、法人或者其他组织未按照约定履行义务,经催告后不履行,行政机关可以依法作出处理决定。公民、法人或者其他组织在收到该处理决定后在法定期限内未申请行政复议或者提起行政诉讼,且仍不履行,协议内容具有可执行性的,行政机关可以向人民法院申请强制执行。"据此可知,行政相对人发生违约行为时,行政机关不能行使解除权,其救济途径是:一是催告行政相对人履行义务;二是经催告后行政相对人不履行的,作出要求行政相对人履行协议的书面决定;三是行政相对人收到决定后既不申请行政复议或行政诉讼,又不履行协议,行政协议内容具有可执行性的,行政机关可以向人民法院申请强制执行。

然而实务判决并非如此。中国某水投资集团有限公司诉某市人民政府行政协议案二审判决[(2021)湘行终 1164 号]认为:在行政协议的订立、履行过程中,不仅行政机关应当恪守法定权限,不违背法律、法规的强制性规定,履行协议约定的各项义务,行政协议的相对方也应严格遵守相关法律、法规的规定和协议的约定,否则行政机关有依法依约解除协议的权利。在行政相对人明确表示无继续履约能力并表明解除合作开发合同的意向的情况下,行政机关依据民事法律规范行使法定解除权并依程序送达,符合法律规定。该判决实际上承认行政机关基于相对人违约而享有解除权。该判决的说理与《行政协议规定》第 24 条是否相符,值得进一步探讨。

不过,笔者坚持认为:对于行政相对人违约救济,既然《行政协议规定》第 24 条提供了非诉行政强制执行程序作为"官告民"的一种变通方式,为行政机关解决相对人违约问题提供了救济渠道,那么,就应该排除行政机关单方行使违约解除权的可能。

行政机关申请非诉行为强制执行应注意两点:

一是启动期限。行政机关作出决定后,于相对人法定起诉期限届满后,可申请法院非诉强制执行。《行政诉讼法》第 46 条规定:"公民、法人或者其他组织直接向人民法院提起诉讼的,应当自知道或者应当知道作出行政行为之日起六个月内提出。法律另有规定的除外。因不动产提起诉讼的案件自行政行为作出之日起超过二十年,其他案件自行政行为作出之日起超过五年提起诉讼的,人民法院不予受理。"据此,行政相对人在签收行政决定之日就已知晓行政行为内容,行政相对人欲提起诉讼的,应该自签收之日起 6 个月内提出。因此,行政机关在签收之日起 6 个月后,才能启动非诉执行的相关程序。

二是申请期限。《行政强制法》第 53 条规定:"当事人在法定期限内不申请行政复议或者提起行政诉讼,又不履行行政决定的,没有行政强制执行权的行政机关可以自期限届满之日起三个月内,依照本章规定申请人民法院强制执行。"据此规定,未履行行政决定的,行政机关应于行政相对人行政诉讼期限届满后的 3 个月内申请强制执行,逾期法院将不受理执行申请。

需要说明的是,对于行政机关申请执行之后,人民法院如何进行审查,以及相关当事人如何进一步寻求救济,《行政协议规定》并未作出详细规定,而是等待相关经验成熟时再作出规定。在此之前,人民法院可以参照《行政诉讼法解释》有关非诉行政执行的规定,结合行政协议案件的特殊规则,按照诉讼基本原则进行处理。

(二) 行政协议僵局问题

当行政相对人发生违约情形,行政机关依《行政协议规定》第 24 条履行催告义务且作出要求履行债务决定后,要求履行的债务为非金钱债务,不具有可执行性,不能申请法院强制执行,即非金钱债务继续履行出现障碍,出现协议僵局的,如何处理?《行政协议规定》对此未作规定。事实上,在行政协议履行过程中,相对人违约大多是不履行非金钱债务。与金钱债务不同,不是所有非金钱债务都适合强制执行,若行政相对人拒不履行非金钱债务,一方面要求行政相对人履行非金钱债务,另一方面又对行政相对人强制执行不能,就会出现协议僵局。

在民法上,为解决合同僵局,《民法典》第 580 条第 2 款提供了一条新路径。当出现合同僵局时,当事人任何一方均可以请求法院终止合同,但不免除违约方的违约责任。合同终止应当依约定或法律规定进行清理清算,而清理清算的一个重要功能就是将未履行的非金钱债务通过违约赔偿这一方法,转换成便于执行的金钱债务。

笔者建议:在行政协议纠纷中,若相对人违约而协议又不具有可执行性,可比照《民法典》第 580 条第 2 款,赋予行政机关单方终止行政协议的权利。这种终止权与行政机关行使行政优益权解除行政协议不同,它不以国家利益或社会公共利益可能受到严重损害为必要,不存在补偿问题,而以相对人的违约行为导致协议无法履行为条件。它的好处是:终止行政协议后,由于相对人应承担违约责任,这种违约责任在协议终止后不再是非金钱债务,而完全可以转换成可执行的金钱债务,故行政机关可以对相对人的违约责任一并清算,并作出行政决定。相对人对行政机关终止行政协议和要求其承担违约责任的决定不服的,可通过行政复议、行政诉讼程序解决,不提起行政复议或行政诉讼的,行政机关可申请非诉行政强制执行。于此情形下,就可以彻底解决相对人违约又不继续履行非金钱债务的问题。但对于能否赋予行政机关终止权问题,仍须最高人民法院作出解释。

四、行使行政优益权解除行政协议方式和程序

(一)解除方式

1. 只能行政决定解除。《行政诉讼法》第 2 条规定:"公民、法人或者其他组织认为行政机关和行政机关工作人员的行政行为侵犯其合法权益,有权依照本法向人民法院提起诉讼。"据此,在行政诉讼中,原告只能是行政相对人,被告只能是行政机关,不存在行政机关作原告的问题。基于此,行政机关变更或解除行政协议的,不能通过诉讼方式进行,只能通过作出行政决定方式进行。这一点与《民法典》规定的行使合同解除权须以通知方式或诉讼(包括仲裁)方式有显著区别。

2. 排除默示方式解除。行政机关能否以默示方式解除行政协议?《民法典》规定意思表示可以以明示或默示的方式作出,故民事合同可通过明示或默示方式解除。但行政协议有其特殊性,行政机关解除须明示作出,不宜以默示行为认定合同解除。比如,某县政府(甲方)与某器材公司(乙方)签订《投资协议》,约定:甲方拟在城北向乙方出让 30 亩工业用地,甲方办理农用地转批、土地征用收储、土地出让手续;总地价 800 万元,乙方先付 400 万元(已付)。后某县政府改变规划将该地块变更为商住用地,在未解除《投资协议》的情形下,将约定地块挂牌出让给第三人用于房地产开发。某器材公司不服请求判令某县政府单方解约违法,要求返还财产,赔偿损失。法院亦认定某县政府以默示行为解除了合同,因未及时通知相对人存在过错,判令返还 400 万元合同款并赔偿利息损失。笔者对法院认定县政府默示解除合同的观点不敢苟同。理由:其一,民法上的解除权性质属于形成权,行使解除权可以明示或默示方式作出,但在行政法上,作为的行政行为必须明示,且需到达相对人才能生效,而行政机关解除合同的决定是作为的行政行为,不适用默示表示。法院将某县政府的违约行为等同于默示解除合同行为,在法理上是错误的。

其二，从行政法来说，行政机关行使的解除权属行政权利范畴，为了保障相对人权益，除解除合同决定须通知相对人外，在作出解除合同决定前，行政机关还应履行法定程序（举行听证，告知当事人陈述申辩），即使已作出解除合同的决定，亦应告知行政相对人救济途径，故从行政法角度考量，不存在行政机关默示解除合同之说。

（二）解除程序

1. 解除程序必须正当

程序正当原则不仅是依法行政的基本要求，而且是行政法的基本原则。由于行政机关行使行政优益权解除行政协议不属常态，故解除程序是否正当显得尤为重要。行政机关行使行政优益权作出解除行政协议决定的正当程序要求，主要体现在：（1）《国务院全面推进依法行政实施纲要》（国发〔2004〕10号）第5条第3款规定"依法行政的基本要求……程序正当……要严格遵循法定程序，依法保障行政管理相对人、利害关系人的知情权、参与权和救济权"。该纲要第20条规定"行政机关作出对行政管理相对人、利害关系人不利的行政决定之前，应当告知行政管理相对人、利害关系人，并给予其陈述和申辩的机会"。（2）《优化营商环境条例》第31条规定"因国家利益、社会公共利益需要改变政策承诺、合同约定的，应当依照法定权限和程序进行，并依法对市场主体因此受到的损失予以补偿"。根据上述规定，行政机作出解除行政协议决定书应当遵循行政程序要求，应当保护相对人的程序性权利。

2. 解除具体程序

（1）事前告知与说明理由。行政协议解除事关相对人重大权益，应提前告知相对人并说明理由。要求是：第一，应向相对人提前发出预解除告知书。在实务中，有的行政协议标的大，从几十万元到几亿元甚至上百亿元，履行期有的长达几年甚至几十年，协议通常涵盖数个利益链，若仓促解除，会造成社会资源浪费或使相对人来不及止损。因此，应当提前预告并给予合理期限。第二，告知书中必须说明依行政优益权解除协议的法律依据和理由。这是政府公信力的要求，行政行为不仅要合法而且要合理，向相对人说明理由，有助于相对人对国家利益和公共利益有所了解，有利于协议解除后的清算工作，有利于减少矛盾，维护社会稳定。

（2）听证制度。听证制度的目的在于通过准司法程序，听取相对人的辩解和申诉，给予相对人陈述切身情况的权利，便于行政机关作出正确的行政行为。听证应围绕两个方面进行：一是对国家利益或公共利益的阐述和界定。行政机关行使行政优益权应避免主观性,应全面考虑现实条件,将国家利益或公共利益纳入听证范围,这有助于行政机关正确平衡公益和私益。二是补偿数额的计算。补偿数额需要通过双方共同清算才能正确统计,仅由行政机关单方面清算难免有失公平,因此通过听证,给予相对人对补偿数额申辩的机会,保障相对人获得公平合理的补偿。

(3) 听取相对人陈述和申辩。行政机关作出任何行政行为,特别是对行政相对人作出不利行为的,必须听取行政相对人的陈述和申辩。行政机关作出严重影响相对人合法权益的行为的,还应依相对人申请或依法主动举行听证。在听证过程中,应允许相对人举证,允许相对人对行政机关的证据质证,允许双方辩论。行政机关应审查行政决定确定事实的证据是否具有真实性、合法性和关联性,审查行政决定所依据的法律法规是否正确。

第四节 行政相对人解除权

一、行政相对人之解除权

《行政协议规定》第17条规定:"原告请求解除行政协议,人民法院认为符合约定或者法定解除情形且不损害国家利益、社会公共利益和他人合法权益的,可以判决解除该协议。"根据该条规定,行政相对人解除权的产生基础是约定解除和法定解除,但行使解除权应受限制。

(一)约定解除权

现行行政法律规范没有约定解除权规则,应准用民事法律规范中的约定解除权规则。《民法典》第562条第2款规定了约定解除权,当约定解除事由发生时,行政相对人有权解除行政协议。关于行使约定解除权的具体规则,本书第二章已予以详尽阐述,在此不再赘述。

(二)法定解除权

在行政法中,有些规定明确赋予行政相对人法定解除权,如《城市房地产管理法》第17条规定"土地使用者按照出让合同约定支付土地使用权出让金的,市、县人民政府土地管理部门必须按照出让合同约定,提供出让的土地;未按照出让合同约定提供出让的土地的,土地使用者有权解除合同,由土地管理部门返还土地使用权出让金,土地使用者并可以请求违约赔偿",但这类规定不多。行政相对人行使法定解除权的规范更多体现在民事法律规范中。

概言之,行政相对人行使法定解除权的主要依据有:(1)行政法律规范中赋予行政相对人的解除权;(2)《民法典》合同编通则中第563条规定的法定解除权;(3)《民法典》合同编典型合同中的法定解除权(如买卖合同、租赁合同中的法定解除权);(4)《民法典》之外的民事特别法律规范中的法定解除权;(5)最高人民法院司法解释中的法定解除权(如《买卖合同解释》第19条规定的未履行从给付义务的法定解除权)。具体可参见本书第三章"一般法定解除权"中的论述。

(三)解除权之限制

由于行政协议不能完全等同于民事合同,当行政相对人享有约定解除权或法定解除权,并行使解除权时,人民法院并非一概予以支持。根据《行政协议规定》第17条,行政相对人行使解除权时应当以"不损害国家利益、社会公共利益和他人合法权益"为前提,该规定与《民法典》第132条"民事主体不得滥用民事权利损害国家利益、社会公共利益或者他人合法权益"的规定等同。笔者认为,除上以外,本书第八章中所论述的关于解除权限制的相关规则亦应适用于行政协议。

需要指出的是,根据《行政协议规定》第17条,存在行政机关预期违约,但行政相对人解除权受限制情形的,不能免除行政机关违约责任。《行政协议规定》第20条规定:"被告明确表示或者以自己的行为表明不履行行政协议,原告在履行期限届满之前向人民法院起诉请求其承担违约责任的,人民法院应予支持。"该条体现了违约必须承担违约责任这一基本法理。

二、行政相对人解除方式及程序

(一)行政相对人解除方式

1.诉讼方式解除。《民法典》规定了两种当事人行使解除权方式:通知解除;诉讼或仲裁解除。因行政协议约定仲裁条款无效,因此行政相对人不能申请仲裁来解除协议。《行政协议规定》第4条第1款规定:"因行政协议的订立、履行、变更、终止等发生纠纷,公民、法人或者其他组织作为原告,以行政机关为被告提起行政诉讼的,人民法院应当依法受理。"解除属合同终止情形之一,故相对人请求解除行政协议属行政诉讼受理范围。根据《行政协议规定》第17条"原告请求解除行政协议,人民法院认为符合约定或者法定解除情形且不损害国家利益、社会公共利益和他人合法权益的,可以判决解除该协议"之规定,行政协议可以通过诉讼方式解除。

2. 能否以通知方式解除之探讨。《行政协议规定》没有明文规定相对人可以以通知方式解除行政协议。在实务中,行政相对人能否以通知方式解除行政协议,值得探讨。

笔者认为,行政相对人能否以通知方式解除合同,关键不在于解除通知本身,而在于如何确定解除通知效力。《民法典》第 565 条规定,解除通知有效的前提是通知人享有解除权;若因此发生争议,双方均可请求司法确认通知效力。但在行政协议纠纷中,若相对人通知解除协议,基于行政机关不能成为行政诉讼原告,故行政机关不能请求法院确认解除通知效力。如此一来,如何确定解除通知效力,对于民事合同而言是个简单问题,而对于行政协议而言却变成了复杂问题。

笔者进一步认为:确定行政相对人解除通知效力可分两种情形处理。第一种情形,行政相对人发出解除通知后,行政机关认为行政相对人不享有解除权的,应对该通知作出效力否定的决定,对该决定行政相对人可以提起行政复议或行政诉讼,请求确认解除通知效力。第二种情形,行政相对人发出解除通知后,行政机关对该通知置之不理的,相对人可起诉至人民法院,请求确认解除通知效力。根据《行政协议规定》第 9 条第 7 项:"在行政协议案件中,行政诉讼法第四十九条第三项规定的'有具体的诉讼请求'是指:……(七)其他有关行政协议的订立、履行、变更、终止等诉讼请求"的规定,相对人请求确认解除通知效力的,因涉及行政协议能否终止问题,该请求应当受理。

既然通知解除行政协议要达到司法确认有效的效果比较麻烦,故笔者建议,行政相对人若欲解除行政协议,最好通过诉讼方式行使解除权。

(二)行政相对人解除程序

1. 关于催告。根据《民法典》第 563 条第 1 款第 3 项的规定,在行政机关未履行行政协议主给付义务时,行政相对人在决定解除协议前,负有催告行政机关履行协议的义务,未经催告,直接解除协议的,属解约程序错误。当然,行政机关构成预期违约或未履行义务致使行政相对人合同目的不达的,根据《民法典》第 563 条第 1 款第 2 项或第 4 项,无须催告,可以直接诉请解除协议。

2. 关于提前告知。在某些特许经营的协议中,约定行政相对人解除协议须按规定时间提前告知行政机关。也有行政规章直接规定行政相对人提前告知义务,如住房和城乡建设部《市政公用事业特许经营管理办法》第 17 条规定"获得特许经营权的企业在协议有效期内单方提出解除协议的,应当提前提出申请,主管部门应当自收到获得特许经营权的企业申请的3个月内作出答复。在主管部门同意解除协议前,获得特许经营权的企业必须保证正常的经营与服务"。在上述情形下,行政相对人解除行政协议的,在行使解除权之前,还须履行前置告知程序。

第五节 行政协议解除后果

行政协议可以因行政机关行使行政优益权而解除,也可以因相对人行使约定解除权或法定解除权而解除。因解除权主体、事由不同,根据《行政协议规定》结合《民法典》相关规定,解除后果亦不相同。

一、行政机关行使行政优益权解除后果

(一)补偿义务之规定

《行政协议规定》第16条第1款规定,在行政协议因行政机关行使行政优益权被合法解除前提下,原告产生损失的,行政机关应予以补偿。"应予补偿"是指应当补偿必须补偿。《最高人民法院关于依法平等保护非公有制经济促进非公有制经济健康发展的意见》(法发〔2014〕27号)第12条规定:"依法保护非公有制经济主体由于对行政机关的信赖而形成的利益,维护行政行为的稳定性。行政机关为公共利益的需要,依法变更或者撤回已经生效的行政许可、行政审批,或者提前解除国有土地出让等自然资源有偿使用合同的,人民法院应依法支持非公有制经济主体关于补偿财产损失的合理诉求。"《优化营商环境条例》第31条规定:"地方各级人民政府及其有关部门应当履行向市场主体依法作出的政策承诺以及依法订立的各类合同,不得以行政区划调整、政府换届、机构或者职能调整以及相关责任人更替等为由违约毁约。因国家利益、社会公共利益需要改变政策承诺、合同约定的,应当依照法定权限和程序进行,并依法对市场主体因此受到的损失予以补偿。"据此,行政机关行使行政优益权解除行政协议应予以行政相对人补偿应无争议,不存在可补或可不补的问题。

(二)补偿范围探讨

事实上,如果行政协议被行政机关行使行政优益权解除,行政协议不得继续履行,行政相对人就会产生信赖利益损失和可得利益损失两类损失。《行政协议规定》对行政机关行使行政优益权解除合同后的补偿范围没有规定。如果行政协议

被行政机关解除,补偿范围如何界定?

笔者认为,行政机关行使行政优益权解除合同,不属违约解除性质,同时司法解释明确行政机关承担的是补偿责任,并非赔偿责任,不能适用民法上违约赔偿应赔偿可得利益的规则。因此,补偿范围应当是行政相对人因协议解除所产生的信赖利益损失,不宜包括可得利益损失。至于具体补偿标准,应考虑:(1)现行法律对补偿有规定的,应当按规定执行。例如,《国有土地上房屋征收与补偿条例》第19条第1款规定:"对被征收房屋价值的补偿,不得低于房屋征收决定公告之日被征收房屋类似房地产的市场价格。"(2)现行法律对补偿没有规定的,应依诚信、公平、合理原则确定相对人的信赖利益损失(包括本金、利息、履行费用等)。至于信赖利益中的机会利益损失,因行政协议解除非行政机关违约所致,故不宜补偿。

二、行政相对人行使解除权后果

行政相对人行使约定解除权和法定解除权,解除合同的,有的属违约解除,有的属非违约解除。如何处理解除合同后果?笔者认为,应该根据不同情形分别处理。

(一)有约定从约定处理

《民法典》第567条规定"合同的权利义务关系终止,不影响合同中结算和清理条款的效力"。根据该条规定,如果行政协议对合同终止后的结算和清算清理条款已有约定,应优先尊重这种约定,并根据约定处理解除后果。如果属违约解除,约定赔偿标准低于《国家赔偿法》的赔偿标准的,按损失填平原则,相对人有权选择按《国家赔偿法》规定的标准赔偿。

(二)无约定从法定处理

1. 行政相对人因不可抗力和情势变更情形解除合同的,或非行政机关不履行协议之事由导致协议解除的,属非违约解除。于此情形下,行政机关应根据公平原则对相对人信赖利益损失予以补偿。

2. 行政相对人因行政机关不履行义务而解除协议的,属违约解除。于此情形下,应根据《行政协议规定》第19条处理。

(三)行政机关违约赔偿范围

民事合同因违约解除的,按照《民法典》第566条,根据合同履行情况和性质,当事人可以请求返还财产或采取补救措施,赔偿损失,解除权人可以要求违约方承担违约责任。《民法典》第584条规定违约赔偿包括信赖利益损失赔偿和可得利益损失赔偿。根据《民法典合同通则编解释》第63条,违约赔偿应受可预见规则、过失相抵规则、减损规则、损益相抵规则限制。根据《民法典》第585条和《民法典合同编通则解释》第65条第2款,违约金不超过受害人损失的30%,而受害人损失包括信赖利益损失和可得利益损失。

《行政协议规定》第19条规定:"被告未依法履行、未按照约定履行行政协议,人民法院可以依据行政诉讼法第七十八条的规定,结合原告诉讼请求,判决被告继续履行,并明确继续履行的具体内容;被告无法履行或者继续履行无实际意义的,人民法院可以判决被告采取相应的补救措施;给原告造成损失的,判决被告予以赔偿。原告要求按照约定的违约金条款或者定金条款予以赔偿的,人民法院应予支持。"

笔者认为,上述规定中的"给原告造成损失的"没有限制为"实际损失",故根据文义解释,此处的"损失"应包括信赖利益损失和可得利益损失。由此,行政机关违约赔偿范围应包括可得利益损失赔偿,但应受可预见规则、过失相抵规则、减损规则、损益相抵规则限制。

但关于行政机关违约赔偿范围的争议仍然存在。《行政协议规定》出台前,最高人民法院副院长江必新认为:需要视行政协议的种类而定。江必新认为:"国家赔偿法确立了赔偿直接损失原则,但从立法原意来看,行政协议并不是国家赔偿法的调整对象,因此不能径直认为行政协议赔偿也只能赔偿直接损失。是否赔偿可得利益损失,需要视具体的行政协议种类而定。民事合约赔偿可得利益损失,大致是因为人们订立合约从事约定行为,本身有获营收的目的,获利的目的也是被私法所承认和保护的。而行政协议由于其特殊的公益目的,虽然某些情况下,可以兼容私人主体的营利目的,但不得与公益发生冲突。如污水处理特许经营协议,一方面协议目的是为公众提供污水处理公共服务,另一方面也允许私人资本通过经营获得合理利润。然而一旦协议出现违约情形,需要赔偿损失,赔偿可得利益将极大危害政府方利益,并间接损及纳税人权益,由此赔偿数额需要相应调整。一般而言特许类行政协议原则上不考虑可得利益损失,只对直接损失进行赔偿。因为特许本身是经过授权的特别许可,被特许人从事的活动是对稀缺公共资源的占有和利用,因此其未获益是以对公共资源的占有、使用甚至处分为基础的。赔偿可得利益将使公益受到极大损害,故行政主体违约对相对人造成损失的,原则上只承担直接损失赔偿责任。"[1]

笔者认为,行政机关违约赔偿范围若无约定,除法律、行政法规、行政规章另有规定的外,应参照《民法典》相关规定处理,赔偿范围应包括相对人的可得利益损失。理由为:一是基于合同形成的行政机关违约赔偿责任,与基于行政机关行政行为违法产生的国家赔偿责任并不完全相同,赔偿范围不适用《国家赔偿法》,不应当受《国家赔偿法》中赔偿"直接损失"的限制。二是行政机关是权力机关,应严格遵守行政协议约定义务,以带头促进诚信社会建设。民事合同中违约方应赔偿相对人可得利益损失,而行政协议不赔偿可得利益损失,不利于诚信社会建设,会诱发行政机关带头违约的道德风险。三是在行政协议中,行政机关违约性质与民事合同中民事主体违约性质没有本质区分,故行政机关违约赔偿范围与民事违约赔偿范围不应有所区别。四是行政机关违约赔偿范围中的可得利益损失是指相对人的利润损失,根据《民法典》相关规定,可得利益赔偿应受可预见规则、减损规则、与有过失规则、损益相抵规则的限制,在司法实务中并非能够得到全部支持。

第六节　《行政协议规定》适用问题

一、《行政协议规定》适用范围

《行政协议规定》的颁布实施,解决了审理行政协议案件"无法可依"的问题。但由于纠纷发生的时间、案件受理的时间与司法解释的实施时间等不完全对应,司法实践中也面临行政协议解释的溯及力、已完成诉讼程序的效力等原则性问题。另外,关于新解释实施之前签订的行政协议是否应当予以受理等具体性问题,司法实务中仍存在不同观点,有必要予以明确规定。

《行政协议规定》第28条规定:"2015年5月1日后订立的行政协议发生纠纷的,适用行政诉讼法及本规定。2015年5月1日前订立的行政协议发生纠纷的,适用当时的法律、行政法规及司法解释。"该规定以协议订立时间为界点,明确规定了不同时间阶段的行政协议纠纷所应适用的法律规定:(1)在2015年5月1日之后订立的行政协议,所发生的纠纷适用《行政协议规定》及《行政诉讼法》。(2)在2015年5月1日之前订立的相关协议,根据实体从旧原则,仍然按照当时的规定适用;如果当时的规定没有对应相关内容进行规范,则可以适用《行政诉讼法》和《行政协议

---

[1] 江必新:《行政协议的司法审查》,载《人民司法(应用)》2016年第34期。

规定》。(3)需要说明的是,由于行政协议的订立、履行,以及行政协议纠纷的起诉、受理等时间可能存在多种情形,该条难以罗列具体问题直接加以规定,而仅能对法律适用问题作原则性规定。在具体理解与适用该条规定时,尤其是《行政协议规定》没有直接、明确规定的事项,可能需要引用该条规定之立法目的,以及运用该条所蕴含的法律精神与法律原则。

正确理解该条规定并运用于行政协议案件的审理工作中,关键在于把握以下步骤:(1)确定该纠纷是否属于行政协议纠纷,判断的关键在于争诉对象是否为行政协议。在明确属于行政协议纠纷之后,确定该行政协议的订立时间。(2)订立时间在新法实施之后的,适用该条第1款规定;订立时间在新法实施之前的,适用该条第2款规定。

二、以订立时间作为适用分界点

《行政协议规定》已确定以协议订立时间作为法律适用的分界点。在具体理解时主要把握以下方面。

(一)行政协议成立之认定

如何认定行政协议的成立,行政诉讼法没有规定。判断行政协议是否成立,可以根据《行政协议规定》第27条第2款,参照民事合同相关规定来认定。可从以下方面把握:其一,书面形式。相对于民事合同,订立行政协议行政机关往往需要经过项目立项、可行性研究、审批等程序,通常都为书面形式。在司法实务中,行政协议绝大多数是书面形式。其二,情形单一。《民法典》第490条第1款规定:"当事人采用合同书形式订立合同的,自当事人均签名、盖章或者按指印时合同成立。在签名、盖章或者按指印之前,当事人一方已经履行主要义务,对方接受时,该合同成立。"据此,行政协议成立时间应为签字、盖章、按手印时间或提前履行义务时间。

(二)认定成立的特殊情形

1. 与批准时间区分。相较而言,行政协议需要有关机关批准的可能性要远高于民事合同。但根据《民法典》第502条、《行政协议规定》第13条等规定,有关机关的批准仅是行政协议生效的程序,而非订立之要求。判断适用《行政协议规定》的标准为协议订立时间,而非协议被批准时间。

2. 确认书与行政协议的订立。根据《民法典》第491条"当事人采用信件、数据电文等形式订立合同要求签订确认书的,签订确认书时合同成立。当事人一方通过互联网等信息网络发布的商品或者服务信息符合要约条件的,对方选择该商品或者服务并提交订单成功时合同成立,但是当事人另有约定的除外"之规定,可以将签订确认书的时间作为行政协议的订立时间。通常确认书限于没有签订书面行政协议之情形,但实践中可能出现确认书与书面行政协议并存的现象。如有的地方在试行网络挂牌出让国有土地所有权时,所规定的成交程序中包含资格审核,电子确认书,签订书面出让合同的步骤。此时行政协议订立时间的认定,应当以书面行政协议的签字或盖章时间为准。

3.未签订书面行政协议但实际已履行的情形。当事人尚未签订书面行政协议,但一方实际履行主要义务,且对方接受的,根据《民法典》第490条第1款,应认定该行政协议成立,成立时间为一方接受相对人履行主要义务的时间。在实务中,这种情形极少。

三、具体适用方法及可以适用之规定

(一)行政协议成立于2015年5月1日后

此类行政协议的纠纷发生在2014年修正《行政诉讼法》施行之后,实体和程序问题不存在"新旧"之分,适用行政诉讼法及《行政协议规定》,对此应无分歧。对适用"行政诉讼法及本规定"应作广义理解,包括行政诉讼法及司法解释。《行政协议规定》属于是对2014年《行政诉讼法》相关条文的具体解释之一。行政诉讼法的司法解释,不仅限于《行政协议规定》,而且包括所有与行政协议案件相关的司法解释,如《行政诉讼法解释》等。需要说明的是,在适用《行政诉讼法》及司法解释时,不应限于条文本身,而应包括根据条文规定的法律适用规则所需适用的其他法律规定,如民事诉讼法、民事法律规范以及《民法典》等。另外,就行政协议纠纷而言,都需适用行政实体法。因此,在具体审理行政协议案件时,除了适用《行政协议规定》第28条规定的程序法之外,还适用行政实体法。在具体适用时,对于2014年《行政诉讼法》实施后签订的行政协议,实体法修改的,在适用实体法时,根据实体从旧原则,适用协议订立时的实体法,在适用《民法典》时,应依照《民法典时间效力规定》执行。

(二)行政协议成立于2015年5月1日前

对于2014年《行政诉讼法》实施前签订的行政协议,当时存在相应规定的,应当适用当时的规定。所谓"当时的法律规定",或许在客观上并不存在相应的明确规定,而是来源于最高人民法院的相关司法解释。因此,对于新法实施之前订立的

行政协议争议,已经按照民事诉讼案件受理的,应当予以支持。此外,其余行政协议纠纷已经按照行政案件受理的,不宜否定其合法性。

当时的法律对行政协议纠纷未作出规定,也没有可参照规定的,人民法院不能强行适用不对应的法律规定,也不能以没有法律依据为由不作出处理。鉴于行政协议纠纷本质属性为行政协议案件,纠纷的法律关系与新法施行之后并无不同,唯一不同的仅仅是协议订立的时间,在没有法律依据可以适用时,各方当事人对法律适用也没有相应预期,因而选择适用与新法施行之后订立行政协议相同的规定,属于最合理的选择,也易被当事人所接受。

2014年《行政诉讼法》颁布实施至今已过数年,2014年《行政诉讼法》实施之前所订立协议引发纠纷的逐渐减少,实践中的主要情形有:其一,《行政诉讼法》实施之前已经按照民事案件受理的,根据《行政协议规定》第28条第2款,此类纠纷按照当时的规定,通常不作为行政案件予以受理。其二,《行政诉讼法》实施之前按照行政案件受理的,不宜认定其存在错误。

(三)不同审级之法律适用

由于不同审级期间相关的法律依据可能发生调整,如一审时尚未制定《行政诉讼法解释》,二审时《行政诉讼法解释》颁布实施,但《行政协议规定》未制定,申请再审阶段《行政协议规定》颁布实施等,对于不同审级如何适用法律,高审级如何评价低审级的法律适用正确性等问题,需要进一步予以明确。根据法律适用规则,在确定具体应当适用的法律依据时,主要以一审是否审核为标准,因而二审或申请再审环节都应当以一审期间应当适用的法律规定为依据,并以此为基础对法律适用是否正确作出评价。

(四)法律适用冲突之选择

随着2014年《行政诉讼法》将行政协议纠纷调整纳入行政诉讼受案范围,以及《行政协议规定》明确行政协议案件相关规则,在审理行政协议案件时可能出现法律规定相冲突的情形。根据前述分析,《行政协议规定》属于对行政诉讼法的具体解释,在行政协议案件审理中具有与行政诉讼法相同的效力。行政诉讼法及《行政协议规定》均属于新规定,且《行政协议规定》属特殊规则。因此,在法律适用出现冲突时,应当优先适用行政诉讼法及《行政协议规定》的相关规定。例如,2011年颁布实施的《国有土地上房屋征收与补偿条例》第25条第2款规定:"补偿协议订立后,一方当事人不履行补偿协议约定的义务的,另一方当事人可以依法提起诉讼。"

在 2014 年《行政诉讼法》实施之前,被征收人不履行补偿协议的约定义务的,行政机关可以提起民事诉讼,或者在被征收人提起的诉讼中进行反诉。但根据《行政诉讼法》第 12 条第 1 款第 11 项,土地房屋征收补偿协议纠纷属于行政诉讼的受案范围。《行政协议规定》第 6 条规定,行政机关不能就行政协议纠纷提起诉讼。2014 年《行政诉讼法》实施之后,被征收人不履行行政协议约定义务的,应当适用 2014 年《行政诉讼法》及《行政协议规定》的相关规定,行政机关不能提起民事诉讼,也不能提起反诉,而应当根据《行政协议规定》关于申请执行的规定主张合法权益。[1]

---

[1] 参见最高人民法院行政审判庭编著:《关于审理行政协议案件若干问题的规定理解与适用》,人民法院出版社 2020 年版,第 380~395 页。

附录

缩略语表

全称	简称	发布(修正)时间
一、国内主要法律(按施行时间顺序)		
《中华人民共和国中外合资经营企业法》	原《中外合资经营企业法》	1979年7月8日施行,2016年9月3日第3次修正
《中华人民共和国文物保护法》	《文物保护法》	1982年11月19日施行,2017年11月4日第5次修正
《中华人民共和国商标法》	《商标法》	1983年3月1日施行,2019年4月23日第4次修正
《中华人民共和国专利法》	《专利法》	1985年4月1日施行,2020年10月17日第4次修正
《中华人民共和国外资企业法》	原《外资企业法》	1986年4月12日施行,2016年9月3日第2次修正
《中华人民共和国民法通则》	原《民法通则》	1987年1月1日施行,2009年8月27日修正
《中华人民共和国土地管理法》	《土地管理法》	1987年1月1日施行,2019年8月26日第3次修正
《中华人民共和国中外合作经营企业法》	原《中外合作经营企业法》	1988年4月13日施行,2017年11月4日第4次修正
《中华人民共和国海关法》	《海关法》	1987年7月1日施行,2021年4月29日第6次修正
《中华人民共和国行政诉讼法》	《行政诉讼法》	1990年10月1日施行,2017年6月27日第2次修正

续表

全称	简称	发布(修正)时间
《中华人民共和国民事诉讼法》	《民事诉讼法》	1991年4月9日施行,2023年9月1日第5次修正
《中华人民共和国税收征收管理法》	《税收征收管理法》	1993年1月1日施行,2015年4月24日第3次修正
《中华人民共和国海商法》	《海商法》	1993年7月1日施行
《中华人民共和国产品质量法》	《产品质量法》	1993年9月1日施行,2018年12月29日第3次修正
《中华人民共和国反不正当竞争法》	《反不正当竞争法》	1993年12月1日施行,2019年4月23日修正
《中华人民共和国消费者权益保护法》	《消费者权益保护法》	1994年1月1日施行,2013年10月25日第2次修正
《中华人民共和国对外贸易法》	《对外贸易法》	1994年7月1日施行,2022年12月30日第2次修正
《中华人民共和国公司法》	《公司法》	1994年7月1日施行,2023年12月29日第2次修订
《中华人民共和国国家赔偿法》	《国家赔偿法》	1995年1月1日施行,2012年10月26日第2次修正
《中华人民共和国城市房地产管理法》	《城市房地产管理法》	1995年1月1日施行,2019年8月26日第3次修正
《中华人民共和国人民警察法》	《人民警察法》	1995年2月28日施行,2012年10月26日修正
《中华人民共和国中国人民银行法》	《人民银行法》	1995年3月18日施行,2003年12月27日修正
《中华人民共和国商业银行法》	《商业银行法》	1995年7月1日施行,2015年8月29日第2次修正
《中华人民共和国仲裁法》	《仲裁法》	1995年9月1日施行,2017年9月1日第2次修正
《中华人民共和国保险法》	《保险法》	1995年10月1日施行,2015年4月24日第3次修正

续表

全称	简称	发布(修正)时间
《中华人民共和国票据法》	《票据法》	1996年1月1日施行,2004年8月28日修正
《中华人民共和国电力法》	《电力法》	1996年4月1日施行,2018年12月29日第3次修正
《中华人民共和国枪支管理法》	《枪支管理法》	1996年10月1日施行,2015年4月24日第2次修正
《中华人民共和国合伙企业法》	《合伙企业法》	1997年8月1日施行,2006年8月27日修订
《中华人民共和国建筑法》	《建筑法》	1998年3月1日施行,2019年4月23日第2次修正
《中华人民共和国消防法》	《消防法》	1998年9月1日施行,2021年4月29日第2次修正
《中华人民共和国个人所得税法》	《个人所得税法》	1980年9月10日施行,2018年8月31日第7次修正
《中华人民共和国律师法》	《律师法》	1997年1月1日施行,2017年9月1日第3次修正
《中华人民共和国拍卖法》	《拍卖法》	1997年1月1日施行,2015年4月24日第2次修正
《中华人民共和国国防法》	《国防法》	1997年3月14日施行,2020年12月26日修订
《中华人民共和国执业医师法》	原《执业医师法》	1999年5月1日施行,2009年8月27日修正
《中华人民共和国证券法》	《证券法》	1999年7月1日施行,2019年12月28日第2次修订
《中华人民共和国合同法》	原《合同法》	1999年10月1日施行
《中华人民共和国招标投标法》	《投招标法》	2000年1月1日施行,2017年12月27日修正
《中华人民共和国立法法》	《立法法》	2000年7月1日施行,2023年3月13日第2次修正

续表

全称	简称	发布(修正)时间
《中华人民共和国信托法》	《信托法》	2001年10月1日施行
《中华人民共和国政府采购法》	《政府采购法》	2003年1月1日施行,2014年8月31日修正
《中华人民共和国农村土地承包法》	《农村土地承包法》	2003年3月1日施行,2018年12月29日第2次修正
《中华人民共和国证券投资基金法》	《证券投资基金法》	2004年6月1日施行,2015年4月24日修正
《中华人民共和国行政许可法》	《行政许可法》	2004年7月1日施行,2019年4月23日修正
《中华人民共和国治安管理处罚法》	《治安管理处罚法》	2006年3月1日施行,2012年10月26日修正
《中华人民共和国企业破产法》	《企业破产法》	2007年6月1日施行
《中华人民共和国物权法》	原《物权法》	2007年10月1日施行
《中华人民共和国企业所得税法》	《企业所得税法》	2008年1月1日施行,2018年12月29日第2次修正
《中华人民共和国城乡规划法》	《城乡规划法》	2008年1月1日施行,2019年4月23日第2次修正
《中华人民共和国禁毒法》	《禁毒法》	2008年6月1日施行
《中华人民共和国劳动合同法》	《劳动合同法》	2008年8月1日施行,2012年12月28日修正
《中华人民共和国反垄断法》	《反垄断法》	2008年8月1日施行,2022年6月24日修正
《中华人民共和国企业国有资产法》	《企业国有资产法》	2009年5月1日施行
《中华人民共和国食品安全法》	《食品安全法》	2009年6月1日施行,2021年4月29日第2次修正
《中华人民共和国行政强制法》	《行政强制法》	2012年1月1日施行
《中华人民共和国旅游法》	《旅游法》	2013年10月1日施行,2018年10月26日第2次修正

续表

全称	简称	发布(修正)时间
《中华人民共和国企业国有资产法》	《外商投资法》	2020年1月1日施行
《中华人民共和国民法典》	《民法典》	2021年1月1日施行
二、最高人民法院主要司法解释(按发布时间顺序)		
《最高人民法院关于审理企业破产案件若干问题的规定》	《关于审理企业破产案件若干问题的规定》	根据法释〔2002〕23号文修正
《最高人民法院关于审理建设工程施工合同纠纷案件适用法律问题的解释》	原《建设工程司法解释》	法释〔2004〕14号
《最高人民法院关于审理涉外民事或商事合同纠纷案件法律适用若干问题的规定》	原《涉外民商事合同规定》	法释〔2007〕14号
《〈中华人民共和国合同法〉若干问题的解释(二)》	原《合同法解释(二)》	法释〔2009〕5号
《最高人民法院关于适用〈中华人民共和国保险法〉若干问题的解释(一)》	《保险法解释(一)》	法释〔2009〕12号
《最高人民法院关于当前形势下审理民商事合同纠纷案件若干问题的指导意见》	《审理民商事合同指导意见》	法发〔2009〕40号
《最高人民法院关于审理外商投资企业纠纷案件若干问题的规定(一)》	《审理外商投资企业纠纷规定(一)》	法释〔2010〕9号
《最高人民法院关于适用〈中华人民共和国企业破产法〉若干问题的规定(一)》	《破产法解释(一)》	法释〔2011〕22号
《全国民事审判工作会议纪要》	《七民纪要》	法办〔2011〕442号
《第八次全国法院民事商事审判工作会议(民事部分)纪要》	《八民纪要》	法〔2016〕399号

续表

全称	简称	发布(修正)时间
《最高人民法院关于适用〈中华人民共和国行政诉讼法〉的解释》	《行政诉讼法解释》	法释〔2018〕1号
《最高人民法院关于审理行政协议案件若干问题的规定》	《行政协议解释》	法释〔2019〕17号
《最高人民法院关于民事诉讼证据的若干规定》	《民事诉讼证据规定》	根据法释〔2019〕19号文修正
《全国法院民商事审判工作会议纪要》	《九民纪要》	法〔2019〕254号
《最高人民法院关于适用〈中华人民共和国民法典〉时间效力的若干规定》	《民法典时间效力规定》	法释〔2020〕15号
《最高人民法院关于审理商品房买卖合同纠纷案件适用法律若干问题的解释》	《商品房买卖合同解释》	根据法释〔2020〕17号文修正
《最高人民法院关于审理涉及国有土地使用权合同纠纷案件适用法律问题的解释》	《国有土地使用权合同解释》	根据法释〔2020〕17号文修正
《最高人民法院关于审理民事案件适用诉讼时效制度若干问题的规定》	《诉讼时效规定》	根据法释〔2020〕17号文修正
《最高人民法院关于审理物业服务纠纷案件适用法律若干问题的解释》	《物业服务纠纷解释》	根据法释〔2020〕17号文修正
《最高人民法院关于审理城镇房屋租赁合同纠纷案件具体应用法律若干问题的解释》	《城镇房屋租赁合同解释》	根据法释〔2020〕17号文修正
《最高人民法院关于审理买卖合同纠纷案件适用法律问题的解释》	《买卖合同解释》	根据法释〔2020〕17号文修正
《最高人民法院关于审理融资租赁合同纠纷案件适用法律问题的解释》	《融资租赁合同解释》	根据法释〔2020〕17号文修正

续表

全称	简称	发布(修正)时间
《最高人民法院关于审理矿业权纠纷案件适用法律若干问题的解释》	《矿业权纠纷解释》	根据法释〔2020〕17号文修正
《最高人民法院关于审理旅游纠纷案件适用法律若干问题的规定》	《旅游纠纷解释》	根据法释〔2020〕17号文修正
《最高人民法院关于审理民事案件适用诉讼时效制度若干问题的规定》	《诉讼时效若干规定》	根据法释〔2020〕17号文修正
《最高人民法院关于审理涉及农村土地承包纠纷案件适用法律问题的解释》	《农村土地承包纠纷解释》	根据法释〔2020〕17号文修正
《最高人民法院关于审理民间借贷案件适用法律若干问题的规定》	《民间借贷解释》	根据法释〔2020〕17号文修正
《最高人民法院关于适用〈中华人民共和国企业破产法〉若干问题的规定（三）》	《破产法解释（三）》	根据法释〔2020〕18号文修正
《最高人民法院关于适用〈中华人民共和国公司法〉若干问题的规定（二）》	《公司法解释（二）》	根据法释〔2020〕18号文修正
《最高人民法院关于适用〈中华人民共和国公司法〉若干问题的规定（三）》	《公司法解释（三）》	根据法释〔2020〕18号文修正
《最高人民法院关于适用〈中华人民共和国公司法〉若干问题的规定（四）》	《公司法解释（四）》	根据法释〔2020〕18号文修正
《最高人民法院关于审理海上保险纠纷案件若干问题的规定》	《审理海上保险纠纷若干规定》	根据法释〔2020〕18号文修正
《最高人民法院关于适用〈中华人民共和国保险法〉若干问题的解释（三）》	《保险法解释（三）》	根据法释〔2020〕18号文修正

续表

全称	简称	发布(修正)时间
《最高人民法院关于审理期货纠纷案件若干问题的规定》	《审理期货纠纷若干规定》	根据法释〔2020〕18号文修正
《最高人民法院关于审理与企业改制相关的民事纠纷案件若干问题的规定》	《企业改制司法解释》	根据法释〔2020〕18号文修正
《最高人民法院关于适用〈中华人民共和国保险法〉若干问题的解释(二)》	《保险法解释(二)》	根据法释〔2020〕18号文修正
《最高人民法院关于适用〈中华人民共和国企业破产法〉若干问题的规定(二)》	《破产法解释(二)》	根据法释〔2020〕18号文修正
《最高人民法院关于审理技术合同纠纷案件适用法律若干问题的解释》	《技术合同纠纷解释》	根据法释〔2020〕19号文修正
《最高人民法院关于人民法院办理执行异议和复议案件若干问题的规定》	《执行异议和复议若干规定》	根据法释〔2020〕21号文修正
《最高人民法院关于适用〈中华人民共和国民法典〉物权编的解释(一)》	《民法典物权编解释(一)》	法释〔2020〕24号
《最高人民法院关于审理建设工程施工合同纠纷案件适用法律问题的解释(一)》	《建设施工合同解释(一)》	法释〔2020〕25号
《最高人民法院关于适用〈中华人民共和国民法典〉有关担保制度的解释》	《民法典担保制度解释》	法释〔2020〕28号
《全国法院贯彻实施民法典工作会议纪要》	《民法典纪要》	法〔2021〕94号
《最高人民法院关于适用〈中华人民共和国民法典〉总则编若干问题的解释》	《民法典总则编解释》	法释〔2022〕6号

续表

全称	简称	发布(修正)时间
《最高人民法院关于适用〈中华人民共和国民事诉讼法〉的解释》	《民事诉讼法解释》	根据法释〔2022〕11号文修正
《最高人民法院关于适用〈中华人民共和国民法典〉合同编通则若干问题的解释》	《民法典合同编通则解释》	法释〔2023〕13号
三、国内主要行政法规(按施行时间顺序)		
《中华人民共和国中外合资经营企业法实施条例》	原《中外合资经营企业法实施条例》	1983年9月20日施行,2019年3月2日第6次修订
《中华人民共和国城镇国有土地使用权出让和转让暂行条例》	《城镇国有土地使用权出让和转让暂行条例》	1990年5月19日施行,2020年11月29日修订
《中华人民共和国外资企业法实施细则》	原《外资企业法实施细则》	1990年12月12日施行,2014年2月19日第2次修订
《中华人民共和国中外合作经营企业法实施细则》	原《中外合作经营企业法实施细则》	1995年9月4日,2017年11月17日第3次修订
《中华人民共和国监控化学品管理条例》	《监控化学品管理条例》	1995年12月27日施行,2011年1月8日修订
《中华人民共和国植物新品种保护条例》	《植物新品种保护条例》	1997年10月1日施行,2014年7月29日第2次修订
《中华人民共和国电信条例》	《电信条例》	2000年9月25日施行,2016年2月6日第2次修订
《中华人民共和国专利法实施细则》	《专利法实施细则》	2001年7月1日施行,2023年12月11日第3次修订
《中华人民共和国技术进出口管理条例》	《技术进出口管理条例》	2002年1月1日施行,2020年11月29日第3次修订
《中华人民共和国市场主体登记管理条例》	《市场主体登记管理条例》	2022年3月1日施行

续表

全称	简称	发布(修正)时间
《中华人民共和国著作权法实施条例》	《著作权法实施条例》	2002年9月15日施行,2013年1月30日第2次修订
《中华人民共和国药品管理法实施条例》	《药品管理法实施条例》	2002年9月15日施行,2019年3月2日第2次修订
四、国际公约及示范法缩略表		
《联合国国际货物销售合同公约》	CISG	
《国际商事合同通则》	PICC	
《欧洲合同法原则》	PECL	
《欧洲私法共同参考框架草案》	DCFR	
《欧洲共同买卖法》	CESL	
《美国统一商法典》	UCC	